義城金氏 川前派 고문서 자료를 중심으로

조선양반의 생활세계

문옥표 · 박병호 · 김광억 · 은기수 · 이충구 지음

2004
백산서당

靑溪大祖 影幀.

(위) 대종택의 설경. 청계의 4남 학봉이 설계·감독하여 지었다.
(옆) 「운정풍범」(雲亭風帆). 내앞과 임하 사이를 선유하면서 바라본 백운정과 내앞 원경.
    안동의 고성이씨 허주 이종악이 1763년에 그린 것이다.
(아래) 대종택 장판각(藏版閣).

(위) 임호서당(臨湖書堂) 전경. 景賢祠에 위판을 봉안하며 운천공을 기리던 임호서원의 정신을 계승하기 위해 1921년에 설립되었다.

(옆) 「선사심진」(仙寺尋眞). 仙遊亭에 당도한 선비들이 산그늘이 드리워진 암벽을 감상하며 휴식하고 있다. 골짜기 안쪽에 자리잡고 있는 절은 선찰사이다. 안동의 고성이씨 허주 이종악이 1763년에 그린 것이다.

(아래) 『연방세고』(聯芳世稿). 청계와 그의 다섯 아들의 시문학작품과 비문 등을 모아서 엮은 것이다.

(위) 의성김씨 천전종택의 길사 때 각위 집사자들이 점다례(點茶禮)를 봉행하고 있다.

(아래) 문중행사에서 역할을 배정(분정[分定])하고 있다.

조선양반의 생활세계

— 義城金氏 川前派 고문서 자료를 중심으로 —

문옥표
박병호
김광억
은기수
이충구

2004
백산서당

Yangban: The Life World of Korean Scholar-Gentry

Moon Ok-Pyo
Professor, The Academy of Korean Studies

Park Byoung-Ho
Professor Emeritus, Seoul National University

Kim Kwang-Ok
Professor, Seoul National University

Eun Ki-Soo
Associate Professor, The Academy of Korean Studies

Yi Chung-Gu
Research Fellow, Independence Memorial Hall

2004
BAIKSAN Publishing House

머리말

　이 책은 영남지방의 한 양반가문인 의성김씨 문중의 소장 고문서 자료를 분석하여 조선시대 양반의 생활상을 재구성해 본 것이다.
　한국정신문화연구원에서는 10여 년 전부터 전국 각지에 흩어져 있는 개인 소장 고문서 자료들을 수집하여 마이크로필름으로 촬영하여 보관하는 동시에, 그 중 중요한 문서들을 정리하여 각 가문(家門) 내지 기관별로 영인(影印)하여 출간하는 사업을 진행해 왔으며, 그렇게 출간된 『고문서집성』의 책 수가 정서본(正書本)을 포함하여 이미 68권에 이르고 있다. 그간 이 자료들은 많은 국내외 역사학자들에 의해 이용되어 왔고, 이 책 역시 그러한 자료들을 이용한 연구서의 하나이긴 하지만 다음 몇 가지 점에서 색다른 시도라는 점을 주장하고 싶다.
　첫째, 이 책은 법학자, 인류학자, 사회학자, 고전(古典)학자가 참가한 학제(學際)적 공동연구라는 점에서 주로 역사학자들에 의한 기존의 연구들과 구분된다. 학제적 연구란 쉽지 않은 작업이지만 여기서는 통문, 완의, 소지, 분재기, 호적자료 등 모든 문서를 같이 읽고, 토론하고 의견을 나눈 후 각자의 분석에 들어감으로써 개별적으로 쓰여진 독립적 논문들의 모임이 아니라 책 전체가 하나의 체계를 갖춘 완결 작품을 만들어 보고자 노력하였다. 연구의 진행과정에서 인류학이나 사회학 등 서구의 학문 전통에서 훈련받고 한문으로 쓰여 진 역사 자료들을 다루는 데 익숙하지 않은 공동 연구자들의 경우 초기에 많은 두려움이 있었으나, 법학자이신 동시에 고문헌학계의 원로이신 박병호 교수님께서 고전자료를 읽어 내는 방법과 자세에 관해 많은 조언을 주셨으며 특히 5장에서 다루어진 분재기의 번역과정을 지도해 주셨다. 또한 고전학을 전공하신 이충구 박사께서는 6장과 7장에서 김광억 교수가 분석한 완의(完議)와 통문(通文) 자료를 거의 완벽하게 번역해 주셨으며, 문화인류학자이면서도 고전자료를 많이 다루어 온 정승모 선생은 분재기의 분재내용 정리를 도와 주었다.

두 번째로 여기서는 고문서 자료의 분석과 더불어 그 자료들이 배경으로 하고 있는 안동 지방을 직접 방문하여 의성 김씨 문중의 관계자들을 심층 면담하는 현장 조사연구를 병행하였다. 이것은 역사학적 방법과 사회과학적 방법을 결합해 보려는 새로운 시도였으며, 가능한 한 이러한 실험의 효과가 연구의 결과에 반영되도록 노력하였다. 현지조사 중에는 1980년대 초 이래로 꾸준히 안동지방을 연구해 온 김광억 교수의 축적된 경험 및 현지주민들과의 친밀한 관계망, 그리고 현지에 대한 해박한 지식이 전체적인 연구의 진행에 결정적인 도움을 주었다.

또한 안동 방문시에는 학봉(鶴峯) 종손이신 김시인(金時寅) 선생, 그리고 지촌(芝村)파의 종손이신 김구직(金九稷) 선생 등이 많은 도움을 주셨다. 특히 김광억 교수는 우리의 공동연구가 시작되기 직전에 타계하신 천전리(川前里) 대종가의 종손 김시우(金時雨) 선생의 관대함과 친절한 도움이 자신의 연구에 가장 큰 밑거름이었다고 강조하였다. 이 자리를 빌어 현지조사에 직접적 도움을 주신 이 분들을 비롯하여 수백 년 동안 소중한 고문서 자료들을 보관하여 이렇게 활용될 수 있도록 허락해 주신 의성 김씨 각 파의 종손 여러분들께 감사의 마음을 전하며, 이 책의 출간이 그 분들의 공헌에 조금이나마 보답이 되기를 바란다.

세 번째로, 그러나 이 책의 궁극적인 목적이 어느 특정 집안의 훌륭함을 기록하기 위한 데 있는 것이 아니라는 점을 강조하고 싶다. 오히려 그보다는 의성김씨 천전파에 관련된 여러 다양한 자료에 대한 객관적이고 균형 잡힌 분석을 통하여 피와 살을 가진 하나의 인간으로서 특정의 정치·경제·사회적 맥락에서 한 시대를 살았던 조선시대 양반의 생활세계를 재구성해 보려는 것이었다. 따라서 내용 중에는 특정 종족(宗族)의 구성원이나 그 조상에 대한 칭송이라고만 할 수 없는 것들도 포함되어 있다. 그러나 그런 것들은 편견을 가지고 어느 한 개인을 찬양하거나 폄하하려는 의도에서가 아니라 가능한 한 주어진 자료에 충실하게 당시의 삶의 맥락을 그려내 보고자 하였던 노력의 결과일 뿐이다. 물론 모든 연구가 그렇듯이 여기서도 해석상에 오류가 있을 수 있으며, 그러한 부분은 추후에 보완될 수 있기를 바란다.

이 책을 위한 연구는 1998년에 시작되었으나 당시 연구책임자였던 필자의 해외체류 등으로 출판이 계속 지연되어 이제야 빛을 보게 되었다. 출간이 이토록 지연된 것에 대해 공동 연구자들께 송구스럽게 생각하면서도 한편으로 다행스러운 것은 그간에 안동지방 사족(士族)의 삶에 관한 많은 새로운 연구서들이 등장하여 참고할 수 있었다는 점이다. 특히 이 책에서 다루고 있는 의성김씨 천전파 문중에서 청계 선생이 탄생 500주년을 기념하여 펴낸 『내앞(川前) 500년: 문호(門戶) 형성에서 독립운동까지』(김시업 편, 2000)는 훌륭한 연구서로 우리가 이 책에서 다룬 자료들을 재점검하고 해석상의 오류를 수정하는 데 많은 참고가 되었으며, 또한 그와 때를 같이하여 천상문화보존회(川上文化保存會)에서 펴낸 『青溪先生六父子傳』(2000)에는 많은 귀중한 화보 자료들이 포함되어 있어 활용이 가능하였다. 이 자리를 빌어 자료의 이용을 허락해 주신 보존회에 감사드린다.

이 책에서 중점적으로 다루고 있는 문헌자료는 한국정신문화연구원에서 1989년과 1990년에 『고문서집성』 五, 六, 七권으로 간행한 의성 김씨 천상각파(川上各派) 편 I, II, III권에 포함되어 있는 자료들이다. 그 중에서도 특히 족보(族譜), 호적(戶籍) 자료, 분재기(分財記), 소지류(所志類), 계안(稧案), 당약(堂約), 완의(完議), 통문(通文) 자료들을 중심으로 가족 및 종족조직의 성격, 재산상속의 관행, 인구학적 특징, 마을 내에서 이루어진 공동체적 규약이나 지배질서, 사림 혹은 유림이라 일컫는 양반 사족들의 활동과 조직 등 전반적인 모습을 살펴보았다.

이것은 우선 조선조 후기에 사족(士族)의 존재 양상, 즉 양반으로 살아간다는 것이 어떤 모습과 의미를 지니는지, 그들의 주된 관심사와 생활철학은 무엇이었으며 그들의 행동을 결정하는 도덕적·실천적 기준은 구체적으로 어떤 것이었는가를 한 지방사회에 초점을 맞추어 이해해 보려는 시도이다. 그리고 더 나아가서 부모자녀, 형제자매, 남편과 아내들은 한 가족 내에서 어떤 관계를 맺고 있었는가, 종족간의 경쟁과 갈등은 주로 어떤 문제들을 둘러싸고 일어났고 이를 해결하는 방법들은 무엇이었는가, 한 촌락공동체 내지 지역사회 안에서 반상(班常)간의 접촉은 어떤 형식으로 이루어져 왔는가, 한 지역사회는 어떻게 문화적으로 구성되고 엘리트들의 사회적 연결망이 지역의 경계를 넘어 어떻게 성립되고 확산되었는가 등 일상생활의 여러 측면을 고문서 자료를 중심으로 집중적으로 분석하고 이를 사회과학적 시각과 상상력을 동원하여 해석을 시도해 보았다. 그런 면에서 이 책은 최근 학계 전반에서 많은 관심을 부여받기 시작한 '생활사'(生活史) 내지 '생활문화사'(生活文化史) 연구에 속한다고 볼 수 있다.

예정보다 몇 년이나 늦어진 출판과정에서 많은 사람들의 도움을 받았다. 먼저 우여곡절에도 불구하고 오직 좋은 책을 만들겠다는 신념하에 끊임없이 지연되고, 반복되었던 원고의 편집 및 교정의 과정을 특유의 쾌활함과 인내심을 가지고 함께 해 준 백산서당의 김철미 씨와 이범 사장님께 이 자리를 빌어 감사의 마음을 전한다. 또한 이 책의 기초가 된 초기의 연구과정에 중요한 도움을 준 문현아 박사에게도 감사한다. 조선시대를 연구하는 정치학자인 그는 자신의 학위논문 준비에 가장 바쁜 시기였음에도 불구하고 연구보조원으로 이 책에 인용된 모든 원전자료를 입력하고 정리하는 작업을 성실하게 도와주었다. 책의 출간단계에서는 고 김시우 선생의 둘째아드님으로 현재 한국정신문화연구원의 선임

연구원으로 재직중인 김명균 박사가 자료 협조 및 원고의 검토 등을 기꺼이 지원해 주었으며, 출판과정의 연락과 자료의 보충 및 색인작업 등에는 한국정신문화연구원 한국학 대학원의 김지영 양으로부터 도움을 받았다.

그러나 이 책이 나오게 된 것은 무엇보다 한국정신문화연구원에 초빙교수로 계시면서 고전 자료를 다루는 데 익숙하지 않은 인류학자, 사회학자들을 독려하고 소중한 조언을 주셔서 학제적 연구가 성립될 수 있도록 이끌어 주신 박병호 선생님과 또한 수년에 걸쳐 많은 시간을 투자하여 얻어진 개인의 소중한 현지조사 자료들을 이 책을 위해 기꺼이 내어 주신 김광억 교수의 기여 없이는 불가능했을 것이다. 1년간의 연구로는 충분한 문헌분석이나 현지조사가 어려운 사정이므로 하나의 완성된 저작으로 만들기 위해서는 각 연구자들이 별도로 축적해 온 개인적 자료들을 모두 활용할 수밖에 없었으며, 이 점에 대해 다시 한번 두 분께 감사의 말씀을 전한다.

그리고 마지막으로 이 책의 출간이 한국정신문화연구원에서 장기사업으로 추진하고 있는 국학진흥 연구사업을 통하여 수집·정리·간행된 고문서 자료들이 역사학이나 고문헌학의 경계를 넘어 사회과학 전반에서 널리 활용될 수 있는 하나의 계기를 마련하기를 바란다.

2004년 2월
한국정신문화연구원
장서각(藏書閣)에서
편저자 문 옥 표

조선양반의 생활세계 / 차례

머리말 · 11

제1장 생활사 연구와 고문서 ················· 25
  1. 고문서의 사료적 가치 · 26
  2. 의성김씨 고문서의 구성 · 27
  3. 연구의 목적과 방법 · 28

제2장 종족조직과 생활문화 ················· 31
  1. 양반으로서의 의성김씨 · 32
  2. 천전파의 형성과 분파과정 · 33
    1) 지역적 분포 · 33
    2) 종족형성 및 분파의 과정 · 37
    3) 종족형성과 분절의 원리 · 51
  3. 종족의 운영체제 · 59
    1) 종손과 종가의 지위 · 59
    2) 문중회의와 문장 · 62
    3) 소 · 63
  4. 종족의 재생산과 양반문화 · 67
    1) 과거급제와 관직 · 67
    2) 학문적 성취와 문집간행 · 70

3) 문화경관·71
　　4) 혼인과 사회적 연망·75
　　5) 경제적 기반·82
　　6) 보종과 입양·86
　　7) 조상숭배와 제사·90
　5. 명문사족으로 남는 길·94

제3장 **가계계승의 다양성과 '종족전략'** ················· 103
　1. 가계계승의 과정·106
　　1) 적장자의 가계계승·107
　　2) 양자의 가계계승·110
　2. 가계계승을 위한 종족전략·133
　3. 가계계승과정의 다양성·136

제4장 **의성김씨가 가족의 변화** ························· 139
　1. 가족변동에 대한 이해·140
　2. 의성김씨 각파의 가족구조의 변화·142
　　1) 제1파 약봉 김극일의 후손(가)·142
　　2) 제1파 약봉 김극일의 후손(나)·143
　　3) 제1파 약봉 김극일의 후손(다)·148
　　4) 제1파 약봉 김극일의 후손(라)·151
　　5) 제2파 귀봉 김수일의 후손·152
　　6) 제3파 운암 김명일의 후손(가)·163
　　7) 제3파 운암 김명일의 후손(나)·169
　　8) 제4파 학봉 김성일의 후손(가)·180
　　9) 제4파 학봉 김성일의 후손(나)·193
　　10) 제5파 남악 김복일의 후손(가)·198
　　11) 제5파 남악 김복일의 후손(나)·201
　　12) 제5파 남악 김복일의 후손(다)·202

3. 호적을 이용한 가족분석의 한계 · 205

제5장 **분재기를 통해 본 여성 재산상속권의 변화** ················ 207
1. 재산상속의 원칙과 변화 · 208
2. 자료에 대하여 · 209
3. 여성 분재권의 변화 · 213
4. 종법의식의 이념과 실제 · 241
5. 여성의 지위와 종법사상의 관계 · 265

제6장 **관계의 망과 문화공동체** ································ 267
1. 지방사회의 권력구조와 문화체계 형성 · 268
2. 몇 가지 개념 · 270
　1) 통문과 공론 · 270
　2) '바깥출입'과 초종족적 연망 · 274
　3) 사회문화적 자원으로서의 서원 · 276
3. 통문의 분석 · 282
　1) 서원 제향운동 · 283
　2) 학맥과 문중관계 · 293
　3) 동문 사이의 내부경쟁 · 295
　4) 송덕비 건립 · 298
　5) 문중간의 계회 · 299
　6) 유동적인 양반의 운명 · 307
　7) 역사 만들기 · 308
　8) 문집간행 · 310
　9) 신원처리 · 313
4. 안동문화권 연계망의 내적 역동성 · 318
　◇ 부록: 통문 · 322

제7장 **통합과 결속의 문화적 장치** ················· 347

1. 종족집단의 통합과 결속 · 348
2. 완의를 통해 본 사족의 생활세계 · 354
   1) 제사의 확립과 종가의 책임 · 354
   2) 내외손의 윤리적 의무와 결속 · 359
   3) 제사의 종류와 규범 만들기 · 361
   4) 공동재산의 관리 · 365
   5) 조상 찾기와 묘사(墓祀)기금 · 366
   6) 개호송과 종족의 상징 · 371
   7) 학업연마의 다짐 · 381
   8) 문집간행 · 382
   9) 편안하지만은 않은 양반 · 388
   10) 도덕공동체로서의 마을연합 · 392
3. 문서작성의 정치학 · 398
   ◇ 부록: 완의 · 당약 · 401

제8장 **공정성의 개념과 실천** ···················· 421

1. 향촌사회의 법생활 · 422
2. 분쟁해결의 방식 · 423
   1) 재판기구 · 424
   2) 소송의 당사자 · 425
   3) 소송제기 방식 · 426
   4) 소 환 · 426
   5) 변론과 증거 · 427
   6) 재판에서 적용되는 법과 리 · 427
3. 소지의 내용분석 · 429
   1) 강릉 소재 입안지의 추심에 관한 분쟁: 양반과 궁방 · 상민간 · 429
   2) 김씨 선산의 소나무를 베고 화전을 일군 분쟁: 양반과 상민간 · 437
   3) 묘지설치에 관한 분쟁: 양반과 양반간 · 442

4) 투장한 묘의 도굴에 관한 분쟁: 양반과 관노간 · 447
   5) 투장한 묘의 독굴에 관한 분쟁: 양반과 아전간 · 450
   6) 투장한 묘의 도굴에 관한 분쟁: 양반과 상민간 · 455
4. 공정성의 개념과 현실 · 460
   1) 대표적인 불공정 사례 · 461
   2) 반상간 재판에서의 공정성 · 463
5. 법에 의한 분쟁해결의 방식 · 464

◇ 참고문헌 · 467
◇ 찾아보기 · 471

〈표 차례〉

<표 2-1> 천전파의 문화적 성취 ·· 47
<표 2-2> 천전파(청계파)의 과거 합격자 ······································· 68
<표 2-3> 천전파(청계파)의 문집간행 통계 ··································· 71
<표 2-4> 천전파의 정사(亭榭) ··· 73
<표 2-5> 천전파의 12대~18대의 혼인관계 ··································· 78
<표 2-6> 가문별 재산 소유 규모와 추이 ······································ 85
<표 2-7> 종가의 산소 위치와 시제 날짜 ······································ 93
<표 4-1> 동일시기에 서로 다른 두 지역에 존재하는 동일인의 호구단자 ······· 203
<표 5-1> 분재문서의 종류별, 연도별 분류 ·································· 210
<표 6-1> 학봉 김성일의 사후(死後) 생애 ··································· 273
<표 6-2> 천전파 인물 제향 서원 ··· 278

〈가계도 차례〉

<그림 2-1> 의성김씨 가계도 ··· 36
<부록 2-1> 약봉파의 가계도 ··· 98
<부록 2-2> 귀봉파의 가계도 ··· 99
<부록 2-3> 운암파의 가계도 ·· 100
<부록 2-4> 학봉파의 가계도 ·· 101
<부록 2-5> 남악파의 가계도 ·· 102
<그림 3-1> 제1파 김조운의 가계도 ··· 109
<그림 3-2> 김조수의 가계도 ·· 112
<그림 3-3> 김진하의 가계도 ·· 114
<그림 3-4> 김용환의 가계도 ·· 117
<그림 3-5> 김병식의 가계도 ·· 120
<그림 3-6> 김상열의 가계도 ·· 121
<그림 3-7> 김용섭의 가계도 ·· 124
<그림 3-8> 김응환의 가계도 ·· 132

〈사진 및 영인문서 차례〉 (괄호 안은 출전)

안동군 임하면 천전리(내앞)와 그 부근.(경상북도전도, 성지문화사, 1 : 220,000 축척) ············ 34
반변천에서 본 천전마을 원경. (『靑溪先生六父子傳』, 川上文化保存會, 220쪽) ···· 35
고려 공양왕 2년에 작성된 金洊의 호적단자. (『雲章閣』, 鶴峰先生紀念事業會, 18쪽) ······ 38
내앞 쑤(川前藪). (『靑溪先生六父子傳』, 230쪽) ··· 41
청계의 유서. (『靑溪先生六父子傳』, 250쪽) ··· 45
운천공의 「호종일기」. (『靑溪先生六父子傳』, 269쪽) ·· 50
숙종이 학봉에게 文忠公이라는 시호를 내린 교지. (『雲章閣』, 17쪽) ··················· 52
사수범주(泗水泛舟). (『靑溪先生六父子傳』, 238쪽) ·· 55
오늘날의 학봉종택 전경. (『靑溪先生六父子傳』, 185쪽) ·· 57
천전의 대종택. (『靑溪先生六父子傳』, 174쪽) ·· 61
내앞 대종택의 대묘.. (『靑溪先生六父子傳』, 172쪽) ·· 63
학봉선생 문집. (『靑溪先生六父子傳』, 261쪽) ·· 70
낙연모색(落淵暮色). (『靑溪先生六父子傳』, 239쪽) ·· 72
도연정사(道淵精舍). (『靑溪先生六父子傳』, 213쪽) ·· 74
시온의 청혼서. (『古文書集成』 六, 한국정신문화연구원, 383쪽) ·························· 76
김철(金澈)의 청혼서. (『古文書集成』 六, 383쪽) ··· 76
학봉이 부인에게 보낸 최후의 편지. (『雲章閣』, 28-29쪽) ····································· 81
민행의 입후안(立後案)문서. (『古文書集成』 六, 2쪽) ··· 87
시원의 입안문서. (『古文書集成』 六, 108-109쪽) ·· 88
時寅의 입후문서. (『古文書集成』 六, 110쪽) ··· 89
청계공 사후(1580) 매년 춘추로 거행되어 온 회전. (사진: 김광억) ······················ 92
김조운의 호구단자(1864년). (『古文書集成』 五, 594쪽) ·· 108
운암파 종택 ··· 113
학봉종택 ··· 116
김민철의 준호구(1801년). (『古文書集成』 五, 672쪽) ··· 128
김태중의 호구단자(1702년). (『古文書集成』 五, 579쪽) ······································· 144

김도행의 준호구(1808년). (『古文書集成』五, 592쪽) ··· 149
김세건의 준호구(1669년). (『古文書集成』五, 598쪽) ··· 153
김상렴의 준호구(1702년). (『古文書集成』五, 661쪽) ··· 164
김항중의 준호구(1711년). (『古文書集成』五, 629쪽) ··· 170
김규의 준호구(1670년). (『古文書集成』五, 681쪽) ··· 181
김홍락의 준호구(1858년). (『古文書集成』五, 704쪽) ··· 190
남악종택 ··· 199
김선행의 준호구(1771년). (『古文書集成』五, 739쪽) ··· 200
청계공의 장남 약봉 김극일의 종택(대종가). ·· 214
청계공의 2남 귀봉 김수일의 종택 ·· 224
분재기 6. (『古文書集成』六, 130-131쪽) ··· 228
분재기 10. (『古文書集成』六, 133쪽) ·· 234
분재기 29. (『古文書集成』六, 151쪽) ·· 238
분재기 30. (『古文書集成』六, 152쪽) ·· 240
분재기 15. (『古文書集成』六, 137쪽) ·· 244
분재기 22. (『古文書集成』六, 145쪽) ·· 251
학봉종택 사랑채. (『靑溪先生六父子傳』, 184쪽) ··· 264
유림의 모임과 통문 작성. (사진: 김광억) ·· 272
임천서원. (『靑溪先生六父子傳』, 198쪽) ·· 277
숭정처사 표은 김시온의 유허비각. (『靑溪先生六父子傳』, 284쪽) ····························· 279
通文 31. (『古文書集成』六, 309쪽) ··· 284
通文 36. (『古文書集成』六, 314쪽) ··· 285
임동면에 위치한 지산서당. (『靑溪先生六父子傳』, 202쪽) ······································· 289
도산서원 전교당 ·· 290
병산서원 전경 ··· 291
호계서원(안동댐 건설에 따른 수몰로 임하로 移建) ··· 292
通文 56. (『古文書集成』六, 331쪽) ··· 296
촉석루 삼장사시 현판(矗石樓三壯士詩懸板). (『靑溪先生六父子傳』, 282쪽) ············· 309
『연방세고』에 이상정이 쓴 序. (『靑溪先生六父子傳』, 254쪽) ·································· 312
문중회의와 완의문 작성. (사진: 김광억) ·· 352
완의 17. (『古文書集成』六, 99-100쪽) ·· 355
청계 김진(앞)과 부인 민씨(뒤)의 묘와 묘비. (『靑溪先生六父子傳』, 240쪽) ············ 360
학봉종택 옆에 있는 별묘. (『靑溪先生六父子傳』, 184쪽) ·· 362

완의 22. (『古文書集成』 六, 103-106쪽) ·· 363
가수천의 학봉 묘소. (『青溪先生六父子傳』, 243쪽) ································ 364
完議 7. (『古文書集成』 六, 75쪽) ··· 368
개호송(開湖松). (『青溪先生六父子傳』, 231쪽) ······································ 371
완의 6 : 동중추완의. (『古文書集成』 六, 73-74쪽) ································ 372
제산종택. (『青溪先生六父子傳』, 191쪽) ·· 375
완의 5 : 개호금송 완의. (『古文書集成』 六, 68-73쪽) ···························· 378
학봉사당. (『青溪先生六父子傳』, 184쪽) ·· 382
제산집(霽山集). (『青溪先生六父子傳』, 262쪽) ······································ 383
『霽山集』 목판. (『青溪先生六父子傳』, 265쪽) ······································ 384
완의 8. (『古文書集成』 六, 76-78쪽) ··· 386
완의 3. (『古文書集成』 六, 67쪽) ··· 389
완의 10. (『古文書集成』 六, 85-91쪽) ··· 394
所志類(所志) 34. (『古文書集成』 五, 344쪽) ··· 431
所志類(上書) 8. (『古文書集成』 五, 317쪽) ·· 436
完文. (『古文書集成』 六, 54쪽) ·· 441
所志類(所志) 84. (『古文書集成』 五, 386쪽) ··· 443
所志類(呈文草) 99. (『古文書集成』 五, 398쪽) ····································· 449
所志類(等狀) 133. (『古文書集成』 五, 430쪽) ······································· 454
所志類(上書) 142. (『古文書集成』 五, 439쪽) ······································· 459

제1장

생활사 연구와 고문서

박병호

생활사 연구와 고문서

1. 고문서의 사료적 가치

　우리의 선인들은 출생부터 사망에 이르기까지 가족생활, 친족생활, 종족(宗族)생활, 향촌 내의 교유(交遊)생활, 관직생활 등 모든 생활에 걸쳐서 문서를 작성했다. 이들 문서는 지방에 따라, 종족에 따라, 가문에 따라, 개인에 따라 문화적 공통성을 지니고 있으나 또 한편 개별적 특수성을 지니고 있기도 하다. 그리하여 한 조각의 문서라 할지라도 이를 버리지 않고 소중히 간직하고 대대로 전승하여 오늘날 우리가 접할 수 있게 되었다. 이들 문서는 주로 사족(士族) 가문에서 작성되고 전승되어 오는데, 결국 사족들의 일생에 등장하는 모든 문서를 통해서 가통, 가세(家勢), 가법(家法), 가품, 범절 등 일상생활의 연속 속에서 그 시대, 지방, 가문에 따른 개인 및 공동체의 특징적인 사고, 행동양식, 생활가치관 등을 인식할 수 있다. 즉 선인들의 인간유형의 공통성과 일반성 및 개별적 특성들을 두루 파악할 수 있는 일차적 자료인 것이다.

　따라서 고문서의 중요성과 가치를 강조하는 것은 전통문화에 밀착해서 전통적 사고와 행동양식에 따르기 위한 회고 취미적인 것이 아님은 너무도 당연하다 하겠다. 그러한 자료들은 한국인이라는 인간이 개인적으로 혹은 공동체의 수준에서 각 시대에 어떤 인간유형으로 형성되어 왔으며, 거기에 일반적인 것은 무엇이며, 특징적인 것은 무엇이며, 그것이 오늘날 우리가 경제적 고도성장, 국제화함에 있어서 형성되어야 할 인간유형과 어떤 역사적 연속성을 맺게 할 수 있을 것인가 등을 알 수 있는 통로가 된다. 환언하면 바로 우리의 살아 있는 정확하고 객관적인 역사인식을 위한 것으로서 우리의 생존능력과 생존가치, 문화창조의 원동력이라 할 수 있다. 이렇게 볼 때 고문서의 수집·분류·보존·연구만큼 중요한 문화적 과제는 없다고 해도 과언이 아니다.

2. 의성김씨 고문서의 구성

『조선양반의 생활세계』라는 주제로 다루는 이 연구는 1989년부터 90년에 걸쳐 한국정신문화연구원에서 간행한 고문서 집성 五(의성김씨 천상각파편 I), 六(동 II), 七(동 III)의 3책에 수록된 고문서를 대상으로 한다. 이 의성김씨 고문서는 의성김씨 중 안동의 천전리(川前里: 내앞)에 자리 잡아 세거해 온 의성김씨로서 13세 진사 만근(萬謹)이 천전리에 터를 잡은 이래 그 손자인 진사 진(璡)을 파조(派祖)로 하여 그 다섯 아들의 후손가에서 400여 년간 전해 오는 문서이다. 진사인 진은 호가 청계(靑溪)로 이조판서에 증직되었으며 장자는 약봉(藥峯) 극일(克一), 2자는 귀봉(龜峯) 수일(守一), 3자는 운암(雲巖) 명일(明一), 4자는 학봉(鶴峯) 성일(誠一), 5자는 남악(南嶽) 복일(復一)이며, 이 오형제 자손들이 천전(내앞)을 중심으로 신덕(新德), 임하(臨河), 지례(知禮), 금계(金溪) 등 안동 일역과 예천의 금당실(金堂谷), 구계(九溪)에 마을을 이루어 세칭 천전(川前) 김씨(내앞 김씨)라고 불리며 대대로 문인·학자·충효·의열·과환(科宦)을 배출하였다. 모두 퇴계 이 황의 학통을 계승했으며 문과 급제자가 23인, 생원·진사 급제자가 65인, 문집 간행자가 50여 인, 문행 저명자가 70여 인이며, 관직도 참판·참의·대사간·대사성·승지를 비롯한 청요직과 고을 수령을 역임했다. 따라서 문서의 종별도 80여 종에 3348건에 이르며 이 고문서집에 수록되지 않은 고문서·전적도 2만 건이 넘어 그 종류와 수량에서 단연 으뜸이며 돋보인다. 그 중 수량적으로는 간찰이 1129건, 교지류가 313건, 호적류 288건, 소지류 271건, 문기류 271건, 통문류 116건, 분재기류 34건, 문중 완의 24건이 생활사 자료로 가치가 있다.

그리하여 이 연구에서는 호적류, 분재기류, 소지류, 통문·완의류를 자료로 이용한다. 문서에 따라 다르나 대개 17세기부터 19세기 말까지 300여 년간의 문서이며, 앞서 지적한 바와 같이 그 질과 양에서 귀중한 생활사 자료이다.

의성김씨 고문서는 위의 문서류 외에도 생활사의 다른 분야, 예컨대 거래생활, 제례생활, 농업경영 등에 관한 자료가 풍부하다. 이들에 대한 연구가 보완된다면 생활사의 전 분야가 보다 명확히 드러나리라고 본다.

3. 연구의 목적과 방법

의성김씨 고문서에 의한 생활사 연구는 먼저 호구단자·준호구 등 호적자료와 족보에 의해 가통의 계승 내지 제사의 계승과 가구구성을 살펴보고 이를 통해 종법적(宗法的) 생활의 한 측면을 살펴보고자 한다.

다음으로 허여문기·화회문기·별급문기 등 분재기류에 의해 17세기를 전후해서 『경국대전』에 나타난 균분상속제의 관습적 변용, 여성지위의 변화 등을 살펴봄으로써 가산분배에서 종가유지 의식 내지 종법사상의 강화과정을 구명한다.

셋째, 통문과 완의류에 의해 의성김씨들의 안동을 중심으로 한 사족적 공동체생활에 있어서의 협동관계, 갈등관계의 양상, 종족적 공동체생활에 있어서의 숭조목족(崇祖睦族)을 통한 종중의 공동체적 결속, 사회적 지위의 유지·향상의 실상 등을 살펴봄으로써 안동 사족간의 권력구조, 권위체계를 구명한다.

넷째, 소지류에 의해 향촌사회에 있어서의 분쟁의 유형, 분쟁해결의 방식, 재판과정과 재판의 공정성 등을 살펴봄으로써 관과 민의 관계, 반상의 관계, 양반 상호관계의 특색, 갈등의 법의식을 구명한다.

위와 같은 연구가 만족스럽게 수행될 수 있기 위해서는 각 주제별 문서자료들이 시간적 연속성을 지니고 있어야 한다. 그러나 개중에는 단속적(斷續的)인 자료가 많다. 따라서 그만큼 자료적 한계에 따른 제약이 불가피해 되도록 다른 자료에 의해 보완함이 바람직할 것이다. 그러나 이 연구과제는 오로지 의성김씨 고문서집에 한해서 그 고문서의 이용을 촉발하게 하는 기초적 연구를 목적으로 하는 것이므로 자료적 한계와 제약을 그대로 감수하기로 한다.

위와 같은 제약하에서 각 연구주제는 주어진 자료를 분류해 구체적인 사례연구를 중심으로 하고, 되도록 자료를 충실하게 번역해 소개했다.

앞으로 의성김씨 고문서는 고문서학적 연구, 사회·경제사적 연구를 위해서도 귀중한 자료로 이용될 것이 요망된다.

제2장

종족조직과 생활문화

문옥표·김광억

종족조직과 생활문화

1. 양반으로서의 의성김씨

안동에 살고 있는 의성김씨는 천전파 종족으로 대표된다. 임하면 천전동(속칭 내앞)에 대종가가 있으며 안동 일대에 여러 하위 분파들이 다양한 규모의 집성촌을 이루고 있는데, 본거지의 이름을 따서 흔히 내앞 김씨라고도 부른다.[1] 이들은 안동의 대표적 양반 씨족의 하나로 인정된다.

원래 양반은 임금 앞에서 조회할 때 각각 동쪽과 서쪽에 나뉘어 배열했던 문반과 무반을 합쳐서 부르는 속칭이었다. 법제도적 규정에 따르면 양반이 되기 위해서는 4대 이내에 과거 급제자가 배출되어야 한다. 즉 양반의 신분은 개인을 중심으로 그의 4대 이내의 가족, 즉 당내 범주의 혈연에만 적용된다. 그러나 실제로 사회에서 인정되는 양반이라는 신분은 복합적인 사회적·문화적 요소에 의해 형성되며, 법적 규정에 합당한 성취지위 외에도 유교이데올로기와 문화적 성향을 뛰어나게 실천함으로써 인정을 받는 존재이다.

양반 중에서 정4품 이상의 관직을 지낸 사람을 대부(大夫)라 하고 5품 이하의 관리를 사(士)라 하지만 벼슬에 관계없이 학문과 예를 실천하는

---

[1] 하회의 풍산류씨를 하회류씨라 하고, 무실의 전주류씨를 무실류씨라 하며 예안 토계동의 진성이씨를 토계이씨라고 부르는 것과 같은 이치이다. 이는 법적인 공식명칭은 아니지만 지역사회에서 그렇게 불린다.

것을 본업으로 삼는 사람을 선비(士)라 칭하는바, 그들의 문화공동체를 사림(士林) 또는 유림(儒林)이라고 한다. 사족(士族)은 관직을 가졌거나 가질 수 있는 자격과 가능성을 가진 사람이며, 더 나아가서는 앞으로 그런 가능성에 대한 도전의 열망을 품고 준비하며 사는 사람을 포함하는 특별한 범주의 사람들이다. 그들은 관직에서 물러나면 일시적으로 또는 영구적으로 낙향해 지방의 행정 실세인 향리(鄕吏)집단과 우월적 입장에서 차별화하고, 농사를 직접 짓는 경우도 있지만 상공(商工)행위로 생계를 도모하는 대신 글 읽는 것을 주업으로 삼는다. 학자관료(scholar-official) 제도를 택한 조선조에서 성공한 사족이란 과거 급제자와 행직과 증직을 포함한 관직 제수자와 대부 칭호를 받은 사람들을 배출해야 한다. 사족끼리는 학문적 성공의 정도가 각 집단의 사회적 품격을 결정한다. 그들은 서원에 출입하고 문집을 내며 선비로서 일생을 보냄으로써 국가나 지방 유림으로부터 인정을 받는 것이다.

이러한 면에서 내앞 출신의 의성김씨들은 조선조를 통틀어 안동 양반의 대표적인 문중의 하나로 행세했고, 영남의 유림사회에서 지도적 지위를 누려 왔다.

2. 천전파의 형성과 분파과정

1) 지역적 분포

의성김씨들은 15세기에 개경에서 안동으로 이입해 부외(府外) 임하면 천전동(속칭 내앞)에 자리를 잡기 시작해 17대째 종족촌락을 유지해 오고 있다.[2] 천전동은 안동시에서 동쪽으로 12km 떨어진, 청송을 거쳐 영덕과

---

2) 내앞 마을과 의성김씨에 대한 사회인류학적 연구로는 김광억(1994), 최백(1984), Song Sunhee(1982) 등이 있다.

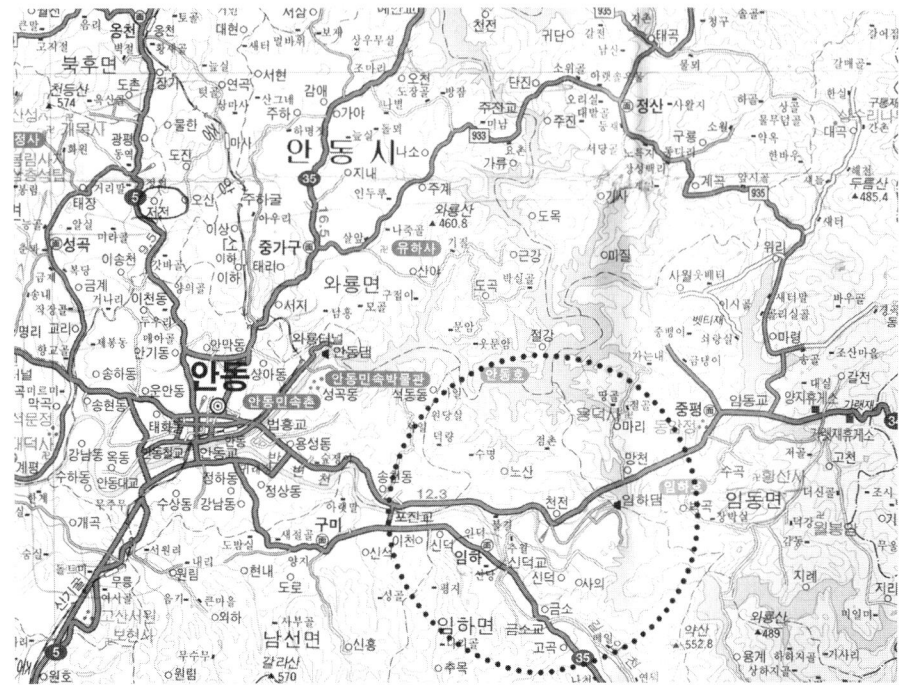

안동군 임하면 천전리(내앞)와 그 부근.

영해로 향하는 국도변에 위치하고 있으며 동쪽에서 흘러와 낙동강과 합치는 반변천을 앞에 둔 배산임수(背山臨水)의 풍수구도를 가진 마을이다(위 그림 참조).

파시조인 김진(金璡, 호 靑溪. 1500~1580)의 여섯 아들 중 맏이인 극일과 둘째인 수일의 자손이 주로 내앞 마을에 살며, 강 건너 임하면 신덕동(속칭 신당)에는 셋째인 명일의 자손이, 현 안동시의 서쪽 외곽인 서후면 금계동(속칭 검제)에는 넷째인 성일의 자손이 각각 분파를 이루어 세거하고, 다섯째인 복일의 자손은 예천(醴泉) 구계동에 터를 잡고 있다. 여섯째아들 연일의 후손은 현재 존재가 불명하다. 극일은 원래부터 천전에 남고 차남인 수일은 일직의 구미로 장가들었다가 곧 원래의 마을로 돌아오고, 나머지 형제들은 처가동네에서 자리를 잡았는데, 그후 모두 의

반변천에서 본 천전마을 원경.

성김씨의 터가 되었다.

내앞 부근에는 임하동과 망천동을 비롯한 여러 크고 작은 자연촌락이 형성되었으며 이들 외에도 임하면과 임동면 일대에는 안동권씨, 전주류씨, 단양우씨 등이 도산서원을 정점으로 하는 학맥을 바탕으로 하여 교유하고 또 혼인관계를 맺으면서 함께 사족사회를 형성했다.

청계공의 자손들은 예천으로 나간 남악파 외에는 거의 모두 하루에 왕래가 가능한 거리를 두고 안동군 일대에 퍼져 있어 문중에 중요한 일이 발생하면 언제라도 연락이 가능하고 모이는 일도 쉬웠다. 적은 숫자로 사회적 명망과 권위를 지키기 위해서는 일정한 경계 안에서 긴밀한 연락을 취할 수 있는 집단으로 있어야 하는 것이다.[3] 봉화의 해저(속칭 바래미)와 영양의 청기, 그리고 안동군 일직면의 구미동에는 청계의 윗대에서 갈라져 나간 파의 자손들이 살고 있는데, 이들과의 사회적·문화적 연대도 강하게 지니고 있다. 이들 지역은 전통적으로 안동부의 속현(屬縣)으로서, 그리고 안동문화권에 속한 지역으로서 자연히 한 지역사회라

---

[3] 임하현 일대에는 川前, 臨河, 秋月, 輞川, 梧垈, 龍溪, 知禮, 川曲, 菊蘭, 朴谷, 新塘, 琴谷, 羅天, 伊德 등의 마을이, 서후면 일대에는 金溪, 台庄, 栗里, 秋山, 예천 용문면에는 金谷, 竹林, 野塘, 藍田, 蘇野, 水谷, 道谷, 그리고 봉화현 춘양에는 召羅 등의 마을이 있었다.

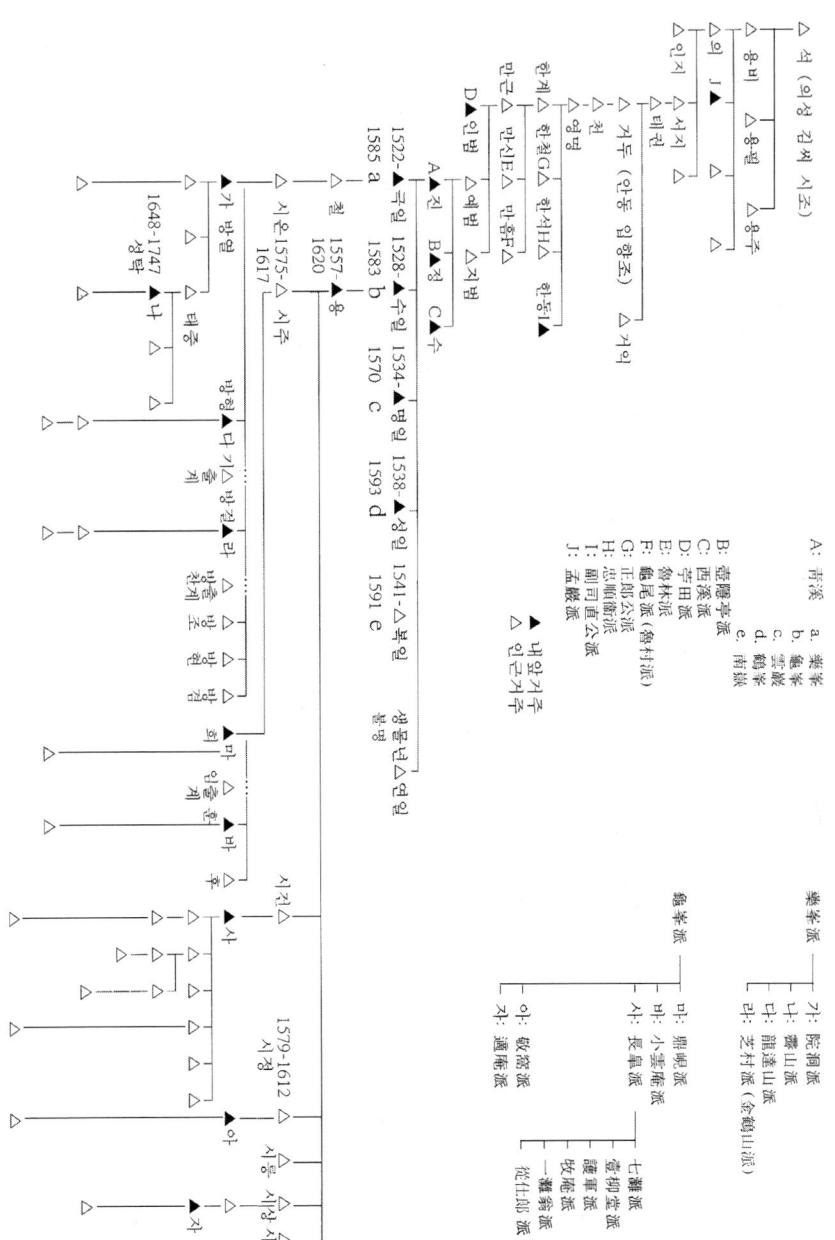

<그림 2-1> 의성김씨 가계도

는 인식의 지도(cognitive map)를 형성한다.

2) 종족형성 및 분파의 과정

종족은 종법제도에 의해 성립된 것으로 신유학이 국가와 사회체제의 근간으로 확립된 조선조 중기 이후에 나타났다. 따라서 족보는 종족 성립 이후의 윗대를 거슬러 올라가 기억과 전설과 자료들을 분석하고 조합하여 내력을 기술했다. 그들은 신라 경순왕의 4자인 김석(金錫)을 씨족의 시조로 삼으며 그가 의성군(義城君)으로 봉해졌다는 사실을 들어 의성을 본으로 삼는다. 또한 그의 손자 홍술(弘術) 및 9대손 용비(龍庇)가 의성군으로 봉해졌으므로 더욱 의성김씨로서의 정체성을 강조한다.4)

천전파의 중시조인 첨사공(詹事公) 용비(龍庇: 1214~1259)는 의성의 호장으로서 명망과 세력을 누렸으며 그의 자손은 이족으로서 의성의 토착 호족세력을 구성한 집안과 중앙의 관직으로 출사한 사족의 집안을 함께 이루었다. 그의 아우 용필(龍弼: 守司公)은 조선조에 들어서 정국(正國)과 안국(安國) 형제를 배출했고, 용주(龍珠)는 개성부사를 지내고 충의공에 시호되었으며 충청북도 음성과 괴산 일대에 터를 잡았다.5)

용비의 아들인 10대조 의(宜)는 상서좌복야를 지내고 고령군 쌍림면에

---

4) 그런데 대부분의 씨족에서 족보는 16~17세기에 들어와서 종법체제에 따라 비로소 작성하는 것이었으므로 시조로부터의 세계는 불확실하며 연대도 잘 맞지 않는다. 의성김씨의 경우 고려 공양왕 2년(1390)에 작성된 김천(金洊)의 호적이 가장 오래된 문서가 되는데, 이에 의하면 용비의 부친으로 공우(公祐)라는 이름이 기재되어 있을 뿐이며 명종 8년(1553)에 간단하게 편찬된 문소김씨 족보(聞韶金氏族譜)와, 선조 10년(1577)에 김우옹이 찬한 김용비 묘비문, 그리고 효종 원년(1650)에서 동왕 7년(1656)에 걸쳐 만든 문소김씨 족보 병신보(丙申譜)에는 용비가 그들의 조상으로 되어 있다. 병신보에는 용비가 시조 석의 5대손으로 되어 있으며, 1925년에 간행된 족보에는 용비가 시조로부터 9대손으로 기재되어 있다. 어쨌든 용비가 기록상 분명한 그들의 중시조이며 그들의 실질적인 종족의 역사도 그로부터 시작한다.

5) 고려조에 개성김씨를 사관(賜貫)했는데, 조선조 고종조(1865)에 다시 의성김씨로 환본했다.

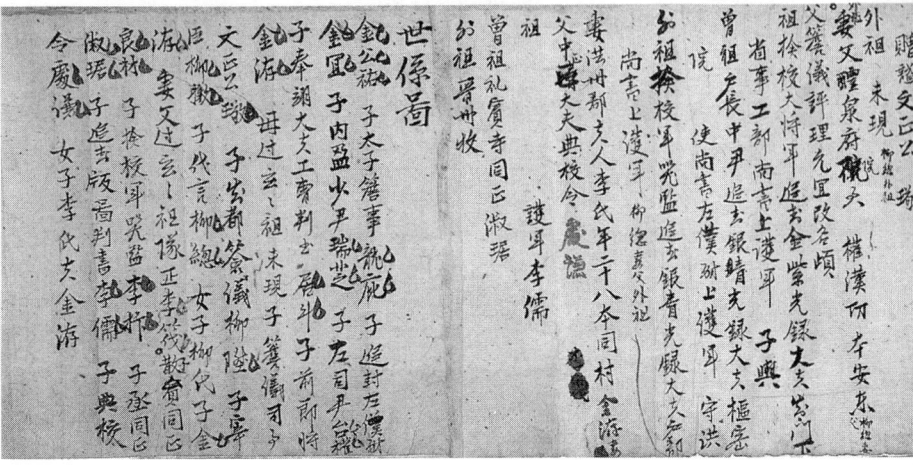
고려 공양왕 2년에 작성된 金洧의 호적단자.

묻혔으며,6) 그의 장남 인지(麟芝)는 읍내파라 하여 의성의 세습 이족을 형성했고, 천전파의 직계 조상이 되는 차남 서지(瑞芝)는 소윤(少尹) 재직 중에 배가 파선되어 사망했는데 시신을 수습할 수 없어 초혼장을 지냈다. 그의 아들 태권(台權: 배위 안동권씨, 후배위 죽산 박씨)은 좌사윤 벼슬에 있다가 공민왕 12년(1363)에 홍왕사에서 일어난 '김용(金鏞)의 란' 때에 죽었는바, 경기도 죽산에 묻혔다.

태권의 아들인 13대의 거두(居斗)는 여말에 공조전서(工曹典書)를 지내다가 가족을 이끌고 안동의 풍산으로 내려왔다. 즉 그가 안동 입향조인 셈이다. 왜 그는 의성 대신 안동을 택했을까? 의성에는 이미 의(宜)의 장남 인지(麟芝)의 자손들이 토호(土豪)세력으로서 호장의 지위를 세습했으며(이수건 1981: 52) 이족(吏族)으로서 지방의 실세로 존재하고 있었다. 그런데 거두의 집안은 그 선대들의 행적에서 보듯이 여말 첨설직을 발판

---

6) 의(宜)의 장남 인지(麟芝)는 의성 사마동파의 시조로서 대대로 의성에 터를 잡았고, 2남 서지(瑞芝)는 관료로 출세했으며, 3남 춘(椿)은 예안 덤버리파의 시조로서 예안을 본관으로 삼았다가 나중에 의성으로 환본했다. 4남 기지(麒芝)는 고령군에 봉해져 고령김씨의 시조가 되었다.

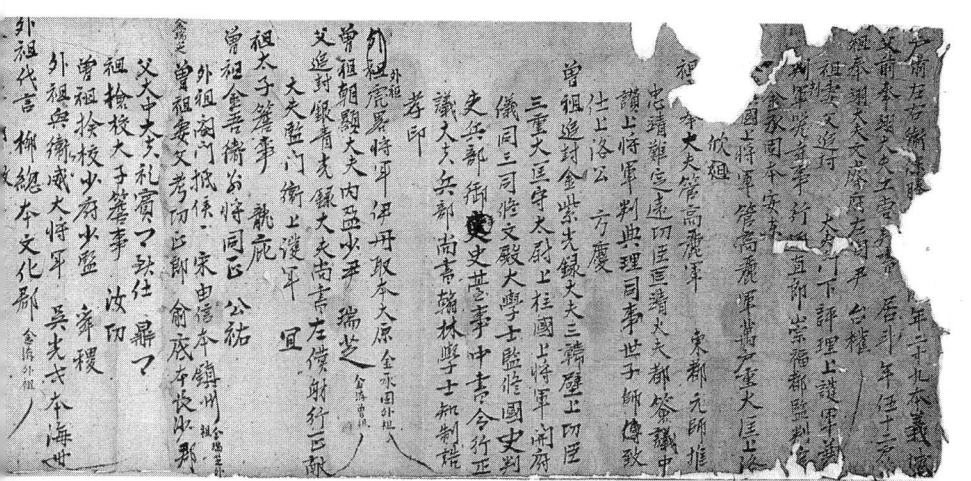

으로 벼슬은 했으되 일정한 터전에 세력을 확립하고 있지 않았던 것 같고, 따라서 그가 의성으로 들어간다고 해도 입지는 불확실했으며 어쩌면 호장세력의 다른 집안들과 긴장관계를 야기했을 것이다. 그의 어머니는 안동 출신의 명문인 김방경의 증손녀이며 거두 자신은 안동의 문화 류씨와 결혼하였고 부인의 외조부는 안동 출신으로 정승을 지낸 권한공(權漢功)이었다. 이러한 연고를 좇아 그는 처의 외가를 따라 온 것으로 보인다.7)

그는 풍산을 거쳐8) 아들 천(洊)과 함께 안동부 내로 이주했다.9) 결국

---

7) 안동의 토착 호족인 안동김씨와 권씨는 고려 건국을 도와 태사로 존숭되었고, 그 자손들은 호장직을 세습하는 동시에 상경종사(上京從仕)했고 고려조 후반에는 중앙의 권문세족을 형성함에 따라 이 지역 토성들도 계속 출사(出仕)하면서 자연히 타 지역 출신 사족들과 인척관계를 맺었다. 따라서 14세기 말의 왕조 교체기와 15세기 중엽 세조의 왕위찬탈 및 그후의 빈번한 사화로 인해 재경 관인과 사족들이 인척관계와 지인관계를 좇아 안동으로 대거 낙향해 세거하게 된 것이다.

8) 풍산은 하회의 풍산류씨로 대표되는 문화류씨의 터전이며 그의 부인은 문화류씨이다.

9) 천이 죽었을 때 가까이 지냈던 권근이 조문을 쓴 것을 보면 "그가 고사리를 캐어 배고픔을 달랬다"고 슬퍼하는 구절이 있는 것으로 보아 그들이 안동에 처음 정착하

천(洊. 14대: 배위 홍주이씨)의 차남인 영명(永命. 15대)을 거쳐 그 장남(16대)인 한계(漢啓)가 문과 급제 후 관직에 진출하면서 새로이 편성되던 사족의 일원으로 떠오르는 확실한 기반이 만들어졌다고 하겠다.

영명은 태조 7년(1398)에 풍산에서 태어났으며 세종 11년(1429)에 사마시에 합격해 현감을 지냈다. 그는 세 번 결혼했는데 첫 번째 부인은 광주(廣州) 이족 출신으로서 목사를 지낸 이지유(李之柔)의 딸인데 1남 1녀를 남기고 죽었다. 그 1남이 곧 한계이다. 두 번째 부인은 광산(光山) 이족 출신으로서 고려 후기에 권문세가를 이루었다가 처가를 따라 안동으로 낙향한 김무(金務)의 딸로서 1녀를 생산하고 죽었다. 세 번째 부인은 안동의 이족 출신으로서 권문세가를 이룬 경혜공 권전(權專)의 딸이다. 권전의 차녀가 문종 왕비이므로 그는 문종과 동서지간이다. 영명은 이 세 번째 부인과의 사이에 3남 2녀를 얻었다. 그 첫 번째 아들, 즉 전체로는 차남인 한철(漢哲)은 문과 급제 후 예조정랑을 거쳐 평해군수를 지냈으며 후손들은 청송군에 다수 세거하는데, 외직인 군수(종4품)보다 청직인 정랑(정5품)을 더 명예롭게 여겨 스스로를 정랑공파로 부른다. 3남 한석(漢碩)과 4남 한동(漢소)은 음직으로 각각 충순위와 신교위의 벼슬을 받았는데, 후손들은 순흥과 성주로 갈라져 나가 있다.

장남인 한계(1414~1461)는 태조 24년에 태어나 1438년 성삼문, 하위지, 박팽년 등과 문과에 동방급제하고 집현전 학사로 들어가 삼사를 거쳐 지승문원사(知承文院事)에 이르렀으나, 세조의 찬위에 항거해 벼슬을 버리고 낙향했다. 그의 첫 번째 부인은 덕천송씨로 자녀 없이 일찍 죽고 두 번째 부인 순흥안씨 내금위 안보의 딸 사이에 두 딸과 만근(萬謹), 만신(萬愼),10) 만흠(萬欽)11) 세 아들(17대)을 두었다. 만근(1446~1500)은 16

는 동안은 경제적으로 상당히 고난을 겪었음을 상상할 수 있다.
10) 벼슬은 충순위라는 무관직을 지냈으며, 후손은 안동군 남선면 노림동에 거주해 노림파라고 한다. 충순위란 한량계층에 주는 일종의 명예직이다.
11) 안동군 일직면에 세거하는 구미파(龜尾派)의 시조이며 후손으로는 한말 퇴계학파의 마지막 학자 중의 하나인 척암(拓庵) 김도화(金道和)가 있다.

내앞 쑤(川前藪). 풍수지리상 마을의 서편이 허해 풍습의 해가 우려된다 하여 청계공의 맏아들 약봉이 평해군수로 재임할 때 묘목을 가져와 1560년대 초에 조성한 숲이다.

세 때 부친 한계가 죽자 주자가례를 따라 3년 동안 상복을 입었으며, 성종 8년(1477)에 진사시에 합격했으나 더 이상 관직에는 나아가지 않았다. 그후 당시 임하면 일대의 유력인사였던 오계동(吳季童)의 딸과 혼인하고 후에 이웃인 천전동에 터를 잡음으로써 종족촌락이 세워지는 계기를 마련한 이를테면 입촌조(入村祖)가 된다.[12] 오씨 집안으로 장가를 든 것은 당시는 아직도 여말(麗末)의 사회적 전통이 상당히 남아 있던 시기여서 자연스러운 일이었으며, 또 외지에서 들어온 이들로서는 안동지역에서 아직 사회적으로나 경제적으로 독자적인 지위를 가질 만큼 세력을 형성하기 전이어서 명망 있는 집안과 지역 유력자 사이의 결합인 것으로 보인다.[13] 만근이 천전동에 터를 잡을 수 있었던 것은 처가로부터 재산상

---

12) 그는 진사 합격 후 향리에 머물렀는데, 후에 좌통례랑을 증직했으므로 후손들은 통례공이라 칭한다.
13) 종법제도(宗法制度)와 반상제도(班常制度)가 아직 확립되지 않았던 그 이전에도 같은 조상의 자손들이 한데 모여 사는 마을이 있었을 것이다. 물론 조상이나 가족 개념이 부계혈통만 따지는 것은 아니어서 조선조의 유교적 종법체계와는 달랐을 것

속을 받았기 때문이다. 그는 인범(仁範), 예범(禮範), 지범(智範)의 세 아들과 딸 한 명을 두었다. 딸은 안동의 유학자 권간(權幹)에게 출가했다.

전체적으로 예범(18대: 1479~1550)의 자손이 번성해 안동 일대의 만근의 자손 중 85%를 차지하는데,14) 예범은 종6품의 무관직인 병절교위(秉節校尉)를 지냈고15) 청송지방에 강력한 기반을 가졌으며 벽동군수를 지낸 영해 신명창의 사위가 됨으로써 경제적 기반을 마련했다. 신씨 부인은 부지런하고 검소해 가세를 키워 대종가의 틀을 닦았던 것으로 전해진다. 그는 3남 2녀를 두었는데, 세 아들 진(璡), 정(珽), 수(璲)는 각각 생원, 참봉(종9품), 병절교위로서 나중에 각각 청계(靑溪)파, 호은정(壺隱亭)파, 서계(西溪)파라는 이름으로 분파했다. 오늘날까지 명문으로 인정되는 천전파는 청계파라고도 부르는데, 장남인 진을 시조로 하며 인구의 규모에서 예범의 자손 중 85%를 차지하며, 호은정파와 서계파는 각각 7% 내외에 지나지 않는다. 물론 이 세 파는 모두 양반으로 간주되지만 사회적 지위나 위세에서 서로 차이를 보인다. 후대에 가서 호은정은 유처취처(有妻娶妻)를 하여 비적자(非嫡子)로 대를 이었기 때문에, 그 자손들은 서파(庶派)로 간주되고 서계파는 그후 뛰어난 조상을 배출하지 못해 자연히 상대적으로 격이 떨어지게 되었다(Song 1982: 392-393 참조). 이들은 청계파와의 연관 때문에 양반사족의 명망을 나누어 가진 것이다.16) 두 딸은 각

이다. 어쨌든 당시에는 씨족개념이 없고 족보가 없었으므로 굳이 종족마을이나 집단이라 할 수가 없었다.

14) 만근의 장남 인범은 종손의 계통이지만 인구가 10%밖에 되지 않으며 그 후대로 갈수록 뚜렷한 인물을 배출하지 못해 사회적 지위가 점차 약화되었다. 그들은 현재 안동군 저전동(苧田洞)에 세거해 저전파로 불리지만 천전파와는 왕래가 흔하지 않다. 셋째아들 지범의 자손은 더욱 영락해 현재 그 존재가 불분명한 상태이다(Song 1982: 392).

15) 그후 손자인 학봉이 선무원종일등공신(宣武原從一等功臣)으로 영달함에 따라 통정대부승정원좌승지를 추증하게 되었다. 그래서 후손들은 승지공이라고 부른다.

16) 의성김씨 분파과정에서 새로운 씨족이 만들어지기도 했다. 즉 예안김씨, 개성김씨, 고령김씨 등은 의성김씨에서 갈려 나가 본을 새로 가진 경우라고 하며 그들 사이에는 혼인을 하지 않는다. 의성김씨는 1960년도 족보에 의하면 전국에 49개의 대문중(파)이 있고 이는 다시 167개의 파로 나누어진다. 인구로는 35,000명의 남자가 있고

각 이극필(충순위)과 이희안(진성인)에게 출가했다.

13대에서 19대에 이르는 시기는 조선조 전반기로 신유학이 국가이데올로기로 정립되는 시기이며, 아울러 사족이 형성되기 시작하는 기간이기도 하다.17) 진(1500~1580)의 일생은 어떻게 한 씨족의 분파가 명망 있는 종족으로 성장하는가를 잘 보여준다. 그는 부친의 지원으로 16세에 고모부인 권간에게 배우고 권간의 인척이 되는 민세경(閔世卿)의 눈에 띄어 사위가 되었으며18) 처숙부인 현량과 출신의 민세정(閔世貞)에게 학문을 익혔다. 그는 중종 20년(1525)에 진사시에 합격해 성균관에 올라 수학했으나, 향리로 돌아와 서당을 세워 어린 자제들을 가르쳤다.

그는 극일(克一: 호 藥峯. 1522~1585), 수일(守一. 호 龜峯. 1528~1583), 명일(明一. 호 雲巖. 1534~1570), 성일(誠一. 호 鶴峯. 1538~1593), 복일(復一. 호 南嶽. 1541~1591), 연일(衍一 : 자손이 현재 불명하다) 등 여섯 아들과 세 딸을 두었는데, 그 중 장남, 4남, 5남이 문과, 차남과 3남이 사마시에 합격하여 오자등과(五子登科)의 명예를 획득함으로써 가문의 이름이 올라가고 안동지역의 사족사회에서 그 지위를 확립했다.

그는 성리학의 실천에 독실했고 신유학 전통의 확립에도 앞장서 인근지역의 무당과 성황당을 음사라 하여 없앴다. 또 후대를 위한 계책(爲孫之計)을 세우고 기반을 닦았으며, 자손들에게 철저한 교육을 했던 것으로 유명하다. 그는 일찍 상처했으나 재취하지 않고 다섯 아들의 훈육에 힘썼으며19) 이재에도 밝아 부모 양변과 처가로부터 받은 재산을 바탕으

여자까지 합치면 76,000명으로 추산된다(Song Sunhee 1982: 385 참조).
17) 의성김씨는 20대에 와서 전성기를 누리게 되는데, 안동의 청계파에서 20대손인 학봉 김성일(1538~1593)과 경기도와 충청도에서는 용필의 후손인 19대 모재 김안국(1478~1543)과 사재 김정국(1485~1541) 형제가, 그리고 성주에는 20대손인 개암 김우굉과 동강 김우옹(1540~1603) 형제가 국가 차원에서 명성을 얻게 되면서 지역적 종족을 형성하게 된 것이다.
18) 민세경은 태종의 장인이었던 閔霽의 5대손으로 좌의정을 지냈다. 그의 부친 閔興이 처가를 따라 청송으로 낙향했다.
19) 그가 어느 날 처마 밑에 둥지를 튼 제비 가족을 보고 있으려니, 어미 제비가 죽고 얼마 안 되어 새로운 어미 제비가 들어왔는데, 이 계모 제비가 전처 제비가 난 어린

로 임하, 수곡, 신석, 영양의 청기 등에 토지를 가졌고, 강릉에도 금광평이라 하는 300여 정보의 넓은 개간지를 가짐으로써 집안의 융성을 위한 경제적 뒷받침을 도모했다.20) 그는 종법제도 확립에 힘쓰고, 특히 조상 숭배를 강조하고 종가를 받들도록(尊祖重宗) 자손들을 훈육하고, 제사에 만전을 기하기 위해 스스로 개간한 청기의 밭 40여 석을 제위전으로 만들었다.21) 이 제위전은 영구히 종가에 속한 것이며 어떠한 경우에라도 다른 자손이 나눌 수 없는 것임을 유언으로 남겼다(제5장 <분재기 15> 참조).22) 그가 죽기 3년 전(1577)에 자필로 작성한 제위전 분급문서의 끝에는 "선조의 제사를 태만히 하고 음사를 행하면 노비를 시켜서 태형 100장을 치라"고 명시했다.

청계공은 자식들이 각각의 터전을 확립하도록 혼인에도 많은 배려를 했다. 모두 언제라도 왕래가 편리한 안동 일대에 거주하도록 했다. 장남 극일은 서울에서 용양위 상호군 이위(李葳)의 딸과 혼인시켰는데, 그가 평해군수로 있을 때 처가로부터 엄청난 규모의 충청도와 경기도 일대의 전답을 허여받았다(제5장의 <분재기 1, 2, 3> 참조). 그는 그후 천전의 본가를 지켰다. 차남 수일은 한양조씨 조효분(趙孝芬)의 사위로서 처음에는 일직면 구미에 살았는데, 후에 천전으로 돌아와 소위 작은 종가를 형성했다. 3남 명일은 영양남씨 남두(南斗)의 사위로 임하의 신덕동에 자리를

새끼들에게 가시를 물어와 먹여 죽이는 것을 보고는, 미물이 저럴진대 사람은 어떠랴 하여 크게 깨닫고 재취하지 않고 자신이 자식들을 양육하기로 했다고 전해진다.

20) 그는 자손들에게 천전동 앞을 지나는 작은 길을 두고 이르기를 "앞으로 시대가 지나면서 반변천의 물에 토사가 휩쓸려 내려와 강바닥이 높아지면 강 옆의 길도 조금씩 높아질 것이다. 이때 우리 집 대청에서 바깥에 지나가는 사람의 갓이 보이면 천전동의 땅기운이 다한 것인즉 그러면 모두 금광평으로 옮겨라"고 했다 한다. 즉 그는 시대의 흐름에 따라 천전이 사람의 왕래가 많아 번잡스러워질 때를 미리 예견하고 새로운 지역으로 이주할 것까지 준비한 것이다. 금광평은 후에 일제의 동양척식회사에 저당잡혀 그 반이 없어졌고 나머지는 해방 후 토지개혁에 따라 상실했다.

21) 보통 1석은 15두락 혹은 20두락(마지기)으로 치며 1두락은 200평임을 생각할 때 40여 석의 토지는 12여만 평 이상에 해당하는 대단히 넓은 토지이다.

22) 그 위토는 오늘날에도 손실되지 않고 보존되고 있다.

청계의 유서. 유언. 아들, 손자들에게 재산을 분급하면서 제사를 검소하게 지낼 것 종기를 성심으로 수호할 것 등의 유촉이 기재되어 있다.

잡았으며, 4남 성일은 서후의 안동권씨 권덕봉(權德鳳)의 사위로 들어갔다. 그는 처음에는 임하의 동쪽 30리 떨어진 원곡(현 임하면 갈전동)에 거주하다가 45세 때 처가의 연고지인 서후면 금계동으로 이주했다. 5남 복일은 예천권씨 권지(權祉)의 사위가 되어 처가인 예천 금곡으로 이주했다. 이러한 지역적 분산은 16세기까지만 해도 고려조의 처거제와 자녀균분상속의 관습법이 남아 있었던 것과 관련이 있다. 3남과 4남은 모두 아들이 없는 집에 외손봉사(外孫奉祀)를 하기 위해 장가를 들었다. 진의 장녀는 전주류씨 류성(柳城)에게, 차녀는 진성인 이봉춘(李逢春)에게, 삼녀는 박곡의 문화류씨 류란(柳瀾)에게 각각 출가했다.

다섯 아들은 후대에 와서 각각의 하위 분절을 이루어 파를 형성하지만(부록 <다섯 지파의 가계도> 참조), 당시에는 하루에 왕래가 가능한 지역에 살면서 부친인 청계를 모시고 한 집안으로 살았다. 예범에 의해 마련한 기반을 진이 더욱 확실하게 닦고, 특히 극일과 성일이 주가 된 아들들의 노력에 의해 하나의 문중으로 확고하게 성공을 이룩하는 것이다. 그들은 상속과 처가로부터 분급받은 재산, 개간과 매입을 통해 경제적 기반을 확립하고, 조상제사, 자식교육, 학문생활, 종가보전과 보종, 공동재산의 수호, 일족간의 공동운명체적 유대와 이념 등을 강조한 청계공의 유지를 절대적으로 받들어 실천했다.

후대에 와서 맏이인 약봉파와 둘째인 귀봉파, 넷째인 학봉파가 인구의 크기나 사회적 현달의 정도에서 두각을 나타냈다. 청계파가 배출한 24명의 문과 급제자 중 10명이, 그리고 64명의 사마시 합격자 중 22명이 학봉파이며, 귀봉파가 문과에 6명, 사마시에 19명을, 그리고 약봉파가 문과에 5명, 사마시에 15명을 합격시켰다. 각 파의 비교는 <표 2-1>과 같다.

장남인 약봉은 딸만 둘이어서 귀봉의 차자 철(澈. 21대. 호 大朴. 1569~1616)을 입양했다.[23] 철은 선산김씨 김종무(金宗武)의 사위가 됐고 두 딸

---

23) 그래서 약봉파와 귀봉파의 자손은 지금도 특별한 감정을 서로 나누고 있다. 그들은 조금만 분쟁의 조짐이 있으면 "우리는 한 핏줄"임을 서로 상기시킴으로써 좋게

〈표 2-1〉 천전파의 문화적 성취

	자손의 숫자	문과	생원·진사	문집	불천위	문중 재산규모 (순위)
약봉	26%	5	15	18	2(진 포함)	1
귀봉	22~23%	6	19	19	1	3
운암	9%	1	5	4	0	4
학봉	38~39%	10	22	5	1	2
남악	4%	2	3	2	0	5
계	100%	24	64	49	4	

(출처: Song Sunhee 1982: 403)[24]

은 각각 풍양인 조정(趙靖)과 풍산인 서애 류성룡의 조카인 류의(柳檥)에게 시집을 갔다. 철의 아들 시온(是榲. 22대. 호 瓢隱. 1598~1669)은 병자호란을 겪은 뒤 명의 연호를 따서 스스로를 숭정처사(崇禎處士)라 하고, 청에 대한 저항의식을 실천하기 위해 깊은 산골인 지례의 도연폭포(道淵瀑布. 落淵이라고도 한다) 옆에 와룡초당(臥龍草堂)을 짓고 은거하면서 선비로서 일생을 보냈다.[25] 표은은 여덟 아들(23대)을 두었는데, 다른 집안으로 입양되어 나간 두 아들을 제외한 여섯 명이 각각 약봉의 하위 지파를 형성했다. 즉 약봉파가 이때 와서 6개의 하위 분절을 보인 것이다. 맏이인 방열(邦烈. 進士. 처 봉화금씨, 예천권씨)은 종손으로서 원 종파를 의미하는 원동파(院洞派)가 되고, 둘째 방형(邦衡. 호 菖蒲)은 그의 묘의 위치를 따서 용달산파(龍達山派)가 되었고, 셋째 기(㷱)는 귀봉파로 입양되었으며[26] 넷째 방걸(邦杰)의 자손은 그의 호를 따 지촌파(芝村派)라고 부르고 혹자는 그의 묘소를 따 금학산파(金鶴山派)라고도 한다. 다섯째 방찬

해결이 되게 만든다.
24) 자손의 숫자는 1980년대의 통계로 조선시대와 같다는 증거는 없다.
25) 후손들은 그가 명분과 의리에 철저한 선비의 표본으로 존경하며 의성김씨의 성품과 전통의 모델로 여긴다. 그를 기려 그 자리에 세운 도연서원은 청계파에게는 중요한 문화유적이다.
26) 그의 아들 적암(適庵) 태중(台重)은 청계파 종족 중에서 4대 거유로 꼽는 금옹(錦翁), 적암(適庵), 제산(霽山), 구사당(九思堂) 중의 하나이다. 적암이 약봉파에서 출계했으므로 그 후손은 약봉파와 돈독한 감정적 유대를 갖는다.

(邦替)은 운암의 셋째 손자 시구(是矩)에게 입양했다. 여섯째 방조(邦照)는 별다른 행적이 없는바, 그의 묘소를 따 박실(朴谷)파라고도 하지만 흔히 손자의 호를 따 와계파라고 한다. 즉 그가 아들이 없어 동생 방현에게서 입양을 했는데, 이 입양된 아들의 아들인 성흠(聖欽)이 사마시에 합격함으로써 그 집안의 대표적 조상으로 인식되었다. 그래서 그의 자손은 성흠의 호를 따라 와계파(臥溪派)라고 부른다. 일곱째인 방현(邦顯)은 그 후 묘소를 따 약산파(藥山派)로 구별된다.27) 여덟째 방겸(邦謙)의 후손 역시 수가 많지 않은데, 그의 묘소를 따 아니산파(阿尼山派)로 불린다(부록 <다섯 지파의 가계도> 중 <약봉파의 가계도> 참조).

사실 이는 대외적으로 공인된 분파는 아니며 어디까지나 약봉파 내부에서 맥락에 따라 구분한 것일 뿐이다. 이러한 분절이 일어난 것은 종손이 아닌 지차 집안에서 뛰어난 인물이 배출되어 다른 형제들과 구분되었기 때문이다. 즉 표은의 4자인 방걸(1623~1695)은 문과급제 후 벼슬이 대사간(大司諫)과 성균관 대사성에 이르렀으며, 기사환국(己巳換局)28) 때 장령(掌令)으로서 서인의 영수인 송시열(宋時烈. 호 尤庵. 1607~1689)과 김수항(金壽恒. 호 文谷. 1629~1689)을 탄핵해 사사(賜死)케 하는 남인의 지도자 중 하나였고, 5년 후 갑술환국(甲戌換局)29)이 일어나자 유배당했다가 이듬해 병사했다. 그의 사후 4대에 내려가 안동 유림에서 그에 대한 불천지위를 논했으나 이루어지지 못했다. 대신 그를 추모하기 위해서 자손들이 지산강당(芝山講堂: 書堂)을 세웠다. 그 자손들이 지촌파라는 명칭으로 다른 집안과 명망과 위세에서 구별됨에 따라 나머지 형제의 자손들이 그들과의 변별성을 부여받아 약봉파라는 우산 아래 6개의 소분파로 존재하게 되는 것이

---

27) 후손은 임하와 의성 단촌면에 살고 있는데, 자손이 적고 근래에 들어 주손을 잇지 못해 약봉파 중에서 후계를 세우기 위해 수계(修禊)를 했다. 이에 따라 출계손인 호군공(방조)파 주손이 관리를 하고 있다.
28) 1689년 숙종이 민비를 폐하고 장희빈을 왕비로 삼고 그의 소생을 원자로 봉했는데, 이를 지지한 남인이 정권을 잡고 반대한 노론이 축출당했다.
29) 1694년 숙종이 민비를 복귀시킴에 따라 남인은 정치권력에서 몰락하고 서인의 재집권이 이루어졌다.

다. 그리고 와계파에서 보듯이 손자가 뛰어남으로써 손자의 호를 따 그 직계자손이 자기들을 그렇게 부르게 된다. 물론 출계는 방조로부터 따진다. 이는 귀봉파가 귀봉을 정점으로 한 분파이지만 일상적으로는 사회적으로 더욱 출세한 그의 아들 운천공의 호를 따서 부르는 이치와 같다.

그 다음 대에 내려와 종족의 하위 분절이 또 이루어진다. 즉 방열의 3남 태중(泰重)의 아들 성탁(聖鐸. 24대. 호 霽山. 1684~1747)이 문과에 급제해 홍문관 수찬을 지내고 학문과 효행으로 뛰어났으므로 사후에 지방 유림에 의해 불천위로 공인됨으로써 그를 정점으로 삼은 분파가 이루어지게 되었다.[30] 그를 위한 사당은 따로 짓지 않고 다만 종가에 감실을 마련해 신위를 모시고 있다.

청계의 차남인 귀봉파의 분절은 더욱 복잡하다(부록 <다섯 지파의 가계도> 중 <귀봉파의 가계도> 참조). 파시조인 수일의 차남은 약봉에게 출계했고 장남 용(涌. 호 雲川)은 문과에 급제하고 병조참의를 지냈으며 임진왜란(1592~1598) 때 선조를 호종해 의주까지 피란을 했다.[31] 그는 사후에 이조판서를 증직하고 지방유림에 의해 불천지위로 추대되고 묵계서원(黙溪書院)[32]에 배향되었다. 후에 학봉 김성일의 위패가 임천서원에서 호계서원으로 옮겨지자 용의 자손들이 1704년에 건물을 매입해 임호서원(臨湖書院)이라 이름짓고 그를 모셨다. 그가 뛰어났으므로 자손들은 흔히 귀봉보다 그의 호를 따서 스스로를 표현한다.

---

30) 성탁은 교리로 있을 1737년에 국왕인 영조에게 그의 스승 갈암(葛庵) 이현일(李玄逸, 1627~1704)의 신원을 주청했다가 탄핵을 받고 귀양가게 된다. 갈암은 퇴계의 학통을 이어받은 영남학파의 거유로서 대사헌에 이르렀고, 서인을 비판하는 대표적인 남인으로서 1694년 갑술환국 이래 수차례 유배생활을 하다가 죽었다. 사후에도 그의 관직과 1871년에 받은 문경(文敬)이라는 시호가 수차례 복원되었다가 환수되는 파란만장한 과정은 남인이 겪은 정치적 풍운을 가장 잘 보여준다. 1909년에 와서야 신원이 되어 관직과 시호가 복원되었다. 영해의 인산서원(仁山書院)에 제향되었다.
31) 그때의 일기인 "호종일기(扈從日記)"는 국보 464호로 지정되어 있다.
32) 안동 길안에 있는 안동김씨 보백당(寶白堂) 김계행(金係行, 1431~1521, 시호 정헌定獻)을 주향한 서원(1661년 설립). 보백당은 청백리로서 "우리 집의 보물은 청백 하나뿐이다"는 유명한 말을 남겼다.

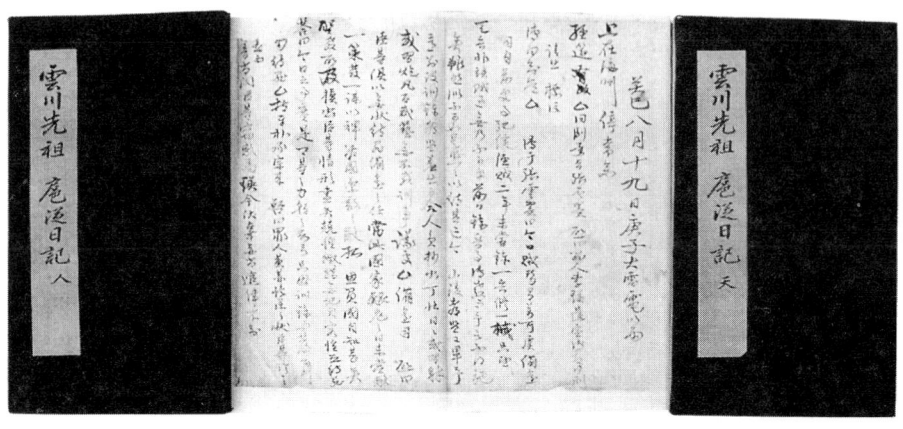

운천공의 「호종일기」는 국보 464로 지정되어 있다.

 그런데 용의 다음 세대에서 또 한번 분절이 이루어졌다. 그는 6명의 아들을 두었는데 장남 시주(是柱. 호 開湖. 1575~1617)는 문과급제 후 병조 좌랑(정6품)을 지냈으며 3남 시정(是楨. 호 敬齋. 1579~1612)은 생원시에 합격했다. 시주는 관직에 더 나아가지 않고 귀봉파의 종손으로 집을 지키며 살았다. 시주의 장남은 정티파(鼎峴派), 삼남은 소운암파(小雲庵派), 4남은 도암파(陶庵派)로 분파되었다. 차남은 시주의 동생인 시건(是楗)에게 입양되었다. 용의 모든 자손은 운천파라고 하며 그 안에서 시주를 정점으로 하는 자손은 개호파, 시정의 자손은 경재파로 자처한다.

 시건은 시주의 차남 임(恁. 호 長皐. 1604~1667)을 입양했는데, 임과 그의 아들은 생원이었지만 그의 손자가 문과급제를 했다. 즉 임의 장남 태기(兌基)의 아들 세흠(世欽. 호 七灘 1649~1720), 차남 이기(履基)의 차자 창석(昌錫. 호 月灘. 1652~1720), 3남 익기(翼基)의 차자 세호(世鎬. 호 龜洲. 1652~1722)가 각각 홍문관 교리, 사간원 정언, 병조정랑 등의 직을 얻고[33] 각각의 파시조가 되었는데, 이들 손자의 영달에 따라 조부 임은 대

---

33) 세흠이 숙종14년(1687)에 문과급제를 한 후 창석과 세호가 2년 뒤인 숙종 16년(1690)에 동방급제를 하여 천전파의 명성을 또 한번 올렸다.

사헌에 증직되었다. 임의 일곱 아들(그 중 한 명은 서자이다) 중 장남은 장고(長皐)파이고, 서자는 파를 이루지 못했으며, 나머지는 일류당(壹柳堂)파, 호군(護軍)파, 목암(牧庵)파, 일탄옹(一灘翁)파, 종사랑(從仕郞)파를 이룬다. 이들은 크게는 장고파를 구성하며 내앞에서 가장 인구가 많고 서로 돈독한 관계를 유지하며, 임과 그의 세 아들, 그리고 네 명 손자의 문장을 한데 모아 "장고세고(長皐世稿)"를 간행했다.

용의 3자 시정 및 4자 시릉, 5자 시상, 6자 시과는 자손이 단출하다. 시정의 아들과 손자는 생원이었으며 시릉은 참봉을 제수했다. 시상은 손자 태중에 의해 청암파로 대표된다. 즉 태중이 학문이 높고 참봉을 제수하고 문집을 남겼다. 시과는 임진왜란 때 어린 나이에 실종되었는데, 그의 자손이 충북 괴산에서 상민으로 전락해 살아오다가 6~7대가 지난 후에야 비로소 원적을 찾게 되었다. 그러나 이미 그들의 신분은 영락하여 안동의 의성김씨들과 대등한 신분을 회복할 수는 없었다. 이향즉천(離鄕則賤)이란 말은 이러한 사태를 경계해 생겨난 것이며, 될 수 있는 대로 원래의 터전을 떠나지 않으려는 강한 뿌리 성향은 여기서 나온 것이다 (부록 <다섯 지파의 가계도> 중 <귀봉파의 가계도> 참조).

3) 종족형성과 분절의 원리

종족은 이념적으로는 누구나 형성할 수 있다. 유교 종법체계에 따라 특정 인물의 남계친 자손들이 무덤을 가꾸고 사당을 짓고 위토를 장만하고 제사를 지내면서 동일 조상의 자손으로서 동질성과 공동운명체적 의식을 강화하고 특별한 유대감과 역사의식을 대대로 전수하면, 자연히 한 종족집단으로 인식되는 것이다.

그런데 종족이 형성되더라도 신분제적 차별을 추구하던 당시로서는 서원에 출입하고 과거에 급제해 관직을 획득하거나 학문을 계속 닦는 생활을 통해 사회적으로 공인을 받아야만 비로소 종족다운 종족으로 존재하게 된다.

숙종이 학봉에게 文忠公이라는 시호를 내린 교지.

원칙적으로 종족이란 반드시 양반만이 이루는 특권적인 것은 아니며, 양반이라고 해서 모두 잘 조직된 종족을 있는 것도 아니다. 물론 양반일 경우에 종족형성은 훨씬 용이하고 그 조직과 유지를 위한 유리한 조건을 상대적으로 많이 가질 수 있다. 사회적 기회와 문화적 자본을 획득하고, 그것을 향유하는 특권과 명예를 집단의 차원에서 어떻게 재생산하며 경쟁과 선택, 경영과 관리를 어떻게 하느냐에 따라 종족의 규모와 조직과 위상이 결정되는 것이다.

일반적으로 종족의 형성과 분파가 이루어지는 것은 다음과 같은 사회문화적인 계기가 있어야 한다. 첫째, 시호(謚號)를 받는 경우이다.[34] 시호란 국가에 특별한 공을 세우거나 학문적 위대함을 성취한 사람에게

---

[34] 용비의 자손으로서 시호를 받은 사람은 안동의 김성일 외에 성주의 김우옹(金宇顒. 호 東岡. 1540~1603)이 이조판서와 대사헌을 지내고 문정공(文貞公)의 시호를 받았다. 김우옹의 아버지와 두 형제도 모두 문과에 급제하고 관직을 두루 거쳤으며 형인 김우굉(金宇宏. 호 開巖)은 홍문관 부제학을 지냈던 데서 보듯이 의성김씨 중 가장 현달한 집안이라고 하겠다. 용비의 동생 용필의 자손인 김안국(金安國. 호 慕齋. 1478~1543)은 대제학(정2품)을 지냈는데, 이는 조선조를 통틀어 의성김씨가 차지한 가장 높은 벼슬이었다. 그는 조선 초기의 지도자적인 유학자 중 하나이며 문경공(文敬公)의 시호를 받았다. 동생인 김정국(金正國. 호 思齋. 1485~1541) 역시 공조참의(정3품)를 지냈다. 의성김씨 중에서 이들 문중이 전국적 차원에서 가장 명성이 높다.

사후 그의 일생을 평가해 왕이 내리는 것이다. 이와 함께 그의 신위는 불천위로 되고 국가로부터 사당과 제사를 위한 토지가 제수된다. 천전파 중에는 학봉이 사후 85년에 영남유림의 청원에 의해 조정으로부터 문충공(文忠公)의 시호와 함께 이조판서(정2품), 홍문관 및 예문관의 대제학을 증직했다. 이에 따라 조부인 예범과 증조부 만근도 좌승지(정3품)와 좌통례랑을 각각 증직했다.

둘째, 불천지위(不遷之位)는 학봉의 경우처럼 국가 외에도 지방유림의 공론에 의해 받을 수 있는데, 전자를 국불천이라 하고, 후자를 향불천이라 한다. 유림의 공인을 받는다는 것은 쉬운 일이 아니다. 이는 한 개인의 학문, 도덕성, 윤리, 사회적 공헌 등에 대한 유림의 일치된 평가를 얻어서 결정되며, 그를 위한 사당 건립과 의례를 유림의 주관으로 행함으로써 공인되는 것이다. 학봉의 부친인 청계와 청계의 손자인 운천, 그리고 7대손인 제산은 향불천이다.

셋째, 문과(文科)에 급제하고 관직(官職)을 갖는 일이다. 청계의 아들 중에서 약봉, 학봉, 남악은 문과에 급제함으로써 각각 청계파 하위분파의 시조가 되었다. 둘째인 귀봉은 사마시에만 합격하고 문과급제를 하지 않았지만 형제들이 분파를 함에 따라 귀봉파의 시조가 되었다. 그러나 실제로는 그의 아들 운천이 문과급제를 하고 관직에서 현달했던 관계로 흔히 그의 호를 따서 파를 지칭한다. 약봉파에서는 6대에 내려와서 제산이 문과급제 후 홍문관 교리를 지냈는데 제산파로 분파했다.

넷째, 당대에 관직을 갖지 않더라도 사후에 증직하는 것으로도 파시조가 될 수 있다. 청계는 정2품인 이조판서를 추증받았다.

다섯째, 문과급제를 하지 않더라도 현조의 자손이라는 이유로 특별히 관직을 제수하는, 즉 음보(蔭補)를 받으면 파시조가 될 수 있다. 의성김씨 중에는 33명이 음직을 받았다.

이상은 한 개인이 종족의 시조가 될 자격을 말하는 것이며 과거 급제나 관직 획득이 곧바로 종족의 시조가 되는 것은 아니다. 몇 대 아래로 내려가서 자손들이 경제적으로 중요한 의미를 지닐 만큼 위토나 공동재

내앞 대종택의 대묘. 청계대조의 불천위와 당대 종손의 부조 4대 신위를 모신다.

로 충성해야 한다. 문중에서 내리는 벌(門罰)로서 가장 심한 것은 족보에서 이름을 지우는 할보(割譜) 외에도 종가에 출입을 금하는 것이다. 종가와 문중은 이런 맥락에서 개인의 사회적 생명을 결정하는 핵심적인 문화요소이다.

3) 소

소(所)란 문중의 공동재산을 말한다. 의성김씨 종족사회에는 보통 제위소(祭位所)라 부르는 위토와 섬학소(贍學所)처럼 장학을 위한 기금이나 노인소(老人所)와 같이 양로활동을 위한 기금, 그리고 의장소(義庄所)와 같이 구휼을 위한 공동기금 등이 있다.[41] 파가 분류적이고 사회적 관계

---

40) 안동의 사족은 경제적으로 풍요하지 않아서 생활은 검박했으나 "호남은 음식, 서울은 입성, 영남은 집짓기"란 말로 묘사되듯 종가(宗家) 보전(保全)을 문중의 절대적 사명으로 삼는 전통이 강하다. 종가의 건물은 곧 문중의 역사와 전통과 위세의 상징이다.
41) 전통시대의 종족 공동재산은 식민지시대 일제의 수탈과 독립운동, 그리고 해방 후

산을 마련하고 기제와 시향 등의 조상의례를 따로 지내면서 자연히 다른 조상에 비해 자기 직계조상에 대한 자부심과 특별한 감정을 갖게 된다. 뛰어난 인물이라도 사망과 동시에 불천지위가 주어지는 것도 아니다. 몇십 년 혹은 몇 세대를 지난 후 후손들과 그를 흠모하는 사람들의 청원에 의해 국가나 지방유림에서 엄격한 심사와 논의를 통해 주어지는 자격이며 칭호인 것이다. 만약 불천지위를 얻게 되면 사당을 따로 갖게 되고 4대를 넘어서도 계속 제사를 지냄으로써 그의 사회문화적 지위는 더욱 뛰어나게 되고, 자연히 종족 안에서도 그의 직계자손들이 하나의 분파로 분별된다. 그리하여 해당되는 인물이 파시조의 위치를 획득하게 되면 그의 형제들도 구별되어 각각의 분파의 시조로 취급된다.

불천위를 만들기 위해 자손들이 어떻게 노력해야 하는지도 중요하다. 청계가 선조 13년(1580)에 졸하자 임하의 경산에 장사지내고 숙종 원년(1675)에 그의 영정을 모신 사빈영당을 지었다. 그후 자손들의 발의로 숙종 5년(1679)에 확장공사를 시작해 숙종 10년(1684)에 완공해 그 이듬해(1685)에 청계의 영정과 함께 다섯 아들의 신위를 함께 모시고 사당의 이름을 경덕사(景德祠)라 했다. 그후 숙종 36년(1710)에 사수변(泗水邊)으로 확장 이건해 사빈서원(泗濱書院)이라 했다. 그러나 이는 서원 건립과 배향인물의 기준에 맞지 않은 요소가 많았으므로 유림사회에 논란거리가 되었다. 그리하여 숙종 43년(1717) 어사 이명언의 보고에 의해 철폐령이 내리게 되자 사림의 이해를 구하고 조정에도 사람을 보내 해명과 허가를 얻는 데 온 문중이 나서서 힘을 썼다. 그 결과 사빈영당(泗濱影堂)으로 환원해 철폐는 면하고 향사는 계속하게 되었다.[35]

그런데 왜 청계파 문중에서는 그렇게 어려운 일을 과감하게 시도했을까? 물론 숙종조에 와서 그 폐단이 조정에서 논란될 정도로 문중마다 사설 서원을 건립하는 것이 경쟁적으로 이루어졌던 당시의 분위기에서도 이유를 찾을 수 있을 것이다. 이는 종족의 시조를 영원히 제사지내고 종

---

35) 고종 8년의 서원 훼철령에 의해 1871년에 묘우와 동·서재가 헐리고 현재는 홍교당만이 임하동으로 이건되어 남아 있다.

사수변(泗水邊)을 내려다보는 경산언덕에 사빈서원(泗濱書院)의 일부가 보인다. 고성이씨 이종악(李宗岳, 1726-1773)의 작품.

족의 존속을 영속화하기 위한 문화정치적 시도라는 맥락에서 볼 수 있다. 『경국대전』의 예전 봉사조(禮典 奉祀條)에 의하면 "文武官六品以上祭三代, 七品以下祭二代, 庶人則只祭考妣"라고 쓰여 있다. 선조 14년인 만력(萬曆) 9년(1581) 신사(辛巳) 4월 29일에 만들어진 완의문에 보면 의성김씨들은 이에 의거해 3대 봉사를 확인하고 있었다. 따라서 극일(1522~1585), 철(1569~1616), 시온(1598~1669), 방열(1616~1692)의 4대를 지나면서 증손인 시온이 죽게 되면 청계의 신주는 조매하게 된다. 그러나 문중을 중흥시켰으며 구심점인 큰 조상을 그렇게 없앨 수는 없는 것이다. 경덕사를 건립하기로 발의했던 1679년에 현손 방열은 64세의 고령이었다. 그는 자신이 살아 있는 동안에 이 중흥대조가 자손의 봉사로부터 사라지게 될지도 모르는 문제를 해결해야 했으며, 그리하여 청계를 불천위로 만드는 운동을 폈던 것이다.

학봉이 1593년에 진주성에서 병사한 후 선무원종일등공신으로 인정되고 숙종 2년(1676)에 이조판서를 증직함에 따라 부친 청계도 자헌대부와 이조판서 겸 지의금부사를 증직하게 되었다. 학봉은 사후 85년인 1679년에야 비로소 국가로부터 문충공의 시호와 함께 불천위가 되었으며, 청계도 이와 관련되어 17세기 말에 유림의 공론에 의해 향불천위가 되었던 것으로 추측할 수 있다. 이렇게 사대부 칭호를 받으면서 사족들은 종전의 3대 봉사 원칙을 4대 봉사로 대체한 것으로 볼 수 있다. 하여간 청계는 불천위가 됨으로써 세대의 제약을 넘어 청계파의 역사와 함께 영구히 존재하게 되었다. 그런데 청계의 아들 중 학봉만이 불천위가 되었으므로 다른 형제들은 조만간 체천(遞遷)될 것이었다. 이는 종가보전의 원칙에 비추어 볼 때 종손인 극일은 잊혀지고 4남인 학봉만 봉사를 받게 되는 것이므로 역시 있을 수 없는 일이었다. 그리하여 청계와 그의 다섯 아들을 함께 영원히 모실 수 있게 하기 위해 문중 서원을 만든 것이다. 즉 사빈서원에 대해 유림에서는 이견이 많았지만, 의성김씨 문중으로서는 공동운명체로서 청계의 다섯 아들로 이루어진 종족의 단결과 영원한 존재를 위한 방법이었던 것이다.

결국 조상은 오랜 기간을 통해 자손들의 부단한 노력에 의해 만들어지는 것이며, 이는 곧 자손들 자신을 위한 일이기도 하다. 종족의 성립이나 분파의 형성은 한 인물의 당대 출세에 의해 자동적으로 이루어지는 것이 아니다. 16세기초에 시작한 청계파의 성립과정은 17세기 후반에

오늘날의 학봉종택 전경.

와서야 그 자손들에 의해 열매를 맺는 것이다.

사실 중종 36년(1541) 6월에 "상제를 유교식으로 행한 효자 4명에게 정문을 세우고 복호를 했다"는 기록이 중종실록에 있다. 즉 난순히 제사를 유교식으로 했다고 해서 정문을 세워 주었다는 것은 그만큼 당시까지 억불숭유 정책에도 불구하고 유교가 확립되지 않았다는 것과 중종 때에 유교전통을 확립하기 위한 강화정책을 실시했다는 사실을 암시한다. 청계는 신유학 전통 체제의 확립에 적극 참여해 1576년에 용비의 무덤을 발견하고 비석을 세우고 또 사당을 마련하는 등 일련의 조상 찾기 사업을 주도했다. 이를 통해 의성김씨들은 용비를 가장 확실한 시조로 삼았고, 그를 중심으로 역사를 거슬러올라가 종법체계에 의한 족보 만들기를 시도했다.

그런데 17세기 후반에서 18세기 초반에 이르는 시기, 특히 숙종과 영조 년간에 과거 300년 이상 실전되었던 조상의 무덤을 탐문하고 발굴하고 중수하는 등의 위선사업(爲先事業)에 문중이 적극적인 노력을 한 기록이 있다. 그들은 숙종 15년(1689)에 와서 그 동안 실전되었던 거두와 천의 무덤을 찾아내고 영조 7년(1713)에 비석을 세웠다. 그들이 이 시기에 위선사업을 활발히 전개한 것은 종법사상과 제도의 실천에 충실함으로써 신분적 지위를 강화하고 확립할 필요가 있었기 때문이다. 즉 16세기에 종족의 기틀이 마련되었지만, 곧 이어 왜란과 호란을 거치면서 전국적으로 심각한 사회경제적 변화가 일어났으며, 이에 대응해 그들은 양반의 신분적 정체성을 재확인함과 동시에 사족 중심의 신분제적 질서를 재정립하려는 노력을 경주하게 된 것으로 볼 수 있다. 따라서 청계를 거쳐 학봉의 세대에 시도된 위손지계(爲孫之計)는 17세기 후반 문중 차원의 위선사업(爲先事業)으로 보답받게 되었다.

중국에서는 세대상의 높고 낮음이 별 문제가 되지 않는데, 한국에서는 경제적 지위나 사회적 명망 등이 같다면 윗대의 파일수록 종족 내부의 지위와 권한이 높다. 이 점이 중국과 한국의 차이라고 본다(Song Sunhee 1982: 344). 이 상위 종족계통은 종파 또는 원종가로 승계되고 나머지는 지파가 되는데, 종파의 존속은 아주 중요해 그 장손은 종손이라 하고 나머지 모든 자손은 지손이라 한다. 그리고 지파의 장손은 주손(胄孫) 혹은 주사손(胄祀孫)이라 한다.

하나의 문중은 그 안에 언제나 분열의 가능성을 가지고 있는 것이며, 뛰어난 사람이 많을수록 분파는 활발하다. 그러나 분파를 이루었다 하더라도 그들은 내부적으로 결속하고 상부상조하며 정치적으로나 사회적으로 공동운명체적 결속력과 동질성을 강화한다. 따라서 분파는 종족의 권위체계의 약화라기보다 오히려 자손의 번성과 영달의 결과로 볼 수 있다. 현달한 집안이 있으면 그와 가까운 집안은 함께 사회적 명망을 누리는 반면, 같은 조상의 자손이라도 집단의 명예를 손상시키거나 전체에게 불리한 원인을 일으키면 그 집안을 축출함으로써 나머지 집안은 사회적으로 살아남게 되는 것이다. 의성김씨들은 이 점에서 남달리 신분 유지에 신경을 쓰며 내부적인 경쟁과 대외적인 결속을 추구하면서 양반의 품위를 지키기 위해 끊임없이 자기 경계와 수양을 해 왔다.

예를 들어 예범의 차남 호은정의 자손이 서파로 분류되거나 삼남인 서계의 갈래는 아랫대에 와서 현달한 인물을 배출하지 못함으로써 차등적인 대접을 받는다. 물론 그들은 체면을 깎는 실수를 하지 않도록 노력함으로써 청계파로 대표되는 의성김씨 명망의 범주 안에 머물러 있을 수 있다. 또한 그 윗대에서 만근의 장남인 인범의 자손이 후대에 오면서 양반의 지체를 확립하지 못하고 영락하자, 대신 차남인 예범의 집안이 종가로서의 지위를 누리게 된다. 한편 타향살이를 하다가 천한 신분으로 영락한 김용의 6남인 시과(是果)의 자손은 그들의 종족에서 제외된다. 이렇게 양반문중의 지위를 지키기 위해서는 비양반 집안을 축출하거나 절연하고, 양반의 체면을 훼손하지 않기 위해 부단히 노력해야 하는 것이다. 동시에 내부적 결속은 문중 전체의 운명과 관계되는 것인 만큼 특별히 강조되었다. 학봉 사후에 풍수에 따라 고조부인 한계의 무덤과 고조모의 무덤 사이에 그의 무덤을 쓰기로 하자, 한계의 아우인 한석의 충순위파에서 이의를 제기해 분쟁이 일어났다. 당시 학봉은 문중뿐 아니라 안동지역 유림사회에서 위세를 누리고 있었다. 결국 그의 다섯 형제 후손들이 소집한 전체 문중회의에서 청계파의 요구가 관철되었다. 대신 충순위파는 문중에서 주변적인 존재가 되어 감을 확인할 수 있었다.

3. 종족의 운영체제

1) 종손과 종가의 지위

청계파 안에서의 내부 분절 양상을 보면 장남이 계속해 가장 뛰어날 때 분파는 이루어지지 않지만, 차남 이하의 형제 중에서 장남, 즉 종손보다 관직이나 학문적 성취의 수준이 더 뛰어나면 그를 정점으로 삼은 하위분파가 조만간 출현하게 된다. 그들은 뛰어난 조상에 대해서는 역사를 거슬러올라가 찾아내고 섬기며, 자손들 사이에는 성공하도록 지원하고 격려하며, 하위분파간에는 선의의 경쟁을 인정한다. 그러나 종족의 질서와 명예를 훼손하는 어떠한 움직임에 대해서도 종족 전체의 이름으로 철저히 규제하며 경쟁력을 잃고 영락한 자손에 대해서는 냉정하게 관계를 끊어 버린다. 이러한 포용과 경계, 그리고 지원과 경쟁을 적절히 사용함으로써 청계파는 내부적 하위 분절을 만들면서도 전체적으로는 여전히 청계파로 존재하는 것이다.

대종가를 중심점으로 삼은 철저한 종법체제와 위계질서, 그리고 내적 통합은 강한 동질의식과 함께 청계파 종족의 특징이다. 지차(支次) 집안에서 후대에 가면 학문적으로나 관직에서 조상보다 더 현달한 경우가 나와도 대종가를 능가해서는 안 되었다. '수족(隨族)하라'는 가르침을 따라서 그들은 파나 사회적 지위, 그리고 연령의 차이를 넘어 전체 종족체계 속에서 서로의 관계를 인식하며 항렬에 따라 호칭을 정하고 행동도 이에 준해서 한다.

이러한 전통을 세우는 데는 예범과 진, 성일의 3대에 걸친 노력이 가장 컸다고 보겠다. 특히 진은 종손의 중요성을 인식시키고 맏집 섬기기를 강조하고 종택을 지었다. 이를 더욱 확고부동하게 만든 사람은 성일이었다. 그는 진의 사후 7년이 되는 해(1587) 겨울에 종택이 화재로 소실되자 곧바로 모든 자손들로부터 자금을 거두어 오늘날 보는 대지 4,800평에 건평 117평의 대종택을 손수 설계하고 건축했으며,36) 재산과 의례에 대한 권리와 의무를 문서화하고 후대에게 서명케 하여 남겨 놓았다. 어떤 일이 있어도 종중(宗中) 공동재산은 절대로 훼손되어서는 안 된다는 것과 어떤 이유로도 종가의 신성한 권리와 특권은 인정되어야 한다는 것이 골자였다.37) 종택은 종손이 개인적으로 처분할 수 있는 재산이

---

36) 이때 극일·수일·명일 세 형제는 모두 작고하였고 아우인 복일은 울산군수로 나가 있었다. 성일만이 휴관(休官)중이어서 공사감역을 전담하였다. 이 종택은 규모의 크기와 설계의 장려함으로 전통건축 연구에 귀중한 자료가 되며 국보 450호로 지정되어 있다.

천전의 대종택

아니라 문중 전체의 상징이자 재산이므로 전체 문중이 관리와 보수의 책임을 지게 되었다. 그래서 문중회의에서 종택의 관리를 담당하는 유사를 선출해 그 일을 담당하게 한다.

대종가에 딸린 재산은 종손일지라도 함부로 처분하거나 손실을 끼쳐서는 안 된다는 규정을 명문화했으며,38) 문중의 크고 작은 모든 지파의 대표들이 모여서 작성한 "완의문(完議文)"은 종족의 공동재산과 종가 보전을 위한 재산보호에 관한 논의와 결의문인 경우가 많다. 그래서 종종 재산이 축나면 문중에서 복원시켜 왔다.39)

---

37) 현대에 와서도 종손의 대학까지 교육비와 종택의 운영과 유지 및 보수에 소요되는 비용도 전체 문중에서 부담한다. 종손이 진 개인적인 빚이나 종손이 문중재산에 끼친 손실이 있으면 이를 문중의 각 지파에서 특별 모금해 빚을 갚고 재산을 회복시켰다. 평소에도 종손은 노동에서 제외시키고 외지에서 마을을 방문하는 사람은 종택에 들러 인사를 나누고 술이나 음식을 선물함으로써 각별한 예를 표하는 것을 도리로 삼는다(이에 대한 자세한 이해를 위해서는 김광억 1987 참조).
38) 내앞의 개호송(開護松)과 같은 문중 공동재산은 지금까지도 보존되어 온다.
39) 일제 말엽 대종손이 많은 재산을 탕진했을 때에도 복원시켰다. 이러한 전통은 대종가뿐 아니라 소종가에도 적용되었다. 일제시대에 학봉파의 종손이 독립군 군자금을 비밀로 조달하기 위해 술값과 노름빚으로 재산을 탕진하는 위장된 방법으로 종가재산을 축냈을 때에도 문중에서 돈을 거두어 원상 복구했다. 이러한 사례는 한두 가지가 아니다. 현대화의 긴 과정 속에서 수많은 문중과 종가가 몰락했음에도 불구하고 안동지역에 종가가 여전히 전통시대의 위풍을 갖추고 있는 경우가 많은 것은 종손을 받들고 종가의 보존에 절대적인 충성을 바치는 보종(補宗)의 전통이 있기 때문이다.

청계종족의 역사를 들여다보면 대종손은 물론 하위지파의 주손도 문중으로부터 특별대우와 보호를 받으면서 학문을 닦게 했고, 과거에 급제한 후에도 크게 벼슬길로 나아가지 않고 적당한 선에서 물러나 종가를 지키면서 봉제사(奉祭祀) 접빈객(接賓客)을 주된 역할로 삼으며 지방사회의 명사로 생활했다.

2) 문중회의와 문장

매년 음력 정월 초엿새와 이렛날 이틀에 걸쳐 청계파 다섯 분파의 종손을 위시해서 크고 작은 지파의 대표들이 내앞의 대종택에 모여 종회를 갖는다. 이를 '모듬한다'고 하는데 신년에 사당에 모여 청계공에 대한 차례를 지내는 행사로서 대묘참례라고도 한다. 누구나 참여할 수 있지만 특히 지명을 받은 참례원은 반드시 출석해야 한다. 이들 참례원은 보통 100~150명에 이른다. 각 지파의 주손은 당연히 참석하며 참석자 가운데서 가장 덕망이 있고 나이가 많은 사람이 문장(門長)이 되어 회의를 주재한다. 이러한 회의에서 대종손은 회의소집과 의제입안의 주역이며 결정도 그의 서명에 의해 확정된다.

회의에서는 각 소의 유사가 재산 및 활동보고를 하고 결산을 하여 문부(門簿)를 작성해 보관한다. 중요한 일과 종족의 공동재산에 관한 사안에 대해서는 각 지파의 종손과 지손의 합의제를 통해 결정하고, 이러한 모든 것은 문서로 작성해 보관한다. 특히 종가에 후사가 없을 때 입양이나 종가에 딸린 재산을 처분하는 일은 문중 전체회의를 통하여 이루어졌다. 합의제는 각 분파들이 분열하지 않고 결속하기 위한 가장 중요한 정치적 절차이다. 그리고 문중회의의 권위는 절대적이었다.

양반이란 자신의 뿌리를 확고하게 지켜야 하므로 종가를 반듯하게 세우고 끊임없이 종가와 교류, 왕래하여 자신의 근원을 확실하게 해 놓아야 한다.[40] 문중과 연계가 두절되거나 문중으로부터 부정당하면 그는 천한 신분으로 영락하게 되는 것이다. 그러므로 종가와 문중에 절대적으의 기능을 위한 것이라면 소는 경제적 기반이며, 특히 묘소에 딸린 소는 조상숭배를 담당하는 것이다. 종족의 분파나 제위소의 분절은 비대칭적이고 불규칙적이다. '파'의 분절은 관직이나 학문적 성취에 의해 이루어지지만 소는 공동소유의 재산이라는 특별한 성격을 갖는다. 파는 한 개인이 어느 조상의 자손인가 혹은 어느 분절의 범주에 속하는가를 말하지만, 소란 특정 조상과 관련된 공동재산이므로 해당 자손만이 관련을 갖는다. 파는 따라서 넓은 범주의 핏줄에 의한 지위와 정체성의 결정체로서 사회적 의미를 지니는 데 비해 소는 한 문중의 경제적 지위와 관계된다.

제위소

천전파의 제위소 운영방식을 보면 하위 분절의 묘소에 딸린 소는 해당 자손들이 관리하지만, 상위 분절의 제위소는 하위분절의 자손도 참여해 공동으로 관리한다. 예를 들어 청계의 제위소는 그의 다섯 아들로 이루어진 분파의 대표들이 모두 유사로 참여해 관리함으로써 공동책임을 지는 데 비해 학봉의 제위소는 학봉의 자손만이 관리한다. 나아가 약봉의 제위소는 지촌과 제산을 포함한 그의 모든 자손들이 직접 간접으로 참여해 관리하지만, 지촌의 제위소는 오직 지촌의 자손이 관리의 책임을 지는 것이다.

천전파란 19대 진을 정점으로 하는 종족이지만 그 윗대의 제위소에도 관계한다. 그들이 윗대의 조상을 찾아내고 묘를 중수하고 비석을 세우거나 위토를 만들고 제사를 복원하고 지금도 묘사가 지속되도록 하는 데 핵심적인 공헌을 했기 때문이다. 그들이 관계하는 제위소는 다음과 같다.

급변하는 상황 속에서 많이 상실되고 훼손되었으며, 그 결과 현재에는 많이 줄어들었다. 대신에 이전의 소의 재산을 변형하거나 새로운 계를 많이 만들어 마을에 남아 있는 사람과 외지로 나간 사람들 사이의 감정적 유대를 공고히 하는 것이 생겼다(이에 대해서는 김광억 1987 참조).

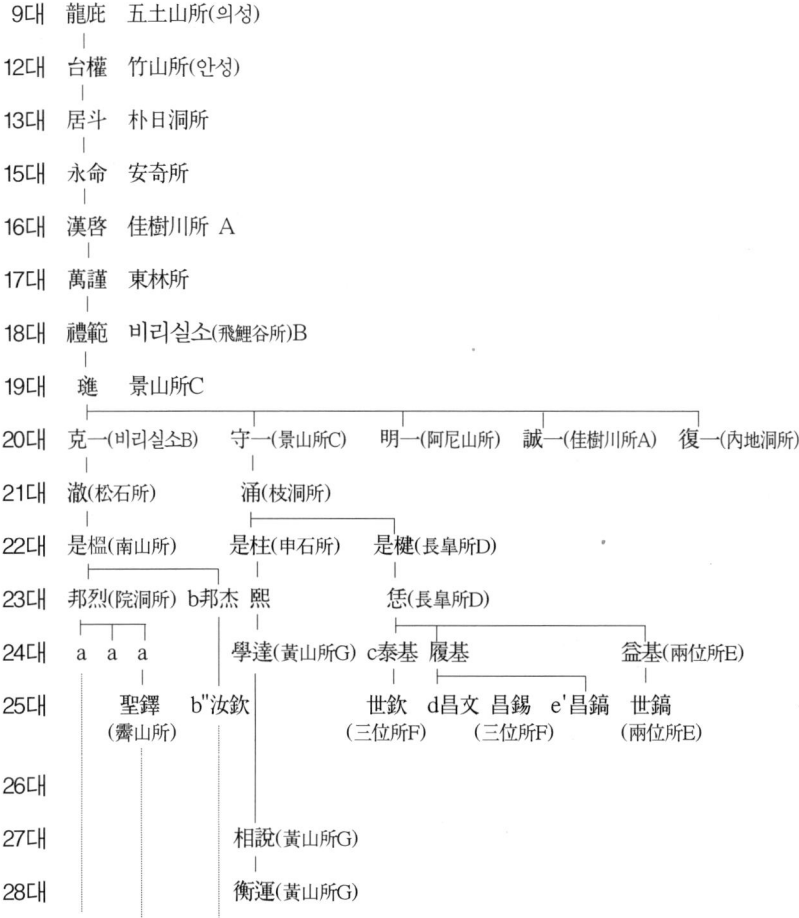

의장소

　종가의 보전을 위해 특별히 마련한 재원으로서 청계의 유언에 따라 관리되어 왔다. 마을 뒷산인 비리실과 인근 임하면 일대의 논과 밭, 영양군 청기면의 임야, 강릉의 금광평 등으로 이루어진 상당한 규모의 재단으로, 천전과 전체 문중회의에서 지명된 유사에 의해 관리되며 종가의 살림과 운영 및 종택의 유지에 소요되는 경비를 담당한다. 의장소는 또한 마을 사람들의 구휼사업이나 가난한 김씨들에게 금전이나 곡식을 빌려주기도 했다. 일반적으로 춘궁기에 이자 없이 대여했다가 가을에 회수했으며, 빈궁한 집안의 장례비 일부나 구환에 보조금을 지불하기도 했다. 또 마을 뒷산은 종족원의 묘지로도 사용되고 땔감을 채취하는 곳으로도 사용되었다. 의장소는 따라서 종가의 위덕을 높일 뿐 아니라 김씨들에게 종족의 의의를 경험케 하는 중요한 기구였다. 종손을 귀하게 여기는 것은 어느 집안이나 비슷하지만 의성김씨 천전파는 유별나게도 종손을 받들어 종손은 언제나 다른 사람에 비해 월등한 경제적 지위를 누릴 수 있게 했으며, 의장소의 재산은 어떤 일이 있어도 누구도 훼손할 수 없음을 밝힌 문서를 통해 보장했다. 마을 앞 낙동강변에 있는 '쑤'라고 부르는 소나무 숲과 개호송도 의장소에 속해 있다. 의장소의 유사는 문중의 모든 재산을 관리하는 도유사의 직책을 자동적으로 가졌으며 문중 전체회의에서 선출했다.

노인소

귀봉의 부인인 한양조씨가 시집올 때 가지고 온 재산의 일부인 밭 16마지기를 기금으로 하여 설립된 것으로, 종중에서 60세 이상의 노인들에게 술과 음식을 장만해 시회(詩會)를 열고 천렵과 소풍 등을 즐기는 경로행사를 위한 재원이다. 이 노인소는 귀봉파에게만 적용하지 않고 청계파의 모든 노인이 대접받는 것으로, 종족의 원로모임과 같은 성격을 갖는다.

섬학소

섬학소는 종족의 자녀들에게 학문을 고취하기 위한 일종의 장학재단으로, 가난한 자손도 공부할 수 있도록 서당을 운영하는 데 쓰였다. 또한 문장답(文章畓)과 문장검(文章劍)이 있어 문과 급제자에게는 특별히 상을 주었다. 이 문장답과 문장검은 다음 번 문과 급제자가 나오면 그에게 전해지는 것으로 문중 전체에 가장 영광스러운 상패였다. 이러한 상을 두고 종족원들은 학문에 힘쓸 것이 권장되고 선의의 경쟁이 유도되었던 것이다. 문중이 세운 서당과 서원에도 재산이 있어 일차적으로는 해당 서원의 운영에 필요한 경비를 제공하지만, 경우에 따라서는 문중의 중요한 지출에도 보조를 했다. 예를 들어 경사서원에서는 문중의 학자가 문집을 간행하는 데 보조적인 지원을 하거나 과거에 급제하면 포상의 뜻으로 잔치를 열어 주기도 했다.

이러한 소, 즉 공동재산이 있으면 해당 조상의 직계자손 사이의 결집력은 그만큼 강해지는 것이다. 종족 공동재산의 형성과 보존에 관심을 기울이는 이유는 그것이 공동체로서 종족의 기능을 수행하는 데 필요한 물질적 기반이었기 때문이다. 즉 가난한 종족원의 세금을 대납하고 흉년이나 기근 및 자연재해가 발생했을 때 구호수단을 확보함으로써 종족원들을 경제적 불안에서 해방시켰으며, 산은 종족원에게 묘지와 땔감 채취의 자원이 되는 것이었다.

4. 종족의 재생산과 양반문화

1) 과거급제와 관직

안동에서 양반으로 인정받는 가장 중요한 사회문화적 요소는 '사족'의 범주에 들어가는 것이다. 사족에게 생명은 학문을 통한 지식의 습득과 예의 실천이다. 학문적 성공은 과거급제와 관직, 그리고 문집을 내는 것으로 판단한다. 예는 수양의 정도가 표현되는 방식에 관한 것으로, 말과 행동, 사람을 대하는 태도와 자세, 그리고 의례생활이 그 실천의 핵심적

〈표 2-2〉 청계파의 과거 합격자

	약봉(극일)	귀봉(수일)	운암(명일)	학봉(성일)	남악(복일)	계
19	(진)					(1)
20	(극일) 극일: 內賓寺正(정3)	(수일) 수일: 自如道察訪(종6)	(명일)생원	(성일)성일:경상도관찰사(종2)	(복일)복일:성균관사성(종3)	3 (5)
21	(철)	용:병조참의(정3)				1 (1)
22		(시주·시정) 시주 (정6)		(시추·시권·시흥·시태) 시권 (정6)		2 (6)
23	(방열) 방걸: 대사간(정3)	(휴·임)			(빈) 빈 (종2)	2 (4)
24	(세중)	학기·선기·이기	(학배) 학배 (정6)	(명기)		1 (6)
25	(성흠) 성탁: 홍문관수찬 (정5)	(세흠·세호·창석·세추·세선) 세흠·창석·세호 (정5, 정5, 정6)			(세극)	4 (8)
26	(도행)			(숭덕·옹수) 응렴 (정4)		2 (7)
27		(상열)	(여필)	(주운)		0 (3)
28	(현운·양운)	(현운·호운·이운) 호운 (정9)		(용찬·완찬) 기찬 (정4)		2 (7)
29	(희수·송수)	(형수·조수)	(태수·병수)	(건수·인수·양수·견수·종수)		0 (11)
30	(진명·진호·대진)			(진로·진국·진익) 진형·진우·진의 (정3, 정3, 정3)		3 (6)
31	(서락) 귀락			(승락·경락) 달연·홍락·용락(정3,정3,정5)		4 (3)
32	두병 (정5)			(재모)		1 (1)
계	(16) 5	(19) 6	(5) 1	(22) 10	(3) 2	24 (65)

( ) 안은 생원(사마시) 합격자. 이 중에는 생원시 합격 후 문과급제자도 포함된다. ( ) 밖은 문과 급제자.

영역이다.

앞서 언급한 대로 의성김씨가 명문사족으로서 기반을 확고히 한 것은 청계공의 다섯 아들이 모두 대소과에 급제함으로써 지역사회의 인정을 받고 퇴계 문도끼리 결성된 사회적 관계와 혼인의 망에 들어가게 되었기 때문이다42)(이수건 1979; 조강희 1983 참조). 특히 숙종조 이후 서인에게 정치적 주도권을 빼앗긴 남인으로서 의성김씨들은 관직보다 선비 생활에 더욱 몰두했고, 그 결과 문과 합격자의 숫자에서 두드러지는 성취를 했다. 그들은 문집간행과 과거급제 등 학문적 성취에 따라 양반의 질적 수준을 평가하는 경향을 강하게 지닌다. <표 2-2>에서 보듯이 조선조를 통해 인구의 면에서 전체 의성김씨의 17~18%를 차지하는 청계파는 문과 24명43)과 진사 65명을 배출했다. 그 중에서 양과를 모두 합격한 사람을 제외하면 13명이 문과에, 31명이 진사 및 생원시에 합격했다.44)

원래 양반의 지위는 4대 이내에 문과 급제자를 내는 한 인정되는 것이다. 이에 따르면 학봉파만 양반이고 약봉파는 30대에서 31대까지는 비양반이며 운암파와 남악파는 더욱 양반이 아니게 된다. 그러나 안동지방에서 청계의 자손은 어느 파에 속하는가에 관계없이 양반으로 간주되어 왔다. 양반이란 여러 가지 사회문화적 요소에 의해 인정되고 획득되는 복합적인 지위이며,45) 한번 출세하면 그 자손은 음보로 그 지위를 유지하게 되는 것이다.

<표 2-2>에 의하면 청계파에서는 26대에 10명의 문과 급제자와 34명의 사마시 합격자가 나왔다. 문과 급제자라고 해서 곧 분파를 만들고 그 시조가 되는 것은 아니다. 대수(代數)가 얕고 자손이 아직은 많지 않기 때문이다. 청계파의 가장 전성기는 20대, 25대, 30대, 31대로서, 즉 19대에서 25대에 이르는 16세기 중반에서 17세기 후반에 사족으로서의 입지

---

42) 청계의 손자 운천은 퇴계의 손서가 되었던 것으로 보아 그들은 퇴계 문도로 이루어진 지역의 엘리트사회에 입지를 확보했음을 알 수 있다.
43) 이는 전국의 의성김씨 전체의 문과 합격자의 24%가 된다.
44) 조선조 안동지역에서 의성김씨는 문과 35명, 사마시 108명을 배출함으로써 각각 26명, 118명을 낸 권씨보다(초기 150년은 제외) 우위를 점한다(Wagner and Song 1977 참조).
45) 단양우씨는 지난 400여 년 동안 한 명의 문과 급제자도 배출하지 못했지만, 도산서원에 출입하고 학맥에 따라 혼인을 했으며 퇴계의 예학을 실천하는 데 힘썼기 때문에 양반으로 간주되고 있다.

가 형성되었고, 30대와 31대를 포함하는 19세기에 이르도록 명성을 확고히 누려 왔다고 볼 수 있다.

2) 학문적 성취와 문집간행

양반은 학문적 성취를 이룩해 유림의 인정을 받아야 한다. 의성김씨는 과거급제, 음직, 학행 등으로 출사(出仕)한 사람이 적지 않았으나 경상감사를 지낸 학봉 김성일과 예조참판을 지낸 남악파의 김빈이 종2품 가선대부의 품계에 올랐을 뿐, 대다수가 통정대부의 품계에 오르면 더 나아가지 않고 학행에 힘쓰는 전통을 보여 왔다. <표 2-3>에서 보듯이 그들은 49명의 조상이 문집을 남겼으며, 특히 학봉은 퇴계학통의 제일인자이며 제산은 정5품인 홍문관 수찬이었으나 학문적 성취가 영남학파 무리 안에서 뛰어났으며 8권의 문집을 남겼음을 자랑한다.

학문의 연원은 퇴계학통을 이은 학봉 5형제를 비롯해 용(운천) - 시온(표은) - 빈(만촌) - 방걸(지촌), 학배(금옹), 휴(경와) - 태중(적암), 성탁(제산), 창석(월탄), 세흠(칠탄), 세호(귀주) - 낙행(구사당), 정한(지곡), 강한(난곡) - 대진(정와), 홍락(서산)으로 이어진다.

학봉선생 문집.

〈표 2-3〉 청계파의 문집간행 통계

	약봉(극일)	귀봉(수일)	운암(명일)	학봉(성일)	남악(복일)	계
19	1					1
20	1	1	1	1	1	5
21		1				1
22	1	2				3
23	1	3		1		5
24		4	1			5
25	2	5	1			8
26	5					5
27						0
28	1	1	1	1		4
29	2					2
30	1	1	1	1		4
31	1			2		3
32	2	1				3
계	18	19	5	5	2	49

김시박(1972) 및 김규성(1974)의 자료에서 재구성.

3) 문화경관

종가의 웅장한 규모의 건물과 더불어 의성김씨들은 낙동강의 지류인 반변천을 따라 경치가 좋은 곳에 백운정, 선유정, 도연정사(道淵精舍),[46] 임하서당, 지산서당과 같은 정자나 독서당이나 혹은 정사를 짓고 개호송과 같은 인공숲을 만들고, 경덕사(사빈서원), 임천서원(臨川書院),[47] 임호서원(臨湖書院) 같은 사우와 서원, 송석재사, 가수천재사 같은 재사를 세웠다. 규모를 갖추어 잘 지어진 기와집과 함께 이들 경치와 건축물은 독특한 문화적 경관을 자아내 사족들의 취향과 생활세계를 보여준다. 건물에는 그들과 교류하던 학자와 관리들의 시와 문장이 현판으로 걸려 있

---

46) 표은을 제향하기 위해 경절사(景節祠)를 세웠다가 후에 금옹을 함께 모시면서 도연서원이라고 불렀다.
47) 1847년 건립, 1868년 훼철, 1908년 복설, 1978년 중수. 학봉 김성일을 봉향한다.

낙연모색(落淵暮色). 도연폭포 주변의 저물녘 정경. 이종악(1726-1773)의 작품.

어 사회적 관계의 넓음과 위세의 격을 나타낸다.

천전을 중심으로 임하, 신덕, 추월, 망천, 지례, 국란, 용계 등의 반변천을 따라 생긴 마을과 서후면 금계리와 예천의 금당실에는 그 숫자와 종류에서 사족의 명망에 걸맞는 건축물이 많이 있다.

〈표 2-4〉 의성김씨 천전파의 정사(亭榭)

	계	사당	재사	서원	서당	정자
청계의 윗대	6		2		1	3
약봉파	13	3	2		4	4
귀봉파	10	1	1			8
운암파	4				2	2
학봉파	11				1	
남악파	1				1	
공동	13			4(사우 4)	5	
계	58	5	6	4(사우 4)	16	23
현존건물*	32	5	6	1	5	15

자료출처: 김시덕(1991).
*현존이란 1991년을 기준으로 함.

특히 임하에서 반변천을 따라 지례에 이르는 지역은 청계가 개척한 이른바 의성김씨들의 세계이다. 산수가 수려하고 세속과 떨어져 있는 그윽한 곳으로 선경에 온 듯한 기분을 자아내 그들에게는 세속적 욕심을 벗어나 고결한 학문세계에 몰두하면서 도학정신을 함양하는 공간으로서 중요한 의미를 지닌다. 천전, 망천, 임하에 걸쳐 펼쳐진 대종택과 개호송, 그리고 백운정과 임하서당으로 이루어지는 경관도 그들이 자랑하는 것이지만, 특히 지례의 도연폭포 지역이 가장 중요하다. 경산에 있는 청계의 묘와 그 아래 사빈서원은 천전파의 성지이며 그곳에서 내려다보이는 도연(낙연) 일대는 영남의 선비들이 자연 속에서 표일한 일생을 보내는 도학자의 이상을 상징하는 세계로 찬미되었다. 그 중에서도 청계가 가장

송정(松亭). 표은의 손자 적암(適庵) 태중(台重, 1649-1711)이 창건한 문중 서당으로 도연정사(道淵精舍), 도연서당(道淵書堂)이라고도 한다.

사랑했던 선유정과 와룡초당(후에 도연정사)을 지어 처사로서 일생을 보냈던 표은의 모습과 도연폭포는 그들이 자랑하는 하남삼절(河南三絶)이다.[48]

후손들과 이들 문중과 교유하는 사람들은 이러한 건축물과 경치에 대해 유람하고 조상이 남긴 시를 다시 읊고 자신의 것을 보태어 놓으며 조상의 풍류와 학행과 일생을 반추한다. 그들에게 있어서 이러한 활동은 일종의 성지순례이며 이를 통해 자기들의 전통을 재생산하면서 그 전통 속에 후손들을 훈육하는 것이다.

서원과 서당의 건립에는 문중 전체의 공의가 있어야 하므로 그 준비 과정 자체가 종족의 결속력을 강화하는 과정이며 이는 또한 유림의 지지와 공인을 받아야 하는 것이기도 하기 때문에 문중의 경제력과 함께 지역사회에서 관계의 망과 위세를 나타내는 것이기도 하다[49]. 학봉은 임천서원에 주향된 것 외에도 호계서원(虎溪書院),[50] 영양의 영산서원(英

---

48) 하남삼절이란 瓢隱高風(표은의 고결한 풍모), 落淵懸流(도연폭포의 장관), 仙遊層壁(선유정의 기암과 층벽)을 말한다.
49) 지역사회에서 유림의 문화적·정치적 기능에 대해서는 김광억 1994 참조.

山書院), 의성의 빙계서원(氷溪書院), 청송의 송학서원(松鶴書院), 나주의 경현서원(景賢書院) 등에 배향됨으로써 그의 명망을 보여준다.

4) 혼인과 사회적 연망

혼인은 신분을 결정하는 가장 중요한 요소의 하나이다. 두 집안은 혼인을 통해 정치적·경제적 동맹을 맺을 뿐 아니라 사회적 신분을 결정하고 세대를 넘어선 연계망을 구축하는 것이다. "혼인 한번 잘못하면 8고조(혹은 16고조)를 친다"는 말이 있듯이 16세기에는 외손봉사나 처가에 장가드는 것이나 자녀상속 등의 관습이 있었다. 그후 17세기에 들어오면서 영친례와 적서 구분과 적장자 상속, 동성불혼 등이 지켜지면서 혼인은 부계집단의 구성원리로 작용했다. 그들은 특히 혼인에서 신분과 색목을 엄격히 따졌다. 그들은 청족(淸族)이라 하여 4대째 양반이 아닌 집안과 혼인한 경우가 없는 집안임을 자랑한다.

같은 스승이나 서원에서 동문수학한 사람들은 세계관, 철학, 이념뿐 아니라 이에 의거한 예학(禮學)을 공유함으로써 일상생활의 방식과 사회적 통교의 망에서 일치한다. 따라서 그들은 주로 안동, 영주, 봉화, 영덕, 영양, 예천군 등을 포함하는 소위 안동문화권 안에서 퇴계학맥의 집안끼리 대대로 폐쇄적이고 중층적인 학맥 내혼의 연망을 형성해 왔다.

처음 한계와 한철이 문과급제 후 조정에서 관직을 지내면서 그 자식들을 서울과 안동의 유력 집안 혹은 같은 유학자 집안과 통혼했다. 즉

---

50) 원래 여강서원(廬江書院)으로 퇴계를 주향하기 위해서 1573년(선조 6)에 지방유림의 공의로 창건했는데, 1676년(숙종 2)에 호계(虎溪)라 사액되었다(정문연 민족문화대백과사전에는 1575년 건립, 1767년 영조 43년에 호계라 사액되었고, 1625년 인조 3년에 김성일과 류성룡을 추가 배향한 것으로 기록). 그런데 1620년에 김성일과 류성룡을 종향할 때 그 배치서열을 두고 두 자손들 사이에 큰 다툼이 일어났고 지역의 사림 안에서도 편이 갈라져 분규가 끊이지 않았다. 그 뒤 이황과 김성일, 류성룡은 각각 도산서원, 임천서원, 병산서원으로 주향하게 됨에 따라 건물은 강당만 남게 되었다(신석호 1930, 1931 참조).

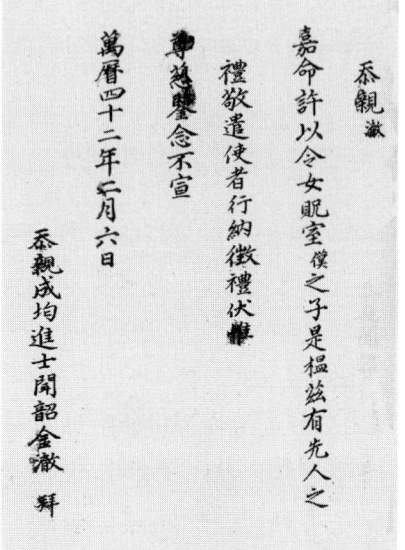
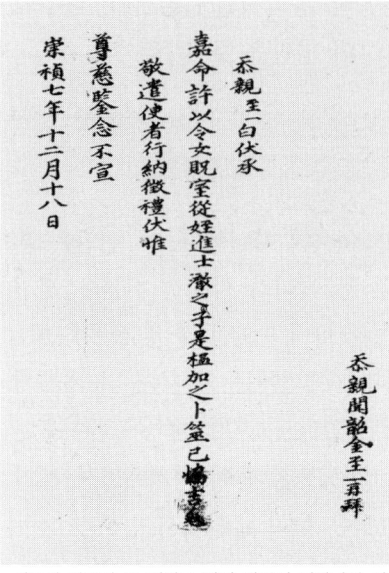

김철(金澈)이 풍산 김봉조(金奉祖)에게 따님을 아들 시온(是熅)의 아내로 맞게 허락해 달라는 뜻을 보내는 청혼서

시온이 상처한 후 재취를 함에 있어서 영양남씨 집안에 보내는 청혼서 청계의 아우 서계공 수(璲)의 아들인 지일(至一)이 종질인 철을 대신하여 납징(納徵)의 예(禮)를 담당하고 있다.

만근은 임하의 유력자인 오계동, 만신은 퇴계의 조부가 되는 이계양(李繼陽)의 사위가 각각 되었으며 한철의 딸은 퇴계의 부친인 이식(李埴)에게 시집갔다.[51] 그 다음 대에 와서 예범은 벽동군수를 지낸 청송의 신명창(申命昌)의 사위가 되고 딸은 안동의 학자 권간(權幹)과 혼인했다. 한철의 손자 흡(洽)은 하위지의 후손인 진주하씨 하취심(河就深)의 사위가 되었고, 그의 딸은 퇴계의 조카인 이재(李宰)에게 시집을 갔다. 예범의 아들 진은 고모부인 권간에게 수학하고 그를 통해 좌의정을 지낸 민세경의 사위가 되었다. 진의 노력에 의해 더욱 지방 명문사족들과의 혼인망이 확립되는데, 극일은 서울에서 수안이씨 이위의 딸과 결혼했고, 그 아들 철은 선산김씨 김종무의 사위가 되었으며, 손자인 시온 역시 오자등

---

51) 한철의 딸은 이잠(李潛)과 이하(李河) 두 형제를 낳고 일찍 죽어 퇴계는 두 번째 부인에게서 태어났다.

과의 명성을 날린 오미동 풍산김씨의 종손인 김봉조의 사위가 되었다. 극일의 두 딸은 각각 문과 급제한 풍양조씨 조정과 풍산의 서애 류성룡의 조카인 류의에게 시집을 갔다. 차남 수일은 한양조씨 조효분의 사위가 되었고 그의 아들 용은 퇴계의 손서가 되었으며 용의 아들 시건(是楗)은 역시 진성이씨 이득춘의 사위가 되었다. 3남인 명일은 영양남씨 남두의 사위로서 그의 아들 약(瀹)은 소산의 안동김씨 김기보의 사위가 되었다. 4남 성일은 안동권씨 권덕봉의 사위가 되었는데, 아들 준은 진주류씨 류종례의 사위가 되었고 그 아들 중 시추(是樞)는 퇴계의 증손서가 되고 시권은 봉화 닭실의 안동권씨 권벌(權橃)의 증손서가 되었으며 시사는 안동권씨 권호문(權好文)의 손서가 되었다. 4남 복일은 예천권씨 권지의 사위이며 그의 아들은 평강채씨 채진경의 사위가 되었다. 또한 그의 손자 시진은 권호문의 손서가 되었다. 진의 딸은 전주류씨 류성(柳城)과 혼인했고52) 그 아들 류복기(柳復起)와 류복립(柳復立)의 후손들은 임동의 박곡과 수곡에 세거하면서 의성김씨와 중층적인 혼인망을 형성했다.53)

---

52) 전하는 바에 의하면 청계공이 인근의 가난한 류윤선이라는 선비의 아들 류성이 총명함을 간파하고 그 후견인 노릇을 하면서 길러 자신의 딸과 성사를 시켰다. 류성은 처가를 따라 인근의 수곡동에 터를 잡았다. 그 딸은 원래 친정 조부의 묘지로 잡은 터가 자손이 번성할 자리라는 말을 듣고 장례 전날 밤 몰래 물을 부어 친정 식구들이 포기하도록 했다. 그후 그 자리를 친정아버지인 청계공에게 얻어 남편의 묘터로 썼다. 그래서 전주류씨가 자손이 번성한 것이 '내앞 할매' 덕분이라고 한다. 친정 조부 예범의 무덤은 학자가 많이 나오는 터에 썼다. 이 이야기는 여자가 친정과 시가 중 어디에 더 충성해야 하는가에 관한 이야기의 주제가 되곤 한다.

53) 중층적 혼인관계는 사람들로 하여금 보학적 지식을 보다 쉽게 갖추도록 한다. 오늘날에도 안동 출신 대학교수 중에는 간략히 정리한 가첩을 몸에 지니고 다니면서 수인사를 치를 때 이에 의거해 '관계'를 밝혀내는 사람들을 가끔 볼 수 있다. 안동 사람들과 처음 인사할 때에는 관습적으로 자신의 족보적 정체성을 밝히고 족보적 정보를 교환한다. 이러한 정보의 망에 들지 않으면 그는 '남'인 것이다. 이러한 관행 때문에 사람들은 흔히 '안동양반'들에 대해 폐쇄적이고 과거 지향적이며 사람을 차별하는 의식이 강하다는 비판을 하기 쉽다.

〈표 2-5〉 천전파의 12대~18대의 혼인관계

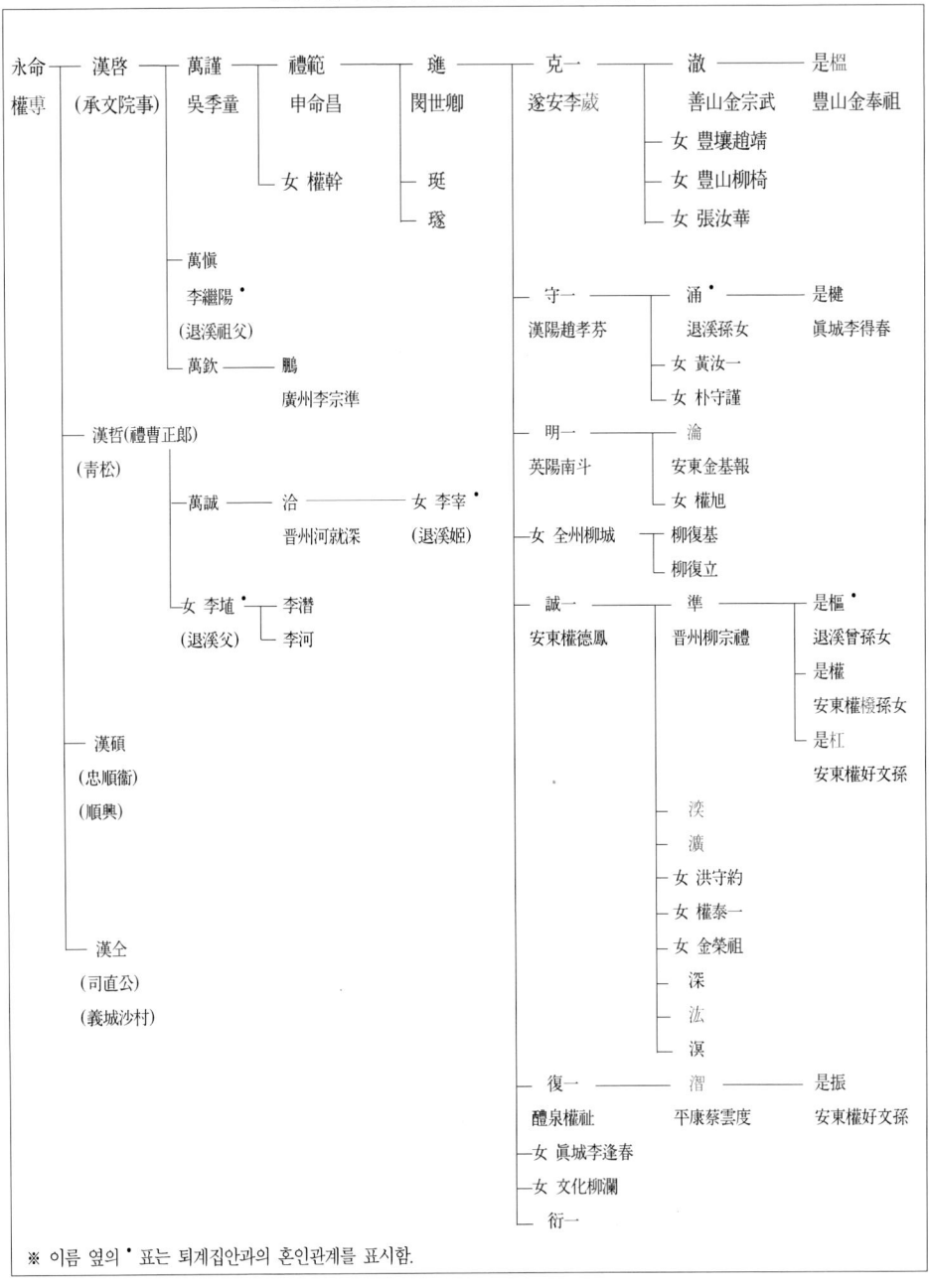

※ 이름 옆의 •표는 퇴계집안과의 혼인관계를 표시함.

기호지방의 광산김씨가 주로 노론의 중심세력에 들어 있었던 데 비해 안동 와룡의 외내(烏川)에 터를 잡은 광산김씨 예안파 김연(金緣. 1487~1544)은 문과급제 후 홍문관과 예문관 제학을 했으며 남인에 속했는데, 그 후손인 김부필(후조당. 시호 문순공), 김부륜(설월당) 등은 약봉 형제와 함께 퇴계 문하생이었던 관계로 양가 사이에 혼인관계가 잦았다. 또한 예안 분천의 영천이씨 농암 이현보의 집안, 봉화 닭실(酉谷)의 충재 권벌 및 안동 일대의 안동권씨 집안, 예천의 예천권씨, 영덕의 재령이씨인 갈암 이현일의 집안 등과 혼인을 많이 했고, 그 외에도 안동김씨 보백당 김계행의 묵계파,54) 흥해배씨, 봉화금씨, 풍산김씨, 선성김씨, 선성이씨, 영양의 한양조씨, 영양남씨 등의 집안과도 통혼이 잦았다.

이들과 혼인한 집안은 역시 서로서로 혼인해 한 다리 건너면 모두 혼맥으로 얽히는 것이었다. 예를 들어 닭실 안동권씨의 가문을 보면 김성일의 손녀는 권벌의 증손인 권상충에게 시집갔는데, 상충의 어머니는 예안김씨 김륵의 딸이며, 김륵의 외손서, 즉 권상충의 매부 가운데는 풍산김씨 김영조가 있는바, 그의 형 김봉조는 김극일의 손자 김시온의 장인이 된다. 또한 막내딸은 김성일의 증손인 김규에게 시집갔으며 또 한 딸은 예천권씨 권문해의 아들인 권별에게 시집을 갔다. 성일과 복일의 손자는 각각 안동권씨 권호문의 손서가 되었다. 이런 식으로 안동 일대의 주요 문중은 후대로 갈수록 퇴계학맥에 들어 있는 문중들과 중첩적으로 혼인해 연비연사 관계를 만들어 냈고 사람들은 자기 집안의 족보에 대한 지식과 함께 이러한 혼인관계에 대한 해박한 지식을 가져야 행세를 할 수 있었다.

종가의 종부를 어느 집안에서 맞는가 혹은 종녀를 어디로 시집보내는

---

54) 안동김씨 중에서 여러 문중들이 조선조 후기에 와서 당시 집권세력인 노론세력의 핵심을 이루었던 장동파를 따라서 노론으로 입장을 바꾸었는데 안동 지역에서 이를 두고 격렬한 내부 갈등을 겪었다. 그리하여 안동김씨 중에서 노론으로 입장을 바꾼 집안과는 그 후로 혼인을 하지 않으며 남인으로 남은 집안만이 이들의 혼인망 안에 존속되었다.

가는 종족 전체의 이미지와 격을 결정하는 데 중요한 정치적 요소이다. 종부의 출신집안은 곧 그 문중 구성원 전체에게 처가 혹은 외가로서의 이미지를 주어 그 친정 문중의 사람을 만나면 "우리 할매가 그쪽에서 왔지. 그러니 외갓집이네"라고 한다. 실제 자신의 외가는 물론 아니다. 같은 퇴계 문도라도 후대에 와서 사이가 벌어진 경우에는 혼인을 꺼리기도 한다. 즉 17세기 초에 소위 병호시비가 있은 후로 풍산류씨와는 점차 통혼을 하지 않게 되었다. 대신 무실(水谷)의 전주류씨와는 길성(吉姓)이라 하여 특별히 많이 혼인을 한다.

학봉의 묏자리를 둘러싸고 문중 내부에 분쟁을 일으켰던 충순위파가 청계파 주도의 문중에서 따돌림을 받고 자연히 퇴계의 문도로 이루어진 혼인의 망으로부터 소외되어 300년이 지나면서 마침내 양반으로서 신분을 뚜렷하게 지키기 힘들게 된 것은 혼인의 중요성을 잘 보여주는 예가 될 것이다. 결국 양반신분을 유지하는 길은 학문연마와 문과급제와 관직제수, 그리고 양반문화의 실천 외에도 다른 사족들과의 사회적 교류와 상호인정의 연계망에 들어가야 한다. 따라서 혼인은 가장 중요한 신분결정 요소 중의 하나였다.[55]

또한 남녀유별을 강조하고 종법질서를 주장한다 하더라도 조선조 사족들의 일상생활에서 부부간에는 서로간에 따뜻이 배려하고 존중하는 예가 있었다. 학봉이 임진왜란 당시 진주성에서 사거(死去)하기 4개월 전에 부인에게 보낸 편지는 그러한 양반가족의 부부간의 인간적인 관계의 면모를 여실히 보여준다.

안동지방에서는 '회가'(回家)라는 관습이 있다. 이는 갓 혼인한 여자는 시댁의 어른을 따라 시가 친족을 방문하고 신랑은 처가 문중 사람들을 방문해 인사하는 것이다. 상대방의 남계친 당내(堂內)뿐 아니라 문중의 장배(長輩)와 종손과 문장(門長)에게까지 인사를 하며 묘(廟)에도 인사를 드린다. 이는 곧 혼인이 두 문중 사이의 결합이라는 의미를 증명한다. 혼

---

55) 안동의 재지사족 사이의 중층적인 혼인망에 대한 연구로는 조강희 1983 참조.

학봉이 진주성에서 부인에게 보낸 최후의 편지(선조 25년, 1592년).
요사이 추위에 모두들 어찌 계신지 가장 思念하네. 나는 山陰 고을에 와서 몸은 무사히 있으나, 봄이 내달으면 도적이 날뛸 것이니 어찌할 줄 모르겠네. 또 稷山 있던 옷은 다 왔으니 추위하고 있는가 염려 마오. 장모 뫼시옵고 설 잘 쇠시오. 자식들에게 편지 쓰지 못하였네. 잘들 있으라 하오. 監司라 하여도 음식을 가까스로 먹고 다니니 아무것도 보내지 못하오. 살아서 서로 다시 보면 기약을 할까마는 기필 못하네. 그리워하지 말고 편안히 계시오. 그지없어 이만. 섣달 스무나흗날.

인의 신분적 배경을 중시하게 되는 것이다. 양반이 아닌 집안, 그리고 양반 중에서도 남인 계열이 아닌 집안은 기피하며, 같은 남인 계열이라도 서출은 멀리했다. 적서에 대한 관념이 강해 서자는 언제나 천대받았던 것이다.56)

혼인의 중요성을 누누이 강조하면서도 그들은 "처가(妻家)와 측간(側

---

56) 대종손 김시우 씨의 회고에 의하면, 그의 8대조에 서자가 한 명 있었는데 그는 학식이 뛰어났기 때문에 문중에 일이 있어 종택에 모두 모일 때 다리 하나를 마루에 올리고 참가할 수 있도록 특별히 허용되었다고 한다.

聞)은 멀리할수록 좋다"고 하고, 남자가 처가살이를 하면 경멸한다. "처삼촌은 벗한다," "장모 사랑은 사위," "사위는 장모의 큰 손님"이라는 말에서 보듯이 남자 집과 여자 집을 차별하려는 성향을 볼 수 있다. 사돈 사이에도 신랑의 아버지는 잣사돈(어깨를 제친다)이라 하고 며느리의 아버지를 굽사돈(머리를 굽힌다)이라 한다. 이런 풍조는 조선조 중기 이후 확립된 남계친 중심의 유교적 전통에서 생겨난 것이라 하겠다. 초기에는 처가로 장가들고 외손봉사를 하는 것이 문제가 되지 않았는데, 후대에 와서는 오히려 처가의 격에 따라 남편 집안의 격도 영향을 받았다. 또한 아이는 어려서 일정 기간 외가에서 크면서 외가 쪽에 큰 학자가 있으면 그 밑에서 사사했다. 즉 공식적인 이념적 정향에서는 남존여비를 내세우면서 실질적인 전략의 차원에서는 여성 쪽을 중시한 것이다.

5) 경제적 기반

사족이란 학문에 힘쓰는 것을 근본으로 여기며 물질적인 부(富)를 추구해서는 안 되는 존재를 말한다. 그러나 종족의 발전에 성공한 문중은 모두 학문적 성취 못지않게 경제적 기반이 탄탄했다는 점을 주목할 필요가 있다. 그들은 재물을 취하기 위해 직접 상업이나 공업에 종사하지는 않았지만, 노비를 동원해 토지를 개간하고 농업생산에 힘쓰며 검소한 생활과 함께 이재에도 신경을 많이 썼다. 종가의 보전이나 숭조사업과 문중에 관련된 다양한 행사와 소송과 대외적인 교류활동에 소요되는 경비가 충당되지 않으면 그 문중은 영락할 수밖에 없다.

청계파의 내력을 보면 조선조 중기에 이르기까지 고려조의 유습에 따라 자녀의 균분상속과 외손봉사제도가 행해지고 있었고, 따라서 부모로부터 상속받은 재산과 처가로부터 분급(分給) 혹은 외가로부터 상속받은 재산이 중요했다. 재산의 내역은 토지와 노비가 주된 것으로, 노비를 사용해 농사를 짓고 새로운 토지를 입안을 통해 개척·개간하고 매입을 통해 재산을 증식했다.

만근, 예범, 진에 이르는 삼대에 걸쳐 청계파는 경제적 기반을 확립하게 되었다. 만근은 임하의 유력인사 오계동의 사위가 되어 상당한 재산을 분급받고 천전에 터를 잡았다. 그에 대한 허여문서(許與文書)가 없으나 오계동의 또 하나의 사위인 김효원이 처가로부터 분급한 재산을 보면 노비 20명과 임하현 소재 전답 3결인데(이수건 1982 참조), 당시 자녀에게 균분상속을 행했던 바로 미루어 볼 때 만근도 이와 같은 재산을 받았을 것으로 짐작할 수 있다. 지방사족에게 이는 결코 작은 재산이 아니다. 그의 아들 예범의 부인은 벽동군수를 지낸 신명창의 딸로서 살림을 잘해 종가의 재정적 기틀을 마련했다고 하지만, 70여 칸짜리 집을 지었다는 기록으로 보아 역시 상당한 재산을 시집으로 가지고 온 것을 알 수 있다. 1547년에 예범은 노비 68명을 가진 것으로 나타난다. 그리고 1580년 안동 주촌의 진성 이희안은 노비 81명에 토지 306.5두락을 가졌는데, 그는 예범의 사위이므로 재산 중에는 예범으로부터 받은 재산이 상당히 포함되어 있을 것으로 추정된다.

진은 더욱 재산을 증식하는 데 힘쓴 것으로 보인다. 그는 조모인 해주 오씨 부인과 아버지인 예범의 부부, 그리고 동생인 호은정 정(珽)과 서계 수(璲) 및 자매를 데리고 자신의 아들들과 함께 4대가 한 집에서 노비를 데리고 살았으니 그 규모를 짐작할 수 있다. 이와 함께 태종의 장인이었던 민제의 5대손이자 좌승지를 지낸 민세경의 사위가 되어 상당한 재산을 분급받은 것으로 보인다. 진은 이에 머물지 않고 천전, 임하, 신덕, 망천, 수곡, 추월, 사빈, 송석, 선창, 낙연 등 반변천 중류지역 일대를 개간·개척했으며, 중종 26년(1531)에는 강릉부의 금광평(金光坪)을 노비 옥룡의 이름으로 입안(立案)해 개척권을 확보했는데, 규모가 동서로 10리 남북으로 10리에 이를 정도로 매우 광활한 농지였다(이수건 1995: 152). 그는 또한 1550년 후반부터는 입안을 받거나 노비를 시켜 개간하는 방식으로 고려 때 부곡이었던 영양의 청기현에 광대한 전답을 개설했다. 청기농장 규모는 영해도호부에 입안한 것이 80정보(24만여 평)이다.[57] 이러한 개간을 통한 토지확보는 계속되어 17세기 말인 숙종 13년(1697)에 김방걸은 안동부 춘양현 문수산 근처에 100여 석에 달하는 무주진황지(無主盡荒地)를 기경(起耕)하겠다는 입안을 청구하기도 했다(문숙자 2001: 81). 이와 같이 사족들은 속현, 폐현, 향소부곡 등 낙후지역을 입안해 노비로 하여금 개간하게 했고, 16세기 들어 이앙법과 보 쌓기 등으로 농업기술이 발달하고 전답을 개간하기가 용이해지면서 경제적 기반을 확보했다.

이외에도 진의 장남 극일이 처가로부터 허여받은 재산은 경기, 충청, 황해 일대에 걸쳐 엄청나게 많았으며, 귀봉의 아들 운천 김용이 퇴계의 손서가 되어 받은 재산도 노비 64구와 밭 23석 9두 2승, 논 16석 9두 5승, 그리고 가옥 1채로 상당한 규모였다. 귀봉의 부인은 친정에서 자신의 소유로 분급받은 토지를 노인소의 재산으로 내놓았다.

물론 토지란 위치와 토질에 따라 생산력에 많은 차이가 있으며 "내앞 딸네들은 쌀 한 말 못 먹고 시집갔다"는 말이 있을 정도로 생산량이 빈약했다고도 할 수 있다. 그러나 대단한 크기의 재산임에 틀림없었으며 종가나 주손은 재력을 향유했다. 조선조의 토지는 전국적으로는 논 1두락=105.8평이며 밭 1두락=119.2평이고, 안동지방에서는 논 1결=4.5두락이며 밭 1결=49.1두락에 해당하고 하루갈이(1일경)는 밭 7두락 정도라고 한다(이영훈 1988: 110). 이에 따르면 그들의 재산은 어마어마한 것이다. 참고로 문숙자(2001)가 정리한 안동지역의 경제력이 뛰어난 재지사족의 재산을 보면 <표 2-6>과 같다.

이로 미루어볼 때 사족들에게 혼인은 사회적 명망과 관계의 망을 위한 문화적 자산을 확보할 뿐 아니라 경제적 기반을 다지는 데도 중요한 관심사였다. 그들은 비록 인구는 적어도 권력과 위세를 가지고 있어 산림과 토지를 개간할 허가를 미리 얻을 수 있었고, 많은 노비를 가지고 있어 생산과 개간에 필요한 노동력을 충당하며 외거노비를 보내 지역을 선점할 수 있었다.

---

57) 14대 종손 김형칠은 한때 300석의 도지를 받았다고 한다.

여기서 눈여겨볼 것은 의성김씨들이 종가에 재산을 상속시키고 이를 법인(法人)화해 지켰다는 점이다. 청계가 종가의 막강한 경제적 기반을 확립했다면 그 아들 학봉은 그 재산을 영속적으로 지킬 수 있도록 제도적 장치를 마련함으로써 향후 청계파의 종족적 결속과 지속을 가능하게 했다.

〈표 2-6〉 가문별 재산 소유 규모와 추이

집안	년도	주인	노비(구)	토지(두락)
봉화 닭실 안동권씨	1550	권벌	318	2313
	1592	권동미	318	1441.7
	1621	권래	507	2041
안동 법흥 고성이씨	1540	이명	179	?
	1557	이굉	101	1016
	1618	이복원	414	1645
	1680	이종배	145	687
	1688	이정	273	754
	1746	이준학	331	977
안동 주촌 진성이씨	1452	이우양	16	?
	1533	이훈	62	344
	1580	이희안	81	306.5
안동 오천 광산김씨	1429	김무	225	?
	1480	김효지	43	259
	1492	김회	81	?
	1559	김효려	226	1645
	1620-30	김해	103	254
예안 온계 진성이씨	1510	이계양	12	115
	1580	이완	54	630
	1586	이준	367	3094
영해 인량 재령이씨	1494	이맹현	758	?
	1572	이애	233	661.2
	1592	이은보	71	524.6
	1634	이함	142	906
	1636	이시청	88	284.5

출처: 문숙자 (2001: 95).

6) 보종과 입양

혼인은 후사를 확보하기 위한 것이므로 무후(無後)가 있으면 안 된다. 자식이 없다고 해서 첩을 들여 서자를 낳으면 그 집안은 서파(庶派)가 된다. 호은정파가 유처취처(有妻娶妻)를 했다고 해서 서파로 떨어진 것이 그 예가 될 것이다. 사실 고려조에서는 첩제도 없이 여러 부인을 동시에 둘 수 있었으며 그 관행은 외손봉사제와 함께 조선 초기까지 잔존했던 것이다. 따라서 호은정이 아들을 확보하기 위해 유처취처를 한 것은 당시에는 아무 문젯거리가 되지 않았다. 후대에 와서 조선조의 종법사상과 제도 확립과정에서 적처와 적자 및 적통에 대한 개념을 실천하는 데 의성김씨들이 적극 모범을 보이는 과정에서 호은정의 자손이 적통이 아니라는 데까지 논리를 거슬러 적용했던 것으로 보인다. 이처럼 의성김씨들은 구별과 배제와 경계를 통한 종족의 사회적 지위와 품격을 다듬는 데 투철했던 것으로 볼 수 있다. 적서(嫡庶)의 구분은 조선조 중기부터 일부일처제가 확립되면서 처와 첩이 구분됨에 따라 생겨난 결과이다. 어쨌건 후대에 와서 청계파는 반드시 정실에서 아들을 낳아야 하며, 그렇지 못하면 형제나 다른 친족의 정실에서 난 적자 중에서 입양해야 한다는 것을 철칙으로 삼게 되었다. 입양을 청할 때에는 아들을 낳지 못해 조상으로부터 내려오는 가계를 잇지 못한 불효를 스스로 반성한다는 뜻에서 입양자의 집에 가서 거적을 깔고 앉아 절을 하고 빌어서 얻어오는 형식을 취한다. 이를 두고 "칠촌 양반 빌 듯 한다"는 말이 나왔다. 의성김씨들은 좋은 집안에서 입양하기 위해 엄격히 골랐고, 그래서 25촌, 35촌에서 양자를 들이는 경우도 있었다.58)

귀봉의 다섯째 손자 시상이 자식이 없으니 이번에는 표은(22대. 대종

---

58) 약봉의 자손이 17대에서 갈라져 나간 동강파 집안에 입양된 적이 있는데, 이때 그는 35촌이 되었다. 산청의 중재 김황도 지촌 김방걸의 자손 중에서 입양해 갔으며 현재의 학봉 종손도 지촌파의 자손이 입양된 것이다.

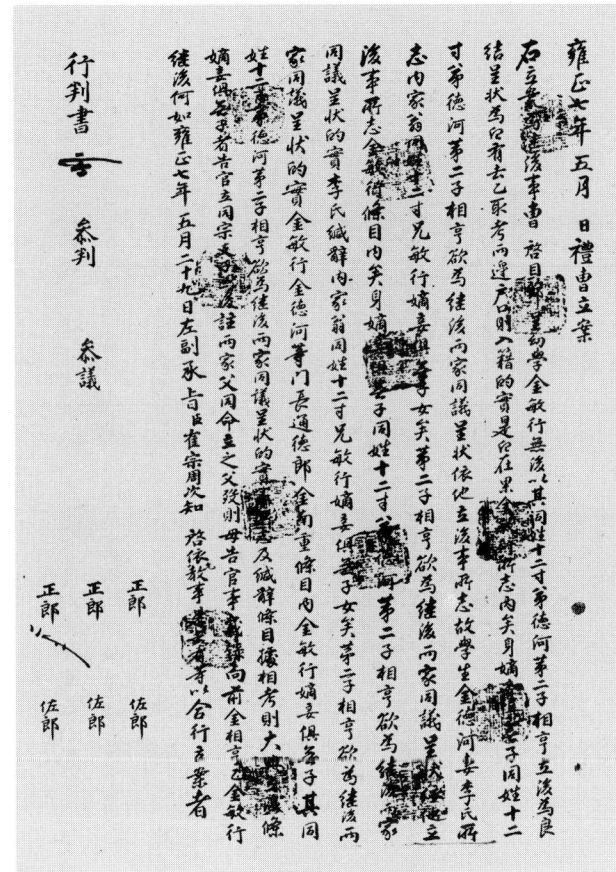

<무서1>. 미행이 삼혁을 입양하는 것을 예조에서 처리한 입후안(立後案)문서

손)의 3남 기(로)가 입양되어 대를 이었고, 청계의 3남인 신덕의 운암파 종가에 자식이 없으니 역시 표은의 5남인 방찬(邦贊)이 입양되었다.[59] 이외에 학봉 종가에도 약봉파나 귀봉파 안에서 양자를 들였고, 종가가 아니더라도 형제나 당내 안에서 입양한 예가 많다. 이렇게 서로 양자를 주고받으면서 대를 잇고 또 한 지역 안에서 공동체로 살아가므로, 생가와 양가를 구분이 없이 중시하면서 한 식구처럼 지내게 된다. 보종은 근

---

59) 또 이행은 차남(始泰)을 형님인 근행(謹行)에게 입양시켰으며, 맏손자 계운은 위에서 언급했듯이 대종가에 입양시켰다.

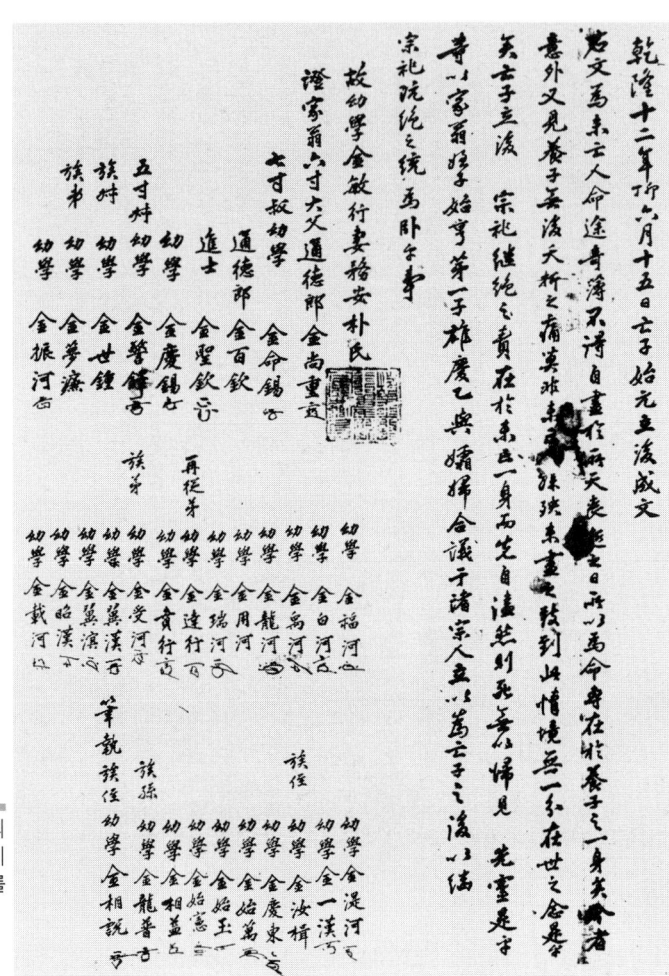

〈문서2〉 대종손 민행의 양자 시원이 후사 없이 죽자 웅경으로 후사를 잇게 한 문중문서

본을 지키는 것이며, 청계의 자손 범주 안에서 입양함으로써 다섯 지파는 중첩적인 입양관계로 더욱 내적 결속과 동질성을 강화했다.

26대 종손 민행(敏行)의 아들 시경이 17세로 요절하고 후사가 없어 시원(始元)을 입양했다. 입후완문(立後完文)에 의하면 민행은 수일(守一)의 자손인 12촌 종제 덕하(德河)의 차자 상형(相亨)을 입후하고자 했는데, 민행이 죽고 덕하도 죽었으므로 두 부인 사이에 합의가 이루어져 문중 입

<문서3> 時寅이 학봉의 15대주손으로 입양됨을 밝히는 문중의 입후문서

회하에 확정짓고 관(官)에 소를 올렸다. 관에서는 이를 기안해 예조에 올렸다. <문서 1>은 예조좌랑, 정랑, 참판을 거쳐 마침내 판서의 인준을 받음으로써 공식적으로 입양이 확정된 문서이다.[60]

그후 시원이 또한 적자(嫡子)가 없이 죽으니 당시 생존해 있던 민행의

---

60) 그런데 족보에는 상형 대신 시원으로 기록되어 있다. 아마도 개명한 것이 아닌가 생각된다.

처는 문중의 도움으로 민행의 아우 이행(履行)의 손자인 웅경(雄慶)을 시원의 후사로 입양하게 되었다. <문서 2>의 입안(立案)은 이를 확인하는 문중완의로 33명이 서명하고 있다. 대종손을 세우는 일이므로 다섯 분파의 주손과 문중의 원로와 지파의 자손들이 대거 서명한 것이다. 족보를 보건대 웅경은 계운(啓運)으로 개명한 듯하다.

한편 학봉의 14대 주손인 용환(龍煥)도 입양된 주손인데, 후사가 없어 지촌파의 시인(時寅)을 입양했다. 이때도 안동 일대의 각 파와 지파의 주손과 문장 및 문중원로 30명이 입회해 서명했다(<문서 3> 참조).

특히 종손 혹은 주손의 대가 끊어지는 것은 절대로 막아야 한다. 만약 후사가 없으면 가까운 집안에서 입양했다. 특히 종손이나 지파 주손의 후사를 잇는 일은 문중 전체의 운명에 관한 큰일이므로 문중 전체가 간여하고 결정과 인준의 과정을 거쳤던 것이다. 실제로 대종손만 하더라도 약봉(20대)이 아들이 없자 동생인 귀봉의 차남 철(㵣, 21대)을 입양했다.

7) 조상숭배와 제사

한편 조상숭배 역시 의성김씨들이 유달리 강조하고 집요하게 지켜 오는 전통이었다. 그들은 청계공뿐 아니라 의성김씨 중시조인 용비와 안동 입향조인 거두에 이르기까지 훨씬 윗대의 조상에 대해서도 제사를 지낸다. 조상은 자손을 위하고 자손은 조상을 위하는 것이 생명임을 강조한 청계의 교육은 아주 중요한 영향력을 행사했다. 그는 첨사공 용비의 묘소가 의성의 사곡면 오토산에 있음을 찾아내 1576년에 발문했고, 이에 학봉이 주관해 1577년에 비를 세우고 비문은 동강 김우옹이 썼다. 몇 년 후에는 묘 옆에 재사(齋舍)를 지었다. 또 그를 기리는 사당이 의성읍에 있었는데, 용비의 아우 용필의 후손인 모재 김안국이 경상감사로 있을 때 이에 진민사(鎭民祠)라는 이름을 내렸다.

유교 종법체계가 완비되고 문중의 사회적 명망과 지위가 그 후손에게 정치적·사회적 자원이 된다는 것이 인식되면서 숙종조 이래 조상 복원

청계공 사후(1580) 오늘날까지 400년 이상 매년 춘추로 거행되어 온 회전(會奠, 時享이라 함). (사진: 김광억)

의 열기가 유행한 듯하다. 의성김씨들은 1749년에 용비의 사당을 오토산 산소로 이건하고 원래의 사당터에 1890년 비를 세웠는데, 비석에는 서산(西山) 김흥락(金興洛), 비각에는 척암(拓菴) 김도화(金道和)의 글을 새겼나. 묘소 입구에는 1924년에 신도비를 세웠다. 매년 2월 중정일에 진민사에서 향사가 있고 가을에는 10월 10일 산소에서 회전이 있는데, 안동의 청계공 종족에서는 대표를 뽑아서 참석시킨다. 고령군 쌍림면 박곡에 있는 10대 의(宜)의 산소에도 안동파에서 보낸 대표가 참사한다. 12대 태권은 경기도 용인의 죽산에 묻혀 현지에서 외손인 신(辛)씨들의 봉사를 받아 왔는데, 16세기에 와서 학봉이 주동해 암장된 시신을 발굴해 산소를 다시 만들고 묘비를 세우고 묘소 관리와 함께 제사를 관장한다. 안동 입향조인 13대 전서공 거두(居斗)의 박일동 산소에서 10월 6일 열리는 묘사(墓祀)는 안동파의 후손들이 모여서 위에서 말한 윗대의 조상에 대한 제사와 행사에 관해 의논하는 기회가 된다. 뿐만 아니라 14대 천(洊)과 15대 영명, 16대 한계, 17대 만근, 18대 예범에 이르기까지 청계파의 모든 직계조상의 묘소에 위토와 제사를 만들어 보존하고 추전(秋奠)을 지낸다. 의성김씨들은 그들이 추적할 수 있는 대로 조상을 거슬러올라가 지속적으로 숭조사업을 벌인다.

특히 청계, 학봉, 운천, 제산은 불천위가 되어 그와 그 부인들에 대한 기제사가 추전과 함께 지켜지며, 청계와 그의 다섯 아들은 사빈서원(후에 사빈영당으로 개칭)에 함께 모셔져 춘추로 서원향사로 모셨다. 청계공의 자손들은 누구든지 이러한 불천위에 대한 대기(大忌)와 서원의 춘추향사와 묘사에 참가하는 것이 권장되었다. 특히 청계공의 대기에는 외손인 전주류씨 집안에서도 참가하며 매년 정월 초 대종택에 있는 대묘(大廟)에서 청계공에게 지내는 차례는 종족 전체회의가 된다. 그 외에도 춘추로 지내는 회전(會奠) 역시 문중의 가장 큰 모임이 된다. 모든 조상들이 4대 봉사의 대상이며 4대가 지나면 춘추로 묘사를 받는다. 다양한 수준과 기회에 열리는 조상의 제사를 통해 참가자들은 조상을 구심점으로 하는 종족의 역사를 되새기고 공동운명체적 동질성과 연대의식을 강화하는 것이다(의성김씨의 제례에 대해서는 김광억 2000 참조. 조상숭배와 사회구조의 상관성에 대해서는 김광억 1986; Janelli 1982[김성철 역] 2000] 참조).

의성김씨들은 또한 조상의 행적을 발굴하고 이를 문화적 자산으로 만드는 일에 적극적이다. 문집을 간행하고 조상이 교유했던 인물의 집안과 후손을 찾고 유배지나 의병을 일으켜 싸움하던 장소와 시문에 언급된 장소와 조상이 신세를 진 사람과 그 후손들을 방문하며 행장기를 짓는 등 인연을 중시하고, 조상과 관련된 역사적 세계를 끊임없이 재생한다. 충남 동학사(東鶴寺) 옆에 있는 단종을 모신 숙모전(肅慕殿)에는 한계가 배향되어 있으므로 춘추향사 때는 자손들이 참가한다. 학봉을 위시해 조상이 배향된 서원과 사우의 향사에 자손이 참례하며, 그러므로 조상숭배는 그들의 종족공동체 형성의 핵심적 문화장치이다. 청계파는 이를 위한 재산을 만들고 관리한다는 점에서 다른 문중보다 더 강하다고 하겠다. 그들이 참례하거나 이야깃거리로 삼는 종가의 산소 위치와 시제 날짜는 <표 2-7>과 같다.

〈표 2-7〉 종가의 산소 위치와 시제 날짜

조상 이름	묘의 위치	향사일	지역 및 기타사항
9대 첨사공 龍庇	오토산	2월 중정/ 10월 10일	의성군 사곡면 토현동
10대 복야공 宜	박곡	10월 초정	경북 고령군 남면 박곡
12대 사윤공 台權	죽산	10월 초정	경기도 용인군 이죽면 장흥촌
13대 전서공 居斗	박일동	10월 16일	경북 안동군 남선면 가현동
14대 만호공 涛 비 홍주이씨	전암 요촌	10월 13일 10월 12일	경북 안동군 와룡면 중가구동 경북 안동군 예안면 요촌
15대 현감공 永命 비 광주이씨 비 광산김씨 비 안동권씨	임피 전암 노림 왕상곡	10월 15일 10월 13일 10월 15일 10월 14일	경북 안동시 안기동 경북 안동군 와룡면 중가구동 경북 안동군 남선면 원림동 경북 안동군 북후면 오산동
16대 원사공 漢啓 비 덕천송씨 및 순흥안씨	가수천	한식/ 9월 하정	경북 안동시 와룡면 서지동
17대 통례공 萬謹 비 해주오씨	동림	9월 21일	경북 안동군 임하면 사의동
18대 승지공 禮範 비 영해신씨	비리곡	9월 26일	경북 안동군 임하면 천전동
19대 청계공 璡 비 여흥민씨	경산 청계공과 동일	3월 1일/ 10월 1일 불천위 대기 4월 23일 불천위 대기 6월 14일	경북 안동군 임하면 사의동
20대 약봉공 克一 및 　　비 수안이씨 귀봉공 守一 운암공 明一 문충(학봉)공 誠一 비 안동권씨 남악공 復一	비리곡 성산 아나산 가수천 동영 내지동	9월 26일 10월 1일 10월 3일 한식/ 9월 하정 불천위 대기 4월 29일 한식/ 9월 하정 및 불천위 대기 4월 1일 10월 3일	경북 안동시 임하면 천전동 임하면 사의동 성산 임하면 사의동 아나산 안동군 와룡면 서지동 가수천 임천서원과 호계서원에서 향사 예천군 용문면 내지동 봉산서원에서 향사
21대 대박공 澈 및 선산김씨 운천공 涌 및 비 진성이씨	송석 임동면 지동(갓골)	10월 11일 불천위 대기 10월 19일	임하면 사의동 송석(손자들이 송석제사를 지냄) 임호서원, 묵계서원에 봉향
22대 표은공 是榲	남산(비 풍산김씨 동영, 비 영양남씨 묘하)		청송군 부동면 지동 남산
23대 진사공 邦烈	원동	10월 11일	임하면 망천(1986년에 임하댐 수몰로 임하면 사의동 송석의 대박 묘하로 비 봉화금씨 및 예천권씨의 묘소도 함께 이장)
24대 呂重	봉화군 법전면 어지리 록동		배위 예안이씨 합장
25대 之鐸 　　聖鐸	임하면 사의동 송석 율전 청송 파천면 내보	불천위 봉사 4월 해일	배위 성주이씨 동영 배위 무안박씨(영해 번계 무의공 종가) 동영

5. 명문사족으로 남는 길

  수적으로 소수인 양반 혹은 사족들이 지식과 예와 관직을 독점하고 폐쇄적인 신분 내혼을 고수하며 서원의 학맥에 충실하고 유림의 성원자격을 지키는 일련의 특징적인 모습은 전체 사회의 구조적 특성에 비추어 볼 때 정치적·사회적 생존의 한 방식이라는 시각에서 이해할 수 있다. 의성김씨들은 아마도 토호세력이 강한 안동의 지역사회 속에서 소수자라는 입지가 의성김씨들로 하여금 종족보존에 각별한 관심을 쏟게 만들었을 것이다. 대개 객지에 터를 잡은 씨족들이 보다 못한 동족과의 관계를 단절하거나 불리한 요소를 과감히 제거하면서 그 지방의 명문으로 성장하는 역사적 과정을 거치는 것이 이를 말해 준다.

  거두에서 예범에 이르기까지 그들이 안동에 정착하던 시기는 신유학에 바탕한 이념과 제도로 고려조의 체제와 제도를 대체하는 과정이었다. 새로운 이념과 체제의 실시와 수백 년을 통해 확립된 사회적 전통 혹은 관습의 갈등 속에서 중앙정부와 지방사회 사이에 경쟁과 타협이 진행되는 과정에서[61] 이들은 신유학(新儒學)과 관료체제를 추구하는 새로운 정치 및 사회체제에 성공적으로 참여한 것이다.

  사실 영명과 한계가 모두 관직을 가졌으므로 청계파는 그 조상대부터 명문으로서의 배경은 이미 갖추었다고 볼 수 있지만, 진의 대에 와서 자식들이 한꺼번에 출세함과 더불어 사족사회에서 지위를 확보함으로써 문중 형성의 보다 확실한 기반을 마련했다고 보겠다. 즉 그들은 고려조의 이족(吏族) 배경의 신분에서 적극적으로 사족(士族)의 입지를 확립하

---

[61] 조선조 사회의 정체성(停滯性)을 제시하는 식민사관(植民史觀)은 이러한 국가와 사회, 공식적 제도와 사적 전통, 이념과 실제 사이의 역동적 관계, 사회 공동체 내의 다양한 성향과 사회문화적 이질(異質)의 존재 등에 주목함으로써 극복될 것이다.

면서 조선조의 새로운 신분제에 성공적으로 편입되었다(이 점에 대해서는 미야지마 1996 참조).

원래의 본거지가 아닌 객지에 들어와 소규모 혈연집단으로 시작한 그들이 명문 종족으로 발전할 수 있었던 배경은 무엇이었을까? 그들은 집단 내부에 정치적·사회적 이질화를 억제하는 데 힘을 쓰는 동시에[62] 사회적 지위를 획득하지 못하거나 지키는 데 실패한 집안은 집단에서 배제시키는 강한 성향을 지녔다. 즉 수적 확장보다는 질적 심화를 추구했으며, 대신 지역사회의 명망 있는 타 씨족 집안들과의 연계를 중시했다. 타 씨족 및 종족과의 연대는 신분과 이념의 공동체 형성을 의미한다. 즉 신분계급이 다른 동족보다 같은 신분의 타 씨족과의 관계가 더 중시되는 것이다.

지방사회에서 양반의 반열에 들어가는 길은 우선 학문을 통해 지식을 연마하고 같은 형태의 예(禮)를 실천하는 것이다. 이를 위해서는 서원에 출입하고 소과(小科)일지라도 과거에 합격해야 한다. 양반이 되기 위해서는 또한 훌륭한 집안과 혼인관계를 맺어야 한다. 같은 핏줄의 자손이라도 사회적 신분의 이질화가 이루어지지만 혼인은 사회적 신분이나 지위를 선택적으로 결정할 수 있는 방법이다. 결국 혼맥과 학맥이 사회적 신분을 결정하는 가장 핵심적인 요소인바, 그 중에서도 학맥이 혼인망을 형성하고, 나아가 정치적·사회적 공동운명체를 만드는 바탕이 된다. 의성김씨들은 조상숭배와 보종 및 종족의 결속과 통합에 거의 종교적이라고 할 만큼의 절대적인 충성을 바치며, 퇴계 문도들 사이의 혼인망을 지키는 데 가장 강한 집착력을 보여 왔다. 동시에 그들이 종법제도를 철저하게 실천했고 경제적 기반을 착실하게 닦고 종족 공동재산을 지키는 데 성공했음을 볼 수 있다. 소위 이념과 사회적 관계, 제도, 물적 기반의 네 요소를 성공적으로 결합시켰고 실천했던 것이다.

---

[62] 그 윗대 거두나 예범에서 갈라져 나온 형제들의 자손 사이에도 사회적 및 신분적 이질화가 진행되었을 것이다. 그러나 내앞 김씨들은 이에 대해 언급하지 않는다. 대외적으로는 오직 내앞파만이 안동의 의성김씨인 것처럼 말할 뿐이다.

둘째, 그들이 특히 숙종조 후기부터 서인에게 정치의 주도권을 빼앗긴 남인의 핵심세력이란 점도 주목할 필요가 있다. 정치적 소외는 그들로 하여금 학문과 유학전통의 실천에 더 전념하게 만들었을 것이다. 특히 관권(官權)의 확대에 대한 경쟁과 타협의 과정 속에서 퇴계학통의 영남(嶺南) 사림파(士林派) 전통의 문화적 우월감과 자부심을 강하게 지녀 왔음을 지적할 수 있다. 흔히 안동의 양반들은 관직보다 학문 자체를 더 중히 여기는 전통을 가졌음을 강조한다. 필자의 생각으로는 안동의 선비들이 정치와 결코 무관하지도, 그리고 정치를 멀리하지도 않았다고 본다. 그들은 관직을 올바른 선비의 도를 실천하는 기회로 여겼으므로 언제나 중앙정치에 깊은 관심을 가졌으며, 따라서 사화에도 많이 연루되었다.63)

조선조에서 유교경전의 해석이나 예학의 실천은 그것이 국가와 사회의 근본에 대한 해석과 같은 것이었으므로 논쟁은 치열할 수밖에 없었다. 예를 들어 현종조의 예송(禮訟)과 숙종조의 세자책봉을 둘러싼 서인과 남인의 격렬한 논쟁은 이기적인 당파싸움에 불과한 것으로 비처질 수 있다. 그러나 이는 국가 규범체계의 해석과 실천에 관한 것으로, 오늘날의 헌법논쟁 혹은 국체(國體)논쟁과 같은 것이다. 어떤 논리가 택해지느냐 하는 것은 곧 국가의 성격, 왕과 백성의 관계, 국법의 정당성 등에 대한 해석을 의미한다. 그러므로 그 입장은 개인은 물론 집단의 정치적 생명이 걸려 있는 중대한 문제였다. 이런 논쟁에 뛰어든다는 것은 그만한 의식과 책임감이 있어야 하며 이를 뒷받침하는 학문적 능력과 배경이 있어야 한다는 것을 의미한다. 국가와 사회의 영역에서 공적(公的)인 목소리를 갖는다는 것이야말로 지금이나 옛날이나 개인과 그가 속한 집단의 힘이며 권위인 것이다.

---

63) 천전의 대종택에는 임금이 보낸 금부도사가 내려온 것이 세 번이나 되었다. 김방걸, 김성탁, 김세흠이 각각 귀양가게 되었던 경우이다. 자손들은 그만큼 조상들이 목숨을 두려워하지 않고 정론과 기개를 지켰음을 증명하는 자랑스러운 역사로 기억한다.

이런 맥락에서 우리는 의성김씨들이 퇴계학파의 중심세력의 하나로서 남인 주도의 경상도 북부의 사회적 연망과 문화적 전통에 남달리 강한 애착심을 지녀 왔으며, 사족의 대표적 실체의 일원으로 행세해 왔음을 이해할 수 있을 것이다.

부록(다섯 지파의 가계도)*

약봉파의 가계도

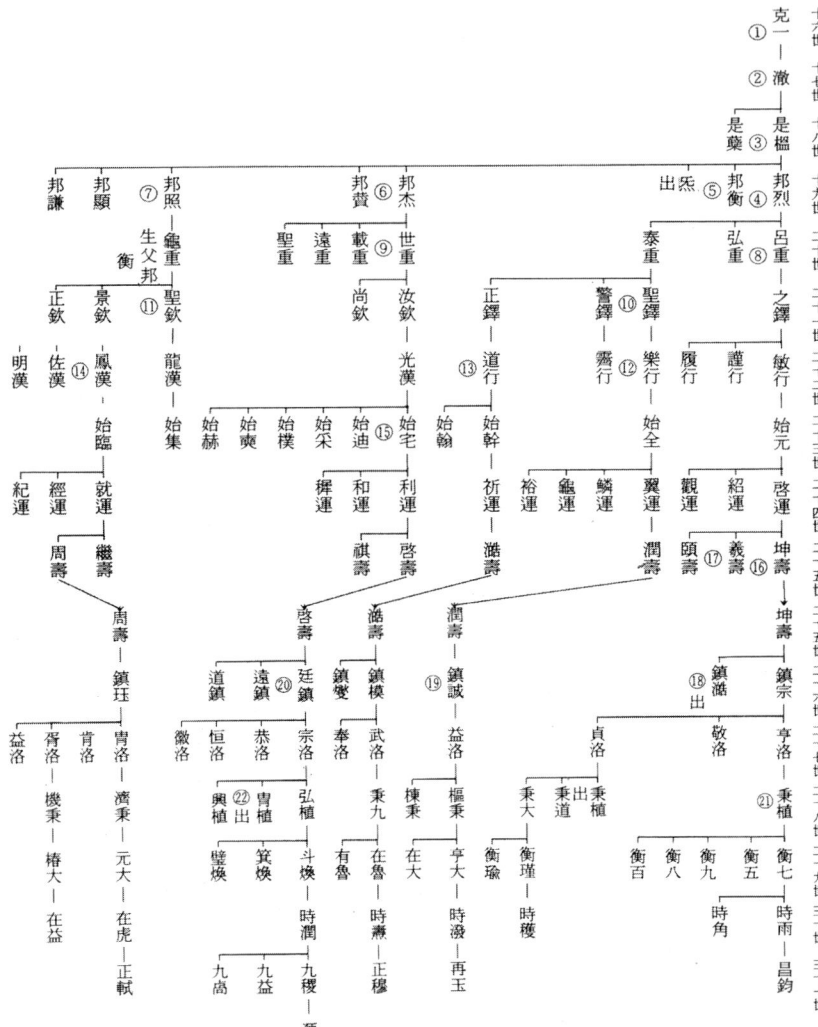

* 자료 출처: 이정섭(1989).

귀봉파의 가계도

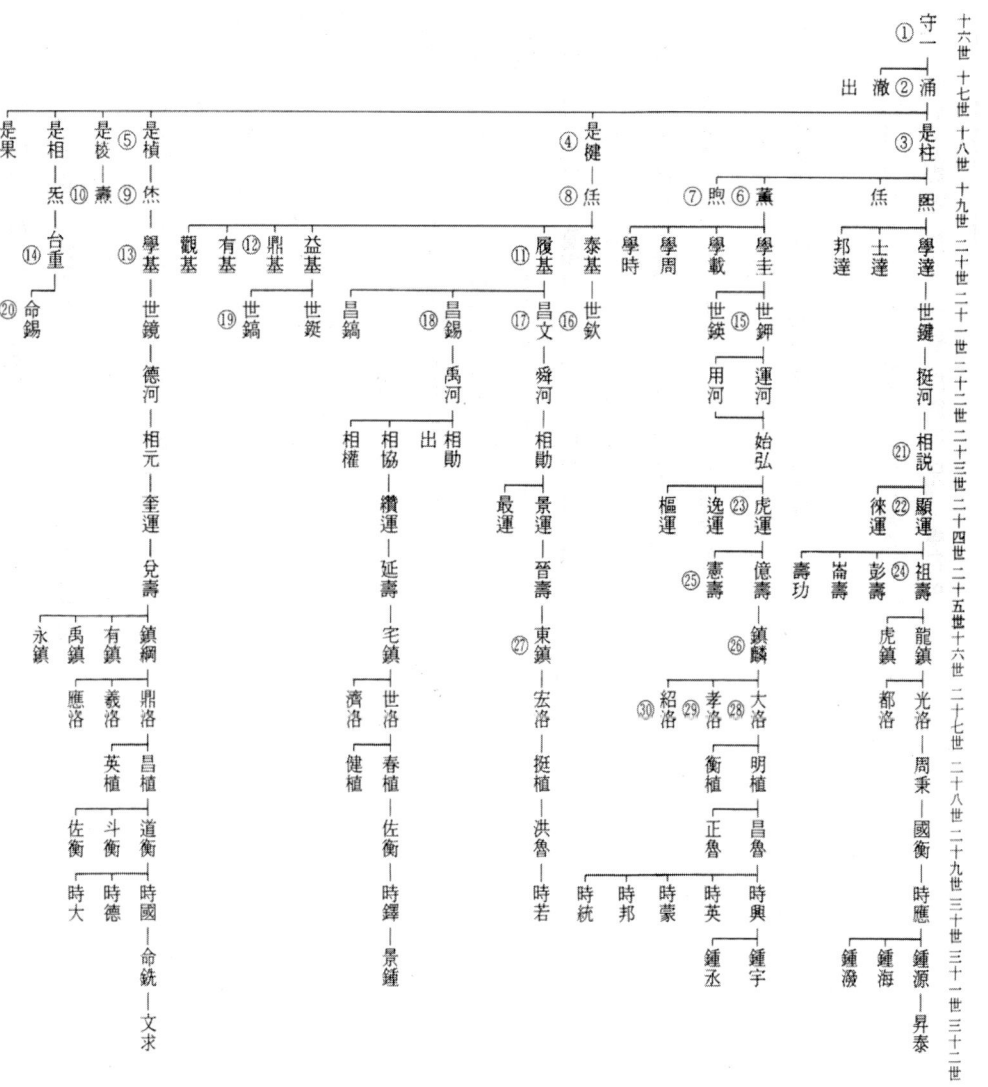

운암파의 가계도

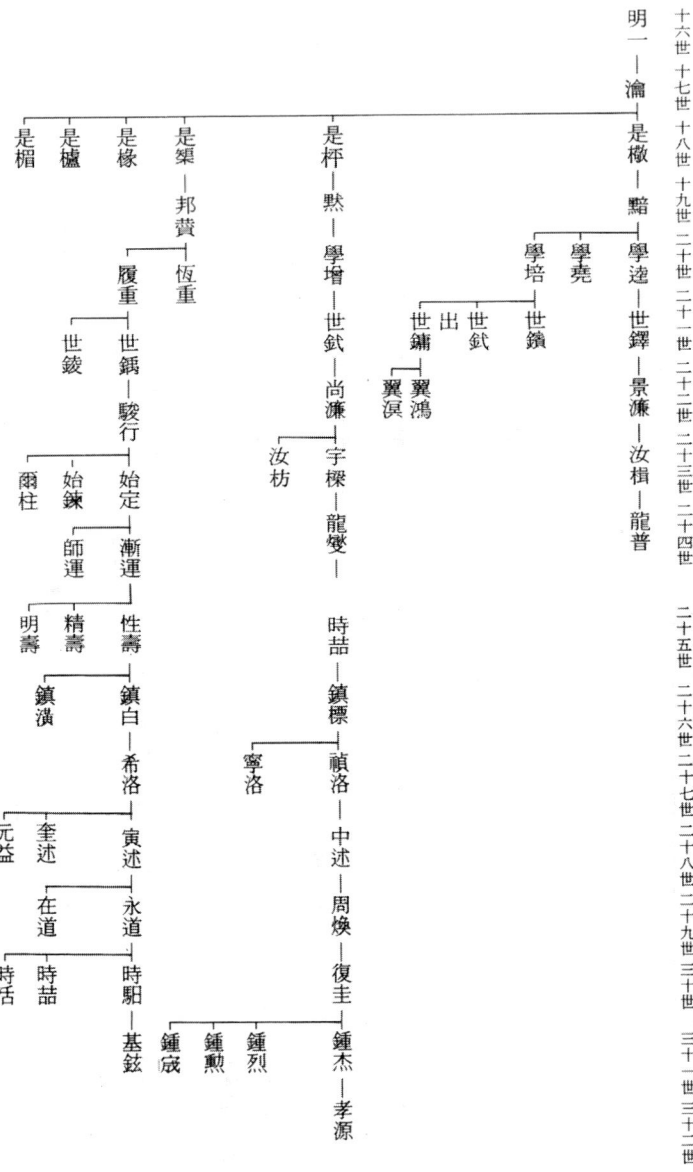

학봉파의 가계도

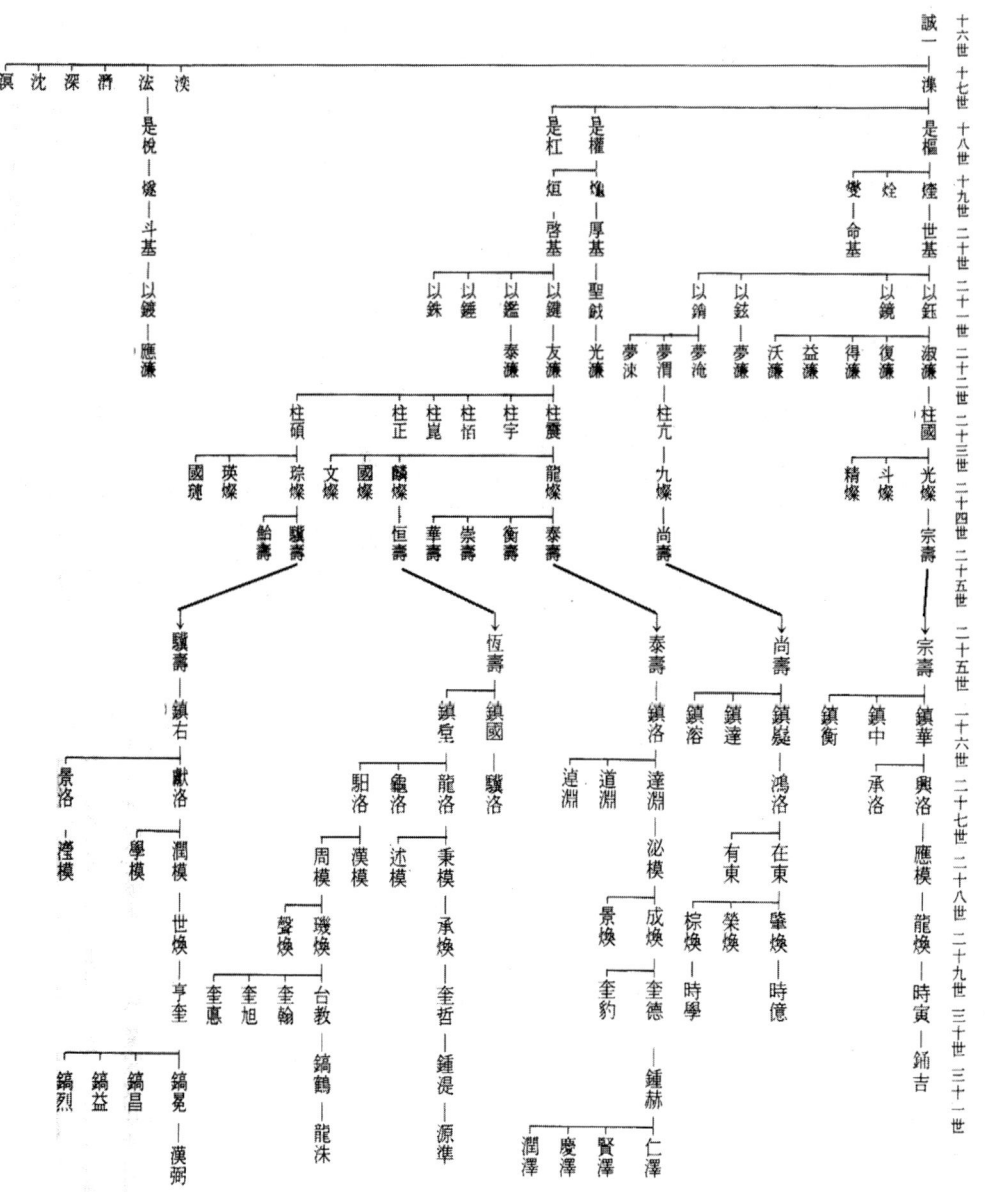

종족조직과 생활문화 101

남악파의 가계도

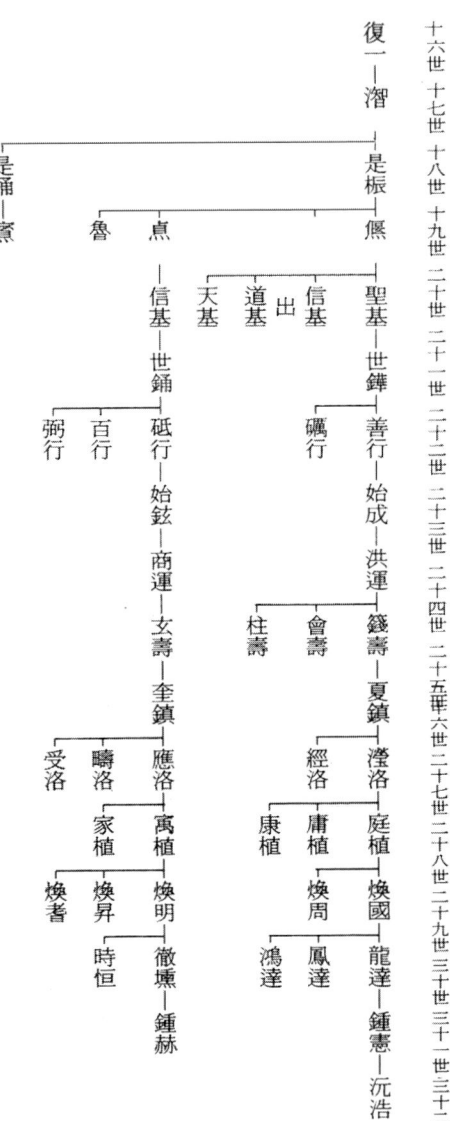

제3장

가계계승의 다양성과 '종족전략'

은기수

가계계승의 다양성과 '종족전략'

 '집안의 대를 잇는다'는 말은 오늘날 우리에게도 너무나 친숙한 말이다. 아들을 통해 한 세대가 다음 세대를 대체하는 과정인 대를 잇는 행위는 오늘날에도 여전히 많은 사람들의 관심사이다. 지금은 사람들의 의식이 많이 변해서 대를 잇는다는 관념도 예전보다는 약해지고, 꼭 아들만 대를 잇는 것은 아니다는 생각도 늘어났다. 그러나 오늘날에도 아들을 통해 대를 이어 나가는 전통적인 사고나 행위에서 자유롭지 못한 사람들이 적지 않다.

 조선후기에 모든 집안, 특히 양반가문에서는 대를 이어 갈 아들이 꼭 있어야만 했다. 이 아들은 적처에게서 태어난 장자여야만 했다. 아들이 아무리 많아도 적장자가 아니면 조선후기에는 양반가문의 대를 이을 수 있는 자격이 없었다. 지두환(1994, 1998)에 따르면 조선후기에 사회 구석구석까지 뿌리를 내린 성리학적 질서는 혈통론이 아닌 '정통론'에 바탕을 두었다고 한다. 이를 가계계승과 연관시켜 생각해 보면 혈연관계로 아무리 친아들이 많이 있다 할지라도 적장자가 아니면 '정통론'적인 유교원리에 어긋나 가계를 계승할 자격이 주어지지 않았다. 오직 '정통론'에 따른 적장자만이 가계를 계승할 수 있는 자격이 주어졌다.

 출산을 조절할 수 없었던 전통시대에는 출산력 수준이 오늘날보다 훨씬 높았고, 따라서 자식의 수가 많았기 때문에 아들을 낳을 확률도 훨씬 높았다고 할 수 있다. 그렇기 때문에 어느 집안에도 적장자가 있을 가능성이 높고, 적장자가 가계를 계승하는 일은 별로 어려운 일이 아니었을 것으로 생각하기 쉽다. 그러나 전통시대인 조선사회에서 출산력 수준은 우리가 생각하는 만큼 아주 높지 않았다(Kwon 1977, 1984; Kwon, Lee, Chang & Yu 1975). 그보다 더 큰 문제는 높은 출산력 수준만큼 사망력 수준 또한 매우 높았다는 사실이다. 전통시대에는 자식을 아무리 많이 출산해도 자연재해와 질병 또는 기아와 같은 어려움 속에서 자식을 일찍 잃는 것이 다반사였다. 집안의 대를 이어 갈 적장자가 태어나면 어느 자식보다도 각별한 사랑과 보살핌을 받았겠지만 적장자도 장성해서 혼인할 수 있는 연령까지 살지 못하는 경우가 많았다(은기수 1987b).

적장자가 집안의 대를 잇지 못하고 일찍 죽으면 무슨 일이 벌어졌을까? 대를 잇기 위한 방안을 모색했을 것이 틀림없다. 특히 양반가문에서는 어떤 식으로든 새로운 적장자를 세우려고 노력했을 것이다. 그들은 일찍 죽은 적장자 외에 둘째아들, 셋째아들 식으로 친아들이 아무리 많이 있다 할지라도 '정통론'적인 성리학적 질서인 종법에 따라 적장자를 새로 '만들어야' 했다. 조선후기에 친자식이 없을 때 적장자를 만드는 방법은 양자를 세우는 것이었다.[1] 오늘날에도 입양해서 양자를 들이기도 하지만, 조선후기 양반가문에서 대를 이을 양자를 세우는 일은 오늘날과는 전혀 성격이 다른 일이었다. 입양하는 이유가 오직 대를 이을 적장자

---

[1] "朝鮮朝의 宗法的 養子制度의 본질은 祖上과 自己의 祭祀를 받드는 자, 즉 奉祀者를 정하는 데 있다. 따라서 養子를 위한 것도 아니며, 養親을 위한 것도 아니며, 오로지 祖上의 祭祀를 斷絶시키지 않는 데 그 목적이 있다. 그리하여 養親은 旣婚男子로서 아들이 없는 자라야 하며, 養子로 될 자는 養父와 同姓同本인 支子로서 養父의 姪行에 해당하는(昭穆之序) 男子이어야 하고 一人에 한해서 인정되는 등 嚴格한 制限을 받았다. 이와 같이 祭祀繼承을 위한 養子를 爲人後子 또는 繼後子라 하고 養父를 所後父, 그리고 入養을 繼後, 立後라 하고 他家에 入養하는 것을 出繼라고 일컬었다"(박병호 1974: 356). 정구복(1999: 166)도 "어느 양반가문을 막론하고 아들 항렬의 동성 친족을 양자로 들였다"고 밝히고 있다.

를 세우기 위해서였다는 점에서 오늘날의 입양과는 성격이 많이 다르다.[2] 특히 장자로 이어지는 종가에서 종손으로 양자를 들이는 일은 해당 가족만의 문제가 아니라 가문 전체의 중요한 일이었다.[3]

족보를 보면 양자를 들여 대를 이어 간 경우가 수없이 많이 발견된다. 그러나 우리는 언제 어떻게 양자를 들였는지 그 구체적인 과정을 잘 알지 못한다. 이 장에서 우리는 조선후기 의성김씨 가문을 사례로 가계계승이 어떻게 이루어졌는지 구체적으로 살펴보려고 한다.[4] 직접 낳은 적장자가 가계를 계승하는 경우, 또는 적장자가 가계를 계승하기 전에 죽은 경우 등에 어떻게 새로운 적장자를 세우고 가계를 이어 갔는지 구체적인 과정을 살펴보려고 한다. 이 장을 통해서 조선후기 양반가문이 끊이지 않고 계속 이어지도록 어떻게 적장자를 세우고 가계를 계승했는지 알게 될 것이다. 뿐만 아니라 가계계승을 위한 노력은 한 가족의 차원에서만 이루어진 것이 아니라 가문의 차원에서 이루어진 것임을 알게 될 것이다. 이러한 노력을 우리는 학문적으로 '종족전략'(lineage strategy)이라는 개념으로 부를 수 있다고 본다.

1. 가계계승의 과정

조선후기에는 적장자가 가계를 계승했다. 이 원칙은 조선후기를 통틀어 변함이 없었다.[5] 그러나 가계를 계승하는 과정은 매우 다양했다. 아

---

2) 가계를 계승하는 일은 적장자의 몫이었다. 그런데 첩자는 적장자가 될 수 없었다. 첩자의 제사 승계에 관해서는 정긍식(1998)을 참조할 것.
3) 박미해(1999)는 17세기 양자의 제사상속과 재산상속을 통해 성리학적 정통론에 입각한 적장자의 재산 및 제사상속이 조선후기 가계계승의 원리로 굳어져 가고 있음을 잘 보여주고 있다.
4) 이 장은 의성김씨 고문서 가운데 호구기록을 중심으로, 족보를 보완자료로 삼아 이루어졌다. 의성김씨 고문서에 관한 전반적인 해제는 이정섭(1989)을 참조할 것.

버지가 죽으면 그 아들이 가계를 계승하면 될 텐데, 왜 가계의 계승과정이 다양하다고 말할까? 그 이유는 바로 죽음은 순서가 없기 때문이다. 아버지가 먼저 죽고 그 아들은 아버지보다 나중에 죽는 것이 자연의 순서 같지만, 사망력 수준이 낮은 현대사회에서도 꼭 그 순서가 옳은 것이 아니듯이, 사망력 수준이 높은 전통사회에서는 아들이 아버지보다 먼저 죽는 경우가 수없이 많았다. 거의 비슷한 시기에 아버지와 아들이 함께 죽는 경우도 있었다. 이처럼 가계를 계승할 수 있는 자격을 가진 적장자 사이에 죽는 순서가 일정하지 않았기 때문에, 아버지가 죽은 후 아들이 가계를 계승하는 식으로 단순하게 가계계승이 이루어지지 않고 다양할 수밖에 없었다.

또 다른 이유는 가계를 계승하기 위해 새로운 적장자를 세우는 일이 모든 가족에게 쉬운 일이 아니었기 때문이다. 새로운 적장자를 세운다는 말은 결국 다른 가족의 아들을 데려온다는 말이다. 다른 가족에게서 아들을 데려오는 일이 어디 쉽겠는가? 양자를 들이려는 집의 경제적 형편이 넉넉하지 못하다면 누가 얼마나 기꺼이 양자로 오려고 했을까? 양자에게 지워지는 부담이 가계 계승자로서 누릴 수 있는 혜택보다 크다면 양자로 기꺼이 가려고 했을까?

1) 적장자의 가계계승

가계계승의 가장 이상적이면서 실제로 가장 흔한 가계계승의 유형은 적장자가 유아기의 높은 사망률의 위험을 잘 넘기고 살아남아 아버지가 죽은 뒤 가계를 계승한 경우이다. <사례 1>을 보자.

---

5) 최근 정구복(1999)은 부안 김씨 고문서를 정리하면서 부안 김씨 종가의 가계계승을 간략하게 다루었다. 정구복의 연구에서도 양자가 종가를 계승한 경우가 언급되어 있다(정구복, 1999: 166~168 참조).

〈사례 1〉 김조운의 가계계승

의성김씨 청계 김진의 첫째아들 김극일에서 이어지는 제1파의 가계계승에서 전형적인 가계계승의 사례를 찾아볼 수 있다. 청계 김진에서 제1자 약봉 김극일로 이어지는 가계는 김극일, 김철, 김시온, 김방렬, 셋째아들 김태중, 셋째아들 김정탁, 김도행, 김시간으로 이어지고 있다. 1822년의 호구기록에 의하면 호주는 김도행의 아들인 김시간(65세)이다. 김시간은 아내 순흥안씨(63세), 아들 김조운(36세), 며느리 안동김씨(38세) 및 손자 김오수(18세)와 같이 살고 있다. 직계가족 이외에 제수 선성이씨(60세) 및 그의 아들 김우운(22세)과 그의 처 한양조씨(27세)도 함께 살고 있다.6)

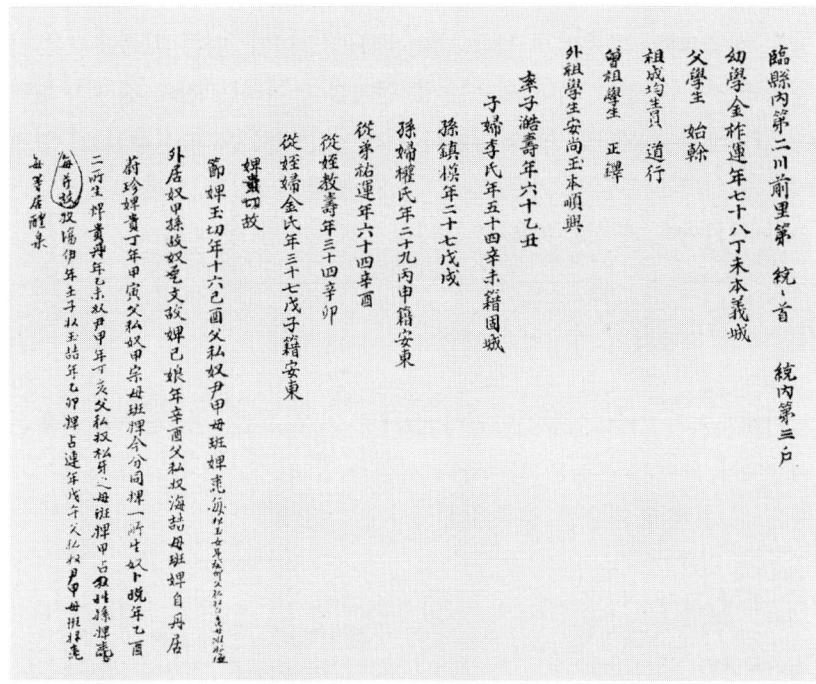

약봉 김극일의 후손 김조운의 호구단자(1864년). 『古文書集成』 五, 594쪽, 호구단자 34.

   6) 조카 김우운과 조카며느리 한양조씨는 호주인 김시간의 죽은 동생 김시한의 뒤를

김시간은 1834년의 호구기록에도 77세의 호주로 나온다. 호주 김시간 (77세)은 아내 안씨(75세), 제수 이씨(72세), 아들 김조운(48세), 며느리 김씨(50세), 조카 김우운(34세), 조카며느리 심씨(26세), 손자 김호수(=김오수, 30세), 손자며느리 고성이씨(24세)와 함께 살고 있다고 기록되어 있다. 1800년대인데도 김시간은 77세에도 여전히 생존하고 있음이 눈에 띈다. 그의 아내 또한 75세의 고령인데도 살아 있는 것으로 기록되어 있다. 부모가 생존해 있기 때문에 김조운은 48세임에도 불구하고 여전히 아버지 김시간을 호주로 하고 자신은 아들이라는 지위로 남아 있다.

다시 6년이 흘러 1840년의 호구기록이 존재한다. 김시간은 1834년과 1840년 사이에 죽었다. 그래서 1840년 호적에는 김시간의 아들인 조운(54세, 1787~1870)이 호주로 등장하고 있다. 김조운은 아내 김씨(56세), 아들 김호수(36세)와 며느리 고성이씨(30세)를 데리고 살고 있다. 6년 전 아버지 김시간이 살아서 호주일 때에는 김조운의 숙모, 사촌동생, 사촌동생의 아내가 한 집에 살았지만, 김조운이 호주가 되어서는 직계가족만으로 가족구성이 매우 단출해졌다.

<그림 3-1> 제1파 김조운의 가계도

```
극일-철-시온-방렬-태중-정탁-도행┬시간-조운-호수-진모-무락┬병구
        (3자) (3자)              │                      └병칠
                                 └시한-우운-교수-진홍-욱락-병오
```

<사례 1>은 높은 사망력이 지배했던 전통시대의 인구학적 조건하에서도 김시간이 79세까지 매우 오래 살았다가 죽은 후, 함께 살았던 적장자 김조운이 자연스럽게 호주가 되어 가계를 계승한 경우이다. <사례 1>은 친아들인 적장자가 가계를 계승하는 것이 당연했던 조선후기의 모습을

잇기 위해 양자로 데려온 부부이다. 김우운의 생부는 김시한이 아니라 김시양으로 기록되어 있다.

상징적으로 보여준다.

그러나 <사례 1>의 김시간과 김조운의 예는 높은 사망력이 지배하던 조선후기의 모습으로서는 오히려 예외적인 경우에 속한다. 호주가 거의 80세가 될 때까지 살았고, 그의 적장자도 50세가 넘을 때까지 죽지 않고 살다가 호주가 죽으면서 자연스럽게 호주가 바뀌고 가계가 계승되는 경우는 높은 사망력이 지배하던 전통적인 인구학적 조건하에서는 사실 기대하기 어려운 모습이다.

2) 양자의 가계계승

적처에게서 태어난 친아들로서 장남인 경우는 혈통으로 보나 종법에 따른 정통론적 입장에서 보나 적장자의 대표적인 경우라고 할 수 있다. 이 적장자가 가계를 계승한 경우가 위의 경우이다. 많은 가문이 이와 같은 적장자의 가계계승을 바랐을 것이다. 그러나 앞서 말한 바와 같이 호주 생전에 적처에게서 아들을 낳지 못했거나, 아들을 낳았어도 그 아들이 커서 혼인을 하고 가계를 계승할 수 있는 상황에 이르기 전에 일찍 죽었다면 새로운 방식으로 가계를 계승시켜야 했다. 그 대안은 바로 양자를 들이는 것이다.

어느 집안이든 족보를 보면 양자로 들어와 대를 잇는 경우를 흔히 발견할 수 있다. 그러나 가계계승을 위해 양자가 어떻게 들어왔는지 그 과정을 족보에서는 찾아볼 수 없다. 우리는 이 절에서 양자가 들어와 가계를 계승한 경우 가계계승 과정을 좀더 자세히 살펴보고자 한다. 이 과정을 통해 조선후기 한 가문에서, 특히 양반가문 종가의 경우 가계를 계승하는 것이 한 가족의 문제가 아니라 종족 전체의 문제였음을 이해하고자 한다.

(1) 호주 생전에 입양

호주가 살아 있을 때 자신이 낳은 아들로서 가계계승이 불가능하다고 판단할 경우 양자를 들여 함께 살다가 호주가 죽은 후 양자가 가계를 계승할 수도 있었다. 다음 <사례 2>를 보자.

〈사례 2〉 양자 김조수의 가계계승

청계 김진의 둘째아들 귀봉 김수일의 자손으로 김수일, 김용, 김시주, 김희, 김학달, 김세건, 김정하, 김상열, 김현운으로 이어지는 가계의 호구기록이 남아 있다. 이 가문의 1816년 호구기록에 의하면 호주 김현운(69세, 1748~1816)은 아내 완산유씨(70세), 아들 조수(30세, 1787~?), 며느리 진성이씨(36세)와 함께 살고 있다. 이 호구기록에는 먼 촌수로 동생이 되는 종운(47세)이 살고 있고, 재종질 효수는 죽었다고 기록되어 있다. 그런데 이 집안의 족보기록에 의하면 김현운은 1816년에 죽은 것으로 되어 있어 1816년 호적의 기록을 작성할 당시에는 살아 있었으나 같은 해에 죽었음을 알 수 있다.

그런데 1816년의 호구기록과 족보기록 사이에는 약간의 의문점이 제기된다. 족보에는 김현운에게 완산유씨라는 아내말고도 분성김씨(1768~1813)라는 또 다른 아내가 기록되어 있다. 뿐만 아니라 족보에는 김현운에게 조수말고도 팽수(1792~1825), 윤수(1794~1869), 그리고 수록(1797~1870)의 세 아들과 세 딸이 더 있는 것으로 기록되어 있다. 그런데도 김현운이 호주인 1816년의 호구기록에는 아내 분성김씨나 아들 팽수, 윤수, 수록 등의 기록은 나타나지 않는다.

그러면 김조수는 누구인가? 김조수는 김현운의 아버지인 김상열의 친동생 김상익의 아들 규운의 아들이다. 즉 김현운과 김조수의 관계는 호구기록상으로는 부자관계로 나타나지만 실제로는 먼 친척인 것이다. 이들이 호구기록상 아버지와 아들의 관계로 나오지만 이들은 친아버지와 친아들의 관계가 아니라 양부, 양자의 관계인 것이다.

이 <사례 2>에서 발견할 수 있는 점 중 하나는 친자식이 있을지라도 적장자가 없으면 양자를 들여 가계를 계승했다는 것이다. 현재 이 가문의 족보에 의하면 김현운에게는 분성김씨라는 아내가 있었고, 그로부터 세 아들과 세 딸이 있는 것으로 기록되어 있지만, 김현운은 분성김씨에게서 태어난 아들을 두고서도 그의 생전에 김조운을 데리고 살다가 가계를 계승시키고 있다. <사례 2>는 호주가 생전에 양자를 적장자로 삼아 가계를 계승시킨 사례이면서 동시에 친아들이 있어도 적장자가 아니면 가계를 계승시키지 않은 경우를 명백히 보여주고 있다.

<그림 3-2> 김조수의 가계도

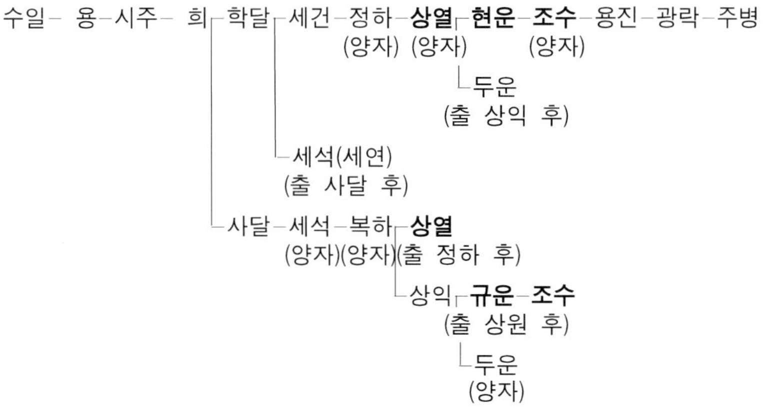

```
수일―용―시주―희┬학달┬세건―정하―상열―현운―조수―용진―광락―주병
              │     │    (양자)(양자)      (양자)
              │     │              └두운
              │     │              (출 상익 후)
              │     └세석(세연)
              │      (출 사달 후)
              └사달―세석―복하―상열
                    (양자)(양자)(출 정하 후)
                          └상익┬규운―조수
                               │(출 상원 후)
                               └두운
                                (양자)
```

호주가 살아 있을 때 양자를 결정한 경우를 하나 더 살펴보자.

<사례 3> 양자 김필락의 가계계승

청계 김진의 셋째아들 의성김씨 제3파 운암 김명일에서 이어지는 가계 가운데 김명일, 김약, 그의 셋째아들 김시거, 김방찬, 김항중, 김약흠,

운암파 종택

　김익한, 김시백, 김창운, 김기수, 김진하로 이어지는 가계에서 호주 생전에 양자가 결정된 예를 찾아볼 수 있다.
　김진하는 늦게까지 후사가 없었다. 1849년의 호구기록에 의하면 호주 김진하는 59세이나 후사가 없었다. 그래서 동생 김진기의 큰아들 김필락(19세, 1831~1907)을 자신의 아들로 삼았다.7) 남아 있는 호구기록만으로는 김진하가 몇 살 때 김필락을 양자로 맞아들였는지 알 수 없지만, 김진하의 호구기록에 김필락이 아들로 기록된 것으로 보아 김진하는 자신이 살아 있을 때 양자를 결정한 것이다.
　1861년의 호구기록에는 김필락(31세)이 호주로 등장한다. 김진하는 족

---

7) 김진기는 자신의 큰아들 필락을 형 진하에게 양자로 주었다. 그러나 김진기와 그의 둘째아들 억락은 1860년 같은 해에 죽었고, 김억락은 후사가 없었다. 이에 김필락은 자신의 아들 김희병을 김억락의 양자로 세워 김진기, 김억락, 김희병으로 이어지게 했다. 김필락은 자신이 양자로 가 종손으로 김진하의 뒤를 이으면서도 자신의 둘째아들을 자신의 생부 집안에 양자로 세워 생부의 대도 잇게 한 셈이다.

보의 기록에 따르면 1858년에 죽었다. 김진하가 죽고 생전에 양자로 결정하고 함께 살아왔던 양자 김필락(31세)이 호주가 된 것이다.

<사례 3>은 <사례 2>와 마찬가지로 적장자가 없어 호주 생전에 양자를 들이고, 호주 사후 양자가 가계를 계승하는 방식을 보여준다.

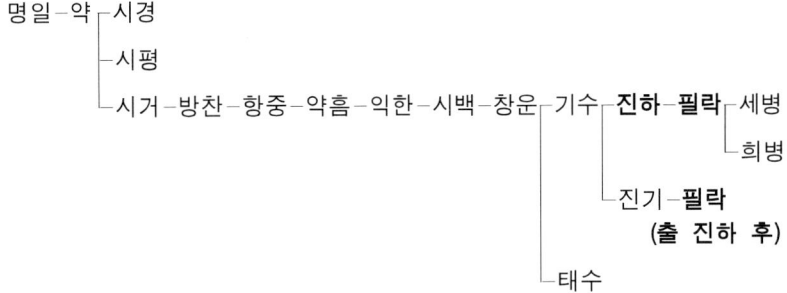

<그림 3-3> 김진하의 가계도

<사례 4> 양자 김용환의 가계계승

<사례 4>로 소개하는 예는 생전에 양자를 결정했으나 호주가 죽기 전에 양자가 먼저 죽은 경우이다. 사망률이 높았던 전통시대에는 어린 양자가 나이든 부모보다 일찍 죽을 수도 있었다. 적장자가 된 양자가 가계를 계승하기 전에 죽으면 그 가문은 어떤 방식으로 대를 이어 갔을까?

의성김씨 제4파 학봉 김성일의 후손으로 김성일, 김집, 김시추, 김규, 김세기, 김이옥, 김숙렴, 김주국, 김광찬, 김종수, 김진화, 김흥락, 김응모, 김용환까지 연결되는 가계 중 김흥락에서 김응모를 거쳐 김용환까지 이어지는 과정을 살펴보자. 김흥락의 아버지 김진화는 1850년에 죽었기 때문에 1852년의 호구기록에 김진화의 아들 김흥락(26세, 1827~1899)이 호주로 나온다. 김흥락은 어머니인 숙부인 이씨(61세), 아내 이씨(28세, 1825~1888), 동생 승락(18세, 1835~1899), 동생의 아내 이씨(18세, 1835~1853), 사촌형수 진주강씨(43세)와 함께 살고 있는 것으로 기록되어 있다.

3년이 지난 1855년의 호구기록을 보면 호주 김홍락은 여전히 어머니 여주이씨, 아내 진보이씨, 동생 승락, 사촌형수 진주강씨와 함께 살고 있고, 새로운 사람으로 김승락의 아내 배씨(21세, 1835~1898)가 나타나고 있다. 족보에 따르면 김승락은 1853년에 첫 부인 이씨를 잃은 것으로 되어 있다. 때문에 김승락은 새 부인 배씨와 결혼해 배씨가 김승락의 아내로 김홍락의 집에 함께 살게 된 것으로 보인다. 그러나 역시 족보에 의하면 김승락은 죽은 아내 이씨와의 사이에 응모(1853년생)라는 아들이 있는 것으로 나타나는데 1855년 호구기록에는 나타나지 않는다.

1858, 1861, 1864년의 호구기록까지 김홍락은 아들이 없는 것으로 보인다. 그런데 1867년의 호구기록에는 전혀 새로운 사실이 나타난다. 1867년의 호구기록에는 호주 김홍락(41세), 아내 이씨(43세), 사자(嗣子)[8] 응모(15세, 1853~1869), 며느리 권씨(20세), 동생 승락(33세), 종질 건모(22세)가 기록되어 있다. 3년 전 호구기록과 비교해 보면 양자 응모와 며느리 권씨가 새로 나타나고 있다. 1867년 현재 호주 김홍락은 41세이고, 아내 이씨는 43세로 둘 다 비교적 젊은 나이인데도 양자를 들이고 있음을 보여주고 있다.

1867년의 호구기록에 나타난 김응모는 누구인가? 호주 김홍락이 함께 살고 있는 동생 김승락의 아들이다. 1853년 태어난 김응모는 1867년 이전의 호구기록에는 등장하지 않다가 1867년 15세의 나이로 처음 나타나는데, 김승락의 아들이 아니라 김홍락의 아들로 나타나고 있다. 김응모는 권씨와 결혼한 성인으로 호구기록에 처음 나타나고 있다.

그러나 불과 3년 후인 1870년 호구기록는 김응모가 죽은 것으로 기록되어 있다. 어떻게 죽었는지 전혀 알 수 없지만 1870년에 살아 있다면 18세일 김응모는 1869년에 17세의 젊은 나이로 죽었다. 호주 김홍락은 1870년에 44세인데 또다시 가계를 이어 갈 적장자가 없는 상태가 되었다.

김홍락은 1867년에 이미 결혼한, 혹은 양자로 맞은 다음 결혼을 시킨

---

[8] 양자를 嗣子라고도 한다.

학봉종택

김응모를 양자로 맞았기 때문에 김흥락의 뒤를 이을 적장자는 김응모였다. 그런데 김응모가 너무 일찍 죽은 것이다. 더구나 김응모는 후사를 남기지 않았다. 김응모가 죽기 전에 아들을 낳았다면, 그리고 그 아들이 무사히 자라서 결혼했더라면 김흥락과 김응모의 뒤를 이을 수 있는 적장자가 되었을 텐데, 족보의 기록에 의하면 김응모는 죽기 전에 아들을 낳지 못한 것으로 보인다.

이제 김흥락은 자신의 양자였던 김응모의 뒤를 이을 양자를 찾아 가문을 이어야 할 처지에 놓였다. 그러나 양자를 결정하는 일이 쉽지 않았던 듯하다. 김흥락은 김응모의 뒤를 이을 양자를 들이지 못하고, 아내, 동생 김승락, 그리고 며느리 권씨 등과 함께 오랜 세월을 보냈다. 양자 김응모가 죽은 지 30년이 지난 1899년에야 비로소 호주 김흥락(73세)이 죽은 응모의 양자로 김용환을 결정할 수 있었던 것 같다. 1888년 호구기록에 의하면 호주 김흥락은 며느리 권씨 및 손자 김용환(13세)과 함께 살고 있는 것으로 기록되어 있다. 여기서 손자 김용환은 30여 년 전에 죽은 김응모의 아들로 기록되어 있다. 며느리 권씨(52세)는 결혼한 지 30여 년 만에 양자를 들여 자신의 아들을 만든 셈이다. 족보의 기록에 의하면 김흥락은 1899년에 죽었다. 즉 김흥락은 73세에 자신의 가계를 이을 손자로 양자를 들이고 얼마 안 되어서 죽은 것이다.

<사례 4>는 전통시대의 높은 사망력 때문에 양자가 일찍 죽어 가계계승이 쉽지 않았던 사례를 보여준다. 양자가 자신의 후사가 없이 일찍 죽었기 때문에 가계를 계승할 수 있는 적장자가 결정되는 데 무려 30여 년이 걸렸다. 김흥락은 양자 김응모가 죽은 후 30년 동안이나 양자를 들이지 못하고 과부며느리와 함께 살았다. 그러다 결국 죽기 직전에 김응모의 양자로 김용환을 결정하고 김흥락은 세상을 떴다. 그래서 김성일로부터 내려오는 종가는 가문을 이을 수 있었다.

<그림 3-4> 김용환의 가계도

성일─ 집─ 시추─ 규─ 세기─ 이옥┬숙렴─주국─광찬─종수─진화─흥락─응모─**용환**
　　　　　　　　　　　　　　　└득렴─주방─덕찬

(2) 호주 사후에 입양

대를 이을 적장자를 출산하지 못한 경우 양자를 들여 가계를 계승하는 것이 조선후기 양반가문의 전형적인 가계계승 방식이다. 우리는 위에서 호주가 살아 있을 때 적장자로 양자를 들여 가계를 계승한 경우를 살펴보았다. 그러나 의성김씨 가문에서 대를 이을 적장자가 없을 때 호주 생전에 양자를 들이는 경우는 호주가 죽은 후 양자를 들이는 경우보다 훨씬 적었다. 호주가 생전에 적장자를 못 세우고 죽은 후 나중에 양자를 들여 대를 잇는 경우가 더 많았다. 그러나 호주가 사후에 양자를 결정하는 경우, 누가 어떻게 양자를 결정하게 되는가는 잘 알려져 있지 않다. 양자가 결정되고 의성김씨의 각 가문으로 들어오게 되는 과정은 많은 부분 베일에 가려져 있다. 이 절에서 우리는 호구기록을 통해 호주가 죽고 나중에 양자가 들어올 때까지의 과정이 어떠했는지를 통해 호주 사후 어떻게 양자가 세워졌는지 살펴본다.

(가) 동생의 호주역할

호주가 죽을 때까지 적장자가 없어 가계를 계승하지 못하게 되면 나중에 양자가 세워지고 가계가 계승될 때까지의 공백기간 동안 누가 가문의 중대사를 처리했을까? 다음 <사례 5>는 호주가 죽고 양자를 세워 가계를 계승할 때까지의 공백기간 동안 호주의 친동생이 일종의 중간관리인 역할을 한 경우를 보여준다.

〈사례 5〉 양자 김병식의 가계계승

제1파 약봉 김극일의 가는 김극일, 김철, 김시온, 김방렬, 김여중, 김지탁, 김민행, 김시원, 김계운, 김교수, 김진종, 김형락으로 가계가 이어지고 있다. 그러나 의성김씨 고문서 중 김형락의 호구기록은 남아 있지 않다. 대신 김형락의 동생인 김경락(20세, 1824~1854)이 호주로 등장하는 1843년의 호구기록이 남아 있다. 김형락은 순조 정축년(1817)에 태어나 병신년(1836)에 죽은 것으로 족보에 기록되어 있다. 김형락은 30세에 죽을 때까지 불행히도 아들이 없었다. 또 김형락이 죽기 전에 자신의 뒤를 이을 양자를 세우지도 않았다. 1836년 김형락이 죽은 후 김형락의 뒤를 이어 가계를 계승할 양자를 세워야 하는 상황이 전개되었을 것이다. 지금 우리에게는 김형락이 죽은 1836년부터 1843년까지 호구기록이 남아 있지 않아 그 사이에 누가 대신 종손의 역할을 했는지 알 수 없다. 우리가 확인할 수 있는 것은 1843년의 호구기록을 통해 당시 20살인 김경락이 호주로 등장하고 있다는 것이다.

호주 김경락(20세)은 아내 손씨(22세)와 살고 있다. 또 어머니 김씨가 함께 사는데, 호구기록이 부식되어 연령을 판별할 수 없다.9) 김경락의 직계가족 외에도 종조부 김희수(84세), 종숙부 김진건(61세), 재종형 김규락(31세)과 그의 처 권씨(35세, 기사), 재종형 김익락(27세)과 그의 처(개성고씨?)로 추정되는 사람이 김경락과 함께 살고 있는 것으로 호구기록에 나와 있다. 그 외에도 2명이 더 있는 것으로 보이는데, 남아 있는 호구기록이 부식되어 2명이 정확히 누구인지는 확인할 수 없다. 호구기록상으로는 노비를 제외하고 총 13명의 가구원이 기록되어 있다.10)

김경락은 김형락의 바로 아래 동생으로서 김형락이 죽은 후 김형락의 뒤를 이을 적장자가 결정되지 않은 동안 어머니를 모시고 살면서 호주의 역할을 담당했다. 형이 죽은 후 호주의 역할을 대신하던 김경락은 김형락의 뒤를 이을 양자를 찾았을 것이다. 만약 김경락에게 아들이 있었다면 그 가운데 한 명으로 형 김형락의 양자를 삼아 가계를 계승하게 했을지도 모른다.

그러나 불행히도 김형락의 동생인 김경락에게도 아들이 없었다. 김경락 자신의 뒤를 이을 아들도 없었던 것이다. 만약 김경락에게 여러 아들이 있었다면 그 중 한 아들을 형인 김형락의 뒤를 이을 양자로 세울 수도 있었겠지만, 김경락은 그렇게 할 수 없었다. 족보의 기록에 의하면 김경락도 결국 후사가 없어 양자를 택해 대를 이었다.

족보의 기록에 의하면 김형락의 뒤를 이은 사람은 김형락의 둘째 동생인 김정락의 아들이다. 김형락의 둘째동생인 김정락이 자라서 결혼하고 그에게서 난 큰아들 김병식이 종손인 김형락의 양자로 종가를 잇게 되었다. 김형락이 1836년에 죽었는데 양자인 김병식은 김형락이 죽은 후 20년 후인 1856년에 태어났다. 김병식이 어느 정도 장성해 혼인을 하고

---

9) 족보의 기록에 의하면 풍산김씨이다. 족보에도 생졸년은 기록되어 있지 않다.
10) 왜 김희수, 그의 아들 진건, 손자 규락과 익락 등이 김경락의 호에 함께 있었을까? 김희수 및 그의 자손들은 호주 김경락과 그의 형 김형락으로 대표되는 제1파의 종가에 가장 가까운 사람들이다. 종손인 김형락이 죽고 아직 그의 대를 이을, 즉 종가를 이을 양자가 결정되지 않은 상황에서 가장 가까운 김희수 및 그의 자손들이 김경락과 함께 모여 살고 있는 상황은 아니었을까?

양자가 되었다고 생각하면, 김형락의 뒤를 김병식이 이을 때까지 최소한 30년은 넘게 걸렸을 것으로 생각된다.

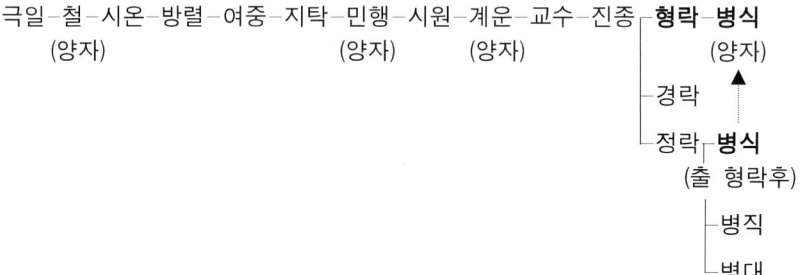

<그림 3-5> 김병식의 가계도

<사례 5>는 종손이 후사 없이 죽은 후 그 뒤를 양자가 잇는 데 수십 년이 걸릴 수도 있었음을 보여준다. 또 적장자를 세우지 못하고 죽은 경우 동생이 죽은 형을 대신해서 어머니를 모시고 살면서 새로운 양자가 세워질 때까지 일종의 중간관리자 역할을 했음을 보여준다.

(나) 처의 호주역할

〈사례 6〉 양자 김상열의 가계계승

청계 김진의 제2자 귀봉 김수일에서 시작해 김수일, 김용, 김시주, 김희, 김학달, 김세건으로 이어지는 의성김씨 제2파의 호구기록 가운데 1669년 김세건 및 그 뒤의 호구기록이 존재하고 있다. 1669년에 김세건(1648~1698)은 22세로 호주이며 어머니 조씨(47세, 1623~1680), 아내 안강노씨(26세, 1644~1717), 동생 세연(13세, 1657~졸년 미상)과 함께 살고 있다.11) 이후 1702년의 호구기록이 남아 있다. 그런데 1702년 호구기록에는 오직

---

11) 동생 김세연은 족보에는 김세석(世錫)으로 기록되어 있다. 김세석은 숙부 김사달(金士達)의 양자로 갔다.

안강노씨(59세)만이 나온다.

<그림 3-6> 김상열의 가계도

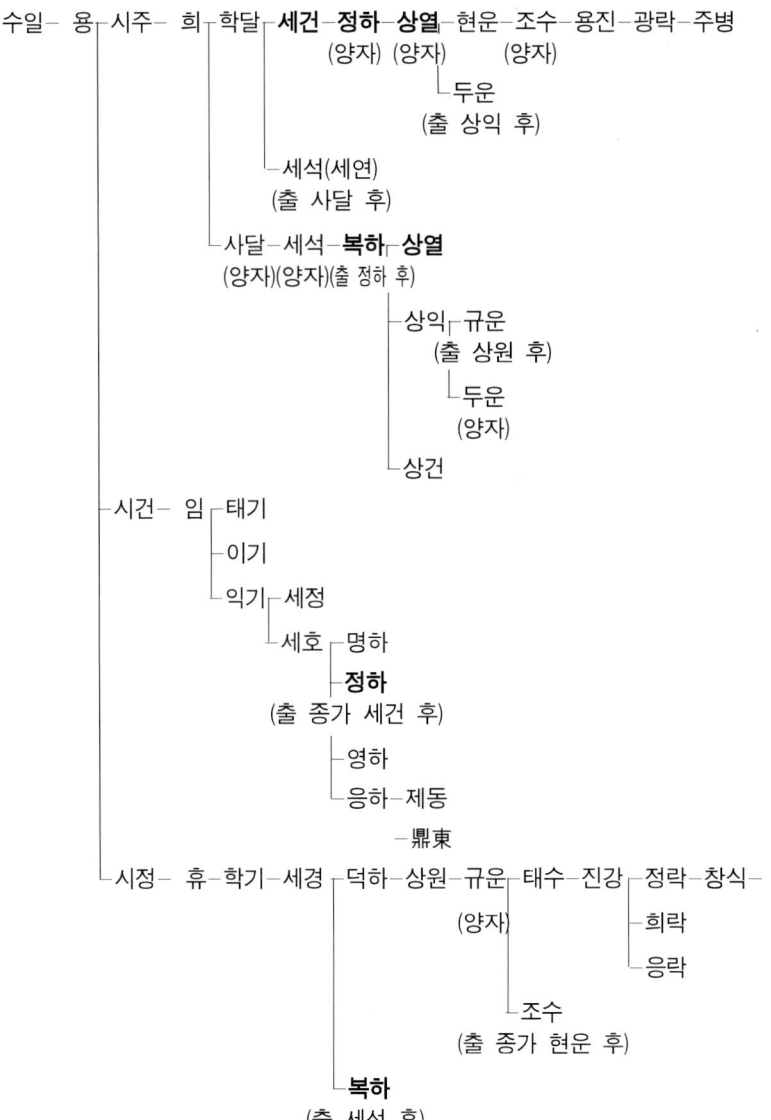

족보에 따르면 김세건은 1698년 51세로 죽었고 모 조씨는 1680년에 죽었으며 김세건과 안강노씨 사이에는 후사가 없었기 때문에 1702년 호적에 59세 된 과부 안강노씨만 기록되어 있다. 이 기록을 통해 우리는 김세건이 51세로 죽을 때까지 대를 이를 아들이 없었고, 그의 생전에 양자를 세우지도 않았음을 알 수 있다. 뿐만 아니라 1702년 호구기록에도 아내 안강노씨만 기록되어 있는 것으로 보아 김세건이 죽은 후 만 4년이 지날 때까지도 양자가 결정되지 않은 것으로 보인다. 이 기간에 양자가 결정되지 않았고 마땅히 호주의 지위를 승계할 사람이 없었기 때문에 홀로 남은 처가 가계를 계승하는 과정에서 일종의 중간관리인 역할을 할 수 있었음을 이 사례는 보여준다.

1702년부터 1710년 사이의 호구기록은 남아 있지 않고 1711년의 호구기록이 남아 있다. 이 호구기록에 따르면 김정하(23세, 1689~1725)가 김세건의 양자로서 호주로 등장하고 있다. 김정하는 김세건과 9촌간이다. 양자 김정하는 어머니 노씨(68세), 아내 인천채씨(25세, 1687~1722)와 함께 가구를 형성하고 있다. 1711년의 호구기록은 김정하가 김세건이 죽은 뒤 양자로 결정되어 김세건의 가계를 이어 나간 경우를 보여준다.

그러나 김정하도 1725년에 37세의 나이로 뒤를 이을 아들 없이 죽었다. 김정하의 아내 채씨는 김정하가 죽기 3년 전에 먼저 죽었다. 호주 김정하와 처 인천채씨는 대를 이을 적장자를 남기지 않았고, 이들은 살았을 때 대를 이을 양자를 세우지도 않은 채 비슷한 시기에 죽어 귀봉 김수일의 종가는 또다시 가문이 끊길 위기에 처하게 된다.

족보에는 김정하의 뒤를 김상열이 이은 것으로 되어 있다. 김상열은 김정하와 6촌간인 김복하의 장남이다. 그런데 김복하 또한 양자로 입후한 경우이므로 실제 혈연관계로 따지면 김정하와 김복하는 6촌이 아닌 훨씬 더 먼 촌수관계이다. 그러나 김정하나 김복하 모두 양자로 입후해 6촌 관계를 이루고 있다.[12] 1723년 김정하의 호구기

---

12) 지금 다루고 있는 호구기록들은 대개 종가의 호구기록이다. 김복하의 경우는 종가를 이은 경우가 아니기 때문에 호구기록이 남아 있기 힘들다. 그러나 그의 아들 김

록 이후 1744년 호구기록에 따르면 김정하의 양자 김상열(25세, 1720~1773)은 처 장수황씨(25세, 1720~1797)와 단 둘이 살고 있다.

<사례 6>에서 김정하가 언제 양자로 결정되어 귀봉 김수일로부터 내려오는 종가의 대를 이었는지 분명하지 않다. 분명한 것은 호주 김세건이 죽은 후 대를 이을 후사가 없는 상황에서 혼자 남은 처가 대신 호주 역할을 했고, 김세건 사후 몇 년 후에야 김정하를 양자로 들여 대를 이었다는 점이다. 마찬가지로 김정하도 후사 없이 죽었는데, 생전이나 사후에 바로 뒤를 이을 양자가 결정되어 있지 않았음을 알 수 있다. 김상열은 김정하가 죽은 해에 6살이었기 때문에 김상열이 양자로 결정되는 데 시간이 많이 걸렸을 것으로 짐작된다. <사례 6>은 2대에 걸쳐 후사 없이 죽은 경우 그 뒤를 이을 양자를 결정하는 데 상당한 시간적 지체가 있었음을 보여준다.

(다) 둘째아들의 호주역할

〈사례 7〉 양지 김용섭의 가계계승

의성김씨 제3파 김명일에서 이어지는 가계에서 김명일, 김약, 둘째아들 김시평, 김묵, 김학증, 김세익, 김상렴으로 이어지는 가계의 호구기록이 남아 있다. 1711년의 호구기록에 의하면 추월리에 살았던 김세연(=세익)은 전 호주이고 김상렴(46세, 1666~1720)이 호주로 등장한다. 그런데 김세연도 양자였고 후사가 없어 다시 김명일, 김약, 김시경, 김암, 김학규,

---

상열이 종가의 대를 이어서인지 김복하의 1729년과 1756년 호구기록이 전해지고 있다. 1729년 김복하의 호구기록에는 김복하가 40세로 처 아주신씨(39세), 아들 효릉(8세)과 함께 사는 것으로 나타난다. 김정하의 양자로 간 김상열은 1720년생이기 때문에 1729년에는 10살로 호구기록에 김복하의 아들로 나타나야 할 텐데 기록에서 빠져 있다. 이로 미루어보아 김상열은 이미 김정하 사후 양자로 결정되어 생부 김복하의 호구기록에서 빠져 있는 듯하다. 1756년의 김복하는 서자 김오건(17세)과 살고 있는 것으로 기록되어 있다.

김세탁, 김상렴으로 이어지는 종가의 종손인 상렴이 세연의 양자가 되었다.[13] 할머니 권씨는 1709년에 죽고 1710년에는 어머니 이씨가 죽었다. 1711년의 호구기록만으로는 김상렴의 가족은 아내 남양홍씨(46세), 아들 김재창(15세, 1697~1716)으로 이루어진 전형적인 부부가족이다. 아들 김재창은 나중에 종량(우량)으로 개명한 상렴의 큰아들이다.

1714년의 호구기록에는 호주 김상렴(49세), 아내 홍씨(49세), 큰아들 김국주(18세), 둘째아들 김경동(9세, 1706~?)이 새로 나타나고 있다.

<그림 3-7> 김용섭의 가계도

---

13) 종가의 종손이 다른 집의 양자로 갈 수 있는가 하는 의문이 당연하게 드는데, 족보상으로 상렴은 종가의 종손이었다.

3년이 지난 1717년의 호구기록을 보면 호주 김상렴(52세)과 아내 홍씨(52세)가 기록되어 있다. 아들 김국주는 김우량으로 개명하고 3년 사이에 재령이씨(26세, 1692~?)와 결혼했으나, 1717년 현재는 죽은 것으로 기록되어 있다. 둘째아들 김경동은 12세로 기록되어 있다.

1723년 이전에 호주 김상렴이 죽고 큰아들 김국주(=우량)는 1717년에 이미 죽었기 때문에, 1723년의 호구기록에는 둘째아들인 김여방(18세=김경동)이 호주가 되어 어머니 홍씨와 형수 이씨를 모시고 살고 있는 것으로 나타난다.

3년이 지난 1726년의 호구기록은 호주 김여방(21세)이 그 사이 결혼해 청주정씨(25세, 1702~?)를 아내로 맞았음을 보여준다. 여전히 어머니 홍씨(61세)와 형수 이씨(35세)를 모시고 있다. 이후 1729, 1732, 1735년의 호구기록이 있는데 아무런 변화가 없다. 그러다 1741년의 호구기록이 나타난다.

1741년의 호구기록에는 호주 김여방(36세)이 아내 정씨(40세)와 함께 어머니 홍씨(76세), 형수 이씨(50세)를 모시고 살고 있다. 이 해의 호구기록에 새 인물이 등장한다. 호주 김여방의 조카로 '箣질자 김용구'(15세, 1727~1800, 김용섭)가 새로 기록되어 있는 것이다. 김용구의 생부는 김여집으로 기록되어 있다. 김여집은 김명일, 김약, 김시경, 김암, 김학ㅠ, 김세탁, 김경렴, 김여집으로 이어지는 가계의 김경렴의 아들이다.

3년이 지난 1744년에도 여전히 호주는 김여방(39세)이며 모 홍씨(79세), 처 정씨(43세), 형수 이씨(53세), 조카 용구(18세)와 함께 살고 있다.

다시 3년이 지난 1747년의 호구기록에는 오래 전에 죽은 김우량의 양자로 들어온 김용구(=김용섭)가 호주로 등장한다. 호주 김용구는 21세로 모 이씨(56세), 처 조씨(22세)와 함께 살고 있는 것으로 나타난다. 김용구가 호주로 기록된 1747년의 호구기록에서는 숙부 김여방 내외 및 조모 홍씨가 사라졌다.

<사례 7>은 양반가 가계계승 과정을 이해하는 데 아주 흥미로운 사례를 제공하고 있다. 대를 이어야 할 장자가 후사 없이 일찍 죽었기 때문에 둘째아들이 일단 호주가 되어 어머니 및 과부 형수를 모시고 자기 가

족과 함께 살았다. 둘째아들은 형의 양자를 들이지 않은 채 어머니와 과부 형수를 모시고 무려 20년 가까이 지내다가 죽은 형의 뒤를 이을 양자를 들였다.14) 그러나 양자를 들인 후에도 양자가 아직 어리고 미혼이기 때문에 당분간 호주역할을 수행했다. 그 사이에 양자 조카가 나이가 들어 혼인을 하고 성인이 되었다. 그 동안 시동생과 함께 살았던 김우량의 아내 과부 이씨는 양자 아들을 데리고 다시 적장자로 이어져 가는 가계를 계승한 것이다.

<사례 7>은 장자로 이어져 가는 가계계승 과정이 얼마나 다양할 수 있는지를 보여주는 전형적인 사례다. 장자가 죽고 그의 양자가 결정되어 뒤를 잇는 데 걸린 시간이 무려 20년 가까이 되는 것이다. <사례 7>에서 보이는 또 하나의 특징은 둘째아들의 역할이다. 둘째아들은 결국 장자로 이어져 가는 가계를 이을 수 없다. 20년 가까이 어머니와 과부 형수를 모시고 살아도 그는 장자가 가계를 계승할 때까지 중간관리인의 역할을 한 셈이다. 그 사이에 제사를 지내는 일은 아마도 둘째아들이 수행했을 것이다. 그러나 결국 양자 조카를 들이고 그 양자 조카가 성인이 되자, 그는 양자 조카에게 호주 자리를 물려주고 호구기록에서 사라졌다. 그는 이제 자기 직계가족만의 독립호를 구성했을 것이다.

(라) 조카의 호주역할

<사례 8> 양자 김진표의 가계계승

<사례 7>의 김용구는 김용섭으로 개명했다. 1780년의 호구기록에는 호주 김용섭(54세), 아내 조씨(40세), 아들 김시철(15세)이 있다. 3년 지난

---

14) 왜 오랫동안 김우량의 양자를 들이지 못하고 김우량의 동생 김여방이 대신 호주로 있었을까? 아마 김여방이 아들을 생산하면 그 아들로 김우량의 양자를 삼으려고 했을지 모르겠다. 그러나 김여방도 결국 적장자를 생산하지 못해 김우량이 양자를 얻은 김여집에게서 양자를 데려와 자신의 뒤를 잇는다. 김여집은 김우량과 김여방 형제에게 자신의 두 아들을 양자로 주어 대를 잇게 해 준 것이다.

1783년의 기록에는 호주 김용섭(57세), 아내 조씨(43세), 아들 김시철(18세) 외에 '籍자부 함양박씨'(24세)가 새로 등장해 김시철이 그 사이에 혼인했음을 알 수 있다. 1795년의 호구기록에 의하면 며느리 함양박씨가 죽은 것으로 되어 있다. 그래서 이 가구는 다시 호주 김용섭(69세), 아내 조씨(55세), 아들 김시철(30세)만 사는 부부가족 가구가 되었다.

1798년의 호구기록에는 호주 김용섭(72세)과 처 조씨(58세)의 기록은 변함이 없으나 아들 김시철이 죽고 대신 새로운 며느리 안동권씨(28세)가 기록되어 있다. 1795년에 며느리 함양박씨가 죽었다고 가정한다면 아들 김시철은 안동권씨를 새 아내로 맞았으나 재혼한 지 얼마 안 되어 죽은 것임을 알 수 있다.15)

1801년의 호구기록에는 김용섭이 죽었기 때문에 전 호주로 기록되어 있다. 김용섭의 대를 이을 사람이 있어야 하지만 그의 아들 김시철은 후사 없이 먼저 죽었다. 아직 양자도 세우지 못한 상황이다. 그러나 누군가는 이 집안의 임시호주가 되어야 하는 상황이다. 가계계승이 완전히 끝마쳐질 때까지 중간관리인이 있어야 할 형편이다. 누가 중간관리인의 역할을 수행했을까?

이 집안은 김용섭이 양자로 오기 전 자신의 친동생인 김용덕의 아들 김민철(29세)을 중간관리인으로 택한 것 같다(<그림 3-7> 참조). 1801년의 호구기록에 의하면 김용섭은 전 호주이고 김민철이 호주로 기록되어 있다. 김민철은 숙모 조씨(61세, 김용섭의 처), 사촌형수 권씨(31세, 김시철의 아내)와 함께 살고 있다.

1801년에 김민철이 호주가 된 후 10년이 흐른 1810년의 호구기록에 김민철은 여전히 호주로 나오고 있다. 호주 김민철(=김성규, 38세), 사촌형수 권씨(40세), 아내 순천김씨(43세)는 이전과 변함없는 가구 구성원이다. 여기에 더해 '籍종질 진표'(17세, 1794~1824)가 처음으로 등장한다. 김진표의 생부는 일한옹파(一寒翁派) 남수(南壽)라고 기록되어 있다. 김진표

---

15) 족보에 의하면 김시철은 1797년에 죽었다.

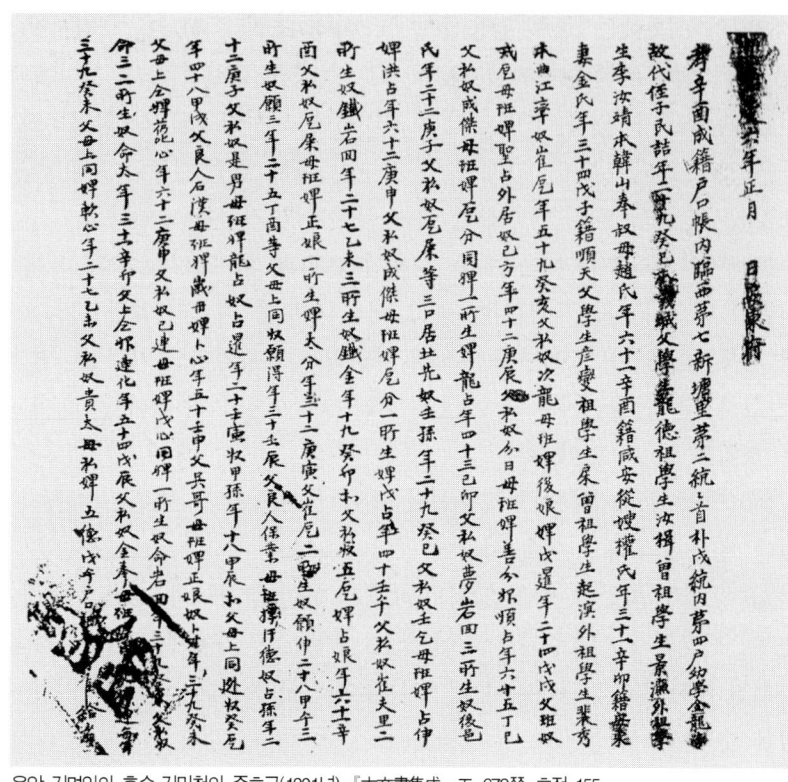

운암 김명일의 후손 김민철의 준호구(1801년). 『古文書集成』 五, 672쪽, 호적 155.

는 종질이라고 기록되어 있지만 촌수로는 아주 먼 관계다.

김진표는 왜 갑자기 김민철의 호에 등장했을까? 1813년의 호구기록을 보면 이 의문은 바로 풀린다. 김민철(김성규)은 호주 자리를 1810년의 호구기록에 등장한 종질자 김진표에게 물려준다. 그리고 자신은 단순히 동거인으로 남았다. 이제 호주는 3년 전에 '節종질'로 기록되었던 김진표(20세)다. 호주 김진표(20세)는 어머니 권씨(43세), 종숙부 김민철(김성규, 41세)을 모시고 아내 전주유씨(25세, 1789~1822)와 살고 있다.

<사례 8>은 적장자가 대를 잇는 것이 법도인 사회에서 양자를 정하지도 못하고 대를 이을 사람이 모두 죽자 조카가 대신 호주역할을 한 경우

다. 김민철은 족보에 양자로 갔다는 기록이 없다. 즉 그는 혈연관계로 백부인 김용섭의 가계가 계승될 수 있도록 중간관리인 역할을 한 것이다. 그래서 숙모와 형수를 모시고 살았던 것이다. 중간관리인으로 호주역할을 하면서 백부의 가계를 이을 수 있는 양자 조카를 구했고, 양자 조카가 호주가 된 후 자신은 동거인으로 몇 년 동안 그 집에 머물면서 백부의 가계를 이을 양자가 성장할 때까지 보살핀 것이다.

(마) 둘째아들과 동생의 호주역할

〈사례 9〉 양자 김응환의 가계계승

제4파 김성일, 김집, 둘째아들 김시권, 김구, 김계기, 김이건, 김우렴, 김주진, 둘째아들 김인찬, 김항수, 김진국, 김기락으로 이어지고 있는 가계의 계승을 살펴보자. 1834년의 호구기록이 남아 있는데 김진국의 둘째아들인 김용락이 호주로 기록되어 있다. 김진국에게는 김기락이라는 장남이 있었다.[16) 그런데 김기락이 일찍 죽었기 때문에 둘째아들인 김용락이 호주로 기록된 것으로 보인다.

1834년의 호구기록은 아주 단순하다. 호주 김용락(40세)과 처 고성이씨(42세, 1793~?)만 기록되어 있다.

6년 후의 호구기록이 남아 있는데, 1840년에는 김용락의 호구기록 외에 김진국의 막내아들이자 김용락의 둘째동생인 김일락의 1840년 호구기록이 남아 있다. 김용락과 김일락의 큰형이자 김진국의 장남인 김기락은 1837년에 죽었다고 족보에 기록되어 있다. 그런데 1840년의 김일락의 호구기록은 김기락의 가족들이 김일락과 함께 살고 있었음을 보여준다. 1840년의 김일락의 호구기록에는 다음과 같은 사람들이 실려 있다. 먼저 호주로 김일락(37세, 1804~1867)이 기재되어 있다. 그리고 어머니 이씨(72

---

16) 김진국의 장남 김기락의 호구기록은 남아 있지 않다. 족보의 기록에 따르면 김기락은 1790년에 태어나 1837년에 죽었다. 진보이씨(1786~1869)가 김기락의 부인이었다.

세), 아내 허씨(37세), 형수 진성(=진보)이씨(55세), 조카며느리 황씨(33세), 아들 갑철(17세), 며느리 안동김씨(22세)가 기록되어 있다. 호주 김일락의 직계가족은 모 이씨와 처 허씨, 그리고 아들 갑철 및 며느리 안동김씨다. 김일락의 입장에서 방계가족은 형수 진성이씨와 조카며느리 황씨이다.

1840년의 김일락의 호구기록은 무엇을 말해 주는 것인가? 다음과 같은 추측이 가능하다. 김진국의 장남 김기락은 아버지 김진국이 죽은 후 어머니 이씨를 모시고 아내 허씨 및 과부며느리 황씨와 함께 살고 있었다. 김기락의 아들 노병(1811~1826)은 1826년, 처 황씨가 20세일 때 죽었다. 김기락의 막내아들인 김일락은 처 허씨와 결혼 후 분가하지 않고 큰형인 김기락의 집에서 함께 살았다. 그러다 1837년에 큰형 김기락이 죽었다. 따라서 김기락이 죽은 후 함께 살고 있던 김일락이 호주가 되고 호구기록상 김일락이 어머니 이씨 및 형수 이씨를 모시고, 아울러 김기락의 며느리 황씨도 함께 거주하고 있는 것으로 생각해 볼 수 있다.[17]

1846년 김기락의 둘째아들 김수인(=김휴응, 27세, 1820~1849)이 호주인 호구기록이 존재한다.[18] 이 호구기록에 의하면 6년 전 작은아버지 김일락의 집에 살았던 아버지 김기락의 아내이자 자신의 어머니인 진성이씨(61세)와 형 노병의 아내로 자신에게 형수가 되는 창원황씨(39세), 그리고 자신의 아내 안동권씨(19세)가 호주 김수인의 집에 함께 살고 있다. 6년

---

17) 이러한 추측에서 불확실한 부분은 김일락이 결혼 후 김기락과 함께 살았는지 여부다. 혹시 김일락이 결혼 후 큰형 김기락과 함께 살지 않았는데 김기락이 죽은 후 어머니 및 형수, 그리고 질부가 김일락의 호에 합류하지 않았을까 생각할 수도 있다. 또는 김기락 사후 김일락 부부가 자신의 아들 부부를 데리고 김기락의 집으로 들어오지 않았을까 생각할 수도 있다. 그러나 김기락이 종손임을 감안하고 종가가 있다고 한다면 김기락의 남은 가족이 움직였을 가능성은 적다. 김일락이 자신의 아들 부부까지 기록한 것을 보면 김일락 부부 및 그의 자식들은 김기락의 생전에 김기락의 가구에서 함께 거주한 것으로 생각된다.

18) 마이크로필름으로 보관중인 고문서 호구기록은 호주에 관한 기록 일부분이 부식되어 있다. 1846년 호주가 김수인이라는 것만 판독되고 연령이나 父의 이름이 부식되어 판독할 수 없다. 그러나 족보를 통해 이 호구기록이 김기락의 둘째아들 김수인의 것임을 알 수 있다.

전에는 김기락의 막내동생인 김일락이 호주로서 김기락의 남은 가족과 함께 살고 있었는데, 6년이 지나서는 김기락의 둘째아들이 호주로 가족을 데리고 살고 있다.

1852년 김기락의 동생인 김용락의 호구기록이 존재하는데, 이 호구기록은 또 다른 새로운 양상을 보여준다. 호주 김용락(58세)은 아내 권씨(36세), 아들 유학 병모(=수정, 휴무, 24세), 며느리 전주유씨(24세)와 함께 살고 있다. 그러나 이 해 김용락의 호구기록에는 형수 이씨(67세), 조카며느리 황씨(45세), 조카며느리 권씨(25세), 그리고 서종제 유학 기락(29세)이 함께 기록되어 있다.

김기락의 아내로 둘째아들 김수인과 함께 살던 이씨 및 김수인의 형수 황씨, 김수인의 아내 권씨 등은 김수인이 1849년에 죽음에 따라 이번에는 김기락의 바로 아랫동생인 김용락의 가구에 들어온 것이다. 황씨, 권씨 등은 모두 남자들이 일찍 죽어 과부가 되었고, 역시 과부인 시어머니 이씨와 함께 김용락의 집에 함께 살게 된 것이다.

6년이 흐른 1858년 김용락의 호구기록은 다시 단순해졌다. 호주 김용락(64세), 아내 안동권씨(42세), 아들 유학 병모(30세), 며느리 전주유씨(30세), 서종제 유학 기락(35세)만 기록되어 있다. 호주 김용락의 형 김기락의 아내인 형수 진보이씨, 김기락의 장남인 노병의 처인 질부 창원황씨, 차남 휴웅의 처인 안동권씨가 사라졌다. 이들이 기록된 호구기록이 남아 있지 않아 이들이 어디로 갔는지는 정확히 알 수 없다. 그러나 족보의 기록에 따르면 김기락, 김노병, 김응환으로 이어지고 있어, 노병의 양자 김응환을 정해 새로 독립호를 구성한 것으로 추측된다. 결국 김용락과 김일락, 김수인은 김기락, 김노병으로 이어지는 가계의 적장자가 결정되기 전 종손 김기락의 가족을 보호하는 역할을 수행한 것이다.

<사례 9>는 후사 없이 적장자가 죽은 후 대를 이을 양자를 결정할 때까지 종손 가족이 어떤 삶의 과정을 겪었는지 그 과정의 다양함을 보여주는 생생한 예다. 종손 김노병이 가계를 계승하지 못하고 죽고, 김노병의 아버지 김기락마저 일찍 죽자 김기락의 처, 김노병의 처 등 과부가

된 시어머니와 며느리는 먼저 김기락의 막내동생을 호주로 하고 함께 살았다. 그러다가 어떤 과정이 있었는지는 모르겠지만 김기락의 처와 과부며느리는 김기락의 둘째아들 김수인을 호주로 해서 함께 살았다. 그러나 김수인마저 일찍 죽자 김기락의 처와 김노병의 처는 김기락의 바로 다음 동생인 김용락의 집에서 함께 살았다. 그런 다음 김기락, 김노병, 김응환으로 연결되는 김응환을 양자로 결정해 따로 독립호를 이루었을 것이다.

대를 이어 가야 할 종가의 남자들이 하나둘 세상을 떠난 후 종가의 과부며느리들은 대를 이을 종손이 결정될 때까지 호주를 여러 번 바꾸면서 살고 있다. 결국 종가가 대를 잇지 못하는 상황이 되었을 때 주위의 사람들은 종가의 대를 이어 가는 데 많은 관심을 가졌을 것이다. 그럼에도 불구하고 양자를 빨리 결정하지 못했고 양자가 결정될 때까지 종갓집 며느리들은 가까운 친척을 호주로 등장시키면서 살아갔고, 오랜 시간이 흘러서야 자신들의 후사를 결정할 수 있었다.

<그림 3-8> 김응환의 가계도

김성일-김집-둘째아들 김시권-김구-김계기-김이건-김우렴-김주진-둘째아들 김인찬-

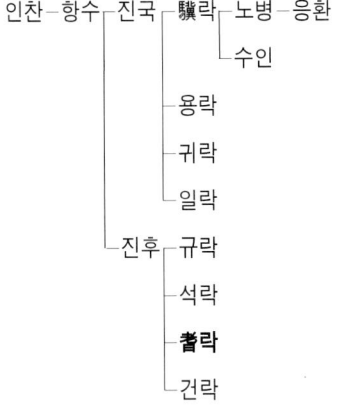

2. 가계계승을 위한 종족전략

우리는 지금까지 의성김씨의 여러 가문에서 이루어진 가계계승의 과정을 살펴보았다. 지금까지 우리는 조선후기 양반가문에서는 적장자를 통해 가계를 계승했다고만 알고 있었다. 자신의 친아들을 통해 가계를 계승할 수 없는 경우, 즉 전통시대의 높은 사망력 때문에 적장자가 일찍 죽어 가계를 계승할 수 없거나 아니면 적장자를 생산하지 못한 경우, 같은 가문에서 양자를 세워 가계를 계승했다고만 알고 있었다. 그러나 각 가문에서 가계계승이 구체적으로 어떻게 이루어졌는지 가계계승의 과정에 대해서는 알지 못했다.

이 연구를 통해 우리는 의성김씨라는 양반가문에서 가계를 계승하는 과정이 단순하지 않고 매우 복잡한 경우가 많았음을 알 수 있었다. 무엇보다도 적장자가 가계를 계승하지 못하고 일찍 죽는 경우가 많아 적장자에 의한 가계계승이 위태롭게 되는 경우가 매우 흔했음을 알 수 있었다. 심지어는 적장자가 일찍 죽어 양자를 들였음에도 불구하고 그 양자 또한 가계를 계승하기 이전에 죽는 경우도 있었다.

두 번째는 아들을 생산하지 못하는 경우도 많았을 것으로 생각된다. 일반적으로 전통시대에는 출산력이 높아 자녀를 많이 낳았을 것으로 생각되지만, 부부에 따라 자녀를 전혀 생산하지 못하는 경우도 있었을 것이다. 전통시대에는 전염병이나 열병 등에 대한 치료가 오늘날처럼 효과적이지 못해 여성이 어린 시절 열병에 걸린 경우 죽지 않고 낫더라도 열병 때문에 성인이 되어서 불임이 되는 경우도 많았던 것으로 알려져 있다. 따라서 전통시대에 양반가문의 부부가 자녀를 생산하지 못하는 경우도 생각보다 많았을지도 모른다.

자녀가 없는 경우도 많았을 것이라는 추론은 전통시대의 높은 사망력 수준과 결부시켜 생각해 볼 수도 있다. 족보나 호구기록에는 영유아의 기록이 부실하다(은기수, 1987a, 1987b, 1998). 즉 아들을 낳았다 할지라도 전통시대에는 그 아이가 사망률이 가장 높은 0~1세까지의 영아기, 1~5세까지의 유아기를 무사히 넘겨야 일단 앞으로 계속 살 가능성이 있는 것으로 판단되었다. 그러나 15세부터 장정으로 인정되던 전통시대에 15세 이전에 호구기록이나 족보에 기록되는 경우는 드물었다. 15세를 넘기고 혼인을 해서 장정으로 인정되어야 호구기록이나 족보에 남는 것이 상례였다. 따라서 아들을 낳았다 할지라도 그 아들이 15세 이전에 죽는다면 호구기록이나 족보에 아예 기록되지 않는 경우도 비일비재했을 것이다. 그 경우 오늘날 우리에게는 전혀 자녀를 출산하지 못했던 경우로 이해될 수도 있다.

높은 사망력에 의한 적장자의 죽음 또는 아예 적장자를 생산하지 못하는 상황 등은 가계계승을 위태롭게 하는 경우다. 적장자가 태어나고 자라서 가계를 계승하는 경우 못지않게, 적장자가 죽거나 없어서 양자를 세워 가계를 계승하는 경우가 위에서 살펴본 의성김씨의 가문에서는 비일비재했다.

그런데 양자를 세워 가계를 계승하는 과정을 살펴보면 양자를 세우는 과정이 단지 한 가족의 문제가 아니었음을 알 수 있다. 아들뿐 아니라 동생이 대신 호주가 되기도 하고, 심지어는 조카가 대신 오랫동안 호주가 되어서 양자를 결정할 때까지 함께 살았던 것을 볼 수 있었다. 이러한 상황은 무엇을 말해 주는가?

현대에는 생활의 단위가 주로 핵가족 단위로 이루어지고 있다. 사촌만 되더라도 관계가 멀게 느껴지고 부부가족 혹은 직계가족 중심으로 관계가 이루어지는 경우가 많다. 가족단위로 삶이 이루어지면서 가족이 살아남고 생존하기 위해서 펼치는 전략을 우리는 '가족전략'(family strategy)이라는 개념으로 설명한다. 예를 들어 우리의 현대사에서 아직 남존여비의 사상이 강한 1960, 70년대에 가족을 부양하기 위해 딸들이 자신의 교육을 포기하고 식모로 혹은 공장에 취업하는 경우는 전형적인 가족전략의 하나였다. 가난한 집에서 모든 자녀를 다 교육시킬 수 없을 때 장남 혹은 아들만 교육시키고 딸에게는 교육을 시키지 않은 것도 남아선호 사상이 강했던 시대에 가족이 살아남고 생존해 가기 위한 가족전략의 하나였다. 이처럼 가족단위에서 이루어진 생존·생활전략을 가족전략이라는 개념으로 설명할 수 있다.

그러면 조선후기 양반가문에서 이루어진 가계계승의 과정에서 처나 아들뿐 아니라 호주의 동생은 말할 것도 없고 조카까지 동원되어 이루어진 가계계승은 무슨 개념으로 설명할 수 있을까? 조선후기 성리학적 질서를 지켜야 했던 양반가문은 대를 끊이지 않고 가계를 계승하는 것이 주위로부터 양반으로 인정받고 그 가문이 생존하는 데 절대적으로 필요한 일이었다. 따라서 가계를 계승하는 일은 단순히 한 가문이 이어진다는 의미를 넘어 그 가문 생존의 문제였다고 할 수 있다.

따라서 가계계승을 위해서 적장자를 구하는 일은 한 가족의 문제가 아니었다. 그래서 처나 아들뿐 아니라 동생, 조카까지 동원되었던 것이다. 이처럼 가족차원에서 가계계승을 위한 노력을 넘어선 가계계승 전략을 우리는 '종족전략'(lineage strategy)이라고 부를 수 있다고 본다. 조선후기 사회의 가장 기본적인 단위를 우리는 가족이라고 말하지만, 실상 이 당시의 가족은 오늘날 부부가족을 중심으로 한 핵가족 혹은 직계가족과는 질적으로 다른 가족이었다. 하나의 개별 가족이 종족에 매몰되어 있는(embedded) 가족으로 파악하는 것이 옳다고 본다. 따라서 양반가문, 특히 장남가족으로 내려오는 종가의 가계계승은 단순히 한 가족의 문제가 아니라 온 종족의 관심사였던 것이다. 양반가문, 특히 종가의 가계계승을 위해서는 해당 가족성원들의 입장뿐 아니라 종족성원들의 관심이 집중되고 그들의 노력이 함께 기울여진 '종족전략'으로 이해해야 한다.

3. 가계계승과정의 다양성

지금까지 우리는 의성김씨 고문서 중 호구기록을 통해 의성김씨가의 가계계승에서 나타나는 독특한 양상을 살펴보았다. 조선후기 '정통론'적인 성리학이 일반민중의 삶의 수준까지 영향을 미쳐 나갔고, 그 영향의 대표적인 표현은 적장자에 의한 가계계승으로 나타났다. 조선후기에는 혈통에 따르지 않고 '정통론'의 입장에서 적장자에 의한 가계계승이 보편화되어 있던 것으로 알려져 있다.

그러나 조선후기는 높은 출산력과 높은 사망력이 특징인 인구학적 전통시대였다. 조선후기 사회에 대한 기존의 인구학적 연구결과에 따르면 조선시대의 출산력은 전통시대임에도 불구하고 우리가 생각하는 만큼 아주 높은 수준은 아니었던 것으로 추정되고 있다. 반면에 사망력 수준은 대단히 높았다. 비단 유아사망률뿐 아니라 유소년기를 벗어난 성인, 특히 노년층에서는 사망력 수준이 매우 높았던 것으로 알려지고 있다.

이와 같은 전통시대의 인구학적 조건은 가계계승 양식에 지대한 영향을 미쳤음이 분명하다. 장남이 자라서 죽은 아버지를 이어 가계를 계승하기 위해서는 최소한 한 명의 아들이 출생해야 하고, 그 아들이 성인이 될 때까지 살아야 한다. 그런데 전통시대의 인구학적 조건이 이러한 가계계승 양식이 보편적일 수 있게 했는지에 관해서는 아직 분명한 연구가 없다.

의성김씨 고문서 중 호구기록을 분석한 이 장의 연구에 따르면, 조선후기 양반가문 가계계승에는 다음과 같은 특징이 있음이 드러난다.

첫째, 우리가 정상적인 가의 계승양식이라고 생각하는, 적처에게서 난 장남이 가계를 승계하는 경우도 많이 있다.

둘째, 적처에게서 난 장남이 일찍 죽으면 둘째 혹은 셋째아들 등이 살아 있어도 이들은 적장자가 아니기 때문에 가계를 이어 갈 수 없었다. 이 원칙은 의성김씨 가문에서 철저히 지켜졌다.

셋째, 적처에게서 난 장남이 일찍 죽으면 후사가 없거나, 있어도 나이가 어린 경우, 남아 있는 동생이나 심지어는 조카가 호주가 되어서 장남의 가족들과 함께 살면서 입양 등의 방법으로 적장자를 택할 때까지 중간관리인의 역할을 수행했다. 대를 이을 적자가 정해지면 이들은 나중에 종가에서 분리되어 나갔다. 이러한 점을 통해 우리는 조선후기 가계계승을 위해 '종족전략'이 행해졌다고 생각한다.

넷째, 호주 생전에 양자를 들이는 경우보다 호주 사후에 양자를 들이는 경우가 더 많았다. 호주 사후에 양자를 들이는 과정은 기간과 죽은 호주 가족의 거주양식 등의 면에서 매우 다양한 양상을 보여준다. 호주 사후 양자를 들이는 경우 길게는 30년의 공백을 거친 다음 대를 이을 적자를 정하는 경우도 있었다.

이 장에서는 고문서의 호구기록을 시계열적으로 연결한 후 족보를 이용해 가계의 계승이 어떤 과정을 통해 이루어졌는지 살펴보았다. 그 결과 가계계승 과정은 적장자에 의한 가계의 계승이라는 원칙이 높은 사망력이라는 인구학적 조건 때문에 실제 생활에서는 매우 다양함을 밝힐 수 있었다. 이 연구를 통해 조선후기 양반가의 가계계승이 정통론적 성리학의 이념에 따라 이루어졌음을 다시 한번 확인할 수 있었다. 그러면서도 동시에 전통시대의 인구학적 조건이 가계의 계승에 실제로 얼마나 지대한 영향을 미쳤는지도 확인할 수 있었다.

제4장

의성김씨가 가족의 변화
호구단자 기록의 해제를 중심으로

은기수

의성김씨가 가족의 변화
: 호구단자 기록의 해제를 중심으로

1. 가족변동에 대한 이해

　의성김씨가는 많은 호구단자를 보관해 왔다. 조선후기의 구체적인 가족의 모습이 어떠했는지 알기 힘든 상황에서 종단적으로 연결할 수 있는 호구단자의 존재는 조선시대의 가족이 어떻게 형성되고 변화를 겪었는지 알 수 있게 해 준다. 가족은 한 형태로 멈추어 있지 않는다. 결혼해 부부가 형성되고 자녀를 출산해 가족의 규모가 커지다가 자녀들이 자라서 분가하면 다시 가족의 규모는 축소되는 것이 일반적으로 가족이 변하는 모습이다. 그러나 이는 우리의 머리 속에서 혹은 현대의 가족을 보면서 갖는 생각일 뿐이다. 과연 전통시대에도 가족은 그런 모습으로 변했을까?

　이 장에서는 다음 두 가지를 유의해서 살펴보고자 한다. 첫째, 이 장에서는 의성김씨가에 보관되어 전해져 온 호구단자 기록을 그대로 풀어 각 파별로 가족이 어떻게 변해 왔는지 살펴보고자 한다. 의성김씨 다섯 파는 호구단자를 많이 남겨 놓아 호구기록을 통해 가족구성이 종단적으로 어떻게 변했는지 알아볼 수 있게 해 준다. 따라서 이 장에서는 의성김씨가가 보관해 온 호구기록을 통해서 의성김씨가 각 파별로 가족구조가 어떻게 변해 왔는지 상세히 기술하고자 한다.

이렇게 호구단자 기록을 그대로 풀어서 가족구조를 논할 때 가장 큰 문제점은 호구단자에 기록된 사람들이 실제 그 당시에 한 호에 함께 살았는지 여부다. 이 점은 아직 누구도 권위 있는 해석을 내릴 수 없다. 따라서 이 장에서는 호구단자에 기록된 사람들이 모두 한 호에 살았다고 가정하고, 호구기록을 풀어서 각 파별로 가족의 구조가 어떻게 변했는지 살펴보고자 한다. 다만 상식적으로 이해되지 않으면서도 호적만으로는 해석과 결론을 내릴 수 없는 점은 계속 의문으로 제시하고자 한다. 다음 연구자들이 이 연구에서 밝히지 못한 것들을 밝혀내기를 희망한다.

둘째, 이 장의 가족구조가 어떻게 변화했는지 상세한 기술을 통해 가족이란 매우 역동적인 조직임을 알 수 있을 것이다. 조선후기 한 양반가문의 여러 파별로 가족구조가 어떻게 변했는지를 통해 조선후기 양반가문의 가족구조가 어느 특정한 구조만을 이루고 있지 않았다는 점을 깨닫게 될 것이다. 때로는 분명히 당시에 함께 살고 있었을 텐데 호적기록에는 빠져 있어 가족형태가 매우 단순하게 보이는 경우도 있다. 때로는 너무 많은 먼 친척들이 함께 기록되어 있어 가족형태가 매우 크고 복잡하게 보이는 경우도 있다. 그러나 이 모든 것은 고정적이지 않고 시간의 흐름에 따라 변하며, 가문의 사회경제적 형편에 따라 세대간에도 차이와 변화가 있음을 유의해야 한다.

본질적으로 이 장의 연구목적은 분석이 아니라 의성김씨가에 보관되어 온 호구단자를 이해하기 쉽게 풀어쓰고, 필요한 경우 의성김씨가의 족보에 실린 정보를 보완해서 호구기록에 등장하는 인물들이 누구인지 이해하기 쉽게 서술하는 기술적(記述的)인 연구다. 호구기록을 이해하기 쉽게 풀어쓴 이 장을 읽으면서 의성김씨의 다섯 가문 및 그 밑에 여러 하위가문의 가족이 시간의 흐름에 따라 어떻게 변해 갔는지를 이해할 수 있을 것이다.

2. 의성김씨 각파의 가족구조의 변화

1) 의성김씨 제1파 약봉 김극일의 후손(가)

제1파(가)는 청계 김진의 제1자 약봉 김극일의 자손이다. 극일(20世), 철, 시온, 방렬, 여중, 지탁, 민행, 시원으로 이어지고 있다. 현존하고 있는 제1파(가)의 호구기록은 김시원부터 시작하고 있다.

1741년의 호구기록에 의하면 김시원(1716~1747, 그의 생부는 德河다)은 26세로 처 권씨(27세)와 부부를 이루고 있다. 자녀에 대한 기록은 없고, 어머니 박씨(67세)를 모시고 살고 있다. 그의 직계가족 외에도 서족 증조부 김이중(64세)과 서족조 김영원(18세)이 함께 살고 있다.[1]

제1파의 호적은 1741년 이후 약 100년이 흐른 뒤인 1843년의 호구기록이 남아 있다. 족보에 따르면 시원, 계운, 교수, 진종, 형락으로 가계가 이어지고 있다. 그러나 1843년의 호구기록은 김형락[2]이 호주인 호구기록이 아니라 김형락의 동생인 김경락(20세, 1824~1854)이 호주로 등장하고 있는 기록이다. 호주 김경락(20세)은 처 손씨(22세)와 함께 어머니 김씨를 모시고 살고 있다. 경락과 처, 어머니로 이루어진 직계가족 구성원 외에도 종조부 김희수(84세), 종숙부 김진건(61세), 재종형 김규락(31세)과 그의 처 권씨(35세), 재종형 김익락(27세)과 그의 처로 추정되는 사람도 함께 살고 있다. 그 외에도 남아 있는 호구기록이 부식되어 정확하지는 않지만 2명의 기록이 더 있다. 호구기록상만으로도 노비를 제외하고 총 13명의 가구원이 한 호에 살고 있는 것으로 되어 있다. 이 기록에 따르면

---

1) 김이중 등은 족보에 나타나지 않는다.
2) 김형락은 순조 정축년(1817)에 태어나 병신년(1836)에 죽은 것으로 족보에 기록되어 있다.

당시 가족의 모습은 전형적인 확대가족이다.

제1파(가)에는 다시 60년이 지난 호구기록이 남아 있다. 1904년 현재 호주는 김진종, 김형락, 김병식으로 이어지는 김병식(49세, 1856~1935)이다. 족보에 의하면 김병식은 양자인데 호구기록상으로는 양부 형락의 친동생인 정락3)의 아들이라고 되어 있다. 김병식은 네 아들을 혼인시킨 후 모두 한 집에 데리고 살고 있다. 방계가족이면서 대가족을 이루고 있다. 김형칠(30세)과 그의 처 진성이씨(31세), 김형오(27세)와 그의 처 안동김씨(30세), 김형구(24세)와 그의 처 재령이씨(22세), 김형팔(17세)과 그의 처 한양조씨(17세)가 동일한 호구기록에 나타나 있다.

2) 의성김씨 제1파 약봉 김극일의 후손(나)

제1파(나)는 청계 김진의 첫째아들 약봉 김극일의 자손으로 극일, 철, 시온, 방렬, 셋째아들 김태중으로 이어지고 있다. 현존하는 제1파(나)의 호구기록은 김태중부터 시작하고 있다.

1720년의 호구기록에 의하면 김태중(60세, 1661~1725)은 처 순천김씨(63세, 1658~?)와의 사이에서 낳은 아들 성탁(37세, 1684~1747)과 그의 처 무안박씨(40세, 1681~1762), 아들 김경탁(34세, 1687~1767)과 그의 처 함양 오씨(35세), 아들 김정탁(25세, 1696~1734)과 그의 처 진성이씨(25세)를 데리고 살고 있다. 이 또한 방계가족으로 대가족을 이루고 있다. 김태중에게는 또 다른 아들 김명탁(1728~1786)이 있는데, 명탁은 방현, 남중, 명탁으로 이어지는 집안에 양자로 보내졌다.

3년이 지난 1723년에는 김성탁(40세)이 호주로 등장한다. 그의 아버지 김태중은 족보의 기록에 의하면 1725년에 죽은 것으로 되어 있다. 아버지 김태중이 죽고 그 아들 성탁이 가계를 잇고 있는 것이다. 호주가 된 김성탁은 처 박씨(43세), 동생 경탁(37세), 제수 오씨(38세), 아들 진행(16

---

3) 김정락은 순조 경인년(1830)에 태어나 계사년(1893)에 죽은 것으로 족보에 기록되어 있다.

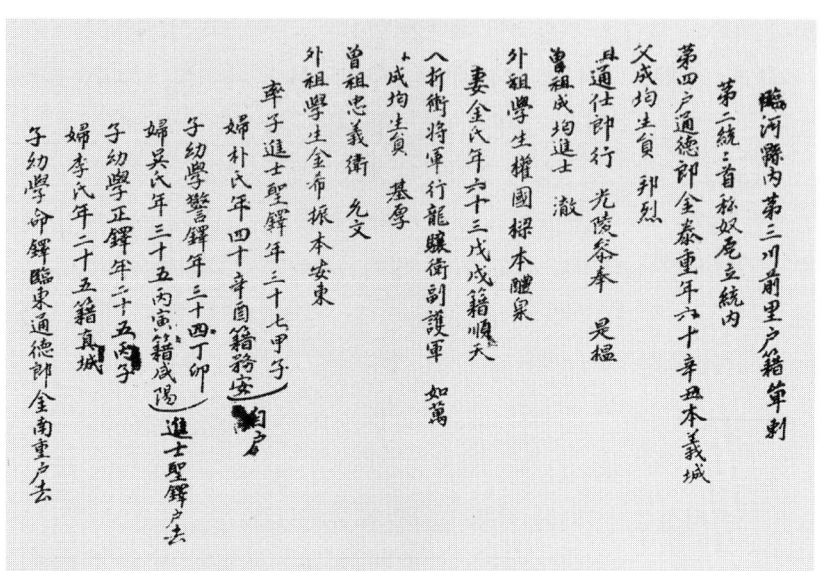

약봉 김극일의 후손 김태중의 호구단자(1702년). 『古文書集成』 五, 579쪽, 호적 6.

세), 복행(12세), 조카 분행(16세), 그리고 기록이 부식되어 누구인지 판별하기 힘든 11세의 남자아이와 함께 거주하고 있다.[4] 아버지 김태중이 죽은 후 호주가 된 김성탁은 동생 정탁의 가족은 분가시켰지만, 다른 동생인 경탁의 가족과는 함께 살고 있다. 호구단자의 기록상으로는 8명의 직계 및 방계 가족원이 한 가구를 형성하고 있다.

1723년에서 36년이 지난 1759년의 호구기록에는 김성탁의 아들 김낙행(52세, 1708~1766)이 호주로 나온다. 김낙행은 어머니 박씨(79세)를 모시고 처 안동권씨(55세), 조카 김성대(15세)와 함께 살고 있다.[5]

---

[4] 김경탁이 나중에 분가해 독립호를 이루고 그의 자식 부부들과 함께 살고 있음을 보여주는 호구기록이 남아 있다. 1732년 김경탁의 호구기록에 의하면 호주 김경탁(46세)은 처 오씨(47세), 자 분행(25세, 무자) 및 자부 전주유씨(25세, 무자), 자 복행(21세, 임) 및 자부 이씨(?, 경인?) 그리고 미혼의 아들 병행(19세, 갑오)과 함께 살고 있다. 두 아들 내외 및 미혼의 아들을 모두 거느리고 있는 결합가족이다.

[5] 김낙행은 후사가 없어 양자인 김시전이 뒤를 잇고 있기 때문에 이 조카가 양자 김시전일 가능성도 있다. 그러나 김시전의 생년기록과 호구기록에 나타나는 조카 김성대의 연령기록이 일치하지 않아 확실하게 말하기 힘들다.

그 다음 남아 있는 호구기록은 21년이 지난 1780년의 것이다. 낙행은 자신의 뒤를 이을 아들을 남기지 못해 동생인 제행의 아들 김시전(45세, 1736~1816)을 양자로 맞아들여 가계를 잇고 있다. 호주 김시전은 아내 이씨(45세)와 함께 아들 김익운(21세, 1760~1824), 며느리 안동권씨(21세, 1760~?)를 데리고 살고 있다.

12년이 지난 1792년의 호구기록이 남아 있는데, 여전히 김시전(57세)이 호주다. 그러나 그 사이에 아내는 죽어 호구기록에 나타나지 않는다. 시전은 아들 익운(33세)과 며느리 권씨(33세), 아들 복경(28세), 아들 귀운(24세)을 데리고 살고 있다. 호적상으로 김시전은 결혼한 큰아들 부부 및 아직 결혼하지 않은 두 아들과 함께 살고 있는 것으로 기록되어 있다.

1792년 이후 75년간의 공백기가 있고 1867년의 호구기록이 전해지고 있다. 김시전, 김익운, 김윤수, 김진성으로 이어지는 가계의 김진성(48세, 1820~1883)이 1867년 호구기록의 호주다. 그러나 김진성은 김윤수의 친아들이 아니고 양자로, 생부는 계수로 기록되어 있다. 호주 김진성은 아내 여강이씨(48세, 1820~1872), 아들 병락(19세), 며느리 전주유씨(21세)를 데리고 살고 있다. 그러나 이러한 직계가족 외에도 삼종제 김진문(43세, 1825~1890),6) 삼종제 김진세(41세, 1827~1889),7) 삼종질 김기락(28세, 1840~1898),8) 삼종질부 한양조씨(29세, 1839~?)가 호구기록에 나타나고 있다.9) 왜 19세기 후반 김진성이 호주인 집에 이처럼 많은 방계 가구원들이 나타나고 있는지 알 수 없지만, 호적상으로는 확대가족으로 존재하고 있다.10)

---

6) 족보에 따르면 김진문의 처는 안동권씨이고 아들은 觀洛이다.
7) 족보에 따르면 김진세의 처는 봉화금씨이고 아들은 道洛이다.
8) 김기락은 족보에 따르면 무안박씨와 한양조씨 두 처가 있었다. 이들에게서 이병과 우병 두 아들을 얻었다.
9) 방계 가구원들은 이번 호구기록에 처음 기록된 것 같다. 삼종제 鎭文의 기록 앞에 '節'字가 표기되어 있다.
10) 함께 거주하고 있는 방계 친척들은 모두 먼 촌수관계에 있다. 이들이 왜 함께 거주하고 있는지는 그 이유가 분명하지 않다.

6년 후인 1873년의 호구기록은 호주 김진성(54세)으로 시작하고 있다. 아내 이씨는 그 사이에 죽었다. 아들 병락(25세)이 함께 살고 있지만 며느리 유씨는 죽었다고 기록되어 있다. 삼종제 김진문(49세)은 여전히 나타나는데 삼종제수 안동권씨(49세)가 6년 전 호적기록과 비교해볼 때 새로 기록되어 있다. 삼종제 김진세(47세), 삼종질 김기락(34세), 삼종질부 한양조씨(35세)가 여전히 함께 살고 있다.

1876년에 호주 김진성(57세)은 여전히 사별상태이지만 아들 병락(28세)은 재령이씨(23세)를 새 아내로 맞았다.[11] 김진성의 직계가족은 김진성 및 아들 병락 부부뿐이다. 그러나 직계가족 외에 삼종제 김진문(52세), 삼종수 권씨(52세), 삼종제 김진세(50세), 삼종질 기락(37세), 삼종질부 조씨(38세), 서제종조 이운(59세, 무인 1818~?),[12] 제종조모 이씨(50세, 정해 1827~?), 삼종제 김진태(28세), 삼종수 권씨(24세), 삼종질 김관락(18세, 김진문의 아들)이 살고 있다고 기록되어 있다. 서제종조 이운 이하의 5명은 이 해의 호구기록에 새로 기록되어 있다.[13] 이들은 왜 김진성의 호에 기록되어 있을까? 이들이 정말 김진성의 집에서 함께 살았는지 확인할 길이 없지만, 호구기록만으로는 이들이 함께 산 것으로 되어 있다.

다시 3년이 지난 1879년의 호구기록에는 호주 김진성(60세)의 직계가족은 변함없이 호주 김진성(60세), 자 병락(31세), 며느리 이씨(26세)가 살고 있다. 그러나 방계 가구원은 약간의 변동이 있다. 삼종제 김진문(55세)과 그의 아내 삼종수 권씨(55세), 삼종질 김기락(40세)과 그의 아내 삼종질부 조씨(41세), 서제종조 리운(62세)과 그의 아내 재종조모 이씨(53세)는 변함이 없다. 그러나 1876년에 나타났던 삼종제 김진태와 그의 아내 권씨는 1879년의 호구기록에는 나타나지 않는다. 대신 삼종질 김관락

---

11) 김병락의 첫 혼인상대인 전주유씨는 김병락보다 2살 위였다. 그러나 전주유씨가 죽은 후 김병락의 다시 얻은 처 재령이씨는 오히려 김병락보다 5살 더 아래다. 초혼과 재혼에 따라 연령의 차이가 있음을 보여준다.
12) 족보에는 운이 興東의 양자로 갔다고 기록되어 있다. 그러나 어느 집안에 양자로 갔는지 불분명하다.
13) 理運의 표기 앞에 '節'자가 붙어 있다.

(21세)이 그의 아내 전주유씨(23)와 함께 김진성의 호에 거주하는 것으로 기록되어 있다.

1891년의 호구기록에는 김진성이 죽고 대신 그의 아들 병락(43세)이 호주가 되었음이 기록되어 있다. 그런데 김병락은 죽은 김진성의 친아들이 아니고 양자다. 김병락의 생부는 진각이다. 이 가구에는 호주 김병락과 그의 아내 재령이씨(37세)가 있고, 김병락이 호주가 되면서 그의 아들 김호병(=추병, 21세)과 며느리 안동권씨(24세)가 처음 등장한다.14) 삼종숙 김진문(67세)과 삼종숙모 권씨(67세), 사종형 김기락(52세)과 사종수 조씨(53세), 사종제 김관락(33세)과 사종수 유씨(35세)는 여전히 기록되고 있다. 또 서삼종증조모 이씨(65세)도 기록되어 있다. 서제종증조부 이운은 그 사이 죽었는지 호구기록에서 빠져 있다.15)

1893년의 호구기록이 남아 있는데 이를 1891년의 호구기록과 비교해 보면 사종형 김기락과 사종형수 조씨가 사라졌다. 삼종숙 김진문과 삼종숙모 권씨는 죽은 것으로 되어 있다. 나머지 가구원은 연령만 변화가 있을 뿐 그대로 기록되어 총 7명의 직계 및 방계 가구원이 있다.

4년이 지난 1897년에는 가구원에 큰 변화가 있다. 호주 김익락(=병락, 49세)과 아내 이씨(43세), 아들 김추병(27세), 며느리 권씨(30세)만 있을 뿐 방계가족이 모두 호구기록에서 사라졌다.16) 5년 후인 1902년의 호구기록에서도 호주 김익락(54세)의 가구원에 전혀 변동 없이 연령만 3세씩 증가하고 있다. 직계가족 외에 촌수로 먼 친척이 되는 사람들이 한 가구 내에 사는 것처럼 호구단자에 기록되어 있었는데, 갑자기 모든 방계가족 구성원들이 사라지고 아주 단순하게 직계가족만 사는 것처럼 기록이 바뀌었다.

---

14) 이들은 3년 전 호구기록과 비교해 처음 등장하는데도 '箭'자 표기 없이 기록되어 있다.
15) 족보에는 양자로 갔다고 기록되어 있는 이운은 그의 처와 함께 먼 손자뻘 되는 김진성의 집에 살다가 죽었다. 언제 양자로 갔는지는 확실하지 않다.
16) 이 해의 호구기록에 瓦家六間이라고 되어 있다. 여섯 간 기와집에 호주 부부와 아들 부부, 그리고 노비들만 살았을까? 3년 전과 비교해서 호구기록에서 사라진 방계 가구원들은 어디로 갔을까?

3) 의성김씨 제1파 약봉 김극일의 후손(다)

제1파(다)는 청계 김진의 제1자 약봉 김극일의 자손이다. 김극일(16세), 철, 시온, 방렬, 태중, 셋째아들 정탁, 도행으로 이어지고 있다. 현존하고 있는 제1파(다)의 호구기록은 김도행부터 시작하고 있다.

1808년 현재 호주는 김정탁의 아들인 김도행(80세, 1728~1812)이다. 도행은 아들 시간(50세, 1758~1836)과 며느리 순흥안씨(48세, 1760~?),17) 그리고 과부인 며느리 선성이씨(45세), 손자 조운(=형운, 21세, 1787~ 1870), 손자며느리 안동김씨(23세, 1785~?)와 함께 살고 있다. 3대에 걸친 가족구성을 보여주고 있다. 호적에는 15세 이하 유소년층의 기록이 부실한 점을 감안해 손자 조운에게 아주 나이 어린 자식이 있었으나 호적에 기록이 되지 않았다고 가정한다면, 도행의 1808년 가족형태는 4대에 걸친 확대가족이 된다.

14년이 흘러 1822년의 호구기록이 존재한다. 호주는 김도행의 아들인 김시간(65세)이다. 김시간은 며느리 순흥안씨(63세), 아들 조운(36세), 며느리 안동김씨(38세) 및 손자 오수(=호수, 18세)를 데리고 살고 있다. 직계가족 외에 제수 선성이씨(60세) 및 그의 아들 김우운(22세)과 그의 아내 한양조씨(27세)도 함께 살고 있다.18)

6년 후인 1828년에 호주는 변함없이 김시간(71세)이고 아내 안씨(69세), 아들 조운(42세), 며느리 김씨(44세), 손자 김호수(=오수, 23세) 및 손자며느리 진보이씨(23세)가 함께 살고 있다. 제수 이씨(66세), 종자 김우운(28세) 및 종자부 조씨(33세)도 여전히 함께 살고 있다.

다시 6년 후인 1834년의 호구기록은 호주 김시간(77세), 며느리 안씨(75세), 제수 이씨(72세), 아들 김조운(48세), 며느리 김씨(50세), 종자 김우

---

17) 족보에는 죽계 안씨로 기록되어 있다.
18) 종자 김우운과 종자부 한양조씨는 호주인 김시간의 죽은 동생 始翰의 뒤를 잇기 위해 양자로 데려온 부부다. 김우운의 생부는 始陽으로 기록되어 있다.

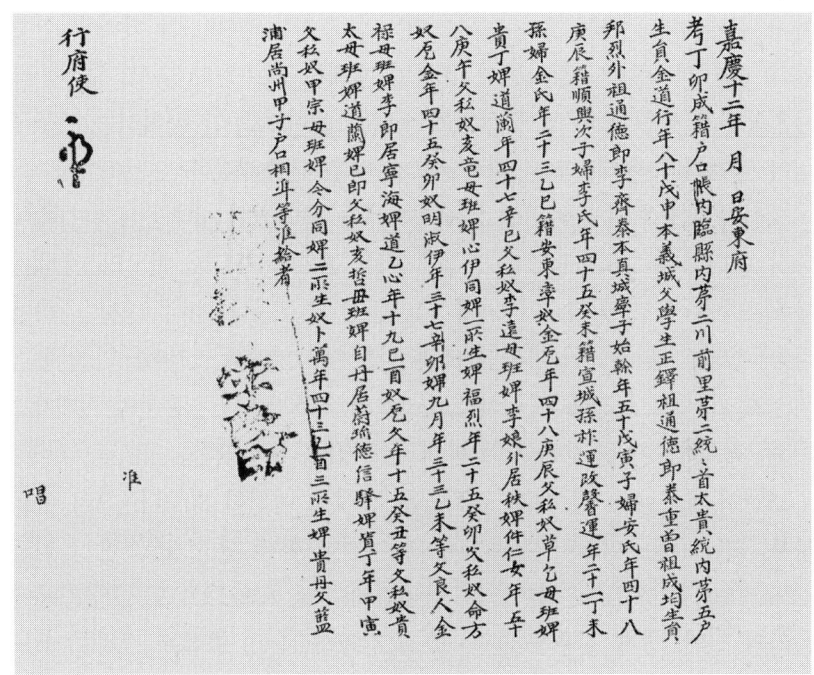

약봉 김극일의 후손 김도행의 준호구(1808년). 『古文書集成』 五, 592쪽, 준호구 28.

운(34세), 종자부 심씨(26세), 손자 김호수(30세), 손자며느리 고성이씨(24세)가 기록되어 있다. 1828년의 호구기록과 비교해 볼 때 두 가지 변화가 있다. 먼저 손자 김호수의 아내가 진보이씨에서 고성이씨(24세)로 바뀐 점이다. 6년 사이에 진보이씨가 죽고 김호수는 고성이씨와 다시 혼인한 것이다.[19] 두 번째로 종자 김우운의 처가 한양조씨에서 청송심씨로 바뀌었다.[20] 6년 사이에 한양조씨가 죽고 김우운이 청송심씨와 다시 결혼한 것으로 생각된다. 그 외에는 가구 구성원의 변화가 없다.

또다시 6년이 흘러 1840년의 호구기록이 존재한다. 김시간이 그 사이에 죽었고 그의 아들 조운(54세, 1787~1870)이 호주로 등장한다. 김조운은

---

[19] 김호수는 처음 결혼 당시 진보이씨와 나이가 같았다. 그러나 두 번째 결혼할 때는 처 고성이씨보다 6세가 더 많다.

[20] 김우운도 초혼 당시에는 처가 5살 더 많았지만, 재혼하면서 김우운이 오히려 8살이 더 많게 되었다.

아내 김씨(56세), 아들 호수(36세), 며느리 고성이씨(30세)를 데리고 살고 있다. 6년 전 아버지 김시간이 호주일 때에는 김조운의 숙모, 사촌동생, 사촌동생의 부인이 한 집에 살았지만, 김조운이 호주가 되어서는 가구구성이 직계가족 형태이면서 가족규모가 매우 단출해졌다.

그러나 9년 후인 1849년의 호구기록에는 사라졌던 사촌동생의 가족이 다시 나타난다. 호주 김조운(63세)은 아들 호수(45세) 및 며느리 이씨(39세)와 함께 살고 있다. 이 외에 사촌동생 김우운(49세)이 다시 나타났다.[21] 그리고 김우운의 아들인 조카 김교수(34세) 및 조카며느리 안동김씨(37세)가 새로 등장했다. 형식상 김조운의 직계가족과 김우운의 직계가족 등 두 직계가족이 한 호에 모여 함께 살고 있는 형국이다.

15년이 흐른 1864년 현재 김조운은 78세로 여전히 호주다. 그의 아들 부부 호수(60세), 며느리 이씨(54세)가 여전히 함께 살고 있고 손자 진모(27세, 1838~1915) 및 손자며느리 안동권씨(29세, 1836~1871)도 호구기록에 올라와 있다. 종제 김우운(49세), 종질 김교수(34세), 종질부 김씨(37세)도 여전히 함께 살고 있다.

3년 후인 1867년에는 규모가 더 커진 가구의 모습이 나타난다. 호주 김조운은 81세다. 아들 김호수도 63세의 노인이고 며느리 이씨는 57세다. 손자 김진모(30세)와 손자며느리 안동권씨(32세)는 이전에도 이미 기록에 나왔는데, 손자 김진희(=진섭, 18세, 1850~1898)와 손자며느리 재령이씨(22세, 1846~?)는 처음 등장한다. 또 증손자 김위한(=무락, 14세, 1854~1885, 김진모의 아들)도 새로 나타난다.[22] 이제 4대가 한 시대에 한 집에 함께 살고 있는 대가족이다. 여기에 종제 김우운(67세), 종질 김교수(37세), 종질부 김씨(40세)가 여전히 함께 살고 있는 확대가족의 형태를 띠고 있다.

1867년 이후 35년 동안 호구기록이 전해지지 않고 1902년의 기록이

---

21) 김우운이 새로 기록되면서 '節'자가 붙어 있다. '節'의 표기에 따라 김우운 이하 김교수, 안동김씨 모두 새로운 기록임을 알 수 있다.
22) 손 김진희 앞에 붙어 있는 '節'의 영향은 김진희, 재령이씨, 김위한까지 미친다.

뒤를 잇는다. 호주는 김진국, 김호수, 김진모로 이어지는 김진모(65세)다. 호주 김진모는 아들 김무락(49세)과 그의 아내인 며느리 선성이씨(52세, 1851~1918), 아들 김봉락(23세)과 그의 아내인 며느리 진성이씨(26세), 손자 김병구(23세) 및 손자며느리 한양조씨(25세), 손자 김병칠(19세) 및 손자며느리 안동권씨(21세)를 거느리고 있다. 누락된 증손자 기록을 무시한다면 3대로 이루어진 가족이다. 김진모는 과부인 제수 재령이씨(36세, 정묘) 및 종자 김홍락(26세)과 그의 아내 동래정씨(30세), 그리고 종자 김서락(15세, 족보 이름은 지락)을 데리고 살고 있다.23)

4) 의성김씨 제1파 약봉 김극일의 후손(라)

제1파(라)는 청계 김진의 제1자 약봉 김극일의 자손이다. 김극일, 철, 시온, 셋째아들 방걸, 세중, 여흠, 광한(양자), 김시택으로 이어지고 있다. 현존하고 있는 제1파(라)의 호구기록은 시택부터 시작하고 있다.

1758년의 호구기록에 의하면 호주 김시택(31세, 1729~1799)은 어머니 남양홍씨(56세, 1704~?)를 모시고 살고 있다. 아내는 호구기록의 부식이 심해 판별할 수 없다.24) 동생 김시적(29세) 및 그의 아내 여성도씨(28세)가 함께 살고 있고, 연령은 판독할 수 없지만 동생 김시립과 김시룡도 데리

---

23) 1867년부터 1902년 사이의 호구기록이 남아 있지 않아 김조운과 그의 아들 김진모, 김진희의 가족들이 계속 한 집에서 살았는지 분명하지 않다. 1902년의 호구기록으로 미루어 짐작한다면 김조운은 장남 가족 및 차남 가족을 한 집에 거느리고 살았던 것 같다. 그러다 김조운이 죽고 장남 김진모가 호주가 된 후에도 차남 김진희의 가족은 김진모의 가족과 함께 살았을 것으로 생각된다. 족보에 김진희가 1898년에 죽은 것으로 나와 있기 때문에 호구기록이 남아 있는 1902년에 김진희는 기록되어 있지 않고 그의 처 재령이씨 및 아들 김홍락 부부, 아들 김서락만 김진모의 호구기록에 남아 있는 것으로 보인다. 김진희(=김진섭)의 족보기록에는 처가 세 명인데 재령이씨, 영양남씨, 재령이씨라고 되어 있다. 따라서 1902년 족보에 기록된 재령이씨(36세)는 세 번째 처로 여겨진다.
24) 이 해에는 처가 없었는지도 모른다. 족보에 따르면 김시택은 선성이씨와 아주신씨 두 부인이 있었다. 족보에도 생졸년이 명확하지 않기 때문에 이들이 언제 호구기록에 기록되었는지는 확인할 수 없다.

고 살고 있다.25)

김시택에서 김이운, 김계수, 김정진, 김종락으로 이어지는 거의 150년 간의 호구기록이 남아 있지 않다. 1899년 호구기록이 다시 시작되는데, 호주는 김종락의 아들 김홍식(48세)이다. 김홍식은 어머니 동래정씨(73세)를 모시고 아내 전주유씨(53세, 정미) 등 세 명만 살고 있다.

4~5년이 흐른 1903년과 1904년의 호구기록도 이전과 비교해 연령만 차이가 날 뿐 아무런 변화가 없다. 1905년의 호구기록에는 바로 전 해에도 나타나지 않던 아들 김두환(34세)과 며느리 재령이씨(40세)가 나타난다. 호주 김홍식(54세)과 처 전주유씨(59세, 정미), 그리고 모 정씨(81세)의 기록은 변함이 없다. 이 기록은 나이만 변할 뿐 가구원은 그대로인 채 1907년과 1908년의 호구기록에까지 반복되고 있다. 전형적인 직계가족의 모습이다.

5) 의성김씨 제2파 귀봉 김수일의 후손

제2파는 청계 김진의 둘째아들 귀봉 김수일의 자손이다. 김수일, 김용, 김시주, 김희, 김학달, 김세건으로 이어지고 있다. 현존하는 제2파의 호적문서는 김세건부터 시작하고 있다.

1669년에 김세건(1648~1698)은 22세의 나이로 호주로 등장하고 있다. 그는 어머니 조씨(47세, 1623~1680)를 모시고 살고 있고, 아내 안강노씨(26세, 1644~1717)와 동생 세연(13세, 1657~?)이 함께 살고 있다.26)

3년 후인 1672년 호구기록이 존재한다. 1669년과 비교해 볼 때 가족구성원은 전혀 변화가 없고 모두 나이가 3살씩 증가하고 있다.

3년마다 작성되었을 호구기록이 1672년 이후 오랜 기간 남아 있지 않

---

25) 호주 김시택은 동생이 김시적, 김시채, 김시박, 김시석, 김시혁이다. 이 중 김시채, 김시석, 김시혁이 모두 다른 집에 양자로 갔다.
26) 동생 김세연은 족보에는 金世錫으로 기록되어 있다. 김세석은 숙부 金士達의 양자로 갔다.

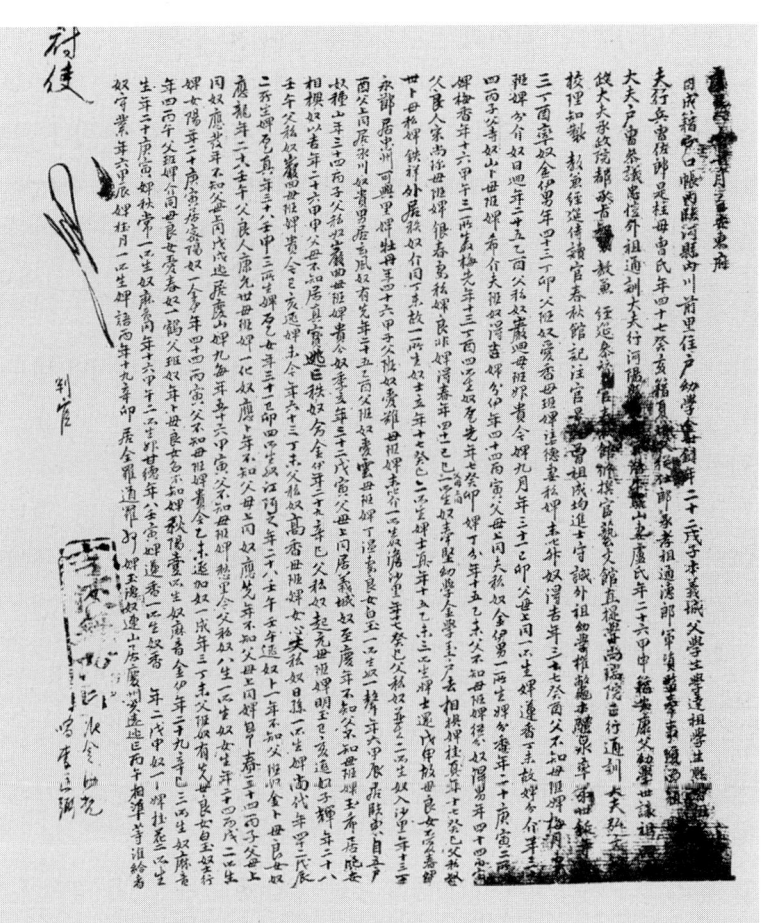

귀봉 김수일의 후손 김세건의 준호구(1669년). 『古文書集成』 五, 598쪽, 호적 38.

고 30년 후인 1702년의 호구기록이 남아 있다. 1702년 호구기록에는 오직 안강노씨(59세)만이 나온다. 족보에 따르면 김세건은 1698년에 죽었고 모 조씨는 1680년에 죽었기 때문에 1702년 호구기록에는 안강노씨만 나올 수밖에 없다. 또 김세건과 안강노씨 사이에는 후사가 없었기 때문에 59세 된 과부 안강노씨만 기록되어 있다. 족보기록에 따르면 김세건은 1698년에 51세로 죽었는데, 김세건이 죽기 전뿐만 아니라 김세건이 죽은 후 만 4년이 지날 때까지도 양자가 결정되지 않은 것으로 보인다.

1702년부터 1711년 사이의 호구기록은 남아 있지 않고 1711년 것이 남아 있다. 이때의 호구기록에 따르면 김정하(23세, 1689~1725)가 김세건의 양자로서 호주로 등장하고 있다. 김정하는 김세건과 9촌이다. 언제 양자로 결정되어 귀봉 김수일로부터 내려오는 종가의 대를 이었는지 분명하지 않다. 분명한 것은 김세건 사후에 양자로 결정되었다는 점이다. 양자 김정하는 모 노씨(68세), 아내 인천채씨(25세, 1687~1722)와 함께 가족을 형성하고 있다.

1714년 호구기록이 남아 있는데, 3년 전 것과 비교하면 나이만 변동이 있고 가구원 구성은 변함없이 호주 김정하(26세), 어머니 노씨(71세), 아내 인천채씨(28세)로 나타나고 있다.

1717년 호구기록에는 어머니 노씨가 죽었다고 기록되어 있다. 족보에 노씨는 1717년에 죽은 것으로 기록되어 있는데 1717년의 호구기록에도 죽었다고 기록되어 있다. 이제 이 가구는 호주 김정하(29세)와 처 인천채씨(31세)만의 부부가족으로 이루어져 있다.

그로부터 6년 후의 호구기록이 존재하는데, 1723년의 것에는 처 인천채씨가 죽고 호주 김정하(35세)만 살아 있다고 되어 있다. 족보에 따르면 처 인천채씨는 1년 전인 1722년에 죽었다. 호주 혼자의 단독가구 상태가 된 것이다.

1723년의 호구기록 이후 1729년의 것만이 남아 있어 6년간 공백이 발생한다. 족보의 기록에 의하면 호주 김정하도 1725년에 37살의 나이로 후사 없이 죽었다. 처 채씨는 김정하보다 3년 전에 먼저 죽었는데, 족보의 기록에 의하면 김정하는 재혼하지 않고 혼자 살다가 37살의 나이로 죽었다. 호주 김정하와 처 인천채씨가 후사를 남기지 않았고 이들 부부의 생전에 양자를 들이지도 않은 채 비슷한 시기에 죽어 귀봉 김수일의 종가는 또다시 대가 끊길 위기에 처해 있다.

족보에는 김정하의 뒤를 김상열이 이은 것으로 기록되어 있다. 김상열은 누구이며 언제 김정하의 양자가 되어 김수일가의 종가를 이어 나갔을까? 김상열은 양부 김정하와 6촌인 김복하의 장남이다. 그런데 김복하 또한 양자로 입후한 경우이므로 실제 혈연관계로 따지면 김정하와 김복하는 6촌이 아닌 훨씬 더 먼 촌수관계다. 그러나 김정하나 김복하 모두 양자로 입후해 6촌 관계를 이루고 있다.27)

1723년 김정하의 호구기록 이후 1744년 기록이 나타난다. 1744년 현재 김정하의 양자 김상열(25세, 1720~1773)은 처 장수황씨(25세, 1720~ 1797)와 단 둘이 살고 있다. 전형적인 부부가족의 모습이다.

1744년 이후 21년간 호구기록이 존재하지 않고 1765년 기록이 남아 있다. 1765년 현재 김상열(46세)은 처 황씨(46세), 아들 현운(18세, 1748~1816), 아들 흥손(15세), 아들 맹손(8세), 그리고 종제 정동(37세, 1729~1792)과 함께 살고 있다.28)

3년이 흐른 1768년 호구기록에 김상열(49세)은 처 황씨(49세), 아들 현운(21세), 아들 두운(흥손, 18세), 아들 맹손(11세)과 함께 살고 있고, 3년 전에 함께 살았던 정동은 자기 집으로 갔다고(自戶去) 기록되어 있다. 이제 이 기록에 의하면 김상열의 가구는 부부와 미혼의 자녀로만 이루어진 소위 핵가족이다. 종형 집에 머물던 정동은 다른 곳에 자기 집이 있고 거기에 자신의 가족들이 살고 있는데, 혼자만 종형 집에 머물렀던 것

---

27) 지금 다루고 있는 호구기록은 대개 종가의 호구기록이다. 김복하의 경우는 종가를 이은 경우가 아니기 때문에 호구기록이 남아 있기 힘들다. 그러나 그의 아들 김상열이 종가의 대를 이어서인지 김복하의 1729년과 1756년 호구기록이 전해지고 있다. 1729년 김복하의 호구기록에는 김복하가 40세로 처 아주신씨(39세), 아들 효릉(8세)과 함께 사는 것으로 나타난다. 김정하의 양자로 간 김상열은 1720년생이기 때문에 1729년에는 10살로 호구기록에 김복하의 아들로 나타나야 할 텐데 기록에서 빠져 있다. 이로 미루어보아 김상열은 이미 김정하 사후 양자로 결정되어 생부 김복하의 호구기록에서는 빠져 있었던 듯하다. 1756년 김복하는 서자 김오건(17세)과 살고 있다고 기록되어 있다.
28) 김상열과 종제 정동은 12촌간이다. 그러나 정동은 김상열의 양부인 김정하의 친동생 응하의 아들이다. 그러니까 정동으로서는 친백부인 김정하의 집에 살고 있는 셈이다. 1765년 이전의 호구기록이 남아 있지 않기 때문에 언제부터 김정동이 김상열네 집에 살게 되었는지 알 수 없다. 족보의 기록에 따르면 김정동은 처 순천김씨와의 사이에서 자 채운(1754~1775)과 두 딸을 둔 것으로 되어 있다. 그렇다면 1744년 김상열의 호구기록에 혼자만 나타나는 이유는 무엇일까?

일까? 아니면 정동의 가족이 모두 종형 김상열의 집에 와서 살았는데, 호구기록에는 김정동 혼자만 기록되었던 것일까? 남아 있는 호구기록만으로는 이러한 의문을 풀 길이 없다.

다시 3년이 흐른 1771년 호구기록이 남아 있는데, 호주 김상열(52세), 아내 황씨(52세), 아들 현운(21세), 새로 며느리 완산유씨(25세, 1747~1832)가 등장한다.29) 이어서 아들 두운은 김상열의 친동생 상익의 호로 갔다고 기록되어 있다. 그리고 아들 맹손(14세)이 기록되어 있다.30)

1771년 호구기록 다음에 남아 있는 호구기록은 1816년이다. 1771년 호주였던 김상열은 족보의 기록에 의하면 1773년에 죽었다. 따라서 김상열의 장남인 김현운이 호주가 되었을 것이 분명하다. 1816년 현재 김현운(69세, 1748~1816)은 아내 완산유씨(70세), 아들 조수(30세, 1787~?), 며느리 진성이씨(36세), 족제 종운(47세)과 살고 있고, 재종질 효수는 죽었다고 기록되어 있다. 족보의 기록에 의하면 김현운은 1816년에 죽은 것으로 되어 있어 1816년 호적을 작성할 당시에는 살아 있었으나 같은 해 호적을 작성 한 후에 죽었음을 알 수 있다. 김현운이 아들로 데리고 살고 있는 조수는 양자로, 생부는 김상열의 동생 김상익의 아들로 김수일, 김용, 김시정으로 이어지는 종가의 양자로 간 김규운이다. 김수일, 김용, 김시주로 이어지는 종가에서 다시 김규운의 아들을 양자로 입후해 대를 잇고 있는 것이다.

---

29) 조선시대 호구기록은 혼인연령을 기록하지 않았기 때문에 조선시대 남녀의 혼인연령을 정확히 알기 힘들다. 그러나 1771년의 호구기록에서 며느리가 새로 등장하기 때문에 비록 연령의 범위는 넓지만 혼인연령을 추정해 볼 수 있다. 김현운의 경우 3년 전 1768년 호적이 작성된 직후 결혼했다고도 볼 수 있기 때문에 최소 21세부터 1771년 24세 사이에 결혼했을 것으로 추정할 수 있고, 그의 부인인 완산유씨는 22세부터 25세 사이에 결혼했을 것으로 추정할 수 있다. 남자나 여자 모두 굉장히 늦게 결혼한 경우인데, 이렇게 추정하게 만든 호구기록이 정확한 것인지에 대한 검토가 필요하지만 지금 남아 있는 호구기록만으로는 확인하기가 힘들다.

30) 자 두운은 김상열의 친동생 김상익의 양자로 갔다. 족보기록에 따르면 김상익은 자신의 아들 규운을 김시정에서 시작되는 종가의 양자로 보냈다. 그 뒤 자신의 뒤를 이을 후사가 없어 결국 친형 김상열의 둘째아들 두운을 양자로 맞았다.

1816년 다음의 호구기록은 1822년의 것이다. 전 호주 김현운은 1816년에 죽었으므로 양자로 미리 정해져 함께 거주한 조수가 바로 호주의 자리를 승계했을 것이다. 1822년 현재 김조수(36세)는 어머니 완산유씨(76세)를 모시고 아내 진보이씨(42세)와 살고 있다. 이 호구기록만으로 보면 이 가구는 장남 내외가 홀어머니를 모시고 사는 직계가족으로 분류될 수 있다.

3년 뒤인 1825년 호구기록에는 호주 김조수(39세), 어머니 완산유씨(79세), 아내 진보이씨(45세) 외에 아들 용진(16세, 1810~1858)이 아내 없이 새로 등장한다. 16세가 넘어서야 아들이 호구기록에 처음으로 등재된 것이다. 가족형태상으로는 여전히 직계가족으로 분류될 수 있다.

다시 3년 뒤인 1828년의 호구기록에는 호주 김조수(42세), 어머니 완산유씨(82세), 아내 진보이씨(48세), 아들 용진(19세)이 등재되어 있고, 조카며느리 풍산유씨(22세, 1807~1849), 족질 김철진(=웅태, 진태, 26세)이 새로 호구기록에 올라 있다.31) 족질 김철진은 누구인지 분명치 않다.

6년이 지난 1834년의 호구기록이 남아 있는데, 호주 김조수는 48세가 되었고 아내 진보이씨는 54세가 되었다. 큰아들 용진(25세), 큰며느리 풍산유씨(28세) 부부 외에 둘째아들 호진(19세), 둘째며느리 선산김씨(23세)가 함께 살고 있다. 족질 진태(32세)도 여전히 함께 살고 있다. 어머니 유씨는 6년 사이에 죽었기 때문에 호구기록에서 빠져 있다. 호구기록상으로 이 가구는 부모 부부와 장남과 차남이 결혼해서 함께 살고 있는 결합가족(joint family)으로 분류될 수 있다.32)

1834년의 호구기록 이후 12년이 지난 1846년 것이 남아 있다. 1846년 현재 호주는 김용진(37세, 1810~1858)이다. 그의 부친인 김조수는 족보의

---

31) 자 용진은 1825년과 1828년 사이에 결혼한 셈이므로 혼인연령이 16~19세로 추정된다. 반면 풍산유씨의 혼인연령은 19~22세로 추정된다.
32) 1831년의 호구기록이 없기 때문에 둘째아들 호진과 그의 아내가 언제 결혼했는지 판단하기 힘들다. 1834년의 호구기록에 둘째며느리가 '節'자 없이 나오기 때문에 그 이전에 결혼하지 않았나 추정된다.

기록에 의하면 1843년에 죽었다. 따라서 장남인 김용진이 대를 이은 경우다. 김용진은 아내 풍산유씨(40세), 어머니 이씨(66세), 동생 호진(31세), 제수 선산김씨(36세)와 함께 살고 있다. 여기에 아들 종락(16세)이 새로 호구기록에 등장하고 있다. 뿐만 아니라 종질 희락(37세)과 응락(32세)이 이 호구기록에 함께 기록되어 있다.

희락과 응락은 김수일, 김용, 김시정, 김진강으로 이어지는 종가 김진강의 둘째와 셋째아들이다. 이들의 아버지 김진강은 양자로 김시정 종가의 대를 잇고 있다. 왜 이들은 37세와 32세의 성인이 되어서 각각 단독으로 김용진의 호구기록에 등장하는 것일까?

3년이 지난 1849년에 김용진은 40세로 아내 풍산유씨(43세), 어머니 이씨(69세), 동생 호진(34세), 제수 선산김씨(40세), 아들 광락(19세), 며느리 진보이씨(20세), 종질 희락(40세), 종질 응락(35세), 재종손 상목(26세)과 함께 살고 있다.33) 아내 풍산유씨는 족보의 기록에는 1849년에 죽었다고 나오는데, 이 호구기록에는 아직 살아 있는 것으로 나온다. 김용진은 어머니를 모신 상태에서 동생 부부와 함께 살고 있고, 이제 아들을 결혼시켜 아들 내외가 함께 살고 있으며, 두 종질에다 재종손까지 데리고 살고 있는 셈이다.

여기에 새로운 기록이 또 하나 있다. 김용진의 아내로 봉화금씨(23세)가 함께 기록되어 있다. 이 호구기록을 살펴보면 봉화금씨의 기록은 김용진의 호구기록에 적당히 붙여 놓은 것으로 호구기록의 정상적인 위치에 있지 않다. 나이는 23세로 되어 있으나 출생한 연도는 계사년(1833)으로 되어 있어 나이와 출생년도가 일치하지 않는다. 족보의 기록에는 봉화금씨의 출생년도가 경인년(1830)으로 되어 있어 혼란을 가중시키고 있다. 봉화금씨의 연령은 여러 기록이 서로 맞지 않기는 하지만, 족보기록에 김용진의 두 번째 부인으로 기록되어 있고 뒤에서도 봉화금씨의 기록이 보이므로 우선 이 기록대로 이해해 두자.

---

33) 자 광락의 혼인연령은 16~19세로 추정되며 아내 진보이씨의 혼인연령은 17~20세로 추정된다.

다시 3년이 지난 1852년의 호구기록에는 김용진이 43세로 여전히 호주다. 아내 풍산유씨는 죽었다고 기록되어 있다. 어머니 이씨(72세)를 여전히 모시고 살고 있다. 동생 호진은 3년 사이에 죽었다. 그래서 과부가 된 제수 선산김씨(42세)만이 함께 살고 있다. 아들 광락(22세)과 며느리 진보이씨(23세) 및 종질 희락, 웅락, 재종손 상목이 여전히 함께 살고 있다.

그러나 3년 전 호구기록에 나왔던 봉화금씨의 기록은 보이지 않는다. 김용진의 첫 번째 아내인 풍산유씨가 죽었기 때문에 두 번째 아내 봉화금씨의 기록이 있을 듯싶은데, 호구기록에 빠져 있다. 이 호구기록만 본다면 홀어머니를 홀로 된 아들이 모시고 홀로 된 제수 및 아들 내외, 그리고 먼 친척들을 거느리고 살고 있는 것으로 이해할 수 있다.

9년이 지난 1861년의 호구기록이 남아 있다. 1861년의 호주는 김주병(16세, 1846~1916)이다.[34] 9년 전의 호주 김용진에서 김주병으로 바로 가계가 계승된 것은 아니다. 김용진은 1858년에 죽었다. 김용진이 죽었기 때문에 그의 아들 광락이 가계를 이었어야 했을 것이다. 그러나 광락은 아내 진보이씨와의 사이에 후사를 남기지 않고 아버지가 죽은 바로 다음 해인 1859년에 죽었다. 김용진, 김광락으로 이어지던 김수일가의 종가는 또다시 대가 끊길 위험에 처한 것이다. 그러나 김주병이 양자가 되어 이 집안은 계속 이어지고 있다.

김주병은 누구일까? 귀봉 김수 일가는 귀봉파에서 양자를 선택하지 않고 제1파 약봉파 김규락의 아들 주병을 양자로 선택했다. 결혼도 하지 않은 주병을 양자로 선택해 호주로 삼고 김수일가의 종가는 대를 이어나갔다.

1861년 미혼인 김주병이 16살의 나이로 호주로 등장했는데, 그의 가구 구성원은 아주 복잡한 양상을 띠고 있다. 먼저 증조모 이씨(81세)가 생존하고 있고 조모 봉화금씨(29세)[35]가 있으며 김광락의 아내인 모 이씨(32

---

34) 김주병의 사망년도가 족보에는 병신이라고 기록되어 있으나 호구기록을 통해 볼 때 병진년(1916)이 맞는 것 같다.

세)가 함께 살고 있다. 게다가 김용진의 과부 제수였던 선산김씨(50)가 종조모로 여전히 동일한 가구에 머물러 있다. 김주병의 할아버지인 김용진의 동생 호진은 아내 선산김씨와의 사이에 후사를 남기지 못하고 죽었는데, 호진의 양자로 긍락(20세)이 결정되어 김주병의 가구 내에 긍락과 그의 아내 재령이씨(24세)가 종숙부와 종숙모로 등장하고 있다.[36] 희락(52세)과 응락(47세)은 여전히 재종숙부로 함께 살고 있고, 삼종형 창식(38세)도 살고 있으며 새로이 삼종형 영식(30세)이 등장하고 있다.

약봉파에서 미혼인 채 양자로 와서 김수 일가 종가의 대를 이은 김주병은 너무 많은 어른, 친척들과 살고 있다. 그런데 왜 이렇게 많은 친척들이 김주병이 대를 이은 집에 모여 살았을까? 나이 많은 재종숙부 희락과 응락은 가족들은 다른 곳에 살면서 혼자서만 종가에서 살았을까? 이 사람들이 실제로 함께 한 집에 살았다면 김주병의 가족형태는 확대가족 가운데서도 아주 특수한 형태라고 할 수 있다.

9년이 지난 1870년의 호구기록이 남아 있다. 1870년 현재 호주 김주병(25세)은 아내 이씨(29세), 할머니 봉화금씨(38세), 어머니 진보이씨(41세)와 함께 살고 있다. 종조모 선산김씨는 최근에 죽었고, 종숙부 긍락(29세)과 종숙모 재령이씨(33세)는 여전히 함께 살고 있다. 재종숙부 희락(61세)과 삼종형 창식(47세), 삼종형 영식(39세)이 전과 동일하게 함께 살고 있는 가운데 희락의 아들인 삼종제 원식(24세)을 데리고 살고 있다. 이해 호구기록에 재종숙부 희락의 아들인 영식도 삼종제로 새롭게 등재되

---

[35] 봉화금씨의 기록이 다시 나오고 있는데, 연령 기록이 1849년에 아내로 등장할 때의 나이와 잘 맞지 않는다. 족보에는 봉화금씨의 생년이 경인년으로 되어 있는 데 반해 호구기록에는 계사라고 일관되게 나오고 있다. 따라서 우리는 봉화금씨의 생년을 계사년 1833년생으로 간주하고자 한다.

[36] 김호진은 1852년 호구기록에 죽었다고 기록되어 있다. 그 뒤 그의 양자가 결정되어 호구기록에 나타나는 것은 1861년 호주 김주병의 호구기록에서다. 김호진의 아내인 선산김씨가 계속 이 가구에 머물러 있었던 점을 기억하면 김호진의 양자로 긍락이 결정된 것은 1861년이 다 되어서였을 것임을 알 수 있다. 김긍락은 제1파 약봉파 김진각의 아들이다.

어 있다.

　우리는 위에서 재종숙부 희락이나 응락이 가족을 다른 곳에 두고 혼자서 종가에 와서 살고 있는지, 아니면 가족 모두가 함께 종가에 살고 있는데 희락만 대표로 기록된 것인지 의문을 제기했었다. 그런데 1870년 호구기록에는 재종숙부 희락의 기록과 함께 삼종제 원식, 영식 등 희락 아들들의 기록이 나타나고 있다. 이는 무엇을 뜻하는가? 희락과 떨어져 살고 있던 아들 원식과 영식이 종가에 와서 함께 살게 되었음을 뜻하는가? 아니면 종가에 함께 살면서도 장정이 아니어서 호적에 기록될 필요가 없었거나, 아니면 호구기록에서 누적되어 역의 부과를 피하려 했던 원식과 영식이 더 이상 호적신고를 피할 수 없어 나타난 것인가? 1870년 호구기록을 보면서도 여전히 명쾌하게 해명되지 않는 부분이다.

　3년이 지난 1873년 호구기록에는 종숙부 긍락과 종숙모 이씨가 죽었다고 기록되어 있다. 김용진의 동생 호진의 대가 다시 끊어질 위기에 처한 것이다. 그러나 족보의 기록에 의하면 김긍락의 뒤를 김욱병이 잇고 있다. 김욱병은 1865년생이다. 따라서 김긍락이 죽었을 당시 김긍락은 아내 이씨와의 사이에 어린 아들 김욱병을 두고 있었던 것이다.

　1876년의 호적에는 삼종질 건노(21세)가 새로 추가되고 있다.

　1879년에는 재종숙부 김희락의 아내인 재종숙모 안동김씨가 63세의 나이로 등장하고 있다. 그 이전의 호구기록에 안동김씨의 기록이 없었으므로 의성김씨 호구기록의 특성상 새로 호적에 등장한다는 뜻의 '節'자가 앞에 붙어야 할 것 같은데 왜 '節'자가 빠져 있을까? 안동김씨도 이미 이전부터 이 종가에 살고 있었으나 호구기록에만 빠져 있었다는 뜻이 아닐까? 그래서 1879년 호구기록에 처음으로 등재되었지만 '節'자가 빠진 것은 아닐까? 그러나 이런 해석은 타당하지 않다. 함께 사는 아들이 자라서 처음 호구기록에 올리게 될 때도 '節'자를 붙이는 것을 보면 안동김씨가 함께 살고 있다가 이 해에 처음으로 호구기록에 등장했다고 보기는 힘들다. 오히려 새로 호구기록에 올려지게 되었는데 '節'자를 빠뜨린 것으로 보는 것이 더 타당하지 않나 생각된다. 1879년 호구기록에는 사종숙 주락(31세)이 새로 등장한다.

1882년에는 연령 외에 기록의 변동 없이 재종숙모 김씨가 죽은 것으로 기록되어 있다. 1885년에는 호주 김주병이 40세, 아내 이씨가 44세, 조모 금씨가 53세, 모 이씨가 56세로 기록되어 있다. 아들 국형(19세), 며느리 진보이씨(21세)가 새롭게 등장하고 있다. 재종제 강병(21세)은 이전 호구기록에서는 볼 수 없었는데 새로 나타나고 있다. 그 외에 재종숙부 희락(76세), 삼종형 창식(62세), 삼종형 영식(54세), 삼종제 원식(39세), 삼종제 영식(36세), 삼종제 재식(29세), 삼종질 건로(30세), 사종숙 상락(34세), 사종숙 복락(24세)이 함께 사는 것으로 기록되어 있다. 왜 이처럼 관계가 먼 친척들이 김주병의 집에 모여 살고 있는 것일까? 호구기록은 그 이유에 대해 아무런 실마리를 제시하지 않고 있다.

9년이 지난 1894년의 호구기록이 의성김씨 제2파 김수일가 종가의 마지막 호구기록이다. 1894년 호구기록에 의하면 호주 김주병은 49세로 할머니 금씨(62세), 어머니 이씨(65세), 아들 국형37)과 며느리 재령이씨(24세), 재종제 육병(30세)과 함께 살고 있다. 삼종형 창식은 71세인데, 그의 아들 삼종질 도형(39세)과 두형(30세)이 함께 살고 있는 것으로 기록되어 있다.38)

---

37) 나이 기록이 빠져 있다.
38) 김창식의 아들인 김도형이 39세로 새로 등장하고 있는 것을 어떻게 이해해야 할까? 흥미롭게도 김도형이 호주인 호적단자가 남아 있다. 1907년 현재 김도형(52세)은 임현내 추월리에서 독립호를 구성하고 있다. 아내는 광주김씨로 50세이고 자 시국은 22세이며 며느리 안동권씨는 24세다. 이러한 가족구성을 볼 때 김도형이 1894년 김주병의 호구기록에 왜 혼자 기록되어 있는지 궁금하다. 1894년 현재 김도형은 아내 광주김씨 사이에 9살 된 아들을 두고 있었던 것이다. 그렇다면 김도형 혼자만 기록되었어도 김주병의 집에 광주김씨 및 아들도 함께 살고 있었던 것일까? 아니면 광주김씨와 아들은 다른 곳에 살고 있었고, 김도형만 김주병의 집에 와서 살았던 것일까?

6) 의성김씨 제3파 운암 김명일의 후손(가)

의성김씨 제3파 김명일에서 이어지는 가계다. 김명일, 김약, 둘째아들 김시평, 김묵, 김학증, 김세익, 김상렴(26대)으로 이어지고 있다.

1711년 호구기록에 의하면 추월리에 살았던 김세연(=세익)은 전 호주이고 김상렴(46세, 1666~1720)이 호주로 등장하고 있다. 김세연도 양자였고, 후사가 없어 다시 김명일, 김약, 김시경, 김암, 김학규, 김세탁, 김상렴으로 이어지는 종가의 장손인 상렴이 세연의 양자가 되었다. 족보의 기록에 의하면 상렴은 김세연의 9촌 조카다. 종가의 장손도 양자로 갈 수 있는가 하는 의문이 있다면 이 경우를 보고 가능했다고 볼 수 있을 것이다. 할머니 권씨는 1709년에 죽었고 1710년에는 모 이씨가 죽었다. 호구기록만으로는 아내 남양홍씨(46세), 아들 김재창(15세, 1697~1716)으로 이루어진 전형적인 핵가족이다. 아들 김재창은 나중에 종량(우량)으로 개명한 상렴의 큰아들이다.

1714년의 호구기록에는 김상렴(49세), 아내 홍씨(49세), 아들 김국주(18세)에 둘째아들 경동(9세, 1706~?)이 새로 나타나고 있다. 아직 전형적인 핵가족이다.

3년이 지난 1717년의 호구기록을 보면 호주 김상렴(52세)과 아내 홍씨(52세)가 기록되어 있다. 아들 김국주는 김우량으로 개명하고 3년 사이에 재령이씨(26세, 1692~1717)와 결혼했으나 1717년 현재는 죽은 것으로 기록되어 있다.[39] 둘째아들 김경동은 12세로 기록되어 있다.

1720년의 호구기록에는 별다른 변화 없이 호주 김상렴(55세), 아내 홍씨(55세), 과부며느리 이씨(29세), 자 김경동(15세)로 기록되어 있다. 그러나 한 가지 중요한 변화는 김상렴의 거주지가 추월리에서 신당리로 바뀐 점이다.

---

39) 김우량의 혼인연령은 18~21세 사이, 재령이씨는 23세~26세 사이다.

운암 김명일의 후손 김상렴의 준호구(1702년), 『古文書集成』 五, 661쪽, 호적 134.

   3년 사이에 호주 김상렴이 죽었다. 그래서 1723년의 호구기록에는 둘째아들 김여방(18세, =김경동)이 호주가 되어 어머니 홍씨와 형수 이씨를 모시고 살고 있는 것으로 나타난다. 거주지가 신당리에서 다시 추월리로 바뀌었다.

   3년이 지난 1726년의 호구기록은 호주 김여방(21세)이 그 사이 결혼해 청주정씨(25세, 1702~?)를 아내로 맞았음을 보여준다. 여전히 어머니 홍씨(61세)와 형수 이씨(35세)를 모시고 있다.[40]

   1729년에는 가구 구성원의 변화는 없고 연령만 변했다. 그러나 또다시 거주지가 추월리에서 신당리로 바뀌었다. 이후 이 가계는 계속 신당리에 거주한다.

---

40) 김여방의 혼인연령은 18~21세, 청주정씨의 혼인연령은 22세~25세다.

1732, 1735년의 기록은 가구 구성원의 변화 없이 연령의 변화만 기록되어 있다.

1735년 이후 1738년 호구기록이 남아 있지 않고 1741년 것이 나타난다. 호주 김여방(36세)은 어머니 홍씨(76세), 아내 정씨(40세), 형수 이씨(50세)를 모시고 살고 있다. 이 해의 호구기록에 새로운 인물이 등장한다. 호주 김여방의 조카로 질자 김용구(15세, 1727~1800)가 등재되었다. 김용구의 생부는 김여집으로 기록되어 있다. 김여집은 김명일, 김약, 김시경, 김암, 김학규, 김세탁, 김경렴으로 이어지는 가계의 경렴의 아들이다. 김용구는 족보의 기록에 시평, 묵, 학증, 세익, 상렴, 우량, 용섭으로 이어지는 가계의 바로 용섭이다.

그러면 김용구는 어떻게 해서 김여방의 가구에 거주하게 되었는가? 김여방은 김상렴의 둘째아들이지만 형 김우량이 일찍 죽었기 때문에 아버지 김상렴이 죽은 다음 일단 호주가 되었다. 그러나 둘째아들이기 때문에 과부 형수를 모시고 살면서 죽은 형의 대를 이을 양자로 용구를 정해 김용구가 성인이 될 때까지 함께 살고 있는 것이다.

3년이 지난 1744년 현재도 여전히 호주는 김여방(39세)이며 어머니 홍씨(79세), 아내 정씨(43세), 형수 이씨(53세), 자 용구(18세)와 함께 살고 있다.

다시 3년이 지난 1747년에 죽은 김우량의 양자로 들어온 김용구가 호주로 등장한다. 호주 김용구는 21세로 어머니 이씨(56세), 아내 조씨(22세, 1726~?)와 함께 살고 있는 것으로 나타난다. 김용구의 아내 한양조씨가 이 해의 호구기록에 처음 등장하는데, 족보에 의하면 김용구는 한양조씨 이전에 선성이씨라는 아내가 있었다고 한다. 그러나 이전 호구기록에서 김용구의 아내 선성이씨라는 기록은 전혀 나타나지 않는다.

김용구가 호주가 되면서 숙부인 김여방 내외 및 할머니 홍씨는 김용구 호의 기록에서 사라졌다. 9년이 흐른 1756년의 호구기록을 보면, 호주 김용섭(=용구, 30세), 어머니 이씨(65세), 아내 한양조씨(31세)의 단출한 가족구성에 변함이 없다.

다시 9년이 지난 1765년의 호구기록에는 아내 한양조씨가 죽은 것으로 기록되어 있다. 호주 김용섭(39세)과 어머니 이씨(74세) 둘만 사는 것으로 나온다.

3년 후 1768년의 호구기록에서 호주 김용섭(김수안, 42세)은 함안조씨(28세)와 다시 결혼했다.41) 어머니 이씨(77세)는 계속 생존해 있다.

1771년의 호구기록을 보면 어머니 이씨가 죽었다고 나온다. 이제 호주 김용섭(=김수안, 45세)과 아내 함안조씨(31세)만이 기록되어 있다.

1774, 1777년의 호구기록은 연령을 제외하곤 변동이 없다. 3년이 지난 1780년의 호구기록에는 호주 김용섭(54세), 아내 조씨(40세), 아들 김시철(15세, 1766~?)이 기록되어 있다. 함안조씨가 낳은 아들임이 분명한 아들 김시철이 처음 등장하는 것이다. 다시 3년이 지난 1783년의 호구기록에는 호주 김용섭(57세), 아내 조씨(43세), 아들 김시철(18세) 외에 며느리 함양박씨(24세)가 새로 등장하고 있다.42)

1786, 1792년의 호구기록에는 가구 구성원의 변동 없이 연령의 변화만 나타난다. 1795년의 호구기록에 의하면 며느리 함양박씨가 죽은 것으로 기록되어 있다. 다시 호주 김용섭(69세), 아내 조씨(55세), 아들 김시철(30세)만이 사는 가구가 되었다.

1798년의 호구기록에는 호주 김용섭(72세)과 아내 조씨(58세)의 기록은 변함이 없으나, 아들 김시철이 죽고 대신 새로운 며느리 안동권씨(28세, 1771~?)가 기록되어 있다. 1795년에 함양박씨가 죽었다고 가정한다면, 아들 김시철은 아내 안동권씨를 새 아내로 맞았으나 재혼한 지 얼마 안 되어 죽은 것임을 알 수 있다.43)

1801년의 호구기록에는 김용섭이 죽었기 때문에 전 호주로 기록되어 있다. 호주를 바로 세워야 하나 그의 아들 김시철은 더 먼저 죽었고 또

---

41) 아내 함안조씨의 혼인연령은 25~28세로 추정된다.
42) 김시철의 결혼연령은 15~18세, 함양박씨(경진 1760년생)의 결혼연령은 21~24세로 추정된다.
43) 족보에 의하면 김시철은 1797년에 죽었다.

후사가 없었다. 따라서 양자를 세워야 하나 바로 세우지 못한 듯하다. 그래서 김용섭이 양자로 오기 전의 친동생인 용덕의 아들 김민철(29세, 1773~ ?)이 이 가구의 호주로 대신 등장하고 있다. 김민철은 숙모 조씨(61세)와 종수 권씨(31세)를 모시고 산다. 아내 순천김씨(34세, 1768~?)도 이 호구기록에 나오고 있다. 김민철(29세)은 족보에 양자로 갔다는 기록이 없는데, 숙모와 종수를 모시고 살고 있는 것이다.

1804년의 호구기록은 변함이 없다. 1801년에 김민철이 호주가 된 후 10년이 흐른 1810년의 호구기록에 김민철은 여전히 호주다. 호주 김민철(=김성규, 38세), 종수 권씨(40세), 아내 순천김씨(43세)가 함께 살고 있는, 이전과 변함없는 가족 구성원이다. 여기에 더해 종질 진표(17세, 1794~1824)가 처음으로 등장한다. 김진표의 생부는 일한옹(一寒翁)과 남수(南壽)라고 기록되어 있다. 김진표는 왜 갑자기 김민철의 호에 등장했을까?

1813년의 호구기록을 보면 김민철(=김성규)은 호주의 자리를 종질자 김진표에게 물려주고 자신은 단순한 가구 구성원으로 남았다. 이제 호주는 3년 전에 종질로 기록되었던 김진표(20세)다. 호주 김진표(20세)는 어머니 권씨(43세), 종숙부 김민철(=김성규, 41세) 등 어머니와 종숙부를 모시고 살고 있다. 김민철은 또한 아내 전주유씨(25세, 1789~1822)와도 살고 있다.44)

1813년에 새로운 조카에게 호주자리를 물려준 종숙부 김성규는 3년이 지난 1816년에도 여전히 이 집에 머물러 있다. 호주 김진표(23세)는 어머니 권씨(46세)와 종숙부 김성규(44세)를 모시고 아내 유씨(28세)와 함께 살고 있다.

다시 3년이 지난 1819년에 함께 거주하던 종숙부 김성규는 더 이상 나타나지 않고 호주 김진표(=김진성, 26세)는 어머니 권씨(49세), 아내 유씨(31세)와만 살고 있다.

1819년과 1822년 사이에 모 권씨가 죽어 호주 김진표(김진성, 29세)와

---

44) 김진표의 혼인연령은 17~21세, 전주유씨의 혼인연령은 21~25세로 추정된다.

아내 유씨(34세)만 남았다. 호적상으로는 부부가족이 된 것이다.

　1822년 이후 1834년 호구기록이 나타날 때까지 호구기록이 존재하지 않는다. 1834년 호구기록은 '김서락 代재종제 유학 김정락'이라고 시작하고 있다. 우선 김정락이 누구인지 살펴보자. 김정락은 1822년의 호주인 김진표의 아들이다. 족보의 기록에 따르면 김진표는 김정락(갑술생, 1815)과 김영락(무인생, 1818)의 두 아들 및 딸 하나를 두었다. 그런데 김진표는 자녀들이 어릴 때인 1824년에 죽었다. 김진표가 죽은 이후 1825, 1827, 1831년의 호구기록이 없기 때문에 호주승계가 어떻게 이루어졌는지 확실히 알 수 없다. 그러나 1834년의 호구기록이 '김서락 代재종제 유학 김정락'으로 시작하는 것으로 보아 김진표가 호주가 되기 전 김진표의 양부 김용섭의 조카인 김민철이 호주역할을 수행했던 것처럼, 김진표가 죽은 후 대를 이을 아들이 너무 어리기 때문에 김진표의 먼 조카인 김서락(1805년생)이 호주역할을 수행한 것으로 보인다.

　1834년 김진표의 아들 김정락(20세)이 호주로 등장한다. 김정락은 어머니 유씨(46세), 아내 유씨(23세, 1812~?)와 함께 살고 있다. 전 호주 김서락은 안 보이고 대신 김서락의 친형인 김성락이 재종형 김성락(33세)으로 기록되어 있다.

　1834년 호구기록 이후 약 24년간 기록이 없고 1858년의 기록을 볼 수 있다. 호주 김정락(=김병락, 44세)은 아내 전주유씨(46세, 1813~?)하고 둘만 호구기록에 나타난다.45)

　1861년 호구기록에는 호주 김정락(=김병락, 47세)과 아내 전주유씨(51세)가 있다.46) 1864년의 호구기록에도 호주 김정락(=김병락, 50세)과 아내

---

45) 호구기록에 전주유씨는 계유생이라고 나오지만 부의 이름이 1834년의 기록과 같고, 족보에 임신생으로 기록된 것으로 보아 1834년의 전주유씨로 판단된다. 그러나 족보에는 이 전주유씨가 경자년 1840년에 죽었다고 기록되어 있다. 1858년 현재에도 살아 있기 때문에 족보의 졸년 기록이 틀렸을 것 같다. 1860년 경신이 아닐까?
46) 1858년부터 1861년 사이에 첫 부인 전주유씨가 죽었고 김정락은 다시 부인 전주유씨를 얻었다. 그러나 두 번째 부인 전주유씨는 첫 부인보다 오히려 한 살 더 많다. 만약 첫 번째 부인이 1860년에 죽었고 김정락이 1861년에 두 번째 전주유씨와 결혼

전주유씨(54세)의 기록만 있다. 1870년의 호구기록도 역시 호주 김정락(=김병락, 56세)과 아내 전주유씨(60세)만 기록하고 있을 뿐이다.

1877년의 호구기록을 보면 김정락(=병락)이 죽고 김중술(26세)이 호주로 등장하고 있다. 족보의 기록에 따르면 김정락은 딸만 있고 아들이 없었다. 그래서 동생 김영락47)의 큰아들 중술(호술)을 양자로 맞아들였다. 그러나 김중술이 언제 양자가 되었는지는 확실하지 않다. 김정락의 대를 이어 호주가 된 김중술은 어머니 유씨(66세) 및 아내 이씨(30세)와 함께 살고 있다.

1885년 현재 호주 김중술(34세)은 어머니 유씨(74세) 및 아내 진성이씨(38세, 1847~?)와 함께 살고 있다.48)

7) 의성김씨 제3파 운암 김명일의 후손(나)

운암 김명일, 김약, 셋째아들 김시거, 김방찬, 김항중으로 이어지는 가계다.

1684년 김항중이 호주인 호구기록부터 시작하고 있다. 족보의 기록에 따르면 김항중(31살, 1684~1716)의 첫 부인은 오천정씨다. 그러나 1684년 현재 두 번째 부인인 무안박씨(30살)가 호구기록에 나타나고 있다. 아들 김경종은 신유생(1681)으로 불과 4살밖에 안 되었는데 호구기록에 올라 있다. 김경종은 김항중의 큰아들 약흠이다. 김항중은 미혼의 여동생 2명(각각 21세, 12세)과 남동생 이중(17세)을 데리고 살고 있다. 또 기록상으로는 함께 살고 있던 여동생이 있었으나 25세 때 출가한 것으로 기록되어 있다.

했다면 결혼 당시 두 번째 부인은 51세에 결혼한 셈이 된다. 족보의 기록에는 두 번째 부인 전주유씨가 갑자년 1864년에 죽었다고 기록되어 있다. 그러나 이 전주유씨는 1870년 호구기록에서도 확인할 수 있기 때문에 족보의 졸년 기록이 잘못된 것 같다.

47) 김영락은 친자 호술(중술)을 형에게 양자로 주고 자신의 뒤는 양자 인병으로 잇는다.
48) 족보에 따르면 김중술은 아들 김주환(갑술년 1874년생, 을축 졸)과 딸 하나를 낳았다.

운암 김명일의 후손 김항중의 준호구(1711년).『古文書集成』五, 629쪽, 호적 73.

 3년이 지난 1687년의 호구기록은 1684년의 호구기록과 비교해 볼 때 연령 외에는 변화가 없다. 다시 3년이 지난 1690년 호주 김항중은 37세이고 아내 무안박씨는 36세다. 지난 3년 사이에 함께 살고 있던 누이동생 한 명이 호구기록에서 사라졌다. 아마 출가하지 않았나 생각된다. 여동생 한 명은 18세로 계속 함께 살고 있다. 23세인 남동생 김이중은 그 사이에 결혼해 26세인 서원정씨를 아내로 맞아 형의 집에 함께 살고 있다. 이 해의 호구기록에는 또 종제 김학곤(31세)[49]도 함께 살고 있는 것으로 나타난다. 족보의 기록에 의하면 항중과 학곤은 6촌, 즉 재종간이

---

[49] 김학곤은 호구단자상으로는 신축년(1661)생이다. 그러나 족보에는 기축년(1649)생으로 기록되어 있다. 졸년은 족보에는 계사년(1713)으로 기록되어 있으나 1714년 호구단자에도 나오고 있다. 부인은 고성이씨로 임진년(1652)생이고 경인년(1710)에 죽은 것으로 나온다. 학곤은 세약, 세병, 세인의 세 아들을 둔 것으로 나온다. 세약은 무인년(1698)생, 세병은 갑신년(1703)생, 그리고 세인의 생년기록은 없다.

다. 1690년의 호구기록상으로는 결혼한 두 형제의 가족과 미혼의 여동생이 함께 살고 있고 거기에 종제까지 함께 사는 확대가족으로 나타난다.

1690년부터 1702년에 이르는 동안의 호구기록은 남아 있지 않다. 1702년부터 김항중의 호구기록이 다시 이어지고 있다. 김항중은 1702년 이전에는 현리(縣里)에서 살았다. 그러나 1702년의 호구기록은 추월리(秋月里)에서 시작되고 있고, 신호(新戶)로 기록되어 있다. 1702년의 호구기록에 의하면 김항중은 49세이고 아내의 기록이 없다. 무안박씨는 족보의 기록에 따르면 1694년에 죽은 것으로 나타나고 있고, 이후 김항중은 고성이씨를 또 아내로 얻은 것으로 나타나지만 1702년의 호구기록에 고성이씨는 기록되어 있지 않다. 1690년과 1702년 사이에 큰아들 김약흠(경종)이 결혼해 아버지 김항중과 함께 살고 있었으나 1702년의 호구기록에 김약흠은 죽은 것으로 기록되어 있다. 족보의 기록에 따르면 아들 김약흠이 1702년 임오년에 사망한 것으로 기록되어 있다. 김약흠은 1681년 신유생이니 1702년 당시에는 24세인데 이 해에 죽었고, 그의 아내 오천정씨는 1679년 기미생으로 26세로 기록되어 있다. 호구기록에는 나타나지 않고 있지만 족보의 기록을 보충하면 김항중에게는 1695년생 아들 김도흠과 1699년생 김윤흠이 있는데 이들은 족보에 나오는 고성이씨와의 사이에서 얻은 것으로 추정된다. 그런데 고성이씨도 족보에 의하면 1699년에 죽은 것으로 나온다. 고성이씨 및 그 두 아들은 김항중과 따로 떨어져 살고 있었을까? 또 족보에 의하면 김약흠의 아들인 김익한이 있는데 1702년(임오)생으로 나타난다. 종합하면 김항중의 큰아들 김약흠은 최소한 23세에 25세인 오천정씨와 결혼했고 그 이듬해 자신은 죽고 아들 김익한이 태어난 것으로 볼 수 있다. 1702년 김항중의 가구에는 족숙 김만성(18세), 종제 김학곤(42세)이 함께 거주하고 있다.

6년이 지난 1708년의 호구기록이 남아 있다. 호주 김항중은 55세다. 고성이씨는 여전히 호구기록에 등장하지 않는다. 이 해의 호구기록에는 며느리 오천정씨도 병술(1706)년에 죽은 것으로 나타난다. 그러나 족보에는 을유(1705)년에 죽은 것으로 기록되어 있다. 이제 큰아들 부부는 모두 죽었고, 호구단자에는 기록되어 있지 않은 7살 된 손자 김익한이 있으며, 22살 된 미혼의 딸과 14, 10살 된 두 아들 호종과 익종이 있다. 그러나 족보의 기록에 의하면 또 다른 아들 김치흠이 1704년생이라고 나타나는 것으로 보아 실제로는 고성이씨와의 사이에서 낳은 미혼의 세 아들이 있고, 여기에 종제 김학곤(48세), 족숙 김만성(18세)이 함께 거주하고 있는 것이다.

3년 후인 1711년에 호주 김항중은 58세다. 족보의 기록에 보이는 고성이씨는 나타나지 않는데, 족보의 기록에는 보이지 않는 첩 서원 정소사(31세)가 등장하고 있다. 뿐만 아니라 17세 된 아들 호종과 13세 된 아들 익종 및 죽은 아들 약흠의 아들인 손자 익한(모질)이 10세(임오생)로 나타난다. 종제 김학곤은 51세로 함께 살고 있는데 족숙 김만성은 '현리 자호거'로 기록되어 있다. 족숙 김만성 대신 새로운 족숙 김만실(24세)이 이 해에 새로 등장하고 있다.

다시 3년이 지난 1714년, 호주 김항중은 61세이고 첩 정소사(34세)가 있다. 아들 김호종은 20세인데 그 사이에 안동권씨(25세)와 결혼해 함께 살고 있다.50) 미혼의 아들 김익종(16세)과 손자 김모질(13세)이 살고 있다. 3년 전과 마찬가지로 종제 김학곤(54세), 족숙 김만실(27세)도 역시 함께 살고 있다.

1714년 이후 9년이 지난 1723년 호구기록이 남아 있다. 1723년의 호주는 김익한이다. 족보의 기록에 따르면 김항중은 1716년에 죽은 것으로 되어 있다. 1717년의 호구기록이 남아 있다면 김항중이 전 호주로 기록되어 있을 것이다. 그러나 1717년에는 죽은 장남 김약흠의 아들인 손자 김모질(=김익한)이 17세이고 아직 미혼이었기 때문에 누가 호주로 기록되었을지 알 수 없다. 현재 남아 있는 1723년의 호구기록에는 김항중의 손자 김익한(22세, 1702~1781)이 호주로 등장하고 있다. 그의 아내는 재령이씨(22세, 1702~1787)다. 김익한 부부와 서조모 정소사(43세)만이 함께 사

---

50) 김호종의 혼인연령은 17~20세, 아내 안동권씨는 22~25세로 추정된다.

는 아주 단출한 가족구조로 변했다. 9년 전 함께 살았던 숙부 김익종과 먼 친척들은 보이지 않는다. 이후 1726, 1732, 1735년의 호구기록까지는 나이의 변화만 나타날 뿐 아무런 변화가 없다.

1738년의 호구기록에 의하면 서조모 정소사가 58세의 나이로 김익한의 숙부[51] 집으로 갔다고 나온다. 대신 큰아들 김시백(아명은 석백, 1731~1752)이 8세로 처음 등장한다. 부부와 미혼의 자녀로 이루어진 가족구조를 보여주고 있다. 이후 1741, 1744년의 호구기록은 나이의 변화를 제외하곤 변화가 없다.

1750년의 호구기록에는 둘째아들 김시오(17세, 1734~1794; 아명 석영, 석창), 셋째아들 김시진(14세, 1737~1799; 아명 석대)이 새로 기록되어 있다.

3년이 지난 1753년의 호구기록에는 큰아들 김시백이 1750년과 1753년 사이에 선성김씨(25세, 1729~?)와 결혼해서 살다가 죽은 것으로 기록되어 있다.[52] 족보의 기록에 의하면 김시백은 1752년에 죽었다. 김시백은 죽기 전에 후사를 남겼다. 이후 호구기록과 족보에 의하면 김시백은 아들 김창운을 남겼다.[53]

김익한은 1752년에 큰아들 김시백을 잃었으나 큰아들이 죽기 전에 결혼을 시켰고, 유복자 손자를 얻어 아내 이씨, 과부가 된 며느리 김씨, 그리고 미혼의 두 아들 시오(20세), 석대(17세)를 데리고 살고 있다.

3년이 지난 1756년에 호주 김익한은 55세이고 아내 이씨도 55세다. 과부며느리 김씨는 28세다. 둘째아들 시오(23세)가 안동권씨(29세, 1728 ~?)와 결혼해 아버지 집에 동거하고 있다.[54] 마지막으로 아직 결혼하지 않은 아들 석대(20세)가 함께 살고 있다.

김익한의 호구기록은 이후에도 매 3년씩 계속되고 있어 1759, 1762, 1765, 1768년 등으로 이어지고 있다. 1765년까지 호구기록은 연령의 변

---

51) 자료의 부식으로 어느 숙부인지 분명하지 않다.
52) 김시백의 혼인연령은 20~22세, 그의 아내 선성김씨는 21~23세로 추정된다.
53) 김창운은 1753년생이다.
54) 김시오의 혼인연령은 20~23세, 그의 아내 안동권씨는 26~29세로 추정된다.

화만 눈에 띌 뿐 외형상 별다른 변화는 없다. 그러나 연령의 변화만 있을 뿐 다른 변화가 없다는 점이 오히려 문제가 된다. 호주 김익한의 셋째아들 김시진은 1759년에 23세, 1762년에 26세, 1765년에 29세 등으로 기록되어 있는데 여전히 미혼인 것처럼 보인다. 양반가의 아들이 18세기에 30세가 다 되도록 미혼으로 남아 있다는 것은 믿기 힘들다. 그러나 호구기록만으로 판단한다면 1765년까지 김시진은 미혼으로 있었다고밖에 말할 수 없다.

그러나 1768년 호구기록을 통해 이러한 판단에 대한 검증을 시도해 볼 수 있다. 1768년에 호주 김익한은 67세로 아내 재령이씨(67세), 과부 며느리 선성김씨(40세), 둘째아들 김시오(35세), 둘째며느리 안동권씨(41세)와 함께 살고 있다. 셋째아들 김시진은 '자호거'(自戶去)로 표기되어 있다. 김시진이 함께 살고 있었으면 32세가 되었을 것이지만, '자호거'로 기록되면서 김익한의 호구기록에서 빠져 나갔다. 김시진은 이때 결혼해 분가했는가? 아니면 진작 결혼했으면서도 여태까지 기록상 미혼으로 있었던 것인가?

다행스럽게도 김시진이 독립호를 이룬 호구단자가 존재한다. 1768년에 김시진은 신호(新戶)를 이루어 독립하고 있다. 이때 김익한의 비 순심이도 따라가고 있다. 1768년의 김익한의 호구기록에 김시진도 '自戶去'로 되어 있고, 비 순심이도 '김시진 戶下去'로 표기되어 있다. 따라서 김시진은 1765년과 1768년 사이에 분가해 새로운 독립호를 이룬 것으로 파악된다. 그러면 김시진은 결혼하면서 분가했는가? 족보의 기록에 따르면 김시진의 아내는 함안조씨(1737년 정사생)로 김시진과 동갑이다. 김시진은 아들 회운과 딸 하나를 두었다. 아들 회운은 1764년 갑신생이기 때문에 1763년에 결혼했다 해도 27살에 결혼한 셈이다. 그렇다면 아무런 변화 없이 기록되어 있는 1759, 1762, 1765년 호구기록을 통해 김시진이 미혼인 것처럼 판단할 수는 없다. 우리는 김시진의 경우를 통해 이미 결혼했으면서도 호구기록에는 그 아내와 자식이 기록되지 않았을 가능성이 있음을 확인할 수 있다.

1771년에 호주 김익한은 70세로 아내 이씨(70세), 과부며느리 김씨(43세), 둘째아들 부부 시오(38세), 권씨(44세)와 함께 살고 있다. 이 해의 호구기록에 처음으로 손자 창운(19세, 1753~1789)이 등장하고 있다.
　다시 3년이 지난 1774년에 호주 김익한(73세)은 아내 이씨(73세), 과부며느리 김씨(46세) 및 손자 창운(22세)을 거느리고 살고 있다. 지난 3년 사이에 둘째아들 김시오 부부는 분가해 신호를 구성하고 있다.
　6년이 지난 1780년의 호구기록이 남아 있는데 6년 전과 가구 구성원의 변동 없이 나이만 변하고 있다. 여기서도 김시진의 경우와 동일한 의문이 제기된다. 손자 김창운은 1780년 현재 28세인데 아내나 자식에 대한 기록이 없다. 그러면 김창운은 1780년에 미혼으로 남아 있는가?
　3년이 지난 1783년의 호구기록에는 김익한이 죽고 손자 김창운이 31세로 새로운 호주로 등장하고 있다. 이때의 호구기록에는 조모 이씨(82세), 모 김씨(55세)도 나오고 김창운의 아내 기록도 나온다. 김창운의 아내는 월성최씨(35세, 1749~1822)로 기록되어 있다. 월성최씨의 나이가 35세인 것으로 미루어볼 때 이때 결혼한 것은 아닌 것이 분명하다. 족보의 기록을 보면 김창운의 큰아들 김기수는 1771년(영조 신묘생)으로 기록되어 있고, 1783년에는 이미 13살에 이르고 있다. 만약 아들 김기수가 태어나기 한 해 전인 1770년에 결혼했다면 김창운은 17세, 월성최씨는 21세에 결혼한 셈이다. 이렇게 이미 결혼했음에도 불구하고 김창운은 호구기록만 본다면 여전히 미혼상태로 추정될 수밖에 없다.
　김창운의 아들 김기수는 1786년의 호구기록에 비로소 등장한다. 1786년의 호구기록에 호주 김창운(34세), 할머니 이씨(85세), 어머니 김씨(58세), 아내 최씨(38세) 기록의 뒤를 이어 호주 김창운의 아들 김기수가 16세로 처음 기록되어 있다.
　3년 후인 1789년의 호구기록에는 호주 김창운(37세), 어머니 김씨(61세), 아내 최씨(41세), 자 김기수(19세)가 기록되어 있고 조모 이씨는 누락되어 있다. 족보의 기록에 따르면 조모 재령이씨는 1787년에 죽었다.
　1792년의 호구기록에는 김창운의 아들 김기수가 호주로 등장하고 있다. 족보의 기록에 의하면 김창운은 1789년에 죽었다. 그래서 1792년에는 아들 김기수가 호주가 된 것이다.55) 이 해의 호구기록에는 어머니 최씨(44세), 아내 함양박씨(23세, 1770~1843), 동생 김태수(19세)가 등장하고 있다.

1795년의 호구기록에는 호주 김기수(25세), 아내 박씨(26세), 어머니 최씨(50세), 동생 김태수 (22세) 외에 또 다른 동생 김성수(19세)가 기록되어 있다.

1795년부터 1804년까지는 가구 구성원의 변화 없이 다만 나이만 변하고 있다. 이런 기재방식은 앞에서 제기된 것과 동일한 문제를 야기한다. 김태수와 김성수는 호주 김기수의 동생으로 아내나 자식에 대한 기록 없이 혼자만 호구기록에 올라 있다. 1804년에 김태수는 31세, 김성수는 28세가 되었는데 혼인도 하지 않고 미혼으로 계속 남아 있을 것이라고 생각하기는 어렵다.

의성김씨 족보의 기록에 의하면 김태수는 1774년에 태어나서 1814년에 죽었다. 그의 아내는 선성김씨다. 김태수는 아들 진두(1795년생), 진표, 진추(1801년생) 및 딸 둘을 두었다. 아들 진두를 맨 처음 낳았다고 가정해도 최소한 김태수는 1794년에 21세의 나이로 결혼했을 가능성이 크다.56)

김성수는 1777년에 태어나서 1824년에 죽었다. 아내는 홍해배씨(1773~1833)다. 족보의 기록에 따르면 진광(1807년생)과 진홍(1811년생), 그리고 딸 둘을 낳았다. 따라서 적어도 김성수의 경우 1799년에 22세의 나이로 결혼했을 가능성이 높다.

요약하면 김태수, 김성수는 모두 결혼했어도 계속 호주의 호구기록에 마치 미혼인 것처럼 기재되었을 가능성이 높은 것이다.

---

55) 김기수가 1789년에 19세인데도 아내에 대한 기록이 없었기 때문에 그때까지 결혼하지 않았다고 이해한다면, 김기수는 19~22세, 아내 함양박씨는 20~23세에 혼인했을 것으로 추정할 수 있다.
56) 족보의 기록에 의하면 김태수는 김시오의 아들 김하운의 양자가 되었다. 그러나 언제 양자가 되었는지는 알 수 없다.

1807년의 호구기록에 호주 김기수(37세), 어머니 경주최씨(59세), 아내 함양박씨(38세), 동생 김태수(34세), 동생 김성수(31세)에 이어 아들 김진하(17세, 1791~1867)가 새로 등장하고 있다.

3년 뒤인 1810년의 호구기록에서 김진하는 20세의 나이로 아버지 김기수의 대를 이어 호주로 등장한다. 김진하는 할머니 최씨(62세), 어머니 박씨(41세), 아내 김씨(21세), 숙부 김태수(37세), 숙부 김성수(34세) 및 종제 김진두(김태수의 아들, 16세)와 함께 살고 있다. 김태수의 아들 김진두가 김진하의 호구에 기록되는 것을 어떻게 이해해야 할까? 김태수는 결혼한 후 자신의 가족은 다른 곳에서 거주하게 하면서도 자신은 조카 김진하의 집에 살고 있었다고 보아야 할 것인가? 그러다 아들이 장성한 후 장성한 아들까지 조카 김진하의 집에서 기거하게 한 것일까? 김진하의 호구기록에 김태수는 奉숙부라고 표기된 것으로 볼 때 숙부 김태수는 김진하의 가구원으로 살고 있었던 것으로 추정된다. 그러나 그의 가족이나 아들이 함께 살았는지 여부는 불분명하다.

다시 3년이 흐른 1813년의 호구기록에 의하면 가구 구성원이 좀더 복잡해진다. 먼저 김진하(23세)는 할머니 경주최씨(65세), 어머니 함양박씨(44세), 아내 광주김씨(24세)와 함께 살고 있다. 이처럼 직계가족 이외에 세 명의 숙부인 태수(40세), 성수(37세), 경수(32세, 1782~1821)를 모두 한 집에 모시고 살고 있다. 숙부 태수의 경우 아들 진두(19세)도 함께 살고 있다. 게다가 재종조 김회운(50세) 및 그의 아들로 김진하에게는 재종숙부인 김병수(30세)가 1813년의 호구기록에 새로 나타난다. 이들이 모두 김진하의 집에 거주하고 있었다면 왜 이렇게 갑자기 많은 친척들이 종가에 몰려 살게 되었을까? 숙부들이 따로 독립해 살기 어려울 정도로 경제적 여건이 안 좋아져서 그랬을까?

1816년의 호구기록은 기록되어 있는 가구원의 측면에서 1813년의 호구기록과 동일하다. 그러나 생각해 볼 점이 한 가지 발견된다. 함께 살고 있던 숙부 김태수가 죽은 것으로 기록되어 있는 것이다. 살았다면 43세가 되었을 숙부 김태수가 지난 3년 사이에 죽은 것이다. 김태수가 죽었다는 기록을 주목해야 할 이유는 족보의 기록에 김태수는 김시오의 아들인 김하운의 양자로 나오기 때문이다. 김태수는 언제 김하운의 양자가 되었을까? 양자가 된 후에도 김태수는 여전히 조카 김진하의 집에 살았던 것일까? 호구기록만으로는 김태수는 형인 김기수 및 그의 아들 김진하와 계속 살다가 죽었다고밖에 말할 수 없다.

1819년의 호구기록은 1816년의 호구기록에 비해 매우 단출해졌다. 호주 김진하(29세), 할머니 최씨(71세), 어머니 박씨(50세), 아내 김씨(30세) 등의 직계가족 외에 숙부 김성수(43세)만 기록되어 있을 뿐이다. 재종조 김회운 부자가 사라졌고, 숙부 김경수도 사라졌다. 1822년의 호구기록은 1819년의 호구기록과 비교해 연령 외에는 변화가 없다.

1825년의 호구기록은 이전의 호구기록과 두 가지 점에서 차이난다. 먼저 할머니 최씨가 죽었다. 둘째, 동생 김진기(1806~1860)가 20살로 호구기록에 처음 나타난다.

1828년의 호구기록에 의하면 가구 구성원의 변화가 없다. 1831년에는 호주 김진하(41세), 어머니 박씨(62세), 아내 김씨(42세), 숙부 김성수(55세), 동생 김진기(26세) 외에 종제 김진광(숙부 김경수의 아들로 사촌)이 25세로 새로 기록되고 있다. 족보의 기록에 의하면 김진기는 아내 반남박씨(1804~1885)와의 사이에 김필락(1831~1907)과 김억락(1840~1860)을 두었다. 김필락이 1831년생이라면 적어도 김진기는 1830년이나 그 이전에 결혼했을 것이다. 그러나 1831년 호구기록에서 우리는 김진기가 결혼했다는 아무런 증거도 찾아볼 수 없다. 1834년에는 1831년과 비교해 연령을 제외하곤 아무런 변화를 찾을 수 없다.

1837년에는 숙부 김성수와 종제 김경수가 호구기록에서 사라져 이제 호주 김진하(47세), 아내 김씨(48세), 어머니 박씨(68세), 동생 김진기(32세)가 남아 있다. 김진하의 호구기록은 이후 1840, 1843년의 호구기록에서 아무런 변화가 없다. 1846년에는 어머니 박씨가 죽었을 뿐 다른 변화가 없다.

1849년에 호주 김진하는 59세이나 후사가 없다. 그래서 동생 김진기의 큰아들 김필락(19세, 1831~1907)을 자신의 아들로 삼았다.57) 김진하는 자신이 살았을 때 양자를 결정한 것이다. 1852년 현재 호주 김진하(62세)는 아내 김씨(63세), 동생 김진기(47세), 아들 김필락(22세)과 함께 살고 있다. 22세 된 김필락은 결혼했다는 흔적을 남기지 않고 있다. 그러나 이때 이미 필락은 혼인한 상태다. 족보의 기록에 의하면 김필락은 아내 영천이씨(1825~1902)와의 사이에 세병(1852~1922)과 희병(1861~1942?) 두 아들을 두었다. 따라서 1852년 당시 김필락은 이미 결혼했다고 볼 수 있다.

1855년 호구기록은 김진하호의 주소를 다천리로 밝히고 있다. 이 기록대로라면 김진하가는 추월리에서 다천리로 이거한 것이다. 1855년의 호구기록에는 김진하의 아내 김씨가 죽었기 때문에 가구 구성원이 더 단출해졌다. 호주 김진하(65세), 동생 김진기(50세), 아들 김필락(25세)만이 기록되어 있다. 이런 것은 1858년의 호구기록까지 이어진다.

1861년의 호구기록에는 김필락(31세)이 호주로 등장한다. 김진하는 족보의 기록에 따르면 1858년에 죽었다. 따라서 그의 양자인 김필락(31세)이 호주가 된 것이다. 이때야 비로소 김필락의 아내 영천이씨가 37세로 처음 등장한다. 왜 이렇게 늦게 호구기록에 올라온 것일까? 김필락이 호주가 된 1861년에 재종숙 김해진(진해?)과 재종숙 김진극이 함께 살고 있다고 기록되어 있다. 김진극은 김필락과 11촌의 관계이고 김해진(진해라면 역시 11촌)은 누구인지 분명하지 않다.

1861년 호구기록 이후 1901년까지 호구기록이 남아 있지 않다. 1901년 호구기록이 남아 있는데 먼저 거주지가 다시 바뀌었다. 1901년 현재 김필락가는 대전리에 살고 있는 것으로 파악된다. 1901년부터는 연속해서 3년간 호구기록이 존재한다. 3년 동안 가구 구성원은 변함이 없고 나이

---

57) 김진기는 자신의 큰아들 필락을 형 진하에게 양자로 주었다. 그러나 김진기와 그의 둘째아들 억락은 1860년 같은 해에 죽었고, 김억락은 후사가 없었다. 이에 김필락은 자신의 아들 김희병을 김억락의 양자로 세워 김진기, 김억락, 김희병으로 이어지게 했다. 김필락은 자신이 양자로 가 종손으로 김진하의 뒤를 이으면서도 자신의 둘째아들을 자신의 생부의 집안에 양자로 세워 생부의 대도 잇게 한 셈이 되었다.

만 변한다. 1901년 현재 호주 김필락(71세), 아내 이씨(77세), 자 김세병(50세), 김희병(41세)이 기록되어 있다. 김세병, 김희병은 각각 50세, 41세인데 결혼도 하지 않고 부모를 모시고 살고 있는 것일까? 족보의 기록을 보면 전혀 그렇지 않음을 알 수 있다. 김세병(1852~1922)은 아내 월성이씨(1851~1916)와 결혼했다. 여아 1명만 있어 나중에 동생 김희병의 아들 도섭으로 양자를 삼았다. 김희병(1861~1942?)은 족보에 아내가 셋으로 기록되어 있고 네 아들을 두었다. 큰아들 도섭의 생년이 분명하지 않아 언제쯤 결혼했는지 판단하기 어렵다. 그러나 호구기록에 따르면 김세병, 김희병 형제가 각각 52세, 43세일 때도 부 김필락의 호구 내에 있다. 족보의 기록에 따르면 김희병은 1860년에 죽은 김억락의 양자가 되었는데, 1903년 43살 때까지 김필락의 자로 기록되어 있다. 이를 어떻게 이해할 수 있을까?

8) 의성김씨 제4파 학봉 김성일의 후손(가)

이 가문은 학봉 김성일의 후손이다. 김성일, 김집, 김시추, 김규(23世)로 이어진다.

1670년 김규부터 호구기록이 시작되고 있다. 1670년, 호주 김규(68세, 1602~1685)는 아내 안동권씨(1599~1672)와 살고 있다. 여기에 손자 김이탁(=김이옥, 24세 1646~1707?),[58] 김이경(20세, 1650~1676)과 함께 살고 있다. 족보의 기록에 따르면 김규의 아들이자 김이탁과 김이경의 아버지인 김세기는 출생년도가 임술년(1622), 사망년도가 병인으로 기록되어 있다. 이 경우 병인은 1686년으로 보아야 한다. 또 김세기의 아내인 안동권씨는 생존년도가 계해년(1623)부터 무오년(1678)으로 되어 있다. 그렇다면

---

58) 족보에는 졸년이 정축으로 되어 있다. 가장 가까운 정축은 1677년이고 그 다음은 1733년이다. 1705년 호적에 60세로 생존해 호주로 등장하고 있기 때문에 1677년은 아니다. 또 1729년엔 그의 손자가 호주로 등장하기 때문에 1733년도 아니다. 그렇다면 정축은 오기이고 정해 1707년 또는 기축 1709년이 졸년일 가능성이 크다.

학봉 김성일의 후손 김규의 준호구(1670년). 『古文書集成』 五, 681쪽. 호적 170의 일부.

1670년 현재 김세기와 그의 아내 안동권씨가 생존해 있다고 보아야 하는데, 왜 이들은 이 호구기록에서 누락되어 있을까? 아니면 혹시 족보의 생년기록이 잘못되어 있는 것은 아닐까?

김규는 얼육촌제 김계득을 데리고 살고 있었는데, 김계득이 이 해 호구기록에 죽었다고 등재되어 있다. 김규는 불화 돌림자를 쓰는데, 얼육촌제는 김계득이라는 이름을 쓴 것으로 보아 이는 첩의 소생이었을 가능성이 크다. 김계득은 족보기록에도 빠져 있다.

1670년의 호구기록에서 또 하나 특이한 점은 사위와 외손의 기록이 있는데, 정상적인 가족기록에 이어 나오지 않고 노비기록 가운데 종이를 겹쳐 節現 女婿 생원 도이망(36세, 정축), 외손 도우갑(14세, 기해), 외손 도우?(10세, 계묘)로 기록되어 있다는 점이다.

요약하면 이 가족은 3대가 함께 살지만, 중간세대 부모 없이 조부모가

의성김씨가 가족의 변화 | 181

손자를 거느리고 살고 있고, 얼마 전까지만 해도 얼육촌제도 데리고 살고 있었으며, 딸의 가족도 함께 사는 것으로 나타나 있다.

35년간 호구기록이 존재하지 않다가 1705년의 호구기록이 나타난다. 김규의 손자이자 김세기의 장남인 김이옥(60세, 1646~1727)이 호주인 가구다. 족보에는 김이옥의 아내가 성산이씨(1645~1683)와 홍해배씨(1657~1717)로 나온다. 1705년 기록이기 때문에 성산이씨는 죽었고, 대신 홍해배씨가 나온다. 아내 유인 홍해배씨라고 기록되어 있다. 성산이씨가 죽은 해(1683년)에 홍해배씨와 다시 재혼했다면 홍해배씨의 혼인연령은 27세가 된다. 두 번째 부인의 혼인연령이 이처럼 늦었을까? 족보나 호적에 나타난 자식들의 생년이 1684년부터 시작되는 것으로 보아 성산이씨는 아들을 생산하지 못한 것으로 여겨진다.

김이옥은 다섯 아들을 데리고 살고 있다. 그런데 이들 아들의 기록에 흥미로운 점이 발견된다. 호적의 기록에 김숙렴(17세, 1689~1705), 김복렴(12세, 1694~1745), 김득렴(업무, 22세, 1684~?), 김익렴(업무, 17세, 1689~?), 김옥렴(14세, 1692~1756) 순으로 기록되어 있다. 나이 많은 김득렴이 세 번째로 나오는데, 직역이 업무라고 표기되어 있다. 또 이 해의 호구기록에 처음 등장하는 김득렴 아내의 이름이 김소사(23세, 1683~?)다. 이로 보아 김득렴 이하의 자식은 족보나 호구기록에 누락되어 있는 첩에게 얻은 자식으로 여겨진다. 이들에 관한 족보의 기록도 매우 부실해 김득렴은 생년만 나오고 졸년이 없으며 아내 순천김씨도 호적에서 생년을 계해 1683년으로 확인할 수 있지만 족보에는 생졸년 기록이 없다. 마찬가지로 김익렴의 경우 족보에 생년만 있고 아내에 대한 기록이 전혀 없다. 김옥렴은 생졸년 기록이 있고 아내는 전주최씨로 나오지만 아내의 생졸년 기록은 없다. 또 이 가구에는 가옹족조 업무 김팔영이 21세로 기록되어 있다.

1705년부터 1729년 사이의 호구기록이 존재하지 않아 연결에 어려움이 있다. 족보에 따르면 김이옥은 1727년에 죽었고, 그의 장남 김숙렴은 1689년에 태어나 1705년에 죽은 것으로 판단된다. 1705년도 호구기록에는 살았다고 기재되어 있으나 아마 호적신고를 하고 죽었을 것이다. 또 족보에는 동래정씨가 아내로 기록되어 있는 것으로 보아 죽기 전에 혼인한 것으로 판단된다. 그러나 결혼하자마자 죽었을 것이고, 후사가 없다.

1729년 호적에 김주국(20세, 1710~1771)이 아버지 김숙렴의 아들로 나오고 생부는 김숙렴의 동생인 김복렴이라고 나온다. 김복렴(1694~1745)의 경우 형 김숙렴이 1705년에 죽어 집안에서 혼인을 서둘렀을 것이다. 만약 1709년에 결혼해서 그 다음 해인 1710년에 김주국을 낳았다면 김복렴은 16세에 결혼했다고 할 수 있다.59)

김복렴이 낳은 첫아들 김주국은 죽은 형의 양자로 결정되었을 것이다. 김주국은 1729년 20살의 나이로 대호(代戶)가 아닌 호주로 나오고 있는 것으로 보아 1729년 이전부터 호주로 등재되었을 가능성이 높다. 어머니 동래정씨(42세)의 기록이 있는 것으로 보아 김숙렴의 아내 정씨를 어머니로 모시고 살았음을 알 수 있다. 그 다음 아내 재령이씨(19세, 1711~1733)가 나온다. 호적이 부식되어 이씨 앞에 무엇이라고 쓰여 있는지 확인할 수 없다. '節'자가 쓰여 있을까? 재령이씨의 혼인연령은 아무리 늦어도 19세인 셈이다.

이 해 호구기록에 김주국은 서증조모 김소사(69세, 1661년생)를 모시고 있다. 김소사는 누구일까? 김세기의 소실이라고밖에 할 수 없다.

12년이 지난 1741년의 호구기록이 남아 있다. 호주 김주국(32세), 어머니 동래정씨(54세), 전 아내 재령이씨(족보에는 1733년에 죽은 것으로 나옴), 아내 한산이씨(31세, 1711년생), 서증조모 김소사(81세), 자 순대(6세, 1736~1765), 서사촌제 김주화(31세, 신묘)가 기록되어 있다. 이 기록을 통해 우리는 다음과 같이 추정할 수 있다.

① 전 아내 재령이씨가 1733년에 죽고 김주국이 그 해에 바로 재혼했다면 둘째부인 한산이씨는 23세에 결혼한 셈이다. 장남 순대(광찬)

---

59) 김복렴의 아내 평산신씨는 족보에 생년이 을사로 나온다. 이 근방의 을사는 1665년이나 1725년이다. 김복렴이 30살이나 많은 여자와 결혼했을 리 없으므로 을사는 오식이다. 기사 1689년생이 아닐까 생각된다. 1709년에 결혼했다면 평산신씨는 21세에 결혼한 셈이다.

의 생년이 1736년인 것으로 보아 이는 최대로 낮게 잡은 혼인연령이다.

② 김주화는 김주국의 숙부인 김익렴의 큰아들이다.60) 김익렴이 첩의 소생임은 아들 김주화를 김주국이 서사촌제라고 호적에 올린 데서도 확인할 수 있다.

다시 11년이 지난 1753년의 호구기록이 존재하는데, 이 가구에는 호주 김주국(44세), 어머니 정씨(66세), 전 아내 재령이씨, 아내 한산이씨(42세), 아들 김광찬(18세), 아들 김행대(12세), 서종조 김이릉(19세)이 기록되어 있다. 전 아내 재령이씨는 오래 전에 죽었음에도 불구하고 계속 전 아내 재령이씨로 기록되어 있다. 서종조 유학 김이릉은 매우 먼 촌수관계다. 무려 12촌에 해당하는 김이릉이 19세의 나이로 김주국의 집에 살고 있다.

3년이 지난 1756년의 호구기록에 따르면 호주 김주국(47세), 어머니 정씨(69세), 전 아내 재령이씨, 아내 한산이씨(46세), 아들 광찬(21세), 며느리 진성이씨(23세, 1734~1787), 아들 두찬(=행대, 15세), 아들 최대(9세), 서조 이릉 예안 移居去로 기록되어 있다. 며느리 진성이씨가 처음 등장하는데 '절'자가 없다.61) 아들 최대는 9살인데도 호구기록에 나타나고 있다.

1759년의 호구기록은 전 해보다 직계가족 외의 사람이 늘고 있음을 보여준다. 호주 김주국(50세), 어머니 정씨(72세), 전 아내 재령이씨, 아내 한산이씨(49세), 아들 광찬(24세), 며느리 이씨(26세), 아들 두찬(18세), 아들 일찬(=최대, 12세)까지는 직계가족이다. 그러나 이 해의 호구기록에 질자 중대(12세)와 서종제 주광(21세)이 새로 올라와 있다. 이들은 왜 김주국의 집에 거하게 되었을까?

다시 3년이 흐른 1762년의 호구기록을 보면 직계가족 외의 식구가 더 늘어나 있다. 호주 김주국(53세), 어머니 정씨(기묘 고), 전 아내 재령이씨, 아내 한산이씨(52세), 아들 광찬(27세), 며느리 이씨(29세), 아들 두찬(21

---

60) 족보의 기록에 따르면 김주화(1711~?)는 아내 팔영도씨(생졸년 미상)와 아들 붕찬(1751~1822), 그리고 딸 하나를 두었다.
61) 김광찬의 혼인연령은 18~21세, 진성이씨의 혼인연령은 20~23세로 추정된다.

세), 아들 정찬(=일찬, 16세)까지가 직계가족이라면, 질자 계찬(=중대, 15세), 서종형 계방(66세), 서종제 계무(=주광, 24세), 사위 서상적(18세)은 직계가족 외의 구성원이다. 1759년에 비해 서종형 계방(66세)과 사위 서상적(18세)이 더 추가된 셈이다. 사위는 기록되어 있는데 딸에 대한 기록은 없다. 사위가 기록되어 있다면 딸은 왜 호구기록에서 누락되어 있을까? 만약 딸이 있다고 가정한다면 김주국의 가구는 장남 가족과 딸의 가족, 그리고 미혼의 아들들과 먼 친척들을 포함하고 있는 확대가족 형태로 분류할 수 있다.

김주국의 호에는 1765년에도 여전히 많은 친척들이 기거하고 있다. 호주 김주국(56세), 모 정씨(고), 전 아내 재령이씨(계축 고), 아내 한산이씨(55세), 아들 광찬(=인찬, 30세), 며느리 진성이씨(32세), 아들 두찬(24세), 며느리 기성황씨(29세), 아들 정찬(=일찬, 19세), 조카 계찬(18세), 서종형 주방(=계방, 69세), 서종제 계무, 사위 신상적(21세), 손자 귀요(5세)가 기록되어 있다. 1762년과 마찬가지로 이미 죽은 어머니 정씨와 전 아내 재령이씨가 계속 기재되어 있다. 둘째아들 두찬의 아내 기성황씨가 처음 나타난다. 이들이 1762년과 1765년 사이에 결혼했다면 아내 기성황씨의 혼인연령은 26~29세, 두찬의 혼인연령은 20~24세가 된다. 서종제 계무는 자기 집으로 갔다는 기록이 있는 것으로 보아 한시적으로 김주국의 호에 거주했음을 알 수 있다. 또 하나의 특징은 손자 귀요가 불과 5세에 호적에 등재된 점이다. 귀요는 누구의 아들인지 분명하지 않지만 광찬의 아들 김종수(신사 1761생)로 보인다. 이제 김주국은 두 아들 부부의 가족과 딸의 가족, 그리고 미혼의 아들과 먼 친척을 포함하고 있는 확대가족이 되었다.

1768년의 호구기록상으로는 막내아들까지 결혼해서 함께 거주하는, 전통사회의 이념형적인 가족형태를 보여주고 있다. 호주 김주국(59세), 어머니 정씨, 생모 신씨, 아내 한산이씨(58세), 아들 광찬(=인찬, 고), 며느리 진성이씨(35세), 아들 김두찬(=광훈, 27세), 며느리 기성황씨(32세), 아들 김일찬(=광일, 22세), 며느리 여주이씨(25세), 조카 계찬(21세), 서종형

주방(72세), 사위 신상희(24세), 손자 귀융(8세), 손자 쾌증(11세)이 기록되어 있다.

지난 3년 사이에 큰아들 광찬이 죽었다. 족보의 기록에는 1765년에 죽은 것으로 나온다. 족보상으로는 1761년에 광찬이 아들 종수를 낳은 것으로 되어 있다. 그렇다면 종수가 5세 때 아버지 광찬이 죽은 셈이다.

셋째아들 일찬이 혼인해 며느리 여주이씨가 새로 등재되었다.62) 또 손자 쾌증(11세)이 새로 등재되었다. 그러나 누구의 아들인지는 불분명하다. 기록중에 생모 신씨의 기록이 나타나는데, 연령이 기재되어 있지 않아 실제로 함께 거주하고 있었는지가 불분명하다. 비록 연령이 기재되지는 않았지만 이전의 호구기록에는 나타나지 않았다가 1768년의 호구기록에 나타나는 것으로 보아, 김주국이 모시고 사는 것으로 이해하는 편이 타당하리라고 본다.

1768년부터 1780년 사이의 호구기록은 없다. 1780년의 호구기록을 통해 김주국의 가구가 어떻게 변했는지 살펴볼 수 있다. 호구기록은 '조모 이씨 대 통덕랑 김종수'(20세, 1761~1813)로 시작하고 있다. 족보의 기록에 의하면 김주국은 1771년에, 그의 아내 한산이씨는 1793년에 죽은 것으로 되어 있다. 김주국의 큰아들 광찬은 김주국이 살아 있던 1765년에 죽었기 때문에, 김주국이 1771년에 죽었을 때 김주국의 장손인 김종수의 나이는 11세에 불과해 바로 호주로 나서지 못한 것으로 보인다. 김주국의 대를 이을 김종수가 장성할 때까지 김주국의 아내 한산이씨가 대신 호주역할을 한 것으로 이해할 수 있다. 양반가에서 설사 대를 이을 적손이 있어도 나이가 어리면 어머니 혹은 할머니가 일시적으로 호주역할을 할 수 있음을 보여주는 사례라고 볼 수 있을 것이다. 어머니 이씨(47세), 할머니 이씨(70세), 아내 여강이씨(20세, 1761~1820), 숙부 광일(自戶去), 종제 쾌요(16, 을유)가 기록되어 있는데, 조모 이씨는 호주였다가 다시 가구원 중의 한 명으로 기록되고 있다. 종수의 막내숙부인 광일이 이 해에 '자호거'라고

---

62) 일찬의 혼인연령은 19~22세, 여주이씨의 혼인연령은 22~25세로 추정된다.

표기된 것은 일종의 가족전략 차원에서 종가를 지키기 위해 조카 김종수가 호주로 등장할 때까지 대신 집안을 지킨 것으로 이해할 수 있을까?

종제 쾌요는 누구일까? 을유생이기 때문에 족보상으로 김종수의 종제는 광일의 아들 귀수밖에 없다. 만약 광일의 아들이라면 광일은 18세에 결혼해 그 이듬해 바로 귀수를 낳은 것이 된다. 지난 12년 사이에 김주국의 서종형 김주방도 죽었는지 나타나지 않는다.

1768년부터 1780년 사이에 가장 큰 변화는 가족구성이 매우 간단해진 점이다. 김종수가 호주가 되기 이전에는 직계 가족원 외에 많은 수의 먼 친척이 함께 살았다. 그러나 어린 김종수가 바로 종가를 이을 형편이 못되고 대신 조모가 호주가 되면서 먼 친척들이 호구기록에서 사라졌다. 1780년의 호구기록에 직계 가족원 외의 가구원은 종제 쾌요밖에 남지 않았다.

다시 3년 후 1783년에 가구구성은 더 단출해졌다. 호주 김종수(23세), 어머니 진성이씨(50세), 할머니 한산이씨(73세), 아내 여강이씨(23세), 종제 쾌요(=귀수, 숙부 솔하거)가 기록되어 있다. 1780년의 종제 쾌요는 종수의 막내숙부 광일의 아들 귀수였다. 1780년에 김종수네 집에 남았던 귀수는 이제 아버지 광일네 집으로 돌아갔다. 김종수의 가족은 할머니, 어머니, 호주 부부로 이루어진 직계가족이 되었다.

12년이 흐른 1795년의 호구기록에는 호주 김종수(35세), 할머니 이씨(1793년에 죽음), 아내 여강이씨(35세), 아들 선생(15세, 1781~?)이 기록되어 있다. 어머니 진성이씨는 1787년에, 할머니 이씨는 1793년에 죽었다. 따라서 김종수의 가구는 전형적인 핵가족 형태를 띠고 있다. 김종수의 아들로 선생(15세)이 등장하지만 족보상에 이에 상응하는 인물이 없다. 선생은 누구이고 그는 어디로 사라졌는가?

다시 9년이 흐른 1804년에 호주 김종수(44세)는 아내 여강이씨(44), 아들 복생(12세, 1793~1850, 족보상의 첫째아들 김진화), 아들 철복(9세, 1796~1812; 족보상의 둘째아들 김진중), 서종숙 덕찬(45세)과 함께 살고 있다. 김종수의 아버지인 김주국이 호주일 때는 김덕찬의 아버지 김주방이 함께 살았다. 그러나 김종수가 호주가 되면서 김주방의 아들인 김덕찬이 함께 사는 것으로 나타나고 있다. 김주국, 김광찬, 김종수 집안과 김주방, 김덕찬 집안 사이에는 특별히 가까운 관계가 성립해 있었던 것일까? 또 김덕찬의 나이가 45세인데 혼자만 살았을까?63)

1807년의 호구기록은 7세 된 아들 석복이 새로 기록된 것을 제외하곤 3년 전의 것과 변화가 없다. 1810년에는 큰아들 복생이 결혼해 며느리 여주이씨가 새로 등장한다.64) 호주 김종수(50세), 아내 여강이씨(50세), 아들 김복생(=진화, 18세), 며느리 여주이씨(19세, 1792~1862), 아들 철복(=진중, 15세), 아들 석복(10세, 족보상의 진형), 서종숙 덕찬(51세)이 기록되어 있다.

3년이 지난 1813년에는 호주가 바뀌었다. 족보상으로 김종수는 1813년에 죽었다. 김종수가 죽어 그의 아들 김진화가 21살에 호주로 등장하고 있다. 어머니 이씨(53세, 신사), 아내 여주이씨(22세, 임자), 동생 진중(故, 살았으면 18세), 제수 고성이씨(20세, 갑인), 동생 석복(=진대, 13세), 서종조 덕찬(54세, 자호거)이 기록되어 있다.

먼저 동생 진중은 족보에 의하면 1812년에 17세의 나이로 죽은 것으로 되어 있다. 죽기 전에 여주이씨와 결혼했다면 결혼연령은 15~17세가 된다. 여주이씨의 혼인연령은 19~21세가 된다. 그러나 1828년의 호구기록에 진중의 아들 상락이 등장한다. 상락은 1811년에 태어난 것으로 족보에 나와 있어 김진중은 1810년에 결혼했거나 1811년에 결혼했을 것으로 볼 수 있다. 그렇다면 진중의 혼인연령은 15~16세, 여주이씨의 혼인연령은 17~18세로 추정할 수 있다. 김종수가 호주 시절 김종수는 둘째아들도 결혼시킨 후 한 집에 데리고 살고 있다가, 둘째아들이 죽은 후 김종수마저 죽어 큰아들 김진화는 과부 제수를 데리고 살게 된 것이다. 김종수가 죽고 김진화가 호주가 되면서 함께 살았던 서종조는 자기 집으로 간 것으로 기록되어 있다.

---

63) 김덕찬은 경진년 1760년생이고 졸년은 미상이다. 아내는 창원황씨인데 생졸년 모두 미상이다. 자 정수는 기미년 1799년생이고 임술년 1862년 졸로 기록되어 있다.
64) 김복생의 혼인연령은 15~18세, 여주이씨의 혼인연령은 16~19세로 추정된다.

6년이 지난 1819년의 호구기록은 6년 전의 호구기록과 연령기록을 제외하곤 다른 점이 없다. 호주 김진화(27세), 어머니 이씨(58세), 아내 여주이씨(27세), 과부 제수 고성이씨(26세), 동생 진대(=형진, 19세)가 기록되어 있다. 호주가 어머니, 아내, 과부 제수, 미혼의 남동생을 거느리고 살고 있는 가족형태다.

3년이 지난 1822년의 호구기록에서 어머니 이씨가 죽었음이 발견된다. 호주 김진화(30세), 어머니 이씨(1820년 사망), 아내 여주이씨(30세), 제수 고성이씨 (29세), 동생 형진(22세)이 기록되어 있다.

다시 6년이 지난 1828년의 호구기록에 호주 김진화(36세), 아내 여주이씨(37세),65) 제수 고성이씨(35세), 동생 진형(=태원, 28세), 조카 상락(18세)이 기록되어 있다. 족보의 기록에 의하면 김진형(1801~1865)은 신씨(1797~1835)와 진주강씨(1814~1885) 두 아내를 두었다. 큰아들은 김세락(1828~1868)이고 둘째아들은 김회락(1844~1896)이다. 김진형은 1828년 호구기록이 작성되던 당시 이미 결혼한 상태인데 호구기록상으로는 그 흔적이 나타나지 않는다.

조카 상락(1811~1835)이 새로 나타나고 있다. 상락은 호주 김진화의 죽은 동생 김진중의 아들이다. 진중은 결혼 후 상락을 낳고 얼마 있지 않아 죽은 것으로 판단된다. 호구기록에는 나타나지 않았지만 진중의 아내 고성이씨는 일찍 죽은 남편과의 사이에 아들을 낳아 길러 온 것이다.

9년이 지난 1837년의 호구기록이 존재한다. 호주 김진화(45세), 아내 이씨(46세), 동생 진형(37세), 제부 신씨(故), 제부 강씨(24세, 1814~1885), 질부 강씨(28세)가 기록되어 있다. 김진화의 동생 진형은 일찍이 신씨와 결혼해 함께 살고 있었는데, 1835년에 신씨가 죽었다. 그래서 진형은 진주강씨와 새로 결혼했다.66) 이 해의 호구기록에는 질부 진주강씨가 새로 등장한다. 진주강씨는 진중의 아들 상락의 아내로 생각된다. 그런데

---

65) 아내 여주이씨의 생년이 계축으로 나오다가 이 해부터 한 살이 많은 임자생으로 바뀌어 기록되고 있다.
66) 진주강씨의 혼인연령은 22~24세로 추정된다.

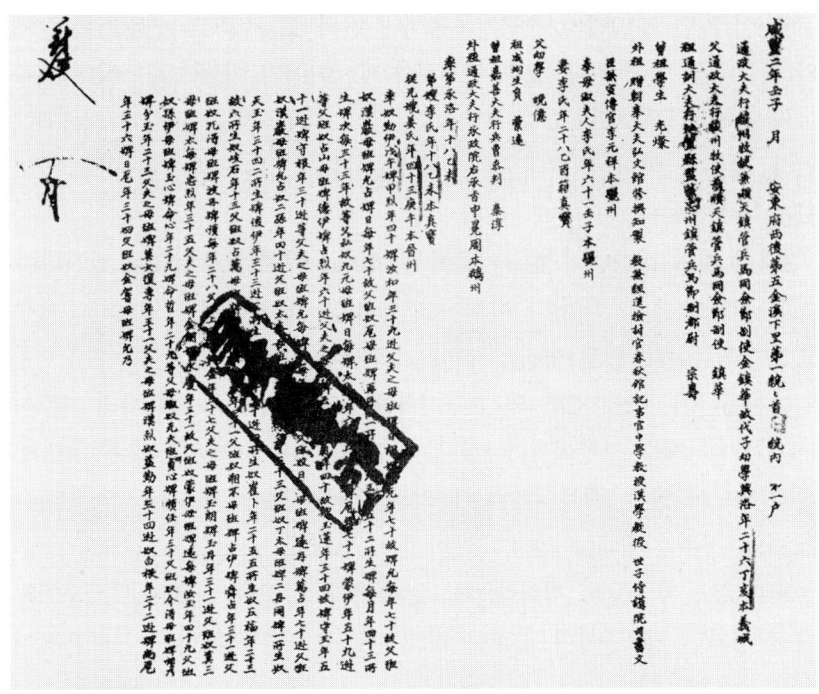

학봉 김성일의 후손 김흥락의 준호구(1858년). 『古文書集成』 五, 704쪽, 호적 192.

족보에 의하면 상락은 1835년에 죽었으므로 상락은 25살의 나이로 죽기 전에 혼인했음을 알 수 있다. 만약 질부 강씨가 1834년에서 1835년 사이에 결혼했다면 25~26세 사이에 혼인한 셈이다.

1837년 이후 15년간 호구기록이 없다. 1852년의 호구기록이 우리에게 남아 있다. 호주 김진화는 1850년에 죽었다. 그래서 그의 아들 김흥락(26세, 1827~1899)이 새로 호주가 되었다. 김흥락은 어머니 이씨(61세), 아내 이씨(28세, 1825~1888), 동생 승락(18세, 1835~1899), 제수 이씨(18세, 1835~1853), 종형수 진주강씨(43세)와 함께 살고 있다. 김흥락은 아내 외에 어머니, 결혼한 동생 승낙 부부, 일찍 죽은 사촌형 상락의 부인인 종형수를 모시고 살고 있는 것이다. 종형수는 남편 상락이 결혼 후 일찍 죽어 후사가 없으므로 김흥락의 집에 계속 머물러 있다.

3년이 지난 1855년의 호구기록을 보면 호주 김흥락(29세)은 어머니 숙부인 여주이씨(64세), 아내 진보이씨(31세), 동생 승락(21세), 제수 배씨(21세, 1835~1898), 종형수 진주강씨(46세)와 함께 살고 있다. 동생 승락은 1853년에 첫째 부인 이씨를 잃고, 그 사이에 다시 홍해배씨와 결혼했다. 승락의 재혼 연령은 19~21세, 홍해배씨의 초혼 연령은 19~21세로 추정된다. 승락은 죽은 아내 이씨와의 사이에 아들 응모(1853년생)를 두었으나 아직 나이가 어리기 때문에 호적에는 기록되지 않았다.

1858년의 호구기록을 보면 호주 김흥락(32세), 어머니 이씨(67세), 아내 이씨(34세), 동생 김승락(24세), 종질 성술(10세)이 기록되어 있다. 승락의 아내 홍해배씨가 누락되어 있다. 족보에 의하면 홍해배씨는 1898년에 죽었기 때문에 남편 승락이 기록되어 있다면 자신도 기록되어 있어야 할 텐데 누락되어 있다. 아울러 종형수 진주강씨는 1858년에 49세인데 호구기록에서 빠져 나갔다. 진주강씨는 1885년에 죽은 것으로 족보에 나온다. 그러면 진주강씨는 양자를 들여 독립호를 이루었을까? 그렇다면 새로 등장한 종질 성술은 누구일까? 김성술은 족보상 김상락의 양자인 김건모로 판단된다. 즉 상락의 양자가 정해져 일단 홍락의 집에 함께 거주한 셈이다. 김건모는 어디서 온 양자인지 불분명하다. 양자가 정해져 홍락과 함께 살고 있다면 홍락의 종형수 진주강씨가 함께 거주하고 있어야 할 것 같은데 기록에서 누락되어 있다.

1861년의 호구기록은 3년 전과 연령의 변화를 제외하곤 기록의 변화가 없다. 3년 전의 기록과 마찬가지로 역시 홍해배씨와 진주강씨의 기록이 보이지 않는다. 1864년의 호구기록은 호주 김흥락(38세)의 어머니인 이씨가 죽었다고 기록되어 있고, 아내 이씨(40세), 동생 승락(30세), 종질 건모(16세)가 기록되어 있다. 종질 건모는 성술에서 개명한 것이다. 홍해배씨와 진주강씨의 기록이 보이지 않는다.

3년이 지난 1867년의 호구기록은 호주 김흥락(41세)이 비교적 젊은 나이인데도 양자를 들이고 있음을 보여주고 있다. 아내 이씨(43세)의 나이 또한 많지는 않다. 그런데도 嗣子 응모(15세, 1853~1869)라는 기록이 나오고 있다. 김응모는 호주 김흥락과 함께 살고 있는 동생 김승락이 전 아내 이씨와의 사이에서 낳은 아들이다. 김응모는 15세인데 이미 권씨(20세, 1848~1931)와 혼인했다. 1867년에 혼인을 했다면 15세, 아내 안동권씨는 20세가 혼인 연령일 것이다. 동생 승락 (33세)과 종질 건모(19세)의 기록이 있다.

다시 3년이 지난 1870년의 호구기록은 호주 김홍락(44세)이 양자 응모를 잃었음을 기록하고 있다. 살아 있었다면 18세일 응모는 1869년에 17살의 나이로 죽었다. 그래서 김홍락은 다시 뒤를 이을 자식이 없는 입장에 처해 있다. 이 해 호구기록에는 아내 이씨(46세), 며느리 권씨(23세), 동생 승락(36세), 종질 건모(22세)가 기록되어 있다.

1873년의 호구기록에서는 종질 건모가 사라진 채 호주 김홍락(47세), 아내 이씨(49세), 며느리 안동권씨(26세), 동생 승낙(36세)이 기록되어 있다. 1876, 1882, 1885, 1888년의 호구기록에는 다른 변화 없이 연령의 변화만 기록되어 있다. 1891년의 호구기록에는 아내 이씨가 죽었다고 기록되어 있다. 족보에 따르면 아내 이씨는 1888년에 죽었다.

1894년의 호구기록은 호주 김홍락(68세), 며느리 권씨(47세), 동생 김승락(60세) 세 명만 기록되어 있다. 1897년의 호구기록에서는 동생 승락의 기록이 사라진 채 호주 김홍락(71세)과 며느리 권씨(50세)의 기록만 남아 있다. 족보의 기록에 따르면 동생 승락은 1899년에 죽은 것으로 되어 있다.

1899년의 호구기록에는 호주 김홍락(73세)이 죽은 응모의 양자로 김용환을 결정했음을 알려주고 있다. 손 김용환은 13세의 나이로 죽은 응모의 양자가 되었다. 며느리 권씨(52세)는 결혼한 지 30여 년 만에 양자를 들여 자신의 아들을 만든 셈이다. 족보의 기록에 의하면 김홍락은 1899년에 죽었다. 즉 김홍락은 양자를 맞은 지 얼마 안 되어 죽은 것이다.

1900년의 호구기록에는 김홍락이 죽고 손자 김용환이 호주가 되었음이 기록되어 있다. 새 호주 김용환(14세)은 모 권씨(53세)를 모시고 살고 있다. 이 해의 기록에는 김용환이 아내 이씨(17세)와 결혼했음이 나타난다. 1900년에 결혼했다면 용환은 14세, 아내 진보이씨는 17세에 결혼한 것이다. 이후 1908년의 호구기록까지 연령 외엔 변화가 없다.

9) 의성김씨 제4파 학봉 김성일의 후손(나)

이 가계는 김성일, 김집, 둘째아들 김시권, 김구, 김계기, 김이건, 김우렴, 김주진, 둘째아들 김인찬으로 이어지고 있다. 김인찬부터 호구단자가 시작되고 있다.

1792년 현재 김주진의 둘째아들인 김인찬(67세, 1726~1801)은 아내 전주유씨(故?), 아들 백수(46세, 1747~1817), 며느리 권씨(故), 손자 진해(=진국, 18세, 1775~1835), 손자며느리 선성이씨(24세, 1769~1841)와 함께 살고 있다. 전형적인 3세대 가족이다. 단 1대와 2대의 여자들은 죽었다.

1792년 이후 오랫동안 호구기록이 없다가 거의 40년이 지난 1834년 것이 남아 있다. 그러나 이 기록은 김인찬에서 바로 이어져 오는 기록이 아니다. 김인찬, 김항수, 김진국으로 이어져 오는 호구기록이 남아 있지 않고 그 다음 세대인 김용락의 기록이 시작되고 있다. 김용락은 김진국의 둘째아들이다. 김진국에게는 김기락이라는 장남이 있었다.67)

1834년의 호구기록은 아주 단순하다. 호주 김용락(40세)과 아내 고성이씨(42세, 1793~?)만 기록되어 있다. 다시 3년 후인 1837년의 호구기록을 보면 호주 김용락(43세)이 있고, 아내 고성이씨는 죽었으며, 동생 부부인 귀락(38세, 경신)과 노씨(36세, 임술)가 새로 등재되어 있다.68) 용락의 바로 아래 동생인 귀락과 그의 아내가 용락과 함께 살게 되었다. 1840년의 호구기록은 호주 김용락(46세)이 안동권씨(24세, 1817~1845)와 재혼했음을 기록하고 있다. 동생 귀락(=鼎洛, 41세)과 제수 경주 노씨(39세)가 여전히 함께 살고 있다.69)

---

67) 김진국의 장남 김기락의 호구기록은 남아 있지 않다. 족보의 기록에 따르면 김기락은 1790년에 태어나 1837년에 죽었다. 진보이씨(1786~1869)가 김기락의 부인이다.
68) 아내 고성이씨는 1834년에서 1837년 사이에 죽었다. 그러나 족보에는 기축 1829년에 죽은 것으로 기록되어 있다. 족보의 기록이 틀린 것이다.
69) 안동권씨의 혼인연령은 21~24세로 추정된다.

흥미로운 1840년의 호구기록이 또 하나 남아 있다. 김진국의 막내아들이자 김용락의 둘째동생인 김일락의 1840년 호구기록이다. 김용락과 김일락의 큰형이자 김진국의 장남인 김기락은 1837년에 죽었다고 족보에 기록되어 있다. 그런데 1840년의 김일락의 호구기록은 김기락의 가족들이 김일락과 함께 살고 있었음을 보여준다. 1840년의 김일락의 호구기록에는 다음과 같은 사람들이 실려 있다. 먼저 호주로 김일락(37세, 1804~1867)이 기재되어 있다. 그리고 어머니 이씨(72세), 아내 허씨(37세), 형수 진성이씨(55세), 조카며느리 황씨(33세), 아들 갑철(17세), 며느리 안동김씨(22세)가 기록되어 있다. 호주 김일락의 직계가족은 어머니 이씨와 아내 허씨, 그리고 아들 갑철 및 며느리 안동김씨다. 방계가족은 형수 진성이씨와 조카며느리 황씨다.

1840년 김일락의 호구기록을 통해 우리는 다음과 같이 추측해 볼 수 있다. 김진국의 장남 김기락은 아버지 김진국이 죽은 후 어머니 이씨를 모시고 아내 허씨 및 과부며느리 황씨와 함께 살고 있었다. 김기락의 아들 노병(1811~1826)은 1826년 아내 황씨가 20세일 때 죽었다. 김기락의 막내동생 김일락은 아내 허씨와 결혼한 후 분가하지 않고 큰형인 김기락의 집에서 함께 살았다. 그러다 1837년에 큰형 김기락이 죽었다. 따라서 김기락이 죽은 후 함께 살고 있던 김일락이 호주가 되고 호구기록상 김일락이 모 이씨 및 형수 이씨를 모시고 살고 있고 아울러 김기락의 조카며느리 황씨도 함께 거주하고 있다.70)

3년 후인 1843년의 호구기록은 남아 있지 않다. 6년 뒤인 1846년의 호

---

70) 이러한 추측에서 불확실한 부분은 김일락이 결혼 후 김기락과 함께 살았는지 여부다. 혹시 김일락이 결혼 후 큰형 김기락과 함께 살지 않았는데 김기락이 죽은 후 어머니 및 형수, 그리고 질부가 김일락의 호에 합류하지 않았을까 생각할 수도 있다. 또는 김기락 사후 김일락 부부가 자신의 아들 부부를 데리고 김기락의 집으로 들어오지 않았을까 생각할 수도 있다. 그러나 김기락이 종손임을 감안하고 종가가 있다고 한다면, 김기락의 남은 가족이 움직였을 가능성은 적다. 김일락이 자신의 아들 부부까지 기록한 것을 보면 김일락 부부 및 그의 자식들은 김기락 생전에 김기락의 가구에서 함께 거주한 것으로 생각된다.

구기록이 남아 있어 6년 동안의 변화를 보여준다. 김용락(52세)은 아내 권씨(30세)와 살고 있고 아들 유학 수정(18세, 기축, 1829~1877)을 거느리고 있다. 동생 귀락의 부부는 사라졌다.

같은 해에 또 다른 호구기록이 존재하고 있다. 1846년 김기락의 둘째 아들 김수인(=휴옹, 27세, 1820~1849)이 호주인 호구기록이 존재한다.71) 이 호구기록에 의하면 6년 전 김일락과 함께 있었던 김기락의 아내이자 호주 김수인의 어머니인 진성이씨(61세, 병오)와 형 노병의 아내이자 형수가 되는 창원황씨(39세, 무진), 그리고 아내 안동권씨(19세, 무자)가 호주 김수인과 함께 살고 있다. 6년 전에는 김기락의 막내 동생이 호주로 김기락의 남은 가족을 데리고 살고 있었는데, 6년이 지나서는 김기락의 둘째아들이 호주로 가족을 데리고 살고 있다. 족보의 기록에 따르면 김기락의 뒤는 김응환이 잇는다. 결국 김일락과 김수인은 김기락의 양자가 결정되기 전 종손 김기락의 가족을 보호하는 역할을 수행한 것이다.

1849년 호구기록에는 호주 김용락(55세), 아내 권씨(33세), 아들 유학 수정(=휴무, 21세)외에 며느리 전주유씨(21세, 1829~1887)가 새로 등장한다.72) 1852년 김용락의 호구기록은 또 다른 새로운 양상을 보여준다. 호주 김용락(58세)은 아내 권씨(36세), 아들 유학 병모(=수정, 휴무, 24세) 그리고 며느리 전주유씨(24세)와 함께 살고 있다. 그러나 이 해의 호구기록에는 형수 이씨(67세), 질부 황씨(45세), 질부 권씨(25세), 그리고 서종제 유학 기락(29세)이 함께 기록되어 있다. 형수 앞에는 '奉'자를 붙이고 있다. 둘째아들 김수인과 함께 살던 이씨 및 형수 황씨, 아내 권씨 등은 김수인이 1849년에 죽음에 따라 이번에는 김기락의 바로 아래 동생인 김용락의 가구에 들어온 것이다. 여기서 황씨는 김기락의 장남 노병의 아

---

71) 마이크로필름으로 보관중인 고문서 호구기록은 호주에 관한 기록의 일부분이 부식되어 있다. 1846년 호주가 김수인이라는 것만 판독되고 연령이나 父의 이름이 부식되어 판독할 수 없다. 그러나 족보의 기록을 통해 이 호구기록이 김기락의 둘째 아들인 김수인의 것임을 알 수 있다.
72) 김수정과 그 아내 전주유씨의 혼인연령은 18~21세로 추정된다.

내이고, 권씨는 김기락의 둘째아들 수인의 아내다. 모두 남자들이 일찍 죽어 과부가 되었고, 역시 과부인 시어머니 이씨와 함께 김용락의 집에 함께 살게 된 것이다.

3년이 지난 1855년의 호구기록은 3년 전과 비교해 볼 때 가구 구성원에 변함이 없다. 호주 김용락(61세)은 아내 안동권씨(39세), 아들 병모(27세), 며느리 전주유씨(27세), 형수 진보이씨(70세), 질부 창원황씨(48세), 질부 안동권씨(28세), 서종제 기락(32세)과 함께 살고 있다.

다시 3년이 지난 1858년의 호구기록은 다시 단순해졌다. 호주 김용락(64세), 아내 안동권씨(42세), 아들 유학 병모(30세), 며느리 전주유씨(30세), 서종제 유학 기락(35세)만 기록되어 있다. 호주 김용락의 형 김기락의 아내인 형수 진보이씨, 김기락의 장남인 노병의 아내인 질부 창원황씨, 차남 휴웅의 아내인 안동권씨가 사라졌다. 이들이 기록된 호구기록이 남아 있지 않아 이들이 어디로 갔는지 정확히 알 수 없다. 그러나 족보의 기록에 따르면 김기락, 김노병, 김응환으로 이어지고 있어 노병의 양자 김응환을 정해 새로 독립호를 구성한 것으로 추측된다.

3년 후인 1861년의 호구기록에는 호주 김용락(67세), 아내 권씨(45세), 아들 병모(33세), 며느리 유씨(33세), 자 순모(=술모, 15세, 1847~1894), 서종제 기락(38세)이 기록되어 있다. 둘째아들 순모가 15세에 처음으로 호구기록에 나타났다.

1864년의 호구기록에 의하면 둘째아들 순모가 혼인해 이 가구는 부모의 부부와 결혼한 두 자녀의 부부가 함께 거주하는 소위 결합 확대가족을 이루고 있다. 호주 김용락(70세), 아내 권씨(45세), 아들 병모(36세), 며느리 유씨(36세), 아들 순모(술모, 18세), 며느리 권씨(23세, 임인), 서종제 기락(41세)이 기록되어 있다.[73]

1867년 호구기록은 김용락이 죽고 그의 큰아들 병모(39세)가 새로 호주가 되었음을 기록하고 있다. 족보의 기록에 의하면 김용락은 1864년에

---

73) 김순모의 혼인연령은 15~18세, 그의 아내 안동권씨의 혼인연령은 19~23세로 추정된다.

죽었다. 호주 김병모는 어머니 권씨(51세), 아내 전주유씨(39세), 동생 순모(21세), 제수 안동권씨(26세)와 함께 살고 있다. 김용락이 죽은 후 김용락의 서종제인 기락이 다른 곳으로 옮겨갔는지 1867년 호구기록에서 사라졌다.

3년이 지난 1870년의 호구기록에는 호주 김병모(42세), 아내 유씨(39세), 동생 순모(34세), 제수 안동권씨(29세)의 기록만 있어 두 형제 부부가 함께 살고 있는 가구형태다. 어머니 권씨는 지난 3년 사이에 죽었다.74)

6년이 지난 1876년의 호구기록이 존재한다. 호주 김병모(48세), 아내 유씨(48세), 동생 술모(30세), 제수 안동권씨(35세)에 더해 종제 우모(38세, 1839~1880)가 추가로 기록되어 있다.75)

1879년의 호구기록에 의하면 호주 김병모가 죽고 대신 동생 술모(33세)가 호주로 등장하고 있다. 족보에 의하면 김병모는 1877년에 죽었다. 동생 술모는 형수 유씨(48세)를 모시고 있고 아내 권씨(38)와 함께 살고 있다. 종형 김우모(41세)가 여전히 기록되어 있을 뿐 아니라 종형수 유씨(41세)도 기록되어 있다. 김병모가 1877년에 죽어 2년이 경과했는데도 아직 양자를 정하지 못했는지, 아니면 나중에 술모의 아들이 양자로 들어가는 것으로 보아 양자가 아직 어리기 때문에 대신 동생이 호주로 등장하고 있는지 확실히 알 수 없지만, 동생이 호주를 승계하고 있는 경우다.

1882년 호구기록을 통해 김병모의 양자가 정해졌음을 알 수 있다. 호주 김술모(36세)는 형수 유씨(54세), 아내 권씨(41세)와 더불어 출계자 김승환(15세, 1868~1900) 및 며느리 이씨(20세, 1863~1883)를 거느리고 있다.76) 김승환은 김술모의 장남이다. 그런데 이번 호구기록에 처음 등장하면서 아예 출계자로 명시하고 있고, 그 아내 이씨는 며느리라 하고 있

---

74) 족보에는 을사년(1845)에 죽은 것으로 기록되어 있으나 족보의 기록이 잘못되었다.
75) 우모는 김용락의 동생인 김귀락의 아들이다. 아내 진성이씨는 생졸년 미상이고, 전주유씨는 기해생(1839)이나 졸년은 미상이다.
76) 김승환은 아내 고성이씨 외에 안동 장씨(1867~1908)라는 아내도 있었다.

다. 이는 김승환이 15세의 나이인 1882년 현재 죽은 김병모의 양자로 결정되었음을 뜻한다. 김승환은 15세에 결혼까지 해서 김병모의 뒤를 이어 호주가 될 수 있을 것 같은데, 아직 생부인 김술모가 호주를 대신하고 있다.

1885년의 호구기록에도 호주는 여전히 김술모(39세)이고 김술모는 형수 유씨(57세), 아내 권씨(44), 출계자 김승환(18세)을 거느리고 있다. 며느리 이씨는 죽었다고 되어 있다. 족보기록에 따르면 며느리 고성이씨는 1883년에 죽었다. 따라서 출계자로 결정된 김승환은 18세인 1885년 현재 다시 홀로 되었다. 족보의 기록상으로는 김병모, 김승환으로 가계가 이어지지만, 1885년까지의 호구기록으로는 김승환이 양모 유씨를 모시고 사는 장남 가족으로 아직 독립하지 못하고 있는 상황이다.

10) 의성김씨 제5파 남악 김복일의 후손(가)

의성김씨 제5파 김복일에서 이어지는 가계다. 김복일, 김이지, 김시진, 김언, 김성기, 김세화, 김선행으로 이어지고 있다.

먼저 5파의 종가인 김선행으로 이어지는 가계를 살펴보자. 1735년의 호구기록에 의하면 5파의 종가는 제고곡면 중림리에 있다. 호주 김선행(35세)은 어머니 이씨(59세)를 모시고 아내 고령박씨(37세)와 함께 살고 있다.

21년이 지난 1756년의 호구기록에 의하면 호주 김선행(56세)은 감천면 물한리에 살고 있다. 아내 박씨(58세), 아들 김시성(31세)과 함께 살고 있다.

다시 15년이 지난 1771년에 호주 김선행(71세)은 오천지리로 옮겼다. 아내 박씨(73세), 아들 김시성(46세), 며느리 풍산김씨(38세)와 함께 살고 있다.

그 뒤 약 30년 가까이 기록이 남아 있지 않고 1810년의 호구기록을 볼 수 있다. 김선행도 죽었고 그의 아들 김시성도 죽었다. 1810년의 호구기록에는 호주가 김홍운(42세, 1769~?)이다. 김홍운은 아내 창원황씨(41세)와

남악종택

아들 김학수(17세)를 데리고 살고 있다. 이들이 살고 있는 곳은 제고곡면 노곡리다.

다시 70여 년간 호구기록이 남아 있지 않고, 김홍운, 김전수, 김하진, 김형락으로 이어지는 가계에서 호주 김형락(40세)이 나오는 1882년 호구기록이 존재한다. 호주 김형락은 아내 영양 남씨(38세), 동생 김경락(37세)과 함께 살고 있다.

3년 후인 1885년의 호구기록에는 호주로 김형락의 아들인 김정식(24세)이 등장한다. 3년 전에 21세였을 김정식은 어디에 있었을까? 왜 아버지 김형락의 호구기록에 나타나지 않았을까? 이미 결혼해서 독립호를 이루고 있었을까, 아니면 단순히 호구기록에서 누락되었을까? 1885년 호구기록에 나타난 김정식은 어머니 남씨(41세)를 모시고 아내 함양박씨(22세)와 함께 살고 있다.

12년 후 1897년의 호구기록에 호주 김정식(36세)의 호에는 동생 김연식(29세)이 추가 기록되어 있다. 여전히 어머니 남씨(53세)와 아내 박씨

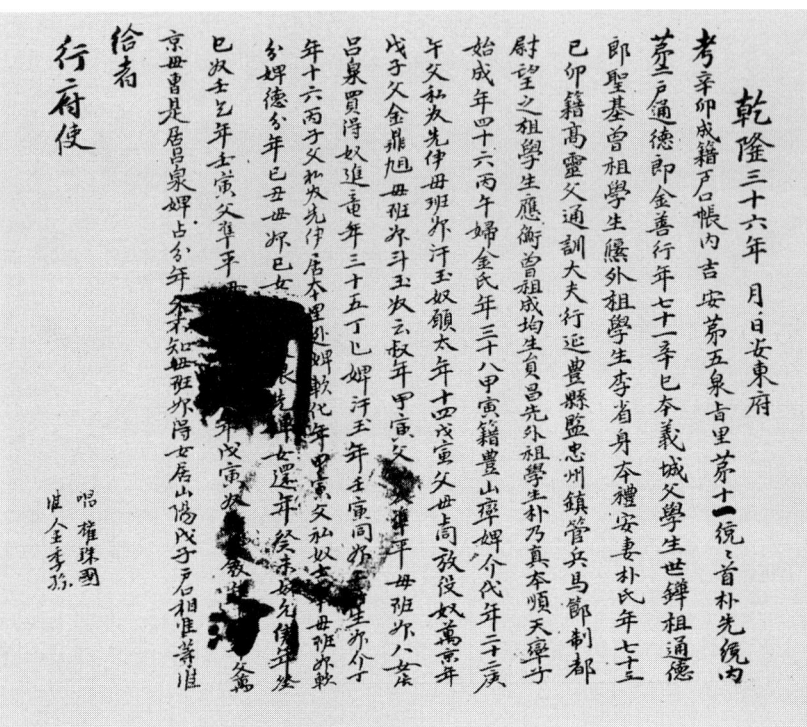

남악 김복일의 후손 김선행의 준호구(1771년). 『古文書集成』 五, 739쪽, 호적 259.

(34세)가 살고 있다.

1899년에는 호주 김정식(38세)의 동생 김연식은 사라지고 대신 또 다른 동생 김찬식(20세)과 제수 분성김씨(17세)가 새로 등장한다. 어머니 남씨(55세)와 아내 박씨(37세)는 전 해와 동일하게 기록되어 있다. 이후 1900년과 1901년의 호구기록도 가구 구성원은 동일하고 연령만 1년씩 차이난다.

1902년에는 1899년에 사라졌던 호주 김정식의 동생 김용식(=찬식)이 아내와 함께 다시 나타난다. 호주 김정식(41세, 임술), 어머니 남씨(58세), 아내 박씨(39세), 동생 김용식(=찬식, 34세)과 그의 아내 제수 안동권씨(19세), 제 김강식(=찬식) 및 그의 아내 분성김씨(20세)가 함께 살고 있다. 1903년에도 여전히 동일 인물이 호구기록에 기록되어 있다.

11) 의성김씨 제5파 남악 김복일의 후손(나)

의성김씨 제5파 김복일에서 이어지는 가계다. 김복일, 김이지, 김시진, 둘째아들 김정, 김신기로 이어지고 있다.

1693년 현재 유리동 사부랑에 살고 있는 호주 김신기(43세, 1651~?)는 혼자서 살고 있다. 김신기는 김정의 장남이다. 그리고 1708년에 그의 아버지 김정이 따로 독립호를 이루고 있는 호구기록이 있기 때문에, 1693년 현재 호주 김신기의 아버지가 생존해 있는 것으로 볼 수 있다. 왜 장남 김신기가 아버지와 따로 단독가구를 이루고 있는 것처럼 기록이 남아 있는 것일까?

1708년의 호구기록은 김신기의 아버지 김정(85세, 1624~?)의 것이다. 제곡면 상금곡리에 살고 있는 것으로 되어 있는데, 85세 된 김정이 단독가구를 이루고 있다.

1714년에는 김신기의 아들인 김세칭(31세)이 호주로 등장한다. 아내는 진성이씨(38세)다. 김세칭은 아버지 김신기가 살았던 유리동 사부랑에 살고 있다. 이후에도 자손들이 동일한 지역에 거주한다.

1729년 김세칭의 아들 김지행(29세)이 호주인 호구기록이 남아 있다. 아내 남양홍씨(36세)와 단 둘이서만 가구를 구성하고 있다. 아내 홍씨가 남편 김지행보다 7세나 많다.

그 다음 호구기록은 1765년의 것이다. 김세칭, 김지행, 김시현, 김상운으로 이어지는 가계의 김상운이 호주로 등장하고 있다. 호주 김상운은 57세인데, 아들 현수(33세), 며느리 안동김씨(37세)와 함께 거주하고 있다.

120년이 흐른 1885년의 호구기록이 나타난다. 김상운 이후 김현수, 김규진이 대를 이었다. 1885년 현재 김규진(62세)이 호주가 되어 있다. 김규진은 아내 평해황씨(67세), 아들 김응락(37세) 및 그의 아내 개성고씨(35세), 아들 김주락(30세) 및 그의 아내 풍양조씨(30세), 아들 김수락(26세) 및 그의 아내 광산김씨(26세), 그리고 손자 김인달(6세), 김봉달(5세)

과 함께 살고 있다. 호주 부부 및 세 아들 부부, 그리고 손자들이 함께 사는 대가족이다. 손자들은 아주 어린 나이인데도 기록이 되어 있다. 김인달은 김응락의 아들인데, 김봉달은 누구의 아들일까?

1894년에는 김규진의 뒤를 이어 장남 김응락(=규진, 46세)이 호주로 등장한다. 김응락은 아내 고씨(44세)를 두었다. 고씨는 9년 전 호구기록상의 아내 평해황씨가 죽고 새로 맞은 아내다. 동생 김주락(39세)도 함께 살고 있는데 김주락의 아내 조씨는 죽었다. 제수 예천권씨(22세)라고 기록되어 있는데, 누구의 아내인지 확실치 않다. 동생 김수락(35세, 경신)과 제수 김씨(35세, 경신)는 여전히 나타나 있다. 아들 김인달(15세, 경진)도 다시 나타나 있고 김봉달(14세, 신사)은 종자로 기록되어 있다.

12) 의성김씨 제5파 남악 김복일의 후손(다)

의성김씨 제5파 김복일에서 이어지는 가계다. 김복일, 김이지, 김시진, 셋째아들 김노, 김하기로 이어지고 있다. 그러나 남아 있는 호구기록은 김하기의 동생인 김극기의 호구기록으로 시작하고 있다.

1717년의 호구기록에는 호주로 김극기(54세, 1664~?)가 등장한다. 김극기는 아내 적산김씨(53세), 아들 김세정(17세), 첩자 김차증, 아들 김험복(신묘), 첩녀 김찬아(갑오)와 함께 살고 있다. 첩자, 첩녀 등은 다른 의성김씨 호구기록에 잘 나타나지 않는데, 김극기의 호구기록에는 있다.

3년 후 1720년의 호구기록이 있는데 호주는 김세원(24세, 1697~?)이다. 김세원은 김하기의 뒤를 이었지만 양자이고 생부는 김극기다. 김세원은 김하기가 후사를 남기지 않고 죽어 양자로 뒤를 이었다. 그러나 언제 양자가 되어 김하기의 뒤를 이었는지는 불분명하다. 어머니 권씨(29세), 아내 고씨(21세)가 함께 살고 있다.

가장 문제가 되는 호구기록이 1747년의 것이다. 이 기록은 김세원의 것인데 동일 시기에 서로 다른 지역(盧谷里 및 上坊里)의 호구기록이 존재하고 있다(<표 4-1> 참조). 제고곡 노곡리의 호구기록으로 되어 있는 것은 호주 이름이 김세원으로 되어 있고 연령이 51세 정축년생으로 기록되어 있다. 함께 살고 있는 아내 고씨는 54세 갑술생, 아들 김용경은 24세 계묘생, 생질 홍택상은 30세 무술생으로 기록되어 있다.

동일한 1747년에 또 하나 존재하는 호구기록은 호주 이름이 김상정으로 기록되어 있고 나이가 51세 정축년이다. 아내 고씨는 42세 병술년생, 아들 김용경으로 24세 갑진년생, 생질 홍준은 27세 신축년생으로 기록되어 있다. 김세원이나 김상정이나 모두 부, 조부 등의 기록이 같고 생년이 같을 뿐 아니라 아내의 성, 가구원의 이름 등이 같아 동일인, 동일 가구의 기록으로 생각된다. 그러나 호주를 제외한 아내 고씨, 아들 용경, 조카 홍택상의 생년은 서로 맞지 않는다. 두 호구단자 모두 관의 검토를 거쳐 수령의 수결이 있고, 관인이 찍혀 있는 준호구다. 그렇다면 어떻게 동일시기에 서로 다른 두 지역에 준호구가 존재할 수 있을까? 이런 경우가 있을 수 있는 것인지, 있다면 어떤 경우에 가능한 것일까?

1762년의 호구기록에는 김세원의 뒤를 이어 그의 아들 김여은(=용경, 웅, 1723~?)이 호주로 등장한다. 김여은은 어머니 고씨(69세)를 모시고 아내 이씨(26세)와 아들 김시림(17세)과 함께 살고 있다. 김여은은 또한 서제 김여달(24세)를 데리고 있다.

<표 4-1> 동일시기에 서로 다른 두 지역에 존재하는 동일인의 호구단자

건륭 12년(1747) 정묘 4월					건륭 12년(1747) 3월				
盧谷里 戶籍單子					上坊里 戶籍單子				
관계	이름	나이	간지	본	부의 이름	관계	이름	나이	간지	본	부의 이름
호주	金世鋺	51	정축	의성	金夏基	호주	金象鼎	51	정축	의성	金夏基
아내	高氏	54	갑술	개성	高鵬翼	아내	高氏	42	병술	개성	高鵬翼
자	金龍慶(凝)	24	계묘			자	金龍慶	24	갑진		
甥姪	洪宅相(濬)	30	무술			甥姪	洪濬	27	신축		

6년 후인 1768년의 호구기록을 살펴보면 가구 구성원은 변함이 없고 다만 연령이 6세씩 증가해 있다. 다시 6년 후인 1774년의 호구기록에는 서제수 김여달이 사라지고 대신 서제수 청풍김씨(36세)가 기록되어 있다. 나머지 가구 구성원들은 모 고씨(81세), 아내 이씨(38세), 아들 김시의(=시림, 29세)로 6년 전과 동일하다. 아들 김시의가 29세인데도 계속 혼자만 기록되어 있다.

9년이 지난 1783년의 호구기록을 따르면 어머니와 서제수마저 사라지고 호주 김여은(61세), 아내 이씨(47세), 아들 김시의(38세)로 이루어진 단출한 가족형태로 이루어져 있다. 김시의는 38세인데도 왜 혼자만 기록되어 있을까?

3년 후의 1786년 호구기록에는 호주가 바뀌었다. 김여은이 그 사이에 죽고 그의 아들 김시의가 호주가 되었다. 김시의(41세)는 아내 안동권씨(40세)와 함께 모 이씨(50세)를 모시고 살고 있다.

12년이 지난 1798년의 기록에 의하면 호주 김시의는 53세가 되었는데, 아내 권씨가 이미 그 사이에 죽어 호구기록에 나타나지 않는다. 호주 김시의는 동생 김시문(23세)과 아들 김화운(21세)과 함께 살고 있다.

그 뒤 약 60년 가까이 시간이 흐른 1855년의 호구기록이 마지막으로 남아 있다. 호주는 김회수(54세)다. 김회수는 김시의, 김달운, 김회수로 이어지는 가계의 김회수다. 호구기록에 의하면 김회수는 양아들이고 생부는 홍운이다. 호주 김회수는 아들 김상진(29세)과 김진운(20세)을 데리고 살고 있다.

3. 호적을 이용한 가족분석의 한계

우리는 조선후기의 양반가문 가족의 모습이 어떠한지 잘 모른다. 그러나 양반가문에서 보관해 온 호구단자의 종단적 배열을 통해 우리는 조선후기 양반가문 가족이 시계열적으로 어떻게 변했는지를 단편적으로나마 알 수 있다.

흔히 직계가족이 조선후기 가족의 이념형이라고 한다. 그러나 이 장에서 살펴본 의성김씨가에서는 결코 직계가족이 주된 가족형태가 아니다. 호구기록상으로는 단독가구부터 오늘날과 같은 핵가족, 직계가족, 결합가족, 방계가족 등 온갖 형태의 가족형태를 발견할 수 있다. 그리고 시간의 흐름에 따라 일정한 방향성을 띤 가족의 모습이 아니라 가족형태의 변화를 점칠 수 없을 정도로 먼 친척들이 수시로 가족 구성원이 되기도 하고 호구기록에서 빠져 나가고 있음을 알 수 있었다.

조선후기 양반가의 가족변화를 이해함에 있어 호구기록을 이용하는 데는 아직도 풀리지 않은 몇 가지 문제가 남아 있다. 첫째는 호적에 기재된 모든 사람이 다 함께 살고 있었는가 하는 문제다. 이 장에서는 일단 호적에 기록된 모든 사람이 함께 살고 있었다고 가정할 때 과연 어떤 가족형태를 띠고 있고, 시간의 흐름에 따라 가족형태가 어떻게 변해 가는지 기술했다. 그러나 함께 살지 않으면서도 호적에만 이름이 기록된 경우가 있는지 밝혀줄 수 있는 기존 연구가 없기 때문에 이 점은 여전히 풀리지 않는 의문으로 남아 있다.

둘째, 첫 번째 의문과는 정반대의 문제로 실제로 함께 살고 있으면서도 호적에 기록되지 않은 사람이 많이 있을 수 있다. 예컨대 호적에 기재되어 있을 당시 결혼했을 것이 분명한 사람의 배우자나 자식이 기록되어 있지 않아 마치 미혼인 것처럼 간주해야 하는 경우가 많이 보인다.

특히 어린아이들이 호적기록에 누락되는 경우는 많았기 때문에 호적과 족보를 대조해서 가족을 재구성하지 않는 한 호적의 기록만으로 당시의 가족형태를 논한다는 것은 많은 오류를 범할 가능성이 있다.

  이 장은 이런 한계를 알기 때문에 본문에서 가족형태를 기술하면서 이 시점에서 이 가족은 직계가족 혹은 방계가족 혹은 결합가족이라는 식으로 엄격하게 가족형태를 밝히지 않았다. 정확한 가족형태의 기술은 호적의 기록만으로는 불완전하고 호적의 기록을 보완할 수 있는 족보 등의 기록이 필요하기 때문이다. 그러나 호적의 기록만을 가지고도 우리는 조선후기 양반가문의 가족이 얼마나 다양한 형태를 띠고 있고 출산율과 사망률이 높았던 전통적 인구 시기의 특성을 반영해 시기별로 가족형태가 얼마나 자주 바뀔 수 있는지 충분히 깨달을 수 있었다. 이 장의 분석을 토대로 호적 이외의 자료를 보완해 호적에 나타난 가족형태의 다양성과 변화를 보다 정밀하게 분석하고 해석할 수 있는 다음 작업이 연구자의 다음 과제다.

제5장

분재기를 통해 본 여성 재산상속권의 변화

문옥표

분재기를 통해 본 여성 재산상속권의 변화

1. 재산상속의 원칙과 변화

조선조 500여 년 간 여성의 생활에 나타난 외면적 변화는 대체로 '권리의 축소와 지위의 하락'이라는 말로 요약될 수 있을 것이다.

이 글에서는 의성(義城)김씨(金氏) 청계파(靑溪派)의 집안에서 보존되어 내려 온 분재기 문서를 중심으로 1500년대 중반부터 1800년대 초반까지 약 250여 년에 걸쳐 재산의 상속에서 여성의 위치가 어떻게 달라지고 있는가를 종법사상의 강화와 관련지어 살펴보고자 한다. 조선시대 재산상속에 관한 법적 규정은 남녀균분을 원칙으로 하고 있으며, 그 중 제사권을 잇는 적장자(嫡長子)에게는 상속분의 5분의 1을 더 주는 것으로 되어 있다(『經國大典』 권5, 刑典, 私賤條). 이와 같은 법적 규정은 대체로 15세기 말경부터 조선조 말기에 이르기까지 거의 변화가 없었던 것으로 나타난다. 그러나 최근의 몇몇 사회학, 인류학계의 연구결과에서 17세기 중엽까지는 대체로 위와 같은 법에 의한 상속관행이 지켜졌으나, 그후에는 점차 여성의 상속분이 감소해 가며 장남우대 혹은 장남에게 주어지는 제사용 재산에 해당하는 봉사조(奉祀條) 내지 승중조(承重條)의 증가현상이 나타난다는 점이 지적되었다(이광규 1977; 최재석 1983). 이후 역사학자들에 의한 분재기의 개별 사례연구에서도 17세기 중엽 이후 상속관행의 전반적인 변화가 확인되고 있으며, 이에 대해 양반가문의 성장, 전개와 관련시킨 다양한 해석이 제기되었다(이수건 1987; 김용만 1983; 문숙자 2001 등 참조).

이 글의 목적은 경상북도 지방의 한 가문에서 나온 30여 점의 분재문서에 대한 분석을 통해 위에서 간단히 살펴본 바와 같은 17세기를 전후한 조선시대의 상속관행 변화에 대한 기존의 가설을 검증해 보고, 그 외 어떤 다른 특징이 관찰될 수 있는가를 살펴보려는 것이다. 일관되게 여성의 배제와 적장자의 우대, 봉사조 증대 등의 방향으로 진행되는 상속관행의 변화는 곧 종법사상 강화현상을 그대로 나타내 주고 있다. 이러한 자료는 오늘날 우리에게 불변의 혹은 고유의 '전통'으로 인식되고 있는 한국인의 유교적 종법제(宗法制)에 기초한 남성중심의 가족·친족관계 및 남녀관계란 사실상 특정 시기에 특정의 정치적·사회적·경제적 배경하에서 점진적으로 확립된 것임을 알려준다. 따라서 분재기와 같은 역사문헌 자료의 분석은 '전통문화'라는 것이 단일한 내용으로 구성되는 것이 아니라 시간적·공간적으로 규정되는 것임을 알려주며, 나아가 시대에 따라 변화하는 전통문화의 중층적 성격을 밝혀내는 데 도움을 줄 것으로 생각된다.

2. 자료에 대하여

여기서 분석될 자료는 안동 일대에 세거해 온 의성김씨 청계파(川前派 혹은 川上派라 하며 우리말로 내앞김씨로 불린다) 각파에서 보관되어 온 고문서 자료의 일부다.

의성김씨는 신라 경순왕의 넷째 아들인 의성군(義城君) 석(錫)을 시조(始祖)로 하는 씨족으로, 그 뒤 고려조의 벌열(閥閱)로 일컬어졌으며, 조선조에 들어서는 휴계(休溪) 김한계(金漢啓)가 세종 때 집현전 교리(校理)를 지냈고, 그의 장자 김만근(金萬謹)이 [처가(妻家)가 있던] 안동 천전리(川前里)에 복거(卜居)

했으며, 손자인 청계(靑溪) 김진(金璡, 1500~1580)이 가세(家勢)를 확장해 사족(士族)의 기반을 확고히 다졌는데, 그는 극일(克一, 藥峯), 수일(守一, 龜峯), 명일(明一, 雲巖), 성일(誠一, 鶴峯), 복일(復一, 南嶽)의 오현자(五賢子)를 두어, 그 자손들이 안동지방에 세거하면서 많은 聞人·학자가 배출됨으로써 세칭(世稱) 천전김씨(川前金氏)로 불리게 되었다(이정섭 1989: 3).[1]

청계공의 다섯 아들로부터 시작된 천전(川前) 김씨 오파(五派)의 24가문에 보관되어 오던 고문서 중 분재기류로는 34점이 있으며, 여기에는 직계존속으로부터의 재산의 분배 및 별급(別給)·허여(許與), 인척으로부터의 재산의 증여·별급, 그리고 부모의 장례를 치른 후에 형제자매가 모여 재산을 분집(分執)하는 화회(和會)문서 등이 포함되어 있다. 그 중에서 전체적인 내용의 판독이 어려운 6개의 문서와 화회문기의 초(草)에 해당하는 한 개의 문서를 제외한 나머지 27점의 분재기록을 문서의 형

<표 5-1> 의성김씨 분재문서의 종류별, 연도별 분류

문서종류\년대	1500년대	1600년대	1700년대	합계
별급(別給)	문서 1: 1559년(처가) 문서 25: 1565년 문서 4: 1578년	문서 17: 1617년 문서 5: 1636년 문서 23: 1636년	문서 9: 1711년 문서 7: 1716년 문서 8: 1742년 문서 21: 1757년	10
허여(許與)	문서 14: 1549년	문서 19: ??(頭缺)	문서 28: 1745년	3
허급(許給)			문서 32: ?? ~ 甲午年	1
분깃(分衿)			문서 20: 1758년(처가)	1
화회(和會)	문서 2: 1564(처가) 문서 3: 1564년(처가) 문서 26: 1594년(처가)	문서 16: 1611년(처가) 문서 6: 1671년(처가) 문서 10: 1684년(처가)	문서 29: 1706년(처가) 문서 30: 1719년	8
유언(遺言)	문서 15: 1577년	문서 22: 1673년		2
구처(區處)			문서 18: 1735년 문서 31: 1722년	2
합계	8 (처가 4)	8 (처가 3)	11 (처가 2)	27

---

1) 그러나 중시조격인 金龍庇까지의 世系가 불분명하고 代數도 맞지 않기 때문에 金錫으로부터 金龍庇의 父인 金公祐까지는 上代世系라 하여 족보에 기록은 하나 실제로는 高麗太子 詹事 金龍庇를 시조로 받들게 되었다고 한다(이수건 2000: 10).

식 및 시기별로 분류해 보면 <표 5-1>과 같다.

분재기로 총칭되는 문서의 명칭에 대해서는 아직 고문서학계에서도 일관된 합의가 없는 듯하다. 일반적으로 말한다면 생전에 특정 자손의 급제, 득남, 질병으로부터의 회복 등을 기념해 증여의 형식으로 재산을 일부 주는 경우는 별급(別給), 허급(許給), 허여(許與) 등의 용어를 쓰고 이는 사후 재산분배에 포함시키지 않았던 반면, 시집가는 딸이나 혹은 살림을 내는 차남 등에게 상속분을 미리 주는 경우에는 '분깃'(分衿 또는 分襟), 분급(分給) 등의 용어를 쓰고 이는 사후 재산을 분배할 때 포함시켰던 것으로 보인다. 위와 같은 생전의 증여, 상속 외에 부모가 돌아간 후 자식들이 모여 협의를 통해 재산을 나누어 갖는 경우는 화회(和會)라 했으며, 종중(宗中)의 협의에 의해 종중재산을 분할할 때는 화의(和議)라는 용어가 쓰였던 것으로 보인다. 그러나 지방에 따라, 집안에 따라, 혹은 분재하는 사람에 따라 같은 용도에 다른 용어가 쓰이는 경우도 많았던 까닭에 일관된 분류는 어렵다.2)

<표 5-1>에 나타난 분류를 통해 의성김씨 고문서 분재기의 특징을 살피면, 우선 시기별로 1500년, 1600년, 1700년대에 각각 8점, 8점, 11점이 분포되어 있으며, 1800년 이후에는 나오지 않는다. 이것은 일반적인 현상으로 보이나, 왜 19세기에 들어서 사람들이 분재기를 작성하지 않게 되었는가에 대한 설명도 아직은 확실치 않다. 일반적으로 그 시기가 되면 다른 자손들에 대한 상속분은 그 양이 줄어들었을 뿐 아니라 딸의 경우 혼인시, 그리고 지차자(之次子)의 경우 분가할 때 미리 주고 부모의 사후(死後)에 남게 되는 재산은 거의가 다 적장자에게 가게 되어 분재기를 별도로 작성할 필요가 거의 없게 되었다고 생각된다. 그러나 여전히 재산이 많은 집의 경우에는 차남 이하 아들뿐 아니라 딸에게도 재산을 주었던 것으로 보이며, 그렇다면 위의 이유만으로 분재기가 나타나지 않

---

2) 이 외에도 '깃급'(衿給), 분파(分派), '깃득'(衿得: 분재로 얻은 재산의 의미), 분집(分執), '깃기'(衿記), '치마치'(裳記), 구별(區別) 등의 용어가 쓰였다. 다양한 분재문서의 명칭과 그 뜻을 살펴보려면 김동욱(1969: 38) 및 최재석(1983: 511-512)을 참조할 것.

는 현상이 완전히 설명되지는 않는다.

다만 후대로 오면 종법사상의 강화로 인해 다른 자녀들에게 재산을 분배할 경우라도 비공식적으로 행하며 그 이전과 같이 분재기를 작성해 균분 상속함을 밝히거나 하는 일은 드물지 않았을까 추측할 뿐이다. 그러나 뒤에서 다시 살피겠지만 우리의 사례에서는 1700년대, 즉 18세기의 분재문기가 상대적으로 많으며(총 27사례 중 11사례), 이 시기에도 여전히 딸에게도 분재하고 있음이 주목된다. 반면 1600년대에 작성된 문서에서도 장자를 우대하고, 아들과 딸에 차등을 두는 사례도 나타난다. 이는 다시 말해 종법사상의 강화 및 그에 따른 분재양식의 변화가 동일 지역 내에서도 일정한 시기에 일관되게 나타나고 있지 않다는 사실을 보여준다.

우리 자료에서 볼 수 있는 두 번째의 주목할 만한 특징은 부모의 유언이나 혹은 부모 사후 형제들간의 협의에 의해 재산을 분집하는 화회문기는 전체 27건 중 8건에 불과하며, 그 외는 대부분 별급, 허여, 허급, 분깃 등의 형태로 별도로 특정한 개별 자손에게 재산을 나누어주는 문기들이라는 사실이다. 별급문기는 아버지가 아들에게 주는 경우가 둘(문서 9, 문서 25), 어머니가 아들에게 주는 경우가 둘(문서 4, 문서 8), 조모가 손자에게 별급한 경우가 셋(문서 7, 21, 23), 조부가 장손에게 봉사조의 형태로 별급한 경우가 하나(문서 17), 증조모가 장증손에게 별급한 경우가 하나(문서 5), 혼인한 딸에게 별급한 경우가 하나(문서 1)로 모두 10개다. 흔히 부모가 생전에 특정 자식에게 별급하는 재산이 많을 경우 돌아간 후 재산을 균분하는 의미가 줄어들 것으로 생각되나, 우리의 사례를 보면 부모가 직접 특정한 자식에게 재산을 별급한 것은 전체 10개의 사례 중 세 경우에 불과하며 나머지는 대개 조부, 조모, 증조부모 등의 경우이므로 별급의 사례가 반드시 균분상속의 의미를 감소시킨다고만 해석될 수는 없을 듯하다.

화회문기는 8건이 발견되었으나, 표에서 알 수 있는 바와 같이 그 중 7개가 처가에서 받아 온 문서이며 이는 여성의 분재권과 관련해서 많은 점을 시사해 준다.

3. 여성 분재권의 변화

앞서도 언급한 바와 같이 27건의 분재문기 중 의성김씨 집안으로 혼인해 들어온 여성들의 친정에서 작성된 분재기 문서가 아홉 사례 포함되어 있다. 그 중 다섯 개는 1500년대의 문서이고, 두 사례는 1600년대의 문서이며, 1700년대의 것이 두 개 보인다. 비록 적은 수이나 이로부터 우리는 16세기까지만 해도 혼인한 딸들이 친정부모의 재산을 상속할 권한을 가졌으나, 17세기에 들어 점차 그런 사례가 줄어들기 시작하는 뚜렷한 경향을 읽을 수 있다.

의성김씨의 처가에서 온 여덟 개의 문서 중 한 개는 별급문서이다. 이는 1559년 청계공의 장남 김극일(金克一, 1522~1585)[3])의 처가 친정아버지 이위(李葳, 遂安李氏, 庚辰 卒)로부터 재산을 별급받은 것으로 그 내용은 다음과 같다.

<분재기 1> 가정 38년(명종 14년, 1559년) 기미 6월 29일에 여식 도사(都事) 김극일의 처에 대해 성문한다. 위의 성문하는 일은 네가 오늘 내일 언제 죽을지 모를 늙은 아버지를 위해서 자식 중에서 정성스럽게 효양했으므로 각별히 너를 가이없이 여겨 사랑하고 있어 이번에 사 가지고 부렸던 비 수지의 셋째딸 잣덕이, 나이는 열네 살과 아버지 쪽으로 전해 온 비 산지의 셋째아들 오양손이, 나이는 갑진생 모두 두 사람을 별급한다. 자손 대대로 전해 지녀서 후소생 비도 아울러 오래오래 부리되 만일 딴 일이 있으면(이의를 제기하면) 이 문기 내의 사연을 가지고 관에 고해 바로잡으라.

아버지 자필함. 절충장군 행의흥위 사용 이 (수결)[4])

---

3) 자는 백순(伯純), 호는 약봉(藥峯)으로 명종 1년(1546)에 문과에 급제, 밀양부사 등 5개 읍의 수령을 지냈으며, 내자시정(內資寺正)에 이르렀다. 퇴계의 문인으로 사빈(泗濱)서원에 배향됨.

청계공의 장남 약봉 김극일의 종택(대종가).

原文: 嘉靖三十八年己未六月二十九日 女息都事金克一妻亦中成文(『고문서집성』 六, 126쪽 <분재기(許與) 1>).

右成文事段 汝亦今明日生死難知老父向爲良 子息中 情誠孝養爲臥乎等乙用良 各別愛憐 亦向入節買得使喚爲如乎 婢水之三所生婢者叱德年十四 父邊傳來婢山之三所生奴吾陽孫年甲辰生爲如二口乙 別給爲去乎 子孫傳持後 所生婢以鎭長使喚爲乎矣 萬一別爲臥有去等 此文記內乙用良 告官辨正事
父自筆 折衝將軍 行義興衛司勇 李 (手決)

이 사례는 이미 혼인해 나간 딸이 부모가 돌아간 후 다른 형제들과 동등하게 재산을 분배받았을 뿐 아니라, 부모 생전에 별급을 받기도 했음을 보여준다. 뿐만 아니라 청계공의 장남 약봉 김극일의 처가 병중의 친정부모를 정성스레 간호하고 보살핀 덕에 그 보답으로 노(奴)와 비(婢) 각 한 구(口)씩을 별급받게 되는 내용을 담고 있는 것으로 보아, 이들 부부가 혼인한 후에도 얼마간 처가에 거주하거나 근처에 살지 않았을까 생각된다. 이것을 고려조부터 조선 초기까지 널리 행해졌던 것으로 믿어지고

---

4) 공동 연구하는 중 분재기 원문을 번역하는 일은 박병호 교수님의 지도를 받았다.

있는 서류부가혼(婿留婦家婚), 즉 처거제혼(妻居制婚, uxorilocal marriage)의 한 형태로 보아야 할 것인지는 확실치 않으나, 김극일이 명문 양반가문의 장남이었으며, 1546년에 이미 과거에 급제해 이 분재기가 작성될 때는 타지에서 수령을 역임하고 있었던 사실을 감안할 때 주목할 만한 일이다.

다음에 두 번째로 살펴볼 사례는 1758년에 만들어진 분깃문서이다.

<분재기 20> 건륭 23년(영조 34년, 1758년) 무인 3월 25일 분깃문서

내가 지금 나이가 일흔이 다 되어 살아갈 날이 많지 않고 또 너희들이 각각 멀리 살고 있어서 만나기가 쉽지 않으니, 이 무사한 날에 약간의 토지와 노비를 처분하지 않을 수 없기에 이에 나누어주니, 이를 가져라.

둘째딸 몫:　논 2섬지기5)
　　　　　　목화밭 30마지기
　　　　　　노 1구, 비 1구
　　　……………(원문 생략)
목화밭 읍내 30마지기

　　　　　재주 모 □씨 인
　　　　　필집 오촌질 장수화 (수결)
　　　　　증인 오촌질 장수위 (수결)

原文: 乾隆二十二年戊寅三月二十五日 分給文書 (『고문서집성』 六, 144쪽 <분재기(衿給) 20>).

吾今年迫七十 餘日無多 且汝輩之各在遠者 會合未易 趂此無事之日 若干田民 不可不區處 玆以分給 依此執持事
第二女衿 畓貳石落只
木花田參拾斗落只

---

5) 토지면적을 세는 단위, 곧 세금을 매기는 단위로 여기서는 1승락지(一升落只)를 한 되지기로, 1두락지(一斗落只)를 한 마지기로, 그리고 1석락지(一石落只)를 한 섬지기(한 섬지기는 20마지기)로 하여, 분재되는 토지의 구체적 내용은 생략하고 우선 분재되는 토지의 면적만을 평면적으로 정리해 보았다. 후에 지역명에 대한 좀더 세밀한 고찰이 있은 후에 토지의 비옥도 등에 대한 비교가 가능하리라 생각된다.

奴一口 婢一口

邑內大坪員潛字七十一畓六卜五束 七十二畓五卜九束三斗落只 儀風員　三斗落只 內仁善員宿字六畓十四卜七束四斗落只 若木沙等員爲字三十畓十四卜八束　三十一畓二十四卜五束 霜字十四畓二十六卜二束十斗落只 結字四十八畓八卜三束 四十九畓七卜九束 生字六十六畓十二卜三束十斗落只 善山畓村甘末員貢字三十九畓十二卜六束 四十畓三卜九束 四十一畓六卜二束 四十二畓十一卜三束八斗落只 元堂員俶字六十一畓五卜九束二斗落只 婢唐伊二所生婢次月年壬子 奴順咳二所生奴順乭年庚申
木花田 邑內 參拾斗落只

財主 母□氏 (印)
筆執 五寸侄 張壽華 (手決)
證人 五寸侄 張壽衡 (手決)

　이것은 의성김씨 집안으로 혼인해 들어온 한 여인이 친정어머니로부터 분재받은 내용이다. '분깃'이라는 설명으로 보아 이것은 상속분을 주는 것이라고 생각되나 이 문서만으로 다른 형제들과의 배분은 어떠했는지는 확인할 길이 없다. 다만 이 문서가 1758년에 작성되었다는 점이 주목되는데, 그것은 일반적으로 17세기 중반부터 딸에 대한 분재가 소멸하는 것으로 생각되고 있으나 이 자료가 18세기 중엽 이후에 이르기까지 혼인해 나간 딸에게 재산을 나누어주는 사례를 보여주기 때문이다.
　세 번째로 살펴볼 것은 1564년에 김극일의 처가에서 작성된 문서로 김극일의 처 이씨의 형제들과 그들의 전어머니(前母: 후처의 자식들이 본처를 일컫는 말)의 본족(本族: 4촌 이내의 친족을 일컬음) 사이에 재산을 분할한 화회문기이다.

＜분재기 3＞ 가정 43년(명종 19년, 1564년) 윤 2월 초9일 전모 이씨의 본족과 동복(후처의 소생들) 사이의 화회문기.

　위 성문은 전어머니 이씨 소유의 전답을 나누어 갖지 않아서 사정이 심히 불편하기 때문에 본족과 동복들이 화회해 경국대전의 분수에 따라 몫을 나누는데, 빠지고 누적(漏籍)된 것이 있으면 똑같이 나누어 갖되, 훗날 다른 말을 하거든 이 문기에 의해 관에 고해 바로잡을 것.

본족 동생형(즉 언니)6) 이씨 몫: 논 36마지기, 밭 15마지기, 8½일경7)
승중자(후처가 낳은 큰아들) 이응경 몫: 논 51마지기, 밭 8½일경
의녀(義女)8) 군수(郡守) 김극일의 처 이씨 몫: 논 13마지기, 밭 2일경
의자(義子) 이응길 몫: 논 13마지기, 밭 2일경
의녀(義女) 정랑(正郞) 정응규의 처 이씨 몫: 논 13마지기, 밭 2일경

    본족 동생형 고부장 박선량의 처 이 (인)
    승중자 병절교위 이응경 (수결)(수결)
    의녀 서 평해군수 김극일
    의자 필집 유학 이응길 (수결)(수결)
    의녀 서 호조정랑 정응규 (수결)(수결)

原文: 嘉靖四十三年閏二月初九日 前母李氏本族及同腹和會文記(『고문서집성』 六, 128쪽 <분재기(和會) 3>)

右成文爲臥乎事段 前母李氏田畓乙 不分執 事甚未便乙仍于 本族同腹和會 依大典分數分衿爲去乎 遺漏復現爲去等 均一分執爲乎矣 後次別爲所有去等 此文乙用良 告官辨正爲乎事

本族同生兄李氏衿
積城伏慕字 加馬谷畓南上邊伍斗落只 同員畓北下邊伍斗落只 養字豆等畓北邊拾伍斗落只 女字於田拾伍斗落只 金浦伏闕字西邊畓拾壹斗落只 印

積城伏馬山石連田鞠字東邊一日耕 身字無包於田一日耕 串內女字橫田一日耕 身字舊反田路邊一日耕 女字坡州宅田一日耕 長池邊伏敢字西邊田一日耕 女字梁項田一日耕 楊州伏善字山洞南邊一日耕 杏田備字半日耕 印

承重子李膺慶衿
積城慕字 加馬谷南下邊畓伍斗落只 同員北上邊畓伍斗落只 養字南邊豆等畓拾伍斗落只 馬山坊築惟字畓十斗落只 楊州伏方之洞定字畓拾斗落只 姜大佐卅畓南北間二斗落只 金浦伏反畓肆斗落只 印

---

6) 옛날에는 남녀 모두 형제간에 형, 제로 불렀다 하며, 여형제를 남형제와 구분해서 자매로 부르는 것은 일본사람들의 관행을 따른 것이라 함.
7) 재산 내역에 관한 상세한 설명은 생략하고, 일차적 비교를 위해 양만을 정리했다.
8) 전처와 후처 자식들 사이에 '의'(義)를 붙인다.

積城伏馬山石連鞠字田西邊一日耕 養字梁下田一日耕 串內女字直田一日耕 舊反田水邊
身字一日耕 臥□岩鞠字田一日耕 長池邊東邊敢字田一日耕 狐岩身字田一日耕 楊州伏杏田
東邊半日耕 傷字山洞北邊 善字田一日耕 印

義女郡守 金克一妻李氏衿
楊州伏寶字方之洞畓拾斗落只 姜大佐卅畓南邊參斗落只 印
楊州代田上邊 非字一日耕 積城鞠字□僕田西邊一日耕 印

義子李膺吉衿
金浦伏闕字畓東邊拾斗落只 積城惟字畓東內參斗落只 印
金浦伏稱字田一日耕 積城伏鞠字□僕田東邊一日耕 印

義女正郎鄭應奎妻李氏衿
積城伏巫堂隅髮字畓拾斗落只 姜大佐卅畓楊州地伏北邊參斗落只 印
楊州伏非字代田下邊一日耕 積城伏惟字河起宗田一日耕 印

本族同生兄 故部將 朴宜樑妻李 (印)
承重子 秉節校尉 李膺慶 (手決) (手決)
義女壻 平海郡守 金克一
義子 筆執 幼學 李膺吉 (手決) (手決)
義女壻 戶曹正郎 鄭應奎 (手決) (手決)

 김극일의 처 이씨의 전어머니 이씨의 친정형제들과 후취의 자식들인 김극일의 처 형제자매들이 나누는 내용을 담고 있는 이 문기는 1564년에 작성된 것으로 이 내용 역시 여성의 분재권과 관련해서 몇 가지 중요한 측면을 밝혀 준다. 먼저 이 문서에서 혼인한 여성의 재산을 그녀의 본족과 후처의 자식들이 나누는 것으로 보아 재주(財主)인 여성은 자식이 없었던 것으로 보인다. 그러나 여성이 자기 자신의 재산에 대한 권리를 계속 유지하고 있다는 사실이 주목된다. 두 번째로 자식 없이 사망한 여성이 소유했던 재산의 일부가 그녀의 친정형제들에게 되돌아간다는 사실을 알 수 있다. 일반적으로 전어머니의 재산은 승중자를 비롯해서 아들들에게 약간 분재될 뿐 의녀에게까지 주어지는 예는 드물다고 하나, 이 경우에는 혼인한 후처의 딸들에게까지 재산이 분배되고 있다. 분재의 내용을 양적으로만 비교해 보면, 친정언니와 승중자(承重子: 제사를 이어받는 아들)가 대충 비슷한 양을 받으며 그 외 자녀들의 경우 딸, 아들의 구별 없이 위의 약 ¼에 해당하는 재산을 균등하게 분재받고 있다. 또한 기재의 순서도 남녀 구별 없이 출생순으로 되어 있음을 알 수 있다.

이상의 별급, 분깃문서, 그리고 본족과의 재산분배 문서 외에 부모 사후에 형제들이 모여 재산을 나누어 가진 화회문기 중 몇 개를 연대순으로 고찰해 여성의 분재권 변화에 관한 시사점을 살펴보면 다음과 같다.

<분재기 2> 김극일의 처 형제자매들의 화회

가정 43년(명종 19, 1564년) 정월 10????? 동복화회(같은 어머니의 자식들끼리 유산분할 협의)

우리 형제자매가 모여서 유산을 분할해 이미 문서를 작성해 분깃해 서로의 몫을 나누었는데, 전답이나 노비가 먼 곳에 있어서 ?????안했을 뿐더러 아버지의 집에 소장하고 있는 전안(토지대장)을 상고했으나 어느 땅이 기름지고 어느 땅이 척박한지 알 수가 없다. 또한 전안에 누락된 곳이 많이 있어 자세히 알 수가 없어서 불편하다. 이로 인해서 앞으로(?) 나누어 가지지 않을 경우에는 임자 없이 황폐해 버릴 것이므로 각자에게 몫을 나누어준다. 그런데 설사 (이번에) 골고루 나누어주지 못한 곳이 많을지라도 후에 그것을 찾아서 똑같이 서로 나누기 위해서 (지금) 별도의 문기를 작성해 각자 자기의 몫을 받아 가는데, 다만 공양천에 있는 종내원 원답(原畓: 원래의 논) 20마지기, ??? 비 승개가 특별히 얻은 노비일지라도 그 노비는 일반노비에 관한 관례에 따라 한결같이 노비로 문기에 표시한다. ????? 그 종내원 원답 중의 ??마지기는 아즉(잠시, 먼저) ??? 네 명의 동생(한 뱃속에서 나온 형제자매)에게 다섯 말씩 나누어주었다가 문기가 나타나면 또 별급 ????? 다른 나머지 전답은 한결같이 초문기(초본)로서 작성한 문기에 따라 찾아서 경식하되(갈아먹되) 균등하게 되지 않았다고 한 경우에는(?) 누락된 전답이 나타나서(찾으면) 시행(똑같이 나눔)하도록 할 것인데 또 이의를 제기하면 이 문기 내의 사연을 가지고 바로잡을 것.

첫째, 딸 군수 김극일(평해군수)의 처 이씨 몫: 논 189마지기, ½일경[9]
밭 73마지기, 2일경, 16복

---

[9] 여기서도 역시 내용은 고려하지 않고 양만을 계산했다.

둘째, 아들남 병절교위 이응경 몫: 논 137마지기, 1일경; 밭 61마지기,
3½일경, 15복8부
봉사조 (장남이므로): 논 31마지기, 밭 2일경,

(합) 논 168마지기, 1일경; 밭 61마지기, 5½일경, 15복 8부
셋째, 아들남 병절 교위 이응길의 몫: 논 150마지기; 밭 46마지기, 5일경,
16복 + □마지기(전답 불명)
넷째, 딸 정랑 정응규의 처 이씨 몫 : 논 140마지기; 밭 63마지기, 4½일경,
16복 + □마지기(전답불명) + □마지기(전답불명)
평해댁10): 논 21마지기
유신댁: 논 24마지기
청파댁: 논 11.5마지기 + 11복 4부
정정랑댁: 논 11마지기
  .... (생략)
얼녀 정란 몫: 논 13마지기; 밭 10마지기
얼자 이준학 몫: 논 14마지기; 밭 9마지기
얼녀 승개11) 몫: 논 25마지기

---

10) 택호의 결정에는 몇 가지 규칙이 있다고 한다(박병호 교수 면담자료). 첫째, 남자의 경우 부인의 출신 마을이, 여자의 경우 남편의 마을 이름이나 임지(任地)의 지명이 택호가 된다. 즉 김극일이 평해군수를 지냈으므로 평해댁이라고 한 듯하며, 청파댁의 택호는 이응길이 청파 찰감을 지냈던 데서 연유된 듯하다. 둘째, 여자에게 칭할 때는 친정 마을의 이름으로 부르며, 친정을 방문하게 되면 마을사람이나 일가에서는 남편 마을의 이름을 붙여서 부르고 친정식구들은 남편의 성을 따라 "박실(室)이 왔다"는 표현을 쓴다. 셋째, 할머니, 아들, 손자의 택호가 다 다른 경우에는 할머니의 택호를 대표 택호로 하다가, 할머니가 돌아가시면 어머니의 택호로 한다. 그러므로 나의 택호는 부모님이 살아 계신 동안에는 사용되지 않을 수 있다. 넷째, 벼슬을 하게 되면 마을 이름이 떨어져 나가고, '진사댁', '생원댁' 등 벼슬이름으로 택호를 대신한다.
11) 앞의 본문에서 언급된 비 승개와 동일 인물인 것으로 보인다. 승개는 재주(財主) 이씨와 천첩 사이에서 낳은 딸인 듯하다. 비록 양반과의 사이에 낳은 아이라 할지라도 노비종모법에 의해 신분은 종이 되며, 혈연관계로는 이씨의 얼녀가 되지만 재산상속 등과 관련한 법적 의미에서의 친족관계는 발생하지 않는다. 즉 춘향이나 홍길동 같은 천첩 자녀의 경우 양반인 아버지를 아버지로 호칭할 수 없다. 양첩 자녀의 경우는 천첩 자녀보다 신분이 높아 친족관계가 인정되는 경우도 있다고 한다.

이것에 대해서 말수(두수)를 똑같이 나누어 경작하되, 만일 침범을 하게 되거든, 각 댁 노자를 법에 따라 치죄할 것. (수결) (수결)

    장녀(평해댁) 통훈대부 행 평해군수 남편 김극일 (수결) (수결)
    2남 병절교위 이응경(부인 유신댁) (수결) (수결)
    3남 병절교위 이응길 (수결) (수결)
    4녀(정정랑댁) 봉직랑수 호조정랑 정응규 (수결) (수결)
    얼녀 정란의 남편 윤홍원
    얼자 이준학 (수결)
    얼녀 승개

原文: 嘉靖肆拾參年正月十□□□□同腹和會(『고문서집성』 六, 127쪽 <분재기(和會) 2>)
  己曾成文分衿有在果 田畓奴婢在遠處 起耕努子數□□□□不冬叱分不喩 父矣家藏田案相考□□□膏瘠不得爲沙餘良 多有隱漏之處 祥知不得未便爲良置 因此□後不爲分執爲在良中 無主荒廢□如乎乙用良 必于各衿施行 多有不均之處爲乎 喩良置 後次推尋均一相分次 以別文記 成置各衿分□各分推去爲去乎 唯恐陽川從□□□□當二十斗落只 婢勝介□別得□□爲良置 奴婢一例以文記現出 不□□□奸術爲乎等用良 同從乃院員畓□□落只乙良 先可□四同生亦中 五斗式分給爲有如可 文記現出別給□□□□還給事是在果 他餘田畓段 一依草文記 推尋耕食爲乎矣 不均□□□乙良 遺漏田畓 現出施行爲乎是等 別爲所有去等 此文記內□□ □□辨白爲乎事

一女郡守金克一妻李氏衿
((靑坡宅陽川君字田一日耕內半日耕果 平海宅木川老山無常浦田東邊半日耕果相換))

保寧伏芮岩員上畓拾四斗落只 內文里上畓肆斗伍升落只 李?貞畓參落只虍山中分畓拾斗伍升落只 □監宅中田拾陸斗落只 愁里洞他中田拾肆斗落只 李銀陽下分田拾肆斗落只 同人中分田肆斗落只 溫陽伏□□□串員上畓捌斗落只 古今谷員上畓貳斗落只 冷井員中畓捌斗落只 月今山員中畓貳十落只 果山洞員中畓十斗落只 □□員下分畓肆斗落只 造山員分畓伍斗落只 同今山員分畓參斗落只 □□□買得㫋田參斗落只 □□員分田參斗落只 尹佐存田伍斗落只 □□川分田肆斗落只 爵字陳分田十六卜 木川伏尹太孫上畓拾伍斗落只 校洞員分畓捌斗落只 方進員中分畓肆斗落只 宋息下分畓拾斗落只 水道里上田二日耕 志山下田二日耕 陽□伏從乃院員買得上分田拾斗落只 守員中畓拾斗落只 思郞洞家前分畓陸斗落只 富平大橋項員上畓參斗落只 □建員上分畓拾斗落只 楊州伏員得吾海女赤員墓員畓肆斗落只 同人加耕分畓壹斗落只 萬金畓半日耕 印

즉 이 사례에서도 얼자인 이준학이 정란이나 승개와 달리 성이 명시되어 있는 것으로 양첩의 자식일 수도 있다.

二男秉節校尉李膺慶衿

保寧伏金未致上分畓拾壹斗落只 曺延孫上畓陸斗落只 吳順希上畓肆斗落只 李明員中畓參落只 䖏山中畓參斗落只 李上佐中畓伍斗落只 宋順下反畓肆斗落只 李貴必分田貳拾斗落只 從何記上田拾斗落只 奉□中分田參斗落只 李別監宅中田貳斗落只 僕儀下田一庫幷柒斗落只 謹幸田柒斗落只 溫陽沙器所員上畓肆斗落只 時其課員上畓肆斗落只 沙器所員中畓伍斗落只 紬知仇音員中畓伍斗落只 觀音堂員下畓伍斗落只 買得□代田伍斗落只 堂本員田參斗落只 日字防內尹仲存□□田肆斗落只 一節字陳分田十五卜八夫 木川伏訥以洞上畓捌斗落只 富德上畓十壹斗落只 凡金中畓捌□□□中畓捌斗落只 吾海也長項員長奴換□貳斗落只 □枕洞員中畓伍斗落只 黑岩上田一日耕 又麻田□□□進員分田一日耕 三古介員下畓一日耕 陽川伏從乃院員買得上分畓拾斗落只 鄭□中畓拾斗落只 □□□前中分畓柒斗落只 職字田半日耕 富平吾定員上分畓拾斗落只 炭火串員上畓參斗落只 吾□□□得田一日耕 楊州伏北坪員□金買得分畓參斗落只 印

奉祀條木川珍各員畓拾斗落只 鄭京課畓參斗落只 築畓柒斗落只 石只畓伍斗落只 溫陽神壯岐畓陸斗只 家北田一日耕 肆七同田一日耕 印

三男秉節校尉李膺吉衿

保寧伏李貴必上畓拾肆斗落只 䖏山上畓肆□□曺莫崇上畓貳斗伍升落只䖏山上前畓拾壹斗伍升落只 內□之田拾陸斗落只 李貴必中分田拾斗落只 李□□□分田參斗落只 李貴必下田拾斗落只 同人下分田貳斗落只 溫陽伏大場員買得上畓捌斗落只 時興驛□□□斗落只 神壯岐中畓柒斗落只 早山洞員中分畓肆斗落只 飛串下畓參斗落只 造山員分畓伍斗落只 節字陳分畓參斗落只 早山洞員買得田柒斗落只 尹□□□ 分畓伍斗落只 節字陳分田十六卜 木川伏申□□畓肆斗落只 吾枝洞員上分反畓陸斗落只 土谷古介員中畓伍斗落只 時吾只員畓拾斗落只 樓洞員中畓參斗落只 宋恩下分畓玖斗落只 公守員上田二日耕 房又志里員中田半日耕 命山中田半日耕 德北浦下田半日耕 家北下田半日耕 陽川伏從乃院員買得上分畓拾斗落只 鄭金家前中畓拾斗落只 □□未員畓柒斗落只 君字田一日耕 富平伏炭火串員買得分畓肆斗落只 蓼古介畓拾斗落只 楊州伏北坪員買得分畓肆斗落只 同人加耕分畓壹斗落只 印

四女正郞鄭應奎妻李氏衿
((靑坡宅陽川君字田一日耕內半日耕果 平海宅木川老山無常浦田東邊半日耕果相換))

保寧伏金未致上分畓拾日斗落只 朱先□□□斗落只 吳順希上畓肆斗落只 石山上畓參斗落只 䖏山中畓拾壹斗落只 李?貞下分畓壹□□□ 同記上中分田貳拾斗落只 奉同中分田參斗落只 漢儀正分耕前中同陸斗落只 李貴必下分田拾斗落只 䖏山下田肆斗落只 從同記上陳田拾斗落只 溫陽伏時興驛坪員買得上分畓拾斗落只 大場員中畓玖斗落只 觀音臺員中畓貳斗落只 件飛串員下分畓參斗落只 觀音員畓伍斗落只 月今山員上分畓參斗落只 叢川員卜田捌斗落只 節字陳分四十六卜 木川伏老山上畓柒斗落只 吾枝洞員中分畓柒斗落只 同員□□畓貳斗落只 吾海也項吾壯中畓貳斗落只 宋恩中畓伍斗落只 虎德中畓伍斗落只 吾海也項員長相換□□□斗落只 建龍上田一日耕 萬進員中下田一日耕 三古介員大草下下田二日耕 楊川伏從乃院□□□畓拾斗落只 守汀中分畓肆斗落只 思記洞家前分畓柒斗落只 君字田半日

耕 富平□□□上畓拾斗落只 卜竹畓伍斗落只 楊州伏細□買得展貳斗落只 北坪員莫金畓參斗落只 □□耕卜畓壹斗落只 印

平海宅 親得保寧李貴必內畓南邊肆斗落只十二卜 殿旨畓陸斗落只 木川加古仇未員畓捌斗落只 細坪員畓參斗落只 印

惟新宅 親得保寧李貴必內畓中邊肆斗落只十二卜 又李貴必內畓柒斗落只十八卜 木川吾海也項吾壯畓拾參斗落只 印

靑坡宅 親得保寧毛里金畓肆斗落只 □□□必畓伍斗落只 西邊十一卜四夫 元非畓貳斗五升落只伍卜八夫 印

鄭正郞宅 初得保寧李貴必內畓北邊肆斗落只十二卜一夫 李貴必東邊 畓伍斗落只十一卜三夫 朱克孫畓貳斗落只伍卜 印

木川代田東邊半日耕內以分半爲乎矣 李貴必代惟新宅趙非家代靑坡宅 南邊代田半日耕內以半分爲乎矣 元非家內正郞宅山家代□□□爲如分耕爲乎事

孼女庭蘭衿 木川伏德山浦員畓參斗落只 保寧李祀同分畓參斗落只 又同人分畓參斗落只 李?貞反畓肆斗落只 李貴必田陸斗落只 漢牛田柒斗落只內東邊肆斗落只 印

孼子李俊鶴衿 木川伏崔世達畓拾斗落只 塔洞員畓參斗落只 保寧毛里金田玖斗落只 印

孼女勝介衿 木川伏仁方畓伍斗落只 □畓伍斗落只 馬堂畓伍斗落只 保寧奴終同記上峪畓拾斗落只 印

此亦中斗數乙 均一分耕爲乎矣 萬一侵耕爲去等 各宅奴子乙 依法治罪向事 (手決) (手決)

　　長女 通訓大夫 行平海郡守 金克一 (手決) (手決)
　　二男 秉節校尉 李膺慶 (手決) (手決)
　　三男 秉節校尉 李膺吉 (手決) (手決)
　　四女 奉直郞守 戶曹正郞 鄭應奎 (手決) (手決)
　　孼女 庭蘭夫 尹興元
　　孼子 李俊鶴 (手決)
　　孼女 勝介

16세기 중반(1564년)에 작성된 이 문서는 우선 전문에 균분상속의 원칙을 밝히고 있으며, 훗날 새로운 재산이 발견될 경우에도 균분할 것임을 명백히 하고 있다. 다만 새로 발견되는 재산을 나눌 때는 적출자 사남매가 나누고 서자와 서녀는 참여시키지 않는다고 한다. 분재받는 자녀

청계공의 2남 귀봉 김수일의 종택

의 기재 순서는 아들, 딸 구별 없이 출생순으로 되어 있다.

  토지의 질에 대한 비교 없이 양만을 비교한다는 것은 한계가 있겠지만, 일단 양으로 본다면 장녀인 김극일의 처가 승중자인 장남이 받게 되는 봉사조를 포함한 전답의 양(논 168마지기, 밭 61마지기)보다 더 많은 양(논 180마지기, 밭 73마지기)을 분재받은 것으로 나타난다. 뿐만 아니라 우리는 장녀인 김극일의 처의 경우 <분재기 1>의 사례에서 이미 노비를 별급받은 것을 살펴본 바 있다. 반면 장녀를 제외한 다른 형제들의 몫을 보면 봉사조를 제외하고는 장남, 차남, 차녀의 경우 비슷한 양이 되는 듯하다. 따라서 양적인 비교만 한다면 전문(前文)에 균분의 원칙이 명시되어 있음에도 불구하고 장녀에게 분명한 우대가 보이며, 이것 역시 김극일의 처가 혼인 후에도 얼마간 친정과 가까이 있었을 것이라는 추측을 뒷받침한다.

  다음의 사례는 17세기 초(1611년) 청계공의 2남 귀봉(龜峯) 김수일(金守

一)의 장남 김용(金涌)12)의 처, 진성이씨가 친정아버지 이군기(李軍器)의 재산을 분재받아 온 내용을 담고 있다.

<분재기 16> 만력 39년(광해군 3: 1611년) 신해 4월 초1일

동복 형제자매들간에 화회문기를 작성하는 일은 친가나 외가 쪽에서 전해 온 노비, 전답을 을유년 9월에 아버님 담제를 지낸 뒤에, 마침 그때 아우 영도는 관직을 임명받아 서울에 올라갔기 때문에 화회분깃에 오지 못했다. 병술년 2월에 경주의 집경전 참봉으로 바꾸어 발령을 받아 집에 와서 화회를 했는데, 봉사조의 토지와 노비는 법대로 그 몫에 따라서 덜어내고, 할아버지인 문순공 부군(퇴계 선생)의 사당은 백대가 지나더라도 옮기지 않으며, 묘제도 백세가 지나도록 또한 없애지 않는다는 뜻을 아버님 살아 계실 때에 이미 정해 놓았기 때문에, 위에 든 종가와 제사를 위한 노비는 그 소생까지도 모두 포함하고, 전답과 묘위조로 덜어 내놓은 전답은 비록 백세가 지나더라도 모두 승중자(봉사손)에게 줌으로써 제사를 중히 여길 것이다.

단성 작은아버님과 그 양부모의 토지와 노비는 비록 많지만, 제위조는 할아버님의 유언에 따라 토지와 노비를 잘 헤아려서 덜어내 그 제사를 받드는 자손에게 줌으로써 제사에 쓰도록 하고, 제사의 대가 끝난 후에는 그 토지와 노비는 제사를 받드는 사람으로 하여금 마음대로 처분하게 하다. 옛천의 서모(庶母)는 임오년 겨울에 역질(염병)로 두 아들을 연이어 잃고, 계사년 7월에 아버님이 또 뜻밖에 세상을 떠나 노비와 전답을 전혀 몫을 나누어주지 않았다. 제자매들이 화회할 때에 서로 상의해 아버지 쪽에서 받은 토지와 노비의 1/7을 덜어내 주고 따로 문기를 한 통 작성해 주어서 평생토록 가지고 부리며 갈아먹다가, 돌아가신 할아버지가 창원 서조모에게 토지와 노비를 주시고 문기를 작성한 선례에 따라, 우리 형제와 자매들이 마음대로 처분하게 하며, 그 나머지 노비와 전답은 똑같이 계산해서 몫을 나누어 가지도록 초안을 작성했다.

병술년 2월 이후부터는 앞서 몫으로 받은 노비, 전답의 초문기(초안)대로 각자가 가지고 부리며 갈아먹을 것이며, 그후 형제자매들이 혹은 서울에서

---

12) 김용(명종 12, 1557~광해 12, 1620)의 자는 도원(道源), 호는 운천(雲川)으로 퇴계 선생의 손자사위가 된다. 학봉의 문인으로 선조 23년(1590)에 증광문과(增廣文科)에 급제.

벼슬살이를 하는 등 흩어져 살게 된 나머지에 또 임진병란을 만났을 뿐만 아니라 혹은 멀리 있는 고을의 수령을 했기 때문에 오늘에 이르기까지 그 문서를 제대로 작성하지 못했다가 이번에야 정식으로 이 문서를 작성했다. 큰형수 권씨는 병오년에 세상을 떠났고, 큰누이 부부는 임진년에 모두 사망해 두 집(형수하고 큰 누님)에 대한 분재에 있어서는 그 많은 자손이 모두 수결하게 할 수가 없기 때문에, 큰형님 몫은 그의 둘째 사위인 금개에게 서명하도록 하고, 큰누님의 몫은 큰아들인 박성범에게 수결하게 작성하여 나누어 가진 지 이미 26년이나 흘렀다. 또 난리를 겪고 나니 노비는 절반이 죽어서 살아 있는 것과 죽은 것이 크게 다르며, 전답 또한 많은 부분이 홍수로 물이 넘쳐 무너져 버려 묵히게 되었다. 한결같이 병술년 2월에 작성한 초문기에 따라 5통의 문서로 작성해 동복 형제자매가 각각 하나씩 가지며, 각자가 가지고 부리며 갈아먹되, 이후 만약 빠뜨린 노비가 있으면 찾아낸 즉시 하나하나 형제자매의 순서대로 나누어 가질 것인바, 어떤 자손 중 이 화회의 본 뜻을 지키지 않거든, 이 문기의 내용을 가지고 관에 고해 바로잡을 것이다.

첫째 사망한 직장 이안도 처 권씨의 몫: …… (내용생략)
두 번째 고인이 된 판관 박려 처의 몫: …… (내용생략)
다음 고인이 된 유학 이순도 처 김씨의 몫: …… (내용생략)
다음 집의를 지낸 김용 처의 몫: …… (내용생략)
다음 부사 이영도 몫: …… (내용생략)

  첫째 사망한 사온서 직장 이안도 아내 권씨 대 중녀 사위 금산군수 금개 (수결)
  두 번째 고인이 된 경기좌도 수운판관 박려의 아내 이씨 대장자 유학 박성범(수결)
  다음 고인이 된 유학 이순도 아내 김 (인)
  다음 전(前) 사헌부 집의 김용 (수결)
  다음 청송도호부사 이영도 (수결)

  필집 성균 생원 김시주 (수결)

原文: 萬曆參拾玖年辛亥肆月初壹日(『고문서집성』六, 137-141쪽 <분재기(和會) 16>)
同腹等和會文記成置爲臥乎事叱段 內外邊奴婢田畓 乙酉九月 先君禫事過行 卽時弟詠道

除職上京 未及和會分衿之際 丙戌二月 換除慶州集慶殿參奉 還家和會 奉祀位田民 依法從分
數除出 而先祖父文純公府君 祠宇百世不遷 墓祭亦不廢百世之意 先君在世時已定 故上項宗
家 及奉祀奴婢 並其所生 田畓與墓位除出畓庫 雖至百世 都給承重者 以重祀事爲㫆 丹城叔
父主與其養父母 田民雖多 祭位依先祖父主遺戒 田民量宜除出 給其主祭子孫 以供祭祀 代盡
後 同田民 令其主祭人 任意區處爲㫆 榮川庶母 壬午冬以疫連喪兩子 癸未七月 先君不意損
世 奴婢田畓 全不衿給 同腹等和會時 相議內邊田民七分之一除出 別成文記一度以給 平生執
持 使用耕食爲可 依先祖父主昌原庶祖母處田民 許與成文例 使之吾同腹某子孫中 任意區
處爲㫆 其餘奴婢田畓 平均執籌分衿 草文記成置 自丙戌二月以後 向前衿得奴婢田畓 草文記
貌如 各各執持 使用耕食 而厥後同生等 或京宦 散在之餘 又値壬辰兵亂叱分不喩 或遠守郡
縣 遷延至今 正書不得爲有如可 節沙正書成置乙仍于 長兄妻權氏 別世於丙午 長姊夫妻俱歿
於壬辰 兩兄姊衿付 不可以其許多子孫俱爲着名 故長兄衿 則令其仲女壻琴愷 長姊衿 則令其
長子朴成范 着名成置 而分執持 已至二十六年之久 且經兵火 奴婢則半爲鬼錄 存亡大相不
同 田畓亦多川反浦落陳荒爲有乎矣 一依丙戌二月成置草文記 書塡五度正書 同腹各執其一
爲去乎 各各執持 使用耕食爲乎矣 此後如有遺漏奴婢則推尋 這這同生次第分執爲乎乙喩在
果 某子孫中 不有和會本意爲去乙等 此文記內乙用良 告官辨正事
  長故直長李安道妻權氏衿
               …… (이하 생략)

여기서도 역시 아들딸 구별 없이 출생 순으로 기재되어 있으며, 균분 상속의 원칙이 표현되어 있다. 다만 앞서의 사례와 비교해 볼 때 봉사조에 대한 강조가 주목된다. 즉 승중자에게 가는 퇴계 선생의 불천위 제사를 위한 제위조, 묘위조와 숙부의 제위조를 떼어놓고 남은 재산으로 분재를 하고 있으며, 그러한 제사용 재산에 손대지 말고 제사를 중히 여길 것을 강조하고 있다. 봉사조 외에 또 서모(庶母)에게도 정해진 몫을 주고 나머지 재산으로 형제자매간에 균분하고 있다. 재산의 성격에 대해서는 친가뿐 아니라 외가 쪽으로 전해 온 노비, 전답을 구분해 명시하고 있는 것으로 보아 여전히 여성의 재산권이 인정되고 있음을 보여준다고 하겠다.

아래의 <분재기 6> 역시 의성김씨 집안으로 시집온 여성이 친정에서 받아 온 화회문기로 1671년에 작성된 것이다.

<분재기 6> 강희 10년 신해 3월 16일 동생 남매 화회문기를 작성하는 일은 우리 집에 참담한 재화가 연이었는데, 갑오년에는 아버지 상을 당했고, 기유년에는 어머니 상을 당해 약간의 토지와 노비를 형제 중에 나누어 가지

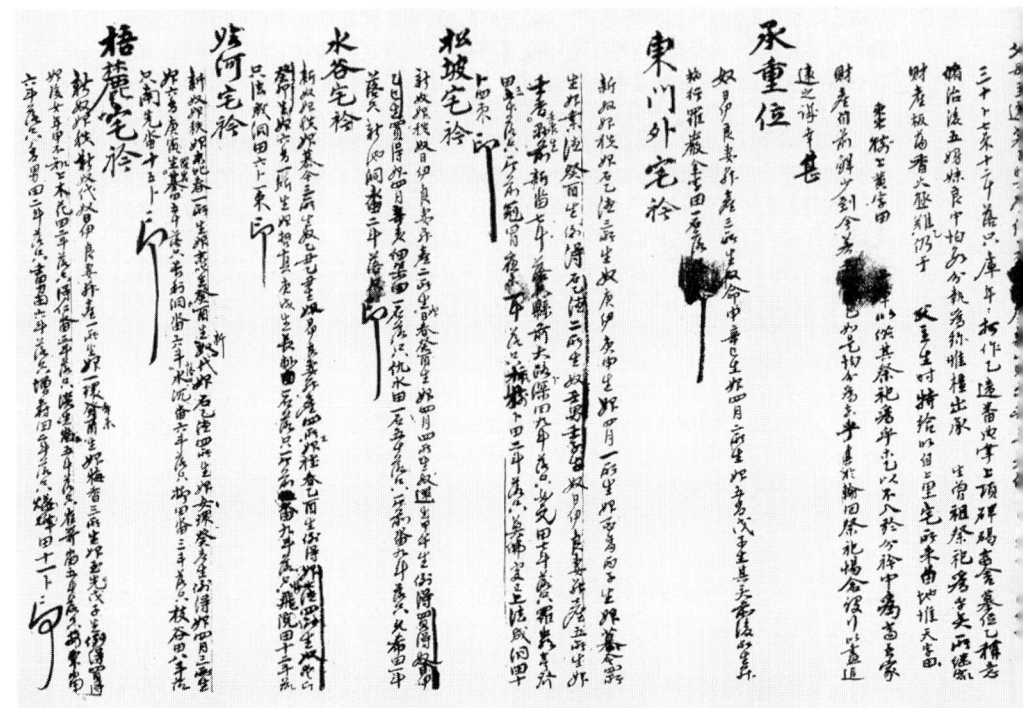

분재기 6. 의성김씨 집안으로 시집온 여성이 친정인 예안(禮安)이씨 집안에서 받아 온 화회문기(1671년).

지 못했다가 큰 형님이 뜻밖에 돌아가셔 나머지 남매 네 사람이 겨우 가냘픈 목숨을 유지해 왔는데, 또한 어머니의 상기(喪期: 大喪)를 마쳤는데, 이후에는 남매가 서로 만나기가 쉽지 않아 부모님이 가지고 계셨던 토지, 노비를 불가불 서로 상의해서 나누어 가지거니와 부모님이 살아 계셨을 적에 우리들 5남매에게 약간의 토지, 노비를 말씀으로 나누어 주셨으되, 말(斗) 수(토지)와 구(口) 수(노비)의 많고 적음이 똑같지 않기 때문에 나머지 약간 토지, 노비는 똑같이 나누어 수를 채워 주고 부모님 제사를 5남매에게 돌아가면서 지내도록 하고, 외손은 외증손까지로 제한한다. 어머니가 살아 계신 때에 비 끝춘 2소생비 강아지와 사비원 하자전내 14복 3속을 유장(惟樟: 人名) 진사[13])에게 별급하는 것으로 말씀하셨으므로, 그 어머님의 남기신 뜻을 따라

---

13) 전의(全義) 이씨로부터 분족(分族)한 예안(禮安)이씨 이유장(李惟樟. 1625~1701)을 말하며, 이유강(李惟橿)과는 형제간이나 유강이 숙부인 연옥(延玉)의 양자로 가 족보상에는 사촌간이 되었다. 이 집안에서는 이유강, 이유장의 세대를 기준으로 상하

그대로 시행하며, 내지동 묘산(선산)은 큰 마을 속에 있어 수호하기가 극히 어렵기 때문에 상리에 있는 천자 따위의 밭들은 그저 조각조각 모래와 돌로 된 땅인데, 전부터 산지기로 하여금 이 땅에 들어와 살면서 그 밭은 갈아먹고 선산을 수호하도록 했는데, 그로 인해 이를 영구적인 법으로 삼으니, 여러 자손들은 이 땅에 대해서 행여나 뜻을 갖지 말 것이다. 선대 산소의 비와 재실은 아직도 이루어 놓지 못했으며, 부모님 산소를 면례(옮기는)하는 일을 바로 지금 경영(절차)을 시작하며, 만약 또 다른 곳에 있는 새로운 산도 또한 묘의 전답을 만들지 않을 수 없기 때문에 불정에 있는 일자 작은 밭 30속 7속 12두락지를 해마다 타작한 수확을 번갈아 가며 간수(관장)한다. 위에 거론한 비갈(碑碣)과 재사, 묘위를 뜻에 맞게 잘 다스린 후에 5남매에게 똑같이 나누어주며, 유강(惟樞: 人名)은 생가 증조부의 제사를 받들어 잇기로 되어 있었는데, 그 이어온 집 재산을 모두 거덜내서 제사 받들기가 극히 어려우므로, 아버님이 살아 계셨을 때 특히 천자전과 황자전 두 곳을 그 제사에 쓰도록 했으므로, 이것은 우리의 분재 속에 포함시키지 않는다. 우리 집 재산은 전부터 적고 지금에 와서 약간의 토지, 노비를 이와 같이 똑같이 나누니, 그 제사를 돌아가면서 지내는 것은 공경한 마음으로 받들어 조상을 추모하는 정성을 다하도록 한다면 다행이겠다.

유장(惟樟) 진사별급: 비 1구, 전 14복 3속
묘위전: 12마지기 (이상 본문 중에 언급된 분재내용)

5대에 걸쳐 의성김씨와 일곱 번에 걸쳐 빈번한 혼인관계를 맺고 있어 두 집안의 관계가 돈독했음을 알 수 있으며, 여기서 분재에 참가하고 있는 5남매 중 넷째인 임하댁이 의성김씨인 것으로 짐작된다.

승중위14): 노 1, 비 1, 밭 1섬지기
동문외댁 몫: 노 2, 비 3, 논 8마지기, 밭 21마지기 40복 4속
송파댁 몫: 노 3, 비 1, 논 11마지기, 밭 46마지기
수곡댁(무실 전주유씨) 몫: 노 2, 비 2, 논 9마지기, 밭 32마지기 6복 1속
임하댁(고성이씨) 몫: 비 3, 논 12마지기 15복, 밭 16마지기
오록댁 몫: 비 3, 논 18마지기, 밭 12마지기 11복

原文: 康熙十年辛亥三月十六日(『고문서집성』 六, 130-131쪽 <분재기(和會) 6>)
　同生男妹和會成文爲臥乎事段 吾家慘禍連仍 甲午遭父主喪 己酉遭母主喪 若干田民乙 兄弟中 未及分執爲是如可 伯氏之喪 亦出於意外 餘存男妹四人 僅保縷命 又經母主祥期 此後男妹會合未易 父母主田民乙 不可不相議分執爲在果 父母主生時 吾等五男妹亦中 若干田民乙 口傳分給爲乎矣 斗數口數多少不一乙仍于 餘存若干乙 以平均充數 父母主祭祀乙 五男妹處輪回辦行爲乎矣 外孫段 以曾孫爲限爲旀 母主生時婢杰春二所生婢江阿之 沙飛院河字田內十四卜三束庫乙 惟樟進士別分 以口傳許給爲乎等乙以 遺意導只仍爲施行爲旀 內枝洞墓山在大村中守護極難乙仍于 上里天字等田 片片沙石之地 自前時 令山直入居者 耕食守護 因爲恒式爲去乎 諸子孫莫敢希望爲旀 先世墓碣齋舍 尙未成就爲旀 父母主遷墓乙 時方經營 若在他處新山 則亦不可無墓位田畓是乎等乙以 佛丁日字小田三十卜七束十二斗落只庫 年年打作乙 遞番典掌 上項碑碣齋舍墓位乙 稱意脩治後 五男妹良中 均數分執爲旀 惟橺出 承生曾祖祭祀爲乎矣 所繼家財産板蕩 香火極難乙仍于 父主生時特給 以自上里宅所來白地惟天字田　棗樹上黃字田二庫 以供其祭祀爲乎等乙以 不入於分衿中爲齊 吾家財産 自前鮮少 到今若干田民乙 如是均分爲去乎 其於輪回祭祀 惕念設行 以盡追遠之誠 幸甚

承重位
　奴日伊良妻並産三所生奴命申辛巳生 婢四月二所生婢五香戊子生 其矣前後幷施行 羅巖金字田一石落只 印

東門外宅衿
　新奴婢秩 婢亐德三所生奴庚申生 婢四月一所生婢酉香丙子生 婢慕今四所生婢業德癸酉生 例得亐德二所生奴壬男壬子生 婢日伊良妻幷産五所生 婢壬香壬辰生 縣前新畓七斗落只 縣前大路下深田九斗落只 必元田七斗落只 羅巖亨發田三斗落只 廳前冠冒夜來一斗落只 枾樹卜田二斗落只 莫佛處己上法成洞田四十卜四束 印

松坡宅衿
　新奴婢秩 奴日伊良妻幷産二所生婢日春癸酉生 婢四月四所生奴還生甲午生 例得買得奴日伊乙巳生 買得奴四月辛亥 細渠田一石落只 仇水田一石五斗落只 廳前畓九斗落只 久希田一斗落只 新池洞畓二斗落只 印

水谷宅衿

---

14) 이는 종손 집에 주는 재산을 말한다.

新奴婢秩 婢慕今三所生奴乙丑乙丑生 奴日伊良妻幷產四所生婢桂春乙酉生 例得婢七得四所生奴愛□癸卯生 婢六香一所生婢哲眞庚戌生 長畝田一石落只 廳前畓九斗落只 沙飛院田十二斗落只 法成洞田六卜一束 印

臨河宅衿
新奴婢秩 婢峦春一所生婢峦生 癸酉生新奴婢芐得四所生婢女環癸亥生 例得婢四月三所生婢六香庚寅生 羅岩基田五斗落只 長利洞畓六斗落只 水沉畓六斗落只 柳田畓三斗落只 枝谷田八斗落只 南先畓十五卜 印

梧麓宅衿
新奴婢秩 新奴代奴日伊良妻幷產一所生婢一環辛未生 婢梅香三所生婢玉先戊子生 例得買得婢後女年甲不知 上木花田二斗落只 得仁畓三斗落只 淡生畓五斗落只 崔哥畓五斗落只 安東畓六斗落只 香南田二斗落只 壬男田六斗落只 增壽田二斗落只 烽燧田十一卜 印

이 문서는 여성의 분재권뿐 아니라 제사상속권의 변화를 살피는 데도 매우 중요한 자료라 할 수 있다. 우선 재산상속에서는 이 문서가 작성된 시기가 17세기 말(1671년)임에도 불구하고 여전히 철저하게 균분상속이 시행되고 있었으며, 제사 또한 아들, 딸 구별 없이 윤회(輪回)하고 있었다는 것을 알 수 있다. 즉 부모님의 제사를 오남매가 돌아가면서 지내는데, 시집간 딸의 경우 그 아들이 모신다고 되어 있으며 그러한 외손봉사는 증손의 대로 제한하도록 명시되어 있다. 이것은 곧 딸을 통해 상속된 제사권이 3대에까지 이어진다는 것을 의미하는 것으로 주목할 만한 것이다.

이 자료는 또한 출가한 딸뿐 아니라 양자로 나간 아들도 생가의 조상에 대한 제사의 의무를 나누어 가졌던 사실을 보여준다. 즉 이유장의 형인 이유강은 재당숙에 해당하는 이연옥의 양자로 갔으나 그 증조부의 제사를 잇고 있었음을 알 수 있으며, 그를 위해 종가에서 제위전을 따로 떼어 주고 있다. 이것은 장자를 통해 제사를 이어 가는 종법제에 비추어 볼 때 매우 흥미로운 관행이라 할 수 있다. 즉 증조부의 제사를 재종숙의 뒤를 잇기 위해 양자로 가는 차남이 가져가는 사례를 보여주고 있기 때문이다. 우리는 물론 이 사례만을 가지고 이와 같은 관행이 당시 어느 정도 일반적이었는지 알 수 없다. 다만 17세기 말에도 형제간에 제사를 나누는 관행, 그리고 외손봉사를 포함해서 제사를 모든 자녀들 사이에서 윤회로 행하는 관행 등이 행해지고 있었다는 것을 확인할 수 있을 뿐이다. 그러나 이 자료만 가지고도 이 시기에 이르기까지 종법제란 여전히 철저히 시행되고 있지 않았다는 것을 분명히 알 수 있다.

다음의 <분재기 10>은 약봉파의 분가에 해당하는 지촌(芝村) 김방걸(金邦杰)15)의 처가인 동래정씨 정이무(鄭而武)의 집안에서 1684년에 작성된 문서로 1671년에 작성된 앞의 <분재기 6>의 내용과 비교할 때 몇 가지 점에서 차이를 보인다.

<분재기 10> 강희 23년(숙종 10년, 1684년) 갑자 3월 10일
사남매가 화회문서를 만들었으니16)

어머니가 살아 계실 적에 말씀하시되, 적은 땅과 종(노비)을 자녀들에게 하나하나 낱낱이 나누어주면 장자가 형세를 지탱하기가 어렵게 되므로, 영천, 소천에 있는 전답은 모두 장자에게 주라고 말씀하심이 확실하므로, 유언에 따라 영천, 소천에 있는 전답은 거론하지 않고, 그 나머지 토지와 노비를 조선봉사조로 노비 4사람, 전답 20두락(마지기)을 골라서 정한다. 그 밖에 나머지 재산을 가지고, 평균 분깃17)한다.

봉사위(제사용): 노 2, 비 2, 밭 15마지기, 논 5마지기
장남 깃(장남의 몫) : 노 4, 비 5, 논 17마지기 10복 6속, 밭 14마지기 4복 6속
장녀 깃(장녀의 몫): 노 4, 비 5, 논 15마지기, 밭 13마지기
차남 깃(차남의 몫): 노 2, 비 7, 논 13.5마지기, 밭 11마지기
차녀 깃(차녀의 몫): 노 4, 비 5, 논 15마지기, 밭 15마지기

이에(여기에) 조부모 및 외조부모의 제사를 차례대로 돌아가며 지내는 것은 돌아가며 지내지 않고 큰집에서 혼자 당해서 제사를 행하며, 신노비 소생

---

15) 인조 1년(1622)~숙종 21년(1695). 자는 사흥(士興), 호는 지촌(芝村). 현종 원년(1660)에 문과급제. 후에 동부승지, 병조·예조 참의, 대사간·대사성을 지냈다.
16) 탈상하는 날 자손들이 모여서 분재에 관한 협의를 하는데, 그것을 회회라고 한다.
17) 똑같이 나눔. '깃'이란 기치다, 끼치다의 의미로 후에 '몫'이라는 뜻으로 바뀐다.

단(段)은 깃부가[18]에서 법대로 차지한다. 그렇기 때문에 신노비 소생은 신노비를 받은 사람 집에서 차지하므로 그 문제는 거론하지 않는다. 성동(지명) 어머님의 묘 뒤에 있는 주산과 주산의 좌우는 모두 백성들의 땅(남의 사유지)이니, 이후에 큰집에서 독자적으로 관장해서 값을 마련해 사서(큰집 것으로) 늘어놓는다.

장남 학생 정자강 아내 김씨 인
장녀 사위 홍문관 수찬 김방걸 (참여하지 못해서, 수결이 없다.)
차남 유학 정자고 (수결)
차녀 사위 학생 허곤의 아들 순 (수결)

필집 동성 5촌질 유학 정하 (수결)

原文: 康熙二十三年甲子三月初十日 同生四男妹中 和會成文爲臥乎事段(『고문서집성』 六, 133쪽 <분재기(和會) 10>)
母主生時言敎是乎矣 些少田民乙 子女處一一分給 則宗子家勢難支保是去乎 榮川召川田畓段 全給長子亦丁寧是乎等以 遺言導良 同榮川召川田畓段 不爲擧論爲遺 其他田民乙 奉祀位奴婢四口 田畓二十斗落只 擇定外 平均分衿爲臥乎事

奉祀位 婢愛化四所生奴李卜年二十七戊戌 婢貴非七所生婢順化年三十四辛卯 同婢二所生奴羅斤乃年八丁巳 三所生婢守分年三壬戌 一斗丁員二百二十二田十五卜八束五斗落只 一今員三百十七畓三卜五束二斗落只 仇羅員二百二十九畓三十三卜八束十三斗落只 印

長男衿 新奴婢 婢貴非三所生奴允山年四十八丁丑 一所生婢代年五十八丁卯 婢卜女五所生婢承女年四十五庚辰 例得婢貴非六所生婢㳂只年三十七戊子 婢庚辰五所生奴 婢奉取四所生奴命先年九丙辰 婢卜女四所生奴萬卜年五十一甲戌 婢貴非五所生婢今伊年四十三壬午 同婢三所生婢世進年五庚申 堤下員二百三十八反田十四卜六束 二百四十一反田四卜六束四斗落只 仇羅員二百六十六泥生田四十五卜九斗落只 一斗丁員田一斗落只 同員五十四畓十一卜六束七斗落只 良孔樹員一百七十四畓五卜六束 一百七十五畓六卜五束五斗落只 咸昌立岩員十二畓五十三畓二十二卜九斗落只內五斗落只 印

---

18) '깃부가'란 '남겨준 집, 상속해준 집의 몫'이란 의미로 부친 집, 즉 신노비를 받을 사람 집에서 갖게 된다는 의미이다. 노비의 소생은 원래의 소유주에게로 넘겨가게 되는 것이 당시의 원칙이었으므로 이 경우는 예외인 셈이다.

분재기 10. 지촌(芝村) 김방걸(金邦杰)의 처가인 동래정씨 정이무(鄭而武)의 집안에서 숙종 10년(1684) 작성된 화회문서.

長女衿 新奴婢 婢焦德二所生奴順生年六十一甲子 婢卜女一所生婢天女年六十乙丑 婢貴非四所生婢允化年四十六己卯 例得婢奉取二所生奴斗一年二十乙巳 婢命取二所生奴後良年七戊午 婢庚辰七所生奴從實年五庚申 婢奉今年六十七戊午 婢愛化四所生婢允玉年二十四辛丑 婢命取四所生婢自乙女年二癸亥 一夻丁員六十二畓四卜六束四斗落只 同員田三斗落只 二百八十畓十六卜六束 十三斗落只內上邊二卜八束二斗落只 達毛谷員八百六十田二十卜六束內下邊十一卜四束五斗落只 一今員三百八十七畓六卜七束三斗落只 伊士里員田內二斗落只 仇羅員二百二十三畓十七卜九束九斗落只 印

次男衿 新奴婢 婢愛玉三所生奴愛守年五十六己巳 婢卜女二所生婢二女年五十七戊辰 婢愛化二所生婢久女年三十五庚寅 例得婢奉今二所生婢奉鶴年三十七戊子 四所生婢命取年三十一甲午 同婢三所生奴後乞年 婢貴非二所生婢女非年五十四辛未 婢愛玉二所生婢愛化年六十乙丑 婢今伊二所生婢今眞年十乙卯 仇羅員二百四十畓十一卜六束四斗落只 一今員三百三十路上代田十九卜九束內七卜九束二斗落只 咸昌亐本員田六斗落只 沙橋田三斗落只 草田員畓三斗落只 立岩員十二畓五卜十三畓二十二卜九斗落只內四斗落只 殷豊畓五斗落只內二斗五刀落只 印

次女衿 新奴婢 婢蕊介二所生奴京金年五十五庚
午 婢莫絶一所生婢陽非年五十乙亥 婢卜女三所生
婢每女年五十四辛未 例得婢奉取五所生奴男年七
戊午 六所生奴命金年五庚申 婢命取一所生奴命乞
年十一甲寅 婢庚辰年四十五庚辰 同婢六所生婢季
今年七戊午 婢奉今一所生婢奉取年四十一甲申 楓
井員田六斗落只 一今員三百三十田十九卜九束內十
二卜路下三斗落只 達毛谷員八百六十田二十卜六束
內九卜二束上邊四斗落只 伊士里員田內二斗落只
仇羅員二百七畓八卜五束四斗落只 一半丁員二百八
十畓十六卜六束十三斗落只內十三卜八束下邊十
一斗落只 印

此亦中祖父母及外祖父母祭祀輪回次例乙 不爲
輪行爲遣 長家獨當行之是乎於 新奴婢所生段 衿付
家法當次知 故不爲擧論是於 聲洞母主墳山主山及
左右皆是民田是去乎 日後長宅獨當備價買陳事

長男 學生 鄭自强妻 金氏(印)
長女壻 弘文修撰 金邦杰
次男 幼學 鄭自固 (手決)
次女壻 學生 許焜子 珣 (手決)
筆執 同姓五寸姪 幼學 鄭河 (手決)

이 문서에서 주목되는 것은 먼저 "적은 땅과 종(노비)을 자녀들에게 하나하나 낱낱이 나누어 주면 장자가 형세를 지탱하기가 어렵게 되므로" 영천·소천의 전답을 모두 장자에게 주라는 대목이다. 위에서 살펴본 다른 화회문기들의 경우와 달리 형제자매들간에 평균분깃을 하되 미리 장남에게 일부 재산을 떼어 준 후에 재산을 분배하고 있다. 장자의 형세를 지탱해 주기 위해 주어지는 이 별도의 재산은 조상제사를 위한 봉사위와는 다른 것으로 이미 장남을 우대하는 차등분배가 시작되고 있었음을 의미한다. 이미 이전에도 장남에게 별급 등을 통해 결과적인 차등분배가 있었을지 모르지만, 여기서는 형제들간의 화회문기에 그것을 명시하고 있다는 점이 주목된다.

이 문서에 나타난 또 한 가지의 중요한 변화는 "조부모 및 외조부모의 제사를 차례대로 돌아가며 지내는 것은 돌아가며 지내지 않고"라는 대목에서 엿볼 수 있다. 이 구절에서 우리는 우선 이 문기가 작성된 1684년까지도 여전히 윤회, 외손봉사가 행해지고 있었다는 것을 알 수 있으며, 동시에 이제부터 그것을 하지 말도록 하는 대목에서 점차 윤회 제사가 없어지고 장남이 주로 맡아 하는 식으로 바뀌기 시작하는 것도 알 수 있다. 이것은 다시 말해 딸들은 제사 받들 의무를 면제받게 된다는 것이지만, 그와 함께 재산상속에 대한 권한도 줄어들게 된다는 것을 의미한다. 그것은 딸들에 대한 분재는 제사윤회에 대한 보답의 의미도 있기 때문이다.[19] 이처럼 분재상에서 장남을 우대하고 윤회를 금하는 방향으로의 변화가 있기는 하지만, 아직도 기재순서는 출생순으로 되어 있으며 성별에 따른 차별을 두지 않았음을 살필 수 있다.

1706년에 작성된 아래의 <분재기 29>는 고모를 대신하는 고모부(김정, 의성김씨)와 조카 사이의 분재문서로 의성김씨인 김정의 아내 반씨가 그 '어머니의 외조부'(外外曾祖)로부터 물려받은 재산을 남동생의 아들인 반정윤, 반정열과 나누는 내용이다.

<분재기 29> 강희 45년(1706년) 병술 5월 초2일 숙질 중(아재비와 조카 사이)[20]의 분재문서

오른쪽과 같이 문서를 작성하는 일은 외외증조(어머니의 외조부)가 살아 있을 때에 노비, 전답을 구두로 물려주어 형편대로 부리고 갈아먹고 있다가 각 댁에서 신(新)노비를 덜어낸 후에 구전에 따라 문서를 작성하되, 제위 노비가 부족하기 때문에 모오원(지명) 연경당 앞에 있는 밭(벼도 심고, 보리도 심고) 6두락을 제위노비 대신으로 대납하니, 후일에 혹시 잡담하거든 이 문서를 가지고 관에 고해 바로잡을 것이다.

---

19) 따라서 더 이상 제사를 받들지 않게 되는 딸들은 상속받은 재산을 장남에게 돌려주는 경우도 있었다(아래 <분재기 30> 참조).
20) 본래는 김정의 아내와 그 남동생간의 분재이나 남동생이 사망해 그 아들인 반정열, 반정윤 형제가 나오고 또 그들의 고모를 대신해서 고모부인 김정이 나서게 된 것이다.

봉사조: 논 12마지기, 밭 6마지기
삼촌 숙모부(고모부) 통덕랑 김정 몫: 노 5, 비 7, 논 21마지기, 밭 19.5마지기
둘째 남동생(次妣)의 대자 반정열, 반정윤 몫: 노 7, 비 7, 논 27마지기, 밭 22.5마지기

　　　　　3촌 숙모부(고모부) 통덕랑 김정 (수결)
　　　　　차남 대자 유학 반정윤 (수결)
　　　　　필 유학동생 형 반정열 (수결)

原文: 康熙四十五年丙戌五月初二日 叔姪中 和會成文(『고문서집성』 六, 151쪽 <분재기(和會) 29>)

右成文爲臥乎事段 外外曾祖生存時 奴婢田畓乙 口傳以仍便使喚耕食爲有如可 各宅新奴婢除出後 依口傳成文爲乎矣 祭位奴婢不足乙仍于 毛於員燕敬堂前田米牟陸斗落只庫乙 祭位奴婢代代納爲去乎 後次良中 幸有雜談爲去乙等 用此文 告官卞正事

奉祀條
畓谷員畓陸斗落只 木八於員內 分畓陸斗落只 毛於員燕堂前田 米牟陸斗落只 印

三寸叔母夫通德郎金貞衿
莫古里員渠西邊畓二斗落只 法川員陳畓東邊七斗落只 曲只員渠西畓陸斗落只 同員針谷莫先陳田十二斗落只 可谷蛇谷員畓陸斗落只 高平員田內五斗落只 牛浦員田內 二斗五束落只 新婢患德一所生婢愛向年戊午 二所生奴貴亂年丙寅 香玉所生婢秀永介年甲子 同婢一所生婢守分年甲寅 二所生婢病人守玉年甲戌 香玉三所生婢去時年甲寅 莫眞一所生婢貴香年庚申 同婢二所生婢道先年癸亥 興眞一所生奴一同癸丑二所生奴六同年庚子 香玉二所生婢錦女年己酉 德眞四所生奴莫上年癸巳生 印

次妣代子潘廷說廷尹衿
加谷員籬下畓二斗落只 同員石橋西畓三斗落只 同員高山文畓五斗落只 同員三丁洞畓七斗落只 同員西邊風德家後田代田一斗五束落只 同同員墻南田五束落只 同員風德家前田三斗落只 同員溪西邊田五斗落只 同員杏嶺田二斗落只 同員道下田內三斗落只 同員龍山畓十斗落只 高坪員田內五斗落只 牛浦員內田二斗五升落只 新婢京眞一所生婢一承 二所生奴一亂 占分所生奴同伊年庚寅 婢五德年丁丑 同婢一所生婢一眞年丁酉 二所生奴太元庚子 三所生婢禾得年癸亥 一眞一所生婢玉女年丁巳 二所生婢慫女年庚申 玉女一所生婢順化年辛巳 奴之賢 買得奴漣先年戊申 占分三所生奴件里山年庚子 德眞二所生奴金上年辛巳生 印

　三寸叔母夫 通德郎 金貞 (手決)
　次妣代子 幼學 潘廷尹 (手決)
　筆 幼學同生兄 潘廷說 (手決)

분재기 29. 의성김씨 김정(金貞)의 아내 반씨(潘氏)가 친정어머니의 외조부로부터 물려받은 재산을 남동생의 아들인 반정윤(潘廷尹), 반정열(潘廷說)과 나누는 화회문기(1706년).

이는 결국 어머니의 외조부로부터 받은 재산을 남매간에 분재하는데, 남동생이 이미 사망해 그 아들들과 고모가 나눈 것이다. 이 자료는 18세기 초에도 집안에 따라서는 여전히 딸에 대한 분재가 지속되고 있었으며, 외조부가 외손녀에게 재산을 주는 관행도 있었다는 것을 알 수 있다.

안동지방의 금곡(金谷)에 정착한 청계공 김진의 다섯째 아들 남악(南嶽) 김복일(金復一, 중종 36, 1541년~선조 24, 1591년)의 5세손에 해당하는 김신기(金信基) 4남매의 화회문기인 <분재기 30>에서도 역시 우리는 18세기 초인 1719년에 이르기까지 의성김씨 집안에서도 외손봉사가 행해졌다는 것을 알 수 있다.

<분재기 30> 강희 58년 (1719년) 을해 11월 초9일 화회성문

오른쪽 문서를 작성하는 일은 내가 나을 수 없는 잔병이 있어(골골하여) 연이어 남매 사이에서 화회를 아직 할 겨를이 없었다가 이제 비로소 생질 이인부와 상의해 나누어 갖되, 불행히 장씨에게로 시집간 누이는 아들이 없고, 신씨에게 시집간 누이가 낳은 조카(신씨 조카)는 일찍 죽어 외손 중에서는 제사를 유행할 형편이 되지 못하기 때문에 제위조를 아버님이 말씀으로 전해 주신 것 외에 더 내고(만들고),?? 묘위조도 내고,?? 달천에 있는 땅은 외조부모의 제위로 내고, 우포에 있는 땅은 외증조부모의 제위로 내니, 비록 4대가 지난 후에라도 여러 내외손은 행여나 하고(우포나 달천의 묘위에 대해) 바라는 마음이 있어서는 안 되며, 그 나머지로 있는 것은 각 집에서 고르게 나누어 갖고, 노비는 나눌 만한 것이 현재 없기 때문에 각 집에 주지 못하고, (노비) 모두를 봉사위조로 기록한다.

봉사위: 노 2, 비 5, 논 35마지기, 밭 20마지기
달천제위 (외할아버지 제위): 논 5마지기
우포제위 (외증조할아버지 제위): 밭 7마지기
큰누이(長妹) 이찰방 댁: 논 15마지기, 밭 13마지기
오라비(娚) 두서댁: 논 16마지기, 밭 13마지기
둘째 누이(次妹) 장생원호명 댁: 논 22마지기, 밭 5마지기
끝누이(末妹) 신생원이사리 댁: 논 13마지기, 밭 12마지기

오라비 통덕랑 신기 (수결)
큰누이 아들 유학 이인부 (수결)
끝누이 아들 유학 신태도의 아내 박씨 (수결)
증인 외사촌 유학 반정윤 (수결)
필집 생질 이인부 (수결)

原文: 康熙五十八年乙亥十一月初九日 和會成文(『고문서집성』六, 152쪽 <분재기(和會) 30>)

右成文爲臥乎事段 自吾不天之淺患 故連仍娚妹中和會乙 尙未遑暇爲有如可 今始與李甥仁溥 相議分執爲乎矣 不幸張妹無子 辛甥早殀 外孫中勢難輪行祭祀是乎等以 祭位乙 先人口傳外 又爲加出是遣 又出墓位及達川外祖父母祭位 牛浦外曾祖父母祭位是去乎 雖代盡之後 諸內外孫 不當有希冀之心是乎於 以其餘存各家平均分執是遣 至於奴婢則無見存可分者 故

분재기 30. 청계공 김진의 다섯째 아들 남악(南嶽) 김복일(金復一)의 5세손인 김신기(金信基) 4남매의 화회문기(1719년).

不及於各家 而皆載奉祀位事

奉祀位 諸古谷神堂員六十一田六斗落只 六十九畓三斗落只 一百九十七畓二斗落只 二百五十六畓五斗落只 井勿員五十八畓作畓 五十九畓作畓 合十斗落只 福川員五十一畓 一百十二畓合六斗落只 二還包員一百八十六畓九斗落只 檻洞員八十六田六斗落只 六百四十代田四十二代田合八斗落只 奴居是 婢守分 婢己女 婢謁女 婢貴香 婢重業 奴道先等 印

達川祭位毛於員八十六 畓五斗落只 印
牛浦祭位 毛於員田七作合七斗落只 印
長妹李察訪宅 梧里洞畓六斗落只 古縣光德池底畓四斗落只 化莊一百二十七田五斗落只 高山員二百三十二 二百三十三 二百三十五 三十六三十八 三十九 四十七作合田六斗落只 縣西濕衣員畓五斗落只 立石員田二斗落只 印」
姊斗西宅 綠谷員畓五斗落只 古縣泉谷員二百五十三田四斗落只 同員五十七田五斗落只 神堂員二百六 二百七 二百八 二百九四 作畓合一斗落只 曲員大路邊四十七田四斗落只印
次妹張生員虎鳴宅 神堂洞畓九斗落只 古縣釜谷 一百三十七畓五斗落只 莫古里員一百六

十二 一百六十三田內上邊五斗落只 盤於谷畓內下邊五斗落只 縣內楡谷員七百十九畓三斗落只 印

末妹辛生員伊泗里宅 檻洞員基前田二斗落只 達川楓井員九十四畓三斗落只 古縣盤於谷畓內上邊五斗落只 莫古里員一百六十六 六十七田內下邊四斗落只 縣西二栗谷員畓五斗落只 斤谷員八十三田四斗落只 盤於谷上邊二斗落只 印

    姊 通德郞 信基 (手決)
    長妹子 幼學 李仁溥 (手決)
    末妹子 幼學 辛泰道妻朴氏 (手決)
    證 外四寸 幼學 潘廷尹 (手決)
    筆執 甥姪 李仁溥 (手決)

이 내용을 통해 우리는 제사의 윤회가 시행되고 있으며 그것도 외증조에 이르기까지 외손봉사가 지속됨을 알 수 있다. 즉 친가 조상의 봉사조 외에 외조 제위, 외증조 제위를 따로 떼어놓은 후 나머지 재산을 균분하고 있는 것으로 나타나고 있기 때문이다. 외조, 외증조 제위에 해당하는 재산은 일반 봉사조 재산과 더불어 승중자에게로 귀속되는 재산이며, 특히 외조, 외증조의 제위조 재산에 대해 "비록 4대가 지난 후라도 여러 내외손은 행여나 하고 바라는 마음이 있어서는 안 되며"라고 하여 4대 봉사를 완수한 후에는 그 집의 재산으로 남게 될 것임을 암시해 주고 있다. 그러나 나머지 재산은 균분의 원칙을 따르고 있으며, 기재순서도 출생순으로 되어 있어 비록 봉사조 재산이 늘고 있는 점이 있지만 여전히 18세기 초(1719년)까지도 딸들에게 아들과 구별 없이 일정한 재산상속권이 주어지고 있음을 알 수 있다.

4. 종법의식의 이념과 실제

이상의 자료를 통해 우리는 경북 안동 일대의 의성김씨 집안뿐 아니라 동래정씨, 전의이씨, 수안이씨, 진성이씨 등 의성김씨 가문과 혼인을 맺고 있는 다른 집안들에서도 거의 대부분 18세기 초까지 제사의 윤회와 3~4대에 이르는 외손봉사, 그리고 딸에 대한 분재를 행하고 있었음을 알 수 있다. 우리가 앞에서 살펴본 9개의 사례 중 1684년에 작성된 단 한 경우의 문서에서만(분재기 10) 이제부터 외손봉사를 그만하도록 권하고 있으며, 다른 경우에는 그 이후에 작성된 것이라도 여전히 외손봉사가 실행되고 있었음을 보여주고 있다. 뿐만 아니라 점차 봉사조, 제위조로 배당되는 재산이 조금씩 증가하는 경향을 읽을 수 있으나, 여전히 모든 사례에서 적출(嫡出)의 경우 아들과 딸을 구별 없이 분재에 참가시키고 있고 기재도 출생순으로 하고 있는 것으로 나타난다.

이러한 현상은 제사 및 재산의 상속을 적장자 중심으로 하는 유교적 종법제가 이념적 교화의 수준에서는 조선 초기부터 널리 강조되고, 16세기 말경부터 이미 조선 학자들에 의한 가례 규범서들이 등장하고 있었음에도 불구하고,21) 실생활 수준에서는 양반가문에서도 18세기에 이르기까지 실현되지 않고 있었다는 사실을 시사해 준다. 그러나 그런 속에서도 제사의 의무와 권리를 종가에 집중시킬 것과, 그러한 책임을 지니는 종가를 돕고 지켜 나갈 것을 강조하는 내용의 문기들이 발견되며 다음의 두 사례가 그에 해당한다.

<분재기 15> 만력 5년(선조 10년, 1577년) 정축

여러 자식에게 유언을 작성해 두는 일은 임하, 수곡(무실: 전주유씨들의 집성촌), 신곡에 있는 노비, 전답은 이미 내가 친히 준 것으로서 움직이지 말거니와(확정지은 것이다) 청기(지명)에 있는 전답은 첩 자녀 등에게 조금씩

---

21) 조선왕조에서 일찍이 등장한 가례규범서로는 조익(趙翼, 1579~1655)의 『家禮鄕宜』(16세기말), 이항복(李恒福, 1556~1618)의 『四禮訓蒙』(1614), 신식(申湜)의 『朱子家禮諺解』(1632), 김장생(金長生, 1546~1631)의 『家禮輯覽』(17세기초), 성호 이익(星湖李瀷, 1681~1763)의 『家禮疾書』(1731), 이재(李縡, 1680~1746)의 『四禮便覽』 등이 있다. 이 중 사례편람은 이 재의 사후 100여 년 뒤인 1844년 그의 증손 이광정(李光正)에 의해 간행되었으며, 한국정신문화연구원에서 역주 · 해제한 『조선시대관혼상제』 I (관혼례편), II, III, IV(상례편), V(제례편)에 1900년에 간행된 『증보사례편람』의 전권이 번역되어 있다(문옥표 외 역주 · 해제 1999~2000).

나누어주고, 그 나머지 40여 섬지기의 논은 봉사 자손에게 다 준다. 봉사자가 아들이 없으면 양자에게 주고, 양자하지 않았으면 둘째아들에게 준다. 이전의 승중22)은 그대로 확정한다. 이곳 논과 집을 덤으로 더 주는 일은 내 자손이 그 수가 적지 않아 제사 받드는 날에 모두 모여 집안에 가득하게 되고, 그 종들이 마당에 가득하고 그 말이 마구간에 가득하게 될 것이다. 종자가 가난하면 그 많은 사람들을 먹이는 데 지탱하기가 어려울 터이다. 이 일로써 절사를 거르는 일이 많을까 걱정이 된다. 원컨대 내 자손들은 내 뜻을 경건히 받들어 대대로 전해 가며, (제사, 절사를) 폐지하는 일이 없도록 했으면 좋겠다.

가사 전답 주인 자필 생원 김진 (수결)

유언

세상 사람들을 보건대 종가가 가난하고 지체가 떨어지고 작은아들들이 세력 있고 교활하면, 자기는 안 하면서 제물을 제대로 갖추지 않았다고 하면서 거세게 큰집에 책임을 추궁하는 자가 흔히 있다. 종가(큰집)가 가난하면 닭 한 마리를 잡건 포(麭: 경단) 하나를 삶건 간에 제사 달을 그냥 지나가지 않는 것이 좋겠다. 그러나 재산은 많이 있으면서 가묘 제사에 정성을 쏟지 않고 부처를 좋아하며 음사(무당, 굿)를 일삼는 자가 많다. 이런 것은 일가들이 모두기 꾸짖고, 그런 짓을 한 사람의 종에게 장 100대를 치는 것이 옳겠다. (수결)

原文: 萬曆五年丁丑閏八月十七日(『고문서집성』六, 137쪽 <분재기(遺言) 15>)

諸子息亦中 遺言成置事段 臨河水谷 申谷奴婢田畓已曾親給樣以 不動事在果 靑杞田畓段 妾子女等 小小分給爲遣 其餘四十餘石落種庫乙良 奉祀子孫以專給爲去乎 奉祀子無後爲去等繼後子 無繼後 則次子爲之爲乎矣 已前承重乙良 不動爲遣 以此處田畓家舍加給事段 吾子孫其儦不小 祭祀之日 群集滿堂 奴僕盈庭 鞍馬物廐 宗子貧窮 則供饌難支 以此爲慮節祀失時者多矣 願吾子孫 敬奉吾意 世世傳之無廢 幸甚

家舍田畓主自筆 生員 金璡 (手決)

---

22) 본래의 뜻은 아버지가 할아버지보다 먼저 죽고, 할아버지가 죽으면 손자가 그 할아버지를 잇는 것을 의미하지만 일반적으로는 제사를 잇는 아들을 일컫는다.

분재기 15. 청계공 김진이 자식들에게 만력 5년(선조 10년, 1577년)에 제사의 의무를 종가에 집중시키고 다른 자녀들이 도울 것을 강조한 내용의 유언.

遺言

看世上人 宗家殘劣 衆子豪猾 則以頉自不冬 祭物不備稱云 侵責宗家者 比比有之 宗子貧窮 則雖殺一鷄烹一□ 母虛過祭月可也 然財富而不謹家廟祭祀 以媚佛滛祀爲事者多 此則衆攻之可 杖奴一百 (手決)

    1577년에 만들어진 위의 <분재기 15>는 청계공 김진(金璡)이 자식들에게 써 준 유언으로 분재라기보다는 승중재산을 움직이지 말아 종가(宗家)를 보호할 것을 명한 내용이다. 주목되는 것은 우리가 앞서 살펴본 자료의 경우 18세기 초까지도 윤회봉사에 대한 언급이 있고(외조부 제위 등), 또한 재산을 형제자매들간에 평균 분깃하고 있는 것으로 나타나 있는 반면, 이 문서의 경우는 16세기 말(1577년)임에도 불구하고 벌써 40여 섬지기(1섬지기는 20마지기)나 되는 많은 땅을 봉사손에게 주도록 명시하고 있다는 점이다. 우리가 가진 자료로 당시 청계공의 재산이 어느 정도였고 40여 섬지기가 그의 재산에서 차지하는 비중이 어느 정도였는지 알 수 없으나, 전반적인 문맥으로 보아 종가에 힘을 실어 주기 위한 청계공의 분명한 의도를 살필 수 있다.

즉 다시 말해 이 유언의 내용은 많은 실생활의 저항에도 불구하고 국가의 방침에 부응해 유교적 종법제를 확립시켜야 한다고 생각하는 선비의 뜻을 담고 있으며, 이어 불교식이나 무속에 의한 조상의례를 금하고 벌하도록 한 내용에서도 그러한 뜻을 읽을 수 있다. 그러나 이 유언이 우리에게 알려주는 또 한 가지 사실은 이 당시까지 양반 집에서도 유교식으로 제사를 지내지 않고 무당을 불러다 굿을 하거나 절을 찾아 공양의례를 행하는 예가 빈번했다는 것이다. 따라서 그러한 관행을 폐하고 유교식 제례를 제대로 시행할 것을 강조하며, 그를 위한 경제적 뒷받침으로 많은 재산을 봉사손에게 부여하고 있다고 볼 수 있다. 그러나 이렇게 주어진 재산에 대해 "봉사자가 아들이 없으면 양자에게 주고, 양자하지 않았으면 둘째아들에게 주라"고 한 것으로 보아 아직도 양자제도는 널리 행해지지 않았으며, 제사의 의무가 지차자를 통해 계승되는 것도 가능했다는 것을 추측할 수 있다.

제사에 대한 강조와 종가를 경제적으로 뒷받침해야 한다는 의식은 의성김씨 고문서에 포함되어 있는 다음의 문중(門中) 완의(完議)에서도 분명히 드러난다.

만력(萬曆) 9년 신사(辛巳: 1581) 4월 29일 문중 완의문

이 글은 종가(宗家)가 매우 곤궁해 가묘(家廟)의 사중삭(四仲朔)[23]의 제사도 완전히 폐기하고 지내지 않으니, 자손이 제사를 지내는 정성이 쓸어 버린

---

23) 사중삭(四仲朔): 사계절의 둘째 달. 즉 2월, 5월, 8월, 11월이다.

듯이 사라져 매우 한심스럽다. 지례(知禮) 곡답(谷畓) 가경(加耕: 새로 일구어 토지 대장에 들어 있지 않은 토지) 8마지기를 선세(先世)에 시작했고, 동림(東林) 묘전(墓田)은 그대로 속하게 하거니와, 다시 모두 의논하되 재□삼보위(齋□三寶位)는 관둔전(官屯田)이 아직도 많다. 비록 이 논이 아니더라도 오히려 갈아먹을 수 있으며, 사명일(四明日)24) 제사는 자손이 돌아가며 지낸다. 비록 이 논이 아니더라도 오히려 폐기하지 않을 일이거늘 우선 가묘(家廟) 사중삭(四仲朔) 제사를 폐기해서는 안 된다는 조항으로 종가(宗家)에 소속시켜 제물에 이바지하게 하되, 묘제(墓祭) 가묘제(家廟祭)의 그릇 등 물건은 나올 곳이 없으니 또한 우려할 만하다. 동답(同畓)의 소출을 3년에 한 번씩 반을 나누어 무역(貿易)하면 피차 정의(情義)에 또한 양쪽이 온전하게 될 것이므로, 문중의 논의가 모두 같아 종가(宗家)에 옮겨 속하게 한다. 한편으로는 제향(祭享)을 위하고 한편으로는 □□을 위해 영원히 폐기치 않게 하되 증조(曾祖)의 신주가 대(代)가 다된 것은 사당에서 내어 보내거든, 위의 논을 다시 묘위(墓位) 자손(子孫) 중의 유사(有司)에게 속하게 해 돌아가며 제사를 정해 지낸다는 글대로 1년에 한 번 제사지내 백세(百世)에 바뀌지 않도록 할 일이다.

이에 종가(宗家)에서 스스로 제사를 받들음이 있었으니, 반드시 가난할지라도 제사를 폐기해 지내지 않으면 오히려 죄의 꾸짖음이 있다. 하물며 문중의 논의가 모두 같아 묘전(墓田)을 옮겨 소속시키고 제사의 비용으로 하게 하되, 오히려 마음을 쓰지 않고 그대로 제사를 폐기하면 묘위(墓位)의 농지를 헛되이 소속케 했으니, 타당치 않다. 자손(子孫)이 서로 함께 바로잡아도 오히려 '제사를' 받들지 않으면 동답(同畓)을 묘전(墓田)으로 다시 속하게 할 일이다.

위 글을 3통 작성해 두고, 종가 및 부장(部將) 부사(府使) 댁(宅)에 나누어 보관하여 뒤에 살펴보게 한다. 위의 논은 유자(流字) 3등(等) 15복(卜)이다. 끝

    전부장(前部將) 김박□(金珀□)
    전참봉(前參奉) 김수(金璲)
    ……
    필(筆) 사인(舍人) 김성일(金誠一)(모두 김씨 12명임)

---

24) 사명일(四明日): 1년 중 4개의 명일. 사명일(四名日). 설, 단오, 추석, 동지.

萬曆九年辛巳四月二十九日 門中完議文(『고문서집성』六9, 99~100쪽, 완의 17)
　右文者 宗家窮甚 家廟四仲朔祭祀 全廢不行 子孫追遠之誠掃如 極爲寒心爲置 知禮谷畓 加耕八斗落只庫乙 先世始叱 東林墓田 以依舊爲有在果 更良僉議爲乎矣 齋□三寶位叱段 官屯田尙多 雖非此畓 猶可耕食爲㢱 四明日祭叱段置 子孫輪行 雖非此畓 猶得不廢爲乎事是在乎 先可家廟四仲朔祭不廢條 以許屬宗家 以資粢盛之供爲乎矣 墓祭家廟祭器等物 辦出無路 亦爲可慮 同畓所出乙 三年一次式 分半貿易 彼此情義 亦爲兩全爲乎等乙用良 門議僉同 移屬宗家 一以爲祭享 一以爲□□ 永永無廢爲乎矣 曾祖神主代盡 出廟爲去等 右畓乙 還屬墓位子孫中有司 輪定祀文貌如 歲一祭之 百世不改爲乎事
　此亦中宗家自有承重 必于貧乏爲乎乙喩良置 廢祭不行 猶有罪責爲在等 況㢱 門議僉同 移屬墓田 以資祭用爲乎矣 猶不用心 因循廢祭 則墓位之田乙 虛屬未安 子孫相與規正 猶不奉行爲去乙等 同畓乙 墓田以還屬事
　右文三度成置 分藏宗家 及部將府使宅 以備後考次 右畓流字三等十五卜 印
　前部將 金珀□
　前參奉 金瑬
　……
　筆 舍人 金誠一 (모두 김씨 12명임)

이것은 청계공의 넷째 아들인 학봉(鶴峯) 김성일(金誠一)이 중심이 되어 문중에서 논의된 내용으로, 위에서 본 청계공의 유언에서와 마찬가지로 제사를 제대로 지낼 수 있도록 종가를 경제적으로 뒷받침해야 한다는 내용을 담고 있다. 즉 종가가 곤궁해 사시제조차 제대로 모시지 못할 형편이므로, 사명절 제사는 자손이 돌아가면서 지내더라도 가묘(家廟)에 지내는 사중삭(四仲朔) 제사(時祭를 말하는 듯함)는 반드시 종가에서 지낼 수 있도록 조상 때부터 전해 온 묘전(墓田)의 일부를 종가에 속하도록 하여 제사비용으로 쓰도록 지원하자는 내용이다. 묘전은 문중의 공동재산에 해당하므로 이 글에서 우리는 16세기 말(1581년)임에도 집안에 따라서는 봉제사와 그것을 위한 종가의 보호가 문중 전체의 관심으로 등장했음을 엿볼 수 있다. 또한 그와 함께 만일 이처럼 문중의 논의에 의해 제사비용을 지원함에도 불구하고 제사를 제대로 지내지 않으면 그 재산을 다시 거두어 묘전으로 되돌리도록 해야 한다는 언급에서, 우리는 종가는 문중의 경제적 지원을 받을 뿐 아니라 동시에 종가에 부여되어 있는 봉제사 의무가 이제는 단순한 집안 일이 아니라 문중 전체의 간여와 통제를 받는 사항이 되어 감을 알 수 있다.

청계공의 아우인 김정(金珽)이 늦게 얻은 아들 홍일(弘一)에게 허여하는 문서인 아래의 <분재기 4>도 이와 관련해 흥미로운 자료를 제공한다.

<분재기 4>

만력 6년 (선조 11, 1578년) 무인 7월 초4일

양녀□자 김홍일에게 허여를 이루어 놓는 일은 우리 부처가 50여 세가 되어 모두 병이 심해 오늘 내일 생사를 알기 어렵기 때문에, 우리 부부내외의 부모로부터 전해 얻은(상속해 받은) 토지와 노비를 각각 몫을 나누어주니, 이것을 가지고 오래오래 갈아먹되, 다른 말이 있거든 이 글의 내용을 가지고 관에 고해 바로잡을 것이다.

아들 홍일의 몫: (내용생략) 노 5, 비 3, 논 99복 8속, 밭 276복 8속
봉사조: (내용생략) 노 1, 비 3, 1(노?비?) + 논 35복 9속, 밭 242복 5속

따로 특별히 주는 것은 50여 세가 되어 자식이 없다가 늦게야 얻어서 지극히 불쌍히 여기기 때문이다.

별급조: 논 40마지기, 밭 16결 27복, 노 1구

재주 아버지 자필 전중부 참봉 김 (수결)

이에 여러 조카들에게 □□□을 별급하는 문기를 만들어 주었으므로, 이 문기 중에서 거론하지 않았고, 조카들에게 별급한 것도 봉사위(제사용으로 지정해 놓은 것)는 모두 종가에게 일체 주고 영구히 움직이지 말 것이다. 너를 늦게 얻은 후에 장차 편치 못한 일이 있어 강원도 강릉 땅에 많은 토지와 노비를 갖추어 두고 강릉으로 이사할 계획을 세웠었다. 여러 조카들의 말을 듣고 우선 (강원도로 이사갈 것을) 그만두었다. 그래서 텃밭(대전) 안에 있는 동쪽 밭 20보를 생원인 조카에게 따로 주고, □□지 노상의 여(呂)자(字) 밭 안의 남쪽 30여복을 종질(종손인 조카)에 대한 별급문기 중에 획정(나누어 정함)해서 주었다. 각각 모두 헤아려 주니, 이 뜻을 이에 잘 알아서 거행하라.

原文: 萬曆六年戊寅七月初四日(『고문서집성』 六, 129쪽 <분재기(許與) 4>)

養女□子金弘一亦中 許與成置爲臥乎事段矣 夫妻□□□餘歲以皆以病甚 今明日生死難知 仍于 夫妻內外父母傳得田民各衿分給 執持鎭長耕食爲乎矣 後次別爲所有等 此文內乙用良 告官辨正事

子弘一衿 婢斗良介一所生奴卜眞年壬寅生 奴介叱同妻二所生婢丁春年丙□生 □所生婢成眞年辛未生 奴尹□□□□年壬申生 同奴二所生奴尹連年甲申生 同奴三所生奴尹王年□□ □□□□一所生婢頭今年壬午生 妻邊奴卜眞二所生奴卜同年甲戌生 □□□字五十五田六等 四十六卜七束 多秋月員陽字七十八田內三等十五卜 寒字二田內二等十五卜七束 一田四卜八束 四田九卜四束 列字十庫合三等六十五卜八束 震字九十七田內四等二十卜一束 九十九田二十卜八束 九十八田十六卜九束致字二十四內四等十四卜七束 一田二卜五束 五田七卜 川前員律字二等六田二等三卜五束 七田四等八卜五束□字水畓五束 秋字三十五畓二十卜三束 三十四畓十四卜 □字四畓二十卜 之字三十四畓二十二卜四束 五十四畓十三卜二束 流字十六田二十五卜四束 露字畓六束 □字二十三畓八卜八束 印

奉祀條 母邊奴七分二所生奴尹仇之年甲寅生 奴屎山□□□□年壬申生 奉山二所生婢奉春年辛酉生 妻邊婢於里今三所生婢□□□□生 奴介同一所生婢花叱春年壬戌生 致字二十一田三十卜七束 二十七田二卜一束 二十六田十二卜七束 露字六十八畓十八卜九束 十七畓內十七卜 二十八間瓦家一坐 代田上下合六十五卜 壺隱亭六間 代田三十五卜 前員石岩田五等九十七卜 印

別給爲臥乎事段 五十餘歲無子息爲有如可 晚得至爲矜憐乙仍于 奴奉山二所生奴奉石年丁巳生 長皐地法下路上呂字五十田內北邊二結十五卜 同員路下二結十二卜 臨南月川田五□□ □□□合十二結 英陽靑基面員兄主前買得畓四石落只 印

財主 父自筆 前中部參奉 金 (手決)

此亦中諸姪處別給□□□□成給爲乎等以 不爲擧論於文記中是在 □□□給段置 奉祀位一體以傳給宗家 永世不爲遷動事 汝身乙 晚得之後 將來有難便之事 江原道江陵地 多備田民有移居之計矣 信聽諸姪之言 姑爲停止 代田內東邊二十卜乙 生員姪處別給爲於 □□地法下路上呂字田內南邊三十□□□宗姪別文中劃給爲有置 各各量給爲於 此意玆以知悉擧行者

이 분재의 주된 내용은 자신의 친아들에게 먹고살 만큼의 재산만을 주고, 나머지는 종가에 봉사조로 주라는 것이다. 여기서 종가는 김정의 형님인 청계공 김진의 집을 말하며, 봉사조를 받게 되는 종질이란 청계공을 이어 종손이 된 약봉 김극일이 되는 셈이다. 이처럼 종가에 봉사조의 형식으로 재산을 분재하는 것에서 우리는 종법사상의 기본이 실천되고 있음을 엿볼 수 있다. 이 자료는 16세기 말인 1578년의 것이며, 앞서 그 이후에도 여전히 제사 윤행 및 평균 분재가 지속되고 있었던 경우를 살펴보았으나, 이 예에서와 같이 집안에 따라서는 일찍부터 종가에 대한 강조가 나타나기도 한다. 17세기 말인 1673년에 약봉 김극일의 4세손이며, 지촌(芝村) 김방걸(金邦杰, 1622~1695년)의 아우가 되는 김방찬(金邦贊)에 의해 만들어진 유언인 다음의 문서에서도 명확한 아들과 딸의 구분, 장남과 차남의 구분을 살필 수 있다.

<분재기 22: 유언(遺言)>

강희 12년(1673) 계축 7월 26일 자식 등에게 유언하는 일은 내 또한 불행히도 몸에 병이 생겨 날로 병이 점점 심해져 몸의 원기가 이미 다 되어 다시 내가 회생할 길이 전혀 없다. 죽기 전에 노비와 전답을 아들(子男: 자식으로서 아들)25)에게 글을 만들어서 분급(나누어줌)하되, 정신이 혼란해서 내 정신을 가다듬을 수가 없기 때문에 감히 중형(둘째형)에게 청해 유언을 쓰게 한다. 금소(地名)에 있는(伏在) 피(皮)자 56답 18복 9속과 대전(大田)에 있는 적(籍)자 59답 19복 7속, 학사에 있는 가(可)자 5전 32복 9속곳과 비 여환의 셋째 소생 강아지, 비 애단의 첫째 소생 설향을 봉사조로 구처(처리)하고, 그 나머지 노비와 전답은 나누어줄 수 없으며 너의 형제만(뿐) 낱낱이 똑같이 나누어 갖게 하라. 비 여환 두 번째 소생 비 이화, 여환의 첫 번째 비 승화, 비 귀대의 첫째 소생 노 귀봉 등은 장남에게 특별히 주고, 비 강아지의 첫째 소생 비 세화는 차남에게 특별히 주라고 아버님이 유언을 하시었으니, 후소생을 아울러 각자 관례에 따라 부려라. 딸은 신비26) 한 사람만 분급하고, '상

---

25) 일본의 경우는 아들, 딸 모두 '子'라고 하고, 우리나라는 아들의 경우만 '子'로 하고, 딸의 경우는 '女'를 써서, 아들, 딸은 자녀라고 쓴다.
26) 신비(新婢)란 시집갈 때, 교전비로 데리고 가는 비를 말한다.

분재기 22. 김방걸의 아우 되는 김방찬의 유언(1673년). 아들과 딸 장남과 차남에 대한 차등분재가 나타난다.

속에서' 법례에 따라 얻은 '조상 대대로 전해 내려온' 노비나 전답은 절대로 허여하지 않으며, 생원 진사에 합격해 얻은 전답·노비도 계모가 살아 있을 때 아버님의 유언에 의거해 글을 만들어 주라고 하시었으되, 착서(着署: 수결문서를 만듦)하지 못하고 뜻밖에 세상을 떠나셔서 앞으로 올 일은 미리 헤아릴 수가 없을 뿐만 아니라, 정신이 이렇게 맑지 못해 나누어줄 수 없으니 후일에 처리한 후 딸은 빼놓고 아들에게만 똑같이 나누어 갖게 한다. 우리 집에 얼마 되지 않은 토지와 노비를 딸에게도 똑같이 나누어 주면 아들들이 장차 흩어질 근심을 면하지 못하게 되어 이와 같이 유언하게 되었다. 자손들은 대대로 나의 이 유언을 지켜 아들에게만 노비와 전답을 모두 나누어주고, 제사는 외손에게는 돌아가면서 지내지 않도록 하라.

　　　　　　　재주 유학 부 방찬 (수결)
　　　　　　　백부 생원　방열 (수결)
　　　　　　　필 중부 유학 방형 (수결)
　　　　　　　숙부 전현감 방걸
　　　　　　　숙부 유학 방조 (수결)

原文: 遺言(『고문서집성』 六, 145쪽 <분재기(遺言) 22>)

康熙十二年癸丑七月二十六日 子息等處遺言爲臥乎事段 余亦不幸身病 日向危劇 眞元已盡 萬無回生之路 未死前奴婢田畓乙 子男處 欲爲成文分給爲乎矣 精神昏亂 不能收拾仍于 敢請仲兄執筆遺書爲在果 琴韶伏在爲在皮字五十六畓十八卜九束 大田伏在爲在籍字五十九畓十九卜七束 鶴沙伏在爲在可字五田三十二卜九束庫果 婢女還三所生婢江阿之 婢愛丹一所生婢雪香乙 奉祀條以區處爲遺 其餘奴婢田畓段 分給不得爲去乎 汝矣兄弟衿 一一平均分執爲㫆 婢女還二所生婢二花 同婢一所生婢勝花 婢貴代一所生奴貴奉乙良 長男處別給爲遺 婢江阿之一所生婢世花乙良 次男處別給亦 家親遺言敎是去乎 後所生 並以各自依例使喚爲㫆 女息段 新婢一口衿分給爲遺 例得奴婢田畓乙良 切勿許與爲㫆 生進田畓奴婢段置 繼母生時家親遺言導良 明文成給敎是乎矣 未及着署 不意捐世 將來之事 未可豫料衿不喩 精神如許 不得分給爲去乎 後日區處後 女息除良 子男衿 平均分執爲在果 吾家些少田民乙 女息處一樣分給 則子男等將未免流離之患乙仍于 如是遺言爲去乎 子孫等世守遺意 子男衿 奴婢田畓乙 沒數分給爲遺 祭祀段 外孫處 勿爲輪行事

財主 幼學父 邦贊 (手決)
伯父 生員 邦烈 (手決)
筆 仲父 幼學 邦衡 (手決)
叔父 前縣監 邦杰
叔父 幼學 邦照 (手決)

이 유언의 내용은 앞의 화회문기에서 보이는 분재의 양식과 많은 차이를 보인다. 우선 아버지가 자신의 재산을 '아들들에게'(子男處) 나누어 준다는 의사를 밝히고 있다. 그리고 분재의 내용에서도 봉사조 외에 장남에게 남종 한 명, 여종 두 명을 더 주며, 차남에게는 여종 한 명을 더 준다고 되어 있다. 반면 딸들에게는 신비 한 명씩만 주고 "조상 대대로 전해 온 노비나 전답은 절대로 허여하지 않는다"고 하여, 아들과 딸, 그리고 장남과 차남 사이에도 분명한 차별이 나타난다. 그리고 그렇게 하는 이유는 "우리 집에 얼마 안 되는 토지와 노비를 딸에게 똑같이 나누어주면, 아들들이 장차 흩어질 근심을 면하지 못하게 되어"라고 한다. 즉 딸들에게 몫을 나누어 주면 아들 몫이 없어지거나 줄어들게 되며, 그렇게 되면 살기 어려워진 아들들이 벌어먹고 살기 위해 객지로 이사를 다녀 떠나게 될 것이라는 논리이다. 이것은 곧 재산을 아들딸에게 고루 나누어줌으로써 나타나는 재산이 세분화·영세화되는 현상을 막고 재산을 봉사조 및 장남우대로 분급함으로써 증식시켜 나가려는 의도를 나타내는 것이며, 또한 출가해 다른 문중의 성원이 되는 딸들을 차별하고 아들들을 우대함으로써 문중의 결속을 강화하려는 의도를 내포하고 있는 것이라 볼 수 있다. 또한 딸들에게 재산을 거의 주지 않는 대신 제사를 외손에게 돌아가며 지내는 것을 중지하도록 한 구절도 같은 맥락에서 이해될 수 있다.27)

이와 같은 제사의 중시와 적장자 우대로 표현되는 종법사상 강화현상은 1735년에 쓰여진 아래의 문서에서도 엿볼 수 있다.

<분재기 18> 옹정 13년(영조 11년, 1735년) 을묘 정월일 계자 용하(用河)에게 구처(區處: 처분한다)하는 문기

이 문기는 내가 금년에 79살이 되었는데, 평생토록 좋은 일을 못했고 하늘에 죄를 져 무술년(숙종 44년, 1718년) 여름에 자식 하나를 잃고, 경(경자, 숙종46, 1720년) · 을(을사, 영조1, 1725년) 양년에 마누라와 며느리를 연달아 잃는 상을 당했으니, 이 세상에 지금까지(고금에 걸쳐서) 어찌 나처럼 이런 변을 당한 사람이 있겠는가. 외로운 이 한 몸이 의지할 곳이 전혀 없어 밤낮으로 슬퍼해 오직 빨리 죽기를 원했는데, 구차하게 숨쉬면서 살아 있어 죽고 싶어도 죽지를 못하고 오늘날에 이르렀으니, 하늘이 어찌 나에게만 한결같이 이런 어려운 고통을 주면서 이처럼 벼랑 끝에 이르게 했는가. 더욱이 아프고 박절한 것은 선조의 제사를 의탁할 곳이 없으니, 사람의 불효가 이보다 더 큰 것이 없어 사손(제사를 이을 손)을 구해서 끊어진 세대를 잇고자 했는데, 우리 일가의 가까운 친척 사이에서 장난치는 자가 있게 되어 내 소원을 이루지 못했으니 그 원통함이 어떠하겠는가. 부득이 너의 아버지와 또 여러 제종(諸從: 일가, 4촌에서 8촌까지, 종반간)28)이 모여서 상의해 네가 조상을 받들게 했으니29) 너는 나의 지극한 뜻을 알아야 할 것이다. 나는 너에게는 백

---

27) 문숙자(2001: 95), 전경목(2001: 129) 등은 이러한 관행이 재산이 흩어지는 것을 막아 '동족마을'을 형성하고자 하였던 의도를 나타낸다는 견해를 피력하였다.
28) 먼 일가여서 촌수를 따지기 어려운 경우는 족종(族從)이라 한다. 이때 족(族)은 '일가'라는 뜻이고, 종(從)은 '가까운 일가'라는 뜻이 있다. 종(從)은 '4종(10촌)'까지만 붙인다. 집안에 따라서는 4종까지를 당내간으로 하는 사람들도 있지만, 원칙적으로는 당내간은 동고조(同高祖) 8촌까지를 칭하는 용어이다. 종항(從行)이란 사촌항렬, 종항간은 사촌간을 부르는 명칭이고, 안동권에서는 '종반간'으로 칭한다.

부가 되고 너는 나에게는 유자(猶子)30)가 되니, 그간의 정리와 인사(사람으로서의 관계)에 내가 낳은 자식과 다를 바 없으니 거기에 어떠한 사이가 있겠는가. 약간의 노비와 전답을 다음과 같이 적어서 주니, 너는 그것을 오래오래 가지고 팔지도 말 것이며 방(放: 함부로 남에게 증여하는 것)하지도 말고 향화(제사)를 끊이지 않는다면, 내가 비록 죽더라도 지하에서 눈을 감을 수 있겠다. 이와 같이 문서를 만든 후에 내·외 자손과 족속 일가 중에서 혹시 이의를 제기하려는 자가 있거든, 이 문서에 의해 관에 호소해서 바로잡고 죄를 논하도록 하라.

조고·비 봉사조로는 성자 37답 10부 8속, 성천전 조자 31전 22복 7속, 32전 13부 6속, 비 금춘의 둘째 소생 명녀의 첫 소생 비 정춘 경진생, 명녀의 첫 소생 노 삭불이 무신생, 둘째 소생 비 잔련이 임자생, 비 명분 신유생, 명분의 첫 소생 소근자(작은놈) 신묘생, 비 명녀의 둘째 소생31) 비 정금 임오생, 비 명월의 첫 소생 노 연필 무자생, 둘째 소생 비 잔련 임인생, 비 정금 첫 소생 비 소고 임자생 끝

고·비 봉사조로는 임북출자 12답 30부 3속, 비 석금 정사생, 석금의 첫 소생 노 대천 신사생, 비 덕랑 무자생, 노 유석 경오생 끝

죽은 아들의 죽은 후의 일을 생각하니 갈수록 더 처참해 내가 죽기 전에는 어떻게든 자손이 끊긴 대를 이을 계책이 전혀 없어 백 번을 생각해 봐도 전혀 어떻게 해야 될지 방도가 없으니, 부자간(죽은 자식과 나)의 망극한 정이 어떻게 되겠는가. 제전을 마땅히 따로 두어야 하는데, 우리 집이 논밭이나 집이 적으니, 다만 세자(歲字) 7전 16부 3속, 윤자(潤字) 11전 13부 5속, 노 석금의 둘째 소생 노 대찰 을유생, 비 사녀의 둘째 소생 비 업랑 경인생

---

29) 이것은 다시 말해 죽은 아들의 양자를 들인 것이 아니고, 노인의 양자를 들였다는 의미이다.
30) 조카를 유자라고 하고, 삼촌은 유부(猶父: 아버지와 같다)로 부른다. 그래서 삼촌 숙질간을 '유부유자관계'라고 한다. 예를 들어, 부모 자식관계에서는 체벌 등의 행위를 해도 상관할 수 없으나, 삼촌의 경우에는 체벌이나 욕 등의 행위는 하지 않는 것으로 되어 있으나 부모와 같이 이것이 가능하다면 그것이 유부유자관계로 칭하게 되는 경우이다.
31) 80살 먹은 사람이 썼으니, 셋째를 잘못 써서 둘째로 오기한 것일 수도 있다.

등을 특별히 빼내어 따로 써 둔다. 너희들 적·얼 형제32)가 모두 맡아 찾아서 가지고 거두어서 우리 내외의 제사와 나의 죽은 아들의 제사비용에 쓰도록 하고, '나와 나의 아들' 2대의 기제와 묘제는 제사의 품격을 갖추기 어려울 것이므로, 기제사를 지내고 나서는 간소하게 지내고, 순사(旬祀)는 비록 술과 과일만이라도 행하고, 봄과 가을에 봉분을 청소하는 성묘는 폐지하지 않는 것이 매우 옳다.

계자 용하 깃(衿): 장고부 장(藏)자 4전 26부 3속, 9전 9부 6속, 10전 9부 6속, 양(陽)자 대전 64전 내 7복 9속, 수(水)자 33전 6부 4속, 37전 1부 4속, 임북 출(出)자 3전 2복, 4전 6복 1속, 5전 4속, 6전 1부 5속, 7전 3부 2속, 8전 8부 2속, 9전 5부 4속, 10전 1부 6속, 34답 19복 4속, 41답 2복33) 비 분녀 신사생, 비 분옥 계미생, 비 분녀 소생 노 막술 병오생, 노 담사리34) 무자생, 비 사녀 무진생, 사녀의 셋째 소생 비 건이랑 계사생, 넷째 소생 비 점랑 무술생, 노 사룡 기묘생, 비 예랑 무자생, 비 사금 병자생, 사금의 둘째 소생 비 이심 정미생, 대내 거 노 귀선의 양처 소생35) 노 만필 갑자생, 노 만춘 무진생, 비 만금 경오생 끝

도망간 노비 기화·금녀 등 소생을 혹시 추심하거든, 우리(노인) 형제 양가가 나누어 가지고 부릴 것이다. 나의 처가로부터 상속받은 비 춘녀는 홍해(영덕)에 도망가서 살고 있다고 하는데 아직도 찾지 못했으니, 내외 자손 중에 혹시 찾아내거든 다섯 딸이 각각 한 사람씩 가지고 그 나머지는 모두 종가에 속하게 함이 마땅하다.

죽은 며느리가 데려온 비 승매는 며느리가 죽은 후 은풍에 가 살면서 딸 넷을 낳았다고 하는데, 여태껏 나타나지 않았다. 네가 앞으로 찾아서 해마다 공물을 받아 며느리의 제사에 보태 쓰는 것이 좋겠다.

---

32) 이 글을 쓴 사람의 모든 자녀를 일컬음.
33) ⼘이나 負는 같다. 읽을 때는 '짐'으로 읽는다. 束은 '뭇'으로 읽는다.
34) '담사리'의 원래 뜻은 '다맛(只)'→'다ᄆ살이'→'더부살이'의 뜻이 있다고 한다.
35) 보통 '병산(並産)'으로 표기한다. 이 경우는 완전한 노비라 하기 어려우며, 어머니의 신분으로 인해 많은 문제가 발생한다.

을묘 정월 일 재물 주인 자필 80노부 (수결)

原文: 雍正十三年乙卯正月日 繼子用河處區處文記(『고문서집성』 六, 142쪽 <분재기(許與) 18>)

　　　右文爲我今年七十九 平生積惡 獲戾于天 戊戌夏 喪失一子 庚乙兩年 室人子婦 相繼喪逝 通天亘古 豈有如我遭變者乎 孤獨一身 子子無依 晝夜呼天 惟願速死 而一息苟存 欲絶而不絶 以至今日 天何使我一向艱苦 而至於此極耶 尤爲痛迫者 先祀無所依托 人間不孝 莫大於此 欲求嗣孫 以繼絶世 而一家至親間 沮戲者存焉 亦未遂願 其爲冤痛 當如何也 不得已與汝父及諸從 聚首相議 以汝使之奉先 汝其知我之至情耶 吾於汝爲伯父 汝於吾爲猶子 情理人事 與己出無異 有何間焉 若干奴婢田畓 後錄以給 汝其長久執持 勿賣勿放 不絶香火 則我雖死 瞑目於地下矣 如是成文之後 內外子孫中及族屬中 或有希望雜談者 依此文告官 卞正論罪事

　　　祖考妣奉祀位 成字三十七畓十負八束 成川田調字三十一田二十二卜七束 三十二田十三負六束 婢今春二所生婢命女一所生婢丁春年庚辰生 同婢一所生奴朔不伊年戊申生 二所生婢皐連年壬子生 婢命分年辛酉生 同婢一所生奴小斤者年辛卯生 婢命女二所生婢丁今年壬午生 婢命月一所生奴軟必年戊子生 二所生婢皐連年寅生 婢丁今一所生婢小姑年壬子生 印

　　　考妣奉祀位 臨北出字十二畓三十負三束 婢石今年丁巳生 同婢一所生奴大川年辛巳生 婢德娘年戊子生 奴允石年庚午生 印

　　　亡子身後之事 去益悽慘 我未死之前 切無某條繼絶之計 而百番想之 萬無措手之路 父子間罔極之情 當如何也 祭田所當別置 而吾家田民鮮少 只以歲字七田十六負三束 潤字十一田十三負五束 奴石今二所生奴大察年乙酉生 婢士女二所生婢業娘年庚寅生等乙 拔例書置 汝等嫡孼兄弟 一幷次知收探 吾夫妻祭及亡子祭辦行 而兩代忌祭墓祭 似難備品 過行忌祭 則從簡設行 而至於旬祀 則雖以酒果行之 不廢春秋掃墳 至可至可

　　　繼子用河衿 長皐負藏字四田二十六負三束 九田九負六束 十田九負六束 陽字代田六十四田內七卜九束 水字三十三田六卜四束 三十七田一卜四束 臨北出字三田二卜 四田六卜一束 五田四束 六田一卜五束 七田三卜二束 八田八卜二束 九田五卜七束 十田一卜六束 三十四畓十九卜四束 四十一畓二卜 婢分女年辛巳生 婢分玉年癸未生 婢分女所生奴莫逃年丙午生 奴淡沙里年戊子生 婢士女年戊辰生 同婢三所生婢件伊娘年癸巳生 四所生婢占娘年戊戌生 奴士龍年己卯生 婢禮娘年戊子生 婢士今年丙子生 同婢二所生婢二心年丁未生 大內居奴貴先良妻所生奴萬泌年甲子生 奴萬春年戊辰生 婢萬今年庚午生 印

　　　逃婢己化今女等所生乙 或有推尋是去乙等 吾兄弟兩家分執使喚是於 妻邊衿得婢春女逃接于興海地云 而尙未推得 內外子孫中 或有推出是去乙等 五女各執一口 其餘並屬宗家宜當

　　　亡婦率來婢承梅 自亡婦喪逝之後 往接殷豊生四女云 而尙不來現 汝其從後推尋 年年收貢 以助亡婦之祭亦可

　　　　　乙卯正月日 財主自筆 八十老父 (手決)

이 문서는 1735년에 작성된 것으로 귀봉(龜峯) 김수일(金守一)의 6세손인 세갑(世鉀)이 자신의 외아들과 며느리를 다 잃은 후 동생인 세영(世鍈)의 아들 용하(用河)로 하여금 자신의 뒤를 이어 조상의 제사를 받들게 하고, 그에게 자신이 가지고 있는 모든 재산을 처분하는 내용이다. 여기서 주목되는 것은 재주인 김세갑에게 다섯 명의 딸과 얼자녀가 있었음에도 불구하고 그들에게는 전혀 분재하지 않고 모든 재산을 다 계자(繼子) 용하에게 물려주고 있다는 점이다.36) 문서의 내용으로 보아 이 집의 재산이 많지 않았던 것은 분명하나, 그렇다 하더라도 딸들을 완전히 배제하고 이처럼 제사를 받들게 될 양자에게 전 재산을 상속하는 것은 종법사상이 강화되어 가는 과정을 보여주는 하나의 사례가 된다고 하겠다.

그러나 그러한 변화를 가장 분명하게 관찰할 수 있는 것은 우리가 마지막으로 살펴 볼 아래의 <분재기 28>의 사례다.

<분재기 28> 건륭 10년(영조 21년, 1745년)
을축 3월 15일 자녀들에게 허여하는 일은 내 목숨이 기구하고 죄가 있어 갑자기 남편을 잃고 집안의 모든 일에 간여할 바가 없고, 이번에 3년상을 이미 탈상하고 약간의 토지·노비를 자녀에게 마땅히 처분해 줄 일이다. 영감이 살아 있을 때에 이미 논밭마다 처리해 참작해서 이속(移屬: 몫을 옮겨서 귀속하게 함)해 넷으로 나눈 것은 확실하되, 미처 겨를을 내지 못해 문서를 작성하지 못했을 따름이다.

갑자기 '집안의' 인간사가 일변했으니, 전날의 영감이 거듭 친절히 일러주신 말씀을 추념하건대, 아직도 귀에 쟁쟁하게 남아 있다. 이번에 몫을 나누어주는 것을 한결같이 영감의 남기신 뜻을 좇아 가운데 작은아버지37)께 품하고, 또 여러 일가가 모여 문서를 작성한다. 부모님의 제사를 받들 재산과 우리 부부의 제사를 지낼 땅과 노비를 먼저 정해서 덜어 놓은 후 '나머지' 땅과 노비를 넷으로 나눈다. 추곡에 있는 전답은 조상 대대로 종가를 중히 여

---

36) 딸들에게는 도망간 노비를 찾게 되면 한 명씩 나누어 가지라는 언급이 있을 뿐이다.
37) '구(舅)'는 외삼촌, 시아버지 등으로 쓰이는 단어이지만 여기서 중구(仲舅)는 둘째 시숙부(媤叔父)를 말한다. 즉 다시 말해 시아버지의 동생이나 형을 말하는 것이다.

기라는 훈계의 말씀이 확실하기 때문에 영감이 살아 계실 때에 여러 자식들을 위해 모두 따로 마련했으나, 부족함을 면치 못해 부득이 승평(지명)과 진필(지명) 등에 있는 약간의 전답을 이미 쪼개어 냈으니, 이 밖에는 다시는 거론하지 말라. 넷으로 나눈 전답을 자녀들에게 몫으로 나누어준다.

장자에게는 추곡농소[38]를 영구히 귀속하게 하고, 둘째아들에게는 보동농소를 나누어주고, 셋째아들에게는 감현농소를 나누어주고, 어린 아들 3형제에게는 말산농소를 나누어준다. 대체로 영감이 전답을 넷으로 나누어 그 중 하나를 세 사람의 어린아이들에게 귀속하게 한 것은 장성하려면 아직 멀기 때문에 따로 한 농소를 두어 거기서 나온 소출을 운영해 따로 재산을 모아 두었다가 그들이 모두 결혼하기를 기다린 후에 세 아이에게 다른 아들에게 한 예에 따라 똑같이 나누어주기 위해서이다. 이번에 몫을 나누어준 후에는 한결같이 남기신 뜻을 좇아 반드시 이 어린아이 삼형제가 장성한 것을 기다려서 이룩해 줄 것이다. 그 밖에 소소한 전토를 나누어주는 것도 영감의 남기신 뜻 외에는 감히 조금치도 팔거나 바꾸지(매매) 못할 것이다. 제사를 받들고 손님을 접대하고 형제간에 사이좋게 하는 한 가지 조항에 있어서는 이미 조상의 가르침이 있으니, 너희들은 그것을 지켜 받들고 폐지하지 말지어다.

    부모제위: (내용생략) 노 1, 비 1, 논 28복 6속, 밭 30복 6속
    묘위: (내용 생략) 밭 15복 8속
    우리 부부 4위(부인이 3명임)의 제위[39]: (내용 생략) 노 1, 비 1, 논 51복 1속, 밭 71복 7속
    묘위: (내용 생략) 논 7복 7속, 밭 7복
    영감 아우의 묘위: (내용 생략) 논 1복 8속, 밭 13복
    장자 주진의 몫: (내용 생략) 노 5, 비 1, 논 35복 1속, 밭 23복 8속, 논 2고, 밭 17고, 전답 45고, 천 26고, 곳간 8칸, 기와집 6칸

---

38) 농소라는 표현은 안동권에서만 쓰이는 용어인 듯하다. 논이 수십 마지기씩 있으니까, 그런 큰 덩어리를 '소'로 불렸던 것 같다. 거기에는 '소'를 두어 관리한다는 표현을 썼는데, 마름을 두어 관리했던 것 같다. 커다란 땅 덩어리에 다른 사람의 토지가 있으면 '소'라는 표현을 쓰지는 못하게 된다. 그러므로 커다란 땅을 덩어리째 가지고 있는 경우에 쓰이는 표현인 것 같다.

39) 김우렴에게는 세 명의 부인이 있었는, 첫째 부인, 둘째 부인, 셋째 부인이 모두 안동권씨다(대동보 권2 1271쪽). 이 문서는 셋째 부인이 작성한 것으로 보인다.

둘째 주우의 몫: (내용 생략) 노 4, 비 2, 논 31복 8속, 밭 20복 2속, 전답 19고, 곳간 4칸, 기와집 6칸.
셋째 주항의 몫: (내용 생략) 노 3, 비 2, 논 15복 5속, 밭 96복 6속, 논 6고, 밭 3고, 곳간 8칸, 기와집 6칸.
넷째 창열의 몫: (내용 생략) 노 1, 비 2, 논 27복 9속, 밭 77복 5속, 밭 2고, 천 10고, 초가 6칸, 기와집 9칸.
다섯째 재열의 몫: (내용 생략) 노 1, 비 1, 논 19복 6속, 밭 41복
여섯째 만열의 몫: (내용 생략) 비 2, 논 22복 4속, 밭 23복 2속, 초가 6칸, 대전 1마지기.
장녀의 몫: (내용 생략) 비 1, 논 7복 7속, 밭 16복 1속
차녀의 몫: (내용 생략) 비 1, 논 33복 8속
차녀(삼녀)의 몫(내용 생략) 밭 2복 8속

재주 모 안동권씨 (인)
가옹 동성삼촌숙 종사랑 (수결) (수결)
증인 가옹 족제 유학 몽엄40) (수결) (수결)
가옹 종질 유학 주국 (수결) (수결)
필 가옹 동성사촌 유학 두렴 (수결) (수결)

이에 매득한 텃밭 유자 31전 14복, 30전 9복 8속은 한결같이 영감의 남기신 뜻에 따라 종가에 귀속하게 한다. 네 곳에 있는 농소에 곡식을 빌려주어 이자를 받아서 불린 보(寶)의 곡식은 그 귀속한 바에 따라서 차지하고, 현재 가지고 있는 전답은 이미 분깃한 후에 다시 차지할 필요 없이 그대로 가진다. 그리고 세 아이가 자라기 전에는 특별히 이를 각각 따로 가지고 쓸 일이 없으니, 넷으로 나눈 곳 중 한 곳에서 나온 수확은 그 소출을 모아 가지고 운영할 길이 없기 때문에, 각자가 몫으로 받은 전답과 그 부부의 제위 전답은 막내아이가 성장할 때까지 공평하게 가질 것이며, 현재 가지고 있는 전답의 자호복수를 뒤에다 적는다. 막내가 장성한 후에는 각자가 몫으로 받은 것에다가 원래대로 환속하게 할 것이다.

현재 가지고 있는 제위조내 추고원 광자 56전 13복 7속, 진 37전 4복 5속,

---

40) 학봉 김성일의 7세손으로 아버지는 이상(以鏛), 아들은 주굉(柱宏)이다.

51전 6속, 53전 4속, 56전 19복, 57전 7속, 영천 신석연원 35전 10복 9속, 우천원 형 7답 8복 2속, 금계원 연 80반답(反畓) 6복, 84반답 4복 3속, 추곡소속 내 전답은…… 정 12섬, 벼 6섬, 태(太) 2섬은 매년 상납하기 위한…… 보동소속내 도 65답 13복 8속, 당(唐) 14답 8복 5속, 장(章) 100답 6복 9속, 108답 8복 5속, 애(愛) 103전 16복 9속, 감현소속내 영(盈) 1답 36복, 말산소속내 금계원 약(若) 35전 41복 6속, 36반답 3복 7속, 영천관시원전 2고, 추연원 전 2고, 구평원 전 7고 끝

原文: 乾隆十年乙丑三月十五日(『고문서집성』 六, 149-151쪽 <분재기(許與) 28>)
　　子女等處許與爲臥事段 我命道奇舛 奄失所天 家中□事 無所干預是乎矣 今者三霜已畢 若干田民乙 子女中當爲區處之事是乎所 家翁在世時 已爲逐庫區處 參酌移屬 分而爲四者 不當丁寧是乎矣 所未遑者 但未成文而已 毫忽之頃 人事一變 追念前日諄諄之音 猶在耳而錚然 今此分衿乙 一遵家翁遺意 禀于仲舅主 且會諸一家 成文爲去乎 父母主承重墓位 及吾夫妻承重墓位田民乙 爲先定出後 四分田民是如乎 楸谷田畓段 祖先重宗之訓 不當丁寧是乎等以 家翁在世時 爲諸子皆爲別備是乎乃 未免不足 故不得已繩坪眞必等處若干田畓 已爲盡出 則此外更不擧論是遣 以四分田畓 分衿子女中是如乎

　　長子段 以楸谷農所 永屬是遣 第二子段 以甫洞農所 盡給是遣 第三子段 以甘縣農所 盡給是遣 幼兒三兄弟段 以末山農所 分給爲去乎 大槪家翁之四分田畓 以一屬三幼兒者 以其成長尙遠 故別置一農所 所出營産鳩聚 待其畢婚後 三兒中依他例 平均分給是去乎 今此分衿後 一遵遺意 必爲成就 以待幼兒三兄弟之成立是在乎 其他小小田土分衿設置 家翁遺意之外 不敢一毫移易爲去乎 至於奉祭祀接賓客和兄弟一款 已爲先訓 汝等遵奉勿替事

　　父母祭位
　　金溪春坡員 六十四田三卜一束 十七田三卜五束三斗落 楸谷員 筆百六十八畓三卜五束 百六十九畓四卜二束 榮川仇耳員 箴百田十卜六束 九十七田三卜五束 六十八畓三卜八束 六十九畓二卜九束 七十畓十四卜二束 于同鋤里員 三十七田一卜九束 百一田四卜九束 百三田九束 百田二卜二束 奴一三年三十四 壬辰婢次娘年二十八戊戌

　　墓位
　　古谷員 箱七十田五束 七十一田四卜六束 七十二田八束 七十三田四束 同九十三田二卜五束 城谷員蘭四十八田七卜 印

　　吾夫妻四位祭位
　　楸谷員 珍八田十八卜四束 六田六卜三束 七田二卜一束 九四二卜一束 十三田二卜一束 十四田一卜三束 三十七田四卜五束 五十一田六束 五十三田四束 五十六田十九卜 五十七田七束 直洞員 光五十田十三卜七束 榮川申石員 同三十五畓十卜九束 石塔員 柰百四十畓六卜四束 茱一畓十三卜六束 金溪員 淵八十反畓六卜八十四 反畓四卜三束 七十二畓一卜三束 七十四畓四束 榮川愚川員 兄七畓八卜二束 奴貴兮伊年六庚申 婢金娘年四十二乙酉 印

墓位
 白峴員 興百三十田二卜四束 榮川仇里員 箴百十三畓七卜七束 造夫洞員 川二十三田四卜六束

家翁同生弟墓位
 馬鳴洞員 慶三十六畓一卜八束 三十卜 印

長子柱震衿
 金溪員 若三十八反畓三卜六束 淵七十三畓十一卜二束 七十四畓四束 七十七田二卜四束 七十八反畓十二卜六束 八十三束 畓七卜三束 辭五田七卜六田二卜五束 二十二田四卜六束 栗亭員 資三十七田七束 三十八田十二卜 三十九田一卜六束 楸谷光字田二庫果 字畓八庫 珍字田九庫 川九庫 李字田畓十三庫 奈字二十二庫 川九庫 茱字田畓二庫 海字田一庫 榮川 藥水上 存字一庫 松坪員 第字一庫 同字田三庫 川二庫 仇耳員 篋字畓二庫 仁字陳川四庫 炭山員 田二庫 奴驥先年甲午 奴驥龍年癸巳 奴權金伊年丙子 婢丁玉年己亥 奴贊乞年戊午 奴貴哲年辛卯 楸谷庫舍八間一 瓦家六間 印

第二子柱宇衿
 金溪員 若二十七 垈田三卜四束 淵七十五田八束 言五十四九卜一束 辭二十六畓二卜六束 二十七三卜三束 二十八田三卜六束 鎔店員 定十六畓十三卜九束 十七畓四卜九束 十八畓十卜四束 外甘束南洞員 陶畓一庫 唐畓一庫 道畓一庫 平田畓二庫 章田畓九庫 愛田畓八庫 奴彦龍年戊戌 婢占丹年癸卯 同婢一所生婢五丹年辛酉 二所生奴五石年乙丑 奴貴嚴回年甲子 奴加嚴回年乙酉 南洞瓦家六間 庫舍四間 印

第三子柱恒衿
 金溪員 峽六十二田七卜五束 七十田三卜八束 七十一田一卜八束 七十二田四束 言五十三田五卜七束 五十五田三卜一束 五十六田五束 五十九田一卜五束 六十一田二卜三束 七十七田一卜一束 七十八畓九束 七十九畓十四卜六束 息四田三十四卜七束 內甘束月畓二庫 盈畓四庫 列畓一庫 黃田一庫 賓田一庫 退田一庫 榮川龜坪員 心百二十八田八卜七束 百二十九田四卜 百三十田二卜四束 百三十一田二卜二束 或三十二田二卜四束 百三十一田六卜一束 百三十四田二卜二束 動五田六卜二束 奴基丁年辛卯 婢末娘年戊戌 同婢一所生婢戊心年戊午 二所奴九朴年甲子 奴芝蒙年辛卯 甘懸草家六間 庫舍三間 印

第四子昌悅衿
 金溪員 若三十五田四十一卜六束 三十六畓三卜七束 末山員 垈田二庫陳川十庫 竭十三畓七卜七束 月田員 稱十三畓十六卜五束 號十九畓三卜三束 佳野員 所三十三畓四十四卜七束 榮川龜坪員 兄八十五田十二卜 百十一田二卜三束 百二十二田二卜二束 百二十二田一卜 入八十田十卜八束 九十六田七卜三束 九十七田八束 三十九田六卜七束 石寺員溥百二十七田一卜八束 婢戒眞年甲辰 婢命金伊年戊午 奴戒金伊年辛卯 末山瓦家九間 草家六間 印

第五子再悅衿
 金溪員 息五田十二卜八束 北後直洞員 光九畓十七卜四束 十畓二卜二束 榮川官時員 存二十三田十二卜八束 楸硯員 存六十四田十五卜四束 婢命只年辛卯 奴嚴芝伊年甲子 印

第六子晩悅衿
北後直洞員 光三十五畓五束 四十四畓十四卜四束 四十五畓五卜八束 四十六畓二卜七束 榮川官時員 存二十二田十卜六束 楸硯員 存五十九田十二卜六束 婢千娘年甲寅 婢?心年乙丑 榮川覓谷草家六間 垈田一斗落 印

長女衿
北後堅谷員 重五十五畓七卜七束 外甘東甫谷員 章百十四田一卜一束 百十五田二卜二束 呂泉屈論員 田十卜 榮川牛洞鋤里員 仁四十三田二卜八束 婢今娘年壬寅 印

次女衿
幕谷辰山員 白四十畓三十三卜八束 婢占化年丁巳 印

次女衿
金溪員 辭二十一田二卜八束 印

財主 母安東權氏 (印)
家翁同姓三寸叔 從仕郎 (手決) (手決)
證 家翁族弟 幼學 夢淹 (手決) (手決)
家翁宗姪 幼學 柱國 (手決) (手決)
筆 家翁同姓四寸 幼學 斗濂 (手決) (手決)

此亦中買得垈田 玆三十一田十四卜 三十田九卜八束段 一依家翁遺意 屬之宗家是旀 四庫農所便利實穀段 依其所屬次知是旀 時執田畓段 旣已分衿之後 不必更爲還執 而三兒成長之前 別無別執調用之事 則四分執一之所出 無路鳩聚營立之理乙仍于 各衿付田畓及其夫妻祭位田畓 從公時執限末兒成長之前爲去乎 時執田畓第字卜數後錄是齊 末兒長成之後 則各衿付良中 依舊還屬事

時執祭位條內 楸谷員光字五十六田十三卜七束 珍三十七田四卜五束五十一田六束 五十三田四束 五十六田十九卜 五十七田七束 榮川申石硯員 同三十五田十九卜 愚川員 兄七畓八卜二束 金溪員 淵八十反畓六卜 八十四反畓四卜三束 楸谷所屬內田畓段 異於他所片片田畓 難以載錄爲數乙 定出爲去乎 正十二石 粟六石 太二石段 每年納上爲旀 甫洞所屬內 陶六十五畓十三卜八束 唐十四畓八卜五束 章百畓六卜九束 百十八畓八卜五束 愛百十三田十六卜九束 甘縣所屬內 盈一畓三十六卜 末山所屬內 金溪員 若三十五田四十一卜六束 三十六反畓三卜七束 榮川官時員田二庫 楸硯員 田二庫 龜坪員 田七庫 印

이것은 학봉 김성일(金城一)의 7세손에 해당하는 우렴(友濂, 1677~1742년)의 처인 안동권씨가 남편의 상을 마친 후 아홉 자녀들에게 재산을 나누어준 허여(許與)문서다.41) 이것은 부인에 의해 분재된 것이지만 "영감

---

41) 우렴의 아버지는 이건(以鍵)이며(대동보 권2, 1209쪽), 아들은 주진, 주우, 주백, 주

이 살아 계실 때 이미 논밭마다 처리해 참작해서 이속해 놓은 것은 확실하되, 미처 겨를을 내지 못해 문서를 작성하지 못했을 따름이다" 하여, 남편의 생전 결정을 집행하는 것으로 앞서의 유언과 유사한 성격을 갖는다고 볼 수 있다. 여기서도 주된 재산의 분배는 아들을 중심으로 행해지고 있다. 즉 대부분의 전답, 가옥, 노비를 네 개의 몫으로 나누어, 장성한 세 아들에게 주고 넷째 몫은 아직 어린 세 아들에게 주어 "거기서 나온 소출을 운영해 따로 재산을 모아 두었다가 그들이 모두 결혼하기를 기다린 후에 세 아이에게 다른 아들들에게 한 예에 따라서 똑같이 나누어"주도록 이르고 있다. 재산이 많았던 집이라 딸들에게도 조금씩 분재되는 것이 있기는 하지만 앞의 아들들의 몫에 비하면 매우 적은 것으로, 우리가 앞서 살펴보았던 형제자매간 평균분집의 원리에서 크게 이탈해 있음을 살필 수 있다. 그러나 무엇보다 이 마지막 문서가 앞의 다른 문서와 근본적인 차이를 보이는 부분은 자녀를 기재함에 출생순서가 아니라 성별로 구분해 아들을 다 적은 후에 딸을 적고 있다는 점이다. 여기서 딸은 이미 분재의 주체라고 보기 어렵다.

이처럼 아들과 딸을 구분하고 분재권에서 분명히 차별하는 관행이 이 문서가 작성된 1745년경에 어느 정도 보편적이었는지 알 수 없지만, 석어도 우리의 자료에서는 이것이 유일한 사례였다는 점이 주목된다. 즉 다시 말하면 18세기 중반에 이르러서도 그러한 관행은 이 지방의 양반 가문 중에서도 일부에서만 행해지고 있었으며, 따라서 적장자 중심의 종법제가 확립되고 보편화되는 것은 일반적으로 추정되고 있는 17세기 중반보다 훨씬 후대일 수 있음을 암시한다.

이와 관련해서 또 한 가지 특이한 사실은 앞의 <분재기 28>을 비롯해서 법에 따른 평균분집을 하지 않고 종자를 우대했거나 혹은 제사윤회를 폐지하고 종가를 보호해야 한다는 주장이 등장하는 문서는 모두 예외없이 유언이거나 유언과 같은 성격을 지니는 허여(許與)문서라는 점이

곤, 주정, 주석이다. 딸은 셋인데 각각 성급(成汲), 김홍명(金弘命), 권사절(權思節)에게로 시집갔다(대동보 권2, 1291쪽).

학봉종택 사랑채.

다. 반면 앞서도 살핀 바와 같이 부모 사후에 형제들간에 모여 재산을 나누는 화회문기에서는 18세기 초에 이르기까지 평균분집의 원리가 지켜지고 있으며, 외손에 의한 제사의 윤회도 기본적으로 지속되고 있는 것으로 나타났다. 물론 앞서도 언급된 바와 같이 의성김씨 고문서에 포함되어 있는 화회문기의 대부분은 다른 집안, 즉 처가로부터 받아 온 것이므로 의성김씨 집안 안에서 그러한 변화가 어떻게 나타나고 있는지 추적하기는 어렵다. 다만 화회문기의 경우와 달리 부모가 직접 재산을 분배하는 유언, 허여 등에서는 가부장의 권위를 빌어 부계중심, 종가위주의 상속·분재관행을 확립해 나가고자 했던 것으로 생각된다.

5. 여성의 지위와 종법사상의 관계

현지조사를 위주로 해 왔던 인류학이나 민속학의 전통문화 이해는 시대에 따른 문화변동의 내용뿐 아니라 동시대에 대해서도 지역이나 계층에 따른 하위문화의 차이 등을 고려하기 어려운 방법론적 한계가 있다. 종래 한국 인류학 연구에서 전통문화란 흔히 시간과 공간에 의해 규정되지 않는 애매모호한 개념으로 상정되었으며, 도시화·산업화의 영향을 비교적 덜 받았다고 생각되는 촌락사회의 민족지(民族誌, ethnography) 작업을 통해 그려질 수 있는 그 무엇으로 인식되어 왔다. 그러나 한국과 같이 오랜 역사를 가지고 있는 사회에서는 향촌문화의 성격 자체가 지방에 따라 혹은 역사적 시기에 따라 크게 달라질 수 있으며, 바로 그 점에서 동질적 전통문화를 상정하는 촌락/도시 구분에 의한 접근은 방법론적으로 보완될 필요가 있다.

이 글에서는 의성김씨 고문서 자료에 포함되어 있는 분재기류의 문서에 대한 일차적 분석을 시도했다. 분석의 대상이 된 문서는 1549년에서 1758년에 이르기까지 200여 년에 걸쳐 작성된 27개의 분재문서였는데, 그 중 이 글에서는 특히 여성 분재권의 변화를 보여준다고 생각되는 열다섯 개를 상세히 살펴보았다. 이런 작업을 통해 시기를 통해 변화하는 전통문화의 성격을 규명해 볼 수 있다고 생각되었기 때문이다.

결론적으로 이 자료의 특징으로 지적할 수 있는 것은 딸에 대한 재산의 분급은 일반적 가정과 달리 18세기에 이르기까지 꾸준히 나타나고 있다는 점이며, 적어도 분재기상에는 봉사조 외에 장차남이나 아들과 딸의 구분을 두지 않는 평균분집이 명시되어 있다는 점이다. 그리고 외손봉사의 사례도 계속해서 나타나며 18세기 초의 분재문서에서도 외조 제위 및 외증조 제위가 엄연히 명시되어 있다(<분재기 30> 의성김씨 김신기 4남매의 화회문기 사례). 그러나 동시에 종가의 제사를 중시하고 그를 위해 많은 재산을 봉사조로 승중자손에게 부여하는 사례도 16세기에 이미 나타나기 시작하며(청계공의 유언), 문중의 완의를 통해 곤궁한 종가의 제사비용을 지원하는 사례도 보인다. 따라서 우리의 자료만을 가지고는 여성분재권이 축소되고 종법제가 강화되어 가는 과정을 보여주는 일관된 경향을 읽어내기는 어렵다.

다만 자료가 양적으로 제한되어 있어 통계적 의미를 부여하기는 어렵지만, 제사의 윤회를 금하거나 딸에 비해 아들을 우대하는 분재의 사례는 모두가 유언의 형식을 취하고 있다는 점이 주목된다. 그리고 이와 관련해서 처가로부터 받아 온 것을 제외하고 의성김씨 가문에서 작성된 분재문서 중 화회문기는 단 한 건뿐이며 나머지는 다 별급문기이거나 유언 혹은 허여문기로 부모가 직접 재산을 나누어준 형식이라는 점이 흥미롭다. 비록 제한된 것이기는 하지만 이러한 차이에 의거해 지방의 유력한 사족으로서 의성김씨의 경우 유교적 종법제를 실행하고자 하는 의지가 다른 문중보다 좀더 강했을 것이라는 잠정적 결론을 유도해 볼 수 있을지도 모르겠다. 그러나 그러한 결론을 위해서는 다른 지방이나 가문에서 나온 분재문서와 우리의 자료를 좀더 체계적으로 비교 분석해 보는 작업이 필요할 것이다.

물론 이번 연구에서 분석된 것 외에도 분재의 내용 등에 관해서는 보다 세밀한 분석이 요청된다. 예를 들어 토지의 분배에서도 단순히 양적으로만 비교할 것이 아니라 위치를 확인하고 비옥도의 차이를 밝혀야 할 것이며, 그러한 작업을 위해 현재 생존해 있는 후손들에 대한 치밀한 면담조사 등이 필요하리라 생각된다. 노비의 경우에도 단순히 수만을 따질 것이 아니라 나이를 감안해 그 노동력의 가치를 비교해 볼 필요가 있다. 더 나아가 가능하다면 이렇게 분재된 재산이 후에 어떻게 처리되고 있는가를 추적해 보는 것도 유용할 것이다. 특히 어머니 쪽으로 많은 재산이 분재되어 들어온 경우 그 재산이 후손의 대에 이르러 어떻게 상속되어 갔는지를 밝혀 보는 것은 종법제 확립과 관련해서 매우 흥미로운 작업이 될 것이다.

제6장

관계의 망과 문화공동체
通文에 나타난 士族의 生活世界

김광억

관계의 망과 문화공동체
: 通文에 나타난 士族의 生活世界

1. 지방사회의 권력구조와 문화체계 형성

 전통시대에 향촌사회는 관료를 대리인으로 한 중앙집권적인 국가체제 속에서 어떤 권력 구조를 가지고 있었을까? 그리고 숫적으로 열세였던 사족들이 어떤 사회 문화적 기제를 통해 향촌사회의 주도권을 확보했던 것일까? 실제로 사회는 경쟁과 알력과 갈등의 요소를 지닌 다양한 계급과 성향의 사람들로 구성되어 있음에도 사람들은 동질적인 문화를 공유한다는 상상에 의해 서로를 인식하고 자기들이 살고 있는 세계를 지역공동체의 모습으로 그리고 있었다고 보겠다.
 사족은 그 배경과 품격에 있어서 다양하지만 공통적으로 유학을 근본으로 삼고 국가의 이념과 체제에 충성하며 국가가 보장하는 신분에 따른 혜택을 향유한다는 점에서 일종의 국가의 대리인이라 할 것이다. 동시에 그들은 지방에 터를 잡고 관권과 경쟁하고 타협하며, 때로는 긴장을 일으키는 존재이기도 하다. 그들이 위로는 국가와 관계를 맺고 지방사회 차원에서는 향리들과 경쟁적 협력관계를 맺으면서 일반백성에 대한 지배력을 유지하기 위해서는 문화적 지배력을 행사해야 한다. 따라서 문화의 정치학이라는 차원에서 전통시대 지방사회의 구성세력들이 서로 어떤 관계를 이루었고 어떤 가치관과 세계관을 공유했으며 이를 위해 문화를 어떻게 생산하고 유포·실천했는가를 살펴볼 필요가 있다. 곧 지방사회 구조와 지배적인 문화체계에 대한 이해가 요구된다.

한편으로 지방사회와 국가의 관계, 즉 국가적 이념체계와 지방사회의 전통이 어떤 관계를 가지는가에 대한 관심은 곧 사회의 담당 주체세력이 어떤 입장에서 국가와 협력하고 경쟁하며 대립과 타협을 했는가에 관한 질문과 연결된다. 말하자면 재지사족과 향리, 그리고 지방의 백성이 어떤 지방문화 체계를 가지고 국가와 관계를 맺었는가를 볼 필요가 있는 것이다. 지방사회는 별개의 독립적인 세계가 아니라 끊임없이 더 넓은 세계와 관계를 맺고 있기 때문이다.

현 단계에서는 대단히 거친 추측의 수준에 머물 수밖에 없지만 전통시대에서는 국가와 지방은 지배와 종속의 틀 속에서 지방이 어느 정도 자율성을 보장받는 관계에 있었을 것이다. 즉 공동체적 자치를 허용받는 대신 지방의 지배세력은 국가를 대신해서 일반백성을 다스리는 것으로 가정할 수 있다. 지방의 세력들은 그러한 국가의 대리인(agent)인 동시에 민중을 대신해서 국가에 대응하는 이중적 혹은 중개자의 위치를 확보하고 재생산하기 위한 문화적 장치를 개발하게 된다. 이 문화적 헤게모니는 사회의 다양한 세력들 사이에서, 그리고 국가와 지방사회 사이에서 이루어지는 것이다. 한 지방사회가 국가체제 속에서 보다 큰 위세와 높은 명망을 누리는 것은 그들이 생산하는 문화체계가 국가와의 관계에서 얼마나 유리한 위치를 차지하는가에 따라 결정된다고 하겠다. 아마도 사족과 향리로 이루어지는 지방사회의 지배집단이 그러한 문화의 생산 및 국가와의 관계설정에서 주체세력의 위치를 차지했을 것이며 그 중에서도 사족은 배타적인 유림(儒林)을 형성함으로써 더욱 중심적인 세력을 행사했을 것이다.

두 번째 추측은 지역사회의 경계와 그 경계를 넘어서 어떤 수평적인 연계가 이루어지는가에 관한 것이다. 한 지역사회 안에서 사족과 향리 사이에, 그리고 사족과 사족 사이에 당파나 학맥을 달리하는 집단이 있을 수 있으며, 한 지역사회와 그 이웃하는 지역사회 사이에도 이러한 현실이 존재할 수 있다. 비록 안동지역 혹은 경상좌도 일대가 퇴계학맥에 의한 영남사림으로 채워져 있고 그들은 모두 남인세력의 핵심을 이루고 있는 듯이 보일지라도 반드시 그런 것만은 아니다. 안동과 그 이웃하는 지역사회에는 노론이나 소론도 있고 퇴계가 아닌 다른 학맥의 사족도 존재하고 있었다. 따라서 사족은 지역사회의 지리적 경계나 행정체계의 경계를 넘어서 학맥을 따라 상부상조하고 공동운명체적인 정치적·사회적 상호관계의 망을 형성해야 했다.

이는 결국 지방사회의 권력구조가 어떤 문화체계에 의해 형성되었으며, 국가와의 관계 및 지역과 지역간의 관계를 어떻게 설정했는가를 연구할 필요성을 암시한다고 하겠다. 여기서 인류학적 개념과 시각을 역사적 자료의 해석과 접합시켜 보는 작업의 의의를 짐작할 수 있다. 인류학적 접근은 역사적 기록물이 언급하지 않는 잃어버린 부분 혹은 부족한 부분을 보충하는 보조적 역할을 할 뿐 아니라 기록에 의한 세계의 재현(representation) 대신에 인류학적 시각과 개념에 의한 세계를 그려내게 해준다. 그러므로 이 글은 역사학과 인류학을 결합하는 시도이기도 하지만 역사사회에 대한 인류학적 접근 방법론을 개발하는 실험이기도 하다.

2. 몇 가지 개념

1) 통문과 공론

통문(通文)은 서원이나 향교, 문중 혹은 몇몇 개인이 여러 곳에 글을 돌려서 공론을 조성하거나 특별한 일을 통보하고 특정 문제에 대해 지지와 지원을 호소하는 것이다. 즉 여론을 조성하고 공론화하며 특정한 관심사를 공공의 것으로 만드는 문화적 장치이며 과정이다. 통문은 개인이나 집단이 가지고 있는 관계의 망을 이용하므로, 그들 사이의 동맹관계와 소통(communication)의 네트워크를 확인할 수 있는 자료다. 또한 통문을 통해 사족의 관심사와 지방사회의 권력구조 및 권위체계를 규명할 수 있다.

중앙집권적 국가체제에서 민간영역이 구축되고 유지되는 중요한 수단은 공론(公論: public discourse) 혹은 공의(公議: public discussion)의 장(場)을 마련하는 것이다. 곧 공공의 영역을 두고 국가와 사회 사이에 지지와 경쟁과 타협이 이루어지며 이러한 공간의 확보 여부가 국가에 대한 사회의 존재 또는 관권(官權)과 향권(鄕權) 사이의 관계의 성격을 말해 준다.

그러나 전통시대에 이런 공간이 누구에게나 열려 있었던 것은 아니기 때문에 사회세력들 사이에 그 공간의 점유를 둘러싼 끊임없는 알력과 경쟁이 있었으며 조선조에서는 사족이 그것을 점유했다. 사족집단은 내부의 경쟁에도 불구하고 향리나 일반백성들에 대해 공론의 생산권과 공의의 장을 확보하기 위해 공동으로 대처했다고 볼 수 있겠다. 즉 그들은 향교와 서원 출입을 신분적 특권으로 고수하고 향안(鄕案)이란 것을 만들어 자신들만이 사회적으로 온전한 존재라는 점을 주장했다. 따라서 그들은 공론의 독점을 통해 그들의 정치적·사회적 입지를 절대적으로 우월하게 확보하고 동시에 민간영역을 확보함으로써 국가권력에 대응했던 것이다.

여기서 공론생산의 기술을 전문화하는 장치가 경쟁적으로 개발된다. 사족집단은 공론의 형성, 유포, 실천을 의례화함으로써 다른 신분적 집단에 비해 경쟁의 우위를 차지한다. 의례는 권력과 권위를 극적으로 경험케 하고 성스러움으로 장식해 일반백성에게 수용되게 하는 문화적 기제로서 중요하다. 그러므로 의례를 정교하게 개발하고 제도화함으로써 그 의례의 조직과 참여자격을 제한했다. 즉 일정한 사회적 신분과 문화적 자격을 갖추어야 그러한 의례의 실천에 참여할 수 있으며 아무나 관심을 갖는다고 되는 것이 아니라 오랜 교육과 연습의 과정을 통해서 문화로서 체득해야 한다. 그러므로 특권적인 문화공동체는 의례를 통해 이

유림의 모임과 통문 작성 (사진: 김광억)

루는 것이다(이 점에 대해서는 김광억 1994; Cohen 1978 참조).

그러므로 통문은 대중 언론매체가 없었던 전통사회에서 문자로 공론의 영역을 생산하며 공간을 구축하는 수단이며 국가에 대한 민간의 권위와 전통과 정당성을 확보하는 문화적 장치다. 이러한 장치를 누가 소유하는가, 그리고 그 공간을 얼마나 크고 강하게 형성하는가가 사회적 명망과 위세를 말해 주는 것이다. 이는 동시에 국가와 사회 사이의 관계를 정치적으로 설정하는 장치이기도 하다. 그러므로 사족집단에게 있어서 공론의 수단과 공간을 확보하는 것은 사회적 생명을 확보하는 것이다.

통문의 작성과 유통 및 그에 대한 반응은 결국 의사소통의 수단인 문장을 장악하는 사족집단에 의해 이루어지는바, 그들 스스로 형성하는 유림의 지원과 지지를 호소하는 것이 된다. 조선조 지방사회에서 모든 생활은 국가권력과 지방 토착세력 사이의 타협에서 이루어진다. 유림은 바로 국가와 지방의 백성들 사이에 존재하며 때로는 국가권위의 대리인이나 중개인으로서, 그리고 때로는 국가에 대항하거나 경쟁하는 세력으로서 사회적 전통의 대변자가 되기도 하는 이중적 존재였다. 어쨌든 재지사족(在地士族)들로 이루어지는 유림은 해당 지방사회에서 개인의 존재와 공공적 이슈에 대해 결정적인 영향을 미쳤다. 그러므로 유림의 동의와 지지를 얻기 위해 통문이 주로 이루어졌다. 어떤 행사도 유림을 통함으로써 사적 차원을 벗어난 공공적인 것이 되고 해당 개인이나 집단의 사회적 명성과 도덕적 우위를 확보하게 되는 것이다.

그러므로 사족에게 통문은 정치적으로 아주 중요한 자원이자 수단이며 통문을 서로 돌리고 주고받는 활동 자체가 곧 정치적 과정이었다. 예로써 학봉 김성일 사후 후손들이 그를 구실로 얼마나 집요하게 문중활동과 사림활동을 벌였는가를 보자. 그들의 활동은 통문으로 채워져 있다.

〈표 6-1〉 학봉 김성일의 사후(死後) 생애

선조 26년(1593)	4월 29일 진주공관에서 서거
선조 28년(1605)	선무원종공신 1등에 서훈, 가의대부, 이조참판 겸 홍문관 제학 추증
선조 40년(1607)	사림이 임하 임천사(臨川祠)에 향사
광해 10년(1618)	한강(寒岡) 정구(鄭逑)의 발의로 임천서원으로 승격해 묘호(廟號)를 존현사(尊賢祠)로 함
광해 12년(1620)	퇴계를 주향하는 여강서원(廬江書院)에 배향
인조 27년(1649)	여강서원에서 학봉선생 문집 목판본 7권 4책을 간행
현종 5년(1664)	우복(愚伏) 정경세(鄭經世)의 주동으로 신도비 세움
숙종 2년(1676)	자헌대부 이조판서 겸 홍문관 대제학 증직. 이에 따라 청계공도 이조판서 증직. 여강서원이 호계서원으로 사액
숙종 5년(1679)	문충공(文忠公) 시호 내림
영조 2년(1726)	밀암(密菴) 이재(李栽)가 "연보" 완성
정조 6년(1782)	"속집" 5권 3책 간행
순조 13년(1813)	방손인 귀와 굉(浤)이 묘갈명을 써서 묘전비를 다시 세움
철종 2년(1851)	문집 중간본을 출간함

위의 연보를 보더라도 사후 250년이 지나는 동안 끊임없는 활동이 문중과 사림 차원에서 조직되었음을 알 수 있다. 증직을 하거나 공신록에 오르는 것도 지방의 사림에서 천거와 지지가 있어야 하며, 그의 사후 14년 후에 임천사에 향사를 시작했고, 사후 25년 후에는 그것이 임천서원으로 승격되고, 그로부터 2년 후에는 여강서원에 배향하게 되는 일련의 일에 문중과 서원과 유림이 서로 통문을 발하고 공론에 참가했다. 사후 83년이 되어서 다시 판서로 증직되도록 사림에서 탄원을 했을 것이며, 86년이 되는 해에 비로소 문충공이라는 시호가 내려지고 국불천위(國不遷位)가 되었다. 즉 세대를 넘어 100년이 지나도록 끊임없이 문중이 나서서 혼인으로 맺어진 각 문중과 학맥과 사림을 동원하고 중앙의 고급관리들과 연계활동을 조직했던 것이다. 그후에도 퇴계학맥의 후진과 후손들이 서로 통문과 공의를 수없이 하여 그의 사후 지위를 바꾸고 숭조활동을 실천했던 것이다.

그런 일은 물론 조상의 지위를 확보함으로써 자신들의 사회적 명망과 지위를 확보하는 것이지만, 또한 일의 성패와 관계없이 그 일 자체에 중요한 의의가 있다. 이를 통해 문중의 위세와 힘을 과시하고 문중의 내적 결속을 추구한다. 또 문중이 서원과의 연계와 사회적 출입의 연망을 동원함으로써 재확인하는 효과가 있다. 그러므로 끊임없이 조상을 위한 일을 도모해야 한다. 통문은 문중 내에 돌리는 내부적 통문과 다른 문중이나 서원으로 돌리는 공적 통문이 있다.

2) '바깥출입'과 초종족적 연망

한국에서 촌락공동체와 혈연공동체의 이념은 때로는 일치하고 때로는 갈등을 보인다. 종족촌락의 경우 종족이념과 조직이 촌락공동체의 이념과 조직을 대신하지만 여러 성씨로 이루어진 마을에서는 촌락공동체 이념이 강조된다. 그런데 이러한 각성받이 마을에도 촌락공동체적 성격은 제한적이다. 왜냐하면 한 촌락사회 안에서 발생한 문제에 대해 그 촌락의 바깥 세력이 간여하는 경우가 흔하기 때문이다.

예를 들어 한 마을에서 두 가족 사이에 분규가 일어나면 그 마을의 권위체계와 행정체제가 이를 처리하는 대신 마을 바깥에서 두 당사자의 가족이 각각 성원으로 소속된 종족의 '어른'이 관여하는 일이 많다. 촌락공동체라면 이들 '외부인'이 그렇게 자연스럽고 당연하게 촌락의 권위와 권력공간에 들어올 수 없는 것이다. 반대로 촌락공동체의 우두머리 직책을 가지고 있다 하더라도 그가 타 종족의 일에 간섭하는 것은 허락되지 않는다. 이런 점에서 한국에서 촌락공동체는 제한적으로 타당하며 종종 지역적 경계를 넘어 혈연(종족)공동체가 우세하다고 할 것이다.

한 종족은 지파(支派)로 나누어져 여러 지역으로 작은 종족마을을 형성해 나갔다. 이 지파들은 끊임없이 왕래와 소통의 망을 가동함으로써 지역 경계를 넘어 '탈지역적' 공동체를 형성한다. 곧 분파란 종족의 결속력이나 권위체계 와해의 결과가 아니라 반대로 힘을 다변화하고 영향력의 지역적 확산을 꾀하는 발전적 현상이라 할 것이다.

청계와 그의 아들들이 살았던 16세기는 자녀 균분상속과 처거제가 아직도 관습적으로 행해지던 시대였으므로 자식들이 처가 동네로 퍼져 나가는 계기가 되었다. 그후 17세기에 들어서 종법체제가 확립되고 친영제(親迎制), 적서(嫡庶)의 구분, 적장자(嫡長子) 상속, 이성불양(異姓不養), 동성불혼(同姓不婚) 등의 실천에 의해 남계친(男系親) 자손들이 집성촌 혹은 동성촌을 이루게 되었다. 따라서 예천으로 나간 다섯째 아들의 자손을 제외하고 의성김씨 천전파는 내앞(川前) 마을을 본가로 삼고 안동군에서 임하면(臨河面)의 임하, 천전(川前), 망천(輞川), 신덕(新德), 추월(秋月), 임동면(臨東面)의 용계(龍溪), 국난(菊蘭), 지례(知禮), 그리고 서후면(西後面)의 검제(金溪), 율리(栗里), 태장(台庄) 등지에 종족마을을 형성했고, 이들 마을과 관계된 일은 모든 지파의 원로들이 모여 공동으로 결정하고 처리하는 것이 전통이 되어 왔다(안동의 의성김씨 종족 지파의 지역적 분포에 대해서는 김광억 1987; Song 1982 등 참조).

그러므로 '출입'이라 부르는 사회적 활동의 범위는 개인의 사회적 지위를 결정하거나 지표가 된다. 남자에게 '바깥출입'이란 자기 세계를 얼마나 확장하는가와 관계되는 것으로서 그의 사회적 존재를 결정짓는 요소다. 종족마을의 지역적 확산은 자연히 사람들의 '바깥출입'을 활발하게 만들고 확장하게 만든다.

한편 바깥출입은 종족마을 사이뿐만 아니라 다른 종족과의 교류도 포함되며 서원과 향교에의 출입도 중요한 바깥출입의 부문이다. 타 집안의 경조사에 참가하고 조상이 관련된 서원에 출입하는 것은 중요한 사회적 활동이다. 서원을 중심으로 하는 출입활동은 곧 공동의 의례를 통한 감정적 유대의 강화뿐 아니라 학맥(學脈)과 혼맥(婚脈)에 기반한 사회적 관계와 정치적 동맹을 강화하고 유지하게 하는 기제가 된다.

3) 사회문화적 자원으로서의 서원

서원이 곧 유림의 조직체이므로 통문은 주로 서원 사이에 이루어졌다. 그러므로 서원에 출입하는 것과 자기 조상이 봉향(奉享)되는 서원을 갖는 것은 지방의 명문종족들에게는 절대적으로 필요한 일이었다. 물론 서원은 종족의 사유물이 아니다. 서원은 강론(講論)을 하는 교육의 장소와 존경하는 인물을 제향(祭享)하는 의례적 공간으로 구성된다. 서원 제향은 사림의 공론에 의해 결정되며 국가에 의해 인준되는 것으로서 그 자손은 더 없는 영광이자 사회적 지위를 높이는 일이기 때문에 종족들에게는 가장 큰 관심사가 아닐 수 없었다.

서원은 제향되는 인물과 그 서원 출신자의 자손들에게 정신적·역사적 공간이며 정치적 조직체이기도 하다. 그것은 국가차원의 이념적 지향을 생산하고 동시에 지역사회의 중요 문제에 대해 때로는 국가권위와 갈등·경쟁·대립·타협하는 사회적 권위의 대리자이기도 하다. 또한 서원에 배향된 인물과 동문수학하거나 사제관계를 맺은 사람의 자손들은 지속적이고 중첩적인 혼인의 망 속에 들어감으로써 양반의 지위를 확보한다(학맥을 통한 문중간의 혼인망 성립에 대해서는 조강희 1983 참조). 그러

임천서원.

므로 자신의 조상뿐 아니라 조상과 동문수학한 사람이나 스승 혹은 세자를 위한 서원 건립에 모두 적극적으로 참가한다. 그것은 상대방 집안의 격(格)을 높일 뿐 아니라 자신의 격을 높이는 일이기도 하다.

 서원은 결국 사람들의 신분적 지위뿐 아니라 사회적 명망을 결정하는 중요한 문화적 자원이며 정치적 결속과 사회적 관계를 형성하고 지속케 하는 문화적 장치이다. 서원을 중심으로 하여 실제 거주지역을 벗어난 보다 큰 지역사회에 문화공동체를 구축하게 되며 일상생활의 세계에 다양하게 작용한다. 조상과 관계된 서원을 건립하고 서원에 조상을 배향시키기 위해 종족들이 치열하고도 끈질기게 노력하는 것은 단순히 명예욕이나 조상에 대한 도덕적 의무만이 아니라 살아 있는 자손의 사회적 지위와 명망, 특권을 확보하게 해 주는 문화적 기제이기 때문이다.

 서원은 원래 유림의 사표가 될 인물을 제향하기 위해 엄격한 공론을 통해 건립되었는데, 현종과 숙종조에 사족들의 세력기반이 확립되는 과정에서 학맥과 문중에 의해 남설되었다. 영조 이래 탕평책에 따라 사우(祠宇)와 서원의 첩설(疊設)이 극도로 억제되었고 고종 이후에는 대거 훼철되었다. 그러나 지방사회에서는 문중의 사설 서원과 사액서원이 별다른 구분 없이 학맥에 따른 정치적·문화적 자원으로 사용되었다. 참고로 의성김씨 문중 인물이 제향되었던 서원과 서당은 <표 6-2>와 같다.

〈표 6-2〉 의성김씨 천전파 인물 제향 서원

서원·서당·사우	인물 · 설립년도 · 기타 사실
여강서원	[이황, 류성룡] 김성일(1576, 선조 9). 1676(숙종 2)년 호계서원으로 사액
상덕사	김성일(1603). 1567~72년 서당→상덕사→1620년 여강서원에 위패 이배
사빈서원	김진 부자(1709). 사빈영당(1675), 경덕사(1685), 사빈서원(1709), 사빈영당(1717)
묵계서원	[김계행, 옥고] 김용(1661). 길안 묵계. 후에 김용의 위패는 임호서원으로 옮김
도연서원	김시온, 김학배(181)8. 길안 용계
임천서원	김성일(1597, 선조 30). 묘호 존현사 중건(1619), 호계서원에 합향(1620). 복원(1847), 1864년 청액상소
임호서원	김용(1764, 영조 40). 후에 임천서원의 건물을 매입해 임호서원으로 하여 위패를 모심
운곡서당	없음(1761, 영조 37). 구사당 김낙행이 1824년에 중건. 금옹 김학배와 적암 김태중의 독서처
임하서당	없음(1759, 영조 35). 1717년 이건, 임오년에 중건
영산서원	[이황] 김성일. 영양
대곡서원	김성일. 나주
빙계서원	[정여창] 김성일. 하동
송학서원	[이황] 김성일. 청송
경림서원	김성일. 진주
봉산서원	김복일. 예천
도봉서원	김용. 임하 신덕. 후에 위패를 묵계서원으로 이배(移配)
노림서원	[남치리] 김용. 후에 위패를 덕봉서원으로 이봉(移奉)
임천서당	1608(선조40)년 경로당을 개조. 임천향사 건립. 학봉 제향. 1619년 임천서원으로 승격
금곡서당	예천. 김복일이 세움
지산서당	지례동에 김방걸을 추존하기 위해 문중에서 건립
가산서당	천전동에 건립. 후에 협동학교로 이양됨

숭정처사 표은 김시온의 유허비각.

서원이나 사묘(祠廟)의 건립 및 봉안을 위한 과정이 얼마나 복잡한 절차를 거치게 되며 재력과 명성, 사림과 향교 및 서원의 관계가 중요하게 작용하는지 알기 위해 표은 김시온(1598~1669)을 제향하기 위한 도연서원(道淵書院)의 경절사(景節祠) 건립과정을 살펴보자.1) 스스로를 숭정처사(崇禎處士)로 자처하면서 도연폭포 곁에 정사를 짓고 사환(仕宦)의 길을 거절하고 은사(隱士)의 일생을 산 표은은 의성김씨 문중에게는 청계, 학봉과 더불어 상징적 인물이며 영남사림에게도 사표로 추앙을 받는 인물이다. 사후 숙종 계미년(1703)에 이미 그를 위한 입사(立祠)논의가 있었으나 당시 서원 남설을 금하던 조정의 명 때문에 실천되지 못했다. 그후 정조 10년(1786)에 역시 숭명배청의 이념으로 은거했던 홍우정(홍우정의 손녀는 표은의 손자 태중의 부인이다)이 증직되자 표은을 위한 논의가 발생했다. 그러다가 1811년 경주 양동의 옥산서원(玉山書院)에서 회원 85명이 연명한 통문이 호계서원에 도착했다. 내용은 도연에 표은의 사당을 건립

---

1) 이에 대해서는 권오영(2003)과 정순우(1996)의 연구에서 소상히 서술되어 있다.

할 필요성을 역설한 것이다. 이어 선산의 낙봉서원(洛峯書院)에서도 호계서원으로 통문을 보냈다. 본격적인 사당건립 추진은 1816년에 시작되었다. 그 해에 병자호란 60주기를 맞아 당시 절의를 지킨 인물을 국가에서 관작을 더해 주든가 시호를 내리거나 제향을 특별히 허락하는 등 표창을 했다. 이에 응해 6월에 도내 유림과 그렇게 표창을 받은 홍우정의 시제회소로부터 통문이 호계서원으로 와 김시온의 표창을 촉구하고 제향을 위한 사우를 건립해야 한다는 점을 역설했다. 같은 달 전주류씨의 기양서원(岐陽書院) 통문이 사빈서원으로 왔다. 이에 호계서원에서 향중에 통문을 돌렸으며 7월에 향회(鄕會)를 열었다. 청성서원, 경광서원, 노림서원, 구계서원, 병산서원, 삼계서원, 도연서원 등에서 70여 명의 대표가 참석했는데, 여기에는 영해와 순흥의 유림도 포함되었다. 이 회의에서 설립과정에 필요한 제반 역할과 이를 담당할 인물을 정하고 필요한 인력과 물자를 향중의 모든 서원과 리사(里社) 및 서당에 분담하도록 정했다.

이때 기록된 참가 서원과 서당은 다음과 같다. 즉 사빈서원(청계와 그의 다섯 아들을 제향한 의성김씨 문중서원), 기양서원, 묵계서원(김계행을 모신 서원), 만음서당, 용암서당, 호계서원(퇴계 주벽에 학봉과 서애 배향), 태사묘(안동김·권·장씨 시조를 제향), 복천서당, 송천서당, 기산서당, 병산서원(류성룡과 류진을 제향), 화천서원(류운룡을 제향), 고죽서원, 낙연서당, 운계서당, 풍암리사, 신양서당, 주계, 용계, 류암리사, 이계, 한천, 동강, 가야서당, 청성서원(권호문을 제향), 경광서원(장흥효, 배상지를 제향), 창렬사(하위지를 제향), 회곡서원, 오계, 송파서당, 삼계서원(권벌을 제향), 백록리사, 노림서원(남치리를 제향), 타양서당, 서산영당(목은 이색을 제향), 구담, 모산서당, 구계서원, 도연서원(김시온을 위한 서원. 당시에는 사당이 없었다), 인계서원, 물계서원 등이다.

이에 따라 의성김씨들은 문중 각 지파와 유력 집안에게 연락해 모금을 했으며 8월부터 사업이 시작되었다. 8월에 영해의 영산서원에서 사우건립을 지지하는 통문이 호계서원을 거쳐 도연서원으로 전달되었다. 이

사업의 대표와 공사원들은 타 문중에서 뽑혀 초청되었으며 사업의 시작을 아뢰는 고유제와 참배례를 행했다. 터를 닦을 때에도 지신에게 고유제를 행하고 중요한 공사의 각 단계와 고비마다 고유제와 예를 올렸다.

10월에는 영천의 임고(臨皐)서원(정몽주를 제향), 도잠(道岑)서원, 창주(滄州)서원, 매곡(梅谷)서당, 횡계(橫溪)서당 등이 연명해 옥산서원에서 발의했던 사실을 들어 찬양과 지지를 표시한 통문을 호계서원으로 보내왔으며, 계속해서 청송의 송학서원이 안동의 향교를 비롯해서 여러 서원에 통문을 보냈고, 예천의 물계서원에서는 100여 명이 서명한 통문을 호계서원으로 보냈다. 한편 향중에서는 표은이 국가로부터 표창을 받도록 문중에서 적극적으로 운동할 것을 촉구했다. 당시는 남인이 정치적으로 열세에 있었고 노론이 계속 집권하는 순조조였으므로 의성김씨들은 소극적인 태도를 취했던 것이다. 그 해 말과 이듬해인 1817년 초에는 향중의 독려에 따라 문중에서 서울로 대표를 파견했고 또한 사빈서원에서 이산서원에 통문을 발송해 이산서원의 도회(都會)에서 이를 진행해 주기를 요청했다. 1월에 유림 100여 명이 모여 첨배례(瞻拜禮)를 하고 필요한 물자를 운반하기 시작했다. 봄과 가을의 농사 때문에 공사가 잘 진척되지 않다가 12월에 회의하여 본격적인 공사를 하기로 의논하고 인근 백성을 동원하기 시작했다. 1818년 1월에 30여 명이 모여 첨배례를 행하고 유사를 정했다. 3월에 상량을 했고 공사가 계속 진행되었다. 공사에는 의성김씨 문중의 노비뿐 아니라 인근 백성들이 동원되었다. 1823년 2월에 묘우(廟宇)를 경절사로 당은 동교당(東敎堂) 동재는 벽립(甓立), 서재는 연등(淵澄)으로 정해 도내 각 향교와 서원 및 서당에 통고했다. 준비를 위한 많은 도회가 열렸고 드디어 3월 18일 아침에 제향이 거행되었는데 참가 유림은 1,000여 명이었다.[2]

---

[2] 이 경절사에는 후에 1834년 기양리사에서 통문으로 운암 김명일의 4세손이며 표은의 종증손자이면서 그의 제자인 금옹 김학배(1628~1673)를 배향하자는 발의를 했다. 이에 호응해 삼계서원, 병산서원, 구계서원, 호계서원, 영해의 영산서원 및 운곡서당 등이 통문을 내 지지와 찬양을 하여 1838년 3월에 배향을 했는데 유림 400여 명이

이상에서 간단히 살펴본 바, 발의에서 완성에 이르기까지 수차례에 걸쳐 도회와 향회가 소집되고 유림에 의한 의례가 모든 모임과 준비, 건립 공사 각 단계마다 셀 수 없을 정도의 수많은 횟수로 조직되며, 향교와 도내 각 서원과 서당에 통문이 오고갔다. 따라서 기획한 일의 완성도 중요하지만 일의 성패를 떠나 그 과정 하나하나가 사회적 연망을 만들고 확인하며 이념적 지향을 공표하고 권력과 권위를 새롭게 하는 등 사회적·정치적 기능을 하는 중요한 문화적 활동인 것이다.

3. 통문의 분석

 통문은 서원, 향교, 문중, 유생, 결사 등에서 동류의 관계인원 등에게 공동으로 관계된 일을 통지하는 문서로서 회문이라 쓰기도 한다. 김씨 문중에는 숙종 원년(1675)에 안동향교에서 여러 고을의 향교와 서원(列邑校院)에 학봉 김성일의 시호를 청원하는 진정통문을 비롯해 학봉을 제향하는 임천서원의 사액진정(賜額陳情), 고종 1년(1864)에 철폐된 임천서원의 복설을 청원하는 통문 등을 비롯한 통문 및 회문이 107건 있다. 소장된 통문은 주로 서원에서 작성한 것이 반 이상이고 그 밖에 향교, 사우, 종중, 향중에서 작성·발송한 것이 대부분이다. 주로 예안의 도산서원(陶山書院), 성주의 회연서원(檜淵書院), 양동의 옥산서원(玉山書院), 봉화의 삼계서원(三溪書院), 상주의 도계서원(道溪書院), 예천의 봉산서원(鳳山書院), 영천향교(永川鄕校), 예천향교(醴川鄕校) 등 영남의 모든 서원과 향교에서 안동의 사빈서원(泗濱書院), 임천서원, 안동향교 및 천전, 금계, 지례 등의 의성김씨 문중에 보낸 것이다.

참가했다.

1) 서원 제향운동

본 연구에서 취급한 통문에서 가장 많은 것이 서원에 조상을 제향하는 데 관계된 것이다. 주로 지촌 김방걸의 종가에서 나온 것으로, 표은 김시온을 봉향한 도연서원(道淵書院)에 그의 아들인 지촌을 추가 배향(配享)하기 위해 도연서원 측에서 인근 서원에 지원을 부탁하는 것과 호계(虎溪), 고산(高山), 도계(道溪), 삼계(三溪), 회산(晦山), 영산(英山), 고산(孤山), 옥천(玉川), 송학(松鶴), 서산(西山), 덕산(德山) 등 인근 서원과 안동, 예천, 풍기 등의 향교가 이에 화답하고 촉구하는 것이다(고문서집성 6-의성김씨 천상각파편(II)-통문 13, 21, 22, 31, 32, 33, 34, 35, 36, 37, 38, 56 참조).

원래 표은을 주향한 도연서원의 경절사(景節祠)에 1838년 금옹(錦翁)[3]을 배향했을 때 임동 수곡의 기양서당에서는 표은의 아들인 지촌도 배향하자는 발의를 한 적이 있었는데, 1860년 3월에 이를 다시 발의하는 통문이 도연서원으로 발송되었다(통문 31: 부록 참조). 통문에서는 그렇게 함으로써 부자가 배향된 중국의 서간사(西澗祠)와 서산묘(西山廟)에 비길 만한 훌륭한 일이라고 강조했다. 이 통문의 발송주체는 영양향교, 영산서원, 여남서원, 명고서원 등의 도유사, 제유사 및 유림 45명이다. 이어서 3월 17일에는 호계서원에서 역시 지촌 배향을 주장하는 통문을 도연서원에 보냈으며(통문 32) 여기에는 호계서원, 구계서원의 회원 51명이 연명했다. 5월 15일에는 봉화의 삼계서원에서(통문 33) 46명이 서명해 전달했으며, 10월 21일에는 예천의 회산서원에서 회원 36명의 연명으로 통문이 발송되었는데(통문 34: 부록 참조) 표은에 금옹을 배향한 일은 스승과 제자를 함께 모신 아름다운 일인데, 이제 지촌을 추향하는 것은 사제간이면서 부자지간인 표은과 지촌을 함께 제향하는 천하에 드문 훌륭한

---

3) 金學培: 인조 6년(1628)~현종 4년(1673). 운암의 현손으로 현종 4년(1663)에 문과 급제해 예조좌랑을 역임했다. 표은의 문인으로서 갈암 이현일과 목세(穆世) 홍여하(洪如河)와 도의지교(道義之交)를 맺었다.

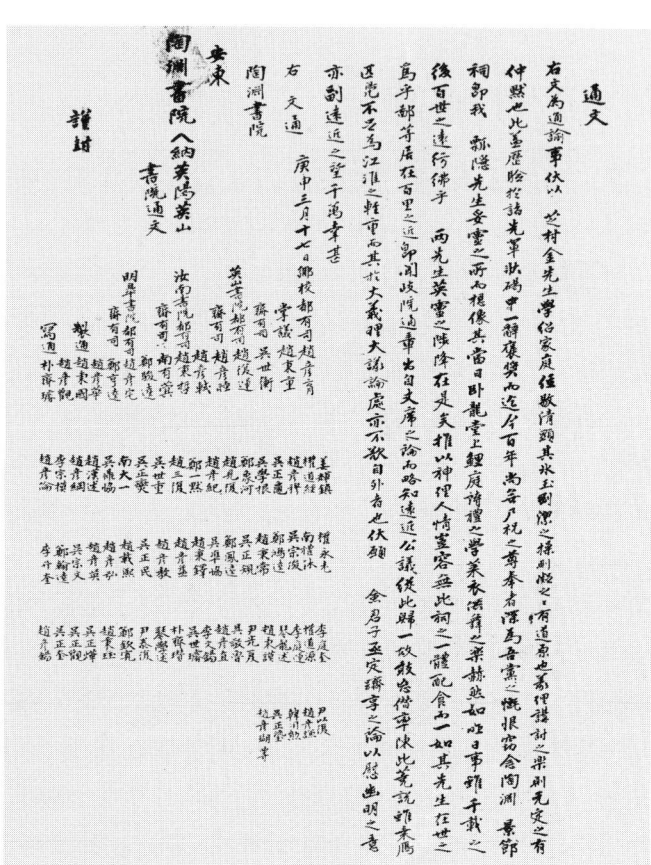

通文 31. 영양의 향교 및 서원에서 도연서원에 보낸 통문.

일이라는 점을 강조하고 일을 성사시킴으로써 인근의 모든 사람들의 희망에 부응해 달라는 지지와 격려, 재촉의 뜻이 담긴 것이다. 이어 11월 1일에는 고산서원과 옥천서원의 통문(통문 35)이 또한 호계서원으로 보내졌다.

이렇게 서원 배향의 건이 인근 서원과 향교에 의해 발의되지만 그리 간단히 이루어질 수 있는 일이 아니었다. 더 많은 서원과 문중의 지지와 참여가 확보되어야 했다. 그럴수록 문중의 격이 올라가기 때문이다. 결국 그 해가 다 가도록 배향의 예는 이루어지지 않았다. 그 이듬해인 신유년(1861) 1월부터 지촌 배향을 촉구하는 통문이 계속 들어오고 있었다. 즉 1월 3일에는 서산서원에서(통문 36: 부록 참조) 합배 논의가 일어난 지

通文 36. 서산서원에서 도연서원에 보낸 통문.

오랜 시간이 지났음에도 아직 성사되지 않고 있음을 탓하고, 빨리 마무리를 지어 중국에서 부자가 함께 제향되었던 아름다운 일이 이 땅에서도 이루어지기를 바란다는 뜻을 전해 왔다. 3월 15일에는 덕산서원에서 회원 25명의 연명으로(통문 37: 부록 참조) 부자(父子)의 뛰어난 정절과 의리를 백세에 빛내는 일을 성사시키기를 촉구하는 통문을 보내왔다. 이어서 11월 21일에는 풍기향교(통문 38)에서 60명의 연명으로 도연서원에 통문이 와 부자 향사의 의의와 필요성, 당위성을 적극 찬양하며 그 실천을 지지하고 촉구했다.

그런데 지촌 사후 160년이 훨씬 지난 철종 11년(1860)에 와서 그의 경절사 배향에 대한 논의가 활발히 전개되는 이유는 무엇일까? 이는 또한 왜 그 동안에는 논의나 움직임이 없었는가 하는 질문도 된다. 그것은 견제가 있었다는 것을 암시할 수도 있다. 서원에 어느 문중의 인물이 많이 배향되는가 혹은 어느 문중의 인물이 배향되는 서원이 많은가는 해당 문중의 관심사다. 비록 서로 학맥과 혼맥 등으로 상부상조하는 관계를 유지하지만 조상을 통한 명예의 격을 놓고 내부적 경쟁이 은근히 있어 온 것을 무시할 수 없을 것이다. 뒤에 언급하겠지만 퇴계학맥에 있으면서 병호시비(屛虎是非)에서처럼 배향되는 인물의 서열을 놓고 문중 사이에 알력이 있을 수 있으며, 뒤에 고산서원의 사태에서 보듯이 함께 배향된 형제의 자손간에도 알력이 있을 수 있다.

여기서 지촌과 영남 남인의 입지를 조선조 후기의 정치적 상황에서 볼 필요가 있고 또한 영남사림에서 전개된 병호시비의 내부적 특수상황의 맥락을 볼 필요가 있다. 김방걸은 표은의 4남으로 인조 1년(1622)에 태어나 숙종조에 대사간과 대사성을 지냈는데, 남인 영수 중 한 사람이다. 임진왜란 이후 퇴계 문하생들은 사환(仕宦)의 길보다 사림(士林)의 생활에 힘써 왔음에 비춰 볼 때 지촌은 영남학인 중에서 상당히 높은 관직에 올랐다. 그는 갑술환국(甲戌換局: 1694)으로 노론이 재집권하자 이전에 기사환국(己巳換局: 1689) 당시 우암(尤菴) 송시열(宋時烈)과 문곡(文谷) 김수항(金壽恒) 등 소위 노론의 영수들을 사사케 한 핵심인물의 하나로 전라도 동복(同福)으로 유배되었다가 이듬해인 숙종 21년(1695)에 적소에서 세상을 떠났다.

숙종 말기에서 영조와 정조시대를 거쳐 오는 동안 남인은 정치적으로 계속 내리막길을 걸었고 노론은 막강한 권력을 향유했다. 그러한 판국에 서원에 지촌을 위한 사당을 세운다거나 서원 배향을 시도한다는 것은 의성김씨 문중에게는 위험한 일이었을 것이다. 배향의 의사를 내세웠다가 여타 서원과 유림에서 미온적인 반응을 받거나 정치적으로 압력을 받아 허사로 돌아가면 아예 시도하지 않음보다 더 체면을 손상하는 일이며, 이는 조상에게 욕을 보이는 일로 생각되었을 것이다. 색목(色目)이

다른 경우에 서원건립은 치열한 싸움을 불러일으킬 수 있는 것이다.

이미 홍문관 교리였던 김성탁이 영조 13년(1737)에 스승인 갈암(葛庵) 이현일(李玄逸)의 신원소(伸冤訴)를 올렸다가 유배를 당하고 끝내는 적소에서 졸했으며, 이후 갈암을 위한 서원 건립이 노론세력에 의해 좌절되는 일을 겪었던 것은 안동의 남인 사족들에게는 큰 충격이자 위협의 그림자가 되어 있었다. 갈암은 퇴계학통을 이어받은 거유로서 대사헌에 이르렀고 남인의 핵심인물로서 김방걸과 함께 노론세력을 누르는 데 지도자적 역할을 했다. 그는 인현왕후 민씨가 폐출될 때 이를 찬성했기 때문에 갑술환국 이후 노론으로부터 가장 심한 탄핵의 대상이 되어 수차례에 걸쳐 유배생활을 하다가 죽었으며, 사후에도 그의 관직과 1871년에 받은 문경(文敬)이라는 시호가 수차례 복원되고 환수되는 파란만장한 과정을 겪었다.4) 물론 영조 즉위 후에 탕평책의 공표에도 불구하고 당파싸움은 치열해 노론은 남인을 회유하고 노론세력을 심어 남인집단 내부를 와해시키려는 시도를 전개했고, 중앙 정치무대에서 수적으로 열세인 소론은 남인과의 정치적 연계를 맺음으로써 노론세력을 견제했다.

남인세력의 가장 강인한 본거지인 안동에도 노론계 인물이 수령으로 와 남인 문중을 노론으로 놀리고 안동지역의 노론세력을 지원하는 활동을 벌였다. 이 와중에 안동의 노론집단이 부사와 감사의 허가를 얻어 영조 14년(1738)에 청음(淸陰) 김상헌(金尙憲)을 제향하기 위한 서간서원(西磵書院)을 세웠으나, 의성김씨가 주동이 된 남인세력의 거친 저항을 받고 마침내는 허물어지는 치욕을 당한 예도 있다(이에 대해서는 정만조 1982 참조). 이를 두고 역사학자들은 관권과 향권의 싸움이며 안동지방에는 관권도 어쩔 수 없을 정도로 향권이 뿌리가 깊고 드세다고 해석한다. 그러나 이는 단순히 정부와 지방세력의 갈등과 경쟁이 아니라 노론과 남인 사이의 정치적 생명을 건 문화의 싸움인 것이다.

또한 영조 4년 무신년에 일어난 이인좌(李麟佐)의 병란은 두고두고 남

---

4) 갈암은 1909년에 와서야 신원이 되어 관직과 시호가 복원되어 영해의 仁山書院에 제향되었다.

인에게는 하나의 수령으로 작용했다. 노론 지배의 정국에 대해 일어난 소론과 남인의 연합반란에 안동의 의성김씨 천전파의 종손인 김민행과 하회 류운룡의 지손인 류서 등이 연루되었다는 혐의가 있었기 때문이다. 그들은 정국안정을 위한 조치로 특사되었으나, 무혐의로 밝혀지지 않은 채 일이 매듭져졌기 때문에 완전한 해결이 아니었고 이는 노론에게 빌미를 제공하는 가능성을 내포하는 처사였다. 따라서 남인들은 조심하지 않을 수 없었다.

그러므로 지촌을 배향하는 일은 신중을 기해야 하는 것이며 전략적으로 자제해야 하는 일이었을 것이다. 이미 갑술옥사(甲戌獄事) 이듬해인 숙종 21년(1695)에 서원 첩설 금지령이 내려졌고, 영조는 붕당의 폐를 근절하고자 17년(1741)에 갑오년(숙종 40년) 이후에 병건된 향현사(鄕賢祠)와 영당(影堂)을 훼철시켰다. 정조는 관권을 확립하기 위해 향권을 억제했고, 따라서 사림의 활동도 위축되었다.

그런데 정조는 집정 후반기에는 번암(樊岩) 채제공(蔡濟恭)을 등용해 남인에 대해 호의를 베풀었다. 영남 선비들을 고무하기 위해 16년(1792)에는 도산서원에서 별시도 시행했으며,5) 또 갈암에 대해 신원과 복관도 했다. 이러한 일련의 정국변화는 남인들을 고무했을 것이다. 그런데 번암에 이어 정조도 죽고 순조가 즉위하게 되면서 남인들은 어떤 위기의식을 갖게 되었을 것이다. 순조 16년(1816) 조정에서는 병자호란 60주년을 맞아 절의를 지킨 인물에게 표창을 했다. 이에 표은 김시온을 제향하는 경절사를 지었다. 그들이 이를 건립한 배경은 정부의 지원이 아니라 안동을 중심으로 한 경상좌도 일대의 남인들이 노론 지배하의 사회에 대한 문화적 반격이자 남인 내부의 결속과 정체성 확립을 위한 것이기도 했다. 그 과정을 통해 노론에 의해 위축되고 회유되어 내부분열이 일어나는 것을 막고 남인의 역량을 결집하는 계기로 삼은 것이다. 금옹을 배향할 때에도 마찬가지였다. 향사에 유림이 1,800명이 참가했다는 것은 경상좌도의 유림이 거의 참가한 것이라고 해도 과언이 아니다. 즉 그것

---

5) 이때 응시자가 7,228명이었으며 11명이 급제를 했다.

임동면에 위치한 지산서당.

은 그들에게 당시 관권의 확장과 노론 중심의 정치구조에 대한 남인 주도 향권의 저항과 도전을 과시하는 기회이기도 했던 것이다.

안동 사림들은 철종 시기에 와서 풍양조씨가 안동김씨와의 경쟁에서 남인을 지원했으므로 아마도 이에 힘을 얻었는지도 모른다. 지속적인 노론의 견제 속에서 그들은 오히려 그들 세력의 건재함을 과시하는 과감한 시도를 할 필요를 느꼈을 수도 있다.

그런데 결국 지촌은 서원에 배향되지 못했다. 우선 지방유림에 의해 불천위(不遷位)가 되어야 하는데 이것이 쉽지 않았다. 지방유림의 만장일치 찬성을 이루지 못했거나 아니면 노론세력의 반격을 두려워해 적극적으로 추진할 수 없었기 때문인지도 모른다. 특히 그를 서원에 제향하는 것은 노론정권의 정당성과 이념적 근본을 정면으로 부정하는 상징적인 중요성이 있었던 것이다. 결국 의성김씨 종족사회에서 관직으로나 정치적 무게로 보나 가장 출중한 인물의 하나임에도 불구하고 지촌은 불천위가 못 되고 서원 배향도 되지 못했다. 의성김씨 문중에서는 지산서당

도산서원 전교당.

(芝山書堂)을 세워 그를 기렸으며 그의 후손들은 약봉파의 가장 뛰어난 한 갈래로 존재하게 되었다.

그러나 비록 시도는 성공하지 못했지만 효과는 충분히 거두었다. 의성 김씨 문중의 위상과 권위를 다시 한번 지방 유림사회에서 증명했고 퇴계학맥의 영남사림의 존재와 기개를 표현한 것이다. 표은을 위한 경절사 건립의 연장선상에서 이해하자면 노론의 지배구조와 관권의 확장에 대한 또 한번의 향권의 저항이자 도전이었던 것이다.

동시에 이 일에 참가한 대부분의 서원과 서당은 병호시비에서 호계서원을 지지한 소위 호파에 속했음을 볼 수 있다. 병호시비란 퇴계의 두 고제(高弟)인 서애 류성룡과 학봉 김성일을 두고 누가 퇴계학맥의 적통을 이었는가를 둘러싼 시비이다. 처음에는 1620년 여강서원(후에 호계서원으로 사액됨)에 퇴계를 주향으로 모시고 두 인물을 배향하고자 했을 때 서열을 두고 알력이 생겼고, 그후 계속해서 서애를 모신 병산서원과 학봉을 모신 호계서원을 정점으로 하여 퇴계 문하생들이 갈라져서 논쟁을

병산서원 전경.

벌였던 것이며, 이는 영남사림 전체에 큰 알력과 분열을 가져왔다. 논쟁은 1805년 문묘에 영남사현(김성일, 류성룡, 정구, 장현광)을 종사하게 하는 문제로 또 불거졌다. 가장 본격적인 시비는 학봉의 학맥을 이은 대산(大山) 이상정(李象靖)을 호계서원에 추향(追享)하려는 유림의 논의과정에서 일어났다. 대산이 1781년에 졸하자 그의 제자들은 1794년에 고산정사에 제향할 것을 청하는 소를 작성했다. 호론(虎論)의 지도자인 류범휴는 1811년 고산정사(高山精舍)에서 100여 명의 유림이 모인 가운데 강회를 베풀어 스승인 대산의 학통을 결속했다. 그런데 1812년에 그를 호계서원에 추향할 것을 예안향교의 이름으로 발의되었고 결국 병호시비가 재연되었다.

즉 1812년 예안향교에서 발의한 추향 건의에 그 해 9월 17일 호계서원을 거점으로 이상정의 문인들이 모여 통문을 돌려 11월 10일 청성서원에서 도회를 열기로 한 것을 알렸다. 이에 11월 6일 병산서원 측은 청성서원 도회에 반대하는 통문을 보냈고, 호계서원 측은 이를 맞받아 반박하는 통문을 병산서원에 보냈던 것이다. 그 뒤 1816년 의성향교에서 도회를 열어 지지를 했고, 다시 청성서원에서 도회를 열어 이를 확인했

호계서원(안동댐 건설에 따른 수몰로 임하로 移建).

다. 그런데 12월에 호계서원의 이황, 류성룡, 김성일의 세 위패가 천동(遷動)되었다는 말이 나와 병호 양측 사이에 노골적인 싸움이 일어났다.6) 대산을 호계서원에 추향하려는 것은 학봉이 퇴계의 병명(屛銘)을 받았고 다시 그의 학통을 이은 대산을 퇴계학통의 적전(嫡傳)임을 확인함으로써 퇴계의 적전임을 주장하는 서애파를 누르고 호론이 영남유림의 주도권을 장악하려는 시도로 해석되는 것이었다.

이후 병산서원과 호계서원 측의 알력은 하회의 풍산류씨와 서애의 제자인 우복 정경세를 중심으로 하는 예천과 상주의 유림과 천전의 의성김씨와 청계의 외손인 전주류씨를 중심으로 하는 임하, 임동, 영해 등 강동유림 사이의 편싸움의 성격을 띠게 되었다.7) 도연서원과 경절사는

---

6) 병호시비는 안동부사와 대원군의 조정과 중재노력에도 불구하고 해결되지 않았으며, 1871년 호계서원이 훼철될 때까지 60년간 지속되었다.
7) 이상정의 조부 이홍조는 류성룡의 외손이다. 이상정의 시절만 해도 그 문하에 서애의 자손들이 들어 있었으나, 나중에 정재 류치명의 시대에 와서는 그의 문하생에 하회의 류씨가 한명도 없음을 볼 때 이때 와서 병호는 적어도 퇴계의 학문적 적통의 문제에 관한 한 완전히 분열된 듯이 보인다.

이러한 경쟁의 맥락에서 호계서원 측의 세를 드높이는 일이었으며, 여기에 지촌을 추향하자는 운동은 당시 정치력에서 우세했던 병산서원 측에 대항해 혈연과 지연을 동원한 호계서원 측의 맞대결의 의미를 지닌 것이었다.8)

숙종조 초기에 서원을 경쟁적으로 건립한 영남의 유림들은 19세기 초에 선현 추모사업을 활발히 벌였다. 특히 안동의 유림들은 현조나 스승, 그리고 이름난 선배학자의 문집을 간행하거나 사당을 건립하고 정자를 세우는 일을 많이 했다. 정치적 돌파구를 찾지 못한 재야 유림들이 유회를 통해 자신의 입지를 확보하려 한 것이다. 경절사의 건립, 표은과 금옹의 봉안, 그리고 지촌의 추향논의 등은 모두 이런 맥락에서 이해될 것이다. 이러한 움직임은 향권싸움으로 전개되기도 했다. 노론과 남인 사이의 소위 신향(新鄕)과 구향(舊鄕)의 세력싸움 외에도 같은 남인 유림 사이에도 명분과 적통 여부를 둘러싸고 향권싸움을 전개했다. 병호시비도 그런 맥락에서 이해되는 것이다.

2) 학맥과 문중관계

통문 13(부록 참조)은 봉화의 삼계서당에서 낸 것이다. 안동 남후면에 있는 고산서원은 목은의 15대손인 대산(大山) 이상정(李象靖)과 소산(小山) 이광정(李光靖)을 제향했는데, 자손들간에 알력이 생겨 신주를 파괴하는 일이 벌어졌고 서원은 황폐해졌다. 이런 변고를 한탄하면서 삼계서원에서 인근 여러 서원이 모여 이를 논의하고 처리할 것을 호소하는 글을 낸 것이다. 대산과 소산은 밀암 이재의 문하에서 학문을 닦았으며 학봉 학맥의 뛰어난 학자로서 문과급제에도 불구하고 벼슬을 사양하고 향리에서 학문 연마와 제자 양성에 힘쓴 인물이다. 서원에는 원래 형인 대산을 모셨으나 후에 소산도 학문이 뛰어나다고 하여 동생을 추가로 배

---

8) 지촌 추향을 위한 운동이 1861년이 지나도록 성사되지 못했는 데 비해 철종 14년 (1863)에 병산서원은 사액(賜額)했다.

향했는데, 그후 형제의 자손들 사이에 누가 더 학문적으로 훌륭한가에 대한 경쟁심이 상대방의 신주를 훼철하는 사건으로까지 비화되어 버린 것이다. 이렇게 되자 서원은 아무도 돌보는 이가 없어졌으며, 이에 삼계서당에서 통문을 내 돈을 모아 제향을 다시 지내는 일을 포함해서 고산서원에서 도회를 열어 사태를 정상적으로 수습할 것을 촉구했다.

삼계서원이 서당으로 기록되어 있는 것으로 보면 아마도 1871년에 호계서원과 삼계서원이 훼철됨으로써 안동 호론의 본거지가 없어진 이후의 일인 듯하다. 즉 대원군은 1865년 만동묘를 훼철한 것을 필두로 1868년에는 사액이 없는 서원과 향현사를 모두 훼철할 것을 명했다. 안동지역에서도 그리하여 호계, 삼계, 주계, 병산 서원과 서간사를 제외하고는 모두 훼철되었는데, 1871년에는 전국에 47개의 서원만이 남게 되었다. 이에 호계서원과 삼계서원도 훼철되었고 이와 더불어 서원에 딸린 재산과 노비 등이 몰수되었다. 그럼에도 불구하고 안동유림들은 혈연과 혼인, 학맥을 견고하게 유지하면서 사당의 형식으로 이전의 서원을 유지하는 데 힘썼다. 그러나 고산서원은 후손들 사이의 알력으로 점차 황폐해졌던 것으로 보인다.

학봉의 학맥은 17세기에서 19세기 말에 이르기까지 경당 장흥효와 갈암 이현일, 밀암 이재를 거쳐 대산 이상정에 전수되어 정재(定齋) 류치명(柳致明)으로, 그리고 최후로 학봉의 주손인 서산(西山) 김흥락(金興洛)으로 이어졌다. 이러한 까닭에 삼계서원이 호계서원에 통문을 보냈던 것이며 호계서원에서는 임동의 책거리와 박실의 전주류씨 문중과 천전의 의성김씨 문중으로 통문을 열람케 하여 의견을 물었다. 책거리에서는 가을 추수 때라 농번기인데 어찌해야 할 것인지를 박곡에 물었고, 박곡에서는 8월 6일에 만우정에서 모임이 있으니 그때 어떻게 돕고 해결할 것인지 방도를 논의하겠다고 했다. 이에 임하, 즉 천전의 문중에서는 박곡에서 일을 맡아 빨리 해결하도록 하라고 답을 적어 보냈다. 대산과 소산은 모두 학봉의 학맥을 이은 거유였으므로 호계서원이 이를 담당했고 의성김씨 문중이 이 문제에 적극 개입하게 된 것이다.

물론 의성김씨 문중뿐 아니라 이상정 형제와 학문적으로나 혼인으로 연결된 서원과 문중들이 여러 형태로 이 문제에 간여했을 것이다. 박곡의 만우정(晚愚亭)은 바로 정재 류치명이 1857년에 지은 정자의 이름으로 호론의 가장 핵심세력인 전주류씨의 집결체였다. 갈암의 아들인 밀암은 대산과 소산의 외조부이자 스승이었으며, 정재는 또한 대산의 외증손인 동시에 그의 학통을 이은 고제이니만큼 고산서원의 일을 해결하는 데 전주류씨 문중에서 가장 핵심적인 역할을 담당하게 된 것이다. 류치명은 이미 졸하고 없었고 호론의 중심인물 중 하나인 류기호가 고산서당에 대해 재산을 모아 뒤처리를 했다. 류기호는 임천서원 복설운동에도 핵심적 역할을 했다. 이로 미루어볼 때 사족 문중 사이에는 학문적 사제관계에 있는 경우에는 서로가 돕고 또 책임과 지도의 역할도 담당한 것을 알 수 있다. 제자의 자손들이 조상을 욕되게 하면 그 조상의 스승도 욕되는 것이므로 스승의 후손들이 도덕적 책임을 지는 것이다. 그렇게 함으로써 사제지간은 강화되고 지속되며 함께 위신과 체면을 지켜 나가는 공동운명체적 유대관계를 지속시키는 것이다.

3) 동문 사이의 내부경쟁

이외에 통문 56(부록 참조)은 1883년(계미) 10월 4일자로 영남의 네 분 선생, 즉 김성일, 류성룡, 장현광(張顯光), 정구(鄭逑)를 문묘(文廟)에 종사(從祀)할 것을 추진하기 위한 도회를 조직한다는 것을 알리기 위해 임천서원에서 병산서원으로 보낸 것이다. 즉 순조 5년(1805)에 있었던 논의를 고종 20년(1883)에 재론하여 임천서원에서 인근의 서원이 한 곳에 모여서 의논한 것을 알리고 병산서원 측의 적극적 반응을 촉구하면서 예천향교에서 열릴 예정인 도회에 참석하기를 요청하고 있다.

이 일의 전후는 이렇다. 순조 5년(1805)에 선산과 안동의 유림에서 사현의 문묘승무(文廟陞廡)를 논했으나 병호시비의 여파로 성사되지 않았고, 고종 2년(1865)에 재시도가 있었으나 역시 무위로 돌아갔다. 1883년

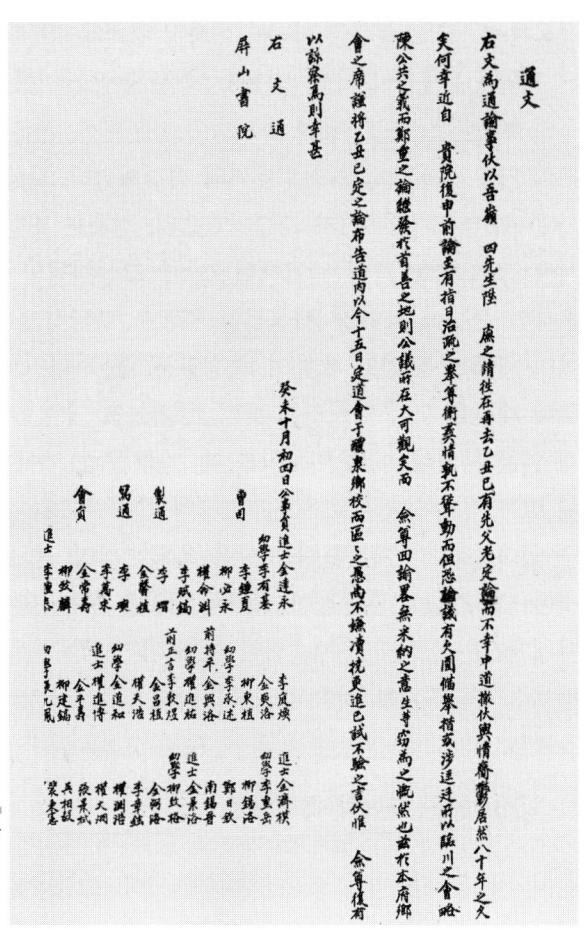

通文 56. 임천서원에서 병산서원으로 보낸 통문

에 와서 병산서원에서는 서애가 퇴계의 적전임을 들어 단독으로 문묘종사를 청원하기로 하고, 그 해 10월 3일에 문경에서 도회를 하기로 했으니 참석을 요망한다는 내용의 통문을 9월 12일자로 임천서당과 호계서당으로 보냈다(통문 52). 호계서당[9]에서도 9월 27일자로 병산서원에 통

---

[9] 호계 및 임천서원은 다른 서원과 마찬가지로 이미 1871년 서원 훼철령에 의해 강당과 사묘가 헐렸고 문중의 서당이라는 형식으로 존재했다. 그러나 유림사회에서는 여전히 서원의 권위와 명분을 지니고 있어 통문에는 서원이라는 이름을 사용하고 있었다. 안동지방에서는 병산서원과 도산서원이 훼철을 면했다.

문을 보내 10월 3일 안동에서 도회를 하여 1805년의 영남사현 종묘승무 논의를 재론하자는 통문을 보냈다(통문 55). 이미 병론(屛論)측은 같은 날짜에 문경 도회를 조직하고 있었으므로 이러한 제안이 불가능하다는 점은 호론(虎論)측에서도 잘 알고 있었다.

이에 병산서원은 9월 28일 임천서당에 통문을 보내 불참을 전했고(통문 63), 임천서원 측은 10월 4일의 통문에서 병산서원 측의 태도를 탓하고 예천 도회에 적극 참여할 것을 강조했다. 병산서원과 호계서원은 서로 상대방의 일에 대해 적대적이지는 않았지만 의식적으로 소극적 자세를 취해 왔음을 알 수 있다. 퇴계 문도의 이 두 고제는 원래 서로를 존경하며 사표로 삼았는데, 그 후대에 와서 자손들이 자기 조상을 더 높이려고 경쟁하게 되어 결국 퇴계학맥이 각각 분열되어 서로 알력과 경쟁을 일으키게 된 것이 앞에서 언급한 대로 병호시비다. 호계서원 측이 중심이 되어 조직하는 일에 대해 병산서원 측이 쉽게 응하지 않으리라는 것을 충분히 예상하면서도 이런 통문을 병산에 보낸 것은 대의명분을 쌓기 위한 것이며 정치적 행위인 것이다.

고종조에 와서 왜 영남사현의 문묘종향을 다시 추진하려 했을까? 그들에게 19세기 후반의 정치 및 사회적 상황은 무질서와 혼돈, 그리고 국가존망의 위기로 인식되었다. 그리고 그것은 유학정신의 파괴 때문이라고 보았다. 그래서 한편으로는 훼철된 서원을 복설함으로써 전통을 확립하고 자신들의 철학적 기반에 입각해 위정척사(衛正斥邪) 운동을 벌이려는 것이었다. 1881년에는 영남만인소(嶺南萬人疏)가 올려졌으며 1884년에는 갑신정변이, 1894년에는 갑오경장이 시행되어 전통적인 제도와 이념체계에 근본적인 변화가 국가의 힘에 의해 이루어졌다. 1895년 8월에는 일인(日人) 폭도들이 민비를 시해하였고, 연말에는 전국적으로 단발령이 내려졌다. 새로운 세계가 개화라는 이름으로 밀어닥치고 있었으며 정치권으로부터 소외당했던 영남사림은 더욱 선현의 철학을 새롭게 하고 서원을 복설하면서 위정과 척사의 정신으로 이에 대응하려는 성향이 강했던 것이다. 즉 그들의 운동은 현실참여의 한 방식이었던 것이다.

4) 송덕비 건립

지방관리의 송덕비(頌德碑) 건립을 촉구하거나 알리는 통문이 있는데 (문서 14, 16, 19), 문서 14와 16(부록참조)은 예천향교에서 각각 다른 사람의 이름으로 통문을 낸 것으로, 을축년에 안동지방 일대에 대홍수가 나 농사를 망치고 백성들이 굶주리게 되었다는 내용이다. 이때 각 고을의 수령은 수해 복구사업을 벌이고 백성에 구휼작업을 행했다. 당시 예천군수는 세금을 감하고 환곡을 풀어 1,700호의 굶주린 백성을 구제했는데, 예천향교에서 이에 대한 송덕비를 세울 것을 결의한바, 이를 실행에 옮기기 위한 회의를 소집하니 참가를 바란다는 내용이었다.

통문 19(부록참조)는 역시 동일 인물에 관한 것으로 보인다. 즉 고을 수령이 부임해 오자 오랫동안 폐지되었던 향음주례(鄕飮酒禮)를 부활시키고 또 초하루 강독을 실시해 유학의 풍속을 쇄신했다는 점과 백성에게 선정을 베풀고 세금을 감면하며 흉년이 들었음에도 잘 처리해 백성을 구제했다는 치적이 서술되어 있다. 을축년 11월에 나온 통문으로 보아 10월 회의에서 송덕비를 세울 것이 결정되었고, 이를 정식 통보한 것이다. 을축년 대홍수로 보아 고종 2년(1865)의 일인 듯하다.

이것은 의성김씨 문중이 받은 것으로 발기인은 아니다. 그러나 일단 받으면 어떤 응답을 하게 마련이며, 그것을 종족에 알리고 관련된 종족들에게도 서로 커뮤니케이션을 이루게 되는 것인 만큼 그 사안에 대해 참여하게 되는 것이다.

송덕비 건립을 위한 통문은 예천 고을에서 수령의 선정을 기리기 위한 해당 지방의 유지와 관아의 관리, 그리고 향교의 지도급 인사들이 각각 보낸 일종의 발기문 혹은 통지서로서 거론되는 인물은 분명하지 않다. 다만 의성김씨 문중과 어떤 관련성이 깊은 사람일 것이다.[10] 어쨌든

---

10) 당시 예천현감을 지낸 인물은 김정진(金靖鎭)이다.

타 고을의 수령에 대한 일에 안동의 의성김씨가 통문을 받았다는 것은 지방사족들의 연계망을 알 수 있게 해 주는 것이다.

일을 추진하는 입장에서도 자기들이 독자적으로 하는 것은 아니다. 그것은 공인(公認)을 받아야 비로소 의미가 있는 것이다. 인정을 받는다는 것이 가장 중요한 만큼 여러 지역의 인사와 문중의 지지를 얻는 것이 당연하며, 공론을 통해 사적인 일이나 생각이 공공적인 것으로 되는 것이다. 그러므로 공론의 장이 행정단위의 경계를 넘어 확장될수록 송덕비로 기념되는 인물이 속한 문중의 문화적 우월성이 확보되는 것이다.

이러한 공론에 참여한다는 것은 그러한 문중끼리 상호부조의 관계를 형성하는 것이며, 다른 종족이나 일반백성에 비해 그들의 도덕적 우위를 증명하며 사회적 위세를 표시하는 것이다. 발의에서 통보, 그리고 반응과 실천의 긴 과정을 통해 그들은 문화공동체를 형성하며 혹은 기존의 공동체를 확인하는 것이다.

송덕비는 아무나 사사로이 세울 수 있는 것이 아니다. 우선 유학의 전통에 기여한 공로가 있어야 대의명분이 서며 백성을 잘 다스린 치적이 있어야 한다. 이를 통해 유학으로 백성을 통치하는 조선조의 이념체계를 확립하며 이를 행할 수 있는 사람은 사족이라는 점을 과시하는 것이다.

5) 문중간의 계회

전주류씨 문중에서 내앞의 의성김씨를 비롯한 몇몇 종족의 선조들이 조직한 황산계(黃山稧)를 다시 조직함을 알리는 통문이 있다(문서 15: 부록 참조).11)

의성김씨와 전주류씨 문중은 혼인으로 맺어진 문중이다. 청계는 세 딸을 두었는데, 수곡의 전주 류성(柳城), 한들의 진성 이봉춘(李逢春), 그리

---

11) 황산계의 부활은 무실의 류씨가 주동이 되어서 움직이고 있는바, 통문을 낸 류점문은 1810년에 태어나 1837년에 죽었는데, 임진년(1832년, 순조 32년) 단오를 기해 모이기로 한 것 같다.

고 일직의 문화 류란(柳蘭)과 각각 혼인했다. 특히 류성은 류복기(柳復起)와 류복립(柳復立) 두 아들을 두었는데, 그 후손들이 번성해 숫자로나 학문과 사환의 영달에서 전주류씨 문중의 중심을 이루었다. 그런 연고로 천전의 의성김씨와 수곡의 전주류씨 사이에는 천김수류(川金水柳)라는 말이 나올 정도의 결속관계가 맺어졌다. 아마 의성김씨에 대한 가장 강력한 지지와 지원세력은 전주류씨였을 것이다.

이들이 즐기는 묏자리에 관한 고사가 있다. 청계의 맏사위 류성은 가난한 선비로서 처가에 의존해 천전과 가까운 수곡으로 이사해 터를 잡았다. 그런데 청계는 부친 예범을 위한 묏자리를 봐 둔 것이 있는데, 지관은 큰 벼슬을 할 자리는 아니지만 자손이 번창할 자리라고 해석했다. 류성의 부인인 청계의 장녀 김씨는 친정 조부 예범의 장례 전날 파놓은 광중(壙中)에 밤새껏 몰래 물을 길어서 퍼부었다. 사람들이 가 보니 물이 흥건히 고여 있었으므로 그 자리를 포기하고 다른 묏자리를 찾아서 장례를 치렀다. 이 내앞 할매(내앞에서 시집온 할머니라는 의미의 택호)는 남편이 병들어 죽음에 임박하자 친정아버지 청계공에게 시집이 빈한해 묏자리를 마련하지 못하니 그때 폐기한 자리를 달라고 간청해 받아냈다. 그래서 내앞에서는 인물이 많이 나왔으나 자손이 그리 번창하지 않았고, 무실 류씨네는 비록 고관대작은 많이 배출하지 않았지만 자손이 번창했다는 이야기이다. 이는 여자의 충성심이 어디에 귀속되는 것이 옳은가에 대한 이념적 논의를 하는 데 자주 인용된다.[12]

청계의 사위 이봉춘(李逢春)의 자손인 명릉참봉 이보(李簠)가 쓴 황산사계첩(黃山寺楔帖)(고문서집성 7-의성김씨 천상각파편 Ⅱ. 계안 4)의 서문에 의하면 무실의 기산(岐山)에 황산사라는 절이 있었는데, 인근의 선비들이 산세의 수려함을 감상하다가 절에 들러 쉬면서 승려에게 후덕한 대접을

---

12) 김씨 부인은 이름이 옥정(玉貞: 1536~1563)인데 남편 사후 침식을 잊고 슬퍼했으며 가례(家禮)를 따라 3년상을 마치고 순절(殉節)했다. 뒤에 증손 류지(柳榰)가 귀해져서 부군이 사복시정(司僕寺正)으로 증직되면서 숙인(淑人)으로 추증되었다. 1635년(인조 13년)에 열부(烈婦)로 정려(旌閭)되었다.

받곤 했다. 무실(水谷)과 박실(朴谷)의 전주류씨, 임하 일대의 의성김씨, 한들(大坪)의 진성이씨 등 청계의 자손과 외손들은 때로 황산사에 모여 술과 가효를 즐기며 시회를 열고 자연을 감상하면서 혈연적 감정을 돈독히 했다. 이런 모임을 20여 년 했는데 좋은 만남도 세월이 가면 인생이 무상해 잊혀질 수 있으므로, 모두 청계의 내외 자손으로서 25인과 각자가 아들이나 조카 중에서 한 명 혹은 두 명을 시자(侍子)로 하여 도합 55명의 이름을 적어 놓기로 했다. 그러면 세월이 흐른 후 후대에 가서도 이렇게 만났던 아름다운 일을 회상하고 그 뜻이 전해져 다음 세대에도 이어지도록 하기 위함이었다는 것이다. 그때가 갑신년이고 기록된 인물의 당시 연령과 직책을 보면 숙종 10년(1683)인 듯하다.

참석자는 의성김씨, 전주류씨, 진성이씨, 영양남씨인데, 김씨 중에는 약봉파에서 방렬(1616~1692)이 최고령으로 그의 3남인 태중을 시자(侍子)로 삼아 선두에 기록되어 있고 그를 비롯한 시온의 모든 아들과 이기와 익기를 비롯한 귀봉파 시구의 손자와 태기의 아들이 중심이다. 대사성 방걸(1623~1695), 용호위부호군 태기(泰基: 1625~1700) 등 11명, 류씨 중에는 류복기의 손자인 경주부윤 지(榰: 1626~1701)와 통덕랑 증휘(1627~1707), 증손인 여주목사 정휘(1623~1675) 등 12명, 이씨로는 보(簠: 1629~1710), 남씨로는 성주(1633년생) 등 1616년생에서 1645년생에 이르는 25명이 각각 아들 혹은 조카를 시중드는 사람으로 삼아서 기록되어 있다. 시자로서는 김씨 문중에서 세중(1648년생. 진사), 세흠(1649년생. 교리), 세호(1652년생. 강원도사), 창석(1652년생. 정언) 등과 류씨 집안에서는 성재(유학), 하시(유학), 맹휘(통덕랑), 성시(통덕랑), 창시(1649년생. 진사), 경시(유학), 종시(1650년생. 생원), 상시(相時 1652년생. 유학), 현시(1667년생. 유학) 등의 이름이 당시의 벼슬이나 품계 혹은 직업과 함께 게재되어 있다.

아마 당시 의성김문과 전주류문 중에서 가장 뛰어난 인물들이 모인 것 같다. 그 자리에 참석한 사람의 이름을 기록한 것이니만큼 방렬의 다섯 형제가 모두 자리를 함께했다는 것은 뜻이 깊다고 하겠다.

그후 두 번째 계회는 속기(續記)에 갑신년부터 50여 년이 지났다고 언

생원　　　　　　　　　　　　　金邦烈 士顯 丙辰 木 閒韶
　侍子通德郞　　　　　　　　　衮重 說之
　　　　　　　　　　　　　　　辛丑
　幼學　　　　　　　　　　　　金邦衛 士平 戊午 本 閒韶
　　侍子通德郞　　　　　　　　三重 次榮
　　　　　　　　　　　　　　　申申
　幼學　　　　　　行 建元陵叅奉　
　　　　　　　　　　　　　　　台重 房養
　　　　　　　　　　　　　　　己丑
　幼學　　　　　　　　　　　　柳樺 正和 本 完山
　　侍孫幼學　　　　　　　　　聖戴 雨化
　　　　　　　　　　　　　　　丙戌
　幼學　　　　　　　　　　　　柳世輝 夏時 乙酉
　　侍子幼學　　　　　　　　　戊申
　通政大夫成均館大司成　　　　金邦杰 士興 癸亥 本 閒韶

　侍子進士　　　　　　　　　　世重 子仕
折衝將軍行龍驤衛副護軍　　　　金泰基 乙丑 本 閒韶
　侍子弘文館校理　　　　　　　欽 天若
　　　　　　　　　　　　　　　宜吾 丙寅
通政大夫守慶州府尹　　　　　　孟輝 幷伯
　　　　　　　　　　　　　　　戊辰
　侍子通德郞　　　　　　　　　慶輝 賀伯
　生員　　　　　　　　　　　　壬辰
通政大夫行驪州牧使　　　　　　柳挺輝 仲謙 本 完山
　　　　　　　　　　　　　　　聖時 乙酉
　　　　　　　　　　　　　　　丁亥
　侍子通德郞　　　　　　　　　昌時 致和
　　進士　　　　　　　　　　　己丑
通德郞　　　　　　　　　　　　柳增輝 士明 丁卯 本 完山

折衝將軍行龍驤衛副護軍　　　　金益基 諫仁 庚午 本 閒韶
　侍子從仕郞　　　　　　　　　世鎰 聲伯
　　　　　　　　　　　　　　　庚寅
　　　　　　　　　　江原都事　世鎬 京伯
　幼學　　　　　　　　　　　　己丑
　　侍子幼學　　　　　　　　　柳重輝 仲儀 本 完山
　　　　　　　　　　　　　　　世戌
　幼學　　　　　　　　　　　　亨時 慕伯
　　侍子幼學　　　　　　　　　柳鳳輝 季卿
　通德郞　　　　　　　　　　　匡時 正卿
　　侍子從仕郞　　　　　　　　己未
　　　　　　　　　　　　　　　金鼎基 正已 本 閒韶
　　　　　　　　　　　　　　　世鍊 辛補
　　　　　　　　　　　　　　　己丑

　侍子通德郞　　　　　　　　　金邦達 士明 壬午 本 閒韶

折衝將軍行司諫院正言　　　　　李薑 信三 本 真城
　從仕郞　　　　　　　　　　　己巳 丙戌
　　侍子生員　　　　　　　　　通德郞
　　　　　　　　　　　　　　　柳益輝 面諧 乙巳 本 完山
　　姪子生員　　　　　　　　　相時 壬辰
　　　　　　　　　　　　　　　辛卯

　侍子幼學　　　　　　　　　　經時 戊丁
　　從仕郞　　　　　　　　　　宗時 庚寅
　　侍子幼學　　　　　　　　　柳昌輝 說卿 丁酉
　　幼學　　　　　　　　　　　興時 士文
　　侍子幼學　　　　　　　　　金復基 戊辰 本 閒韶
　　幼學　　　　　　　　　　　昌錫 士興
　　侍子幼學　　　　　　　　　昌漢 文伯
　　從仕郞　　　　　　　　　　己巳 本 真城
　　侍子幼學　　　　　　　　　龜徵 景曜
　　從仕郞　　　　　　　　　　辛卯

　侍子通德郞　　　　　　　　　龜重 甲午
　　從仕郞　　　　　　　　　　金士達 濟九 本 閒韶
　　侍子幼學　　　　　　　　　世錫 天然
　　　　　　　　　　　　　　　丁酉
　　幼學　　　　　　　南休　　昌漢 文伯
　　侍子幼學　　　　　　　　　柳揚輝 昌源 本 完山
　　幼學　　　　　　　晋陽　　晋時 遜甫
　　侍子幼學　　　　　　　　　乙巳
　　從仕郞　　　　　　　　　　金有基 萬仁 庚辰 本 閒韶
　　侍子幼學　　　　　　　　　世鐸 周伯
　　　　　　　　　　　　　　　辛酉

　侍子幼學　　　　　　　　　　柳萬輝 大源 本 完山
　　進士　　　　　　　　　　　憲時 敬度
　　　　　　　　　　　　　　　乙巳
　　幼學　　　　　　　　　　　柳啓輝 纂輝 本 完山
　　侍子幼學　　　　　　　　　顯時 道夫

黃山稧帖

黃山寺稧會題名記

環岐山而家者皆篤紳衿裾之居也距山不十里而近而山之中為奧區奧區之中為金仙氏之室前橫一禮曰鳳凰以山名岐故取以記之樓頗幽夐奧壇可以登覽焉每佳辰勝節璟居長老肩輿爭儕會于樓觴詠盡日而歸其古也在青牛歲余自直寧僑居子山之北一舍地亦得往來參會其會也無規約無芝蘭不邀請不招呼遇興則勔會會則無常為盖貴其自然之天趣也會過五六會而踈數亦無常為盖貴其自然之天趣也會遂徒欄序次蒼顏白髮宛如仙鶴之羣集也會

亭九老真率耆英箕會之文與詩是已曠其人與會之蕩然俱逝者今已數千百年而獨文與詩在耳披而讀之則當時在會諸賢之德業之崇清素之風年齡之先後禮貌之雍容瞭然在目若親預其席親見其儀然則敷行文字之能使人與會不逝而長存者果如是夫今吾儕雖不及於古人而其為會則同為樂則同而行將人與會蕩然俱逝則何獨不為古人不逝長存之道只付之嗟嘆悼惜之日更作此會蓋謀其數行文無已則迫吾儕在世之日更作此會蓋謀其數行文字之來後使之不逝長存如古人不亦可乎咸曰然

遂屬余以記之余不敢辭略記會之顛末且書姓名年歲九二十五人低一行分書侍來子姓合之為五十五人菓為一冊各藏於家以遺后孫以圖永久庶幾其不逝長存於百年之後而自今為後孫者閑閱興感益敦世誼續修會事於無竆云耳閼逢涒灘之陽月朔朝眞城李籥記

급하고 있는 것으로 보아 영조 10년(1734) 전후의 일로 짐작된다. 김시성, 류철원 등 9명의 김씨와 류씨가 대표가 되어 쓴 기록에는 그 동안 집집마다 한두 혹은 서너 세대가 바뀌어 이전 선조들의 행적을 다시 보게 되니, 그 아름다운 모임에 대한 간절한 정이 솟아 다시 9월 보름날에 계회를 하게 되었다고 한다. 그래서 주로 김씨와 류씨가 많고 거기에 서너 명의 이씨와 남씨의 새로운 이름이 기재되었다. 말하자면 제2대 회원인 셈이었다. 특히 김씨와 류씨는 청계공의 내외손이라는 점을 강조하고 있다. 귀봉의 고손인 첨지중추부사 김명석(1675~1762)이 그의 아들 원하를 시자로 삼아 최고령자로서 첫머리에 기재되었고, 첨지중추부사 김백흠, 유학 김달하가 기재되었으며, 귀봉의 6대 주손인 김복하가 아들 상열을 각각 시자로 하여 기록되어 있고, 성탁의 아들 낙행(1708~1766)이 또한 기록되어 있다. 청계의 사위인 류복기의 후손들로 유학 비시(賁時: 1680~1761), 생원 진현(晉鉉: 1687~1767), 사간을 지낸 관현(1692~1764), 생원 태재(1609~1767) 등이 있고 시자로 유학 정현, 유학 홍원(1716~1781), 통덕랑 통원(류치명의 증조: 1715~1787) 등이 기재되어 있다. 이때에는 원래 기록되었던 55명 회원들의 자손이 번성해 수백 명에 이르게 되었고, 당시 회원 중에는 세상을 떠난 분도 많고 생존해도 90 혹은 80세의 고령으로 몇 분만 남아 있다는 것과, 그래서 자손들이 이 아름다운 뜻에 참여하고자 하여 숫자 제한 없이 문호를 개방해 138명이 기재되기에 이르렀다. 1675년생에서 1705년생에 이르는 사람 37명이 시자를 32명 데리고 기록된 숫자가 도합 69명에, 1705년생에서 1740년생에 이르는 69명이 유학 혹은 생원으로서 개인자격으로 기록되어 있다. 즉 아주 큰 규모의 계회가 열리게 된 것이다.

  3차 모임에는 92명이 기재되었다. 아마도 1880년대 말이나 늦어도 1900년 초의 일인 듯하다. 의성김씨 중에는 유학 용락(1818년생), 유학 상수(常壽: 1819~1906), 귀봉파 정락의 아들인 창식(1824년생), 양진(1829~1901), 약봉파의 희락(1832년생), 남악의 11대손 경락(1839년생), 진사 서락(1840년생), 정락(1845년생), 진성(1846년생) 등 34명, 류씨 문중에서는 류치명의 아들인 전도정(前都正) 지호(1825~1904), 치도(1826년생), 동식(1832년생), 필영(1842~1924), 점호(1846년생), 1881년 만인소에 앞장섰던 덕영(1854~1908), 치우(1855~1924) 등 51명, 그리고 진성이씨가 원회(1824년생), 원팔(1839년생), 원규(1846년생), 성락(1860년생) 등 7명이 기재되어 있다. 의성김씨는 천전뿐 아니라 신덕과 금계, 예천에 이르기까지 청계공 아들 5형제의 자손들이 망라되어 있고, 류씨 역시 수곡과 박곡뿐 아니라 예안의 주진에까지 안동 일대의 류씨가 망라되어 있다. 이전에 몇몇 보이던 남씨는 이번 모임에는 없고 벼슬이나 시자도 없었다. 1800년대 말엽에 모인 것으로 보건대 이미 이때는 벼슬이나 전통적인 품계가 별로 없었을 것이다. 그래서 대부분이 유학으로 되어 있는 것 같다. 그리고 문중 어른들의 모임에서 장년까지 참여하는, 소위 성격이 달라진 것으로 보인다.

황산계가 어떻게 구성되고 운영되는지는 알 수 없다. 그러나 매년 정기적으로 모이는 조직이 아니고 회원자격도 엄격히 제한되어 있는 것도 아닌 듯하다. 계라는 것은 그때그때의 모임을 의미한다고 하겠다. 그런데 처음 계회에서 짐작하듯이 청계공의 내외손 중에서 나이가 60 이상이 된 사람들의 친목모임인데, 아무래도 어느 정도 학식과 경제적 여유와 적어도 문중 안에서 명망을 가진 사람이 참석했을 것이다. 모여서 드는 비용 역시 각자 추렴했을 것이다. 회원의 관직이나 품계, 그리고 시자로 기재된 인물의 면모를 보아도 당시 문중의 대외적인 체면을 대표하는 사람들이었다. 숙종조에서 남인은 상당히 출세해 있었다. 김방걸이 대사성으로 있고 세흠이 문과에 급제한 데 이어 그 3년 뒤에는 창석과 세호 등 종반간에 문과급제를 동시에 하고 홍문관 교리, 사간원 정언, 강원도사로 각각 재직하고 있어 김문의 명망이 청계의 다섯 아들이 오자등과를 했을 때처럼 드높았을 것이다. 또한 청계의 사위 류복기의 손자 기가 경주부윤, 증손 정휘가 여주목사로 성시가 통덕랑, 창시가 진사, 맹휘가 통덕랑, 경휘가 생원 등으로 류씨 문중 역시 명문으로 성세가 뻗치기 시작하고 있었다. 이런 분위기 속에서 자손들이 공동의 조상으로 받드는 청계를 추모하고 천전, 수곡, 박곡을 포함하는 임하와 임동 일대가 그들 문중의 천하임을 확인하는 것은 자못 신나는 일이었을 것이다.

두 번째 계회 역시 문중간의 우의와 결속을 다지는 의의를 지닌다. 동시에 이전의 전통을 지킨다는 윤리적 의무감도 작용하고 있었다. 영조 초기는 남인에게는 숨 막히는 기간이었다. 앞에서 언급했듯이 이미 숙종 20년 갑술환국 이래 영남 남인들의 정치적 입장은 극히 약화되었고, 영조 4년 이인좌의 난은 더욱 그 입지를 좁혔다. 특히 의성 김문의 종손인 민행이 연루되었다는 혐의가 있었기 때문에 의성김씨로서는 여간 곤란하지 않았을 것이다. 물론 김성탁과 류승현 등 김문과 류문의 명망가와 안동의 남인 사림들이 즉각 이를 토벌하는 창의의 지도자가 되었으므로 정부에서는 연루된 몇몇 안동 사림을 방면했지만, 그것은 언제나 노론에게 공격의 빌미가 될 수 있는 금기사항의 하나였다. 당시 기재된 인물에게 관직은 거의 없다. 김명석과 김백흠이 절충장군첨지중추부사라는 무관 명예직을 가지고 있고 류관석이 전직 사간원 사간으로, 류정원이 전직 승정원 동부승지였을 뿐 나머지는 모두 유학으로 기재되어 있어 사림에 묻혀 가학(家學)에 열중하고 있었을 당시의 상황과 분위기를 짐작케 한다. 아마도 이러한 답답하고 위축된 정치적 상황 아래에서 두 문중간의 관계를 재확인해 사회적 명망을 과시하고 지역사회에서의 역량을 재결집하는 행사를 한 것이 아닌가 짐작된다. 단순히 문중 어른을 대접하고 양반으로서 자연을 감상하고 시회를 즐기는 데 의미가 있었던 것은 아니었을 것이다. 그러므로 이때에는 물론 자손이 번성한 탓도 있겠지만 훨씬 많은 사람들이 50세 이상의 어른이 아니면서도 적극적으로 참석한 것 같다.[13]

류점문 등이 낸 통문(통문 15)은 1832년의 것인데 계회가 성사되었는지는 확실하지 않다. 연대로 봐서 황산계첩에 기록된 세 번째 모임 이전의 시기인데 기록물이 없기 때문이다. 두 번째 계회가 있은 지 근 100년이 되는 해이니 상당기간 모임이 없었던 듯하다. 왜 황산계가 끊어졌는

---

13) 그런 중에도 이들은 꾸준히 사마시와 문과에 급제자를 배출해 왔다. 영조 11년 (1735)은 김성탁이 문과에 급제한 해이기도 하다.

지는 알 수 없다. 영조 이래 정조를 거쳐 순조조를 지내는 동안 남인의 입지는 계속 위축되었을 것이다. 류점문이 통문을 낸 순조 32년은 중앙의 벌열들이 세도정치를 하고 있었고 노론세력이 막강했다. 그럼에도 불구하고 안동지역의 향권은 여전히 이들 퇴계학맥의 사림들이 강력하게 확보하고 있었고, 정치적 입지가 좁혀질수록 오히려 문화적 헤게모니에 열중했던 것이다. 1834년부터 김시온을 봉향하는 경절사에 금옹 김학배를 배향하자는 통문이 역시 수곡 전주류씨의 기양리사(岐陽里祠)에서 처음 나와 1838년 드디어 성사된 것으로 미루어봐도 정치사회적 여건이 불리할수록 그들은 더욱 강인한 결속력을 도모한 것으로 보인다.

따라서 황산계를 다시 시작한다는 것은 특별히 청계 내외손 사이의 관계와 영광스러운 과거를 부활하려는 욕구의 발로라고 할 것이다. 이로 미루어 그들은 끊임없이 조상 대대로 물려온 전통과 역사를 새롭게 하고 관계를 돈독히 함으로써 지역사회에서 문화적·사회적 주도권을 장악하는 데 게을리하지 않았음을 알 수 있다.

6) 유동적인 양반의 운명

또 한 건의 통문(문서 20)은 몰락해 존재가 사라진 조상을 되찾아 그 위치를 세우려는 시도를 보여준다. 이호민(李好閔)이란 사람이 죽은 지 200여 년이 지나면서 자손이 영락해 종래 그의 행적이 묘연해졌다. 그 자손 중에서 출가(중이 됨)한 유규(裕奎)라는 사람이 200년 전의 조상인 호민의 행장을 서술한 비석을 세우고 선조의 뜻을 기리기 위해 의성 고운사(孤雲寺)에서 공론을 내고 계문서를 작성했다. 이러한 저간의 전말을 보고할 겸 계문서를 여러 문중에 보내 이호민의 존재를 유림사회에 뚜렷이 밝히려는 통문이다.

이호민은 연안이씨로 명종 8년(1553)에 태어나 인조 12년(1634)에 졸한 인물로, 연안군의 현손이며 호는 오봉(五峯)이다. 문과급제 후 선조와 광해군 시절에 대제학과 좌찬성을 지낸 문신이며 학자로서 청백리(淸白吏)

에 뽑혔다.

이 통문에서 보듯이 대제학과 좌찬성을 지낸 명문사족이라도 사정에 따라서는 영락해 존재조차 없어지는 경우도 있었다는 것과, 이로부터 조선사회에서 신분이동의 현실을 알 수 있다. 왜란과 호란을 겪으면서 명문집안도 그들의 터를 잃거나 떠나 가족들이 객지로 흩어지면 가문은 영락하고 종족의 촌락도 없어진다. 안동지역에는 의성김씨처럼 집안을 지키는 데 성공한 사족이 많은 동시에 이렇게 영락한 집안도 많았을 것이다. 그런 점에서 의성 김문에는 보종(補宗)과 종족의 경제적 기반을 지키는 데 절대적인 장치를 마련한 청계와 학봉의 공이 지대했다.

영락한 명문의 자손이 과거의 사족으로서 지위나 명예를 회복할 수 있는 길은 뛰어난 인물과 역사를 찾아내 지방유림으로부터 인정을 받는 것이다. 조상은 자손이 만드는 면도 있다. 자손이 소홀히 하면 훌륭한 조상도 더 이상 훌륭하게 존재하지 않는 것이며, 자손의 영달은 조상도 빛나게 하는 것이다. 동시에 자손은 조상에 의해 품격과 명예가 더해지는 것이다. 숭조사업은 따라서 자손의 지위와 복지를 확보하는 수단으로도 필요한 것임을 알 수 있다.

순조조에는 서울 귀족벌열들의 세도정치가 판을 치고, 이에 대응해서 지방에서는 향권을 고수하고자 사족들의 결속력이 한층 강화되고 있었다. 비록 중앙 정치무대에서 소외되었지만 안동의 사족들은 금옹을 경절사에 추향하는 운동을 통해 문중과 학맥의 결속을 새롭게 했다. 이러한 정치적·문화적 활동 가운데서 과거의 훌륭한 조상을 찾아 영락한 가문을 다시 세워 사족들의 사회적 연망 속으로 재편입되고 싶은 열망을 가지게 되었을 것이다.

7) 역사 만들기

또한 조상의 행적을 밝혀 기록을 바로잡기 위한 것(문서 47)이 하나 있다. 학봉 김성일은 임진왜란이 일어나자 영남유림의 지도자로서 사방에

촉석루 삼장사시 현판(矗石樓三壯士詩懸板). 1592년 임진 5월, 학봉이 조종도 및 이로와 함께 진주 촉석루에 올라 誓死報國의 결의를 다지며 지은 '삼장사시'의 현판이다.

격문을 보내 민병을 조직해 전투를 지휘했고 경상우도의 초유사로 임명되어 진주성을 거점으로 삼아 죽음에 이를 때까지 구국활동에 임했다. 임란 삼대첩의 하나인 진주성전투 직전 학봉은 비분강개한 심정으로 촉석루에 올라 세 장부가 죽음으로써 나라를 지키자는 호탕한 시를 지었는데, 세인들은 이를 삼장사(三壯士)의 시(詩)라고 부른다.14) 후에 서애의 손자 수암 류진이 촉석루에 올라 당시를 회고하면서 학봉의 시를 배석했던 진주목사 천파(天波) 오숙(吳䎘)에게 전했다. 천파는 감동해 삼장사시를 판각하고 자신의 서를 더해 촉석루에 현판했다. 그후 천파가 학봉의 당시 직책을 오기하고 삼장사의 정체에 대해서도 잘못 기록했다는 지방사림의 지적에 따라 그 현판은 철거되었는데, 훗날 어사 여령(呂玲)이 다른 사람의 말을 듣고 이를 다시 현판했다. 이로써 이 삼장사가 누구인가에 대해 이견이 의성김씨를 필두로 해당 문중 사이에 논쟁거리로

---

14) 시는 다음과 같다. 矗石樓中三壯士 一杯笑指長江水 長江之水流滔滔 波不渴兮魂不死 (촉석루 가운데 세 장사가 한잔 술로 웃으며 저 큰 강을 가리키도다. 큰 강의 물은 도도히 흐르는데 강물이 마를소냐 내 넋이 죽을소냐).

발전하게 되었다. 일설에는 김성일, 조종도(趙宗道), 이로(李路) 또는 곽재우(郭再祐)라 하고, 일설에는 김천일(金千鎰), 최경회(崔慶會), 고종후(高從厚) 또는 황진(黃進)이라고 한다. 누가 삼장사인가를 밝히는 것은 해당 문중의 명예를 결정하는 것이다. 임진란이라는 국가 차원의 역사에서 개인의 이름뿐 아니라 종족 전체의 명예가 국가의 역사라는 맥락에서 정립되는 것이니만큼 중요하지 않을 수 없다.

또 그것은 해당 문중 사이에 특별한 관계를 성립시키는 것이 된다. 죽기로 결의를 하고 장렬한 최후를 맞으면서 나라를 구했다는 역사를 공유하는 세 문중 사이에 결의형제와 같은 관계가 성립하는 것은 당연하다. 그러므로 이는 거족적 관심사이며 그들이 추향된 서원 사이에는 특별한 왕래가 일어난다.

의성김씨에게 진주성은 학봉이 구국에 혼신을 다하다가 최후를 맞이한 곳이니만큼 자랑스럽고 성스러운 역사의 장이다. 따라서 삼장사는 학봉을 중심으로 해서 구성되었고 삼장사시는 학봉이 지었다는 점을 끈질기게 추적하고 해명해 왔다.

통문은 이에 대해 현풍향교, 도동서원(道東書院), 예연서원(禮淵書院), 송담서원(松潭書院), 니양서원(尼陽書院)에서 각각 원장, 도유사, 재유사를 비롯해 모두 47명의 인사가 연명해 의성김씨 문중과 안동의 향교와 서원에게 학봉의 존재와 곽재우의 존재를 동시에 인정해 제향을 지내자는 견해를 피력해 온 것이다. 현통은 곽씨의 고향이며 발문한 서원에 곽씨들이 다수 회원으로 활동하고 있었다.

8) 문집간행

통문에는 또한 조상의 문집을 간행하는 일을 널리 알리는 것(문서 57: 부록 참조)이 있다. 검제(金溪)의 서산(西山) 김흥락(金興洛)[15]은 학봉의

---

15) 金興洛(순조 27년[1827]~광무 3년[1899]). 호는 西山. 학봉의 11대 주손. 定齊 柳致明의 문인으로서 當世 儒宗으로 일컬어짐. 그의 문하에는 石洲 李相龍, 柯山 金螢模,

11대 주손으로서 퇴계학파의 마지막 뛰어난 학문의 후계자이며 당대 영남을 대표하는 탁월한 스승으로 추앙받는 인물이다. 그의 사후 10년 가까운 세월이 지나도록 그가 남긴 훌륭한 문장을 정리하는 일이 지연되다가 결국 1907년에 와서 문집을 곧 완성하게 되었다는 사실을 널리 알리고 완성한 것을 축하하는 일에 대한 지원을 기대하는 통문을 보냈다. 문집을 정리해 펴내는 일은 오늘날의 단순한 출판기념회와 성격을 달리한다. 그것은 간행되는 문집 자체만이 아니라 그 담긴 내용에 대해 여러 문중이 인정한다는 문화적 중요성을 지닌다.

문집간행은 단순한 작업이 아니다. 문중 내외에서 학자들을 동원해 자료를 모으고 정리하고 교정해야 하고, 목판을 각(刻)하는 일부터 전 과정에 소요되는 일체의 경비를 감당할 재정적 뒷받침이 있어야 하며 지속적으로 일을 진행시킬 지도력이 있어야 한다. 그리고 완성된 문집이 누구에 의해 공인되는가와 그것을 누구에게 나누어 주는가는 지역사회에서 힘의 관계를 나타낸다. 곧 힘이 없으면 완성할 수도 없으며, 완성했다 하더라도 공인을 받지 못함으로써 지극히 사적인 것에 머물 수밖에 없다. 문집발간은 그러므로 해당 문중의 내적 결속을 강화하는 동시에 대외적으로는 사회적·경제적 지위를 증명하는 중요한 지표이기도 하다.16) 그리고 타 문중들과 문집을 공유한다는 것은 전통적인 관계의 망을 강화하는 것일 뿐만 아니라 그 사상과 철학과 학문의 공유를 의미하며 나아가서 문화공동체임을 표현하는 것이다.

의성김씨 천전파에서는 49명이 문집을 남긴 것으로 보고되지만(김시박 1972, 김규성 1974 참조) 유고집까지 합치면 무려 239종의 문집이 된다(천상문화보존회 2000). 그 중에서 학봉, 운천, 지촌, 제산, 적암, 구사당, 우간, 우현 등의 목판본(木版本)을 만들어 찍어낸 개인의 문집 외에 『장고세고』(長皐世稿)와 『연방세고』(聯芳世稿)와 같이 부자·형제들의 글을 한데 모은 문집도 있다. 『장고세고』는 운천의 장남 시주의 차남 임(恁, 호는 長

起巖 李中業, 省南 權相翊 등이 있다. 문집『西山集』이 있다.
16) 제7장의 완의 8에서도 언급될 것이다.

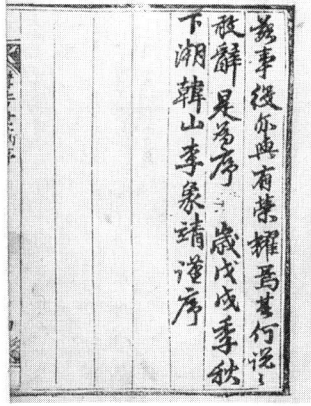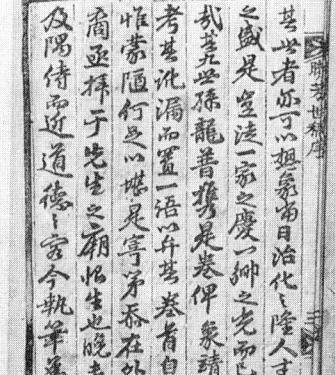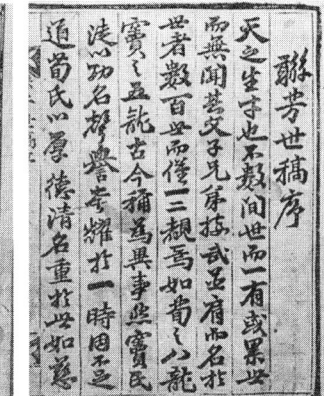

『연방세고』에 이상정이 쓴 序.

皐)과 그의 아들 태기・이기・익기, 그리고 손자 세흠, 창석, 세호 등의 문장을 한데 모은 문집이다. 『연방세고』는 청계와 그의 다섯 아들의 시문(詩文), 비지(碑誌), 산문(散文)과 그 중의 문인(門人)과 자손들이 지은 행장(行狀)・제문(祭文)들을 모아 목판을 각(刻)하여 엮은 것이다. 1778년에 본격적인 간행사업을 시작하여 1785년에 완성한 것에서 문집간행이 얼마나 많은 노력과 시간과 재력이 뒷받침되어야 하는지를 잘 알 수 있다. 『연방세고』는 그후 1881년에 화재로 목판이 소실되어 1890년에 다시 판각(版刻)하여 중간(重刊)하였다.

문집간행에는 유림에 의한 고유(告由)와 봉헌(奉獻) 의례에 의해 공인된다. 이러한 의례를 위해 관계된 문중과 서원들이 초청되고 이들의 참가에 의해 문집은 사적(私的)인 것에서 공적(公的)인 것으로 바뀐다. 사사로운 집안의 사유물이 아니라 공공적인 것으로서 정당화되는 것이다. 공인을 받는 것이 많을수록 그 집안과 문중의 명예와 위세가 확대되는 것이다. 엘리트 문화의 공유 혹은 그러한 문화공동체의 연망에 위치한다는 것은 중요한 정치적・사회적 자원을 확보하는 것이며 문집은 문중의 사회적 지위를 상징한다.

여기에 보이는 통문은 선산향교에 보내는 것이지만 경상도 일대의 향교와 서원과 퇴계학파의 모든 문중에 보내었을 것이다. 이 일은 한말 퇴계학통의 최후의 거봉의 문집인 만큼 그 의의는 문집간행의 예를 올리는 것에 그치지 않고 경상도 유림이 모이는 정치적 사회적 의의가 깊은 문화행사인 것이다.

9) 신원처리

또한 국가에 공이 있었으나 영락한 지방 서리 출신의 가족에 대해 신분상의 불이익을 없애기 위한 통고문(문서 58: 부록참조)이 있다[17]. 즉 거창향교(居昌鄕校)에서 학봉종가(鶴峯宗家)로 보낸 통문에 의하면, 거창의 임불촌에 거주했던 서리 출신 이중남이 임진왜란 때 사대부보다 더 앞서서 왜적을 물리치는 데 뛰어난 공을 세웠으나 제대로 인정받지 못한 것을 학봉이 국왕에게 보고해 후한 상을 내리게 했다. 그러나 그후 이중남의 자손이 타향으로 나가 미천하게 살아왔다. 300여 년이 지난 후 그 자손 중에서 이 사실을 추적해 마침내 학봉의 문집에서 그에 관한 기록을 찾아서 확인했고, 학봉문중에서는 사림(士林)에 공의(公議)를 내 그가 비록 서리(胥吏) 신분이지만 사대부에 비견되는 훌륭한 일을 한 것을 알렸다. 이에 거창향교가 이중남에 관한 사실이 사림의 공의를 통해 확정되었다는 사실을 향원과 관청에 알리고 통문을 여러 읍에 보내 그의 후예들을 천시하지 않게 해 주자는 의견이었다.

전통시대에 재지사족과 향리는 은근한 알력과 긴장관계를 유지했다. 조관사족과 그 후예는 중앙의 권력자원과 연결되어 특권적인 존재로서의 위치를 향유할 수 있었고, 지방 명문사족들은 그들의 권위의 연망에서 입지를 확보하고 있었다. 향리는 지방의 전통적인 호족세력으로서 행정력을 향유하고 사족들과는 지배문화를 공유하면서도 때로는 긴장관계를 형성하기도 했다. 그러므로 재지사족과 세력 있는 향리집단 사이에는

---

17) 계미 2월인 것으로 보아 1823년 혹은 1883년(고종조) 중 하나일 것으로 보인다.

신분상의 차별에도 불구하고 현실적인 문제에서는 실질적인 권력경쟁의 관계에 있었던 것으로 보인다. 따라서 사족들은 향리에 대해 사회적 신분의 우월함을 과시하고 문화적 지배력을 확립하려는 장치를 개발함과 동시에 그들을 자기들의 문화체계로 끌어들이려는 노력도 해야 한다.

이러한 일로 미루어보건대 사족들은 그들과 신분이 다르더라도 그들이 표방하는 대의명분에 합당한 행위에 대해서는 인정해 주는 것을 볼 수 있다. 이는 스스로 도덕적 우월성과 일관성을 증명하는 것이며 사림의 명예를 높이는 것이다. 물론 이향즉천(離鄕則賤)이라 하여 자기 고향을 떠나 타관으로 나가면 신분적으로 정체가 애매해 천한 신분으로 전락할 가능성이 높았음을 알 수 있다. 그런 점에서 의성김씨들은 자기들의 원래의 고향을 떠나지 않는 성향이 강하고, 떠나더라도 고향의 종족과 강력한 커뮤니케이션을 확보했다.18)

이상의 다양한 통문에서 전반적으로 두드러지는 것은 서원의 중요성이다. 그것은 사족들의 정치적 이익과 사회적 결속을 위한 것일 뿐 아니라 신분을 보장하고 이념을 재생산하는 기제이다. 8)에서 보는 바와 같이 사족이 아니더라도 그들의 이념체계를 충실히 실천한 모범에 대해서는 그 경과를 규명해 사림의 공의에 부쳐 표양을 한다.

그런데 서원은 국가로부터 사액을 받기는 하지만 국가권위에 대응한 지방사림의 사적 공론의 장으로서의 중요성이 강하다. 그 설립부터가 국가의 허가가 아닌 사림의 공론에 의해 이루어진 것인 만큼 국가와 사회의 관계에서 가장 강력하고 공공의 이념을 가진 사회적 영역이 된다. 향교가 지방수령이 관리하고 향리들도 출입할 수 있는 곳이었던 데 비해 서원은 그 출입이 신분적으로 엄격히 통제되었다. 지방수령의 송덕비를

---

18) 내앞의 의성김씨 중에서 귀봉파의 운천 김용의 막내아들은 임진왜란의 혼란중에 객지에 떨어져 떠돌다가 괴산지방에서 천한 일을 하면서 먹고살게 되었다. 그의 자손은 200여 년이 지난 후에 발견되어 족보에 들어오게 되었다. 그러나 안동의 의성김씨들은 지금도 이들을 그들과 동등한 종족원으로 인정하지 않는 경향을 강하게 지니고 있다.

세우는 일에 향교가 앞장선 것은 향교는 일반백성을 교화하는 기제로서의 성격이 강했다는 것을 보여준다. 이에 비해 서원은 학문연마와 고등교육 기구의 성격이 강했다. 어느 서원에 출입하느냐는 것은 그 서원에 제향되는 인물이 상징하는 학문과 사상의 체계를 받아들인다는 의미를 가졌다. 조선조의 서원은 단순한 지식의 습득장이 아니라 사상을 생산하고 논쟁을 하는 곳이며 그것은 예송(禮訟)이나 지속적인 학문논쟁에서도 보듯이 세계관 자체에 관한 것이다. 그러므로 서원을 공유한다든가 학맥을 잇는다는 것은 세계관과 생활방식 및 사고방식을 공유한다는 뜻이다. 일상 차원에서의 생활방식을 결정하는 것인 만큼 같은 문화체계의 사람들끼리 혼인을 하고 사회적 연망을 형성한 것은 당연한 일이다.

통문은 그것을 처음 발의하는 단계부터 중요한 관심거리다. 문중이나 서원 혹은 향교와 같은 공공 혹은 집단의 이름으로 나가는 관계로 그 조직의 구성원에게는 통문을 만들자는 논의 단계가 이미 중요한 정치적·사회적 관심사가 된다. 그러므로 통문은 내적 의사결정과 결속의 과정을 암시한다. 통문이 다른 문중으로 전달되는 과정에서 통문을 작성한 문중은 총력을 기울여 그 통문의 효과를 극대화하도록 노력한다. 여기에 서원에 기반한 학맥과 혼맥, 그리고 평소의 사회적 출입을 통해 나졌던 친한 사이가 작용하는 것이다.

그러므로 통문은 반드시 사안 당사자 집단에서 타 집단으로 보내는 것만이 아니라, 타 집단의 일에 대해서 적극적으로 참여하고 간여하기도 한다. 이는 상대방에게 정당성과 명분을 제공해 주기 위한 것이다. 예를 들어 예천의 회산서원(晦山書院)에서 도연서원으로 통문을 내 표은이 주향된 도연서원에 그의 종손자이자 제자인 금옹이 배향되었으니, 이제 표은의 아들인 지촌이 추향되면 사제와 부자가 함께 배향되는 경사라는 점을 지적하고, 이를 적극적으로 실천할 것을 촉구했다. 이러한 촉구는 봉화의 삼계서원에서도 보내졌다(통문 33). 이렇게 함으로써 상호 의존적이고 상부상조하는 공동체적 결속을 도모하는 것이다.

안동지역의 서원과 사우는 사족 문중마다 거의 하나씩은 가지고 있었다. 특히 선조조부터 사당, 사우, 서당의 이름으로 시작해 세워지기 시작해 광해와 인조시대를 거쳐 오면서 서원으로 승격하기도 했다. 숙종조에 와서는 무려 11개의 서원이 설립되었고 사액이 된 것이 7개가 된다. 영조, 정조시대의 탕평책과 서원첩설 금지령에도 끊임없이 사우와 서원이 건립되거나 서원으로 승격되었는데, 이러한 추세는 순조와 철종대까지 이루어졌다. 숙종조에 건립된 것은 대개 남인계통의 서원이며 영종조 시대와 그 이후에는 노론계통의 것도 다수 설립되었다. 역동서원(우탁), 도산서원(이황, 조목), 여강서원(호계서원: 이황, 김성일, 류성룡), 주계서원(구봉령, 권춘란), 청성서원(권호문), 병산서원(류성룡, 류진), 임천서원(김성일), 노림서원(남치리), 청계서원(권식, 이우, 이해), 묵계서원(김계행, 옥고), 사빈서원(김진과 다섯 아들), 경광서원(배상지, 장흥효, 이종준), 도계서원(권위), 도연서원(김시온, 김학배), 구계서원(도동서원: 우탁), 분강서원(이현보), 임호서원(김용), 동계서원(금난수, 이안도), 타양서원(손홍량, 김지수, 류중암), 류암서원(이정백), 서산서원(이색, 이홍조), 학암서원(권익창, 정사성,정사신), 용계서원(김언기, 권대기), 낙연서원(이유장, 김간, 류경시), 서간서원(김상헌), 고산서원(이상정, 이광정), 고죽서원(김제, 김수), 명계서원(명호서원: 이원, 이주), 화천서원(류운룡, 김윤안, 류원지), 창렬서원(하위지), 근성서원(김인찬, 김이갱), 벽계서원(강봉문), 봉암서원(남응원, 남용달, 남급, 남천한),담양서원(김영, 김기보), 도생서원(배삼익, 배용길), 마곡서원(변계량, 김유용, 이완, 김생명, 박사회, 류빈, 윤의정), 기양리사(류의손, 류복기). 노동리사(권구), 한천정사(김택룡), 향현사(이계양, 김효려), 금고서원(변영청, 변중일), 풍암서원(이홍, 이산두) 등이 있었는데, 학맥과 당파에 따라 동맹관계를 맺고 서로 통문을 돌리면서 공론과 공의의 주도권을 두고 경쟁하고 결속했다.

 서원과 문중, 당파에 따른 집단간의 상부상조는 물론 단순한 친분관계나 혼인관계를 표현하는 것에 그치지 않는다. 그것은 사회적 실세를 유지하고 확고하게 만들기 위한 정치적으로 중요한 문화적 공동체를 만드는 일이다. 앞서 언급한 고산서원의 '변고'에서처럼 이를 중대한 문제로 여기고 서원이 공의를 행하는 것을 볼 수 있다(통문 13). 즉 봉화의 삼계서원에서 공론을 내고 월곡의 호계서원이 이에 호응해 검제의 임천서원에 통보하고, 임천서원에서는 내앞의 종가로 보내고 내앞에서는 다시 박실(朴谷)의 전주류씨 문중으로 통문을 돌리고 있다. 삼계서원은 안동권씨 충재를 모신 서원이고 호계서원과 임천서원은 의성김씨 학봉을 모신 서원이며 박실은 퇴계학파의 거두인 정재(定齋) 류치명(柳致明)이 있는 곳이다. 고산서원의 사태는 자칫하면 노론집단으로부터 치명적 타격을 받을 수 있는 흠인 동시에 대외적으로도 퇴계학파의 명예와 명분에 타격이 아닐 수 없었다. 이러한 도덕적 흠은 사회적 신망과 나아가 정치적 위세의 위축을 가져올 수도 있는 일이다. 그러므로 서둘러 절박하게 처리해야 한다. 결국 공동운명체적 연대감이 서원과 문중 사이의 결속을 도모하게 만드는 것이다.

통문은 공론을 위해 대의명분과 윤리적 정당성을 확보해야 한다. 그러므로 일정한 형식과 내용을 가져야 하며 문장력과 수사학(修辭學)이 발달해야 했다. 형식은 일정하게 우주만물의 이치와 공자를 비롯한 옛 성현의 가르침과 행적이 언급되고 역사적 교훈을 서술한다. 그런 후에 발기인이 의도하는 일이 그러한 이치와 도리와 낭위성에 충분히 연관되어 있음을 논증하고, 이를 실행하지 않은 것(이를 공론화할 생각조차 하지 못했던 것 자체를 포함하여)은 곧 사람으로서 온당한 짓이 아님을 강조한다. 유학에 기반한 이러한 논리는 국가권위에 의한 논리에 필적한다. 즉 국가의 권위를 넘어 우주의 원리와 인간적 도리에 연결시킴으로써 시도하는 일의 정당성, 당위성, 필연성, 윤리성을 확보하게 되는 것이다. 이는 그들의 도덕적 우월성뿐 아니라 의도하는 일의 이치의 정당함을 확보하는 것이다. 내용에서는 혼자가 아니라 반드시 누군가가 동의하고 호응해 줄 것을 호소한다. 그럼으로써 지역적 경계를 넘어 문화적 공동체를 확립하는 것이다.

4. 안동문화권 연계망의 내적 역동성

이상의 통문분석은 안동문화권의 향촌사회가 어떤 내적 역동성을 가지고 있는가를 부분적으로나마 이해하게 해 주며, 그 속에서 의성김씨들의 위상과 생존전략의 면모를 파악하게 해 준다.

향촌사회가 단순히 국가권력 체계에 수동적으로 종속되어 있는 것은 아니다. 그 자체의 힘을 가지고 있어 중앙정부와 경쟁하고 타협했던 것이다. 사족에게 일차적으로 중요한 것은 향촌사회에서 입지를 확보하는 일이다. 즉 향권의 중심세력으로 위치를 갖는 일이다. 그러한 경쟁과 타협은 서원과 유림이라는 공간을 확보함으로써 가능해졌다. 곧 통문은 서원과 문중들 사이에 공동전선을 형성하고 지배적 문화세력을 형성해 백성의 이념적 교육을 담당하며 지역사회의 공론을 형성함으로써 국가권력에 대응했던 것이다. 일차적으로 사적 연망과 사적 영역의 구축을 도모하고 이를 공적 담론의 공간으로 만들어 냈던 것이다. 여기서 사족들은 학문과 의례를 독점함으로써 지방 토착세력인 향리집단과 경쟁과 타협을 이루며, 동시에 백성에 대해 지배적 위치를 확보하고 국가와 백성을 연결하는 사회적 전통을 장악했던 것이다.

의성김씨들은 이러한 역동적 과정에서 우세한 입장을 확보하기 위해 종족의 내적 결속을 다지는 데 힘을 쏟았다. 통문은 그러한 종족공동체의 결속을 도모하는 실질적인 기제였으며, 조상의 명예와 명성을 드높이기 위한 서원 배향과 서원간의 연망을 확고하게 구축하는 일에 적극적인 역할을 했다.

그들은 조상과 관계된 모든 역사와 문화적 흔적을 발굴하고 다듬음으로써 지역경계를 넘어 광범위한 교류와 소통의 망을 형성했다. 조상의 무덤과 위토가 있는 곳을 수시로 방문하고 예를 갖추어 추모함으로써 역사를 재생시키고 전수하며, 조상의 문집을 발간하고 문집에 언급되는 장소와 집안과 행적이 관련된 곳을 찾아보는 일종의 역사적 성지순례를 통해 그들 나름의 역사적 인식세계를 구축한 것이다. 조상이 수학한 서원과 그들이 제향되는 서원, 그리고 조상이 유배되었거나 졸한 곳, 혼인으로 연관된 문중과 그들의 조상이 제향되는 서원 및 사우가 많고 통문이 빈번한 것은 그러한 관계의 수립과 유지 및 강화를 위한 정치적 문화활동인 것이다. 이 점에서 의성김씨들은 아주 성공한 예가 된다.

전통시대에 안동은 소위 안동문화권의 중심이었다. 이 안동문화권은 우선 안동이 행정의 중심지가 됨으로써 그 밑에 관할지로 편제되었던 각 고을로 이루어졌다. 즉 안동의 진관으로서 영해, 청송, 순흥의 세 도호부와 예천, 영천(영주지방의 옛 이름), 풍기의 세 군과 진보, 영양, 영덕, 봉화, 예안, 용궁, 의성, 군위, 비안의 아홉 현이 그것이다. 이러한 고을을 망라하는 지역의 사람들은 말씨와 말투, 풍속, 예절 등에서 공유하는 점이 많으며 서로 혼인을 하고, 특히 사족들은 퇴계를 정점으로 하는 학맥을 형성했다. 학맥은 서원을 통해 이루어지는 것으로, 서원간의 연관성은 행정권(行政圈)을 넘어서 더 넓은 범주의 안동문화권을 형성한다. 퇴계학맥과 연관된 인물을 배향하는 서원들이 지역적 경계를 넘어 존재하고 이들 사이에는 통문을 돌리면서 상부상조하는 관계의 연망이 구축되어 있기 때문이다. 나아가서 의성김씨를 비롯한 안동의 퇴계학파 사족들은 안동지역뿐 아니라 영남과 호남 일대에까지 그들의 연망을 형성하고 유지하면서 문중의 명망을 높이고 사회적 공론의 장을 이끌어 나갔다. 통문은 따라서 사족들의 위치를 확립하고 지역의 경계를 넘어 문화공동체를 형성하는 중요한 기제였다고 본다.

특히 의성김씨들은 학봉을 필두로 하여 대대로 영남학파에서 거유를 많이 배출했으며 자손들 사이에 사제관계를 많이 만들었다. 그러므로 그들은 종족관계뿐 아니라 학문적 공동체를 이루었다. 퇴계학통을 이은 학봉(鶴峯) 오형제(五兄弟)를 비롯해 涌(雲川)—是楫(瓢隱)—濱(葛村). 邦杰(芝村). 學培(錦翁). 烋(敬窩)—台重(適庵). 聖鐸(霽山). 昌錫(月灘). 世欽(七灘).

世鎬(龜洲)—樂行(九思堂). 正漢(芝谷). 江漢(蘭谷)—岱鎭(訂窩). 興洛(西山)으로 이어져 내려온 문중 내의 학맥이 이를 잘 말해 준다. 학봉은 대유(大儒)이며 조선조의 명신(名臣)으로, 운천은 임진왜란 때 국난회복에 진력한 문신으로, 표은은 병자호란 때의 절사로, 갈촌, 지촌은 현종과 숙종조의 명환(名宦)으로, 제산, 서산은 퇴계학통을 전승한 유학자로, 월탄과 칠탄, 귀주는 내앞 김씨문중의 삼문관(三文官)으로 전송되고 있다. 그리고 한말에는 독립운동의 선구자인 백하 김대락과 일송 김긍식(동삼) 등을 비롯해서 애국지사 10여 명을 배출한 가문이기도 하다.

본 연구에 동원된 문서를 통해 완전하지는 못하지만 몇 가지 추론을 할 수 있을 것이다. 즉 종족의 내적 결속은 불변의 상태는 아니다. 그것은 끊임없이 이념적 교육을 통해 점검되고 재생된다. 그러한 재생에는 재정적 뒷받침으로서 종족 공동재산도 필요하지만, 의례의 기능도 필수적이다. 의례의 정기적인 실천은 곧 그들에게 역사의식과 동질의식을 강화하게 해 주며, 의례의 정교함을 통해 그들 자신의 도덕적 우위를 생산하는 것이며, 타 문중과의 문화공동체를 형성하는 기제가 된다.

한편으로 재지사족은 향리세력과의 관계에도 관심을 기울여야 했음을 알 수 있다. 거의 1년을 임기로 하여 임지에 임하는 외부인사에 불과한 고을 수령을 대신해서 토착향리들은 실질적인 권력과 세력을 가지고 있기 때문에 명분과 신분상의 특혜를 향유하는 재지사족들과 경우에 따라서는 경쟁과 알력까지도 벌이게 되는 것이다. 물론 그들 뒤에는 중앙 정치무대에서 벌열세력과의 관계가 지방차원에까지 영향을 미치고 있었던 것도 생각해 볼 일이다. 즉 노론과 남인간의 정치적 경쟁과 갈등은 재지사족의 지방에서의 입지에 영향을 미쳤을 것이다. 완의문이나 소지에서 보듯이 왜 표은의 묘소에 심은 소나무가 베어 없어진 사건에 대한 송사가 25년이나 끌었으며, 해당 부사에 따라서는 미온적이거나, 심지어 소나무를 더 베어 쓰는 일도 있었고, 지방 아전의 태도가 시기에 따라 달라졌는가는 정치적 맥락에서 추론해 볼 필요가 있을 것이다. 그렇기 때문에 사족들은 문화적 우월성을 독점함으로써 신분상의 우월함을 확보하는 데 열성을 보여야 했던 것이다. 그리고 그러한 권위의 확보는 공론의 힘을 장악함으로써 가능했으며, 이를 위한 공론화의 문화적 기제를 세련시키며 확대재생산하는 데 힘을 쏟은 것이다. 서원건립 운동이나 통문의 활성화는 그러한 입장에서 이해될 것이다.

그런데 왜 서원의 배향을 위한 통문이 순조조 초기와 한말에 많이 일어났는지가 흥미롭다. 이는 당시에 정치적·사회적·경제적으로 많은 변화가 야기된 것에 대한 반응이 아니었을까 생각된다. 정치적으로 유리해졌으므로 그들이 평소 하지 못했던 사업을 하려는 움직임이었는지, 아니면 반대로 그들에게 더 많은 불리함이 예견되므로 서둘러서 입지를 마련하기 위해 서원 배향을 도모했는지는 더 많은 자료에 의한 연구가 필요할 것이다. 그러나 조선후기의 전반적인 사회·경제적 변화는 순조조 이래 재지사족의 지배적 기반을 약화시키기 시작했으며, 그러한 변화가 통문을 통한 공론화의 활성화를 낳게 했는지도 모른다.

한마디로 결론을 짓는다면 의성김씨들도 다른 사족과 마찬가지로 끊임없이 문화적 우월성을 확보하면서 정치적·경제적·사회적 상황의 변화에 적응하면서 존속했으며, 한 사회 안의 다양한 신분적 배경의 세력과 다양한 성향 사이의 경쟁과 타협, 그리고 자기 정체성의 세련화작업이 조선조 사회의 내적 역동성을 증명한다고 보겠다. 통문은 사족으로 하여금 향촌사회의 지배력을 장악하고 유지하는 데 필요한 공론을 지배하는 수단이다. 그리고 향촌사회의 범주를 넘어 그들의 권력과 권위의 연망을 넓히고, 나아가 국가와의 관계에서 향권의 입지를 확보하는 문화적 기제이다.

부록(통문)   번역: 이충구

(출처: 古文書集成 六-義城金氏川上各派篇(Ⅱ)-, 1990, 韓國精神文化硏究院
　　　古文書集成 七-義城金氏川上各派篇(Ⅲ)-, 1990, 韓國精神文化硏究院)

[통문 21] 古文書集成 六(Ⅱ): 302

[통문 22] 古文書集成 六(Ⅱ): 61-66

[통문 31] 古文書集成 六(Ⅱ): 309

　　右文爲通諭事 伏以芝村金先生 學紹家庭 位歇淸顯 其永玉剛潔之操 則凝之之有道原也 義理講討之樂 則元定之有仲默也 此盖歷驗於諸先輩狀碣中 一辭襃獎 而迄今百年 尙無尸祝之尊奉者 深爲吾黨之慨恨 玆念陶淵景節祠 卽我瓢隱先生妥靈之所 而想像其當日 臥龍堂上 鯉庭詩禮之學 萊衣供舞之樂 赫然如昨日事 雖千載之後 百世之遠 彷彿乎兩先生英靈之陟降 在是矣 推以神理人情 豈容無此祠之一體配食 而一如其先生在世之爲乎 鄙等居在百里之近 卽聞岐院通章 出自丈席之論 而略知遠近公議 從此歸一 故敢忘僭率 陳此荒說 雖哀鳴匹鳧 不足爲江淮之輕重 而其於大義理大議論處 亦不欲自外者也 伏願僉君子亟定躋享之論 以慰幽明之意 亦副遠近之望 千萬幸甚
　　右文通陶淵書院
　　安東 陶淵書院入納 英陽英山書院通文　謹封
　　庚申三月十七日 鄕校都有司 趙彦育 掌議 趙秉重 吳世衡
　　英山書院 都有司 趙復運 齋有司 趙彦睦 趙彦軾
　　汝南書院 都有司 趙秉哲 齋有司 南有䕫 鄭駿逵
　　明皐書院 都有司 趙彦宅 齋有司 鄭亨逵 趙彦華 製通 趙秉國 趙彦觀 寫通 朴齋璿 趙泰熙…… 等.(모두 63人)

위 글은 통유하는 일입니다. 생각하옵건대 지촌(芝村) 김선생(金先生: 김방걸)의 학문은 가정을 계승했고 직위는 청직과 현직에 올랐습니다. 그 얼음과 옥같이 강하고 깨끗한 지조는 응지(凝之)[1]에게 도원(道原)[2]이 있는 것과 같고, 의리를 강구하고 토론하는 즐거움은 원정(元定)[3]에게 중묵(仲默)[4]이 있

---

1) 송나라 劉渙의 字.
2) 송나라 유환(劉渙)의 아들 유서(劉恕). 유환·유서 부자의 화상은 증치허(曾致虛)가 남강군(南康郡)을 다스릴 때 빙옥당(氷玉堂)에 함께 봉안했다(『朱熹集』권80, 氷玉堂記).
3) 송나라 채원정(蔡元定). 서산선생(西山先生)으로도 불린다.
4) 송나라 채침(蔡沈). 자는 중묵(仲黙). 주자(朱子)의 제자이면서 사위이다.

는 것과 같습니다. 이는 대개 두루 여러 선배들의 행장과 묘갈 속에서 한결같은 말로 포장(褒奬)한 데서 증거가 되는데, 오늘까지 백년에 아직도 시축(尸祝: 신주와 축문)으로 떠받든 것이 없으니, 우리 고을의 매우 한스러운 일입니다. 적이 생각건대 도연(道淵) 경절사(景節祠)는 우리 표은 선생(瓢隱先生: 김시온)을 모시는 곳으로서, 그 당시를 상상해 보건대 와룡당(臥龍堂) 위에서 공리(孔鯉: 공자의 아들)가 뜰에서 시와 예를 배우며5) 노래자(老萊子)가 색동옷을 입고 춤을 추어 올리는 즐거움이6) 환하게 어제의 일인 듯합니다. 비록 천년 뒤와 백대의 멀리까지라도 두 선생의 영령의 오르내림은 마치 여기에 있는 것과 같을 것입니다. 신령의 이치와 사람의 감정으로 미루어 보건대 어찌 이 사당에 일체(一體)로 배향해 한결같이 그 선생(표은과 지촌)께서 생존하신 것처럼 하지 않을 것입니까? 우리들이 백리 가까운데 살면서, 서원에서 나누어 통장(通章: 통문)을 보낸 것이 장석(丈席: 선생)의 논의에서 나옴을 듣고 원근의 공론이 이로부터 하나로 귀착됨을 대략 알았으므로, 감히 참람하며 경솔함을 잊고 이 못난 글을 씁니다. 비록 외로운 편지로 보내는 것이 큰 강회(江淮: 江水와 淮水)의 경중을 좌우함에는 부족하지만, 그 큰 의리와 큰 논의를 하는 데는 스스로 도외시되지 않고자 합니다. 바라옵건대 여러 군자들께서는 올려 제향하는 논의를 빨리 결정해서 선생과 후학의 뜻을 위로하고 또한 원근의 희망에 부응하면 천만 다행이겠습니다.

위는 도연서원에 보내는 통문입니다.

안동 도연서원 입납 　　영양 영산서원 통문　　　근봉

　경신7) 3월 17일

　　향교8) 　유사 조언유 장의 조병중 재유사 오세형

　　영산서원9) 도유사 조복운 재유사 조언목 조언식

---

5) 공리(孔鯉: 공자의 아들)…… 배우며: 아들이 아버지에게 배움을 말함. 공리가 뜰을 지날 때(鯉趨而過庭) 아버지인 공자가 시(詩)를 배웠느냐고 묻자 못 배웠다고 하니, 시를 배우라고 하여 시를 배웠다. 또 뜰을 지날 때 예(禮)를 배웠느냐고 묻자 못 배웠다고 하니, 예를 배우라고 하여 예를 배웠다(『論語·季』).

6) 노래자(老萊子)가…… 즐거움이: 효자가 부모를 즐겁게 함을 말함. 노래자는 주(周)나라 사람으로, 나이 칠십에 오색 색동옷을 입고 어린이 장난을 하여 부모님께 기쁘게 해 드렸다(『史記』, 老子傳).

7) 1695년 이후 100년인 1795년 이후의 경신년에 작성된 듯하다. 그러므로 1800년쯤으로 추정된다.

8) 영양향교.

여남서원 도유사 조병철 재유사 남유명 정준규

명고서원 도유사 조언택 재유사 정형규 조언화 제통 조병국 조언관 사통 박재선 조태희…… 등(63인)

[통문 32] 古文書集成 六(II): 310

[통문 33] 古文書集成 六(II): 311

右文爲通論事 伏以廬阜西磵之祠 武夷西山之廟 父子並享 著爲美典 盖嗣德承徽 百世配食 是一家之盛擧 而輿論之所不容已者也 竊伏聞貴院有芝村金先生 追配之論 是誠公議之先獲 而曠世之盛節 凡爲吾黨人士 孰不爲欣聽而樂成也哉 然而倡議許久 未聞歸一之論 遠邇同聲 尙稽敦事之期 此生等愚見 始焉聳動 而繼之以悶鬱者也 夫以先生之學術文章 聳當世而範後俗 直節昌言 扶吾黨而伸正論 歷颺名經 而砥礪愈貞 遭罹竄逐 阨窮無悔 百世之下 有足以聞風而起欽 則崇報之典 尙今未遑 斯豈非吾林之遺憾乎 此無待生等之加疊 而陶淵一區 卽我東之薇岡栗里也 値躬貞之會 而守貤遯之節 則大先生以之當淸明之際 而礪匪躬之節 則芝翁以之隱而爲淸風峻標 出而爲淸名直氣 是君子隨時之大義 跡殊而道同者也 一氣胚毓 鍾出英賢 竊想趨庭之際 詩禮而講習於斯 杖屨而陪侍於斯 傳襲授受之一副家謨 做出來光明磊落之立朝明德 則今於大先生之祠一體肸食 永世崇奉 豈不益有光矣乎 錦翁追享之典 已行於前 則先父老未遑之擧 似亦有待於今日 高弟賢嗣 左右列侍 一室三賢 聲徽益彰 揆以神理人情 可謂兩盡 而無遺欠矣 伏願僉尊 博采輿言 卽從彝好之所同 務歸大公 亟圖盛儀之載擧 以副遠邇之望 千萬善甚

右文通

陶淵書院 庚申五月十五日 三溪書院 都有司 前校理 金禹銖 齋任 幼學 權宗夏 金淵在 製通 權定夏 金駿永 寫通 柳觀欽 金基學 會員 進士 金基銖 金正銖 幼學 權載會 權鼎夏 李潤 進士 金昞銖 進士 權載爀 進士 權載天…… 等(모두 53人)

위 글은 통유(通諭)하는 일입니다.

생각하옵건대 여부(廬阜) 서간사(西磵祠)10)와 무이(武夷) 서산묘(西山廟)11)는 부자를 아울러 제향했는데, 드러나 아름다운 법이 되었습니다. 대개 도덕과 아름다움을 계승해 백세(百世)에 배식(配食: 配享)함은 한 집안의 성대한 일이고 여론(輿論)에 중지할 수 없는 것입니다.

적이 듣자옵건대 귀(貴) 서원(書院)에 지촌(芝村: 김방걸) 김선생을 추향

---

9) 영양의 서원.
10) 여부(廬阜) 서간사(西磵祠): 여부에 있는 송(宋)나라 유환(劉渙)·유서(劉恕) 부자를 봉안한 사당.
11) 무이(武夷) 서산묘(西山廟): 무이에 있는 송(宋)나라 채원정(蔡元定)·채침(蔡沈) 부자를 봉안한 사당. 채원정의 호는 서산선생(西山先生).

(追享)하자는 논의가 있다 하니, 이는 진실로 공론에 우선해야 할 것이고, 오랜 시대의 성대한 절도입니다. 무릇 우리 마을의 인사(人士)들로서 누가 듣기를 기뻐하며 이루기를 즐거워하지 않을 사람이 있겠습니까?

그러나 논의가 일어난 지 오래되어도 논의가 귀일되었다는 것을 듣지 못했으니, 원근에서 같은 소리를 내지만 오히려 일을 꾸려 가는 기일이 늦어지고 있습니다. 이것이 저희들의 어리석은 생각에 처음에는 뛸 듯이 좋아하다가 곧 이어 안타까워하며 울적해하는 것입니다.

대저 선생의 학술(學術) 문장(文章)은 당세(當世)에 높아 후세에 모범이 되고, 곧은 절개와 훌륭한 말은 우리들을 잡아 주며 바른 논의를 펴게 했습니다. 벼슬을 역임하면서도 연마하기를 더욱 곧게 했고, 내쫓김을 당해 곤궁함에도 뉘우침이 없었습니다. 백세(百世)의 뒤에도 풍모를 듣고 경건함을 충분히 일으키니, 높여 보답하는 예를 오히려 지금 틈을 내지 못하면, 이것이 어찌 우리 유림(儒林)의 유감(遺憾)이 아니겠습니까? 이는 우리들의 거듭하기를 기다릴 것이 없는 것입니다.

그리고 도연(陶淵) 한 구역은 곧 우리 동방의 미강(薇岡)12)과 율리(栗里)13)입니다. 절개를 지키던 때를 만나, 은둔하여14) 절개를 지킬 때는 대선생(大先生: 표은 김시온)께서 이것으로 청명(淸明)한 즈음에 당하시고, 몸을 돌보지 않는 절개를 연마함에는 지옹(芝翁: 김방걸)께서 이것으로 은둔해 청풍(淸風) 준표(峻標)를 삼으시고 밖으로는 청명(淸名) 직기(直氣)를 삼으셨습니다. 이는 군자(君子)가 때에 따르는 대의(大義)니, 자취가 달라도 도(道)는 같은 것입니다. 일기(一氣)가 배태해 육성되고, 모여 영웅(英雄) 현인(賢人)을 냅니다.

적이 생각건대 가정에서 아버님께 배울 때 『시경』(詩經), 『예경』(禮經)을 여기에서 강습(講習)하고, 지팡이와 신을 여기에서 모시었습니다. 전승(傳承)해 주며 받음이 한결같이 집안의 도모에 부응하여, 밝고 뛰어난 조정에 설 만한 명덕(明德)을 만들어 냈으니, 지금 대선생(大先生)의 사당에 일체(一體)로 철식(腏食: 배향(配享))해 영원히 떠받든다면, 어찌 더욱 광채가 있지 않겠습니까? 금옹(錦翁)15)을 추향(追享)한 의전은 이미 이전에 행했으나, 과거

---

12) 고사리 캐는 산이라는 뜻으로, 절개를 지킨 백이(伯夷)가 있던 수양산(首陽山)을 말함.
13) 은사(隱士) 도연명(陶淵明)이 살던 마을.
14) 원문의 '肔'는 '肥'의 잘못. '肥遯'은 『주역』(周易) 둔괘(遯卦) 상육(上六)의 말로 '여유로운 은둔생활'을 뜻한다.

원로들께서 틈내 하지 못한 일은 아마 오늘을 기다렸던 듯합니다. 고상한 제자와 어진 아들이 좌우(左右)에서 늘어서 모시면 한 방에 세 현인(賢人)은 명예와 아름다움이 더욱 빛날 것입니다. 귀신의 이치와 인정(人情)으로 헤아리건대 둘 다 극진해 결함이 없다고 할 수 있겠습니다. 바라옵건대 여러분께서는 널리 여론을 모아 곧 인심에 좋아해 함께 하는 바를 따르고, 힘써 공정함으로 돌아가 빨리 성대한 예를 거행함으로써, 원근의 바램에 부응하시면 천만(千萬) 좋은 일이겠습니다.

위 글은 도연서원에 보내는 통문입니다.

경신(庚申) 5월 15일 삼계서원 도유사(都有司) 전교리 김우수 재임(齋任) 유학 권종하 김연재 제통(製通) 권정하 김준영 사통(寫通) 류관흠 기기학 회원(會員) 진사 김기수 김정수 유학 권재회 권정하 이윤 진사 김병수 진사 권재혁 진사 권재천…… 등(모두 53인)

[통문 34] 古文書集成 六(II): 312

　　右文爲通諭事 伏以儒林尙賢之義 亶出於秉彝 父子尊祀之典 有光於斯文 是以自古爲陞配同堂之盛擧者 非但以師弟與淵源也 苟有家庭而兼師弟之托 繼述而紹淵源之重 則其一體幷躋於崇配之列 實亦公議之所不已也 竊惟芝村金先生 早聞瓢翁先生詩禮之敎 居家而孝弟範俗 立朝而忠貞著世 文章經術德義風節之盛 皆有以篤承家學 光繼源流 而至今未遑於畏壘崇奉之禮欠缺 極矣 生等爲之慨恨者有素 而乃伏聞僉君子 將欲追配于道淵景節之廟 夫道淵一區 卽我東土之雷首柴桑也 江山帶馥 草樹被光 宇宙萬古之綱常 賴而不墜 而先生乃及趨庭於肥遯之日 折旋晨夕之間 而親受八字之旨 以卒成其磊落光明之淸名直氣 則于此陞享 百世虔奉 允合禮意 且以錦翁之爲瓢老賢弟 而前者追配 已有年所 則今以家庭紹述之賢 一體陞享於淵源合食之序者 尤可以竝美千古 而大論已發 敦事尙遲 迄未聞綱儀載卜之期 生等竊悶焉 昔曾致虛之爲南康也 首訪劉西磵父子之居 繪像竝祀于氷玉之堂 而朱夫子善之曰 可以表賢而善俗 夫曾侯之於南康 祇一時守土之賢宰也 非有鄕里傳襲之遺風雅韻 而特感於百世之下 能就此尙節之擧 而終受大賢之傾許若是 則況乎僉尊之密邇羹牆 歷世尊慕之篤 又不啻曾侯曠感之比乎 然則僭意其瀾漫 竣事之日 終有所不遠也 玆陳大同彝好之見 冀聞仁鄕之確之論 伏願僉尊博采輿議 極擧盛禮 以副遠邇公共之望 千萬幸甚

　　右文通

　　道淵書院 庚申十月二十一日 醴泉晦山書院會中 都有司 幼學 趙述一 齋任 林致應 權胤相 製通 金永猷 朴周鍾 寫通 鄭昌成 權有煥 會員 進士 朴駿寧 幼學 鄭昌期 權進溥…… 等(모두 43人)

위 글은 통유하는 일입니다. 생각하옵건대 유림에서 어진 이를 숭상하는

---

15) 김학배(金學培)의 호. 1628~1673. 김시온의 제자.

의리는 진실로 지니고 있는 상성(常性)에서 나오고, 부자(父子)를 높이 제사하는 법도는 사문(斯文: 儒學)을 빛나게 하는 것입니다. 그러므로 옛부터 같은 사당에 올려 배향하는 성대한 일은 사제(師弟)와 연원(淵源)의 관계뿐만이 아니었습니다. 진실로 한 가정에서 부자가 사제의 의탁을 겸하며 학문을 전술(傳述)해 연원의 소중함을 이으면 '두 분을' 일체로 높여 배향의 대열에 함께 올림은 진실로 공론에 그만둘 수 없는 것입니다.

적이 생각하옵건대 지촌 선생(芝村) 김선생(金先生: 김방걸)은 일찍이 표은 선생(瓢隱先生: 김시온)으로부터 시(詩)와 예(禮)의 교육을 받고 가정에 있어서는 효도·공경해 세속에 모범이 되고 조정에 서서는 그 충직함이 세상에 빛났습니다. 문장·경술과 도덕·의리와 풍모·예절의 성대함은 모두 집안 학문을 돈독히 이어 원류를 빛내 계승했으나, 오늘까지 향리에서 틈을 내지 못해 떠받드는 예를 결여함이 큽니다.

저희들이 그 때문에 평소에 개탄하고 있었는데, 여러분께서 도연(陶淵) 경절사(景節祠)에 추후 배향한다는 것을 듣게 되었습니다. 도연은 우리 동쪽 땅의 뇌수(雷首)[16]와 시상(柴桑)[17]인지라, 강산도 향기를 띄우고 풀과 나무도 광채를 입으니, 우주 만고의 윤리강상이 의지하여 실추되지 않았습니다. 그리고 지촌 선생께서 '표은 선생이' 은거하실[18] 때 가정에서 교육받으며 아침저녁으로 주선하는 무렵에 팔자(八字)의 뜻[19]을 직접 수업받아 마침내 그 뛰어나며 밝은 청명직기(淸名直氣)를 이룩하셨으니, 이에 올려 제향해 백대에 경건히 받들음이 진실로 예법의 뜻에 합당합니다. 또 금옹(錦翁: 김학배)은 표은의 현명한 제자가 되는데 이전에 배향함은 몇 년 전의 일이니, 지금 가정에서 전승한 현인을 일체로 연원에 합해 배식(配食: 배향)하는 차례에 올려 제향하는 것은 더욱이 천고에 아울러 아름답게 될 수 있습니다. 그러나 이미 논의가 크게 일어났으나 일을 다스림이 오히려 늦어져 성대한 예법을 행하려 날을 잡았다는 말을 듣지 못했으니, 저희들로서는 적이 안타까울 뿐입니다.

옛날 증치허(曾致虛)가 남강(南康)을 다스릴 때 우선 유서간(劉西磵)[20]: 유

---

16) 충절의 상징인 백이가 살던 首陽山을 일컬음.
17) 晉나라 은사 陶潛이 살던 곳의 산 이름.
18) 원문 '肥遯'은 『주역(周易)』 둔괘(遯卦) 상육(上六)의 말로 '여유로운 은둔생활'을 뜻한다.
19) 팔자(八字)의 뜻: 은미(隱微)한 뜻을 말함. 서경(書經: 大禹謨)의 "인심은 위태롭고 도심은 은미하다(人心惟危 道心惟微)"는 8글자를 말한다.

환) 부자(父子)의 거처를 찾아가 초상화를 그려 놓고 빙옥당(氷玉堂)[21]에서 함께 제사했는데 주부자(朱夫子)가 훌륭해해 말하기를, "현인을 드러내고 풍속을 착하게 할 만하다"고 했습니다. 증씨 수령은 남강에서 다만 한때 지역을 수호하는 어진 사또로서, 향리에 전승한 유풍(遺風: 남긴 기풍)과 아운(雅韻: 고상한 운치)이 있지 않았는데도, 특히 백세 아래에서 감동해 능히 그 절개를 숭상하는 일을 이루어 끝내 대현(大賢: 朱子)의 인정을 받음이 이와 같았습니다. 그렇다면 하물며 여러분께서 친밀히 통하고 그리워하며 여러 대에 사모하기에 돈독함은 또한 다만 증씨 수령의 허전한 감동에 비할 뿐이겠습니까?

그렇다면 저희들 생각에 그것이 느리더라도 일을 마칠 기일은 끝내 멀지 않을 것입니다. 이에 대동(大同)의 인심에 좋아하는 의견을 진술하오니, 귀하 고을의 명확한 의견을 듣기를 원합니다. 바라옵건대 여러분께서는 널리 여론을 모아 빨리 성대한 예를 거행함으로써 원근 공공의 바램에 부응하시면 천만다행이겠습니다.

위 글은 도연서원에 보내는 통문입니다.

경신 10월 21일 예천 회산서원 회중 도유사 유학 조술일 재임 임치응 권윤상 제통 김영유 박주종 사통 정창성 권유환 회원진사 박준녕 유학 정창기 권진부…… (등 모두 43인)

[통문 35] 古文書集成 六(Ⅱ): 313

　　右文爲敬告事 伏以芝村先生追配陶淵之論 發之已久 尙未聞縟禮之載擧 公議之沸鬱 爲如何哉 噫瓢隱先生 不幸値神州陸沈之日 扶萬代綱常之重 高蹈山林 永矢自靖 而先生以嗣胤之賢 際會休運 出身名塗 莅官有廉謹之名 立朝廣騫諤之節 及其抑邪扶正 雖遭罹流竄 而阨窮無悔 其家學淵源之正 盖可想矣 況當時錦翁追配之議 出於士林之公論 則復以芝翁一體配食 列侍闇如 有若陪杖屨於斯 習詩禮於斯 則豈非神理人情之實爲允協 而極其亨當者乎 生等居在一省 聞此大論 固非一日 而玩愒至今 未覩躋享之禮 公論所在 自不覺其言之浼聽 伏乞僉尊 俯採一得之見 亟定聯卓之擧 以擅先賢嗣德之美 以副多士崇賢之誠 千萬千萬
　　右文敬通
　　陶淵齋中
　　庚申十一月初一日 孤山書院 院長 徐炳奎 齋任 蔡欽植 鄭壽錫
　　玉川書院 院長 李象三 齋任 徐炳井 鄭啓源…… 等 15人

---

20) 礀: '澗'으로도 쓴다.
21) 劉西澗(劉渙)과 劉恕 부자를 모신 사당 이름.

위 글은 경건히 고하는 일입니다. 생각하옵건대 지촌(芝村: 金邦杰) 선생을 도연서원(陶淵書院)에 추가 배향하자는 논의가 나온 지 이미 오래되었으나, 아직도 성대한 예식을 거행했다는 것을 듣지 못해 공론이 끓어오르는 것이 어떠합니까?

아! 표은(瓢隱: 金是榲) 선생은 불행히도 땅이 가라앉는 말세를 당해 만대의 강상(綱常)을 유지하고 고상하게 산림에 계시면서 길이 스스로 지키기를 맹세하셨습니다. 그리고 지촌 선생은 후사를 이은 어진 이로서 좋은 운수를 만나 몸을 명예로운 벼슬길에 내고 관직에 임해서는 청렴·근신했다는 명예가 있었고 조정에 서서는 직언(直言)하는 절개를 힘쓰셨습니다. 사악함을 억제하며 정도를 유지하는 데 미쳐서는 비록 귀양을 당했으나 곤궁에도 뉘우침이 없었으니, 그 가정 학문의 연원의 정당함을 상상할 수 있습니다. 하물며 당시 금옹(錦翁: 金學培)을 추가 배향하자는 논의가 사림의 공론에서 나왔으니, 다시 지옹(芝翁)으로 일체 배식(配食)해 반열에 모시기를 온화하게 함으로써, 지팡이와 신을 여기에서 모시며 시(詩)와 예(禮)를 여기에서 익히는 듯이 하게 하면, 어찌 신령과 인정에 실로 잘 맞아 그 마땅함을 극도로 하는 것이 아니겠습니까?

생(生: 저희)들은 같은 도(道)에 살면서 이러한 큰 논의를 들은 것이 진실로 하루가 아닌데, 시간을 끌면서 오늘에 이르도록 올려 제향하는 예식을 보지 못했습니다. 공론이 있는 곳에 절로 부지불식간에 그 말이 번거로이 들립니다. 엎드려 바라건대 여러분께서는 저희들의 한번 얻은 견해를 채납하사 빨리 제사상을 연이어 놓도록 정하시고, 선현의 학덕을 계승하는 아름다움을 독점하셔서 여러 선비들의 선현을 숭모하는 정성에 부응하시기를 천번 만번 바랍니다.

위의 글은 경건히 도연재(陶淵齋) 중에 통문하는 것입니다.
경신 11월 초1일 고산서원 원장 서병규 재임 채흠식 정수석
옥천서원 원장 이상삼 재임 서병정 정계원…… 등 15인

[통문 36] 古文書集成 六(II): 314

右文爲敬告事 伏以廬阜西澗之祠 武夷西山之廟 父子合祀 著爲美事 盖貽謨無忝 一體配食 不但爲其家之盛擧 而實攸係吾林之公議者也 竊伏念陶淵一區 乃我瓢隱先生遯荒之地 而薇山栗里之風 尊周隔秦之義 雖千載之遠 猶爲不祧之娇節 而芝村先生 以趨庭之良 襲詩禮之訓 居家篤孝友之行 立朝厲忠讜之節 眞可謂克紹家風 善述先德 遜肥大揚 雖似出處之殊塗 窮義達道 可驗授受之一軌 則永玉淸剛之操 無愧於西澗之有道原也 義理講討之樂 不讓於西

山之首仲黙也 而合祠之議 倡始已久 聯卓之擧 至今遷延 幽明之有憾 章甫之失望 爲如何哉 伏乞僉尊 博采公議 亟擧縟禮 使西澗之祠 不獨專美於有宋 而西山之廟亦復有光於東魯 千萬幸甚

　　右文敬通
　　陶淵齋中
　　辛酉正月初三日 西山書院 院長 孫溟振 齋任 崔命坤 蔡周植 製通 蔡膺 寫通 郭尙愚 會員 蔡元奎 崔學鎭 蔡鼎植 郭致一 蔡佑植 蔡華植 蔡彦植 (모두 12人)

　위 글은 경건히 고하는 일입니다. 바라건대 여부(廬阜)의 서간사(西澗祠)[22]와 무이(武夷)의 서산묘(西山廟)[23]는 부자를 합해 제사하니, 아름다운 일로 유명합니다. 대개 계책을 남겨 조상을 욕되게 함이 없어 일체로 배향함은 그 집안의 성대한 일일 뿐 아니라, 실로 우리 사림의 공론에 관계되는 것입니다. 곰곰이 생각건대 도연(陶淵) 한 구역은 우리 표은 선생(瓢隱先生: 김시온)께서 은둔하셨던 곳으로, 미산(薇山)[24]·율리(栗里)[25]의 기풍과 '문명의' 주(周)나라 왕실을 높이며 '야만의' 진(秦)나라를 막는 의리는 비록 천년이나 오래되더라도 오히려 체천(遞遷)하지 않을 아름다운 절조가 됩니다. 그리고 지촌 선생(芝村先生: 김방걸)은 아버지의 훈계를 잘 듣는[26] 아들로서 『시경』(詩經)·『예경』(禮經) 훈계에 젖고, 가정에서는 효도와 우애의 행실을 돈독하게 하고 조정에 나아가서는 충직의 절개를 힘썼으니, 진실로 가풍을 잘 잇고 조상의 덕을 잘 계승했다고 할 것입니다. '표은이' 은거하며 '지촌이' 드날린 것은 비록 출처가 길을 달리한 듯하지만, 의리를 궁리하고 도리를 통달한 것은 주고받음이 동일한 궤도임을 증거할 수 있으니, 얼음이 맑고 옥의 굳센 지조는 서간(西澗)에게 도원(道原)이 있는 것과 부끄러움이 없고, 의리를 강론한 즐거움은 서산(西山)에게 중묵(仲黙)이 있는 것에 양보하지 않습니다. 그런데 합사(合祀: 배향함)의 의논이 일어난 지 오래지만 신주 탁자를 연이어 놓는 일이 연기되고 있으니, 선생·후학의 유감과 선비들의 실망이 어떠합니까? 바라옵건대 여러분은 널리 공론을 채택해서 빨리 성대한 예를

---

22) 송나라 유학자인 劉渙과 劉恕 부자를 함께 모신 사당. 西澗은 유환의 호.
23) 송나라 유학자인 蔡元定·蔡沈 부자를 모신 사당. 채침은 朱子의 사위이기도 하다.
24) 고사리 캐는 산이라는 뜻으로, 절개를 지킨 백이(伯夷)가 있던 수양산(首陽山)을 말함.
25) 진(晉)나라 은사(隱士) 도연명(陶淵明)이 살던 마을.
26) 아버지의 훈계를 잘 듣는: 원문 '趨庭'은 "공리가 뜰을 지날 때(鯉趨而過庭)"(『論語·季氏』)에서 생략된 것이다.

거행하여, 서간사로 하여금 송(宋)나라에서 아름다움을 독차지할 수 없게 하고, 서산묘가 다시 동로(東魯)27)에서 빛이 있게 하면 천만다행이겠습니다.

위 글은 도연재에 경건히 올리는 통문입니다.

신유 1월 3일. 서산서원 원장 손명진 재임 최명곤 채주식 제통 채응 사통 곽상우 회원 채원규 최학진 채정식 곽치일 채우식 채화식 채언식(모두 12인)

[통문 37] 古文書集成 六(Ⅱ): 315

右文爲通諭事 伏以貴鄕道淵書院 卽崇禎處士瓢隱金先生安靈之所也 瓢隱先生高風峻節 可以廉頑立懦於百世之下 而大司成芝翁先生 以瓢隱之子 濡(肄)28)庭訓 習聞道德仁義之說 旣登大第 歷敷華要 出處大節 文章行誼 無一不本於家庭之學 而于有光(於)瓢隱先生處士之 節矣 追享一廟 趾美承休 則靖節之祖孫 西澗之父子 奚獨專美於廬阜 而貴鄕道淵 亦將百世 而幷峙矣 此非但多士公共之論也 以人情而求諸精神 亦豈相逵哉 瓢隱先生陟降之靈 亦將康 忻悅豫於賢子之侍享 而當時儀刑 (寔有)復覩於今日矣 豈不題哉 豈不盛哉 伏願僉君子 快從 公議 亟敦大事 以副多士之望 千萬幸甚
　右文通
道淵書院 辛酉三月十五日 德山書院都有司 幼學 郭淳兆 製通 河啓賢 寫通 成鎔周 會員 權龍成 生員 成見龍 前校理 柳宜貞…… 等 (모두 28人)

위 글은 통유(通諭)하는 일입니다.

생각하옵건대 귀하의 마을 도연서원(道淵書院)은 곧 숭정처사(崇禎處士) 표은(瓢隱) 김선생(金先生)29)의 영령(英靈)을 모신 곳입니다. 표은(瓢隱) 선생의 고상한 기풍과 높은 절개는 백대(百代)의 아래에서도 탐욕스러운 이를 청렴케 하며 나약한 이를 일어나게 할 수 있습니다.30) 그리고 대사성(大司成) 지옹(芝翁)31) 선생은 표은(瓢隱)의 아들로서 가정의 교훈을 익혀 도덕

---

27) 동쪽의 노나라는 뜻으로 안동을 의미함.
28) 원문(原文)의 ( )는 판독(判讀)이 불분명한 곳임.
29) 김시온(金是榲). 1598~1669. 유학자. 본관은 의성(義城). 호는 도연(道淵)·표은(瓢隱). 조정에서 벼슬을 주었으나 응하지 않고 숭정처사(崇禎處士)라고 자칭했다. 문집으로 표은집(瓢隱集)이 전한다. 숭정처사는 명나라 마지막 황제 숭정황제(崇禎皇帝)를 받들어 벼슬하지 않고 산림에 거처한다는 뜻으로 부르는 호칭이다.
30) 탐욕스러운…… 있습니다: 원문 '廉頑立懦'는 『孟子』萬章 下의 "백이의 기풍을 들으면 탐욕스러운 사나이는 청렴해지고 나약한 사나이는 의지를 확립하게 한다"(聞 伯夷之風者 頑夫廉 懦夫有立志)는 말을 변통한 것이다.
31) 김방걸(金邦杰, 1623~1695). 호는 지촌(芝村). '지옹'은 존칭임. 김시온의 아들. 문과(文科)에 급제하고, 대사간(大司諫)·대사성(大司成)에 이르렀다. 저서로 『지촌문

(道德)·인의(仁義)의 말을 익히 듣고, 대과(大科)에 합격하고 화려하며 중요한 직책을 역임했습니다. 벼슬에 나아가고 시골에 은둔한 위대한 절도와 문장(文章)에다 의리를 행함은 가정(家庭)의 학업에 근본하지 않은 것이 없으니, 표은(瓢隱) 선생 처사(處士)의 절개보다 광채로움이 있습니다. 추후 한 사당에 제향해 아름다움을 계승하게 한다면 정절(靖節)의 할아버지·손자32)와 서간(西澗)의 아버지·아들33)만 어찌 홀로 아름다움을 여부(廬阜)34)에서 독점할 것입니까? 귀하 마을의 도연서원(道淵書院) 역시 장차 백세(百世)에 아울러 우뚝할 것입니다. 이는 여러 선비들의 공공연한 논의일 뿐 아니라, 사람의 정리로 정신에서 찾아도 '부자 사이이므로' 어찌 또한 서로 멀리할 것입니까? 표은(瓢隱) 선생의 오르내리는 영령도 역시 장차 어진 아들이 시중들어 제향함에 편히 기뻐하며 즐거워하리니, 당시의 거동을 실로 오늘에 다시 보는 것입니다. 어찌 좋지 않으며 어찌 성대하지 않겠습니까? 바라옵건대 여러 군자들께서는 공론을 흔쾌히 따르시고, 중대한 일을 속히 돈독히 함으로써 많은 선비들의 바램에 부응하시면 천만다행이겠습니다.

위 글은 도연서원(道淵書院)에 보내는 통문입니다.

신유 3월 15일 덕산서원 도유사 유학 곽순조 제통 하계현 사통 성용주 회원 권용성 생원 성견용 전교리 유의정…… 등 (모두 28인)

[통문 38] 古文書集成 六(II): 316

[통문 39] 古文書集成 六(II): 317

右文爲通諭事 伏以天下之事變 雖無所不有 而豈有如吾林近日高山之變擧乎 盖□□□大山夫子本院之地 而一自小山先生從享之後 兩家子孫互相鬨鬩 多年爭□□悖亂 而至於今日稱以私和 遽自埋版 是可忍也 孰不可忍 由是而川前溪上 聞已聲討 其於同室被髮之地 義固當然 生等亦同是心也 更無他言 而但因此 本院空任 望朔之焚香多闕 且今大享隔月 無有奉

집』(芝村文集)이 있다.
32) 정절(靖節)의 할아버지·손자는 진(晉)나라 도잠(陶潛)과 그의 손자를 말함. 여부(廬阜)에는 도정절(陶靖節) 조손(祖孫)의 유풍이 있다고 했다(『朱熹集』, 城都市: 四川敎育出版社, 1996, 권46, 答李濱老).
33) 서간(西澗)의 아버지·아들은 송(宋)나라 유환(劉渙)·유서(劉恕) 부자를 말함. '西澗'은 유환의 호 이들 부자의 화상은 증치허(曾致虛)가 남강군(南康郡)을 다스릴 때 빙옥당(氷玉堂)에 함께 봉안했다(『朱熹集』 권80, 氷玉堂記).
34) 유환(劉渙)은 여산지양(廬山之陽: 여산의 북쪽)에 살았으므로 '여부'(廬阜)라고 한 것이다(『宋史』, 444).

行之路 其於吾黨敬虔之地 痛迫恐懍 容有一日秦視之暇乎 生等僻在一隅 聞變最後 雖未能隨
人開喙 以效區區之誠 而至於本院區處之道 亦不可終黙 玆因本堂小集 略此貢愚 以冀大君子
公正之論 伏願僉尊以八月初七日 齊會于高山本院 以爲同事歸正之地 千萬倖甚
　金準植 承旨姜海
　三溪書堂都有司權一淵 齋有司邊鎬元李榮基 會員柳厚根
　虎溪告目題音 三處單皆從公議處爲幸 金溪 七月卄七日
　秋務方殷 事係時急 告于朴谷 依分付擧行爲可 車里 卄八日
　檢秋迫頭 兩齋席單子 卽爲還納首任 則以今月初六日 有晩愚亭小集 以其日持薦 仰等待
于愚亭爲可 朴谷 晦日
　檢秋方急 告于朴谷 從速區處 七晦日 臨河

위 글은 통유(通諭)하는 일입니다.
　생각하옵건대 천하(天下)의 사변(事變)은 비록 없지 않으나, 어찌 우리 사림(士林)에 근일 고산(高山)의 변고와 같은 것이 있겠습니까? 대개…… 대산(大山: 李象靖) 선생 본원(本院)의 땅으로서 한번 소산(小山: 李光靖)35)을 종향(從享)한 이후로부터 두 집안의 자손이 서로 싸워 여러 해 동안…… 어지러웠습니다. 심지어 오늘날에도 사사로이 화해했다고 하고 스스로 신주판을 파묻으니, 이를 차마 할진대 무엇을 차마 하지 않겠습니까?
　이로 말미암아 천전(川前) 마을 시냇가에서 이미 성토하는 소리가 들리니, 그 한 집안에서 '서로 돕기를' 머리를 풀어뜨릴36) 처지임은 의리가 진실로 당연한 것이고, 저희들 역시 똑같은 이 마음이어서 다시 다른 말이 없습니다. 그러나 다만 이로 인해 본원(本院)은 책임자가 텅 비어 보름·초하루의 분향도 대부분 빠뜨리고, 또 지금 큰 제향이 한달 걸러 남았는데 봉행할 길이 없습니다. 우리 마을에서 경건히 할 처지에 통렬하고 두려워 하루라도 '무관심하기를' 진(秦)나라를 보는 듯한37) 겨를이 있겠습니까?
　저희들은 외지게 한 구석에 있어 변고를 들음이 가장 늦은지라, 비록 남을 따라 입을 열어 작은 정성을 바치지 못했으나, 본원(本院)의 처리하는 도리에 있어서는 또한 끝까지 침묵할 수 없습니다. 이에 본 서당의 작은 모임에

---

35) 이상정(李象靖. 호 大山)과 이광정(李光靖. 호 小山)은 형제로서 퇴계학통의 대학자로 평가된다.
36) 한 집안에서…… 풀어드릴: 원문 '同室被髮'은 『孟子』 離婁 下의 "今有同室之人鬪者 救之 雖被髮纓冠而救之 可也"와 그 集注 "不暇束髮 而結纓往救 言急也 以喩禹稷"에서 유래한 것이다.
37) '무관심하기를'…… 보는 듯한: 원문 '秦視'는 『孟子』 告子 上의 "吾弟則愛之 秦人之弟則不愛也"에서 유래한 것이다.

따라, 저희들의 의견을 약간 올림으로써 현명하신 군자님들의 공정한 논의를 기대합니다.

바라옵건대 여러분께서는 8월 초7일에 고산(高山)의 본원(本院)에 일제히 모이셔서, 함께 일보아 공정하게 귀착되도록 하시면 천만다행이겠습니다.

김준식(金準植) 승지 강해(承旨姜海)

삼계서당(三溪書堂) 도유사(都有司) 권일연(權一淵) 재유사(齋有司) 변호원(邊鎬元) 이영기(李榮基) 회원(會員) 유후근(柳厚根)

호계(虎溪) 고목(告目) 제음(題音: 판결문)은 세 곳에 다만 모두 공의를 따른 것은 다행입니다. 금계(金溪) 7월 27일.

가을 일이 바야흐로 많고 일은 시급하니 박곡(朴谷)에 고해 분부에 따라 거행할 것이 좋겠습니다. 거리(車里) 28일.

검추(檢秋)가 박두했으니, 양쪽 재석(齋席)의 단자(單子)는 즉시 수임자(首任者)에게 되돌려 넣도록 합시다. 이 달 초6일에 만우정(晩愚亭)에서 작은 모임이 있으니, 그날 가져가 바치고 우정(愚亭)에서 기다리시도록 하는 것이 좋겠습니다. 박곡(朴谷) 그믐날.

검추(檢秋)가 바야흐로 시급하니, 박곡(朴谷)에 고해 빨리 처리하도록 해야 하겠습니다. 7월 그믐날. 임하(臨河).

[**통문 40**] 古文書集成 六(II): 317

右文爲通諭事 惟我城主 下車(此)邑 今纔一周年 以獎學崇儒 爲治之本 文翁之化 蔚然復興 德麟之才 (庶)平更出 且袪瘼撟弊 無非薄□□備 而各樣公廨 倂就其新 多般軍務 自歸其正 治之大要 不外乎此矣 矧又歉年 采還救飢千七百戶 孰不感恩 此非伊今之銘于心誦諸口而已 是以蜀人作堂 畵張君而揭之 杭民築堤 名蘇公(堤) 今之吾侯 亦蜀之張君 杭之蘇公 將以(名)替其堂 證其堤 倂爲來後不朽之資 望須僉尊指日齊會 以爲閱商之地 幸甚

右文通

校中

乙丑十月二十七 發文 許□

위 글은 통유(通諭)하는 일입니다.

우리 사또께서 이 고을에 오신 지 지금 겨우 일주년인데, 장학(獎學)과 선비를 존중하는 것으로 정치의 근본을 삼으셨습니다. 문옹(文翁)[38]의 교화가

---

38) 한(漢)나라 사람. 경제(景帝) 때 촉군수(蜀郡守)를 지내면서 교화를 크게 일으켰다. 무제(武帝)가 천하에 학교를 일으키게 된 것은 문옹에 의한 것이다.

성대하게 부흥했고, 덕린(德麟)39)과 같은 인재가 거의 다시 나왔습니다. 또 고질을 제거하며 폐단을 바로잡음은…… 각종 관청도 모두 새롭게 되었고, 온갖 군대의 업무도 스스로 바르게 되었습니다.

정치의 큰 요점은 여기에서 벗어나지 않거늘, 하물며 또 흉년에 환곡으로 굶는 이를 구원한 것이 1,700호나 되었으니, 누구인들 은혜에 감격하지 않겠습니까. 이는 오늘날 마음에 새기며 입에 욀 뿐만이 아닙니다. 그러므로 촉(蜀) 사람들이 당(堂)을 만들어 장군(張君)을 그려 게시하고,40) 항(杭) 사람들이 둑을 쌓음에 이름을 소공제(蘇公堤)41)라고 했습니다. 지금 우리 사또도 촉(蜀)의 장군(張君)이고 항(杭)의 소공(蘇公)입니다.…… 뒷날 불후의 자료로 하게 하리니, 바라건대 필히 여러분께서는 날을 지정해 일제히 모여 한껏 논의한다면 다행이겠습니다.

위 글은 향교 안에 보내는 통문입니다.

을축(乙丑) 10월 27일 발문(發文) 허□

[**통문 41**] 古文書集成 六(II): 318

伏惟端陽 僉體動止萬重 仰慰區區之忱 生等□□相聚 頗作暮景團圓 就有一事仰控者 荒山禊會之爲先父老苦心 各家皆有藏春約帖 可按而知也 今幾百年荒墟陳蹟 只凭景玉齋雨溪芝谷諸先生斷爛所記 而略認當時勝事而已 各家後承繁衍零替 雖不一 而摩挲手澤 孰不感涕 思所以續成其美意哉 居常亟欲發議 爲追先裕後之道 而輒違因循玩愒 玆因今會僉議 峻發爲斷然成就之計 而分排收斂之方 非(敢)擅便 先此輪告 更恃某處有會 爲竣事之地 仰想案中諸家 必皆樂聞 而共成之矣 餘不備 伏惟僉下照

壬辰端陽前日

柳漸文 金常壽 金宗鎬 柳潤文 柳止鎬 柳建鎬 金相鎭 李進榮 柳東植 再拜

○水谷 ○大坪 ○朴谷 ○遠坡 ○中平 ○馬嶺 ○高川 ○葛田 ○三峴 ○大谷 ○輞川 ○川前 ○梧陰 ○禹峴 ○菊村 ○知禮 ○秋月 ○新塘 ○臨河

생각하옵건대 단오에 여러분들의 건강이 편하시리니, 저희들의 마음이 안심됩니다. 저희들은…… 서로 모여 늘그막에 꽤 단란하게 지내고 있습니다.

---

39) 덕린(德麟): 송(宋)나라 사람 조령치(趙令畤)의 자. 소식과 교유했기 때문에 당적(黨籍)에 들었다. 고종(高宗)을 따라 남도(南渡)해 세습해서 안정군왕(安定郡王)에 봉해졌다.

40) 촉(蜀)…… 게시하고: 촉 사람들이 지역을 잘 다스려 준 장방평(張方平)의 화상을 그려 정중사(淨衆寺)에 남겨둔 일({古文眞寶} 卷7 張益州畫像記).

41) 소식(蘇軾)이 쌓은 둑. 소제(蘇堤). 절강성(浙江省) 항현(杭縣) 서호(西湖)에 있다.

한 가지 일을 아뢰올 것은 황산계(荒山禊) 모임에 선배 원로께서 고심한 것은 각 가정에 모두 약조한 문서가 보관되어 있어 살펴 알 수 있습니다. 지금 몇백 년 된 폐허의 묵은 자취에서 다만 경옥재(景玉齋)·우계(雨溪)·지곡(芝谷) 여러 선생의 토막글에 의거해 당시의 훌륭했던 일을 대략 알 뿐입니다. 각 가정의 후손이 번성하거나 영락함은 비록 한결같이 않아도 만지시던 손때에 누구인들 감격의 눈물에 그 아름다운 뜻을 계속 이루어야 할 것을 생각하지 않겠습니까? 평소에 서둘러 발의를 하여 선배를 추모하며 후배를 여유로이 할 도리를 하려 했으나 곧 어긋나 시간을 끌고 나태했습니다. 이에 이번 모임에 여러분들의 논의에 따라 단연코 성취할 계획을 크게 발의하려 하는데, 분배하며 거두는 방법은 마음대로 할 것이 아니어서 우선 이것을 돌려 고하고, 다시 어느 곳에서 모임이 있기를 기다려 일을 마치게 할 것입니다. 생각건대 여러분께서는 반드시 모두 기쁘게 들으시고 함께 이루어 주실 것입니다. 나머지는 이만 줄입니다. 여러분께서는 이해해 주십시오.

임진 단오 전날

유점문 김상수 김종호 류윤문 류지호 류건호 김상진 이진영 류동식 재배

○ 수곡(水谷) ○대평 ○박곡 ○원과 ○중평 ○마령 ○고천 ○갈전 ○삼현 ○대곡 ○망천 ○천전 ○오음 ○우현 ○국촌 ○지례 ○추월 ○신당 ○임하

[**통문 42**] 古文書集成 六(Ⅱ): 318

右文爲通諭事
邑本殘弊 年又歉荒 惟我仁侯 鐋減還穀 補給軍錢 營繕公廨 塞弊救荒 幷爲周洽 所同人心 願戴一致 玆以發文 望須期日 □爛商竪石之議 千萬幸甚
右文通
校中
乙丑十月三十日 發文 曹□

위 글은 통유(通諭)하는 일입니다.

우리 고을은 잔폐(殘弊)하고 또 흉년이 들었는데, 우리 어진 사또께서 환곡을 줄여 주시고 군자금을 보충해 주시며 관청을 수리하시어, 폐단을 없애고 흉년을 구제함이 아울러 두루 흡족했습니다. 사람들의 마음에 함께 하는 바는 추대하기를 한결같이 함이니 이에 통문을 보냅니다. 바라건대 모름지기 날짜를 잡아 비석을 세울 논의를 한껏 토론한다면 천만다행이겠습니다.

위 글은 향교 안에 보내는 통문입니다.

을축(乙丑) 10월 30일 발문(發文) 조□

[통문 45] 通告文 / 古文書集成 六(Ⅱ): 320

伏以古之賢侯何限 而或以興學化俗 治居第一 或以平糴恤窮 著於循良 史至今垂傳 民至今稱慕 然兼行者盖小 幷著者幾希 而今於吾侯始見之 行飮禮 課朔講 使儒俗一變 捐薄廩 祛衆瘼 使羣黎壹寧 平糴而省秋斂 繕廨而蠲戶斂 外他惠 政 多不枚擧 夙夜勤勞 活我敎我 (回瞻)士林 絃歌洋溢 歸視窮蔀 蹈舞嬉戱 荒年此樂 問誰之功 萬口騰碑 已實多矣 欲壽其德 石斯□□ 敢以匪石之心 先懷刻石之願 輪告僉員 諒此何如 伏望幸甚
乙丑十一月初一日 金允信 秋有曒 通告

생각하옵건대 옛날에 훌륭한 사또가 어찌 한이 있겠습니까마는, 혹은 학문을 일으키며 풍속을 교화시킴으로써 치적이 제일을 차지하기도 하고, 혹은 조적(糶糴)을 공평히 하며 빈궁한 이를 긍휼히 여김으로써 순량(循良)으로 드러났습니다. 역사에서는 오늘까지 전(傳)을 지어 내려오고 백성은 오늘까지 칭송하며 사모합니다. 그러나 '두 가지'를 겸해 시행하는 사람은 대개 적고 아울러 드러난 사람은 드문데, 지금 우리 사또께서 처음으로 그러한 사람임을 보게 됩니다. 향음주례(鄕飮酒禮)를 행하고 초하루마다 강독(講讀)을 과하여 유학(儒學) 풍속을 일변하게 했습니다. 적은 봉급을 덜어 주고 대중의 고질을 없애며, 여러 백성들로 하여금 한결같이 편안케 하고 조적을 공평히 하며, 가을걷이를 살피고 관공서를 수리하며 민간의 세금을 감면했습니다. 이외에 은혜로운 행정은 일일이 들지 못할 것이 많습니다. 새벽부터 밤까지 애쓰며 우리를 살리고 우리를 가르치니, 사람들을 둘러봄에 거문고 노래가 가득히 넘쳐나고 곤궁한 가정을 돌아봄에 춤추며 기뻐합니다. 흉년에 이러한 즐거움은 묻건대 누구의 공이겠습니까? 많은 사람들의 말이 비문에 오르고 이미 실상이 많습니다. 그 덕을 오래가게 하려 하여 돌을□□ …… 감히 결연한 마음42)으로 우선 돌에 새길 바램을 품고 여러분들께 돌려가며 고합니다. 이를 이해하심이 어떠할지요? 엎드려 바랍니다.
을축(乙丑) 11월 초하루 김윤신(金允信) 추유교(秋有曒) 통고(通告)

---

42) 원문 '匪石'은 『시경(詩經)』 패풍(邶風) 백주(柏舟)의 "내 마음 돌이 아닌지라, 돌릴 수 없다(我心匪石 不可轉也)"에서 온 것으로, 돌리지 않는 마음, 즉 확고한 결의를 말한다.

[통문 46] 古文書集成 六(Ⅱ): 320

伏以前輩之至行文學 有表表可稱於世者 而或由於雲仍之不振 文獻無徵 或由於士論之湮鬱 影響埋沒 從古何限 而吾鄕之五峰李公 卽其尤也 猗歟 我公降生于菊堂先生之家 際會乎先王右文之世 品43)和粹之氣 加博約之功 講磨而資晦翁之益 居喪而有二連之稱 早世騫蓮蜚英國庠 菀爲一時之標準 苟使周旋廊廟 進退經筵 則亦何事之不做 而惜乎 天不假年 未遂蘊抱之萬一 卒爛慢同歸於五峰寂寞之濱 重以子姓之零替 浸浸然至於二百年之久 遂不免鳥獸好音之過耳 是豈不爲吾黨之所共慨歎者乎 騰雲上人裕奎 以出家之後承 恐夫愈久而愈失其眞也 已於前年 伐石勒銘 貢飾隧途 繼欲思所以闡揚先美 玆於孤雲齊會之席 峻發公議 修成楔帖 輪告同志諸處 匪直一人私 實曠世未遑之事也 伏願僉君子 齊誠奮力 俾敦終始之地 千萬幸甚

丙寅七月十九日 孤雲寺會中 幼學 金壽定 柳周榮 前參奉 南敬熙 幼學 李承驥 權楨煥 金壁和 前校理 張紀淵 幼學 金輝鍾 金鏞 權準華 金正和 (모두 11명)

생각하옵건대 선배(先輩)의 극진한 행실과 문학이 명백히 세상에 칭송할 만한 것이 있는데도, 혹은 후손이 떨치지 못함으로 말미암아 문헌(文獻)에 증거하지 못하고, 혹은 사론(士論)의 막힘으로 말미암아 그림자·메아리가 묻히게 된 것이 옛부터 얼마나 한이 있겠습니까마는, 우리 마을의 오봉(五峰) 이공(李公)은 바로 더욱 심한 사람입니다. 성대하도다! 우리 이공(李公)께서는 국당(菊堂) 선생의 집안에 태어나 선왕(先王)께서 문학을 숭상하는 시대를 만나 온화·순수한 기상을 품부받고 박문약례(博文約禮)의 공부를 하셨습니다. 강학(講學)·연마(硏磨)해 회옹(晦翁: 朱子)의 유익함을 의뢰받았고, 거상(居喪)에는 이련(二連)44)의 칭호가 있었습니다. 젊은 나이에 과거에 합격하고 국상(國庠: 成均館)에서 명예를 드날려 성대하게 한 시대의 표준이었습니다. 만일 낭묘(廊廟: 政府)에서 활동하게 하고 경연(經筵)에 드나들게 되었다면, 또 어떤 일인들 못했겠습니까? 그러나 안타깝습니다. 하늘이 나이를 더해 주지 않아 포부의 만분의 일도 이루지 못하고 끝내 스러져 오봉(五峰)의 적막(寂寞)한 물가로 함께 돌아가고, 거듭해 자손들도 영락해 점차 200년이나 오랜 지경에 이르렀으니, 드디어 새·짐승이 예쁜 소리를 내며 지나가는 지경을 벗어나지 못하게 되었습니다. 이 어찌 우리 마을에서 함께 개탄할 일이 아니겠습니까?

등운(騰雲) 상인(上人) 유규(裕奎)는 출가(出家)한 후손으로서 그것이 더욱 오래면 더욱 그 진실을 잃을까 두려워하여, 이미 전년(前年)에 돌을 마련해

---

43) 品: '稟'의 오자로 보인다.
44) 소련(少連)·대련(大連). 거상(居喪)을 잘한 동이(東夷) 사람. (『예기(禮記)』 잡기(雜記)).

비명(碑銘)을 새기고 무덤 앞 길에 세웠습니다. 계속해서 선조의 아름다움을 드러낼 것을 생각하려 하여 이에 고운사(孤雲寺) 모임의 자리에서 공론(公論)을 내고 계(稧)문서를 작성했습니다. 동지가 있는 여러 곳에 돌려가며 고하니, 다만 일개인의 사사로운 것일 뿐만 아니라 실로 오랜 세월 틈내어 하지 못했던 일입니다. 바라옵건대 여러분께서는 일제히 '재정의' 정성을 바쳐 떨쳐 힘써 처음부터 끝까지 돈독하게 한다면 천만 다행이겠습니다.

병인(丙寅) 7월 19일 고운사(孤雲寺) 회중(會中) 유학 김수정 유주영 전참봉 남경희 유학 이승기 권정환 김벽화 전교리 장기연 유학 류주영 김휘종 김용 권준화 김정화(모두 11명)

[통문 47] 古文書集成 六(II): 321

右文爲通論事 伏以事係先賢 公議明白 而千載之下 若或指白爲黑 則其受黑者 雖弊天畢壤 終無卞白之理乎 此生等所以縷縷卞白於僉君子者也 夫蠹石三壯士之句 豈出於鶴爺忠憤之所激 而其後修庵公傳誦此句於天坡 則天坡之序之揭之者 固可謂偉蹟 而其序中 以其壬辰五月之吟詩 謂之萬曆癸巳 以其招諭使 謂之巡使 以其時賊未入境 謂之與賊對壘 又未의知其三壯士之爲某某 而其日趙某李某 從之云爾 則此非天坡誤誌之致歟 以若誤識之序錄 有不可久揭於好江山大都會之地 其時士林呈狀撤去矣 粤在戊辰 呂令이繡衣 行過宜寧 得聞其天坡序錄 而重刻其序 又次其韻 以揭之矣 今於郭氏上京之際 呂令始見其兩家實蹟 自覺其曾爲李氏之所引 因折簡于兵營 自撤其自爲之板 而生等見今僉君子抵晉陽通文 則尤不勝慨歎 未知僉君子 以天坡誤誌之序錄 呂令自悔之撤板 謂之鶴爺之詩板而然耶 鶴爺詩板 尙揭於樓楣 則僉君子有何憤痛而寒心哉 且使晉陽士林 亟揭舊板云者 僉君子隱然若干與於三壯士是非也 大抵三壯士卞正事 旣已登聞 而以至道查 則似非士君子之所可與論者也歟 竊爲僉君子慨然也 且以士林公議言之 晉陽一區 非獨爲鶴爺鞠躬盡忠之地 而抑亦爲憂老保障仗義之所 則鶴爺安靈之所 憂老之並享 義有協於共尊之道 伏願僉君子特張公議之地 千萬幸甚

右文通
安東校院
壬午十二月十日 玄風鄕校 都有司 金弘濟 掌儀 郭宗海
道東書院 上有司 金奎燮 郭址福
禮淵書院 院長 郭榮翰 上有司 金相玉
松潭書院 院長 郭柱大 上有司 金精運
尼陽書院 院長 郭泰奎 等 (모두 47인)

위 글은 통유(通諭)하는 일입니다.

생각하옵건대 일이 선현(先賢)에게 연관되어 공의(公議)가 명백한데, 천년 이후에 만약 혹은 백색을 가리켜 흑색으로 한다면, 그 흑색을 당한 사람은 비록 하늘이 다하고 땅이 다하도록 끝내 백색을 변정할 길이 없을 것입니까? 이는 저희들이 여러분들께 누누이 백색을 변정했던 것입니다. 촉석루(矗石

樓)의 삼장사(三壯士)45)라는 글은 오로지 학야(鶴爺: 金誠一)의 충분(忠憤)의 격정에서 나왔는데, 그 뒤에 수암공(修庵公)46)이 이 글을 천파(天坡)47)에게 전해 말해 주었으니, 천파(天坡)가 서(序)를 지어 건 것은 큰 업적이라 할 만합니다. 그런데 그 서(序) 안에 임진(1592) 5월에 읊은 시를 만력(萬曆) 계사(癸巳: 1593)라 하고, '김성일 관직이' 초유사(招諭使)를 순사(巡使)라 하고, 당시 적(賊)이 지역에 들어오지도 않았는데 적과 보루(堡壘)를 대치했다고 하고, 또 그 삼장사(三壯士)가 누구누구인지 아직 정확히 알지 못하고, 말하기를 조(趙) 누구와 이(李) 누구라고 함을 따랐을 뿐이니, 이는 천파(天坡)가 잘못 기록한 소치가 아니겠습니까? 이같이 잘못 기록한 서(序)의 기록을 아름다운 강산과 큰 도회지에 오래 걸어 둘 수 없다고 하여 그 당시 사림(士林)들이 글을 올려 철거했습니다.

무진년(戊辰年)에 여령(呂令)이 암행어사로서 의령(宜寧)을 지나가다가 천파(天坡)가 서(序)를 한 기록이라는 것을 듣고, 그 서(序)를 중각(重刻)하고 또 그 운(韻)에 차운(次韻)한 시(詩)를 걸었습니다. 지금 곽씨(郭氏)가 서울에 올라갈 때 여령(呂令)이 비로소 그 두 집안의 실제 자취를 보고 그가 이씨(李氏)에게 이끌림을 당했던 것을 자각하고, 이어 병영(兵營)에 편지를 내 자신이 만든 판목을 스스로 철거케 했습니다. 그런데 저희들이 지금 여러분께서 진양(晉陽: 晉州)에 보낸 통문을 보면, 더욱 개탄을 견디지 못하겠습니다. 알지 못하겠습니다. 여러분께서는 천파(天坡)가 잘못 기록한 서(序)의 기록과 여령(呂令)이 스스로 뉘우쳐 철거한 판목을 학야(鶴爺)의 시판(詩板)이라고 여겨서 그러했는지요? 학야(鶴爺)의 시판(詩板)은 아직도 촉석루(矗石樓) 문미(門楣)에 걸려 있으니, 여러분께서는 어찌 무엇을 분통해하고 한심스러워할 것이 있습니까? 또 진양(晉陽) 사림들에게 빨리 과거의 판목을 걸라고 말한 것은 여러분들이 은연중에 약간 삼장사(三壯士)의 시비(是非)에 관련이 있는 것입니다.

---

45) 삼장사에 대해서는 여러 설이 있다. ① 임진왜란 때 진주성의 함락과 함께 순절한 김천일(金千鎰), 최경회(崔慶會), 고종후(高從厚) 또는 황진(黃進). ② 임진왜란 때 진주지역 방어에 공이 큰 김성일(金誠一), 조종도(趙從道), 이노(李魯) 또는 곽재우(郭再祐).
46) 유진(柳袗, 1582~1635)의 호. 풍산(豊山)사람. 유성룡(柳成龍)의 아들. 청도군수, 지평을 지냈다. 병산서원(屛山書院)에 제향되었다.
47) 오숙(吳䎘, 1592~1634)의 호. 해주(海州) 사람. 이괄(李适)의 난 때 왕을 공주(公州)에 호종했다. 병조참지(兵曹參知), 황해도관찰사를 역임했다.

대저 삼장사(三壯士)의 변정(卞正)사건은 이미 조정에 보고했고 도(道)의 조사(調査)까지 있게 되었으니, 사군자(士君子)가 관여해 논의할 것이 아닌 듯합니다. 적이 여러분을 위해 서글퍼합니다. 또 사림(士林)의 공의(公議)로 말한다면, 진양(晉陽) 한 구역은 학야(鶴爺)께서 몸을 다해 충성을 다한 곳일 뿐 아니라 또한 우로(憂老)[48]가 지키며 의(義)를 세운 곳이니, 학야(鶴爺)를 편안히 모신 곳에 우로(憂老)를 아울러 제향하면, 의리상 함께 높이는 도에 맞을 것입니다. 엎드려 바라건대 여러분께서는 특히 공의(公議)를 펼친다면 천만다행이겠습니다.

위 글은 안동 향교・서원에 보내는 통문입니다.

임오(壬午) 11월 10일 현풍향교 도유사 김홍제 장의 곽종해
도동서원 상유사 김규섭 곽지복
예연서원 원장 곽영한 상유사 김상옥
송담서원 원장 곽주대 상유사 김정운
니양서원 원장 곽태규 등 (모두 47인)

[통문 52] 古文書集成 六(II): 326

[통문 53] 古文書集成 六(II): 327

[통문 56] 古文書集成 六(II): 331

右文爲通論事 伏以吾嶺四先生 陞廡之請 往在再去乙丑 已有先父老定論 而不幸中道撤伏 輿情齋鬱 居然八十年之久矣 何幸近自貴院 復申前論 至有指日治疏之擧 尊衛彝情 孰不聳動 而但恐論議有欠圓備 擧措或涉遲廷 所以臨川之會 略陳公共之義 而鄭重之論 繼發於首善之地 則公議所在 大可觀矣 而僉尊回諭 畧無采納之意 生等竊爲之慨然也 玆於本府鄕會之席 謹將乙丑已定之論 布告道內 以今十五日 定道會于醴泉鄕校 而區區之愚 尙不嫌瀆撓 更進已試不驗之言 伏惟僉尊 復有以諒察焉 則幸甚

右文通

---

48) 망우당(忘憂堂) 곽재우(郭再祐, 1552~1617)를 말함. 현풍(玄風) 사람. 시호 충익(忠翼). 의령(宜寧) 출생. 임진난 때 의령에서 의병을 일으켰다. 왜병을 맞아 싸워 대승을 거두었는데, 홍의(紅衣)를 입었으므로 홍의장군이라고도 불렸다. 왜적을 피해 달아났던 감찰사 김수(金睟)와의 불화로 누명을 쓰고 구금되었다가 초유사(招諭使) 김성일(金誠一)의 장계(狀啓)로 석방된 후 유곡도찰방(幽谷道察訪)・조방장(助防將)・성주목사(星州牧使)를 역임했다. 정유재란 때에는 경상좌도방어사(慶尙左道防禦使)로 임명되어 화왕산성(火旺山城)을 수비했다. 뒤에 수군통제사 등에 임명되었으나 모두 사퇴하고 창암(蒼巖)에 망우정(忘憂亭)을 짓고 은둔생활로 여생을 보냈다.

屛山書院

癸未十月初四日 公事員 進士 金達永 幼學 李有基 曹司 李鍾夏 寫通 李萬求 會員 金常壽 柳致麟 進士 李鍾泰 前持平 金興洛…… 等(모두 42人)

위 글은 통유(通諭)하는 일입니다.

생각하옵건대 우리 영남(嶺南) 사선생(四先生)49)을 문묘(文廟: 공자사당. 성균관, 향교)에 종사(從祀)하자는 요청은 과거 두 번 지나간 을축(乙丑)년에 이미 선배 원로들의 정하신 논의가 있었으나 불행히도 중도에 잠잠해졌습니다. 여론에 우울해한 지 어느덧 80년이나 오래되었는데, 근래 귀측 서원에서 다시 과거의 논의를 거듭함이 얼마나 다행스럽습니까. 날을 지정해 상소를 준비한다는 일이 있다고 하니, 정상적인 심정(心情)을 존중해 보호함에 누구인들 뛸 듯이 좋아하지 않겠습니까. 그러나 다만 논의에 원만한 대비가 결함되며 거조(擧措)에 혹 착오가 있을까 하여, 임천(臨川)의 모임에서 공공(公共)의 의리를 대략 진술하고 정중(鄭重)한 논의가 수선(首善)50) 지역에서 계속 일어났던 것이니, 공의(公議)의 소재를 크게 볼 수 있습니다. 그러나 여러분들의 회유(回諭: 회답 유지)에는 채납하는 뜻이 조금도 없으니, 저희들이 적이 서글퍼하는 것입니다.

이에 본부(本府) 향회(鄕會)의 자리에서 삼가 을축년에 이미 정했던 논의를 가지고 도(道) 안에 포고하고, 이번 15일에 도회(道會)를 예천향교(醴泉鄕校)에서 하기로 정했습니다. 저의 어리석음으로도 오히려 어지럽힘을 꺼리지 않고 이미 시도했으나 증험되지 않은 말을 다시 올립니다. 생각하옵건대 여러분께서는 다시 헤아려 살핌이 있으시면 매우 다행이겠습니다.

위 글은 병산서원(屛山書院)에 보내는 통문입니다.

계미(癸未) 10월 초4일 공사원(公事員) 진사 김달영 유학 이유기 조사 이종하 사통 이만구 회원 김상수 유치린 진사 이종태 전지평 김흥락…… 등(모두 42인)

---

49) 장현광(張顯光), 정구(鄭逑), 김성일(金誠一), 유성룡(柳成龍).

50) 선(善)이 시작된다는 뜻으로 수도(首都)를 말하는데, 여기서는 특히 안동(安東)을 말함.

[통문 57] 古文書集成 六(Ⅱ): 332

右文爲通諭事 伏以我先師西山金先生 易簀幾十年 徽言大義 雖不盡墜於地 而精神咳唾之寄 在文字之間者 尙奔巾衍之中 不得與四方共之 此吾黨之所共慨惜也 而況歲月貿遷 人事有不可知 則又恐異日 遂致無窮之恨 自數年以來 不住修潤會校 得三四次整釐 得十五冊 已於前月望間 付之劂剞之役 爲及時收功計 然編帙浩穰 有未盡梳洗之歎 期會促迫 失臨事好謀之義 伏想道內僉尊 當恨其無先事之議 而喜其大擧之早晩成就矣 玆因本堂之會 畧陳始事之由 惟僉尊諒察幸甚
右文通
善山鄕校
丁未二月初五日 都有事 幼學 李贊燾 齋有司 金紹洛 公事員 幼學 權相耆 曹司 幼學 柳鼎熙 製通 幼學 柳淵楫 寫通 幼學 權秉燮 原任 進士 金景洛 會員 進士 金瑞洛 前參議 李中斗…… 等 (모두 59人)

위 글은 통유(通諭)하는 일입니다.
생각하옵건대 우리 선사(先師) 서산(西山) 김선생(金先生: 金興洛)51)께서 돌아가신 지 거의 10년이나 됩니다. 은미한 학설과 대의(大義)는 비록 땅에 모두 떨어지지는 않았으나, 정신과 말씀이 기탁해 문자 속에 있는 것이 '간행되지 않아' 아직도 상자 속에 버려져 있어 사방 사람들과 공유할 수 없습니다. 이것은 우리 마을에서 공동으로 애석해하는 것입니다. 하물며 세월이 지나가 사람 일에 알 수 없는 것이 있을진대 또 뒷날에 드디어 무궁한 한을 일으킬까 합니다. 수년 이래로 수식(修飾)·윤문(潤文)하고 모여 교정하기를 그치지 않아, 3~4차례 정리해 15책(冊)을 만들었습니다. 이미 지난달 보름께 출판하는 일에 부쳐 시기에 미쳐 일을 마무리할 계획입니다.
그러나 편질(編帙)이 많아 모두 잘 꾸며 내지는 못한 한탄이 있고, 기간이 촉박해 일에 임해 잘 도모하는 도리를 그르쳤습니다. 생각하옵건대 도(道) 안의 여러분께서는 마땅히 일에 앞서서 논의가 없었음을 한스러워하시겠으나, 큰 사업이 조만간에 성취됨을 기뻐하십시오. 이에 본당(本堂)의 모임으로 인하여 일을 시작한 연유를 간략히 진술하오니, 여러분께서는 헤아려 살펴주시면 매우 다행이겠습니다.
위 글은 선산향교(善山鄕校)에 보내는 통문입니다.

---

51) 1827~1899. 한말의 유학자. 본관은 의성(義城). 호는 서산(西山). 안동 출신. 김성일(金誠一)의 주손(冑孫). 이황(李滉)·이상정(李象靖)·유치명(柳致明)으로 이어지는 영남학파의 학통을 계승했다. 승정원우부승지를 지냈다. 저서로『서산집(西山集)』이 있다.

정미(丁未, 1907) 2월 초5일 도유사 유학 이찬도 제유사 김소락 공사원 유학 권상기 조사 유학 이정희 제통 유학 유연집 사통 유학 권병섭 원임 진사 김경락 회원 진사 김서락 전참의 이중두…… 등 (모두 59인)

[**통문 58**] 答通文 / 古文書集成 六(II): 333

右文爲答告事 忠之爲忠 功之爲功 寔出於春秋大義 而不外乎士林之公議也 鄙邑壬佛村李仲男 其本則胥吏 而天性峭直 又兼超倫之勇 然伏櫪之驥 非孫陽 則安知其致千里也哉 往在壬辰之變 嶺右震蕩 晉陽陸沈 鄒魯之方 遂至於禽獸之域 于斯時也 雖名家子孫 忠臣後裔 猶有奮激之心 不能先倡者 以其才劣力不及也 仲男以一介胥吏 挺身擊賊 斬倭酋一級 若使仲男 當其位 執兵權 則必有大捷之勳 而其功名炳丹靑 登東史矣 時則鶴峯金先生 按節右臬 獎功而褒聞之 恩意過常 宸翰如昨 而使彼遺裔之寄在鄒鄕者 已累世 而猶未免雜役之侵漁 編戶之渾同云 是豈成說乎 其遺孫之殘劣而沈滯歟 鄒邑之士林不知而嘿存歟 其十世孫潤鳳光喆 稍識文字 始覽文籍 追感其先祖之勳功 忿歎後孫之殘微 倡起累百年未遑之事 往于貴邊 詳考先生文蹟 貴門僉章甫 齊發公議 馳通于鄒邑校中 生等秉彝攸同 不可岸視 將此辭意 通告鄕員 稟達官庭 則特蒙吾城主神明之題敎 雜役頉給 後報營闡揚矣 以此回通向ung 故玆以答通 伏愿 僉君子 仰述先生之遺志 以遵士林之公議 發通於列邑 使彼仲男之子孫 無至沈滯之地 幸甚
右答通于
安東金溪村
癸未二月二十九日 居昌鄕校會員 進士 金基漢 進士 金尙洙 幼學 李相義 校任 幼學 金秉昊 柳基郁 興學堂 齋任 李鎭輔 表炳樂 司馬齋 齋任 愼容九 表東華 等 (모두 9人)

위 글은 통고(通告)에 답하는 일입니다. 충성이 충성으로 되며 공로가 공로로 됨은 진실로 춘추(春秋) 대의(大義)에서 나오고, 사림의 공의에서 벗어나지 않습니다. 저희 읍(邑)의 임불촌(壬佛村)에 이중남(李仲男)은 그 근본은 서리(胥吏)지만 천성(天性)은 강직하고 또 뛰어난 용맹을 겸했습니다. 그러나 마판에 엎드린 준마(駿馬)는 손양(孫陽)[52]이 아니면 어찌 그것이 천리 갈 수 있는 것인 줄 알겠습니까? 지난번 임진(壬辰)의 변란에 영우(嶺右: 慶尙右道)가 진동하고, 진양(晉陽: 晉州)이 함몰되고, 추로(鄒魯: 安東) 지방이 드디어 금수(禽獸)의 지역이 되었습니다. 이때에 비록 명가(名家)의 자손(子孫)과 충신(忠臣)의 후예(後裔)가 그래도 떨쳐나 치려는 마음을 가졌으나, 능히 선창하지 못한 것은 그 재주가 적고 힘이 미치지 못해서였습니다.

중남(仲男)은 일개 서리(胥吏)로서 몸을 빼 적을 쳐서 왜(倭)의 괴수 1명의 목을 베었습니다. 만일 중남(仲男)이 그 벼슬에 있었고 병권(兵權)을 잡게

---

52) 일명 백락(伯樂). 춘추(春秋) 진(秦)나라 사람으로, 말(馬)의 능력을 잘 알아보았다. 준마는 뛰어난 인물을 비유한 말이다.

되었다면, 반드시 대첩(大捷)의 공로가 있었을 것이고 그 공명(功名)은 단청(丹靑)53)에 빛나 우리나라 역사에 올랐을 것입니다. 당시는 학봉(鶴峯) 김선생(金先生: 김성일)께서 경상우도 관찰사로서 공로를 장려해 보고하자, '임금의' 은혜가 보통을 넘었고 임금의 교서(敎書)가 어제인 듯합니다. 그러나 저 남은 후예들이 저희 마을에 붙어 살고 있게 된 것이 이미 여러 대(代)인데, 오히려 잡역(雜役)의 침해와 평민(平民)에 뒤섞임을 벗어나지 못하고 있으니, 이것이 어찌 말이 되겠습니까? 그 남은 후손이 쇠미하고 침체된 것인가요? 저희 읍(邑) 사림(士林)들이 알지 못해 묵묵히 있었던 것일까요? 그 10세손 윤봉(潤鳳)·광철(光喆)이 조금 문자(文字)를 알아 비로소 문적(文籍)을 보고, 그 선조(先祖)의 공훈(勳功)에 추후 감동하고, 후손(後孫)의 쇠미에 분해 개탄하고, 몇 백년에 틈내 못했던 일을 앞장서 하여, 귀하(貴下) 쪽으로 가서 '학봉'(鶴峯) 선생의 글과 행적을 자세히 살폈습니다.

 귀하(貴下) 문중의 여러 선비들이 일제히 공의(公議)를 내 저희 읍(邑) 향교(鄕校)로 통문을 보내시니, 저희들도 지니고 있는 본성(本性)은 동일한지라 바라만 볼 수 없었습니다. 이 말의 뜻을 향원(鄕員)에게 통고하고 관청(官廳)에 아뢰니, 특별히 우리 사또님의 신명(神明)한 분부를 입게 되어, 잡역(雜役)을 면제해 주고 그 뒤 관찰사께 보고해 빛나게 했습니다. 이것을 회통(回通)할 일이므로 이것으로 답통(答通)합니다. 바라옵건대 여러분께서는 위로 선생의 남기신 뜻을 계승해, 사림의 공의를 따르시고 통문을 여러 읍에 내 저 중남(仲男)의 자손들을 침체되지 않게 하시면 매우 다행이겠습니다.

 위 글은 안동(安東) 금계촌(金溪村)에 보내는 회답 통문입니다.

 계미(癸未) 2월 29일 거창향교 회원 진사 김기한 진사 김상수 유학 이상의 교임 유학 김병호 유기욱 홍학당 재임 이진보 표병락 사마재 재임 신용구 표동화 등 (모두 9인)

[통문 63]　古文書集成 六(Ⅱ): 340

[계안 4]　古文書集成 六(Ⅱ): 348

---

53) ① 공신(功臣) 녹권(錄券). ②청사(靑史).

제7장

통합과 결속의 문화적 장치
完議에 나타난 土族의 生活世界

김광억

통합과 결속의 문화적 장치
: 完議에 나타난 士族의 生活世界

1. 종족집단의 통합과 결속

조선조 사회는 다른 사회와 마찬가지로 다양한 성향과 배경의 집단들로 이루어졌고, 그들 사이의 긴장과 대립, 경쟁과 타협이 곧 사회의 내적 역동성을 이루었다고 보겠다. 즉 양반이라고 자처하는 지방의 사족들은 간단히 사회적 특권과 신분적 보장을 받으면서 기득권을 향유한 것이 아니라 비(非)양반세력들의 직접 혹은 간접적인 도전에 대해, 그리고 사족집단 사이의 경쟁이나 알력에 대해 집단적 와해의 가능성을 예방하고 대처하며 중요한 사안에 대해 효과적으로 결정을 내릴 수 있어야 했다.

그러므로 통합과 결속은 종족집단의 지속과 영향력의 재생산을 위해 가장 절실하게 요구되는 이념적 지향이었다. 물론 통합이란 반드시 동질성을 통한 내적 결속을 의미하는 것은 아니다. 한 종족집단 안에서도 경제적·사회적 지위와 입장은 서로 다를 수 있다. 이러한 집단 내의 이질성은 공동체의 와해를 가져오기도 하지만 동시에 그 집단의 내적 역동성의 원천이 되기도 한다. 동질성의 확대는 내적 이질성의 극소화와 문화공동체의 표현과 연관된다. 그러나 동질성으로 통합된 공동체는 엄밀히 따진다면 하나의 이상(理想)이거나 가설(假說) 아니면 수사(修辭)에 지나지 않는다. 어떤 공동체라도 그것은 이질성의 존재를 은폐하거나 간과한 정의로서 실제로는 상상의 공동체(imagined community)이다(Anderson 1983 참조). 이 상상의 공동체를 위해 성원들은 사회적·경제적·정치적 통합을 보장받는 문화적 장치를 필요로 하게 되며, 이때 관습과 상징은 정치적으로 재해석되고 연출된다(이에 대해서는 Cohen 1981). 그러나 이 문화는 일상의 세계에서 경험되고 확인되어야 한다. 곧 사람들이 공동체의 필요성과 효과에 대한 신념 속에서 스스로 조직하고 실천함으로써 그것은 현실성을 확보하게 된다.

흔히 양반은 종족촌락(흔히 동족촌락이라고 부르지만 이는 올바른 말이 아니다)을 이루고 상민은 각성받이 촌락을 이룬다는 식의 보고가 있다. 그것은 종족촌락은 공동의 재산과 심정적으로 구심점이 되는 공동의 조상이 있어 입촌시조의 자손들이 공동운명체적인 신념 혹은 동질성에 대한 감정을 바탕으로 촌락공동체적인 유대와 결속을 이룬다는 것이다. 이에 비해 각성받이 마을에서는 구심점이 있을 수 없고 그들은 하나의 세련된 공동체적 조직을 갖추기가 쉽지 않다고 한다. 다시 말하면 공동의 조상과 재산이 있으면 종족마을을 만들 수 있고 그렇지 못하면 각성받이 마을이 된다는 것이다.

그런데 우리에게는 이러한 종족마을과 비종족마을의 구조적 성격으로부터 반상의 대립적 모델을 발전시키는 경향이 있어 왔다. 즉 양반은 종족마을을 이루고, 그 마을은 문화적 동질성과 공동재산을 기초로 하는 공동체적 세계이며, 잘 통합되고 상부상조 정신을 바탕으로 내부 결속이 강하다. 마을 일은 문장이나 족장을 비롯한 몇몇 어른들에 의해 일사불란하게 처리된다. 수직적 권위체계와 혈연관계, 친족이념이 영향력을 행사함으로써 도덕경제 및 윤리정치가 사회생활의 근본을 이룬다. 그리고 종손과 문장은 특권적 존재로 받들어져 특혜를 누린다. 이에 비해 각성받이 마을은 각자가 자기 이익을 추구하는 성향이 허용되므로 개별적인 목소리가 강하다. 즉 마을사람들은 서로 평등한 존재로서 수평관계를 이루고 합리적 호혜성을 추구하며 마을 일은 원칙적으로 타협을 통해 처리된다. 따라서 평등주의, 민주주의, 합리성 등이 경제생활과 정치생활을 이루는 원리로 작용한다는 것이다.

이러한 이분법적 모델은 한국 농촌사회 현실의 밑바탕을 이루는 구조적 원리로 제시되었으며(대표적으로 이만갑 1960, 1973), 이후 많은 사회학자(예로써 김주숙 1968; 최재석 1966)와 인류학자들은 이 모델을 기초로 농촌마을 혹은 종족 또는 비종족 촌락사회를 연구했다(김주희 1985; 김택규 1964, 1979; 여중철 1974; 유명기 1977; 최협 1982; Cho Oakla 1979 등). 이들의 연구는 현지조사를 통해 위에서 말한 종족(동족)마을의 전통적 특징을 확인하거나 현대화나 산업화로 불리는 전반적인 사회적 변화에 따라 이러한 '전통적'인 사회적 구조와 성격에 일어나는 변화를 관찰했다.

그러나 사회라는 것이 그렇게 간단하게 또는 깨끗하게 이분법적으로 정리될 수 있을 것인가. 이미 하회마을의 조사에서도 보듯이 한 마을에는 양반과 비양반이 함께 하나의 단위를 이루고 있고 같은 양반성원 사이에도 정치적·사회적·경제적 이질화가 이루어져 있다. 그래서 동질적 집단으로 보이는 양반 종족성원 사이에도 크고 작은 갈등과 분규는 존재한다.

양반마을이 일사불란하거나 잘 통합된 것으로 보이는 것은 그들이 세련된 언어와 행동으로 실질적 이해관계에 따르는 갈등적 요소의 표출을 잘 통제할 줄 알고 정교한 의식과 의례의 형식을 통해 각자의 목소리를 내기 때문에, 언제나 수직적 권위체계나 동질적 공동체가 순조롭게 실천되는 현상으로 나타난다. 결국 사회현상을 심층적으로 분석해 보면 반상의 대립적 구분은 이론적 허구의 작품이라고 하겠다. 즉 종족마을이나 종족집단도 민주적이고 타협적이며 합리적인 논의에 기반해 일을 처리하는 것이 기본이 된다. 브란트(Brandt 1971)는 한국의 '보통' 농촌에서 사람들은 수직적 관계와 평등적 관계를 함께 가지고 있으며, 권위적 방식과 민주적 성향도 동시에 있어 맥락에 따라 그 특징이 상대적으로 강하게 보일 뿐이라는 것을 민족지적 관찰을 통해 잘 보여주고 있다. 이는 보통 마을뿐 아니라 뛰어난 사족들의 집단에서도 마찬가지라고 보겠다.

잠정적인 해석은 다음과 같다. 의성김씨를 비롯한 전통시대의 사족들은 종족촌락을 이루는 데 각별히 관심을 가졌으며, 종족촌락 사회에서는 다른 보통 마을과 마찬가지로 수직적 권위체계와 동시에 강한 민주적 성향을 지니고 있었다. 중요한 일은 성원이 모두 참여해 각자의 목소리를 내 직접적인 공개회의나 간접적인 절차를 통해 공론의 과정을 거쳐 합의를 만들었고, 그 합의는 다시 모든 사람들이 서명(수결)함으로써 합법화되었다. 양반은 한 마을을 이룰 뿐 아니라 크고 작은 문중의 지파를 형성해 인근 지역에 산재해 있어 한 마을의 일을 여러 마을이(또는 지역적으로 분산한 종족분파들이) 공동으로 참여해 처리했다(천전을 중심으로 한 의성김씨 문중조직에 대해서는 Song Sun-hee 1982 참조).

그런데 종족 전체의 정치적 이익이나 사회적 체면과 관련된 일은 해당 마을의 권리나 책임에 국한되지 않고 모두가 책임을 지는 체제를 구성함으로써 한 마을이나 특정 집단, 특정 인물의 독주나 특권을 인정하지 않은 것으로 볼 수 있을 것이다. 즉 종손이라고 해서 무조건 특혜를 허용하거나 문장이나 몇몇 어른들이 과두정치를 한 것이 아니었다. 종손이나 문중 어른에 대한 대접은 일정한 한도 안에서 예(禮)의 실천이라는 차원에서 허용되고 인정되는 것이었을 뿐이며 종족사회에서 혈연적 지위가 완전히 보장된 것은 아니었다.

원칙적으로 종손이라도 완전하게 특권적인 존재는 아니었으며, 종족 공동재산도 종손이나 문장이라고 해서 자의적으로 처분하는 특권이 주어지는 것은 아니었다. 물론 의성김씨들은 다른 문중에 비해 특히 종가의 보전에 관심을 기울였고, 이에 따라 종손에 대한 대우도 극진했다. 의성김씨 대종손은 일제시대에 종가재산을 탕진하고 문중에 면목이 없어 영양군의 청기(青杞)라는 깊은 산골에 은신했다. 그러나 문중에서 빚을 다 갚고 그 재산을 회복했으며 종손을 다시 모셔 왔다. "의성김씨 종손은 경상감사보다 낫다"는 말에서 보듯이 종가는 특별대우를 누렸다(김

문중회의와 완의문 작성 (사진: 김광억)

광억 1987, 1994). 그러나 그것은 어디까지나 문중의 성원이 인정하는 범위 안에서만 가능했다. 일제시대에 학봉의 종손인 김용환 옹은 노름에 몰두해 누대로 내려오던 종가재산을 탕진했고, 마침내는 문중의 상징이자 보물인 학봉이 왕으로부터 하사받은 보검까지 저당잡히게 되었다. 그래서 문중 원로들과 각 문중 지파의 대표들이 모여 회의를 하여 일단 훼손된 재산은 각 문중에서 추렴하여 원상복구를 하고 종손은 그 책임을 물어 폐하기로 의견을 모으기도 했다.[1] 다시 말하면 양반 종족집단에서

---

[1] 당시 종손의 어머니인 큰 종부는 아들을 안채에 들이고 문중의 원로들과 하루 종일 대치했다. 종손을 내놓으라고 요구하는 원로들 앞에서 큰 종부는 치마를 크게 펼치고 앉아 종손은 그 누구도 건드릴 수 없다면서 버텼다. 치마는 그 누구도 침범할 수 없는 큰 종부의 공간을 상징하는 것이었다. 문중 원로들은 종부와 여성의 세계를 경계짓는 이 마지노선을 차마 넘어갈 수 없어 종부와 문중원로 사이에는 하루 종일 '진땀나는' 대결이 계속되었던 것이다. 결국 원로들은 한번 더 기회를 주기로 하고 물러났다. 후에 밝혀진 일이지만 종손은 당시 독립군 군자금을 마련하기 위한 고육지책으로 술자리와 투전판을 즐기는 파락호 행세를 연기했던 것이다. 일제는 반일감정이 역사적으로 누적된 학봉 집안에 대해 각별하게 철저한 감시를 하고 있

그 누구도 완전히 특권적 존재는 없는 것이며 모든 것이 중론과 공론에 의해 평가되고 결정되고 처리되었던 것이다. 문중회의는 단순히 몇몇 원로들이 권위를 행사하거나 거드름을 피우는 기구가 아니라 다양한 문중 성원과 지파들의 의견이 개진되고 토론되며, 그래서 만장일치를 통해 합법적이고 도덕적으로 절대적인 권위를 가진 결정을 하는 합리적이고 민주적인 실천의 공간이었던 것이다. 그리고 그러한 실천이 밑바탕이 되지 않았다면 종족집단 조직은 그렇게 견고하게 지속될 수 없었을 것이다. 왜냐하면 집단의 조직이 존재하기 위해서는 구심점의 상징인 조상이나 종손의 존재뿐 아니라 그 집단의 경제적 바탕과 사회적 자원이 확보되어야 하고 이념적 지향이 통일되어야 하기 때문이다.

완의문은 이러한 점을 이해하는 데 중요한 단서를 제공한다. 완의는 여럿이 특별한 결정이나 다짐을 문건으로 만들어 서약하는 것으로 분쟁해결을 확실하게 하는 것이나, 형제나 친족간에 약속을 하기 위한 것에서 시작해 회의의 결정사항을 기록하고 참가자의 수결(手決)을 받아 법적 효력을 가질 수 있도록 작성한 문건에 이르기까지 다양하다. 그런데 의성김씨들이 보관하고 있는 완의문은 주로 문중의 공동 관심사에 대한 것이다. 어떤 것이든 만장일치를 봤다는 점이 제시되는데, 이는 무엇인가 만장일치로 결의하지 않으면 안 되는 심각하고 중요한 사정이 있었음을 의미할 수 있으며, 그렇게 만장일치를 내기 위해서는 막후교섭이 이루어졌을 것이고 만장일치를 낼 때까지 결정을 위한 일정한 조정이 이루어졌을 것이다. 만장일치는 그들이 종족을 하나의 공동운명체적 집단으로 존재하게 해야 한다는 의식을 반영한 것이며, 명분과 체면, 윤리적 가치관을 중시하던 사족에게 하나의 이상적인 논의과정으로 추구되는 것이었다.

따라서 완의는 결속과 동의의 증거물이지만, 그것은 곧 집단 결속의

었기 때문에 이를 속일 수 있는 방법은 그러한 타락한 양반의 행세를 하는 수밖에 없었던 것이다. 이러한 그의 독립운동의 비밀은 그가 죽은 후 밝혀졌으며 해방 후 정부로부터 독립공로 훈장이 수여되었다.

결과라기보다는 결속을 표현하게 만드는 정치적 과정을 의미한다. 이는 나아가 그들 사이에 언제나 불변적인 의견의 일치는 없었다는 사실과 유림이든 문중이든 실제로 내적 긴장과 알력의 가능성은 언제나 있었음을 짐작케 한다. 그러한 가능성을 예방하거나 발생을 수습하는 데 얼마나 관심이 깊고 능력 있게 대처하느냐가 그 종족의 정치력을 증명하는 것이다.

2. 완의를 통해 본 사족의 생활세계

1) 제사의 확립과 종가의 책임

일찍부터 의성김씨들은 청계공의 가르침을 따라 문중조직의 강화에 관심을 기울였고, 이를 위해 특히 조상에 대한 제사를 철저히 받드는 일을 했다. 1581년(선조 14년)에 작성된 문중 완의문(완의 17: 부록 참조)은 이를 잘 보여준다. 이에 의하면 종가가 가난해 가묘의 사중삭(四仲朔: 사계절의 가운데 달)의 제사도 폐기해 지내지 않게 된 처지를 걱정해 몇 분 조상의 묘지에 딸린 위토와 재산에서 나오는 수익의 일부를 종가에 소속시켜 제물 장만에 사용해 제사를 절대로 거르지 않도록 확실하게 조치를 취한다는 것을 결의했다. 또 재정이 튼튼하지 않으므로 사명절(四名節) 제사는 자손이 돌아가면서 지내기로 했다. 또 종가의 형편이 묘제(墓祭)나 가묘제(家廟祭)에 소용되는 그릇과 여타 물건을 충당할 재원이 충분하지 않은 것을 염려해 묘전과 관둔전의 수익을 번갈아 가며 3년에 한 번씩 종가에 귀속시키기로 했다.

이 완의가 지니는 또 하나의 중요성은 종손의 증조부가 되는 만근(萬謹)의 신위가 이후 대(代)가 다 차서 가묘에서 체천(遞遷)하게 되는데, 가묘에 신위를 모시지 않더라도 그의 제사는 절대로 폐하지 않고 자

완의 17. 만근(萬覲)의 아들 인범(仁範)과 예범(禮範)의 아들 및 손자들이 작성한 완의문.

손만대에 지내야 한다는 것을 결정한 것이다. 만근은 천전 입향조이니 의성김씨 천전파에게는 가장 중요한 인물이다. 따라서 만근의 제사를 위해 따로 묘위전(墓位田)을 마련해 자손 중에서 유사를 정해 관리하게 하고, 1년에 한번씩 제사를 지내 백세에 변함이 없도록 명시하고 있다.

그리고 이렇게 종가에 재정적 보조책을 마련했는데도 종가에서 형편에 밀려 제사를 지내지 않는 일은 절대로 있어서는 안 된다는 것과 이를 엄중히 문책해 그럴 경우에는 이를 위한 재산수익 중에서 종가에 소속되는 부분을 몰수하겠다는 것을 강조한다. 종가의 제사책임을 문중의 공동 관리·감독사안으로 삼음으로써 그 실천을 철저히 보장한 것이다.

이 완의는 청계 김진의 사후 1년 되는 해에 남은 형제와 자손들이 모여서 만든 것이며 결정사항은 청계의 4남 성일이 쓰고 인범의 4자 박(珀)과 손자 5명, 예범의 3자 수(璲)와 손자 6명이 수결을 했다.2) 즉 청계의 세대 중에서 전 부장(部將) 김박(珀) 및 전 참봉 김수(璲)와 그 다음 세대에서 유학 원일, 전 밀양부사 극일, 전 직장(直長) 종일, 생원 수일, 유학 정일, 유학 득일, 좌랑(佐郎) 복일, 유학 덕일, 협일, 지일 등이다. 그리고 완의문은 세 통을 작성해 종가와 부장 벼슬을 지낸 김박, 그리고 부사를 지낸 부사댁 등 세 집에 보관케 했다. 아마도 청계의 삼형제 집안에 각각 한 통씩 보관케 한 것으로 보인다.

서명을 한 인물의 가계는 다음 그림과 같다. ○ 안이 서명한 사람이다.

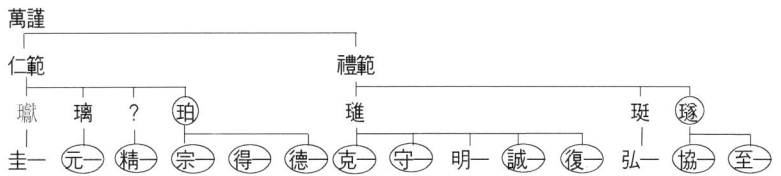

이 완의에서 알 수 있는 바는 당시 종손은 만근의 장남 인범의 주손인 규일이었는데, 재정적 토대가 윗대 선조의 모든 제사까지 감당할 만큼 확립되지 못했던 것 같다. 김진은 생전에 종가보존과 조상제사의 중

---

2) 이미 청계의 3남 명일은 1570년에 죽었으므로 완의에는 이름이 없다.

요성을 자식들에게 강조했고 재정적 토대를 마련하는 데 상당한 성공을 거두었지만, 당시에는 전통적인 제사에다 가례(家禮)의 제례까지 병행했으므로 1년 중 제향이 매우 빈번했다. 즉 기제, 시제(四仲朔祭), 사명일제(四名日祭), 속절제(俗節祭), 묘제, 그리고 매월의 삭망차례(朔望茶禮) 등이 있었다. 그러므로 종손이 혼자서 이를 감당한다는 것은 쉬운 일이 아니었다. 따라서 종가의 위치를 확립하고 종손의 지위가 중시되도록 배려하고 있다. 이때는 유교 종법체제가 확립되기 전인 것으로 보인다. 사명절 제사를 형편에 따라 자손들이 번갈아가며 담당한다는 것은 종손의 부담을 덜어 주자는 뜻도 있지만, 동시에 종손 혹은 주손의 절대적인 의무이자 권리로서의 봉사(奉祀)가 확고하게 실천되지 않고 있음을 암시하는 것이다. 즉 아직도 새로운 체제에 의해 구습이 대체되어 가고 있는 이른바 문화체계의 과도기 단계에 있는 것으로 보아야 하겠다.

특히 이때는 3대봉사(3代奉祀)를 실천하고 있는 것을 알 수 있다. 종손인 규일에게 만근은 증조부가 된다. 만약 규일이 죽고 그의 아들이 종손이 되면 만근은 종손의 4대조가 되어 가묘로부터 체천하게 된다는 구절에서 당시 사대부 집안에 적용하게 되는 4대봉사가 그들에게는 적용되지 않았던 것을 알 수 있다. 원래 공경대부는 4대봉사를 하고 정3품 이하의 신분에는 3대봉사를 허용했다. 그후 17세기에 들어 점차 4대봉사를 하기 시작해 18세기를 지나면서 그것이 점차 보편적 모델로 정착된 듯하다. 이러한 변화는 16세기까지도 보편적으로 지속되었던 자녀 균분상속과 외손봉사, 그리고 처거제 등의 관습법이 적서구분, 적장자 우대상속, 친영제, 부계율에 의한 종법체제로 대체되면서 이루어진 것이다.

청계를 이어 학봉은 종법체제의 독실한 실천과 종가의 보전 및 조상제사의 절대적 의무화를 강조했고, 이를 실현할 수 있도록 제도적 장치를 마련하고 이념교육과 더불어 경제적 기반의 확립에 심혈을 기울였다. 그의 깊은 통찰력으로 오늘날 보는 청계파 대종가의 종택이 지어졌고, 종가의 경제적 곤궁을 해결해 조상제사를 잘 받들 수 있도록 재정적 바탕이 마련되었다.3) 그러나 장남인 인범의 가계에는 재력이 확보되지 못했던 모양으로, 완의를 통해 그들은 종가는 어떤 일이 있어도 제사를 지내야 할 절대적 의무가 있으며, 이를 위해 종가에 재정적 지원책을 보장하고 종가에 부여되는 재산은 종손의 사유재산이 아니라 조상을 위한 종족 공동재산으로서 이후 누구도 조금이라도 훼손해서는 안 되며 잘 지켜야 한다는 점을 확인하고 약속한 것이다. 즉 종가가 제사를 충실히 담당할 수 있도록 묘위전을 종가에 귀속시키지만, 종손이 이를 소홀히 하면 도로 묘위전으로 돌릴 것이라는 점도 분명히 하고 있어 종손은 주어진 의무를 완수하는 정도에 따라 특권과 특혜가 인정됨을 알 수 있다.

만근은 인범, 예범, 지범의 세 아들을 두었는데, 당시에는 인범의 장손이 종손의 지위를 인정받고 있었지만 점차 예범의 아들인 청계의 집안이 주도적 역할을 하게 된다. 같은 조상의 자손이라도 사회적 명망과 지위는 사족으로서의 자격을 얼마나 갖추느냐에 따라서 달라진다. 즉 겉으로는 비록 동질적인 모습을 보이고 또한 동질성을 강조하지만 실질적으로는 내부적 이질화가 이루어져 있는 것이다. 인범은 장남이지만 후대로 내려가면서 그 자손이 이렇다 할 출세를 하지 못했고, 천전이 아닌 다른 지역에 터를 잡고 양반으로서의 신분을 확립하는 데 성공하지 못했다. 이에 비해 예범의 경우에는 진, 정, 수의 세 아들이 학문을 닦고 사족으로 생활을 했으며, 특히 장남인 진과 그의 다섯 아들들이 모두 문과와 사마시에 급제하는 영광을 이룩함으로써 의성김씨 문중 전체의 명성을 올렸고, 안동지역의 사족들과 학문적·사회적 교류와 혼인관계를 더욱 확고하게 만들었다. 따라서 후대에 이르러 자연히 그의 자손들이 문중에서 주도적이고 중심적인 위치를 갖게 된 것이다. 따라서 조상이 훌륭해

---

3) 흔히 충청도 사람들은 묘치레를 하고, 호남사람들은 입치레를 하고, 영남사람들은 집치레를 하며, 서울사람들은 옷치레를 한다는 말이 있다. 즉 충청도에서는 조상의 묘를 간수하는 데 정성을 쏟는 반면, 호남사람들은 잘 먹고 사는 데 관심이 있고, 영남에서는 돈이 있으면 집을 잘 짓는 데 쓴다는 것이다. 그리고 서울사람들은 깨끗하게 잘 차려입는다는 것이다. 그래서 충청도 사람들은 과거 지향적이고, 호남사람은 현실 지향적이며, 영남사람은 자손에게 남길 것을 생각한다 하여 미래 지향적이고, 서울사람들은 세를 과시하는 성향이 강하다고 말한다.

야 하지만, 마찬가지로 자손이 영달해야 하고, 그 자손이 조상을 잘 섬겨야 제대로 위치를 갖게 되는 것이다. 청계와 청계의 아들들은 이 점을 깊이 터득했다고 보겠다.

2) 내외손의 윤리적 의무와 결속

만력(萬曆) 48년(광해 20년, 1620) 2월 16일 작성된 문서(완의 1: 고문서집성, 의성김씨 천상각파편(Ⅱ), 61-66쪽)는 청계공 내외분의 묘전비(墓前碑) 입석공사에 관한 것이다. 이 공사는 청계의 사후 40년에 시작되었으며 청계의 손자와 증손자, 그리고 외손들이 모두 참여하는 문중의 가장 큰 일이다. 공사 도감(都監)은 그들 중에서 연장자 4명을 선정했는데, 귀봉의 장남 용(涌), 학봉의 장남 집(潗), 운암의 장남 약(瀹), 그리고 외손 집안에서 류인영이 선출되었고, 유사 29명이 청계의 친손에서 굉(浤), 시횡, 시온, 시권, 시릉, 시평, 시홍, 시구, 시탈(是梲), 명(溟), 연일(청계의 서자), 흔(炘), 잠, 휴, 심(沉)과, 청계의 외손인 류복기와 류복립의 아들 우잠, 득잠, 지잠, 의잠, 희잠, 수잠과 인영, 인무, 인배, 명립, 직립, 원립과 청계의 사위 이봉준의 아들 이경순, 그리고 홍하량 등 청계의 내외손들이 망라되었다.4) 완의문 작성의 주체는 청계의 6남인 연일(衍一)이 아니라 손자인 용(涌)이라는 점도 특기할 일이다.

완의는 공사에 필요한 항목을 누가 어떻게 맡을 것인가와 책임을 제대로 수행하지 못할 경우에는 어떤 벌을 주는가를 명기한 것이다.

우선 비석으로 쓸 석재는 영양현의 신점에서 나오는 지석으로 하는데, 이를 캐서 표면을 다듬는 일을 수곡동의 류우잠의 책임으로 한즉, 지금까지 이행이 되지 않아 이 달 20일 안에 가져오지 않을 경우에는 류우잠의 수노(노비 중의 우두머리)를 치죄할 것이다. 둘째로는 3월 초4일에 도

---

4) 흥미로운 점은 청계의 여섯째 아들인 연일(衍一)의 존재다. 그는 서자이기 때문에 조카들이 이번 일에서 도감을 맡고 있는 데 비해 유사의 직책을 받고 있다. 그의 후대에 대해서는 불명하다.

임하의 경산에 있는 청계 김진(앞)과 부인 민씨(뒤)의 묘와 묘비.

유사 및 감역유사(작업감독을 담당하는 유사)의 지휘하에 하루를 기약해 각 집안에서 차출한 작업담당 하인들이 일제히 모여 일을 하게 되는데, 만약 한 사람이라도 빠지면 그 노역을 맡은 노비에게 매를 가한다. 조모 민씨[5]의 묘비문은 선대에 이미 써 놓은 지문이 있으니 그것을 사용하며, 두 묘의 비석문을 종이에 써서 본을 만드는 일은 청송부에서 일의 진행에 맞추어 준비한다. 그리고 돌에 비문을 새기는 각수(刻手)는 부내 관노(官奴)인 전문 석수를 차출하며, 공사에 드는 노력은 각 지파와 집안에서 각각 책임량을 할당받아 노비로 하여금 부담시킨다. 그 외에도 청송 보경사의 승려 혜정과 상좌 신청이 승려와 절의 노비를 데리고 와서 부역을 한다. 묘갈문을 입석에 새겨 넣을 때 드는 먹과 황필은 청송부의 향리와 의성군의 아전을 통해 각처에서 구한다. 감역유사들은 자기가 맡은 날짜에 와서 공사를 감독해야 하며, 만약 못 오는 경우에는 나무값을 내

---

5) 청계의 부인으로서 용(涌)에게는 조모가 된다.

야 하고 이유 없이 불참한 자는 그의 노비에게 태형을 가한다. 공사현장에서 멀리 떨어져 사는 사람들은 3일 만에 업무교체를 하는 것은 번거로우므로 향후 5일에 한 번씩 교체하도록 한다 등이다.

공사는 5월 말에 완료되었는데 내외손 모두에게 윤리적 의무와 책임을 지우고 엄격하게 감독하고 있다. 누구든지 성실하지 못하고 책임을 제대로 지키지 못하는 것은 곧 효도의 부족이라고 여겨 벌을 주는데, 대개 노비에게 태형을 가함으로써 그 주인의 체면을 깎는다. 명분과 체면을 생명으로 삼는 사족에게 그렇게 체면을 깎는 일은 치명적인 수치가 된다. 이렇게 친손과 외손은 구분 없이 윤리적 의무를 수행하며 이를 통해 문중의 결속과 대외적 위세를 확인하는 것이다.

완의문에는 도감인 김용이 일을 감독하면서 기록한 일기도 있다. 이러한 과정의 기록은 후대에 가서 비슷한 일이 생길 때 전례(典例)가 되며, 이러한 기록을 바탕으로 전통과 역사는 전승되는 것이다. 그러므로 사족들은 일의 전말과 진행과정의 기록을 중시했다.

영양은 청계가 청기의 토지를 개간한 곳이며 청계의 도움으로 영산서원을 건립했다. 청송 역시 청계가 자주 다닌 곳이고 청계의 고모부인 권간, 청계의 처가인 민씨들이 세력을 잡고 터를 다진 곳이다. 그러므로 청송부의 협조를 쉽게 얻을 수 있었다.

3) 제사의 종류와 규범 만들기

유교전통에 충실하고 조상제사를 철저히 유학의 원칙에 따라 행하는데도 문중의 다짐과 뒷받침 및 감독이 따랐다. 또 하나의 완의문(완의 22)은 학봉의 5대에서 7대에 이르는 자손들이 모여서 논의한 내용이다. 즉 학봉의 장남 집(潗)은 평소에 별묘(別廟)를 세울 생각을 했는데, 그 후대를 지나면서 주손들이 일찍 사망해 벌써 7대손 주국(柱國)에 이르렀다. 주손이 7대손이 되었지만 아직 5대손들이 건재하기 때문에, 주손의 고조부는 살아 있는 5대손들에게는 조부가 된다. 따라서 그 신주를 조매하지

학봉종택 옆에 있는 별묘: 종기를 위시해 각 집에서 代가 끝나서 遞遷된 신위를 이곳에 모시고 연 1회 섣달 그믐날 합동으로 제례를 올린다.

않고 별묘에 모셔야 한다. 그러나 영조 5년(1729)에 이르도록 아직 별묘가 마련되지 않은 터에 고조부를 체천해야 할 형편이 된 것이다. 그래서 별묘를 완성하기로 하고 사족의 예법에 따라 종가의 사당에서 체천해, 족인 중에서 아직 4대 안에 해당되는 항렬이 높은 집이 있으면 그 장방(長房)에서 제사를 모시게 하는 것으로 결정한 것이다. 이는 사대봉사의 원칙을 어떻게 실천하느냐에 관한 유권해석을 내린 것으로, 이러한 문중회의의 결정이 곧 문중의 예법이 되는 것이다. 예를 어떻게 실천하는가는 사회적 생명과 같은 중차대한 문제로, 이런 경우 문중 전체회의를 통해 연구하고 논의해서 결정하는 것이다.

이 완의문에는 별묘를 지어야 하는데 재정적 어려움이 있어 종손의 종형과 재종형들이 몇 차례 시도했으나 완결하지 못했던 것이 이제야 가능하게 되었다는 사실을 적고 감격해 하고 있다. 당시 경종(景宗)에서 영조(英祖)로 왕위가 넘어가고 남인의 정치적 몰락과 노론이 득세하는

別廟完議

佳樹川 別廟之設卽
高祖考平日遺意也數十年來
宗家不幸代促令當 遠遷
之日以禮家言之事當 移奉
㫆長房子孫而第秋念
先代別廟之意不啻丁寧曾在
宗兄之在世也畱意營建而未
及始役第三從兄 攝祀之日
纔已營搆而又未及斷手蓋其
前後經紀莫非體念
先代之遺意也今於一家老少
齊會之時僉議皆以爲
移安於別廟無疑故玆與長房
子孫相議 奉安酌定 祭儀
以爲永久遵行之地幸甚

완의 22. 학봉의 자손들이 작성한 별묘완의의 일부.

소용돌이 속에서 별묘 건립의 진행은 쉽지 않았을 것이다. 더욱이 영조 4년에 일어난 이인좌의 난에는 천전파의 종손이 연루된 혐의를 받았는데, 다행히 의성김문을 비롯한 안동의 남인 사림들이 적극 반란군 토벌대를 조직했던 공로와 천전파가 이룩한 역대 충절의 전통을 인정하여 치죄를 면했던 만큼 의성김문으로서는 미처 이런 일에 신경을 쓸 겨를이 없었을 것이다.

어쨌든 영조 5년에는 일이 마무리되었고 학봉 문중에서는 별묘 건립과 제사에 거족적인 관심을 기울이게 되었다. 완의문의 전문에 이어 아주 상세하게 한계와 그의 고손자인 학봉의 묘가 있는 가수천(佳樹川) 소(所)에 딸린 전답에서 재정적 지원을 어떻게 할 것이며, 학봉 내외분과 학봉의 고조인 승문원사 한계(漢溪) 내외분, 그리고 학봉의 아들 세마(洗馬) 집(潗) 내외분에게 각각 제수비용으로 얼마를 사용할 것인가가 명시되어 있다. 여기에는 기제사뿐 아니라 춘추묘제 및 별묘의 절일차례와 기제사를 장방의 친족이 돌아가면서 지낼 때(윤회) 어떤 보조를 할 것인가도 정했다.

흥미로운 점은 한계의 아들들과 그들의 자손 중에서 청계의 자손, 특

가수천의 학봉 묘소.

히 학봉의 자손이 가수천의 위토와 제사를 주관하고 있다는 사실이다. 그리고 학봉 내외분과 장남 집 내외에게 지내는 제사에는 묘위전에서 나오는 수익으로 유사를 행하고, 한식(寒食)에는 소출의 많고 적음에 관계없이 6석씩 부담하는 데 비해 한계와 산신에게는 춘추로 각각 쌀 1석씩을 쓴다는 점이다. 또한 제사에는 5색 과일과 다섯 그릇의 탕을 올리지만 별묘에서 지내는 다례(茶禮)는 정초, 단오, 상원, 유두, 중구절에 지내는데, 이때에는 3색 과일과 3개의 탕을 올린다. 완의 절목에는 이외에도 제사의 종류와 제사를 받는 분에 따라 제물의 종류와 규모 및 재정적 지원의 크기까지 상세하게 명시되어 있다.

학봉의 7대 주손을 포함해 22명 학봉의 장남 집 자손들이 수결한 것으로 학봉뿐 아니라 그의 고조인 한계까지도 그들이 모심으로써 문중에서 뚜렷한 위치를 확보하고 있다. 조상에 대한 의례를 담당한다는 것은 해당 지파의 권위와 지위의 상징인 것이다.

4) 공동재산의 관리

종중재산은 모든 지파의 복지와 관련된 것이므로 한 집안이나 한 동네가 아닌 문중 전체의 지분으로 유지될 필요가 있었다. 종중의 부침은 이러한 공동기반을 여하히 관리·보존했는가에 따라 결정적 영향을 받았다고 할 수 있다. 따라서 종족공동체의 기반이 되는 종중재산을 만들고 관리하는 데 각별한 관심을 기울여야 한다. 순조 18년(1818)에 작성된 문서(완의 4)는 의성김씨 종족원들이 결정한 사항을 기록한 것으로, 묘사(墓祀)를 지낼 때 회중(會中)에서 묘에 딸린 공동재산의 내력과 향후 어떻게 사용할 것인지를 결정한 것을 기록했다.

즉 원래 묘전(墓田)에서 나온 수익 중 약간의 돈이 남아 재회의 긴급비용을 충당하기 위한 별도 항목으로 만들었다. 그런데 근자에 유사가 묘지기에게 임의로 보태 주면서 축을 냈다. 그래서 제수(祭需) 장만과 재원(齋員) 보수에 소용되는 지출은 위토에서 나오는 농사수확에 따라 정한 대로 감당해야 하며 이 재산은 절대로 축내서는 안 된다는 것을 명시하게 된 것이다. 회중에서 이를 결정한 것은 곧 문중 구성원 사이에 공동재산의 관리와 사용에 대한 비판이나 불만이 있었고, 회중은 그러한 문중회의의 역할을 담당했다는 것이 증명된다. 동시에 종족 공동재산의 관리가 종종 부실했고 아직 확고하게 자리잡혀 있지 못했다는 사실을 짐작케 한다.

완의문에서 묘를 지키고 위토를 경작하는 일을 근처의 중(僧)이 담당했음을 알 수 있다. 조선시대에는 억불숭유 정책하에서 불교승려는 천시되어 그들의 사찰이 세력 있는 문중의 재사(齋舍)로 되는 일도 많았으며 승려는 묘와 위토를 관리해 주면서 세력가와 관계를 맺기도 한 것이다.

종중재산에 대해 철저하게 회계 감독하고 있으며, 조금이라도 헛되이 사용했다면 종족성원 사이에서도 공정성 시비를 제기할 수 있음을 볼 수 있다. 재정기반을 튼튼히 하고 재산으로 인해 종족성원간에 시비가 일어나거나 분열의 조짐이 생기지 않도록 엄중하게 예방조처를 취한 것이다. 완의문을 통해 그들은 조상을 잘 모시는 일뿐 아니라 자손만대를 위한 기반을 다지는 일에 각별한 관심을 기울이고 있는 것이다.

그러므로 의성김씨들은 조상제사를 위한 공동재산을 마련하거나 지속적으로 종가의 제사비용을 감당할 재정을 확보하는 일을 하며, 종법에 따른 제사의 규칙도 지속적으로 재규정함으로써 유학의 실천에 힘썼다.

5) 조상 찾기와 묘사(墓祀)기금

영조 27년(신미, 1751)의 완의문[완의 7]은 조상의 묘제를 위한 기금을 어떻게 마련했는지 그 경위를 기록하고, 이를 어떻게 사용하는가를 조목조목 명기한 것이다. 즉 청계의 고조부인 김영명(金永命)은 신녕현감을 지냈는데 그의 묘는 안동부의 안기역 부근 임피라는 곳에 있다. 그 근처에 후처인 권씨의 조부 권백종(權伯宗)이 그의 부인과 함께 묻혀 있는데, 매년 10월 보름 그 묘소에서 회전(會奠)이 있고, 이때에는 관아의 공방(工房)이 깔개와 멍석을 가지고 오고 삼공형(三公兄), 즉 호장과 이방, 형방이 와서 절을 하며 또 관아에서 악공이 나와 제례악을 연주한다. 완의문에서 의성김씨들은 이런 전통이 언제부터 있어 왔는지, 그리고 그 의미가 무엇인지 모르지만, 아름다운 일로서 감동을 받아 자기들도 조상을 추모하기 위한 기금을 마련하기로 했다고 적고 있다.

왜 그들은 그 내력을 모른다고 할까? 그리고 과연 그들은 몰랐을까? 김영명의 장인 안동권씨 전(專)은 문종의 국구이니, 그의 첫딸은 영명의 부인이고 둘째딸은 문종비 현덕왕후이다. 즉 영명은 문종과 동서지간이다. 그렇기 때문에 세조가 조카 단종의 자리를 빼앗자 이를 부정하는 많은 관인과 사족들이 영명과 한계를 따라 안동지방으로 이주했다. 전의 아버지는 권백종이니 영명에게는 처조부가 된다. 초기 안동에 정착하는 과정에서 의성김씨와 안동권씨 사이에는 특별한 인척관계가 성립된다. 즉 용비의 제5녀는 고려조에 안동의 호장을 세습하는 대표적 집안의 하나인 권수홍(權守洪)의 외증손인 견(堅)에게 출가했고 영명은 견의 4대 손서가 된다. 당시는 동성불혼이나 이성불양이 제도화되어 있지 않아 동성간 혼인도 있었다.

권수홍은 부호장이었고 아들 정(頲)은 평리(評理)를 지냈으며 손자 한공(漢功)은 정승의 지위에 올랐다. 한공의 딸은 풍산의 류총(柳摠)과 혼인을 했는데 의성김씨 안동 입향조인 김거두(金居斗)는 류총의 사위이다.

수홍의 딸은 호장인 권양준과 혼인해 정(精)과 수(粹) 두 아들을 두었는데, 수는 정위호장(正位戶長)으로서 2품인 별장의 벼슬을 했다. 장남 정의 두 아들 중 혁(奕)은 문과 급제했고 둘째 견(堅)은 낭장(郞將)이었다. 견의 손녀는 권명리(權明理)와 혼인했는데, 명리는 청송에 강력한 재지기반을 마련했다. 그의 딸은 손사성(孫士晟)과 혼인했는데, 경주 양동손씨와 이씨가 모두 사성의 내외손이다. 사성의 손서는 태종의 장인인 민제(閔霽)의 증손 민흥(閔興)인데, 후대에 와서 영명의 고손자 김진(金璡)은 민흥의 아들 민세경의 사위가 된다. 한편 견의 딸은 권여온(權呂溫)과 혼인했고 권백종을 사위로 맞았다. 영명은 백종의 손서인 것이다.

```
권수홍→정→한공→녀 류총→녀 김거두
     └녀 권양준-정→혁
        김용비의 5녀─견→신공→녀 권명리→녀 손사성-----민흥-민세경의 녀 김진
                              ↓
                        (양동 손씨와 이씨가 그의 내외손)
             녀 권여온→녀 권백종→전→녀 김영명
                            └녀 문종왕비
```

권백종의 친가와 처가 및 외가는 모두 고려조에 안동의 호장직을 세습한 대표적인 이족(吏族)집안이며, 따라서 백종은(후에 한성판관을 지냈는데) 향리들에게 대선배이자 일종의 보호신으로 여겨져 음사(淫祠)를 받았을 수 있다. 아니면 세조의 찬탈에 대한 안동사람들의 항의와 그때 불행하게 된 권씨의 영령에 대한 위로의 뜻을 향리들이 대표해서 제향으로

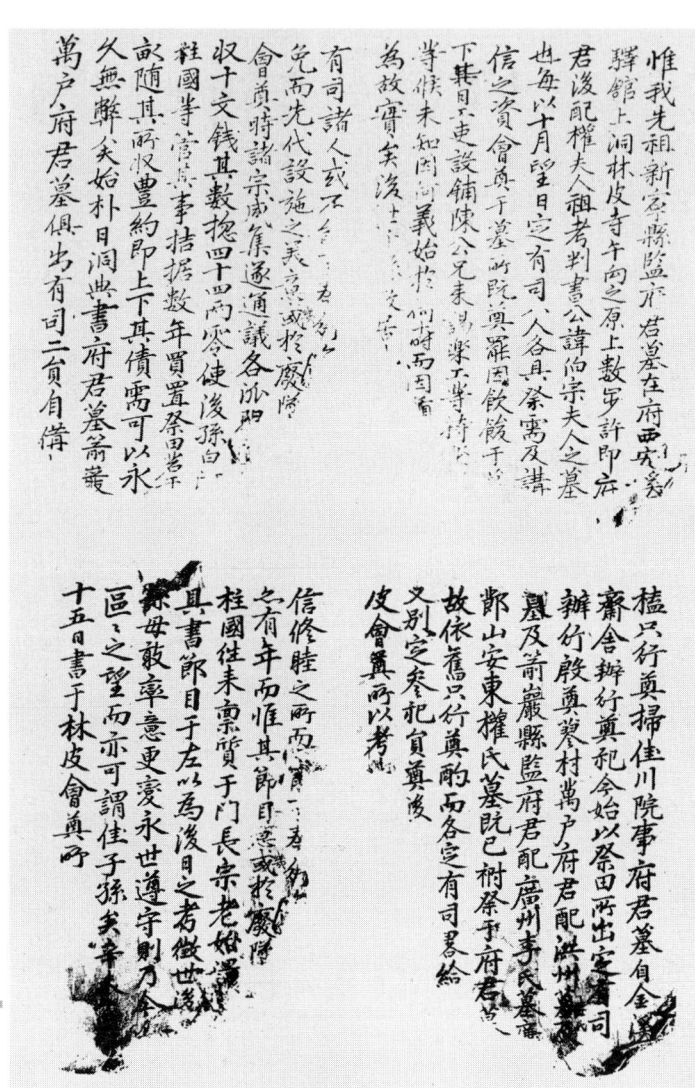

完議 7.

표시해 왔던 것일 수도 있다. 어쨌든 유교이념에 철저한 조선조의 의성 김씨 사족들은 이러한 음사를 인정하고 싶지 않았을 것이다. 천전파의 사회적 입지와 문화적 전통을 확립하는 과정에서 이미 청계 김진은 음사 폐지에 적극적으로 앞장섰던 것이다. 따라서 그들은 그들의 조상이 향리에 의해 제향받는 사실을 자랑스러워하면서도 그 연유를 모른다는 식으로 얼버무린 것으로 보인다. 향리들이 옛 호장의 묘소에 참례함을 전통으로 삼는 것은 그들의 권위와 전통을 지속시키는 문화정치의 하나인 것이다. 조선조 초기에는 사족과 이족이 한 집안에 동시에 있을 수 있었고, 또한 이족이라고 해서 사족에 비해 열등한 것이 아니었다. 실제로 많은 사족 집안이 조선조 초기에는 이족이었던 배경을 가지고 있다. 그렇지만 의성김씨 천전파는 자신들의 본거지인 의성의 이족인 장남 계통의 집안과 분리해 안동으로 터를 옮겨 사족의 지위를 확립하는 강력하고도 끈질긴 노력을 경주했다. 따라서 그들은 향리와의 연계성을 부정하는 관습적인 반응을 보이고 있다.

완의문의 주제는 그들이 훨씬 후대에 와서야 발견하게 된 안동 입향조인 거두(居斗)와 그의 아들 천(滻) 및 부인들의 묘, 영명의 부인, 영명의 아들 한계(漢啓) 내외의 묘 등에 대한 제사에 어떤 재정적 보조를 할 것인가다. 유교 종법제도는 법적으로 도입되었지만 왜란과 호란을 겪으면서 발전이 제대로 진행되지 못했다가 효종조 이후에야 비로소 실천의 기반이 제대로 갖추어지기 시작했다. 그래서 현종과 숙종조에 종족의 조직화작업이 족보의 간행, 조상 찾기, 조상의 실전된 무덤 발굴하기 등으로 진행되었고, 또한 서원과 사우의 설립이 경쟁적으로 이루어졌다. 이 와중에서 올바른 예(禮)가 무엇인가 하는 논쟁이 당파싸움으로 비화되어 정권의 치열한 경쟁이 일어났던 것이다. 의성김씨들이 숙종조에 와서야 영명과 천의 무덤을 발견하게 된 것도 이런 배경에서 이루어졌으며, 그동안 이들 새로 찾은 조상에 대한 제사기금을 마련해 이제 이를 배분하는 문제를 정식으로 의논한 것이다.

완의문에 의하면 의성김씨들은 이렇게 향리들이 오랜 세월 잊지 않고 그들의 조상인 옛 인물에 대해 예를 갖추는 아름다운 행적에 감격해 자기들도 오랜 조상을 영원히 추념하는 장치를 마련하자는 뜻을 모았다. 그래서 영명의 묘에서의 회전을 계기로 자손들에게 추렴하여 약간의 기금을 모았는데, 이를 학봉의 7대 주손인 주국(柱國)이 관리를 잘하고 또한 문중에 호소력을 발휘해 쓸만한 기금으로 키워 윗대 조상의 묘제에 일괄적으로 보조해 왔다. 이제 어느 정도 기금이 마련되었으므로 다시 찾은 윗대 조상들의 묘에 각각 제사의 형식과 제수의 규모를 정하게 된 것이다.

즉 박일동에 있는 안동 입향조인 전서공 거두의 묘와 전암에 있는 전서공의 아들 만호 천의 묘에는 유사 두 사람씩을 내 술그릇을 갖추어 전소(奠所: 성묘를 한다는 뜻으로 간단히 술을 올린다는 말)를 행한다. 가수천(佳樹川)에 있는 영명의 아들 원사공 한계의 묘는 그 아래 묻힌 학봉 성일을 위한 기금인 금계재사(金溪齋舍)에서 전사(奠祀)[6]를 판행한다. 아마 학봉을 위한 기금도 이때 확립된 것인 듯, 지금 처음으로 제전에서 나온 것으로 유사를 내 은전(殷奠: 넉넉한 제물로 제사를 지냄)을 행하라고 언급하고 있다. 요촌에 있는 만호부군 천의 배위 홍주이씨의 묘, 전암에 있는 현감공 영명의 배위 광주이씨의 묘와 염절산의 안동권씨의 묘는 부군의 묘에 부제[7]지내고 옛과 같이 다만 전작(奠酌)만 하고,[8] 각각 유사를 정해 제사를 지내고 묘를 관리하게 하며 문중에서 참사원(參祀員)을 따로 정해 전을 드리도록 한다.

완의문은 그러한 전말을 기록하고 또한 조상제사를 어떻게 지내는가에 대한 규정을 문중 원로들의 자문을 얻어 항목별로 분명히 해 기록함으로써 자손만대에 소홀히 하거나 잊어버리지 않기를 결정한 것이다. 원래 몇 년 전부터 이러한 묘소에 제전을 치르게 했는데도 점차 제대로 행해지지 않고 쓸쓸하게 되었으므로 주국이 나서서 문중 어른들을 모시고 종족원들을 설득해 이번에는 자세하게 각각의 묘에 어떤 방식과 규모로 묘제를 지낼 것인지를 절목으로 정해 명기하게된 것이다. 당대 자기가 기억하는 직계조상이 아니면 먼 자손은 자연히 제사를 소홀히 하게 되

---

[6] 술, 과일, 포를 갖추는 것으로 전소보다 형식을 다소 갖춘 의식임.
[7] 부인에게 따로 제사를 지내지 않고 그 남편의 제사에 붙여서 함께 지내는 것.
[8] 술잔만 올린다는 뜻. 남편의 묘소에서 부제를 지내므로 따로 제사를 지낼 필요 없이 술잔만 올리는 약식으로 지내는 것이다.

개호송(開湖松). 운천공이 식수를 주도했고 역대 문중 성원들이 수호해 오늘에 이르고 있다.

는 것이므로 이렇게 약속과 다짐을 하는 것이다. 또 이러한 아름다운 일을 향리들도 하는데 우리가 가만히 있을 수 없다는 식으로 언급함으로써 사족의 윤리적 책임감을 일깨우고 있다는 점도 흥미롭다.

6) 개호송과 종족의 상징

천전파의 대종가가 있는 내앞마을 앞에는 낙동강의 지류인 반변천(半邊川)이 흐르고 있다. 백운정(白雲亭)을 건너편으로 천전마을 쪽의 강가에 무성한 소나무 숲이 길게 펼쳐 있어 훌륭한 경관을 이루고 있는데 이를 쑤라고 한다. 이 소나무 숲은 마을 앞쪽이 허전하다고 하여 약봉 김극일이 자신이 부사로 있었던 평해에서 씨앗을 가져와 심은 것이다. 이 숲 외에 마을의 서남쪽 반변천 가운데 개호송(開湖松)이라 부르는 또 하나의 소나무 숲이 있다. 이 숲은 애초 천전 입촌조인 만근(萬謹)이 마을의 풍수를 북돋우고 보호하기 위해 만들었는데, 1605년 홍수로 인해 많은 나무가 유실되자 운천(雲川) 김용(金涌)이 다시 만든 것이다. 내앞은 완의 6 : 동중추완의.

종가와 가묘가 있는 곳으로, 종중의 흥망이 이 소나무에 달렸다고 하여 숲 자체를 조상 모시듯이 해야 한다는 취지에서 엄중하게 보호해 왔다.

그런데 정사년(1737)에 작성된 완의문[완의 6: 동중추완의]은 그 전해 (1736년)에 종족원 중 한 사람이 옥고를 치르게 되어 비용을 대느라 개호송 소나무 몇 그루를 베어 팔아 충당한 후에 작성한 것이다. 즉 천전은 의성김씨들의 종족마을이므로 자연스럽게 개호송을 동중재산으로 삼아 마을의 공의에 의해 관리하게 하고 절대로 훼손해서는 안 된다는 점을 약속한 동중완의를 작성했는데, 이제 나무를 베어 판 일을 한 후 내앞마을에서는 추가로 동중완의(洞中完議)를 작성했다.

이에 의하면 개호송은 선대 조상이 만들어서 전해 오는 소중한 것이며 마을 전체를 위한 것이니만큼 당연히 보호해야 된다는 것과 이전에도 관가에서 소용이 된다 해서 몇 그루를 없앤 일도 있었기 때문에 이번에 종족원의 위급한 지경을 구하기 위해 부득불 25그루를 베어 팔 수밖에 없었음을 변명했다. 그러나 이런 식으로 선례를 삼기 시작하면 앞으로는 끝이 없을 터이고, 그렇게 되면 이 마을 전체의 풍수를 해치고 조상의 뜻이 훼손될 것이므로, 차후에는 어떤 변고가 있어도 절대로 개호송을 손실시키는 일이 없어야 한다고 추가로 약속한 것이다.

  옥고를 치른 종족원은 홍문관 교리였던 제산(霽山) 김성탁(金聖鐸: 1684~1747)이다. 그는 청계의 4대 종손인 방렬의 3남 태중의 아들로서 갈암을 통해 퇴계학통을 이어받았다. 문장과 학문이 뛰어났으며 영조 4년 이인좌의 난이 일어나자 인근의 사림 지도자들에게 호소해 반란을 진압하기 위한 창의를 주도했다. 영조 11년(1735)에 문과 급제하고 성균관 전적, 사간원 정언을 역임했는데, 홍문관 교리로 있던 영조 13년(1737)에 스승인 갈암 이현일의 신원을 위한 변무상소를 올렸다가 문장의 구절이 문제가 되어 노론의 격렬한 공격과 왕의 노여움으로 심한 취조와 옥살이를 하게 된 것이다.

갈암 이현일은 영남사림에서 퇴계학통의 거유로서 승지와 대사헌을 지냈으며 기사환국 때 우암 송시열을 탄핵해 사사케 했는데, 갑술환국으로 노론이 집권하자 인현왕후가 폐서인이 될 때 반대하지 않았던 것에 대해 비판을 받고 유배가게 되었다. 그는 비판력이 강했기 때문에 남인 중에서 가장 혹독한 벌을 받았다. 이미 전해에 영양의 조덕린이 그의 상소문 구절이 이인좌의 난을 격발시켰다는 죄목으로 거덜이 났던 판에 김성탁이 금기사항인 갈암의 신원을 하게 되었으니, 개인적으로는 물론 그가 속한 의성김씨와 남인, 특히 안동의 퇴계학맥 사림에게는 치명적인 변고였던 것이다. 숙종 20년에 방걸을 압송하는 금부도사가 종가에 들이닥쳤는데 이번에는 성탁을 치죄하는 금부도사가 대종가에 또 들이닥친 것이다.

성탁은 50일간 감옥에 갇혀 여섯 차례나 혹독한 고문을 받았다. 그 동안 들어간 비용은 헤아릴 수 없이 많고 지난 몇 달 동안에만 300여 금이나 되는 돈이 들어갔는데, 이것으로도 부족해 드디어 본가의 재물이 거덜나게 되었다. 그래서 오로지 원근 친지들의 보조에 의존할 수밖에 없게 되었는데, 이제 그것도 더 이상 할 수 없는 형편에 이르렀다. 마을의 모든 사람들이 김교리를 대신해 속죄를 하고픈 '백신이속지'(百身以贖之)[9]의 소원을 가졌고 각자가 전택(토지와 집)을 팔고 힘을 내 서로 도와도 아낄 바가 없었다. 그러나 모두 가난하니 뜻대로 할 수가 없어 동네 사람들이 머리를 맞대어 상의해 고목 25주를 팔아서 돕게 했다. 의성김씨 문중에서는 가장 촉망되는 인물이었던 만큼 개호송 몇 그루를 베어 그를 구하는 일이 무엇보다 시급했던 것이다.

완의문은 그렇게 처리할 수밖에 없었던 저간의 사정을 변명하고 이후 이를 빌미로 삼아 마을 사람 중 사정을 들어 소나무를 벨 가능성에 엄중하게 경고하고, 차후에는 어떤 일이 생기더라도 결코 두 번 다시 이 소나무를 축내는 일이 있어서는 안 된다는 점과 동네사람 모두 이 개호송

---

9) 『詩經』 秦風 황조.

제산종택. 제산과 그 아들 구사당을 이어 자손들이 대대로 살아오고 있다.

을 보호하는 책임을 져야 한다는 점을 강조하기 위한 것이었다. 조상이 절대로 훼손하지 말라는 지엄한 당부를 어길 수밖에 없었지만, 문중 전체의 흥망이 달린 풍수를 지키는 것도 중요한 일이었다. 그래서 그것을 조금이라도 훼손하는 것은 자손의 도리가 아니며, 이런 일이 전례가 되면 앞으로도 계속해서 이런 일이 행해질 것이므로 차제에 엄격히 정해야 하는 것이었다. 완의 참가자는 김세압, 김명석을 포함해 의성김씨가 21명이고 류석창과 변식이란 사람이 또한 참가했다.

성탁은 제주로 유배되었다가 이듬해인 1738년에 광양으로 이배되었으며 끝내 10년이라는 긴 유배생활에서 벗어나지 못하고 1747년 적소에서 운명했다. 그를 한결같이 따라다니며 곁에서 모시던 아들 구사당(九思堂) 낙행(樂行)의 효성도 소용이 없었다. 죽은 뒤에야 비로소 죄명이 풀렸고, 영조가 몰하고 정조가 즉위했으나 19년(1795)에야 비로소 관작이 회복되어 후에 사림의 공의에 의하여 불천위로 봉안되었다.

김성탁의 변고에 따른 개호송 사건이 일어난 지 한참 지나서 이번에는 관아에서 건물 증축에 필요한 자재로 개호송을 얼마 베어 가는 일이 벌어졌다. 영조 32년(1756)의 일이다. 이 시기에는 남인세력이 지극히 미약해지고 노론세력이 천하를 뒤덮고 있을 때였다. 노론은 남인의 골수 중심지인 안동에 남인세력을 약화시키고 노론세력을 심기 위한 노력을 때로는 관권을 동원해 시도했고, 남인들은 강력한 결속력을 동원해 이에 맞서 왔다. 전국적 차원에서 명성을 가진 천전파가 자신의 풍수를 북돋우기 위해 만들고 절대적으로 보호해 온 개호송을 베어 내게 한 것은 당시 노론의 대 남인 압박을 표현하는 안동부사의 의도적인 조치였을 것이다. 국가를 대신하는 부사가 역시 국가를 대행하는 기관인 관아의 보수를 이유로 요구할 때 이를 거역할 수는 없는 것이다. 그런데 이듬해인 영조 33년에는 마을사람 중에서 나무를 베어 팔아치운 일이 벌어졌다.

이렇게 되자 의성김씨들은 거족적으로 들고일어나게 되었다. 그들은 이 사태를 관리의 허술함이라 진단하고, 그렇게 된 것은 그것을 마을 소유로 한 데 원인이 있다고 인식하게 되었다. 따라서 개호송이 내앞에 있다 하더라도 내앞이라는 마을의 소유물(洞物)이 아니라 의성김씨 문중의 사유물이라는 것과 의성김씨라도 내앞에 있는 사람뿐 아니라 천전파 모두를 포함하는 종중의 재물이라는 점을 강조하게 되었다. 즉 내앞의 종가나 지파가 임의로 처리할 수 있는 권리를 인정하지 않고 모든 자손이 공동으로 권리를 가지면서 동시에 지켜야 할 의무가 있음을 천명하고 이를 다시 문중에 완전히 귀속시킨다는 것을 결정했다. 그래서 이전에 작성했던 동중추완의(洞中追完議)를 대신해 마을의 경계를 넘어 전체 문중의 완의문(완의 5: 開湖禁松完議)이 정축년(1757) 2월에 작성되었다. 완의문은 다음과 같은 내용을 담고 있다.

즉 개호송의 역사는 천전파 종족의 시작과 함께 하는 유서 깊은 것이다. 그것은 통례랑(만근)이 마을의 기반을 잡으면서 바로 소나무를 심어 풍수가 공허함을 보충했던 것이므로, 자손이 이 소나무를 애호해야 할 도리는 단순히 고향의 것을 아끼는 정도가 아니다. 선조 38년(1605)에 홍수로 원래의 개호송이 크게 훼손되자 운천공(용)이 나서서 본격적으로 보수하고 이를 절대적으로 보호할 것을 당부하는 서문을 담은 완의문을 만들었으니 조상의 명령을 받드는 것은 당연하다. 더욱이 소나무가 없으면 천전(川前)이 없어지는 것은 필연적이며, 천전은 종가와 제사가 있는 곳이므로 천전파의 종족원이라면 누구를 막론하고 이를 지킬 의무가 있다.

그런데 몇백 년 동안 천전파 종족의 사회적 운명을 보호해 오던 개호송을 사람들이 상당히 훼손시켰다. 이에 대해 내앞 외의 다른 곳에 흩어져 사는 모든 종족원들은 애통해하고 또한 앞으로도 그런 일이 일어날 것을 두려워하게 되었다.

일부에서는 가난과 세태를 탓하지만, 결국 이것은 천전동에 관리권을 맡긴 데 문제가 있음이니, 이제는 전체 문중의 공동소유로서 관리도 공동으로 해야 한다. 동네 것이라고 여기니까 동네사람들이 각각 권리를 행사해도 좋다는 식으로 대하는 것이다.

애초에는 천전마을의 풍수를 돋우기 위한 것이고 천전에 자리잡은 청계의 장남과 차남이 중심이었으므로 동네의 것으로 했다. 그러나 세월이 지나면서 사람들이 도리를 지키지 않고, 심지어 종들까지 여기에 대해 같은 동민으로서 권리를 행사하고 싶어하게 되었으니 폐단이 나오게 되는 것은 당연하다는 진단이다. 그리하여 선조가 만든 규칙을 굳게 지키다가 앉아서 오래된 물건을 날로 없어지게 하기보다는, 조금 변통해 선조가 애써 심은 뜻을 지켜야 한다. 사람들은 이 소나무 숲을 소백(召伯)의 감당나무10)나 공명(孔明)의 잣나무 숲11)에 비유하지만 지금에는 오히려 헐후어(歇後語: 말이 흐지부지 되었다는 뜻)가 되었으며, 우리에게는 평천석목(平泉木石)12)일 뿐이라고 한탄하고 있다.

---

10) 주나라 소백이 남쪽 나라를 순찰할 때 어진 정치를 베풀며 감당나무 아래에서 잤는데 그 곳 백성들이 감사히 여겨 그 나무를 아끼고 찬양해 노래했다(詩經 召南 甘棠).
11) 촉의 재상 제갈공명의 사당 근처에 있는 잣나무 숲. 공명의 사당은 金官城(四川 城都) 밖 잣나무가 빽빽한 곳에 있다. (杜詩 蜀相)
12) 당나라 李德裕가 平泉莊이라는 별장을 지었는데 초목이 아름다웠다. 이에 대해 葉夢得의 平泉草木記跋이 있다.

완의 5 : 개호금송완의.

이에 천전파 종족이 아닌 다른 사람은 절대로 티끌만이라도 간여할 수 없음을 못 박고 소나무를 보호할 책임은 오직 의성 김씨 천전파에게만 있으며 천전 마을에 맡길 수 없음을 단호하게 결의한다. 또한 이미 종중제사를 중시했으니 본 마을의 자손에게만 전적으로 맡길 수 없고, 원근의 각 파에서도 일체로 힘을 써야 일이 소중해지고 도리가 당연해질 것이라고 생각하게 되었다. 이에 자리를 함께 해 상의하고 완문을 작성한다. 완의문에 이어 개호송을 보호하고 벌목을 금지하는 규정을 조목조목 설정했다. 즉

一. 작년에 이 소나무를 팔아 조적으로 들이고 쓸어 버린 듯한 지경으로 만든 것은 본 동네에서 애쓰지 않았기 때문이라는 이유를 부정할 수 없을 것이다. 그러므로 금후 이를 지키는 도리는 본 동네에 맡길 수 없어 다른 마을의 자손들도 함께 수호한다.

一. 본 마을의 자손 중에서 성실하

고 능력 있는 사람 두 명을 유사(有司)로 정한다.
一. 다른 마을로 임하(臨河), 신당(新塘,) 망천(輞川), 지촌(芝村), 율리(栗里), 금계(金溪) 등의 곳에서는 각 한 명씩 유사를 정한다.
一. 관가에서 혹 재목을 요구하는 일이 있더라도 본 마을의 유사가 급히 다른 마을의 유사들에게 통고해 함께 쟁변할 일이다.
一. 본 마을과 다른 마을은 물론이고 유사가 수호하는 일에 부지런하지 않으면 온 집안이 모여 벌을 논할 것이다.
一. 본 동네가 비록 요긴하게 쓸 일이 있더라도 이 소나무는 베어서는 안 된다. 심지어 바람과 홍수에 쓰러진 나무일지라도 제멋대로 사용할 수 없으며 모든 것은 금송유사(禁松有司)에게 맡길 일이다.
一. 금후로는 세월이 지나 오래되더라도 자손과 외손 중에서 혹은 개인적으로 소나무를 베어 낸 사람이 생기거나 본 동네의 다른 성씨의 사람이 그럴 마음을 품는 자가 생기면 원근의 자손들이 모두 함께 관청에 고소해 징계해 다스릴 것이다.
一. 각 마을의 유사가 본 동네에 모여 회의를 할 때 아침과 저녁에 비용이 나올 곳이 없으니, 분포동(汾浦洞) 밭 20마지기를 유사에게 맡겨 내주고 쓰게 하되 별다른 연고가 없을 때에는 절대로 왕래하며 비용을 소모하지 말게 할 것이다.
一. 가을철에는 소나무가 요긴해지며 (사람 사는 곳에서) 가까운 곳에 있기 때문에 물이 불어날 때에는 항상 훔쳐 베어 갈 우려가 크다. 가을철에는 마을 장정 두 명을 차출해 특별히 일을 보게 할 것이다.

이 완의문은 좌목에 김명석, 김백흠, 김세상, 김성흠, 김운한, 김몽원, 김서하, 김우한, 김낙행, 김주국, 김정한, 김상열, 김단 등 청계의 다섯 아들의 자손이 나이순으로 99명이 참가했고, 정축년 금송유사로 김서하 등 9명이 각 지파와 중요 집거지를 대표해서 선출되었다.

이러한 일을 통해 문중의 지파들은 대동단결해 공동운명체적 연대를 강화했다. 풍수지리설에 따라 조상의 묏자리나 집터, 주위 경관이 모두 문중 전체의 복리를 위해 고안되고 결정되었던 것이다.

여기서 주목되는 흥미로운 점은 김씨 동네에서 종들도 동네의 구성원으로 자각하고 있고 동네에 관한 역할과 권리를 어느 정도 요구하는 경향을 보이고 있다는 점이다. 청계가 살았을 때에 비해 자손도 번성했고 그만큼 종족이 아닌 다른 사람의 숫자도 증가했을 것이다. 이에 따라 자연히 의성김씨 종족들만으로 형성되던 종족공동체적 결속이 경우에 따라서는 위협을 받는 순간도 있게 된 것이다. 지방사족이 그들의 위세와 신분적 특권을 행사하고 문화적 우월성을 강화하는 한편에서는 비양반 혹은 비종족의 마을사회 구성원들의 도전이나 저항도 비례적으로 나타날 수도 있는 것이다. 따라서 이번 개호금송 완의는 관권에 대한 향권의 저항이고 노론의 위협에 대한 남인의 결속이며 동시에 비문중원의 도전에 대응한 문중공동체 확립을 위한 결속의 전략적 행위인 것이다.

7) 학업연마의 다짐

사족은 언제나 학문을 닦으며 예와 윤리의 실천에서 모범이 되도록 힘써야 한다. 이를 위해 어릴 때부터 교육이 주어지고 종족들 사이에 이를 다짐하는 약속을 했다. 당약(당약 1)이 그 일면을 보여준다. 즉 학봉의 주손인 서산(西山) 김흥락(金興洛)이 종반의 아우 계락(啓洛)과 형락(亨洛)과 함께 약조를 했다. 같은 할아버지의 자손이란 점에서 한 마루에서 한 약속이라는 뜻으로 당약(堂約)이라 했다. 그들은 학문을 연마하고 지켜야 할 도리를 써서 이를 익히고 행할 것, 매월 초하루와 보름에 사당에 참배하고 집안의 예와 법도를 실천한 행동을 반성하고 서로 평가하며, 학문을 닦는 선비의 도로 매진할 것을 약속한 것이다. 예와 학문을 닦는데 게을리 하면 결국은 조상을 욕보이고 집안을 망치는 패륜을 범하게 된다고 경계를 강조했다. 서산은 이후 퇴계학파의 마지막 유종(儒宗)이며 영남의 거유가 되었다.

학봉사당. 불천위인 학봉의 신위와 서산의 신주가 봉안되어 있다.

8) 문집간행

앞서 언급했듯이 문중의 명망을 높이고 타 문중과의 엘리트 문화공동체에 속하기 위해 문집의 간행은 중요한 일이며, 이는 동시에 문중의 내적 결속을 도모하고 힘을 과시하는 일이기도 하다. 그러므로 이를 위해서는 문중회의를 거쳐 결집력을 가지고 진행할 것을 다짐해야 한다. 기미년 음력 9월, 즉 정조 23년(1799)에 작성된 약봉(藥峯)의 5대손인 제산(霽山) 김성탁(金聖鐸)의 문집발간을 위한 완의(완의 8)에서는 아주 상세한 준비를 하고 있다.

앞에서 언급한 대로 영조와 정조대에는 탕평책에도 불구하고 노론과 소론 및 남인 사이에 알력과 경쟁이 끊임없이 진행되었는데, 대부분은 노론이 우세한 형국에 소론이 남인과의 연계를 통해 이에 대응했다. 남인은 대체로 불리한 입장에 있었다. 관권의 확립과 확장을 추구하던 정조는 사림들의 발호를 억제했으므로 향권은 관권으로 많이 이전되었으

제산집(霽山集).

며 사림의 세력과 분위기는 위축되고 침체되었다. 제산은 귀양살이 끝에 배소에서 죽었으나 노론의 득세하에서는 그의 학문을 논하거나 입장을 살리는 일은 금기였다.

정조는 그후 남인인 채제공을 우의정으로 삼고 남인을 복직시키고 등용했으며, 사림을 격려하기 위해 16년(1792)에는 옥산서원과 도산서원에 영남봉명각신(嶺南奉命閣臣) 이만수를 보내 치제(致祭)를 했고 도산서원에서 별시를 치르게 했다. 이때 별시에 참가한 영남의 유생은 총 7,228명이었으며 심사에 제출된 시권은 3,632장이었다. 국왕은 친히 그 중에서 강세백, 김희락 등을 합격시켰는데 희락은 천전파 자손이다. 이로써 침체되었던 의성김씨 문중의 분위기가 오랜만에 일신했다. 정조 19년(1795)에는 김성탁의 관작이 드디어 복권되었고 안동유림의 공의로 불천위가 되었다. 정조 22년에는 왕명으로 영남인물고(嶺南人物考)를 편찬케 했는데 채제공의 주재하에 영남출신 초계문신(抄啓文臣) 김희락, 김희주 등이 참여했다.13) 이러한 일련의 봄바람에 부응해 의성김문에서는 전에 제산

---

13) 김희주(金熙周, 1760~1830)는 의성김씨 시동의 아들로서 호는 갈천(葛川)이며 이상정의 문인이다. 1795년에 문과 급제하고 우승지, 대사간, 함길도 관찰사를 역임했다. 김희락(金熙洛, 1761~1803)은 의성김씨 두동의 아들로서 호는 고식헌(故寔軒)이며

『霽山集』 목판.

의 문집을 간행하기로 하여 여러 문중과 서원으로부터 적극적인 반응을 얻어 놓고도 몇 년간 실행되지 못한 채 있었던 것을 다시 시작하기로 한 것이다. 그래서 이번에 문집을 간행케 되었는데, 이를 진행하기 위해 기금을 모으고 관리하는 데 필요한 사항을 항목별로 결정한 것이다.

문집을 간행하는 일은 간단치가 않다. 우선 유림의 공론에 붙여 찬동을 얻어야 한다. 저자의 학문적 성과에 대한 평가와 문집에 실릴 글 내용의 적합성, 해당 인물이 남긴 글은 여기저기 있으므로 완벽하게 수집해야 하고, 제자나 문중에서 학문하는 사람들이 동원되어 분류와 교정작업을 해야 한다. 타지의 서원이든 개인에게 보낸 편지든 사림에 보낸 문장이나 국왕에게 올린 글이든 모두 모아야 한다. 이 과정에서 반대나 비판 혹은 비난이 그와 반대되는 개인이나 문중 혹은 서원 등에서 나올 수도 있다. 즉 문집에 실릴 글의 적합성, 학문적 타당성, 그리고 그러한 문집을 내는 사

이상정의 문인이다. 1792년 사마시에 합격하고 몇 달 뒤 도산별시에서 장원했다. 1794년에 규장각 초계문신으로 선발되어 1800년 사이에 삼조의 낭관과 사헌부 지평, 사간원 정언을 역임하면서 동시에 춘추관 기사관을 겸했다. 영남인물고는 정조의 그 이듬해 병환으로 완성되지 못했다. 정조 23년에 채제공이 죽고 정조 역시 그 다음해에 승하했다.

업 자체의 정당성 등이 사림의 공의를 통해 인정되어야 한다.

  문집간행에는 또한 전문학자들이 초빙되어 꼼꼼하게 검토하고 편집하며 목판본을 만들 기술자를 고용해야 하고 이들에게 작업장과 거처할 곳과 식사를 제공해야 하고 보수도 줘야 한다. 주로 관청에 소속된 각수(刻手)들이 참가하게 되는데, 이를 위해서는 관아의 수령에게 허가를 얻어 내야 한다. 목판의 재료가 되는 나무도 그 재질을 골라 충당해야 하는데, 어디의 어떤 나무가 좋은지 알아내고 그것을 매입하는 일도 중요하다.

  뿐만 아니라 일의 진행과정에는 참조와 교정을 위해 여기저기를 접촉하고 방문해야 한다. 그리고 작업을 감독·관리하는 인원도 필요하다. 이를 위해 문중의 많은 인원이 친손·외손들과 함께 동원되는데, 모두 지역적으로 흩어져 살고 있으므로 교통편과 숙식문제를 생각하면 실제로 일을 수행한다는 것이 여간 어려운 일이 아니다.

  동시에 재정적 지원책이 확보되어야 한다. 간행작업은 복잡한 절차와 장기간의 기술적인 단계가 필요하므로 이를 감당할 재력이 마련되어야 하는 것이다. 많은 경우 이는 문중의 각 파에서 출연(出捐)을 한다. 문집이 간행되지 못하는 것은 이러한 경제적 이유도 크다. 따라서 몇 년의 기간을 설정해 기금을 조성하는 일부터 하게 되는데, 문중회의에서 기금 모으는 일을 상세하고 구체적으로 의논하게 마련이다.

  완의문의 내용은 그의 문집이 간행되지 않고 있는 것은 유림의 수치라 하고, 지난번 재산의 불천위 설정시에 모인 사림들이 공의를 냈고 이제 호계서원에서는 금양문집 간행소를 설치했으며 사빈서원에서도 마땅히 그에 따라 할 것이니, 지금 제향을 올리는 날에 상의해서 결정한 절목들을 기록한 것이다. 즉

  1) 가을부터는 거접(접소에 사람이 먹고 자고 일하는 것)을 당분간 정지하고 대신 접소의 곡물은 모두 문집 간행소에 부친다.
  2) 접소의 유사 두 사람이 추수를 관장해 몇 년 동안 관리하게 되는데, 수익이 많아지면 출납과 경영이 쉽지 않을 것이다. 수익을 거두고 빌려주고

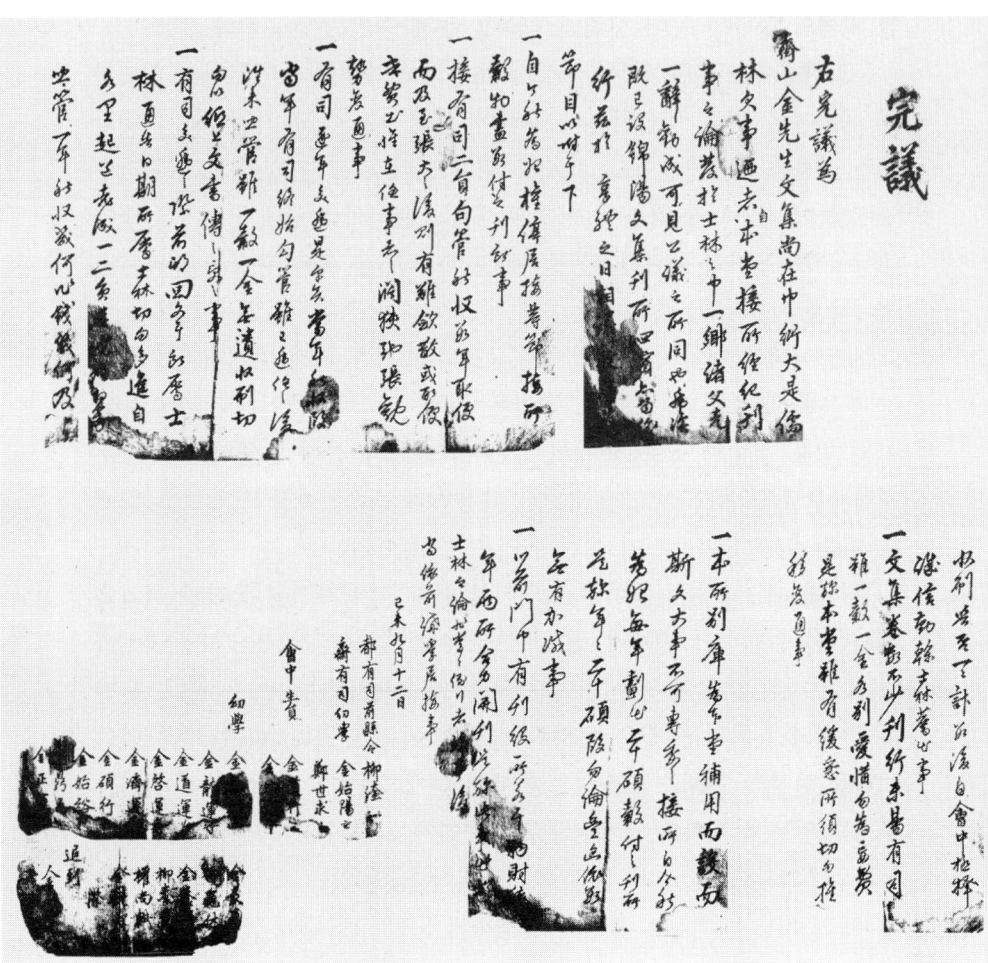

완의 8. 『제산문집』 간행을 위한 완의문.

지출하고 경영하는 다양한 일을 함에 있어 오직 담당자가 주도하는 계획의 규모와 일처리의 속도 및 기간의 장단 등이 중요하니, 형세에 따라 융통성 있게 대응해야 할 것이다.

3) 유사가 해마다 교체되지만 그 해 추수는 그 해의 유사가 처음부터 끝까지 담당해서 비록 임무가 갈린 뒤라도 접소에 오가면서 회계 일을 대조해서 보되 비록 곡식 한 알 돈 한 푼이라도 빠짐없이 거둬들여 결코 종이문서만으로 인수인계하지 말 것이다.

4) 유사가 교체될 즈음에는 그 시기에 앞서 간행사업에 참가하는 모든 사람들에게 회문(통문을 돌림)해 교체날짜를 알려주어야 한다. 참여자는 (비용절감을 위해) 반드시 많이 참석할 필요는 없고 다만 각 마을에서 원로(老成)) 한두 명만 보내면 된다.…… 곡식비용을 1년을 관리해서 추수한 것은 얼마이고 작전한 것(곡식을 팔아서 만든 돈)은 얼마이며 세를 거둔 것은 얼마인지를 낱낱이 셈해 본 후에 회중(모임)에서 성실하고 신의 있고 금염한 사람을 극택하여(잘 골라서) 유사로 추천한다.
5) 문집의 권수가 적지 않아 간행이 쉽지 않다. 담당자가 곡식 한 알 돈 한 푼이라도 각별히 아껴서 헛되이 쓰지 말 것이며, 본당에 비록 급히 쓸 일이 있다 하더라도 필요한 수요는 절대로 형편이 변한다고 변통해 주지 말 것.
6) 본 간행소가 별도로 마련한 창고는 본당에 보충해서 쓰기 위해서 설립한 것인데, 이 사문의 큰일에 접소에만 전담시킬 수 없으니 금년 가을부터 시작해서 매년 20석 곡식을 베어내 간행소에 줄 것이며, 매년 20석은 풍년 흉년을 따지지 말고 수에 따를 것이고 가감하지 말 것.
7) 내앞 문중의 간역소에 약간의 재물이 있는데 간역소 두 곳에서 합력해서 개간하도록 할 것이며…… 이 간행하는 일은 사람의 논의에서 나온 것이니 이 일은 보통의 예대로 행할 일이 아니다. 문집간행이 다 끝난 뒤에는 마땅히 전례대로 자손들에게 글을 가르치며 먹고 자고 하면서 거기서 강학을 할 것이다.

도유사는 전현령 류규(1730~1808)이니, 그는 하회 류운룡의 현손으로서 번암 채제공의 천거로 경산현감을 지냈다. 제유사는 김시양과 정세구인데, 정세구는 한강 정구의 자손이다. 회중으로 생원 김도행 등 2명과 유학 김용운, 도운, 계운 등 16명의 김씨와 함께 권상식과 류춘이 참가하고 있다. 이들은 모두 김성탁과 또는 천전의 김문과 일정한 관계를 가진 사람이다. 혼인으로서 외손일 것이다.

병호시비로 인해 하회의 류씨문중과 천전의 김씨문중 사이에는 서먹한 감정이 있었지만, 그것은 병호시비에 관한 것이고 이를 떠나서는 모두 퇴계의 제자이자 안동 남인유림의 동료인 것이다. 그러므로 하회의 류규가 도유사가 된 것은 성탁의 학문과 문장의 뛰어남을 상징하는 처

사라 볼 것이다. 또한 이인좌의 난이 발생했을 때 김성탁과 하회의 류몽서와 류영 등이 힘을 합쳐 창의(唱義)를 주도했는데, 류규는 류영의 조카이다. 문집간행은 집안의 사사로운 일이 아니라 문중 경계를 넘어 보다 큰 학문공동체를 위한 연망을 확인하고 설정하는 기능도 하는 것이다.

9) 편안하지만은 않은 양반

1802년(순조 2년) 9월 작성된 완의문 3은 특이하게도 지방의 아전(청송부의 서리)들이 작성한 것으로, 지방에서 사족과 향리의 권력관계의 일면을 보여준다. 내용은 청송관아의 향리들이 표은 김시온(1598~1669)의 묘소에 딸린 나무를 보호하고 묘에 딸린 재산에 대해서는 조세를 징수하지 않기로 결의한 것이다. 왜 이런 약속을 그들이 하고 굳이 문서로 작성해 남기게 되었을까?

이 완의가 작성되기까지의 과정은 사족과 향리, 그리고 고을 수령과 백성 사이에 지배와 동시에 알력관계가 있었음을 보여준다. 즉 표은의 묘소가 청송부의 마평(馬坪)에 있는데, 정조 12년 10월에 그의 5대손과 6대손이 성묘를 가서 본즉 누군가 묘소 아래 있던 백년 이상 된 큰 소나무 100여 그루를 베어 버리고 밭을 일구어 놓았다. 문중에서는 즉각 청송부에 소를 올렸다. 그런데 안동 일대에서 명망이 높은 양반의 묘를 인근 동네의 농민들이 훼손했음에도 불구하고 주동자 처벌이 확고하게 실행되지 않은 채 지연되고 있었다. 처음에 부사는 형방에 명해 주동자를 잡아들이라고 했으나, 주동자들이 차일피일 피했고 배상금도 지불하지 않은 채 버텨 오고 있었다. 그들은 핑계를 대 관의 판결을 이행하지 않고, 나아가서는 표은 문중에 대해 거센 저항까지 했다. 정조 13년에 청송부사는 거듭된 의성김씨 문중의 처벌요구에 대해 주민의 반발 염려를 내세워 미온적 입장을 취했으며, 순조 12년(1812)에는 오히려 청송부사가 전각을 수리한다는 명목으로 좋은 소나무 20여 그루를 베었다. 결국 김씨문중에서는 국가가 필요로 해 소나무를 베어 간 것은 당연하지만, 이

완의 3. 표은 김시온의 묘에 딸린 소나무 숲 보호를 보장하는 청송부 향리의 완의문.

것이 빌미가 되어 누구든지 사사로이 소나무를 해칠 가능성이 있을 것이므로, 이를 엄금하는 결정을 내려 지역주민들과의 완의문을 작성해 보장해 줄 것을 요구해 부사가 이를 수락하는 것으로, 이로써 25년에 걸친 송사가 완결되었다(자세한 내용은 박병호 교수의 제8장 소지분석을 참조할 것).

이러한 긴 세월을 통해 여러 번의 송사가 되풀이되어 진행되는 도중인 순조 2년(1802)에 청송부의 아전들이 완의문을 작성한 것이다. 부사란 중앙에서 파견되며 임기도 1년 정도에 지나지 않아, 실제 현지사정에 밝을 수도 없으며 지속적이고 일관성 있게 일을 감독할 수가 없다. 따라서 자연히 세습적으로 지방의 실권을 장악하는 아전에 의존할 수밖에 없었을 것이다. 이때 소나무를 벤 당사자들은 아전들과 특별한 사이였을 것으로 짐작된다. 그렇기 때문에 명분상 그들에게 벌을 주는 것이 당연함에도 그 실행에는 아전들이 농간을 했던 것으로 보인다. 완의문이 작성된 것은 당시의 부사가 개인적으로 아전들을 장악한 인물이었거나, 남인에 대해 호의를 가진 소론이나 노론계통이지만 같은 양반에 대한 동류의식에서 호의를 베푼 사람이었기 때문인지도 모른다. 혹은 순조조에 들어 중앙정국이 바뀌어 새로 부임한 부사가 남인계 인물로서 같은 남인인 김씨에 관한 이 문제를 적극적으로 해결했거나, 아니면 청송부의 향리들이 의성김씨들과 타협해야 할 필요성을 느꼈을 수도 있다.

어쨌든 이를 통해 당시 향리들의 권세를 짐작할 수 있다. 즉 지방사회의 내적 역동성은 사족과 향리집단 사이의 경쟁과 타협의 과정에서 실천되고 있었음을 볼 수 있다. 완의문을 자세히 고찰하면 당연히 표은과 같은 훌륭한 인물의 묘소는 잘 보호하고 그에 딸린 재산에 대해서는 면세해야 하는 것이며, 그렇게 한다는 점을 명기해 향리의 집무실인 질청(作廳)에 걸어 놓았지만 실행하기 어려웠다는 구절이 있다. 즉 향리들이 묘소 주위의 소나무를 베도록 관리를 하지 않았으며, 이 사건을 처리하는 일이 쉽지 않았음을 암시한다. 그리고 위토에 세금을 부과했으며 이로 인한 실랑이가 있었음도 암시한다. 그렇기 때문에 이후 또 다른 분규나 알력이 있을 것에 대비해 확실히 하고자, 두 부를 만들어 하나는 향리 집무실에 보관하고 또 하나는 표은의 재실에 보관해 만대에 이르도록 준수될 수 있도록 조처를 한 것이다. 완의에 참여한 인물은 청송부의 향리로서 호장(戶長)과 이방(吏房), 도창색(都倉色), 도서원(都書員)들이다. 향리는 조세징수를 결정하고 진행하며 신분적으로는 사족에 비해 낮지만 실질적인 권한이 있어 사족과 경쟁하며 아래로는 일반백성을 다스리는 세습적이고 전문적인 지방 행정관리다. 그러나 실제로 그들이 완의에서 명기한 사항을 제대로 이행했는지는 의문이다. 그 이후로도 이 문제를 가지고 의성김씨 문중의 송사가 계속되었기 때문이다.

또 하나 흥미를 끄는 것은 비록 의성김씨들이 안동부 관할지역에서는 상당한 명망을 누리는 존재였을지라도 다른 행정관할 구역에서는 그대로 통용이 되지 않는다는 점이다. 소위 텃세와 지역마다의 관행이 있었으며 지방마다 나름의 권력구조가 있었던 것이다. 의성김씨들은 안동을 비롯해 청송, 영양, 영덕, 영해 등의 소위 강동지방의 사족들과 학맥·혼맥으로 연결되었다. 청송의 송학서원은 의성김씨들의 일에 적극적인 지지세력의 하나로 행세했다. 또한 청계의 처가인 민씨와 고모부인 권씨들이 청송에 자리를 잡았으며 청계의 고조부 영명의 처가도 청송이다. 청계의 아우 정(珽)도 청송에 터를 잡았다. 시온의 묘소가 청송의 남산에 자리잡은 것도 집안배경과 관계가 깊다.

그럼에도 불구하고 청송에는 노론세력도 존재하고 있었다. 의성김씨들은 청송은 청송심씨 왕비를 배출한 것 외에는 뚜렷한 학자나 명망 있는 사족이 없어 자연히 교유가 없었다고 한다. 그러나 역사를 거슬러올라가면 남인과 노론의 원류인 서인과 동인의 갈라짐에서 청송심씨와 의성김씨의 경쟁적 관계를 상상할 수 있다. 또한 퇴계는 청송부에 속하는 진성에서 나왔으며 진성에는 진성이씨 아전이 있었다. 퇴계 집안은 이미 국가차원에서 인정받는 명문사족으로서 이들 진성에 남아 향리가 된 씨족과의 교류는 특별한 경우가 아니면 흔치 않았을 것이고,14) 자연히 퇴계의 문하생이며 혼인관계로 맺어진 명문사족인 의성김씨들과 청송부의 실질적인 권력을 행사하는 향리집단과의 관계는 반드시 원만한 것은 아니었고, 신분적 차이를 넘어서는 비공식적 접촉과 중개의 기제가 충분하게 마련되어 있지 않았을 것이다.

이 완의문에서는 사족과의 신분관계에 대한 향리들의 의식이 내비치고 있다는 점이 주목된다. 즉 비록 자신들이 사족에 비해 신분상 미천하나 따지고 보면 사족과 더불어 역시 의관지족(衣冠之族)이라는 것과, 그래서 서로 존중해야 하는 사이라는 것을 말하고 있다. 그리고 표은의 위토에 대한 조세징수를 하지 않겠다는 것과 묘의 소나무를 관권으로 보호하겠다는 점을 밝힘으로써 그들이 행정의 실세임을 표현하고 있다.

무엇보다 이 시기에는 노론의 우세 속에서 남인의 입지가 약한 관계로 노론에 기울인 부사의 입김이나 혹은 노론 집안과 줄을 닿고 있는 향

---

14) 그렇다고 해서 이들 향리와 사족으로 '출세한' 문중 사이에 아무런 관계가 없는 것은 아니었다. 비공식적인 접촉과, 경우에 따라서는 후견인·의뢰인의 관계도 실현되었다. 의성현의 진성이씨 출신 향리가 현령에게 벌을 받았을 때 도산서원의 진성이씨 측에서 조정에 접촉해 오히려 현령이 다른 지역으로 전출되는 일도 있었던 것이다. 동일 씨족 안에서 향리와 사족의 관계에 대해서는 이수건 1981; 이훈상 1990; 김광억 1994 등을 참조할 것.

리들의 행정이 영향을 미쳤을 것이다. 동시에 이미 사족이 절대적인 권위와 권력을 더 이상 행사하지 못하게 된 저간의 사회적 변화를 감지해볼 수도 있다.

10) 도덕공동체로서의 마을연합

무엇보다 이 완의문은 한국사회에서는 촌락공동체보다 종족공동체가 우위임을 보여준다. 사족들은 대개 종족마을을 형성해 마을의 일이 곧 종족의 일이 되었다. 그런 마을에 살고 있는 소수의 타성 사람이란 노비이거나 하인이었고, 그렇지 않다 하더라도 수에서 열세였으며 사회적으로 불리한 위치에 있게 마련이었다. 그런데 종족의 분파가 지역적으로 분산해 나가면서 그들이 존재하는 지역은 그들 사이의 연망에 의해 하나의 생활권을 형성했던 것이다. 한 마을에 있는 종족원과 관계된 일에 대해 다른 마을의 종족 지도자들이 간여하는 것이 한국적 현실이었다. 이는 마을공동체적 성격이 강한 일본과는 아주 대조적이라고 하겠다.

마을의 경계를 넘어 공동체적인 일상세계를 형성하는 것은 지역에 산재한 종족분파들의 연합체를 구성하는 것이지만, 또한 각 지파가 자기가 존재하는 지역에서 중심이 되어 주위의 작은 타성 마을들을 엮어 자치적인 세계를 만드는 일도 해야 한다. 이때 이들을 묶는 동약(洞約)이 필요하다. 여기 마을이나 종족의 범주를 벗어나 여러 마을과 성씨들을 포함한 문서(완의 10)가15) 있다. 이는 향약(鄕約) 혹은 동약(洞約)의 일종으로 보인다. 이 완의에 참여한 사람들은 김시택(金始宅)16)을 필두로 하여 시업(始㸑), 시정, 시섭, 시인, 시옥, 복운, 시유, 시동, 시환, 진운, 시로,

---

15) 『고문서집성』에 기재된 [완의 9]와 [완의 10]은 같은 시기에 만들어졌고 내용도 따라서 동일한 것이다. 즉 두 부가 수집되어 있다. 다만 좌목 및 하좌목의 사람 이름에 기록하는 자에 따라 누락이 있어서인지 약간의 차이가 있다.
16) 芝村 金邦杰의 玄孫으로 영조 41년(1765)에 나서 정조 23년(1799)에 졸했다. 호는 남산옹이며 文詞에 능했다.

상운, 익운, 시회, 시견, 낙운, 일운, 진운, 범운 등 20명의 김씨와 이덕경, 성경, 종철, 종범, 명대 등 5명의 이씨가 상좌목(上座目)에 기입되어 있고, 그 아래 여러 촌에서 많은 사람들이 하좌목(下座目)에 연명했다. 즉

    知禮: 방삼돌, 박명태, 박명삼
    菊蘭: 이씨 15명, 김씨 1명, 안씨 3명, 최씨 1명. 합계 20명
    日落: 김씨 5명, 정씨 3명, 손씨 1명, 안씨 2명, 송씨 1명, 이씨 2명, 권씨 3명, 신씨 1명, 성씨 1명, 최씨 1명. 합계 20명
    葉仕: 김씨 20명, 강씨 2명, 권씨 1명, 서씨 1명, 심씨 1명, 이씨 1명, 박씨 1명. 합계 27명
    大谷: 박씨 1명, 김씨 4명, 권씨 2명, 최씨 1명. 합계 8명
    葉仕: 김씨 2명, 박씨 1명. 합계 3명
    甘洞: 김씨 1명
    大谷: 김씨 4명, 박씨 2명, 남씨 1명, 장씨 1명 등(9명)

여기서 먼저 김시택을 위시로 한 25명은 지역의 비공식적인 지도급 인사로서 동규(洞規)를 만든 사람들이고, 그 밑에 하좌목에 첨가해 서명한 사람들은 이 동약에 구속되는 자연촌락의 주민이라 생각된다. 참가하는 촌락은 지례를 중심으로 한 인근의 작은 마을이며 이름을 굳이 붙일 수 없는 몇몇 집거지는 기사라 하고, 후에 대곡의 김씨가 한 명 추가로 서명한 것이다. 이들 마을은 의성김씨 집거촌인 지례를 중심으로 하여 산재한 것이며, 이웃의 전주류씨 마을인 수곡과 박곡이 포함되지 않은 것은 이들 마을은 지례의 지휘(?)를 받지 않는 또 다른 자치적 단위였기 때문이다.

이 완의의 내용은 풍속교화에 관한 것으로 위반자의 처벌을 명시했다.

    一. 부모에 순종하지 않는 자는 안동부에 알려 죄를 다스리되, 그가 만약 애걸하고 죄를 청하면 태(笞) 50대, 속(贖) 무명 5필로 한다.
    一. 형제가 화목하지 않는 자는 형이 잘못하고 아우가 바르면 각각 태 30에 속 2필, 형이 바르고 아우가 잘못했으면 아우에게만 태 40에 속 3필이며,

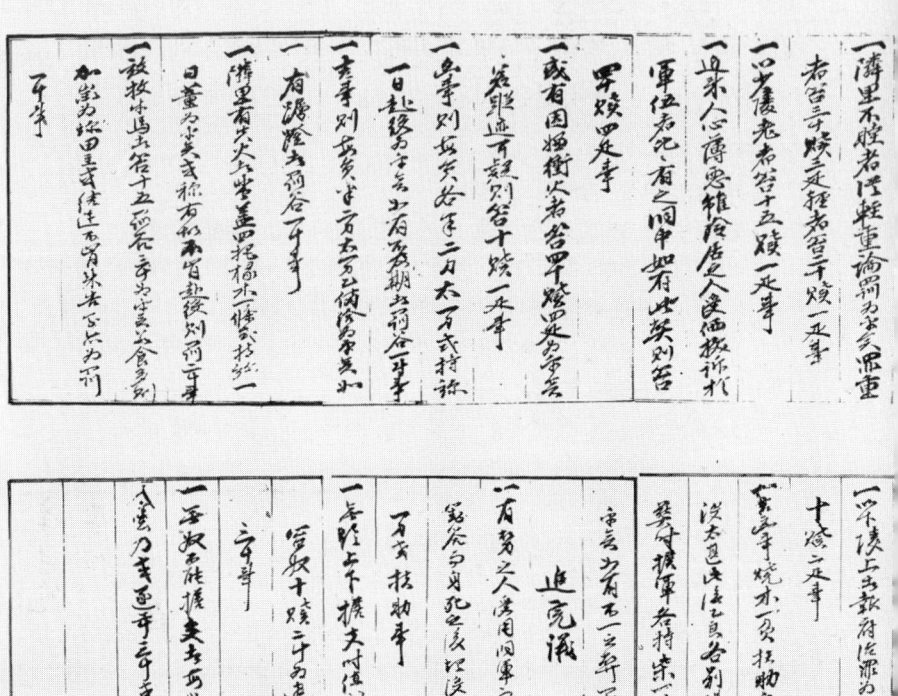

완의 10.

형제가 모두 바르지 않을 경우에는 형에게 태 20에 속 2필, 아우에게는 태 40에 속 2필로 한다.

一. 마을에서 화목하지 않은 자는 경중에 따라 벌을 논하되 죄가 중한 자는 태 30에 속 3필로 하고, 가벼운 자는 태 15에 속 1필로 한다.

一. 젊은이가 노인을 능멸한 자는 태 15에 속 1필로 한다.

一. 근래 인심이 야박하고 나빠져 비록 한 마을 안에 사는 사람이라도 말을 바꾸어 군오(軍伍)에 하소연하는 자, 즉 무고(誣告)하는 자가 종종 있다. 마을 안에 만일 이러한 폐단이 있으면 태 40에 속 4필로 한다.

一. 방화를 한 자는 태 40에 속 4필로 하고, 만약 종적이 의심스러우면 태 10

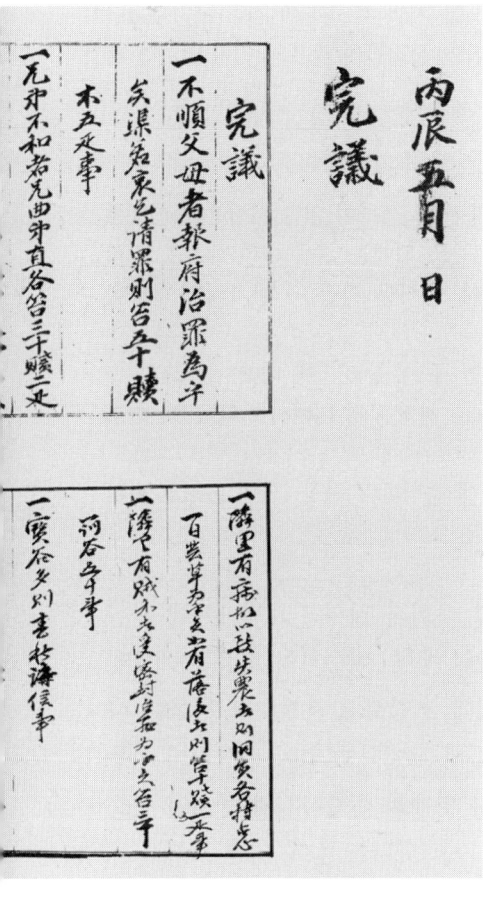

에 속 1필로 한다.
- 一. 흉사에는 매 원(員)마다 각각 쌀 2되(刀), 콩(太) 1되(刀)씩 지니고 부역을 하되, 만일 기일에 미치지 않는 자는 벌을 곡식(穀) 1말로 한다.
- 一. 길사에는 매 원마다 쌀 2되, 콩 1되를 갖추어 주되, 만일 그르치는 자는 벌을 곡식 1말로 할 일이다.
- 一. 마을에 화재를 당한 자에 대해서는 이엉 4발과 서까래 1개씩을 가지고 1일 부역을 하되, 혹은 다른 핑계를 대 기꺼이 부역하지 않으면 벌로 곡식 2말을 내야 한다.
- 一. 소와 말을 방목한 자는 태 15에 벌로 곡식 3말을 하되, 만일 소나 말이 먹어치운 것이 많으면 징계를 더 하며, 농지 주인이 혹 결탁해 제때 와서 고하지 않으면 또한 벌로 1말을 내야 한다.
- 一. 마을에 병이 있어 농사를 그르친 자에 대해서는 동원(洞員)이 각자 점심을 준비해 하루 김을 매 주되, 만일 뒤로 빠지는 자가 있으면 태 10에 속 1필로 한다.
- 一. 마을에 나무를 훔친 자가 있으면 밀봉(密封)해 치죄하는데, 태 30에 벌로 곡식 5말을 한다.
- 一. 보(寶: 단체, 재단)의 곡식이 많으면 봄·가을로 신의를 강론한다.
- 一. 유사는 1년 단위로 교체하되, 만일 그가 곡식 1말이라도 바치지 못하면 벌을 논한 뒤에 교체를 허락할 일이다.
- 一. 아랫사람으로서 윗사람을 능멸한 자는 안동부에 고해 죄를 다스리되, 만약 애걸하면 태 30에 속 2필로 한다.
- 一. 길흉사에 땔감으로 쓸 나무 한 짐을 부조하는 것은 스스로 온후한 인정을 표현하는 것이다. 그러나 근래에는 인심이 매몰됨이 매우 심하니 이

뒤로는 각별히 유념하되, 하인이 장사를 지낼 때 짐꾼이 각각 땔나무 1단과 횃불 1자루를 준비해 부역하되, 만일 한결같지 않은 폐단이 있으면 태 10에 속으로 곡식 1말로 다스린다.

추완의
一. 세력이 있는 자는 동군(洞軍)을 받아 쓰나 세력이 없는 사람은 종신토록 요구나 명령에 따르기만 하고 몸이 죽은 뒤에는 그에 대한 대가도 받지 못하는 인정상 매몰됨이 너무 심하니, 장사를 지낼 때 쌀 1되씩 부조할 일이다.
一. 상하를 막론하고 지고 올 때 값을 안 주면, 상좌[17]에 대해서는 그의 종에게 태 10에 속으로 곡식 2말을 하고, 하좌[18]에 대해서는 태 15에 속으로 곡식 3말을 벌준다.
一. 종이 없어 지고 올 수 없는 사람은 매 순번마다 곡식 1말씩 속으로 바치거나 혹은 해마다 3말씩 속을 바친다.

내용은 일상생활 차원에서 지켜야 할 사회적 질서와 도덕체계에 관한 것이다. 부모에 대한 효순(孝順), 형제간의 우애, 이웃과의 화목을 깨뜨린 자에 대한 처벌이 있으며, 사람들 사이에 모함하고 분쟁하고 방화한 사건에 대한 처벌도 강조된다. 특히 관(官)에 고발하는 일이 심심찮게 이루어지고 있음을 알 수 있다. 이는 마을의 명예를 실추시킴과 동시에 사소한 일 때문에 관의 행정력 소모가 심해지고 있다는 점에 대한 조처로 보인다. 또한 방화사건도 더러 생기는 것 같다. 흥미로운 점은 무변(誣辨)과 같이 마을의 전체적인 명예를 더럽히거나 마을 전체에 해를 끼치는 행위와 신분적 차별제도를 훼손시키는 행위에 대해서는 안동부에 고해 국가의 법도로 엄히 다스릴 것을 정하고 있다. 이는 동약을 통해 사회체제를 교육시키려는 의도와 관계가 있다고 본다. 또한 한 마을 사람들 사이의 상부상조를 감독하고, 길흉사에 서로 돕는 방법을 명시하며, 농사나 축산 같은 경제적 생산활동에 서로 도와주는 방안이 열거되어 있다.

---

17) 상좌목의 사람.
18) 하좌목에 기록된 사람.

마을기금을 마련해 도덕과 윤리에 관한 강론회를 개최한다는 소위 교화를 위한 교육프로그램도 생각하고 있다. 땔감채취로 인한 분규가 잦다는 것은 쉽게 상상할 수 있다. 남의 산림을 해친다든가 문중의 공동재산에 타 문중 사람이 허가 없이 땔감을 채취하는 일이 많았던 모양이다.

추완의에서는 지역사회에서 세력이 있는 자와 없는 자 사이에 생기는 이익상의 차이를 보상하는 조항이 있다. 예나 지금이나 세력이 없으면 억울하게 당하기만 하는 풍조가 있는 것이다. 부려먹을 종이 없는 가난한 사람과 집안에 그럴듯한 장정이 없는 늙은이의 가족이 마을에서 규정한 노력봉사를 감당할 수 없을 경우에는 대신 곡식으로 대납하는 방안도 제시된다.

이 동약이 작성된 것은 병인년이니 지촌파의 주손인 김시택이 34세를 일기로 죽은 사실로 미루어볼 때 유교전통이 부흥하는 정조 치하의 1796년이라 생각된다. 정조는 즉위 후 왕권을 강화해 나가는 과정에서 노론의 지속되는 집권에 대해 남인들을 등용함으로써 정치권의 지배력을 확립하고자 했다. 12년에 남인인 번암 채제공을 우의정에 등용하고 번암을 견인차로 삼아 남인은 세력을 신장하기 시작했다. 무신년 1주갑을 맞아 당시 창의로 공을 세운 자들을 포상했는데, 이에 따라 영양의 조덕린을 비롯해서 많은 영남유림이 신원되고 표창되었다. 정조 16년에는 도산서원에서 별시를 치렀으며 김희락은 여기서 장원을 해 오랜만에 침체되었던 문중의 분위기를 일신하였음은 앞에서 언급한 바와 같다. 또한 정조 19년에는 제산 김성탁의 관작이 복구되었고 20년(1796)에는 김희락을 비롯한 영남의 선비들이 대거 규장각에 등용되었으며 정조는 유학과 학문을 장려했다. 이런 분위기 속에서 이전의 향약과 동규를 다시 건설하는 시도가 이루어진 것이다. 이는 정조가 관권과 중앙정부의 지배력을 확장함에 따라 위축되었던 사림 주도의 전통적인 향권을 재건하는 의미를 지닌다. 여기서는 특히 마을공동체적 성격이 강조되고 있음을 볼 수 있다. 개인의 재산권을 공정하게 처리하고, 사회적 신분이나 경제적 지위의 불균등으로 인한 폐해를 상부상조 생활을 통해 극복하려는 것이다. 길흉사에 당사자 집에 경제적 폐를 끼치지 않고 각자가 음식을 준비해 가서 노력봉사를 해 주는 것도 주목할 만하다.

이 점에서 미루어볼 때 전통시대의 재지사족은 자신들의 종족결속이나 지위향상을 위해 문화를 세련화하고 문화공동체를 형성함은 물론, 신분이 다른 지역주민들에게도 모범을 보이고 윤리와 가치체계를 공유하게 함으로써 공동체적 생활세계를 만드는 데 노력했음을 알 수 있다. 즉 전통시대에 계급적 차이는 곧바로 착취와 저항을 낳는 것이 아니라 정신적인 세련됨과 공정성의 실천을 문화의 기반으로 삼았다고 하겠다.

3. 문서작성의 정치학

이상의 완의에 대한 분석은 안동 향촌사회에서 의성김씨들의 위상과 생존전략의 면모를 파악하게 해 준다. 의성김씨들이 인구의 크기로는 소수이지만 사족의 세계에서 일정한 지위를 가질 수 있었던 것은 사회적 명망과 문화적 우월성을 잘 가꾸었기 때문이다. 사회적 지위란 일단 학문을 닦고 서원에 출입하며 다른 양반사족들과 혼인망을 형성하고 그들과 일상적인 교류를 하는 것에서 유지되며, 나아가서는 대소의 과거시험에 합격자를 배출함으로써 확보되는 것이다. 그러나 그러한 것은 엄밀히 말해 자격을 갖추는 것을 의미하며 실제로 자기 위치를 지키는 부단한 노력이 없으면 안 된다. 문화적 우월성 역시 그것을 실천하지 않으면 인정받을 수 없는 것이다.

이를 위해서는 집단의 내부적 통합이 무엇보다 절실히 요구된다. 의례와 의식이 잘 지켜져야 하고 내부적 갈등과 알력은 적절하게 조절·통제되어야 한다. 종중재산 같은 물적 기반과 종손과 조상에 대한 관심 같은 이념적 기반은 지속적으로 세련화되고 절대적인 존중을 받아야 하는 것이다. 의성김씨들은 이러한 실질적인 장치를 개발하고 가꾸는 데 커다란 노력을 기울였다.

향촌사회는 단순히 국가권력 체계에 수동적으로 종속되어 있는 것은 아니다. 그 자체의 힘을 가지고 중앙정부와의 관계 속에서 자율성을 가지고 경쟁하고 타협했던 것이다. 의성김씨들은 이러한 역동적 과정에서 우세한 입장을 확보하기 위해 종족의 내적 결속을 다지는 데 힘을 쏟았다. 완의문은 그러한 종족공동체의 결속과 지역사회 단위에서 지배력을 확보하는 실질적인 기제였다.

그러나 완의가 자주 나오는 것은 역으로 생각하면 그만큼 문중에 분규의 소지가 많았다는 것을 짐작케 할 수도 있다. 문중 공동재산의 관리와 처리문제에 관한 완의가 많은 것은, 한편으로는 집안의 법도가 잡혀 있어 문중회의가 권위를 행사하고 있음을 보여주는 동시에 완의를 필요로 할 만큼 내적 갈등의 가능성이 항상 존재하고 있었다는 것을 말해 준다. 완의에는 곧잘 선조의 훌륭한 가르침이 오늘날에 와서 해이해졌다는 언급이나 사람들의 생각과 행실이 옛과 달라졌다는 탄식이 들어 있는 것도 그러한 시대에 따른 변화와 이에 문중이 공동적으로 대처하고 있다는 것을 암시한다.

어쨌든 공동체로서 문중의 결속력이나 명예가 훼손될 가능성을 막기 위해 끊임없이 모여서 논의하고 다짐하며, 경우에 따라서는 그 가능성을 예방하기 위해 공동명의의 약속을 작성했다는 것은 의성김씨들이 도덕과 윤리적 의식이 언제나 강했다는 것을 증명한다고 하겠다.

전통시대 사회에 대한 연구에서 완의가 지니는 중요성은 다음과 같다. 우선 완의는 회의의 결과다. 회의를 한다는 것은 공론을 만들고 공의를 끌어 내는 행위이며, 완의는 그 과정이 어떻든 결과적으로는 전원일치제를 행했다는 증거가 된다. 전원일치제는 경쟁의 현장에서 공동체로서 집단을 형성하고 지키는 가장 중요한 방법이다. 전원일치를 끌어 내기 위해서는 막후교섭의 시도가 여러 번 이루어지는 것이며 이는 전통시대 명분과 체면, 권위를 중시했던 사족들에게는 중요한 문화적 과정이라고 할 것이다.

완의는 글로 사안(事案)의 발단과 경과, 의의, 그리고 결정된 사항을 서술하는 것이다. 이는 하나의 기록이자 법적 증거물이 된다. 앞으로 생길지도 모를 법적 분쟁의 가능성에 대비해 합법성의 바탕을 마련함과 동시에 공동체의 와해 가능성을 차단하는 수단이 된다. 완의를 작성하는 것은 또한 모든 참여자가 스스로 증인이 되고 책임을 지는 행위이며 각자의 이름에 수결을 하는 것도 그러한 다짐이라 하겠다.

완의는 사안에 따른 하나의 전범(典範)을 만드는 것이다. 법전이 모든 사소한 일을 일일이 규정해 놓지 않은 만큼 완의는 절목(節目)이라 하여 구체적으로 조목조목 규정해 놓는다. 그것은 사적(私的)인 것이지만 공식적인 소송에서 가장 중요한 증거와 기준으로 작용한다. 즉 관습법을 만드는 한 행위인 것이다. 문중의 완의는 자손들을 교화하고 문화적 전통에 적응시키며, 대외적으로는 그 자체로 자신들의 문화적 우월성을 증명한다.

그러나 무엇보다 생각과 어떤 일을 문서화하는 것은 기록을 남김으로써 궁극적으로는 사적인 일을 역사화한다는 점에 의의가 있다. 자신의 이름을 기재하고 수결한다는 것은 중요한 문화적 정치행위인 것이다. 즉 문자사용의 정치학이라는 맥락에서 중요성을 이해할 수 있다.

부록(완의, 당약)

번역: 이충구

(출처: 古文書集成 六-義城金氏川上各派篇Ⅱ-, 1990, 韓國精神文化研究院
古文書集成 七-義城金氏川上各派篇(Ⅲ)-, 1990, 韓國精神文化研究院)

[完議 1] 古文書集成 六(Ⅱ): 61-66

[完議 3] 古文書集成 六(Ⅱ): 67

完議
　右完議事 故瓢隱先生衣履之藏 在府之東(鳳)山之陰 於休 先生之風 家傳而戶誦 山高而水長 百世之下 猶可廉頑夫敦薄夫矣 然則先生邱壟 爲今日圓冠方領者 孰
不仰止敬止 而況復遺風餘慶 子姓振振 爲念墓下邑 曲護深庇 不一而足 而不挾貴 不顧金 捐出數百財 付諸東西廳 以作永世講好之資 顧我吏胥 雖甚微劣 亦一衣冠中物也 寧不心悅誠服 思所以圖報其萬一也哉 至若邱木禁護之節 墓村蠲除之道 各自勉旃 永久恪遵之意 曾有所揭板廳楣 而第念言之非難 行之惟難 靡不有初 鮮克有終 嗟嗟後來 念玆在玆 毋食此言 則其將永有辭於千百載之下矣 玆成完議二張 一付本廳 一置齋室 俾圖常日銘佩之資云爾
　　　　　　　　　　　　　壬戌 九月 日　　戶長　尹在郁
　　　　　　　　　　　　　吏房　尹斗衡
　　　　　　　　　　　　　都倉色　朴長林
　　　　　　　　　　　　　都書員　朴貞涉

　　　<완의>
　　위는 완의의 일이다. 돌아가신 표은(瓢隱: 金是榲) 선생의 묘소(衣履之藏)가 안동부 동쪽 봉산(鳳山)의 북쪽에 있다. 아! 아름답다. 선생의 기풍은 집마다 전하고 가정마다 외우며 산이 높듯 물이 길듯 하니,1) 백세(百世) 이후에도 오히려 탐욕스러운 사나이를 청렴케 하고 야박한 사나이를 온후히 할 수 있겠다.2) 그렇다면 선생의 구롱(邱壟: 산소)은 오늘날 예의를 지키는 자

---

1) 산이…… 하니: 인품이 고상함을 말함. 원문 '山高而水長'은 후한(後漢) 엄광(嚴光)의 기풍을 찬양한 말임(范文正集 卷七 宋范仲淹撰 記桐廬郡嚴先生祠堂記 참조). 엄광은 젊었을 때 유수(劉秀: 후일의 光武皇帝)와 함께 공부했다. 광무황제가 즉위하고 엄광을 간의대부(諫議大夫)로 초빙했으나, 취임하지 않고 부춘산(富春山)에 은거해 농사 지으며 낚시했는데, 후인들은 그 낚시터를 엄릉뢰(嚴陵瀨)라 불렀다({後漢書} 113).
2) 탐욕스러운…… 있겠다: 원문 '可廉頑夫敦薄夫'는 {孟子} 萬章 下의 "백이의 기풍을

[圓冠方領者]는 누구인들 우러러 공경하지 않겠는가? 하물며 또한 끼쳐 주신 기풍과 많은 경사로움에 자손[子姓]이 많음에랴? 묘하(墓下)의 읍(邑)을 생각해 보건대 곡진히 보호하고 깊이 보살피니 다 들지 않아도 충분하다. 존귀를 내세우지 않고 돈을 돌아보지 않고 수백의 재물을 출연해 동서청(東西廳)에 기부해 영원히 우호를 강구하는 자료로 하게 했다. 돌아보건대 우리 아전들은 비록 매우 한미하고 졸렬하나, 역시 하나의 의관(衣冠) 속의 인물이다. 어찌 마음으로 기뻐하며 정성으로 승복함으로써 그 만분의 일이나마 보답할 것을 생각하지 않겠는가?

산소의 나무를 보호하는 절차와 묘촌(墓村)을 견제(蠲除: 조세를 징수하지 않음)하는 방법 같은 것에 있어서는 각자 힘써야 하겠다. 영원히 따를 뜻을 각별히 하여 일찍이 현판을 청사 문미(門楣)에 걸었다. 다만 생각건대 말하기가 어려운 것이 아니라 시행하기가 오직 어려운 것이다. 시작함은 있어도 능히 유종의 미를 거두기는 드물다. 아! 뒤에는 이 사람을 생각함이 이 사람에게 있어야 하겠다. 이 말을 식언으로 하지 않으면 천 백년 뒤까지 길이 이 말이 전해지게 될 것이다. 이에 완의(完議) 두 장을 만들어 하나는 본청에 보관하고 하나는 재실에 두어, 평소 마음에 새기며 차고 다니는 것과 같은 자료로 하게 한다.

임술(壬戌) 9월 일 호장(戶長)　尹在郁
이방(吏房)　　　尹斗衡
도창색(都倉色)　朴長林
도서원(都書員)　朴貞涉

〔完議 4〕 / 古文書集成 六(Ⅱ): 67

完議(67쪽 아래)

右完議 爲此所有若而便錢 當初施設 專爲齋會緩急之需 而年來墓祀時 每爾加下 犯用此錢 此甚無義矣 盖祭需與齋員供億之資 自有穀數定式 不宜任意加用 玆於齋會之日 完議揭壁 以爲永久杜弊之地 此後則凡於齋中所用 切勿犯手是遣 房僧亦知此意 雖副有司掌務僧 有暫時推貸之請 亦勿輕先許貸 倘無收捧時難便之弊 幸甚

戊寅十月十日
墓祀時會中

들으면 탐욕스러운 사나이는 청렴해지고 유약한 사나이는 의지를 확립하게 한다"(聞伯夷之風者 頑夫廉 懦夫有立志), 그리고 "유하혜의 기풍을 들으면 지저분한 사나이는 넓어지고 야박한 사나이는 돈독하게 된다"(聞柳下惠之風者 鄙夫寬 薄夫敦)는 말을 변통한 것이다.

<완의>

위는 완의이다. 이곳에 약간의 편의대로 하는 돈이 있었는데, 당초 설치한 것은 전적으로 재회(齋會)의 긴급한 비용으로 하기 위한 것이었다. 그러나 근년에 묘사를 지낼 때 항상 '묘지기에게' 보태 주어 이 돈을 축냈으니, 매우 도리가 없는 것이다. 대개 제수(祭需)와 재원(齋員)의 쓰일 자금은 스스로 곡식 수량의 정해진 법식이 있으니, 임의로 보태 쓰는 것은 마땅치 않다. 이에 재회하는 날에 완의를 벽에 걸어 영원히 폐단을 막을 것으로 한다. 이 이후로는 무릇 재중(齋中)에 쓰는 것에는 절대로 손을 대서는 안 되겠고, 방승(房僧) 역시 이 뜻을 알아 비록 부유사(副有司)와 장무승(掌務僧: 일을 관장하는 스님)이 잠시 빌려달라는 요청이 있어도 역시 경솔히 먼저 빌려주지 말아, 거둬들일 때 불편한 폐단을 없게 함이 매우 다행이겠다.

무인(戊寅) 10월 10일

묘사(墓祀) 지낼 때 회중(會中)에서

[完議 5] 開湖禁松完議 / 古文書集成 六(Ⅱ): 68-73

完議(68쪽~73쪽)
 開湖禁松完議 完議 川前之有開湖松 厥惟久矣 粵自先祖通禮公 肇基以後 卽種此松 以補水口之空虛 子孫愛護此松之道 盖不啻尋常桑梓之比而已也 萬曆乙巳大水後 雲川先生倡議改種之(論) 作宗議若序文 其繼述修補之意 丁寧懇惻 至今奉讀 如面命而耳提 今於文集中可考而知也 設令此松 無所關係於生居利害 爲我祖子孫者 尙有恭敬愛惜之心 況無此松 則無川前必矣 而川前卽我宗祀之所在也 宗基興廢 係於此松 則其於尊祖重宗之義 尤豈不盡心於保護此松之道 而其所以同心協力 各自勉勵者 又豈有遠近親疎之間哉
 昨歲亂斫之擧 實往古所無之變 官令所迫 固有無可奈何者 然數百年先代舊物 一朝爲租糴輸納之用 行路嗟傷 鄕鄰代羞 我金之居在本里者 雖以此得紓岸獄之禍 豈敢有一分自幸之心 而散處族黨之驚駭憤惋 又當如何哉 此路一開 便作規例 每遇饑饉 輒復斫賣 則幾何以不至於濯濯 言之至此 良可痛心 自有此事以來 論者輒以門戶之衰薄 事勢之窮迫爲言 然原其所以致此之由 則盖以名之以洞物故也
 雖以三代之良法美制 久則弊生 我先代始種此松之日 屬之洞中 而不作一家之私物者 豈不出於重體貌圖永久之意 而世道日下 人心不古 下至傭隷 亦有參涉希覬之意 此豈非久作洞物 馴致其弊者耶 弊生而更張之 乃損益之通義 而古昔賢人之所不得已也 與其膠守舊法 坐見舊物之日就澌盡 曷若稍加通變 不負我先代辛勤培植之意哉
 論此松者 或擬之於召伯之棠 孔明之柏 然在今猶是歇後語 自我家言之 則是乃平泉木石之類耳 一枝牛柯 夫豈他人所可與哉 夫然則保護之責 惟在於我先祖子孫 不必推諉於洞中也 厥初之付諸洞中 所以重保護之道也 今日之還屬吾門 所以救無窮之弊也 救無窮之弊 而有益於保護之道 則何可以更變舊章爲嫌乎 是乃所以遵先意 而不得罪於陟降之靈者也
 且旣以宗祠爲重 則不可專委於本里子孫 遠近各派一體致力 然後事面重矣 道理當矣 是庸

合席相議 作爲完文 自今以往 合謀誓心 另加愛護 使累百年謹守之物 不至終歸於蕩然 以無負祖先垂後之遺意 是所望也 凡我同宗 其各念之哉 禁護節目條列如左
- 昨年此松之發賣納糴 至有蕩然之境者 莫非本洞不勤之致 自今以後 守護之道 不可委之於本洞 他里子孫 齊聲守護事
- 本里子孫中 勤榦之人二員式 定出有司事
- 他里臨河新塘輞川芝村栗里金溪等處 各一員式 定出有司事
- 官家或有材木求請之事 本里有司急急通告于他里有司 以爲齊聲爭卞事
- 無論本村與他村 有司之員不勤於守護之節 一家聚會論罰事
- 本洞雖有要用 不可斫取 至於風落水落之木 亦不可擅用 屬之於禁松有司事
- 日後久遠之後 子孫門族中 或有私自犯斫之人是去乃 本洞他姓之人 或有希望之心是去等 遠近子孫齊聲 呈官懲治事
- 各里有司聚會本洞之際 朝夕供饋之資 無出處 汾浦洞田二斗落只 屬之於禁松所有司次知用下爲乎矣 無故時 絶勿往來糜費事
- 秋月乃是此松要近之地 水漲時 每有偸斫之患 秋月村漢二名 差出枝干事

丁丑 二月 初十日

座目 金命錫 金百欽 金世鐄 金聖欽 金徹重 金慶錫 金慶鐸 金達河 金柱河 金福河 金必欽 金禹河 金啓濂 金雲漢 金夢洙 金龍河 金瑞河 金就河 金命世 金達行 金受河 金翼漢 金龍漢 金宇漢 金肅鉉 金一鉉 金樂行 金翼冥 金泰河 金鳳漢 金斗河 金柱震 金始亨 金柱國 金昭漢 金致溫 金世鋙 金啓運 金汝迪 金汝砒 金始穆 金景行 金淑河 金龍燮 金始敏 金始完 金始大 金始晉 金始五 金相華 金相鮮 金正漢 金弼漢 金章漢 金相玉 金江漢 金遠河 金台漢 金相雲 金曎河 金健行 金柱恒 金齋行 金柱雲 金始萬 金相說 金相五 金聖鉉 金聖鎬 金始顯 金始林 金始集 金始聞 金履運 金鼎東 金濟東 金龍燦 金崇德 金應濂 金始泰 金相鼎 金範河 金應東 金相龍 金相益 金命漢 金柱宏 金龍晋 金道行 金命漢 金得行 金檀 金汝栢 金相宅 金駿行 金馹行 金相喆 金相漢 金始玉 (金氏 91名)

丁丑年 禁松有司 金瑞河 金翼漢 金龍漢 金翼溟 金正漢 金相玉 金始亨 金柱國 金相說 (金氏 9名)

際

<개호금송완의>

　　내앞의 개호송은 이미 오래 전부터 있어 왔다. 선조 통례랑공께서 기반을 잡으신 이후 바로 이 소나무를 심으시어 수구(水口)의 공허함을 보충했으니, 자손이 이 소나무를 애호할 도리는 보통 고향 나무를 아끼는 정도에 견줄 정도가 아니다. 만력 을사(1605, 선조 38년)에 홍수가 난 이후 운천(雲川) 선생께서 고쳐 심는 일을 앞장서서 논의하시고 완의 및 서문을 지었다. 그 계승하며 보수하는 뜻이 정성스럽기 간절해 오늘날에 읽어 보면 맞대어 명령하듯 귀에 대고 말하듯 한데, 지금 문집 안에서 살펴 알 수 있다. 설령 지금 이 소나무가 생활의 이해와는 관계가 없다손치더라도 우리 선조의 자손이 된 자들은 오히려 공경하며 아끼는 마음이 있어야 할 것이다. 하물며 이 소

나무가 없으면 천전(川前)이 없을 것은 필연적임에랴. 그리고 천전은 곧 우리 종중의 제사가 있는 곳이다. 종중 기반의 흥폐가 이 소나무에 달렸으니, 그 조상을 높이며 종중을 중시하는 도리로 더욱 어찌 이 소나무를 보호하는 도리에 마음을 다하지 않을 것인가? 그리고 그 마음과 힘을 협동해서 각자 노력해야 할 것은 또 어찌 멀고 가까우며 친하며 소원한 간격이 있겠는가?

작년에 '소나무를' 어지러이 벤 사건은 실로 과거에 없던 변고이다. 관청의 명령에 압박을 받아서 진실로 달리 어찌할 수 없었던 경우가 있지만, '이번 일은' 수백 년 내려온 선대의 오랜 물건을 하루아침에 조적(租糴)에 들이는 용도로 하게 되었으니, 길가는 사람도 탄식하며 마을에서도 대신 부끄러워한다. 우리 김문 중 본 마을(천전)에 사는 사람은 비록 이것으로 감옥의 재앙에서 풀려날 수 있게 된다고 하더라도 어찌 감히 한푼어치나 스스로 요행스러워하는 마음을 가질 수 있겠는가? 또한 흩어져 사는 종족들의 놀람과 통분하는 마음은 또한 어떠하겠는가? 이러한 일이 한번 일어나면 곧 규례(規例)가 되고, 그래서 기근이 날 때마다 훌쩍 베어 팔게 된다면 어찌 민둥산이 되어 버리지 않겠는가? 말이 이 지경에 이름에 진실로 통탄스럽다. 이 일이 있은 이래 논의하는 사람들은 집안이 쇠미하고 사세가 궁박했기 때문에 어쩔 수 없었다고 말한다. 그러나 이에 이르게 된 이유를 따지고 보면 결국 이를 동네의 소유물(洞物)이라고 불렀기 때문이다.

비록 '夏殷周' 삼대의 좋은 법과 아름다운 제도라도 오래되면 폐단이 생긴다. 우리 선대에 이 소나무를 처음 심던 날 동네에 부치고 한 집안의 사사로운 물건으로 삼지 않은 것은 어찌 체모를 중시하며 영원을 도모하려는 뜻에서 나온 것이 아니겠는가? 그러나 세상의 도리가 날로 나빠지고 사람의 마음도 옛날과 달라 아래로 심지어 종들까지도 또한 참여하여 바라는 뜻을 두게 되니, 이것이 어찌 오랫동안 동네 물건이 되어 그 폐단까지 길들여져 이른 것이 아니겠는가? 폐단이 생겨서 경장하는 것은 손익의 통용되는 도리이고 옛 현인들이 부득이 했던 것이다. 옛 법을 굳게 지키다가 앉아서 오래된 물건을 날로 없어지게 하기보다는 어찌 조금 변통해서 우리 선대에 손수 애써 심으신 뜻을 저버리지 않는 것만 같겠는가?

이 소나무를 논의하는 사람들은 혹은 소백(召伯)의 감당나무[3]나 공명(孔明)의 잣나무 숲[4]에 비기지만, 그러나 지금에는 오히려 헐거운 말이 되고,

---

3) 周나라 소백이 남쪽 나라를 순찰할 때 어진 정치를 베풀며 감당나무 아래에서 잤는데 그 곳 백성들이 감사히 여겨 그 나무를 아끼고 찬양해 노래했다(詩經 召南 甘棠).

우리 집안으로 말하면 평천 목석(平泉木石)5)의 부류일 뿐이다. 한 가지 반가지도 어찌 다른 사람이 관여할 수 있는 것이겠는가? 그렇다면 보호할 책임은 오직 우리 선조의 자손에게만 있고 동네 안에 맡길 필요가 없다. 그 애초 동네 안에 부쳤던 것은 보호의 도리를 중시했기 때문이다. 오늘 다시 우리 문중에 소속시키는 것은 한없는 폐단을 없애기 위한 것이다. 한없는 폐단을 없애고 보호하는 도리에 유익하다면 어찌 옛법을 고치는 것을 꺼릴 것인가? 이는 선조의 뜻을 따르고 오르내리는 신령께 죄를 얻게 되지 않기 위함이다.

또 이미 종중제사를 중시했으니 본 마을의 자손에게만 전적으로 맡길 수 없고 원근 각파에서도 일체로 힘을 써야 일이 소중해지고 도리가 당연해질 것이다. 이에 자리를 함께 해 상의하고 완문을 작성하는 바이다. 금후로는 함께 도모하고 마음에 맹세해 특별히 더욱 애호해 몇백 년 삼가 지켜 온 물건을 쓸어 버린 듯이 사라지지 않게 함으로써 조상께서 후손에게 남겨 주신 뜻을 저버리지 않기를 바라는 바이다. 무릇 우리 같은 종족은 각자 이를 깊이 생각할지어다. 금지해 보호하는 절목의 조례를 다음과 같이 한다.

一. 작년에 이 소나무를 팔아 조적으로 들여 쓸어 버린 듯이 사라진 지경으로 만든 것은 본 동네에서 애쓰지 않았기 때문이라고 하지 않을 수 없다. 금후로 이를 지키는 도리는 본 동네에 맡길 수 없고, 다른 마을의 자손들도 함께 수호한다.

一. 본 마을의 자손 중에서 부지런하며 재간이 있는 사람 두 명씩 유사(有司)를 정한다.

一. 다른 마을로 임하(臨河), 신당(新塘), 망천(輞川), 지촌(芝村), 율리(栗里), 금계(金溪) 등의 곳에서는 각 한 명씩 유사를 정한다.

一. 관가에서 혹 재목을 요구하는 일이 있으면, 본 마을의 유사가 급히 다른 마을의 유사들에게 통고해 함께 쟁변할 일이다.

一. 본 마을과 다른 마을은 물론이고 유사가 수호하는 일에 부지런하지 않으면 온 집안이 모여 벌을 논할 것이다.

一. 본 동네에서 비록 요긴하게 쓸 일이 있더라도 '이 소나무는' 베어서는 안 된다. 심지어 바람과 홍수에 쓰러진 나무일지라도 제멋대로 사용할 수 없으며, 금송유사(禁松有司)에게 맡길 일이다.

---

4) 촉의 재상 제갈공명의 사당 근처에 있는 잣나무 숲. 공명의 사당은 金官城(四川 城都) 밖 잣나무가 빽빽한 곳에 있다.(杜詩 蜀相)

5) 당나라 李德裕가 平泉莊이라는 별장을 지었는데 초목이 아름다웠다. 이에 대한 葉夢得의 平泉草木記跋이 있다.

一. 금후로는 세월이 지나 오래되더라도 자손과 문족(門族) 중에서 혹은 개인적으로 침범해 소나무를 베어 낸 사람이 있거나 본 동네의 다른 성씨의 사람이 혹은 그럴 마음을 품는 자가 있으면, 원근의 자손들이 모두 함께 관청에 고소해서 징계해 다스릴 것이다.

一. 각 마을의 유사가 본 동네에 모여 회의할 때 아침과 저녁을 먹을 비용이 나올 곳이 없으니, 분포동(汾浦洞) 밭 2마지기를 금송소(禁松所) 유사에게 맡겨 내주고 쓰게 하되, 연고가 없을 때에는 절대로 왕래하며 비용을 소모하지 말게 할 것이다.

一. 가을철에는 소나무가 요긴해지는 터이다. 물이 불어날 때에는 항상 훔쳐 베어 갈 우려가 있다. 가을철에는 마을 장정 두 명을 차출해 일을 보게 할 것이다.

정축 2월 10일

좌목 김명석 김백흠 김세상 김성흠 김철중 김경석 김경탁 김달하 김주하 김복하 김필흠 김우하 김계렴 김운한 김몽수 김용하 김서하 김취하 김명세 김달행 김수하 김익한 김용한 김우한 김숙현 김일현 김낙행 김익명 김태하 김봉한 김두하 김주진 김시형 김주국 김소한 김치온 김세섬 김계운 김여적 김여필 김시목 김경행 김숙하 김용섭 김시민 김시완 김시대 김시진 김시오 김상화 김상선 김정한 김필한 김장한 김상옥 김강한 김원하 김태한 김상운 김경하 김건행 김주항 김재행 김주운 김시만 김상열 김상오 김성현 김성호 김시현 김시림 김시집 김시문 김이운 김정동 김제동 김용찬 김숭덕 김응렴 김시태 김상정 김범하 김응동 김상룡 김상익 김명한 김주굉 김용진 김도행 김명한 김득행 김단 김여백 김상택 김준행 김일행 김상철 김상한 김시옥 (모두 김씨 91명)

정축년 금송 유사
김서하 김익한 김용한 김익명 김정한 김상옥 김시형 김주국 김상설(모두 김씨 9명)

끝(際)

[完議 6] 洞中追完議 / 古文書集成 六(Ⅱ): 73-74

原文: 洞中追完議 完議 右文爲今此開湖松 實是先代之所手種 而爲護宗基家廟者也 凡居此里守先廟者 孰不盡誠致力於保護宗基祠廟之道哉 其不輕如是 故洞人之不敢犯斫 已不可言 前後官家要用 非不許□ 而尙且爲之參酌 愛惜不一斫取 則□實此洞百餘戶存亡之所係也

奉前□守洞法之道 固不敢輕議是乎矣 今此金校理所遭 實是千古所無之變 五旬京獄 六次受刑 其間資費 不可數計 數月之內 三百餘金 猶且不足 本家蕩竭之中 專賴遠近親舊顧助之力 而卽今事勢 無路可繼 凡我一洞之人 仰賴於平日者 皆有百身以贖之願 則雖使各賣田宅 出力相助 亦無所惜 而第以各家窮乏 事不如情是乎等以 洞□諸人 聚首相議 自枯木貳拾伍株 發□許助爲乎矣 此後洞員中 如有意外逆境 則或不無籍口侵伐之事是去乎 洞中諸員 齊會巡視後 如是定議是在果 此後則洞員中 雖有京鄕獄 逢變之家是乙喩良置 至於此松段 更不敢生意 以遵先輩垂戒之意事

丁巳八月 日

洞員

金世鉀 金始亨 金世鎂 金命錫 金徹重 金時欽 金烌 金慶錫 金有重 金振河 金福河 金九演 金用河 柳錫昌 金受河 守漢 金始亨 金慶東 金慶基 金學厦 邊湜 金鎭基 金必基 金德潤 (23인)

<완의문 6: 동중추완의>

다음과 같이 완의를 한다. 개호(開湖)의 소나무는 실로 우리 선대에서 손수 심은 것으로 종가터와 가묘를 지키는 것이다. 무릇 이 마을에 살면서 가묘를 지키는 사람치고 어느 누가 종가터와 사당을 지키는 방도에 온 정성을 바치며 힘을 다하지 않겠는가. 이렇게 귀중한 것이므로 동네사람이 감히 소나무를 베지 못할 것은 이미 말할 것이 못 되고, 전후로 관가에서 쓸데가 있다고 요구할 때에는 베도록 허용한 적이 있다. 그러나 아직도 그 사정을 참작해 애석해해 하나도 베어 가지 못하게 하는 것은 실로 이 마을 백여 호의 존망이 달려 있는 것이기 때문이다. 전 ○수 동법(洞法)의 도를 받들어 진실로 가볍게 논의할 수 없는 것이다. 지금 김교리가 당한 것은 실로 천고에 없는 큰 변고인데, 50일간 감옥에 갇혀 여섯 차례나 고문을 받았으니, 그 간에 들어간 비용은 헤아릴 수 없이 많고 몇 달 동안 들어간 돈이 300여 금이나 된다. 이것으로도 부족해 드디어 본가의 재물이 고갈된 중에 오로지 원근 친구들의 보조에 의존할 수밖에 없게 되었는데, 이제 사세가 그것도 더 이상 할 길이 없게 되었다. 무릇 우리 온 마을 사람들이 평소에 의지했던 이들은 '김교리에게' 몸을 백번이라도 죽여 대속할 소원을 가졌으니,6) 비록 각자 밭과 집을 팔아 물력을 내 서로 돕게 되더라도 아까워할 바가 없는 것이다. 다만 각 가정이 가난해 일을 뜻대로 할 수 없으므로, 동네사람들과 머리를 맞대고 서로 상의해서 고목 25주를 팔아 돕게 했다. 이후에 동네사람 중에서 뜻밖의 역경을 당하면 혹 핑계를 대고 이 나무를 베려고 하는 일이 없지 않

---

6) 몸을…… 가졌으니: 詩經 秦風 黃鳥의 "만일 대속할 수 있다면 사람들은 그 몸을 백번이라도 죽인다"(如可贖兮 人百其身)에서 유래한 것이다.

을 것이므로, 동네사람들이 모두 모여 '소나무를' 둘러본 후 이와 같이 의논을 확정한다. 이후에는 동네사람들 중에서 비록 서울이나 시골에 갇혀 봉변을 당하는 경우가 있을지라도 이 소나무만은 다시는 감히 베려는 생각을 갖지 말고 선배들의 경계하는 뜻을 따를 일이다.7)

동원

김세갑 김세영 김명석 김윤중 김시흠 김혁 김경석 김유중 김진하 김복하 김구연 김용하 류석창 김수하 김우한 김시형 김경동 김경기 김학후 변식 김진기 김필기 김덕윤(23인)

[完議 7]　古文書集成 六(Ⅱ): 75

原文: 惟我先祖新寧縣監府君墓 在府西安溪驛館上洞林皮寺午向之原 上數步許 卽府君後配權夫人 祖考判書公諱伯宗夫人之墓也 每以十月望日 定有司八人 各具祭需及講信之資 會奠于墓所 旣奠罷 因飮餕于墓下 翌日工吏設鋪陳 公兄來謁 樂工等持樂等候 未知因何義 始於何時 而因循□爲故實矣 後□□

有司諸人 或不能□□免 而先代設施之美意 或於廢墜爲慮 會奠時 諸宗咸集 遂通議各派門中 收十文錢 其數摠四十四兩零 使後孫白□柱國等 管其事 拮据數年 買置祭田若于畝 隨其所收豊約 卽上下其債需 可以永久無弊矣 始朴日洞典書府君墓 箭巖萬戶府君墓 俱出有司二員 自備□檟 只行奠掃 佳川院事府君墓 自金溪齋舍 辦行奠祀 今始以祭田所出 定有司 辦行殷奠 蓼村萬戶府君配洪州李氏墓 及箭巖縣監府君配廣州李氏墓 廉節山安東權氏墓 旣已祔祭于府君墓 □故依舊 只行奠酌 而各定有司 畧給□ 又別定參祀員 奠後□皮會奠所 以考□ 信修睦之所 而□□亦有年 而惟其節目意 幾於廢墜 □柱國徃來 稟眘于門長宗老 始□具書節目左 以爲後日之考徵 世後□孫 毋敢率意更變 永世遵守 則乃今□區區之望 而亦可謂佳子孫矣 辛未十月十五日 書于林皮會奠所

<완의문 7>

우리 선조 신녕현감 부군의 묘가 안동부 서쪽 안계역 관상동 임피사 남향 언덕에 있는데, 그 위 몇 보 떨어진 곳에 부군의 후배(後配: 재취부인)인 권씨의 할아버지 판서공 백종의 부인의 묘가 있다. 매 10월 보름에 유사 8명을 정해 제수를 장만하고 강신(講信)8)의 자료를 마련해서 묘소에서 모여 전(奠)을 드리고, 전을 마친 뒤에 묘하에서 음복(飮福)한다. 공방(工房)이 깔개와 멍석을 마련하고 공형(公兄: 삼공형, 즉 호장, 이방, 수형리)이 와서 절을

---

7) 수결자는 김씨와 변씨, 유씨 등이 있는데, 이는 동네사람 중에는 김씨 외에 타성도 들어 있었기 때문이다.
8) 자손들이 모여 술과 밥을 같이 하는 일. 계를 해서 모여 음식을 즐기며 친목을 도모하는 것이다.

하고 뵈이고, 악공(樂工)들이 악기를 가지고 와서 대기한다. 무슨 뜻으로 이렇게 하게 되었는지는 알 수 없고 언제부터 이런 일이 시작되었는지도 알 수 없으며 오랫동안 관습적으로 해 와서 옛날부터 전해 내려온 사실이 되었다.9)

유사 여러 사람이 혹은…… 선대에 시행했던 아름다운 뜻을 혹은 실추시킬까 우려되기도 한다.…… 전을 올릴 때 여러 종족이 모두 모여 각파 문중에 의논을 통해 돈을 거두니 촌 44냥 남짓이 되었다. 그 돈을 후손인 백○와 주국 등을 시켜 관장하게 했는데, 열심히 일해 제전(祭田) 몇 조각을 장만했다. 거기서 나온 소출의 많고 적음에 따라 그 채수(債需)를 치러 주니 오랫동안 폐단이 없었다. 처음 박일동 전서(典書)10) 부군11)묘와 전암(箭巖) 만호 부군묘에 모두 유사 두 사람씩을 내 합(술그릇) 등을 갖추어 단지 전소(奠掃)12)만 행한다. 가천원사(佳川院事)13) 부군묘는 금계(金溪) 재사(齋祠)에서 전사(奠祀)14)를 마련해 행한다. 지금 처음으로 제전에서 나온 재물로 유사를 내 은전(殷奠: 넉넉한 제물로 제사를 지냄)을 행한다. 요촌 만호 부군의 배위 홍주이씨의 묘, 전암현감의 배위 광주이씨의 묘, 염절산의 안동권씨 묘는 이미 부군의 묘에 부제15) 지내고 옛과 같이 다만 전작(奠酌)만 하고,16) 각각 유사를 정해서 대충 약간…… 을 준다. 또 참사원(參祀員: 제사에 참가한 사람)을 따로 정해서 전을 드린 후에…….

강신수목(講信修睦: 친목도모)하는 곳인데…… 또한 몇 년이 되었는데, 오직 그 절목의 뜻이 거의 실추되는 지경에 이르게 되어 주국이 오가며 문장(門長: 종족 지파의 우두머리)과 종로(宗老: 문중의 원로)들에게 아뢰어 여러 가지 상의를 해 비로소…… 왼쪽과 같이 절목을 써서 뒷날의 전거를 삼을 수 있게 한다. 후대에 가서 자손들은 경솔한 생각으로 절목의 내용을 바꾸지

---

9) 부인들이 아전들에게 은혜를 입힌 것인지, 아니면 현감과 아전들 사이에 어떤 관련이 있어서 오는 것인지는 불분명하다.
10) 고려시대의 벼슬 이름.
11) 청계공 雍의 6대조인 金居斗.
12) 奠과 掃墳. 약식제사를 드림과 무덤을 소제하는 일.
13) 佳樹川所는 의성김씨 14대인 漢啓(靑溪 雍의 5대조)의 산소에 딸린 위토이며 여기에는 雍의 4자인 학봉 김성일의 묘가 포함된다.
14) 술, 과일, 포를 갖추는 것으로 전소보다 형식을 다소 갖춘 의식임.
15) 부인에게 따로 제사를 지내지 않고 그 남편의 제사에 붙여서 함께 지내는 제사.
16) 술잔만 올린다는 뜻. 남편의 묘소에서 부제를 지내므로, 따로 제사를 지낼 필요 없이 술잔만 올리는 약식으로 지내는 것이다.

말 것이며, 영구히 이를 지켜 나가면 그것이 오늘 우리들의 간절한 희망이며 또한 아름다운 자손이라 할 수 있을 것이다.

신미 10월 15일 임피(林皮) 회전소에서 쓰다

[完議 8] 古文書集成 六(II): 76-78

原文: 右完議爲霽山金先生文集 尙在巾衍 大是儒林欠事 酒者自本堂接所 經紀刊事之論 發於士林之中 一鄕諸父老 一辭勸成 可見公議之所同也 虎溪旣已設錦陽文集刊所 泗濱亦當依行 玆於享禮之日 相議□□節目 以附于下
一 自今秋爲始 權停居接等節 接所穀物 盡付之刊所事
一 接有司二員 句管秋收 數年取便 而至張大之後 有難斂散 或取便 或貿出 惟在任事者之濶狹弛張 觀勢變通事
一 有司逐年交遞是乎矣 當年秋收段 當年有司終始句管 雖已遞任之後 往來照管 雖一穀一金 無遺收刷 切勿以紙上文書 傳之受之事
一 有司交遞之際 前期回文于郞屬士林 通告日期 所屬士林 切勿多進 自各里起送老成一二員 □□□照管 一年秋收幾何 作錢幾何 及收刷與否 一一計數後 自會中 極擇誠信勤幹 士林薦出事
一 文集卷數不少 刊行未易 有司雖一穀一金 各別愛惜 勿爲妄費是旀 本堂雖有緩急 所須切勿推移變通事
一 本所別庫 爲本堂補用而設 而斯文大事 不可專委之接所 自今秋爲始 每年劃出二十碩穀 付之刊所是旀 年年二十碩叚 勿論豊凶依數 無有加減事
一 川前門中 有刊役所 若干物財 □年兩所 合力開刊是旀 此事出於士林之論 非常之例行者 竣事後 當依前講學居接事
　　　己未九月十二日
　　　都有司 前縣令 柳㳫　齋有司 儒學　金始陽 鄭世敉
　　　會中 生員 金道行 金□□ 幼學 金?? 金龍雲 金道雲 金啓雲 金濟雲 金碩行 金始裕 金鼎? 金正? 柳春? 權常軾 等(22人)

<완의문 8>
위 완의는 제산(霽山) 김선생 문집이 '미간행으로' 아직도 상자 속에 있어 유림에게 흠이 되는 일에 대한 것이다. 지난번에 본당(本堂) 접소(接所)에서 간행할 논의를 마련해 사림 중에 발표하자, 온 고을의 여러 원로들이 한결같은 말로 권해 이르니 공론이 같음을 알 수 있다. 호계서원(虎溪書院)에서는 이미 금양문집(錦陽文集) 간행소를 설치했으니, 사빈서원(泗濱書院)에서도 마땅히 그에 따라 간행할 것이다. 지금 제향을 올리는 날에 상의해서 절목을 다음과 같이 부친다.
一. 올 가을부터 시작해 거접(居接: 접소에서 먹고 자고 일함) 등의 절차를 임

시 정지하고, 접소의 곡물을 모두 문집 간행소에 부친다.
一. 접소의 유사 두 사람이 추수를 관장하고 몇 년 동안 형편대로 취한다. 그러나 '추수한 것이' 크게 불어난 뒤에는 거두고 내는 것에 어려움이 있다. 혹은 편리한 대로 취하고 혹은 무출(貿出: 사고 파는 일)하는 일을 하게 하는데, 이는 오직 그 일을 맡을 사람의 여유와 긴박함 여부에 두어 형세를 보아 융통성 있게 할 것이다.
一. 유사는 해마다 교체하지만 그 해 추수는 그 해의 유사가 처음부터 끝까지 담당해 비록 임무가 갈린 뒤라도 '접소에' 오가면서 '회계일을' 대조하도록 한다. 비록 곡식 한 알 돈 한푼이라도 빠짐없이 거둬들여 결코 종이 문서만으로 인수인계하지 말 것이다.
一. 유사가 교체될 즈음에는 그 시기에 앞서서 낭속(郞屬)과 사림(士林)에게 회문(回文: 통문을 돌림)해 교체날짜를 알려준다. 소속된 사람은 절대로 많이 올 것은 아니고 '비용을 절감하기 위하여', 각 마을에서 원로(老成) 한두 명만 보낸다.…… 관리하게 한다. 1년의 추수한 것은 얼마이고 작전(作錢: 곡식을 팔아서 만든 돈)한 것은 얼마이며 세를 거둔 것은 얼마인지 낱낱이 셈해 본 후에 회중(모임)에서 성실하고 신의있고 근면한 사람을 잘 골라서 사림에서 추천할 일이다.
一. 문집의 권수가 적지 않아 간행이 쉽지 않다. 담당자가 곡식 한 알 돈 한푼이라도 각별히 아껴 헛되이 쓰지 말 것이며, 본당에 비록 급히 쓸 일이 있다 하더라도 필요한 수요는 절대로 옮겨 변통해 주지 말 일이다.
一. 본 간행소가 별도로 마련한 창고는 본당에 보충해서 쓰기 위해 설립한 것인데, 사문(斯文)의 큰일을 접소에만 전담시킬 수 없다. 금년 가을부터 시작해서 매년 20석 곡식을 베어 내 간행소에 줄 것이며, 매년 20석은 풍년 흉년을 따지지 말고 수효대로 하여 가감하지 말 것이다.
一. 내앞의 문중에 간역소를 두고 약간의 재물을…… 간역소 두 곳에서 합력해서 간행하도록 할 것이며 이 간행하는 일은 사람의 논의에서 나온 것이니, 보통의 전례대로 행할 것이 아니다. 문집간행이 다 끝난 뒤에는 마땅히 이전과 같이 강학하며 거접할 일이다.

　기미 9월 12일
　도유사 전현령 류규　재유사 유학　김시양 정세구
　회중 생원 김도행　김□□ 유학 김?? 김용운 김도운 김계운 김제운 김석행 김시유 김정? 김정? 류춘? 권상식 등 22인[17]

[完議 10] 古文書集成 六(Ⅱ): 85

完議
一 不順父母者 報府治罪爲乎矣 渠若哀乞請罪 則笞五十 贖木五疋事
一 兄弟不和者 兄曲弟直 各笞三十 贖二疋 兄直弟曲 獨笞弟四十 贖三疋 兄弟俱不直 笞兄二十 贖二疋 笞弟四十 贖二疋事
一 隣里不睦者 從輕重論罰爲乎矣 罪重者 笞三十 贖三疋 輕者 笞二十 贖一疋事
一 以少凌老者 笞十五 贖一疋事
一 近來人心薄惡 雖隣居之人 受價換訴於軍伍者 比比有之 洞中如有此弊 則笞四十 贖四疋事
一 或有因嫌衝火者 笞四十 贖四疋爲乎矣 若蹤迹可疑 則笞十 贖一疋事
一 凶事則每員各米二刀 太一刀式 持旀一日赴役爲乎矣 如有不及期者 罰谷一斗事
一 吉事則每員米二刀 太一刀乙 備給爲乎矣 如有(一)18)踏蹬者 罰谷一斗事
一 隣里有失火者 輩盖四把 椽木一條式 持旀一日董(役19))爲乎矣 或稱有故 不肯赴役 則罰二斗事
一 放牧牛馬者 笞十五 罰谷三斗爲乎矣 若(所20))食多 則加徵爲旀 田主或結連 不肯來告 則亦爲罰一斗事
一 隣里有病故 以致失農者 則洞員各持點心 一日芸草爲乎矣 如有落後者 則笞十 贖一疋事
一 隣里有賊禾者 受密封治罪爲乎矣 笞三十 罰谷五斗事
一 寶谷多 則春秋講信事
一 有司乙 周年相遞爲乎矣 如或一斗乃未捧 則論罰後許遞事
一 以下凌上者 報府治罪爲乎矣 若哀乞 則笞三十 贖二疋事
一 吉凶事燒木 一負扶助 自是厚誼 近來埋沒太甚 此後乙良 各別惕念爲乎矣 下人營葬時 擔軍各持柴一丹 炬一柄 赴役爲乎矣 如有不一之弊 則笞十 贖一斗事

　　追完議
一 有勢之人 受用洞軍 而無勢之人 終身對笞 而身死之後 埋沒太甚 營葬時 米一刀式扶助事
一 無論上下 擔支(持)時 値闕是去等 上座則笞奴十 贖二斗爲遣 下座則笞十五 贖三斗事
一 無奴不能擔支者 每巡一斗式納贖是去乃 或逐年三斗式納贖事

　　座目
　　金雲漢 金江漢 金始宅 金始榮 金始精 金始赫 金始寅 金始玉 金復雲 金始裕 金始東 金始寅 金晋雲 金始魯 金象雲 金益雲 金始晦 金始堅 金洛雲 金一雲 金鎭雲 金範雲 李德慶 李聖慶 李宗喆 李宗範 李命大 際

---

17) 서명자는 류씨, 김씨, 정씨인 바, 병호시비가 일어난 이후이므로 이 류씨는 수곡의 전주류씨일 것이다. 그러나 도유사 류규는 하회의 풍산류씨이다.
18) 一: 연문이다.
19) 役: 역자를 보충했다.
20) 所: 역자를 보충했다.

下座目
知禮 方三乭 朴命太 朴命三
菊蘭 李太元 李士龍 金必奉 安太淑 李得太 安松伊 安煩伊 李煩太 李奉伊 崔占太 等(20人)
日落 金成萬 鄭德守 金萬乭 孫太石 安甲之 宋三伊 鄭龍守 安九萬 權丁三 成乭伊 等(20人)
棄仕 金守占 金守乭 金永乭 金性玉 姜後心 金七方 金後方 金先萬 金後萬 沈汗乭 等(27人)
大谷 朴仁龍 權太乞 金汗乞 金卜太 金永三 權戒孫 金後辰 崔豆金(8人)
棄仕 金興伊 朴善乭 金寫只
甘洞 金貴岩
大谷 金太億 金介夫里 金五成 朴成先 乭夢 朴以龍 金丁先 張太守 南種伊

<완의>
一. 부모에 순종하지 않는 자는 안동부에 알려 죄를 다스리되, 그가 애걸하고 죄를 청하면 태(笞) 50대, 속(贖) 무명 5필로 한다.
一. 형제가 화목하지 않는 자는 형이 잘못하고 아우가 바르면 각각 태 30대에 속 2필, 형이 바르고 아우가 잘못했으면 아우에게만 태 40대에 속 3필이며, 형제가 모두 바르지 않을 경우에는 형에게 태 20대에 속 2필, 아우에게는 태 40대에 속 2필로 한다.
一. 마을에서 화목하지 않은 자는 경중에 따라 벌을 논하되, 죄가 중한 자는 태 30대에 속 3필로 하고, 가벼운 자는 태 15대에 속 1필로 한다.
一. 젊은이가 노인을 능멸한 자는 태 15대에 속 1필로 한다.
一. 근래 인심이 야박하고 나빠져 비록 한 마을 안에 사는 사람이라도 값을 받고 군오(軍伍)에 바꾸어 하소연하는 자(즉 誣告하는 일)가 종종 있다. 만일 마을 안에 이러한 폐단이 있으면 태 40대에 속 4필로 한다.
一. 혹은 방화를 한 혐의가 있는 자는 태 40대에 속 4필로 하고, 만약 종적이 의심스러우면 태 10대에 속 1필로 한다.
一. 흉사에는 매 원(員)마다 각각 쌀 2되(刀) 콩(太) 1되(刀)씩 지니고 부역을 하되, 만일 기일에 미치지 않는 자는 벌을 곡식(谷) 1말로 한다.
一. 길사에는 매 원마다 쌀 2되, 콩 1되를 갖추어 주되, 만일 그르치는 자는 벌을 곡식 1말로 할 일이다.
一. 마을에 화재를 당한 자에 대해서는 이엉[21] 4발과 서까래 1개씩을 가지고 1일 부역하되, 혹은 다른 핑계를 대고 기꺼이 부역하지 않으면 벌로 곡식 2말을 내야 한다.
一. 소와 말을 방목한 자는 태 15대에 벌로 곡식 3말을 하되, 만일 소나 말이

---

[21] 이엉: 원문 '蜚盖'는 '飛盖'와 같다.

먹어치운 것이 많으면 징계를 더하며, 농지 주인이 혹 결탁해 제때 와서 고하지 않으면 또한 벌로 1말을 내야 한다.
一. 마을에 병이 있어 농사를 그르친 자에 대해서는 동원(洞員)이 각자 점심을 준비해 하루 김을 매 주되, 만일 뒤로 빠지는 자가 있으면 태 10대에 속 1필로 한다.
一. 마을에 벼를 훔친 자가 있으면 밀봉(密封)해 죄를 다스림을 당하게 하되, 태 30대에 벌로 곡식 5말을 한다.
一. 보(寶: 단체, 재단)의 곡식이 많으면 봄·가을로 신의를 강론한다.
一. 유사를 일년 단위로 교체하되 만일 그가 곡식 1말이라도 거두지 못하면 벌을 논한 뒤에 교체를 허락할 일이다.
一. 아랫사람으로서 윗사람을 능멸한 자는 안동부에 고해 죄를 다스리되, 만약 애걸하면 태 30대에 속 2필로 한다.
一. 길흉사에 땔감으로 쓸 나무 한 짐을 부조하는 것은 스스로 온후한 인정을 표현하는 것이다. 그러나 근래에는 인심의 매몰됨이 매우 심하니, 이 뒤로는 각별히 유념하되 하인이 장사를 지낼 때 짐꾼이 각각 땔나무 1단과 횃불 1자루를 준비해 부역한다. 만일 한결같이 하지 않는 폐단이 있으면 태 10대에 속을 곡식 1말로 한다.

<추완의>

一. 세력이 있는 자는 동군(洞軍)을 받아 쓰나 세력이 없는 사람은 종신토록 대답만 하고(요구나 명령에 따르기만 하고), 몸이 죽은 뒤에는 (그에 대한 대가도 받지 못하는 인정상) 매몰됨이 너무 심하니, 장사를 지낼 때 쌀 1되씩 부조할 일이다.
一. 상하를 막론하고 지고 올 때 값을 안 주면, 상좌에 대해서는 그의 종에게 태 10대에 속을 곡식 2말로 하고, 하좌에 대해서는 태 15대에 속을 곡식 3말로 한다.
一. 종이 없어서 지고 올 수 없는 사람은 매 순번마다 곡식 1말씩 속을 바치거나 혹은 해마다 3말씩 속을 바친다.

좌목
  김운한 김강한 김시택 김시영 김시정 김시혁 김시인 김시옥 김복운 김시유 김시동 김시환 김진운 김시로 김상운 김익운 김시회 김시견 김낙운 김일

운 김진운 김범운 이덕경 이성경 이종철 이종범 이명대 제

하좌목

지례 방삼돌 박명태 박명삼

국란 이태원 이사룡 김필봉 안태숙 이득태 안송이 안번이 이번태 이봉이 최점태 등(20인)

일락 김성만 정덕수 김만돌 손태석 안갑지 송삼이 정용수 안구만 권정삼 성돌이 등(20인)

기사 김수점 김수돌 김영돌 김성옥 강후심 김칠방 김후방 김선만 김후만 심한돌 등(27인)

대곡 박인룡 권태걸 김한걸 김복태 김영삼 권계손 김후진 최두금(8인)

기사 김홍이 박선돌 김사지

감동 김귀암

대곡 김태억 김개부리 김오성 박성선 돌몽 박이룡 김정선 장태수 남종이

[完議 17] 古文書集成 六(Ⅱ): 99

萬曆九年辛巳四月二十九日 門中完議文

右文者 宗家窮甚 家廟四仲朔祭祀 全廢不行 子孫追遠之誠掃如 極爲寒心爲置 知禮谷畓 加耕八斗落只庫乙 先世始叱 東林墓田 以依屬爲有在果 更良僉議爲乎矣 齋□三寶位叱段 官 屯田尙多 雖非此畓 猶可耕食爲旀 四明日祭叱段置 子孫輪行 雖非此畓 猶得不廢爲乎事是在 乎 先可家廟四仲朔祭不廢爲於 以許屬宗家 以資粢盛之供爲乎矣 墓祭家廟祭器等物 辦出無路 亦爲可慮 同畓所出乙 三年一次式 分半貿易 彼此情義 亦爲兩全爲乎等乙用良 門議僉同 移 屬宗家 一以爲祭享 一以爲□□ 永永無廢爲乎矣 曾祖神主代盡 出廟爲去乙等 右畓乙 還屬 墓位子孫中有司 輪定祀文貌如 歲一祭之 百世不改爲乎事

此亦中宗家自有承重 必于貧乏爲乎乙喩है置 廢祭不行 猶有罪責爲在等 況旀 門議僉同 移屬墓田 以資祭用爲乎矣 猶不用心 因循廢祭 則墓位之田乙 虛屬未安 子孫相與規正 猶不 奉行爲去乙等 同畓乙 墓田以還屬事

右文三度成置 分藏宗家 及部將府使宅 以備後考次 右畓流字三等十五卜 印

前部將 金珀 前參奉 金璲

幼學 金元一 前密陽府使 金克一 前直長 金宗一 生員 金守一 幼學 金精一 幼學 金得一 佐郞 金復一 幼學 金德一 幼學 金協一 幼學 金至一   筆 舍人 金誠一

<만력(萬曆) 9년 신사(辛巳: 1581) 4월 29일 문중 완의문>

위 글은 종가(宗家)가 매우 곤궁해 가묘(家廟) 사중삭(四仲朔)[22]의 제사도 완전히 폐기하고 지내지 않으니, 자손이 제사를 지내는 정성이 쓸어 버린 듯

---

22) 사중삭(四仲朔): 사계절마다 둘째 달. 즉 2월, 5월, 8월, 11월이다.

이 사라져 매우 한심스럽다. 지례(知禮) 곡답(谷畓) 가경(加耕: 새로 일구어 토지대장에 들이지 않은 토지) 8마지기를 선세(先世)에 시작했고, 동림(東林) 묘전(墓田)은 그대로 속하게 하거니와 다시 모두 의논하되, 재□삼보위(齋□三寶位)는 관둔전(官屯田)이 아직도 많다. 비록 이 논이 아니더라도 오히려 갈아먹을 수 있으며, 사명일(四明日)23) 제사는 자손이 돌아가며 지낸다. 비록 이 논이 아니더라도 오히려 폐기하지 않을 일이거늘 우선 가묘(家廟) 사중삭(四仲朔) 제사를 폐기해서는 안 된다는 조항으로 종가(宗家)에 소속시켜 제물에 이바지하게 하되, 묘제(墓祭)·가묘제(家廟祭)의 그릇 등 물건은 나올 곳이 없으니 또한 우려할 만하다. 동답(同畓)의 소출을 3년에 한 번씩 반을 나누어 무역(貿易)하면 피차 정의(情義)에 또한 양쪽이 온전하게 될 것이므로, 문중의 논의가 모두 같아 종가(宗家)에 옮겨 속하게 한다. 한편으로는 제향(祭享)을 위하고 한편으로는 □□을 위해 영원히 폐치치 않게 하되, 증조(曾祖)의 신주가 대(代)가 다 된 것은 사당에서 내보내거든 위의 논을 다시 묘위(墓位) 자손(子孫) 중 유사(有司)에게 속하게 해 돌아가며 제사를 정해 지낸다는 글대로 1년에 한 번 제사지내 백세(百世)에 바뀌지 않도록 할 일이다.

이에 종가(宗家)에서 스스로 제사를 받듦이 있었으니, 반드시 가난할지라도 제사를 폐기해 지내지 않으면 오히려 죄의 꾸짖음이 있다. 하물며 문중의 논의가 모두 같아 묘전(墓田)을 옮겨 소속시키고 제사의 비용으로 하게 하되, 오히려 마음을 쓰지 않고 그대로 제사를 폐기하면 묘위(墓位)의 농지를 헛되이 소속케 했으니 타당치 않다. 자손(子孫)이 서로 함께 바로잡아도 오히려 '제사를' 받들지 않으면 동답(同畓)을 묘전(墓田)으로 다시 속하게 할 일이다.

위 글을 3통 작성해 두고, 종가 및 부장(部將) 부사(府使) 댁(宅)에 나누어 보관하여 뒤에 살펴보게 한다. 위의 논은 유자(流字) 3등(等) 15복(卜)이다. 끝

전부장 김박　전참봉 김수

유학 김원일　전밀양부사 김극일　전직장 김종일　생원 김수일　유학 김정일　유학 김득일　좌랑 김복일　유학 김덕일　유학 김협일　유학 김지일 필 사인 김성일

---

23) 사명일(四明日): 일년 중 4개의 명일. 사명일(四名日). 설, 단오, 추석, 동지.

[完議 22] 別廟完議 / 古文書集成 六(Ⅱ): 103

佳樹川別廟之設 卽高祖考平日遺意也 數十年來 宗家不幸代促 今當遞遷之日 以禮家言之 事當移奉於長房子孫 而第伏念先代別廟之意 不啻丁寧 曾在宗兄之在世 也留意營建 而未及 始役 第三從兄攝祀之日 纔已營構 而又未及斷手 蓋其前後經紀 莫非體念先代之遺意也 今於 一家老少齊會之時 僉議皆以爲移安於別廟無疑 故玆與長房子孫相議奉安 酌定祭儀 以爲永 久遵行之地 幸甚

金夢基 金聖鈨 金以鑑 金良鉉 金以溎 金夢濂 金友濂 金聖濂 金世濂 金繼濂 金得濂 金 泰濂 金斗濂 金德演 金柱極 金柱漢 金柱泰 金柱元 金柱南 金柱國 際
己酉三月 金夢洙 金柱萬 追到

<별묘완의>

가수천(佳樹川) 별묘(別廟)24)의 설치는 즉 고조고(高祖考)께서 평일 남기신 뜻이었다. 수십 년 이래 종가(宗家)가 불행히도 대(代)가 촉급하여 지금 체천(遞遷)25)하는 날을 당했다. 예학가의 말로는 일이 마땅히 장방(長房)26) 자손(子孫)에게 '제사를' 옮겨 받들도록 해야 한다고 한다. 생각해 보건대 선대의 별묘에 대한 뜻은 정녕스러울 뿐 아니라, 종형(宗兄: 종족 형)께서 생존 시에 또한 건축할 뜻을 두셨으나 공사를 시작하지 못했고, 삼종형(三從兄)께서 제사를 대신하실 때에 겨우 지었으나 또한 종료하지 못했다. 대개 그 전후로 경영한 것은 선대(先代)의 남기신 뜻을 생각하지 않은 것이 없었다. 지금 온 종족이 노소(老少)가 함께 모였을 때 모두 의논해 말하기를 별묘(別廟)에 옮겨 봉안함에 의문이 없다고 하므로, 이에 장방(長房) 자손과 상의해 봉안하고 제사의식을 참작해 정함으로써 영원히 따라 행할 것으로 하니 매우 다행이다.

김몽기 김성술 김이감 김양현 김이선 김몽렴 김우렴 김성렴 김세렴 김계렴 김득렴 김태렴 김두렴 김덕연 김주극 김주한 김주태 김주원 김주남 김주국 제
기유삼월 김몽수 김주만 추도

---

24) 별묘(別廟): 따로 설치한 사당. 가묘에서 받들 수 없는 신주를 모시기 위해 설치한다.
25) 체천(遞遷): 代가 다한 신주를 사당에서 모셔 내 장방에게 옮겨가거나 산소로 옮겨 묻는 일.
26) 장방(長房): 장손 외에 기제사를 받들 사람으로, 항렬과 나이가 가장 높은 후손. 4대 이내의 자손 중 항렬이 가장 높은 사람. 최장방(最長房).

[**堂約 1**] 古文書集成 7(Ⅲ)

柳玭有言曰 余見名門右族 莫不以祖先忠孝勤儉以成立之 莫不由子孫頑率奢傲以覆墜之 信哉言乎 吾家自先祖以來 世篤忠孝 其於所以成立之者 盖無所不用其極焉 嗟余興洛輩 不克 奉承父兄之訓 慢忽倫常 棄滅禮義 于以忝所生 罪莫大焉 我大人念家聲永墜 勖興洛以所以自 修者 旣又使之於先輩說中 撫得彝倫日用之常 窮格修爲之要 以及心術邪正之辨 尤可以親切 服行者 而書諸一冊 令朝夕(講27))之 吾弟啓洛亨洛與焉 以其爲條約於同堂 而名之曰堂約 每 於朔望 朝率諸弟 瞻謁祠堂 退講所約 相與規其過失 勉其脩行 亹亹論說 期有所觀感而興起 焉 盖用大人命也 嗚呼 吾輩循此而上 庶幾守正學而保家聲 光先祖而貽後謨 大可爲賢聖之徒 小而不下爲謹厚之士 可不勉哉 反此而下 其灾已壞名 辱先喪家 有不可勝言者 雖欲不爲惡子 悖弟之歸 終不可得 可不戒哉

유변(柳玭)28)이 말하기를 "내가 보건대 명문가와 권세가는 조상의 충효와 근검으로 성립되지 않은 자가 없고, 자손의 거칢과 사치로 말미암아 실추되지 않은 자가 없다"29) 했으니, 진실하구나, 이 말이여!

우리 집안은 조상 이래로 대물려 충효를 돈독히 하여 집안을 성립시키기 위한 것에 그 지극함을 사용하지 않은 바가 없었다. 아! 나 홍락(興洛)30)은 부형의 훈계를 잘 받들지 못하고, 윤리 강상을 소홀히 하며 예절 의리를 버려 부모를 더럽혔으니 죄가 이보다 큰 것이 없다.

우리 대인(大人)께서는 집안 명성이 실추될까 염려해 홍락에게 스스로 수련해야 할 것을 힘쓰게 했다. 이미 또 선비의 말 중에서 인륜 일용의 정상적인 것과 궁리 수련의 요점을 재집하게 하고 심술(心術) 사정(邪正)의 변론까지 하게 하여, 더욱 친절하게 시행할 수 있는 것이었다. 그리고 한 책에 써서 아침과 저녁으로 강론케 했는데 내 아우 계락(啓洛) · 형락(亨洛)도 참여했다. 동당(同堂: 한 대청)에서 조목으로 약속했기 때문에 이름하기를 당약(堂約)이라 한다. 매월 초하루와 보름마다 아침에 여러 아우들을 데리고 사당에

---

27) 講: 역자가 보충했다.
28) 유변(柳玭): 당(唐)나라 사람. 어사대부(御史大夫)를 지냈다. {유씨가훈}(柳氏家訓)을 지었다.
29) 내가…… 자가 없다:『小學』, 嘉言 9장.
30) 홍락(興洛): 김홍락(金興洛, 1827~1899). 자는 계맹(繼孟), 호는 서산(西山). 학봉(鶴峯) 김성일(金誠一)의 11대손이고, 탄와(坦窩) 김진화(金鎭華)의 맏아들이다. 정재(定齋) 유치명(柳致明)의 문하에서 수학해 퇴계(退溪)학맥의 적통(嫡統)을 이었으며 영남학파의 종장(宗匠)으로 추앙받았다. 특지(特旨)로 천거되어 승문원(承文院) 우부승지(右副承旨), 영해부사(寧海府使)에 제수되었으나 나아가지 않았다. 건국훈장 애족장(建國勳章 愛族章)이 추증되었다.

알현하고 물러나서 약속한 바를 강론해 서로 그 과실을 살피며 수행을 힘쓰게 하여, 자세한 논설은 보아 느껴서 흥기되는 바를 기대하게 했으니, 대개 대인의 명령을 쓴 것이다.

    아! 우리들이 이를 따라 올라가면 거의 바른 학문을 지키며 집안의 명성을 보전하고 조상을 빛내며 후손의 계책을 물려줄 것이다. 크게는 성현의 무리가 될 수 있고 작게는 근후한 선비 이하로 되지 않으리니, 노력하지 않을 수 있겠는가? 이와 반대로 낮아져서 자신에게 재앙을 끼치며 명예를 손상하고 조상을 욕먹이며 집안을 망치는 자는 이루 다 말할 수 없는 것이다. 비록 나쁜 아들과 패악한 아우로 귀결되지 않으려 해도 마침내 불가능하니, 경계하지 않을 수 있겠는가?

제8장

공정성의 개념과 실천

박병호

공정성의 개념과 실천

1. 향촌사회의 법생활

 의성김씨 천전(川前)파(속칭 내앞파)의 가문은 추로지향(鄒魯之鄕)이라 일컫는 안동의 천전에 정착한 이래 안동 일역에 분거하면서 20세기 초에 이르는 400여 년간 혼인, 학문, 과환(科宦), 종유(從遊)로 안동의 대성·망족으로서 세거하면서 전통시대의 지도적 씨족으로서 기반을 확고히 하고 또한 퇴계학파의 적통연원가로서 영남사림의 논의를 주도해 왔다. 따라서 이러한 명문대가의 지위를 입증하듯 그 전존해 온 고문서도 방대한 분량에 이른다.
 본고에서는 고문서 중에서 향촌사회에서의 분쟁의 유형과 그 해결과정 및 재판의 공정성 여부에 관한 것에 대해 기초적인 분석을 시도함으로써 당시 향촌사회 법생활의 일단을 소개하는 데 목적을 두고 있다.[1]
 따라서 본고에서 이용되는 고문서는 당시 재판과정에 등장한 소지(所志)에 한정된다. 소지는 한국정신문화연구원 간행 고문서집성 五(의성김씨 천상각파편, 1)에 수록된 것을 자료로 이용한다. 소지는 총 271건인데 이 중 소지 초고 50건, 분쟁과 관계없는 비송소지 19건을 제외하면 202건이 되는 셈이다. 각 파별 소지의 수는 천전 대종가 55건, 천전 차종가

---

1) 필자는 앞서 호남지방 고문서 所志를 분석한 바 있다(『호남지방고문서 기초연구』, 한국정신문화연구원 연구논총 99-1, 「거래와 소송의 문서생활」, 1999. 1).

45건, 지례종가 31건, 운암종가 8건, 학봉종가 70건, 남악종가 48건이며 귀봉파의 문서는 3건에 불과하다. 그래서 하나의 분쟁에서 그 재판과정을 비교적 연관성 있게 파악할 수 있는 소지를 분석의 대상으로 했다. 이들 소지를 분류한 결과 토지분쟁이 1건이고, 나머지 5건은 산송에 관한 것이다. 그 밖의 소지는 모두가 단편적이고 단속적인 것이므로 제외했다. 다만 이 제외된 소지도 소지에 내려진 제사(題辭)만으로도 당시 재판관의 사건처리 방식을 인식하는 데 도움이 된다.

2. 분쟁해결의 방식[2]

일상적 생활에서 일어나는 갈등은 갈등의 주체로서는 부모자녀간, 조부모 손자녀간, 숙질간, 형제자매간, 4촌 내지 1촌(사종)간, 기타 친족간, 동성일가간, 사돈 등 연비간, 타인 상호간, 백성과 국가(관사·관리)간으로 분류할 수 있다. 갈등의 대상은 법적 갈등과 비법적 갈등으로 나눌 수 있으며, 전자는 법적 분쟁이며 원칙적으로 국가 공권력 행사에 의한 법적 해결이 담보된 분쟁과 사회 일반의 비난과 칭찬에 의해 담보된 갈등이다. 후자는 사람들이 일상적으로 길들여진 습속적 갈등으로 이는 원칙적으로 특별히 법적 테두리 밖에 있는 갈등인데, 습속적으로 해소되며 정의적(情誼的)·심정적(心情的)인 것이다.

법적 분쟁은 당사자간의 1차적 대화나 사화(私和)나 중간 조정자의 조정에 의해 해소될 수 있지만, 그것이 여의치 않을 경우에는 대부분 국가 공권력에 의한 강제적 해소로 나아가게 된다. 그런데 부모자녀간, 조부모 손자녀간, 숙질간의 갈등은 공권력에 의한, 즉 재판에 의한 해소가 용납되지 않으며 형제자매간 이하만 용인된다. 그리하여 법전에서도 형

---

[2] 이 장의 서술은 졸저 『한국법제사고』(1974, 법문사)에 의거했다.

제자매간에 상속재산을 독점하거나 균분하지 않은 경우에는 5년의 제소기간 적용을 받지 않고 언제든지 제소해 구제받을 수 있는 것으로 규정하고 있다(『경국대전』, 「호전 전택조」). 그 밖의 근친이나 친족은 물론 신분계급이 다르더라도 서로 제소·응소하는 것이 보장되어 있었다.

분쟁의 해결은 당해 국가기관에 제소해야 하고 원칙적으로 자력구제가 허용되지 않음은 적어도 고려 후기 이래 확립되었다고 할 수 있으며 조선조에도 변함없었다. 이는 국가 재판권이 확립되고 제1심인 지방 행정조직이 정비되어 있다는 것을 뜻하는 것이다. 따라서 모든 분쟁은 거의 예외 없이 공권적 해결로 집중되었으며 그만큼 소송제도가 매우 결정적인 기능을 했다.

1) 재판기구

민사소송 절차는 조선 초기의 법으로 추정할 수 있다. 당사자주의로서 변론과 증거, 특히 서증(書證)에 따라 재판했으며, 판결문은 2통을 작성해 1통은 승소자에게, 1통은 관에 비치했는데, 판결의 확정력 제도는 불안정했다. 민사재판에서 적용되는 실체법은 대부분이 확립된 판례법이나 관습법이었다.

중앙집권적·전제적 관료 통치제도가 확립된 근세 조선의 재판기구는 행정조직 정비에 따라 확고한 제도로 되었다. 관료기구의 말단으로서 직접 국민과 접하는 지방수령인 목사, 부사, 군수, 현령, 현감이 일체의 사송을 직결했다. 수령은 원칙적으로 양반 출신으로서 행정과 사법의 실제에 대한 경험과 지식을 습득해야 했으나, 그렇지 못한 경우가 많았으므로 구체적인 실무는 아전이 담당했다. 사송은 형방(刑房)을 경유해야 했으므로, 아전이 재판에 대해서 많은 영향을 미쳤다.

수령의 재판에서 패소한 경우에는 각 도(道)의 장관인 관찰사(감사)에게 항소할 수 있었다. 감사에 대한 항소를 의송(議送)이라고 했다. 감사 밑에는 검률(檢律)과 아전인 형방서리(刑房胥吏)가 감사를 보좌했다. 의송에 대해서 감사는 직접 재판하지 않고 수령으로부터 사건과 판결이유에 대한 보고를 받아 자기 나름대로 사실과 증거에 대한 조사와 판결의 방향을 수령에게 지시했으며, 수령은 대체로 감사의 지시에 따라 다시 판결을 내렸다. 의송에 의한 판결에서 패소하면 중앙의 형조에 상소할 수 있었다. 형조는 법률·형사소송·민사소송을 관장하며, 사법행정의 감독기관인 동시에 수령이 관장하는 일반사건의 상소심으로서 합의제(合議制)로 재판했다. 따로 노비송을 관장하는 장예원(掌隷院)이 있었으나, 영조 40년(1775)에 형조에 합병되었다.

2) 소송의 당사자

원고는 원고인(原告人) 또는 원고(元告)라 하고, 피고는 피론(被論)·원척(元隻)·척(隻)이라 하며 원고와 피고를 말할 때에는 원·척(元·隻)이라 했다.

계급적 신분사회이면서도 양반·상민·천민의 구별 없이 소송상의 능력이 법률상 인정되었으며, 상민이 사대부를 상대로 소송할 수도 있었다. 왕족, 양반 혹은 노비를 가진 자는 자신이 직접 관청에 출정하는 것을 싫어하여, 아들·사위·아우·조카나 노비로 하여금 대신 소송하게 하거나 타인을 고용해 소송하는 관습이 있었다. 이것을 대송(代訟)이라고 했다. 다만 양반인 부녀자만은 아들, 손자, 사위, 조카, 노비로 하여금 대송할 수 있도록 법전에 규정되어 있었다. 여러 사람이 당사자가 되어 소송을 제기할 수도 있었는데, 그 소장을 등장(等狀)이라 하고 공동으로 소송하는 것을 동송(同訟)이라 했다. 그리하여 등장을 제출해 동송할 경우에는 끝까지 동송하지 않은 자는 승소의 이익을 받을 수 없었다.

누구나 자유롭게 서로 소송할 수 있으나, 특히 4촌 이내의 형제·숙질 간의 소송은 자칫하면 친목을 망각하고 미풍을 해치므로, 이러한 근친간에 이유 없이 소송을 제기해 그 간사함이 드러난 경우에는 엄벌에 처했다. 또한 소송진행중의 변론 때에 장유유서의 질서를 문란하게 한 자는 먼저 그 점을 다스린 뒤에 소송을 심리했다. 근친간의 소송은 대개 토지, 노비 등 분재(分財)의 불평에 기인하는 경우가 많았는데, 재판관도 가급적이면 꾸짖고 화해나 취하를 권장함으로써 근친소송을 금하려고 했다.

3) 소송제기 방식

소송제기는 구술이나 서면으로 했다. 서면인 소장을 소지(所志) 또는 소지단자(所志單子)라고 하고, 소지를 제출하는 사연을 백활(白活, 또는 발괄)이라 하며, 양반이 직접 제출하는 소장은 단자(單子)라고도 했다. 단자와 소지는 서두와 결사의 문투가 다른데, 모두 주소, 성명을 쓰고 본문으로 사건발단의 원인, 경과, 피고행위의 구체적인 내용을 적고 자기 정당화를 위한 변론의 취지를 상세히 서술한 다음 청구취지를 명시했다.

4) 소 환

원고가 소장을 제출한 다음 피고가 출정해 원고의 소장에 대해 응소(應訴)하는 답변서를 제출함으로써 소송이 시작되었는데 이것을 시송(始訟)이라 하고, 피고가 제출하는 답변서를 시송다짐(始訟侤音)이라 했다. 피고가 출정하는 것은 오늘날과 같이 소환장을 발송하는 것이 아니라 원고가 제출한 소장 끝에 "피고를 데려오라"고 하는 제사(題辭) 또는 제김(題音)을 써서 원고에게 주면 원고가 그것을 피고에게 보이고 출정하도록 했다.

이와 같이 피고를 원고가 데려오게 되어 있었으므로, 피고가 이에 응하지 않으면 소송의 개시는 부지하세월이었다. 이런 경우 원고는 두 번, 세 번 피고가 출정에 응하지 않는다는 사실을 소장으로 내면서 관청에서 잡아와 달라고 요청했다. 그러면 "성화같이 잡아오라," "당일 안으로 잡아오라"는 제사를 내려 관청 직원으로 범인체포를 위해 사역하는 차사(差使)를 보내 잡아오게 했다.

5) 변론과 증거

피고가 출정해 시송다짐을 내면 본격적으로 소송이 시작된다. 원고와 피고는 각각 자기 주장의 정당성을 다투기 위해 제한 없이 변론할 수 있는데, 변론은 구술로도 할 수 있으나 대개는 반드시 서면으로 해야 했다. 원고가 소장을 제출하고 피고가 다짐을 내면, 다음에 원고와 피고가 다시 각자의 주장을 적은 최초의 서면을 냈는데 이것을 원정(原情)이라 했다. 즉 이 원정이 각자 최초의 변론서가 되는 셈이었다. 그리하여 각자가 원정에서 주장한 사실을 증명하는 일체의 증거를 제출하는데, 그것은 어디까지나 당사자간의 자유였다.

그러므로 소송은 당사자 진행주의였다고 할 수 있다. 증거는 인증(人證)과 서증(書證)이 있는데, 서증이 결정적 역할을 했다. 이 점은 당시의 거래관습과도 밀접한 관계가 있다. 분재(分財)나 매매에는 반드시 문기(文記)를 작성했는데, 그것은 후일의 분쟁에 대한 증거로서의 대비(對備)로 생각했으며, 그만큼 권리의식이 강했다고 볼 수 있다. 그러므로 부자, 형제, 숙질 같은 지친간에도 반드시 문기를 주고받았다.

6) 재판에서 적용되는 법과 리

법전에는 처벌규정이 수반되지 않는 이른바 민사적 법규가 없었던 것은 아니다. 호전에는 토지, 가옥, 노비, 우마의 매매, 임대차, 소권, 이자 제한에 관한 규정이 있고, 예전에는 혼인, 친족의 범위, 제사상속, 입양에 관해 규정하고 있으며, 형전에는 재산상속에 관해 규정하고 있다. 따라서 민이 사법적인 것으로서 국가법과 관계하는 것은 위의 범위에 국한되었다고 할 수 있고 여타는 관습법, 판례법에 일임되어 있었으므로, 사적 생활의 대부분은 국가법의 직접적인 규율대상이 아니었던 것이다.

다음 국가법의 영역 밖인 비국가법적 평면인 사법적 영역에서는 통일적·이상적 법규가 없었으므로 관습법과 조리에 따라 규율되었다. 이 영역에서 행위의 규준은 리, 도리, 사리, 경위, 법리라고 했다. 이것은 국가에서도 당연한 것으로 규정해 민사재판을 심리하는 것을 '청리'(聽理)라 하고, 이유가 없어 패소하는 것을 '이굴'(理屈)'이라 하며, 당사자가 소장에서 판결을 청구하는 것을 '논리제급'(論理題給), '논리처결'(論理處決)이라 표현했다. 모든 사물에는 이치 또는 도리가 있어 소작인에게는 작인도리, 반상에게는 양반도리, 상인도리가 있었다. 행위의 기준에 맞지 않는 것을 이불연, 무리지사, 비리지설, 비리생억, 무거도리, 사심무거, 무경위, 무지법의, 무법리, 법외지변, 법외지인심이라 했다. 도리나 경위는 결국 조리 또는 형평과 같은 말이며, 일반적으로 사람들이 가지고 있는 법의 이상적 기초관념이며 보편적 상식이라고 할 수 있다. 사물에 내재하는 보편적 이치인 사리에는 모든 사람이 수긍할 수 있는 근거가 있으므로, 도리에 어긋나는 것을 무거도리라 하고, 그것은 억지여서 비리생억이라 했다.

결국 도리에 맞는 것은 염치를 알고 인의에 따르는 것이므로 그에 반하는 경우에는 사극무렴, 무렴무법, 불가인의쟁자라고 했다. 사람들은 사리와 도리를 좇아 생활하고 거래하는데, 리(理)는 실정법처럼 통일적이고 명확하지 않으나 양심 속에 깔려 있는 것이었다. 일상적인 거래나 행위로 말미암은 분쟁이 당사자의 리에 따른 해결에 실패한 경우 분쟁은 관사에 제소되는데, 관사도 이에 따라 재판하므로 청리에 의해 쌓인 판례는 객관적인 관사의 리의 집적이었다. 관사의 리의 반복, 연속에 의해 법리가 형성되면 그것은 권위있는 리로 받아들여지고, 사람들은 그 법리를 기준으로 삼았다. 또한 민신민지에 따른 양법미의인 국가법에 대해서도 민중은 리로 평가해 받아들이거나 거부했을 것이다.

민중의 리법은 형사적이거나 위압적이 아니었다. 그러나 사리의 다툼이 관사의 공권력에 의존해 해결하지 않을 수 없는 이상 결국 리법의 실현은 관사의 분위기와 결부되지 않을 수 없게 되어 있다.

3. 소지의 내용분석

의성김씨에 관한 분쟁은 거의 대부분이 산송, 즉 타성에 의한 투장에 관한 소송이며 일반토지에 관한 소송이나 채권채무에 관한 소송은 극소수다. 이 점에서는 다른 사족과 공통된다고 하겠다. 또 현존하는 소지는 정조대부터 고종대에 이르는 18세기 말 내지 19세기 말까지의 100여 년간의 것이며 그 이전의 소지는 남아 있지 않다.

한편 분쟁의 자초지종과 판결을 분석할 수 있는 결송입안은 5건이 있는데, 4건은 문서의 앞부분과 중간의 위아래가 파손되어 있어 정확한 내용을 알 수 없고, 경종 2년(강희 61년, 1722)의 전토송 입안이 완전한 형태로 남아 있을 뿐이며 5건 모두 학봉 종가댁에 전해 오는 입안이다.[3]

그러므로 여기에서는 소지로만 분쟁을 유형화해서 분석하기로 한다.

1) 강릉 소재 입안지의 추심에 관한 분쟁: 양반과 궁방·상민간

내앞김씨의 파조인 청계(靑溪) 김진은 강릉부 남쪽의 금광평에 있는 땅이 거주하는 사람이 적고 기간하는 사람이 없으므로 여기에 집을 짓고 땅을 경작하기로 계획을 세웠는데, 혹시 타인들이 경작할 염려가 있으므로 경계를 명백히 표시해 이 땅의 소유권을 확보하기 위한 증거로 하기 위해 중종 26년(가정 10년, 1531) 신묘 8월 7일 강릉부사에게 입안을 신청해 입안을 성급하겠다는 제사를 받았다. 이 입안은 무주지 취득을 위한 입안인데 그 원본이 전해진다(I, 339, 29).[4] 이 입안신청 소지는 노

---

[3] 결송입안은 고문서집성 六에 수록되어 있다. 경종 2년 입안에 대해서는 심희기 교수가 그 법제적 분석을 했다(『고문서 연구』, 9·10집, 1996. 10).

[4] 'I, 339, 29'는 『고문서집성』 五(I), 339쪽, 29번 문서의 표시다. 이하 모두 같다.

(奴) 옥룡(玉龍)의 명의로 제출되었다. 그후 108년이 지난 후인 인조 17년(기묘, 1639) 2월 24일에 청계의 증손인 김시온은 인심이 옛날과 달라 혹시 분규가 일어날 염려가 있으므로, 청계가 입안받은 소지를 첨부해 다시 입안을 성급할 것을 강릉부사에게 청구했다. 즉 백여 년 전의 입안보다는 최근의 입안을 받아놓는 것이 소유권 확보에 유력하다고 생각해 새로운 입안을 신청한 것이다. 이에 대해 강릉부사는 "이미 전의 문권이 있으니 전의 입안에 의거해 입안을 성급한다"는 제사를 내려 입안을 해주 었다(I, 345, 35). 그후 88년이 지났는데, 이 금광평을 궁방사람들의 협잡에 의해 궁방에 소속시켜 궁방에서 수세하기에 이르렀다. 이에 청계의 종손은 소지를 내게 되었으며 다음과 같다.

(1) 병오(영조 2년, 1726) 10월 16일, 김판서댁 노 옥룡의 소지(I, 344, 34)

두 번에 걸쳐 입안을 받고 아직 강릉 금광평으로 이사를 하지 못하고 있으나 얼마 지나면 이사할 계획으로 있는데, 뜻밖에 그 땅이 궁방에 귀속되었으니 한심하며 백수십 년간 지켜 온 땅을 일조에 몽땅 잃어버려서 마음이 아프며, 그곳에 살고 있는 백성이 사방으로 흩어지게 함은 백성을 위해 근심해야 하는 바가 아니기 때문에 이 뜻을 감영에 보고해 감영으로 하여금 궁방에게 알리도록 할 것을 청구했다.

(제사) (3자결)하겠으니 잠시 물러가서 기다리라.
(원문) (前缺) 處姑爲退待向事 十六日

이 제사를 받은 뒤 계속 노력한 결과 이 땅을 찾게 되었다. 그에 관한 소지나 문적은 전해지지 않으나 그후의 소지 내용에 의해 확인할 수 있다.

(2) 갑오(순조 34년, 1834) 3월 9일 김노 옥룡의 소지(I, 343, 33)

이 땅에 대한 강릉부사와 강원감사의 제사가 극히 명백하며 이제 개간할 때가 박두했는데 근처에 거주하는 사람들이 개간하지 못하게 방해

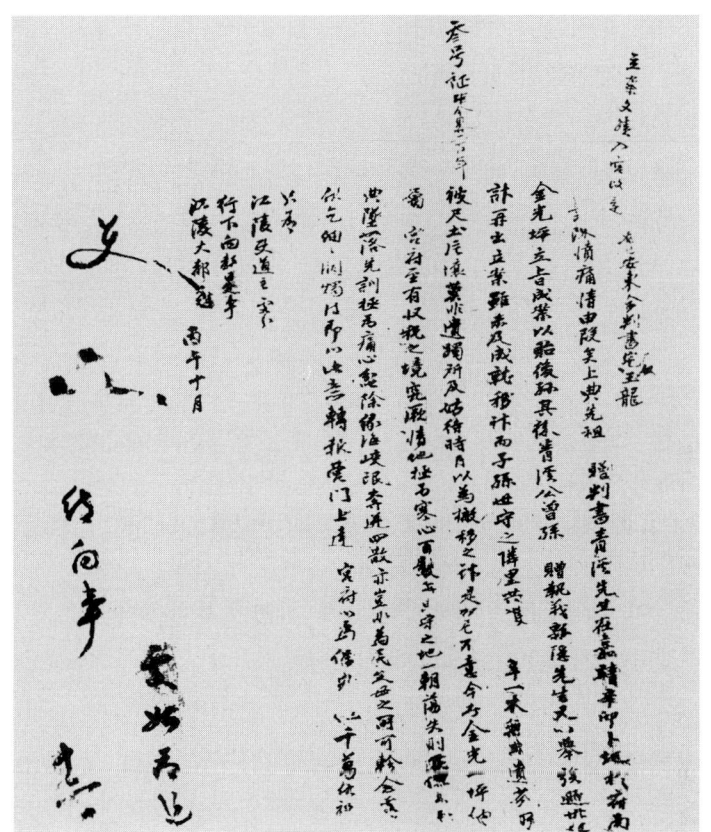

所志類(所志) 04.

하는 폐단이 있으니, 논을 만들 때에 관에서 형지(形止)5)를 바로잡아야 하니 근처의 각 마을에 전령을 보내줄 것을 청구했다.

(제사) 전의 제사에 이미 상세하게 밝혔을 뿐더러 감영의 제사 또한 이와 같이 엄명하니 어찌 딴 염려가 있겠는가. 우선 명령을 기다리고 상황의 부정 유무를 조사하고 그 때를 기다린 후 (전령을) 내보내겠다.

(원문) 前題已悉䋤除良 營門題辭 又如是嚴明 有何他慮 爲先傳令是遣 形止摘 奸 待時後出送向事 神九日

---

5) 어떤 처리사실의 전말을 뜻하며 이것을 기록한 것을 형지 案 또는 형지 記라 한다.

즉 강릉부사는 현지를 조사하겠다고 했으며, 감사는 김씨가 보를 설치하겠다는 청구를 받아들인 것 같다.

(3) 갑오 3월 10일, 김노 옥룡의 소지(I, 341, 31)

금광평에 보를 내도록 허가하는 감사의 제사가 있는데 학산 동민들이 시비하므로, 보를 만드는 데 2, 3일 걸리는 큰 역사가 방해받게 되니 그 마을의 두민(頭民)[6]을 차사(差使)[7]를 보내 붙잡아 가둘 것을 청구했다.

 (제사) 관에서 친히 상황을 조사하니 피차간에 조금도 덜고 보탤 것이 없으므로 다시는 작란질을 하지 말라는 뜻을(이하 소지 후면에 제사가 이어지는데 복사되지 않았음).
 (원문) 自官親審形止 則少無損益於彼此 故更勿作戲之意決處(下缺)

김씨의 주장이 정당함을 인정해 주민들로 하여금 방해하지 못하도록 전령을 내리겠다는 제(題)인 것으로 짐작된다.

(4) 갑오 3월 일, 김생원댁 노 옥룡의 소지(I, 340, 30)

학산동 보의 물을 나누라는 관의 분부가 있었으므로 학산동에 가서 그 뜻을 알리며 물을 나누어 쓰자고 타이르나 방해하므로, 동민들에게 엄히 타일러 조속히 보를 축조할 수 있도록 할 것을 청구함. 아마 부사는 보를 축조하되 동민들에게도 인수(引水)할 수 있도록 배려하라는 전령을 내린 것 같다.

 (제사) 관아에 들어오면 답변할 말이 없다가 즉시 수축(修築)하겠다고 틀림없이 말하고는, 관아의 문을 한 발자국 나가면(이하 소지 이면으로 이어지는데 복사되어 있지 않음).

---

6) 동네에서 식견이 높은 연장자를 두두인이라고도 한다.
7) 수령이 죄인이나 피고를 체포하기 위해 파견하는 아전. 장차(將差)라고도 한다. 차사원(差使員)은 그러한 임무를 책임진 관원이다.

(원문) 若入官庭 則無辭可答 而以不日內修築樣丁寧言之是如可 及其出官門一步之地 則若置(下缺)

짐작컨대 보의 인수에 관해 양자간에 협의가 이루어지지 않으므로 동민들이 자기들에게도 인수할 수 있도록 보의 원형을 훼손했고, 이 일로 관에 출정한 동민 대표는 보를 수축하겠다고 다짐하고는 관문을 나서서는 다짐을 지키지 않았던 것 같다.

⑸ 갑오 3월 29일, 김연수 등 15명의 상서소지. 이들 중 진사 2명, 전 참봉, 전 정언 각 1명, 현감 1명이 연명(I, 314, 5)

보를 쌓고 논을 만드는 데 500여 량이 투하되었으며 『주례』(周禮)와 법전에는 입안을 받은 자가 소유가 된다는 규정[8])이 있으니 감영에 보고해 경계를 확정함으로써 입안을 받은 땅임을 확정해 줄 것을 청구했다.

(제사) 입안지를 한 옛 문적(文蹟)이 명백해 많은 말이 필요 없으니 법전의 규정에 따라 추심함이 마땅하다.
(원문) 立旨成案之古蹟昭然 則不必多言 依法典推尋宜當向事 二十九日

그 동안 입안지의 경계에 관해서도 동민들과 갈등이 있었던 것 같으며 김씨들은 자기의 정당성을 주장하기 위해 법전의 규정 외에 그 규정의 권위를 가중시키기 위해 주례도 원용했다. 당연한 제사이다.

⑹ 갑오 4월 17일, 김연수 등 13명의 강원도 관찰사에 대한 상서(의송) (I, 315, 6)

앞선 상서와 완전히 동일한 내용을 관찰사에게 상서해 소유자임을 확정할 것을 청구했다. 강릉부사의 제사가 동민들에게 실효적으로 받아들여지지 않으므로 강원감사에게 의송을 올렸다.

---

8) 『속대전』 호전 전택조의 凡閒曠處以起耕者爲主의 규정.

(제사) 옛 문적이 이미 명백하며 새로 보(洑)를 쌓았음이 이와 같으니 법전의 규정에 따라 경계를 정하는 입지(立旨)를 내어 줌이 마땅하다. 본관(本官)에게 지시한다. (여기의 본관은 강릉부사임)

(원문) 古蹟旣昭然 新築又如是 依法典立旨 定界以給宜當向事 本官 十七日

감사로부터 유리한 제사를 받았다.

⑺ 갑오 4월 23일, 김생원댁 노 옥룡의 소지(Ⅰ, 342, 32)

감사의 제사를 첨부해 강릉부사에게 각 동(洞)의 책임자와 농민들에게 전령을 내리고 측량을 담당할 서원(書員)9) 등을 지정해 조속히 전답을 측량하게 할 것을 청구했다.

(제사) 감영의 제사에 따라서 거행함이 마땅하다. 호방(戶房)의 지색(地色)에게 지시한다.

(원문) 依營題擧行宜當向事 二十三日 戶房地色

즉 경계확정을 위해 측량 담당자로 하여금 측량할 것을 명령한다.

⑻ 을묘(철종 6년, 1855) 11월 일 김희수 등 10명의 상서. 전 수찬, 전 참의, 전 지평이 각 1명(Ⅰ, 316, 7)

입안받은 경계 안에서 물을 끌어 사용하는 자가 적지 않다. 다른 곳의 개간자도 물을 끌어 쓰는 자가 있는데, 그곳도 경계 안의 땅이므로 이 땅을 추심할 수 있도록 감영에 보고해 경계를 확정해 줄 것을 청구했다. 갑오 4월 23일의 제사에 따라 측량을 하고 경계를 확정했던 것 같은데, 동민들이 제사를 받아들이지 않았으며 1년 7개월 동안 분쟁이 계속되었다. 그 동안 여러 차례 제소했던 것 같은데 소지가 전해 오지 않았다.

특기할 것은 전번까지 소지의 원고표시는 청계가 입안청구시의 원고로 되어 있던 노 옥룡의 명의를 그대로 사용했으나, 금번부터는 직접 후손

---

9) 각 관청에서 토지의 측량을 맡은 아전.

들이 공동명의로 제소했다. 400년 전 옥룡의 이름을 그대로 사용한 것은 청계의 입안지임을 강조하기 위한 뜻에서 한 것으로 추정된다.

  (제사) 이 고을 금광평은 청계 선생이 입안받은 땅임은 비단 이 고을 뿐 아니라 온 세상이 모두 알고 있는 바이다. 그 토지는 이미 보를 쌓아서 개간한 곳인즉 밭과 논을 물론하고 입안해 준 경계내(이하 소지 이면으로 연결되나 복사되지 않음).
  (원문) 此邑金剛坪之靑溪先生立案之地 非但此邑 擧世之所共知也 厥土旣有築洑開墾處 則無論田與畓 立案四標內(下缺)

강릉부사의 제사는 한결같이 김씨들의 정당성을 확인하는 제사를 내리고 있는데, 제사의 강제적 집행력이 약한 듯하다.

(9) 병진(철종 7년) 정월 19일, 김희수 등의 강원감사에 대한 상서(의송)
  (I, 317, 8)

내용은 앞선 상서와 같으며, 감영으로 하여금 강릉부사에게 관(關)10)을 내려보내 입안받은 땅의 경계와 경계 내에 개간한 땅을 추심할 수 있노록 할 것을 청구했다. 을묘 11월 일의 제사를 받았으나 아무런 실효를 거두지 못하고 있으므로 두 달이 지난 병진 정월에 다시 강원감사에게 의송을 제출한 것이다.

  (제사) 대대로 전해 왔을 뿐더러 이미 여러 번 나라의 은혜를 받았으며, 또한 수차에 걸친 감영과 수령의 제사가 명백하니 마땅히 그대로 지켜야 하며, 그 구역 내에서 많건 적건 경작하고 있는 가난한 백성들이 어찌 땅을 헛되이 잃어버리게 할 수 있겠는가. 억지로 막지 말고 좋은 데로 조처하는데, 첫째로는 임금이 백성을 생각하는 뜻에 보답하고, 둘째로는 원고가 대대로 전승하고자 하는 소원에 부응하도록 함이 마땅하다. 강릉부사에게 지시한다.

---

10) 상급관청이 하급관청에게 내리는 공문. 동일 직계의 관청 사이에 내왕하는 공문을 평관(平關)이라 함.

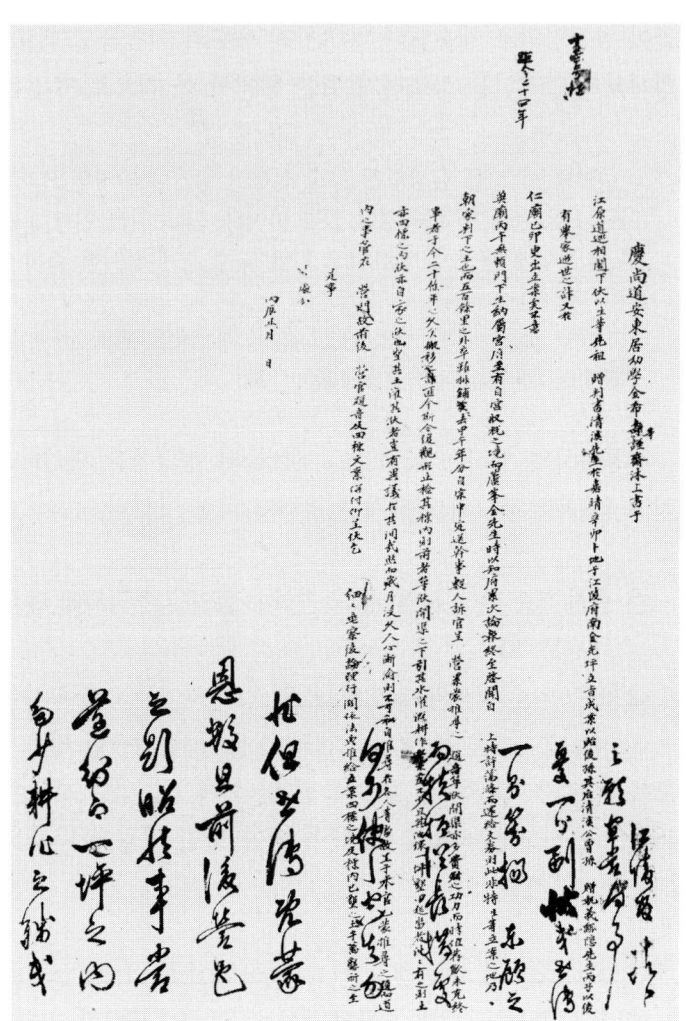

所志類(上書) 8.

(원문) 非但世傳 旣蒙恩數 且前後營邑之題昭然 事當遵行 而一坪地內 多少耕作之賤民 何可使之空失 勿爲扶抑從長措處 一則對揚東顧之憂 一則副狀民世傳之願 宜當向事 江陵官 十九日

감사는 김씨의 주장이 정당함을 인정하지만 가난한 동민들의 처지도 고려해 강릉부사로 하여금 조정하도록 지시한 것이다. "여러번 나라의 은혜를 입었다"는 것은 궁방에 귀속되었던 것을 김씨에게 되돌려주었음을 뜻하는 것이다.

(10) 이 사건은 갑오(순조 34년, 1834) 3월에 시작해 병진(철종 7년, 1856) 정월에 완결되었으니 23년이 소요된 것이다. 즉 김씨의 입안지임이 명백해 10여 차의 제사가 이를 확인하고 있는데, 그 제사가 집행력을 갖지 못한 것이다. 강릉부사는 김씨의 청구를 정면으로 받아들이면서도 그 제사의 집행을 위해 동민 대표를 붙잡아 들여 제사에 따른 이행의 다짐을 받는 조치를 취하지 않았으며, 김씨들도 그러한 강력한 청구를 하지 않았다. 김씨들은 현지 거주인이 아닌 타관 양반(他官兩班)으로서 동민들을 달래 과격한 행동으로 대항하지 않도록 배려하지 않을 수 없었고, 강릉부사로서도 소유권자이긴 하지만 타관 양반을 위해 소관 동민들을 매정하게 다룰 수 없었던 것이다. 더구나 당시로서는 비록 타인 소유지이지만 수백 년간 이용하고 있으면 그 무단점유가 소유권적 권리로 상승할 수 있었기 때문이다. 이러한 동민들의 점유권은 그동안 그 입안지가 궁방에 소속되어 궁방으로부터 합법적 이용권을 보장받으며 납세하고 있었음은 그들의 권리를 더욱 강화하는 작용을 했다. 또한 김씨 측으로서는 전답은 이용하고 있지 않으면 소유권이 약화된다는 당시의 일반적 법의식의 강제력에 영향을 받지 않을 수 없었다.

2) 김씨 선산의 소나무를 베고 화전을 일군 분쟁: 양반과 상민간

약봉파의 파조인 약봉 김극일의 주손은 내앞(川前)에 세거하는데, 약봉의 손자인 표은 김시온의 묘소가 청송부 마평 남산 기슭에 있었다. 그런데 정조 12년 10월에 표은의 5대손과 6대손들이 성묘를 가서 본즉 누군가가 묘소 아래 소나무를 베어 버리고 화전을 일구어 놓았으므로 소송이 시작되었다.

(1) 정조 12년 무신 10월 16일 김계운 등 9명의 상서단자(I, 312, 3)

표은의 분묘를 재사(齋舍)의 사직으로 하여금 수호하게 하고 있는데, 묘 아래 멀지 않은 곳에 화전을 일구어 놓았으므로 수소문한, 즉 송생촌 마을 사람들의 짓임을 알게 되었는데 성묘간 자기들로서는 기세가 모자라 사사로이 금지시킬 수 없으므로 청송부사에게 엄히 다스려 줄 것을 청구했다.

 (제사) 명현의 산소국 내에 어찌 타인이 화전을 일구는 것을 용납할 수 있겠는가. 각별히 금지시키기 위해 화전을 일군 놈들을 송생동장(松生洞長)으로 하여금 붙잡아들여 엄히 타이르도록 하라. 이임(里任)에게 지시함.
 (원문) 名賢山所局內 豈容他人之起墾火田乎 各別禁斷次起墾漢 使松生洞長捉入 以爲嚴飭之地向事 十六日 里任

관에서 직접 다루지 않고 동에서 자치적으로 다루게 한 것이다. 일종의 경고처분이라 하겠다.

(2) 정조 13년 기유 4월 19일, 김득행, 김도행, 김복운 등 27명의 상서단자
 (I, 313, 4)

근 100년 동안 수호해 온 소나무를 송생촌에 거주하는 황가와 윤가가 멋대로 베어 버렸는데, 널판자로 할 만한 것 9주와 동량으로 할 만한 것 100여 주를 베었으니, 상민의 무리로서 어찌 감히 이런 짓을 할 수 있는가 하면서, 자손으로서 나무를 아낌이 피부나 머리카락과 같으므로 감히 100리를 걸어와서 소리 높여 부르짖으니 법에 따라 논죄함으로써 선영을 보전할 수 있도록 할 것을 청구했다.

 (제사) 나무는 사람으로서 매우 아끼는 것이니 선현 묘소의 나무를 벤 죄는 다른 경우에 비해 마땅히 엄히 다스려야 하는 것이다. 소지에서 지목한 황가와 윤가 두 놈을 금란패(禁亂牌)[11]를 발급해서 잡아오도록 하라.

---

11) 법령을 어기고 소란을 피우는 것을 금지하는 사항을 적은 나무패. 금패라고도 함.

(원문) 樹木猶爲人愛惜 則先賢丘木 斫伐之罪 比他丘木 尤當嚴治 狀付黃尹兩漢 發牌捉來向事 十九日

두 번째 제사인데 매우 강력한 처분이다.

(3) 정조 13년 기유 5월 22일, 생원 김도행, 유학 김경행 등 10명의 상서단자
   (I, 311, 2)

원고들은 집안이 기울어 보잘것없이 되었는데 엄중한 제사를 내려 주어 감격하고 있으며, 마땅히 모두 다시 상서해 소나무를 추심하려고 했으나 천연두가 퍼져 그간 소지를 제출하지 못하고 해를 넘기게 되었다. 윤가와 황가 두 놈은 모두 모질어 제사를 내렸더라도 거리낌없이 공갈하며 나머지 소나무도 모두 베어 버리고 말 것 같으니, 이러한 완악한 놈들은 무겁게 다스리고 소나무를 추심해야 하므로 다시 처분해서 완문을 내려 주고 선산 근처의 마을사람들에게 전령을 내려 후일의 폐단이 없게 할 것을 청구했다. 이 소지에서 원고들은 피고들이 특히 완악한 자들임을 지적하고 있다.

(제사) 황가와 윤가의 무리는 이미 엄히 다스려서 관직강등을 하거나 혹은 속죄전(贖罪錢)을 받아내기도 했는데, 이곳의 인심이 과연 소지에 적은 말과 같이 아직도 후일의 폐단을 막기에 부족하다 하니 이번 소지의 내용으로 보아 모두 후일의 염려가 있으니, 마땅히 소지의 주장에 따라 동민들에게 전령을 보내거나 혹은 완문(完文)을 내 주도록 할 것이고, 베어 간 나무를 추심하는 일은 자손 중에서 한번 적발해서 보고해 온 후에 하도록 할 것이다.

(원문) 黃尹輩已爲嚴治 或降定 或徵贖 而此處人心果如狀辭 猶未足以杜後弊 是如乎 如此狀辭 儘有後慮 當依所訴 或傳令洞民 或成給完文 而至於推尋所斫之木 子孫中一番摘發以告後 可以推尋事 二十二日

일종의 체포영장이며 금패를 가지고 가는 사람을 금란사령(禁亂使令)이라 한다.

(4) 순조 12년 임신 3월 5일, 생원 김양운 등 3명의 상서단자(I, 333, 24)

이 소지는 정조 13년부터 23년이 지난 후의 소지인데, 그 동안 소송이 어떻게 진행되었는지 알 수 없다. 이 소지에 의해 짐작하건대 그 동안 청송부사는 전각(殿閣)[12]을 수리하는 데 필요하다 하여 서까래용으로 20주를 베기로 했던 것 같다.

이 소지에서 원고들은 주장하기를 원고들이 나무를 아끼며 애석히 여기는 것은 사정(私情)이며 전각을 수리하는 일은 관가(官家)의 중대한 일인데, 효를 중히 여기기 때문에 사정을 거론하며 감히 부사가 이미 서까래용 나무 20주가 필요하다고 결정해 나무를 베어 운반했다는 사실을 감히 말하게 되니, 자기들의 소송은 이미 물 건너간 배가 된 격이라고 했다. 그리하여 이런 일을 다시 번거롭게 할 생각은 없으니, 멀리 사는 미약한 자손들로서 선산을 지키기가 매우 어려우며 마을사람들이 이런 일이 있음으로 해서 기회를 틈타 나무를 몰래 벨지도 모르니 특별히 완문을 성급함으로써 후일의 폐단을 막아 줄 것을 청구했다.

(제사) 표은 선생 묘소의 소나무는 본디 아끼는 것이어서 베어서는 안 되는 것인데, 전패(殿牌)를 모실 객사(客舍)의 소중한 바와는 구별해야 하는 것이므로 부득불 20그루를 상소국내 의 변두리에 있는 나무를 빌리게 된 것은 자못 그 까닭이 있는 것이다. 혹시 이 일로 인해 타인이 벨 염려가 있는바 완문을 내주어 그 산 아래의 백성들로 하여금 베는 일이 없도록 하는 것이 마땅하다. 형방에게 지시함.

(원문) 瓢隱先生墓所 松楸固當愛惜勿剪 而奉殿牌容若所重自別 故不得不 借得二十株於局邊餘地者 良以此也 或恐因此而爲犯斫之慮是乎所 完文成給 使山下民人等 勿敢剪伐宜當事 三月初五日 刑

(5) 순조 12년 3월 일의 완문(II, 54, 하단)

원고들의 요구에 따라 다음과 같은 내용의 완문을 소지를 낸 당일인

---

[12] 지방의 객사 내에 殿자를 쓴 목패를 모시는 집. 출장온 관원이나 수령 등이 여기에 절을 했다. 전패(殿牌)를 모신 집.

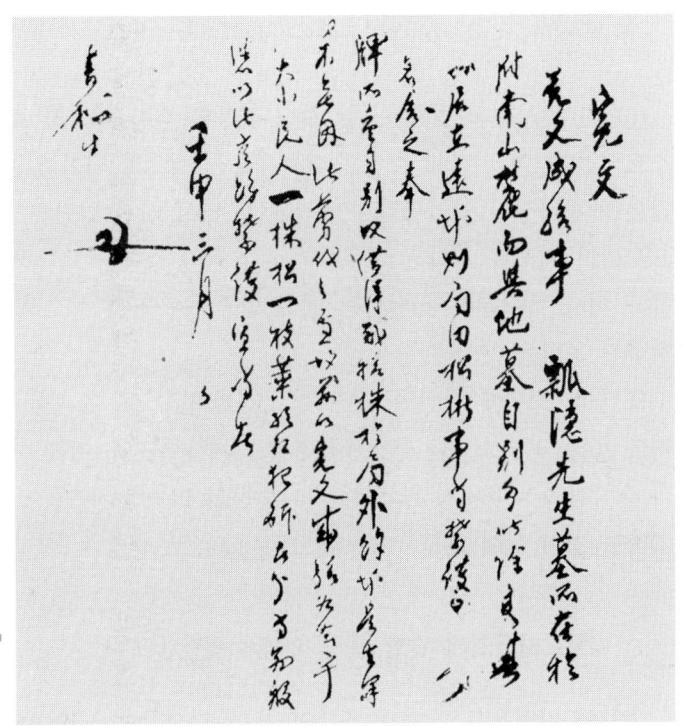

完文 2

5일에 성급한 것으로 짐작된다.

　　(완문) 완문을 성급하는 일이다. 표은 선생의 묘소가 청송부 남산 기슭에 있는데, 다른 묘와는 원래부터 다를 뿐더러 그 자손이 먼 곳에 살고 있으니 그 국내 소나무는 마땅히 수호해야 하는데, 전패를 받드는 것과는 그 소중함이 본디 다르기 때문에 국 밖의 변두리 땅에서 20주를 빌리게 되었거니와, 앞으로 이 일로 인해 나무를 베어갈 염려가 없지 않으므로, 이에 완문을 성급하니 일반백성들은 소나무 한 그루, 솔가지 하나라도 감히 베는 자가 있으면 바야흐로 특별히 징벌하기로 엄중히 타이르니, 타인의 벌채를 금하며 수호함이 마땅하리로다. 임신 3월 일. 청송부사.

　　(원문) 完文成給事 瓢隱先生墓所 在於府南山麓 而與他墓自別除良 其子孫 居在遠地 則局內松楸 事當禁護 而(中缺) 名屬之奉牌所重自別 故借得貳拾株於 局外餘地是在果 不無因此剪伐之慮 故玆以完文成給爲去乎 大小民人 一株松一枝

葉 敢爲犯斫者 則方別般懲 以此嚴飭禁護宜當者 壬申三月 日 靑松府使

(6) 이 사건은 최초의 소지로부터 완문을 받을 때까지 25년의 세월이 소요되었다. 이 기간에 소지는 4차 제출한 것으로 되어 있는데, 훨씬 더 많은 재판과정이 있었으리라 짐작된다. 역시 타관 양반은, 더구나 양반으로서의 지체가 저하된 경우에는 실효적인 소송수행이 용이하지 않았을 것이다. 청송부사의 제사는 매우 엄중하나 역시 실효적 강제력을 발휘하지 못했을 것이다.

또한 이 소송에서 원고들은 1차 소지를 9명, 2차 소지를 27명, 3차 소지를 10명, 4차 소지를 3명 공동명의로 제출했는데, 이는 사안의 중대함과 절박함을 나타내기 위해서였다. 대개 산송은 그 자손들이 공동으로 제기하는 것이 상례였다.

3) 묘지설치에 관한 분쟁: 양반과 양반간

내앞의 김귀운은 그의 증조부인 제산 김성탁(1684~1747)의 묘를 이장하고자 해 진보현의 산에 점혈(占穴)[13]했으나, 산아래 동민들이 이장을 금지하면서 소지를 먼저 내 주장하기를 김귀운의 점혈처가 기와집에서 3, 4보 떨어진 곳이라고 하자, "분수를 모르는 사람이 아니라면 어찌 묘를 설치하려고 하겠는가"라는 제사를 내렸다. 이에 김귀운은 그들이 허무맹랑한 말로 무고해 한편으로는 점혈처에 막을 짓고 띠를 파 버렸다. 원고들이 흙을 파려고 하니 사람들을 불러와 날뛰므로 흙파기를 잠시 정지하게 되었다. 이에 김귀운은 그의 조카이며 제산의 주손인 김윤수와 공동명의로 진보현감에게 제소했다.

(1) 경인(순조 30년, 1830) 9월 29일, 김귀운, 김윤수의 등장(I, 386, 84)
피고들이 설치한 천막을 철거시킨 다음 공정하게 처결할 것을 청구했

---

13) 묏자리를 잡는 것.

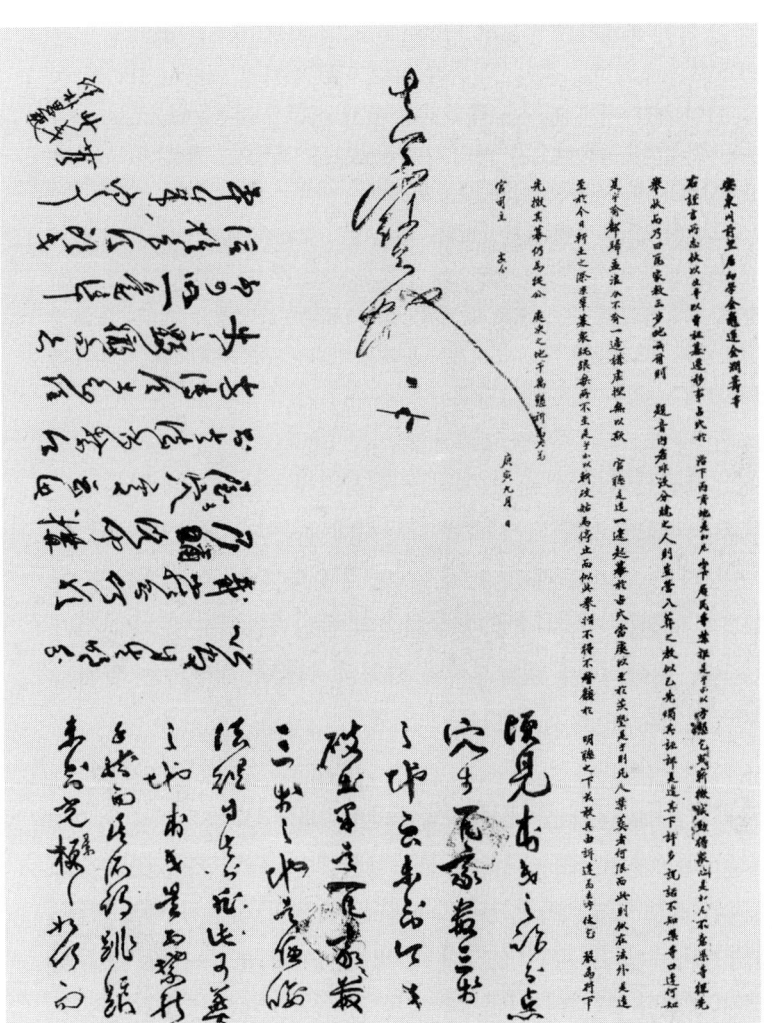

所志類(所志) 84.

다. 양반간의 분쟁인데 산송의 성격상 서로 필사적으로 대항하고 있다.

(제사) 근자에 촌민들의 소지를 보니 기와집에서 3보(步) 남짓의 땅에 묘를 쓰려고 한다 하나 오늘 땅을 판 것인지 알 수 없으며, 과연 기와집에서 3보 남짓의 거리인지. 법률상 이는 물을 수 없는 땅이다. 촌민들은 이를 금지하지 않았는가. 그리고 함부로 날뛰는지 그 사태가 어떠한지 알 수 없으며,

재판관이 엄연히 존재하고 명분이 엄연한즉 어찌 감히 이처럼 하는가. 하물며 들건대 묘혈(墓穴)에다 집을 짓는다 하니 이는 법률상 마땅히 금해야 한다. 지금 면임(面任)에게 전령을 내려보내 부셔 버리게 하겠는데, 또한 한쪽 말만 믿을 수 없어 심문하고자 하니 두민(頭民)을 데려오도록 하라. 원고와 아전인 박사범은 이 일을 처리해 보고하라.14)

(원문) 頃見村民之訴 則點穴於瓦家數三步之地云 未知今之破土 果是瓦家數三步之地是隱喩 法理自在 則此非可葬之地 村民豈不禁斷乎 然而其所謂跳踉 未知光景之如何 而訟官自在 名分截嚴 則何敢乃爾 況聞構屋於穴處云 此則在法當禁 今方傳令於面任 使之毁撤 而亦不可以一邊準信 推卞次頭民率來向事 二十九日 狀民 課朴思範

이 제사는 재판관이 사건을 신속히 처리하고자 하는 고려에서 나온 것이다. 피고나 피고와 관련되는 자를 대령하게 하는 제사는 일반적으로 원고에게 지시하는 것이 관례인데 여기서는 원고와 함께 아전에게도 지시하고 있으며, 아전은 이 지시에 따라 마을의 동장격인 두민을 대령시키는 책임을 지게 된다. 아마 내앞김씨의 사회적 위상을 대접하는 뜻에서 매우 자상한 제사를 내린 것 같다.

(2) 경인 10월 11일, 김귀운, 김윤수의 등장(I, 385, 83)

진보현감의 제사로 인해 동민들이 문제삼지 않게 되었는데, 뜻밖에도 신국렬이 그의 조상 묘를 이장한다고 하면서 김씨의 점혈처 바로 위를 파면서 말하기를, 그곳은 자기 선영의 국내(局內)이니 누가 감히 입장(入葬)을 막느냐고 했다. 그러나 신국렬의 선산은 동쪽 건너 산기슭에 보수를 따질 수 없을 정도로 먼 곳에 있으며, 저번에 동민들이 제소한 때에는 아무 말이 없다가 이제 와서 시비하니, 그가 감정이 격하게 되어 일을 일으킬 것을 원치 않아 간곡하게 말했으나 한결같이 방해하는데, 이장 일이 박두해 뜻밖의 일이 생길지 모르니 잘 살펴서 엄중히 처분함으

---

14) 고과(告課) 또는 고(告) 혹은 과(課)라는 글자를 아전 성명 위에 표시했다. 처리결과를 수령에게 보고하는 것을 고과라 한다.

로써 무사히 이장할 수 있도록 할 것을 청구했다.

(제사) 그 자(신국렬)는 누가 감히 못하게 하느냐고 말하고 관에서는 내가 마땅히 못하게 하겠다고 말하니, 이는 다름 아니라 동민에게 뇌물을 받고 남의 대사(大事)를 희롱하려는 계략이다. 그 마음을 헤아리건대 보통으로 처치해서는 안 되겠다. 대저 신국렬의 면목이 자못 가증스러우니 심술인들 어찌 바를 수 있겠는가. 그의 선조의 묘와 가까운 곳이라고 고집했다면, 어째서 땅을 팔 때 묻지 못하게 하지 않고 도리어 동민들이 말을 따른 후에 이르러 이처럼 간교한 계략을 부리는가. 극히 해괴하다. 제산(齊山) 선생의 옷과 신이 있는 곳인데, 명색이 양반으로서 이처럼 해괴하고 패악스런 짓을 했으니 양반 대접으로 책할 수 없다. 지금 차사(差使)를 보내니 역사(役事)를 시작한 동민들을 금패(禁牌)가 나가면 역사를 그만두도록 하되, 이는 필시 시험삼아 하는 계책이니 아마 염려할 바 아닐 것이다. 아전 권세운은 처리결과를 보고하라.
(원문) 渠則曰誰敢禁之 而官則曰吾當禁止 此不過受賂於洞民 戲人大事之計也 究其用意 決不可尋常處置 大抵申國烈之面目 頗可憎 則心術烏能正乎 若以渠之 先墓之在近執言 則何不於破土之時禁葬 而至於洞民歸順之後 行此奸巧之計乎 極爲駭痛 齊山先生衣履之處 名以士子 有此駭悖之擧 則不可以士子責之 分方發差 而始役洞民許 出牌停役是矣 此必當試之計 似不足爲慮向事十一日 告權世運

앞선 제사처럼 매우 자상할 뿐더러 차사를 보내 역사를 금지시키는 강력한 결정을 함과 동시에 이 일을 아전에게 책임지우고 있다. 당시 이런 정도의 제사를 받은 당사자는 감격할 정도였다.

(3) 경인 10월 15일, 김귀운의 소지(I, 384, 82)

지난번 소송 대질에서는 관의 제사에 대해 순순히 승복했던 신국렬이 갑자기 큰소리치기를, 내가 승소했으니 내가 하는 일을 누가 감히 막느냐고 하면서 급히 택일해 이장하겠다고 억지를 부림으로, 그를 사리에 따라 타이르거나 보통으로 꾸짖을 일이 되지 못하므로 관에서 엄중히 처분해 줄 것을 청구했다.

(제사) 어제 대질신문 때 송사하지 않도록 잘 처리하라고 했는데, 신국렬이 뉘우치려 생각하지 않고 도리어 핑계대는 것은 그가 도리를 분별하지 못함을 알 수 있겠다. 비록 사람이 택일해서 장사지내려고 하겠지만, 재판관으로서는 결단코 장사지냄을 허용하지 않는 것이니 이 제사를 가서 보여줌이 마땅하다. 아전인 권세운은 처리 후 보고하라.
(원문) 昨日對卞時 使之無訟順處 而申國烈之不思悔悟 反爲藉口者 可知其復分曉人 雖欲擇日入葬 爲訟官者 斷不許葬 往示此題宜當向事 十五日 告權世運

피고가 관의 제사를 무시하고 묘를 설치하려 하므로 이를 금지하는 일을 아전 권세운으로 하여금 책임지고 처리하게 한 것이다. 이런 경우 아전은 본인이 직접 가는 것이 아니라 사령이나 장교로 하여금 제사를 가지고 가 신국렬에게 보여주고 묘의 설치를 중지토록 타이르게 될 것이다.

⑷ 소지(I, 387, 86)

연월을 알 수 없는 소지로서 소지의 사연이 대부분 결락되었으나, 신국렬의 묘를 파 옮기도록 할 것을 청구한 듯하다. 제사도 일부만 있는데, "신국렬이 관의 명령을 어기고 남이 묏자리를 판 곳 바로 위에 매장한 것은 극히 해괴한 짓이다. 마땅히 법에 따라 처리할 것이며 원고가 (이하 결락됨)"(申國烈之不有官令 埋葬於他人破土之腦頭者 極爲駭然 當以法□事 而狀民之[下缺])라고 했다.

⑸ 경인 10월 일 김귀운의 소지(I, p.383, 81)

신국렬이 군옥에 수감되었는데, 원고는 피고가 비록 법을 멸시하고 이치에 어긋나는 잘못을 저질렀으나 원고로서는 이장을 앞두고 일이 이렇게 된 것은 불행한 일이므로 피고를 잠시 석방할 것을 청구했다. 신국렬과 김씨가 세의가 있었는지는 알 수 없으나, 목적을 달성할 수 있게 되었으므로 신국렬을 더 이상 자극시키지 않게 하기 위해 신국렬의 가석방을 청원한 것이다.

(제사) 사림(士林)으로서 묘를 파 가도록 독촉하는 것은 예이고, 본가(本家)로서 석방하기를 청하는 것은 의(義)이다. 예를 중하게 여기면 의는 가볍게 되는 것이요, 의를 중하게 여기면 예가 경하게 된다. 이 두 가지에 대해 재판관으로서는 그 경중을 알 수 없으되 신국렬이 한 짓은 경하게 처리해서는 안 된다(이하 후면으로 연결되나 복사되지 않았음).
　(원문) 士林之督掘禮也 本家之請放義也 禮重則義輕 義重則禮輕 於斯二者 訟官不知其軒輊 而申國烈之所爲 不可輕勘(下缺)

제사의 취지가 애매한 듯하나 신국렬이 이장하면 석방하겠다는 뜻인 것 같다.

(6) 이 사건은 약 한 달 만에 매우 신속하게 진행되어 김씨가 승소했는데, 당시로서는 매우 드문 일이다. 신국렬이 동민들의 뇌물을 받고 김씨의 이장을 금지시키려고 했는지는 알 수 없으나 송리(訟理)의 곡직은 고사하고 옥에 수금되는 수모와 고통을 겪고 패소한 것인데, 사회적으로는 내앞김씨의 위세에 굴복한 것이다.

4) 투장한 묘의 도굴에 관한 분쟁: 양반과 관노간

　철종 13년(1862)에 관노(官奴)의 신분인 권증률은 지촌 김방걸의 7대손으로서 지례동에 거주하는 김대진의 조상과 부모의 묘가 있는 산에 묘를 설치했다. 김대진은 권의 행위가 투장이 아니라 늑장(勒葬)15)이라고 주장하면서 제소했다. 관에서는 관노에게 묘를 파 가라는 제사를 내렸으나 응하지 않고, 관졸 10여 명을 데리고 원고의 재종제를 납치해 수갑을 채우고 발로 차며 밥이나 물도 주지 않고 이틀이 지난 뒤에 사화하는 문서를 작성해 재종제에게 서압하라고 강요했다. 원고의 재종제는 우선 목숨을 건질 생각으로 서압해 주었다. 재종제는 지손으로서 직접 당사자도 아닌데, 그에게 사화하자고 요구한 짓은 진정한 사화의 뜻이 아니라고

---

15) 타인의 금지를 무릅쓰고 강제로 매장하는 것. 투장은 몰래 매장하는 것.

주장했다. 이 사건에 대해 관에서는 피고로 하여금 파 가도록 독촉하지 않고 자주 기한을 연기해 주었으며, 피고는 파 가겠다고 다짐했으면서도 파 가지 않고 도리어 묘에 흙을 덧붙였다. 원고는 관이 피고에게 관대하고 원고의 사정을 들어주지 않았다고 주장했다.

(1) 임술(철종 13년, 1862) 11월 일, 진사 김대진의 단자(I, 398, 99)

위와 같은 사정하에서 원고는 억울하므로 권증률이란 놈을 붙잡아 와 행패부린 행위를 다스리고 즉시 묘를 파가도록 처분할 것을 청구했다.

    (제사) 관노(官奴)가 사부(士夫)의 산을 범해 장사지내는 일에 관해서는 단지 묘의 기운을 짓누름이 거리가 먼 것인지 가까운 것인지를 논해서는 안 된다. 그것은 법과 기강에 크게 관계되는 것이어서 기강을 세우고 명분을 정하는 길 또한 (이하 결락).
    (원문) 以官奴犯葬士夫山 不可但以壓逼遠近 論其□□大關法紀 立紀綱 定名分之道 亦不(下缺)

관노의 신분으로 양반을 침범한 점에 대해 먼저 처리하겠다는 뜻인 것 같다.

(2) 계해(철종 14년) 2월 일, 진사 김대진의 단자(I, 401, 102)

안동부사가 교체되어 새 부사가 취임하자 원고는 그간의 사정을 자세히 다시 적고 피고를 엄히 다스리고 묘를 파 가도록 명령할 것을 청구했다.

    (제사) 권증률이 한 짓은 기강(紀綱)에 크게 관계되는 것이며 (이하 결락).
    (원문) 曾律所爲 有關紀綱(下缺)

(3) 계해 5월 1일, 진사 김대진의 단자(I, 399, 100)

신임 부사도 전임 부사와 마찬가지로 피고에게 관대했다. 묘를 파낼 기한을 정함에 있어 원고가 2월까지를 요구하자 부사는 좀더 늦추라고

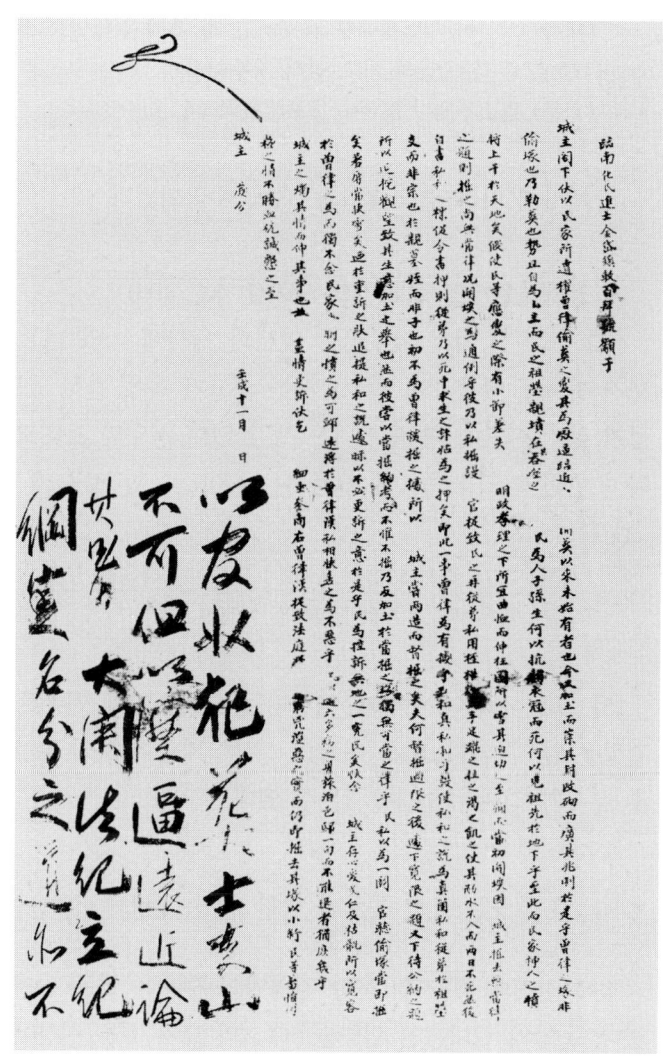

所志類(呈文草) 99.

했고, 원고가 3월까지로 요구하자 부사는 4월까지로 하자고 해 4월로 확정했다. 부사는 피고를 불러 기한을 어기면 관에서 파겠다고 말했다. 그러나 피고는 기한이 지나도 파 가지 않았다. 이에 원고는 부사가 묘를 파 옮기도록 명령할 것을 청구했다.

(제사) 기한이 지났음에도 불구하고 파 옮기지 않았으니 더욱 통탄스럽다. 바야흐로 곤장을 엄히 치고 엄히 가두어라.
(원문) 過限不掘 尤爲可痛 方嚴棍嚴囚向事 初一日

이 제사에 따라 결국 관노는 옥에 수금되었다.

⑷ 계해 5월 3일, 김대진의 단자(I, 402, 103)

피고를 곤장 쳐서 가두라는 앞서의 제사에 따라 가두고 관노의 일을 보지 못하게 했거니와, 원고로서는 피고가 옥에 갇혀 있으면서도 고통스럽지 않기 때문에 파 옮기려는 생각 없이 시일만 보내고 있다고 판단해 다시 한번 피고를 독촉해 묘를 파 옮기도록 할 것을 청구했다.

(제사) 그가 즉시 파겠다고 하니 다만 이 다음을 보도록 하라.
(원문) 渠將卽掘云 第觀下回向事 初三日

⑸ 그후 사건이 어떻게 해결되었는지 소지가 전존하지 않으므로 그 결말을 알 수 없다. 비록 관노의 신분이지만 부사의 부하이기 때문에 전후 부사가 감싸 주었음을 알 수 있다.

5) 투장한 묘의 독굴에 관한 분쟁: 양반과 아전간

청계 김진의 제3자인 운암 김명일의 후손은 안동 천전 신당리에 거주했다. 운암의 12대손인 김중술 6대조의 묘가 있는 선산이 의성군 옥산면 용두산에 있는데, 그 묘의 전후좌우에 4기의 묘가 투장되었다. 하나는 신갑성의 묘로 김씨 묘위의 10여 보 되는 곳이고, 하나는 우측 10보 되는 거리에 있는 이주철의 아들 묘로 계유 10월 내에 파 옮기겠다는 수표를 쓰고도 옮기지 않고 있는 것이며, 하나는 의성의 가리(假吏)[16]인 김

---

16) 제 고을에서 세습적으로 아전직을 승계하는 자가 아닌 자로서 다른 고을에서 온

연익 가의 묘로 김씨 묘위 5보의 거리에 있는 것이 하나이고, 하나는 좌측 가까운 곳에 있는 이름을 모르는 묘이다.

(1) 계유(고종 10년, 1873) 10월 19일, 안동 천전 신당리 유학 김대술, 김중술 등 12명의 상서단자(I, 428, 131)

원고들은 4기의 투총에 대해 관에서 친히 형지(形止)를 조사한 후 즉시 관을 파도록 해 달라고 청구했다.

> (제사) 타인이 수호하는 땅에 한 사람이 장사지내고 두 사람이 장사지내 북망산이 되니 이 어인 버릇인가. 그대로 내버려두면 산을 지킬 임자가 없게 되고 법도 금지함이 없게 된다. 모두 파내도록 독촉하기 위해 소지에서 지목한 몰래 묘를 쓴 사람들을 모두 잡아오도록 하라. 원고의 종에게 지시한다.
> (원문) 他矣守護之地 一人入葬 二人入葬 因爲北邙 是何民習 仍若抛置 山無主護 法無禁斷 一倂督掘次 狀內偸塚諸人 一倂捉來向事 十九日 狀奴

제사는 자세한 내용으로 준엄한 듯하지만 원고로 하여금 피고를 데려오게 하는 상투적인 제사다. 제사의 수급자를 장노(狀奴)라고 하여 직접 원고들을 시목하시 않고 원고의 종으로 한 것은 원고인 김씨를 예우하는 뜻이 있다.

(2) 계유 10월 일, 안동 천전 신당리 유학 김세술, 김중술 등 11명의 상서단자(I, 427, 130)

원고들은 제사를 이주철에게 보인즉 10월 27일까지 파 옮기겠다고 했고, 신갑성을 찾아가니 매번 이웃에 사는 권씨 집 안방에 숨어 버리므로 잡아올 수 없으니 관에서 발차(發差)[17]해 잡아올 수밖에 없으며, 김연익은 의성 가리인 전세빗(田稅色)[18]의 아비인데 찾아가니 출타했다고 하며

아전.
17) 차사를 파견하는 것.
18) 전세의 징수를 맡은 아전. 빗은 담당자 또는 담당관청의 뜻이 있다.

나타나지 않았다. 원고들은 대대로 안동에 거주하는 양반으로서 일조에 수모를 당해 한심하기 그지없으며, 이 산송은 다른 산송과는 다르니 관에서 친히 형지를 조사해 처분할 것을 청구했다. "다른 산송과는 다르다"는 주장은 양반의 산에 신분이 낮은 아전이 투장한 것으로, 명분을 중시해서 엄중하게 처리해야 함을 강조하기 위한 것이다.

(제사) 권가 양반은 무슨 못된 버릇으로 수배된 자를 숨겨 놓고 내놓기를 완강히 거부하고 있는 것인가. 그가 한 짓은 매우 통탄스럽다. 뒤쫓아 체포하여 조사하기 위해 권가 양반을 붙잡아 대령하고 김연익과 몰래 묘를 쓴 (이하 후면으로 연결되니 복사 안 됨).
(원문) 權班段 以何頑習 藏置推捉之民 頑拒不給是喩 究厥所爲 萬萬痛駭 查實跟捕次 權班捉待是遣 連益與偸塚(下缺)

이 제사도 원고로 하여금 권가와 피고들을 데려오도록 한 것이다.

(3) 갑술(고종 11년) 8월 6일, 김세술, 김중술의 암행어사에 대한 상서단자 (I, 426, 129)

원고들은 암행어사가 안동에 왔으므로 10월 5일 암행어사에게 제소하니, 암행어사는 도형을 그려 엄중히 조사하도록 하라는 제사를 의성현에 지시했다. 이에 원고들은 밤을 달려 의성현에 가서 제소하니, 원고들이 피고들을 붙잡아 와서 대령하면 조사하겠다는 제사를 내렸다. 그러나 원고들로서는 사력(私力)으로 피고들을 붙잡아 올 수 없으므로, 다시 암행어사에게 가서 특별히 엄중한 제사를 내려 억울함을 풀어 줄 것을 청구했다. 암행어사는 절박하고 억울한 사건에 대해 특별재판권을 가지고 있었다.

(제사) 이미 앞서 제사가 있었고 또한 관의 명령이 있었다. 어찌 대령하지 않는 백성이 있는가. 가서 이 제사를 보이고 즉시 데려오면 대령해서 대질해 판결하도록 하겠다.
(원문) 已有前題 且有官令矣 豈有不爲待令之民乎 往示此題 卽爲率待 以爲對質決處之地向事 初六日

암행어사의 제사도 수령의 제사와 마찬가지로 피고를 데려오도록 하는 의례적인 내용이다.

⑷ 갑술 8월 21일, 김대술, 김중술 등 16명의 암행어사에 대한 상서단자
(I, 429, 132)

원고들은 다시 암행어사에게 자초지종을 자세히 적고 투총을 모두 파 가도록 하는 제사를 내려줄 것을 청구했다. 피고들은 암행어사의 제사에 대해서도 불응할 정도로 완강했다.

(제사) 도형을 조사해 보아서 과연 소지의 내용과 같으면 엄중히 조사해 바로 타일러서 원통함을 호소하는 일이 없도록 하라. 묘산을 관할하는 수령에게 지시한다.
(원문) 圖形摘奸 果如狀辭 則嚴查董飭 俾無呼冤向事 二十一日 山在官

의성현으로 하여금 실지조사를 하도록 지시한 것으로, 도형을 조사하게 한 것은 앞의 제사보다는 강도가 있으나 의례적이고 원칙적인 처분이다.

⑸ 갑술 8월 일, 김세술, 김중술 등의 의성관에 대한 단자(I. 430, 133)

원고들은 암행어사의 제사를 가지고 의성관에 가 관에서 친히 조사하고, 도형을 그려서 제사를 내려 즉각 투총을 파 가도록 해 줄 것을 청구했다.

(제사) 몰래 묘를 쓴 여러 사람 중 아직 찾아내지 못한 것은 두 사람이고 이미 찾아낸 사람이 세 사람이라고 하니 김연익, 이주철, 신갑선을 먼저 붙잡아 대령해 조사·심문함으로써 부정을 가려낼 것이로다.
(원문) 偸塚諸人中 未覓者二人 已覓者三人云 金連益李周哲申甲先 爲先捉待 以爲查問摘奸向事

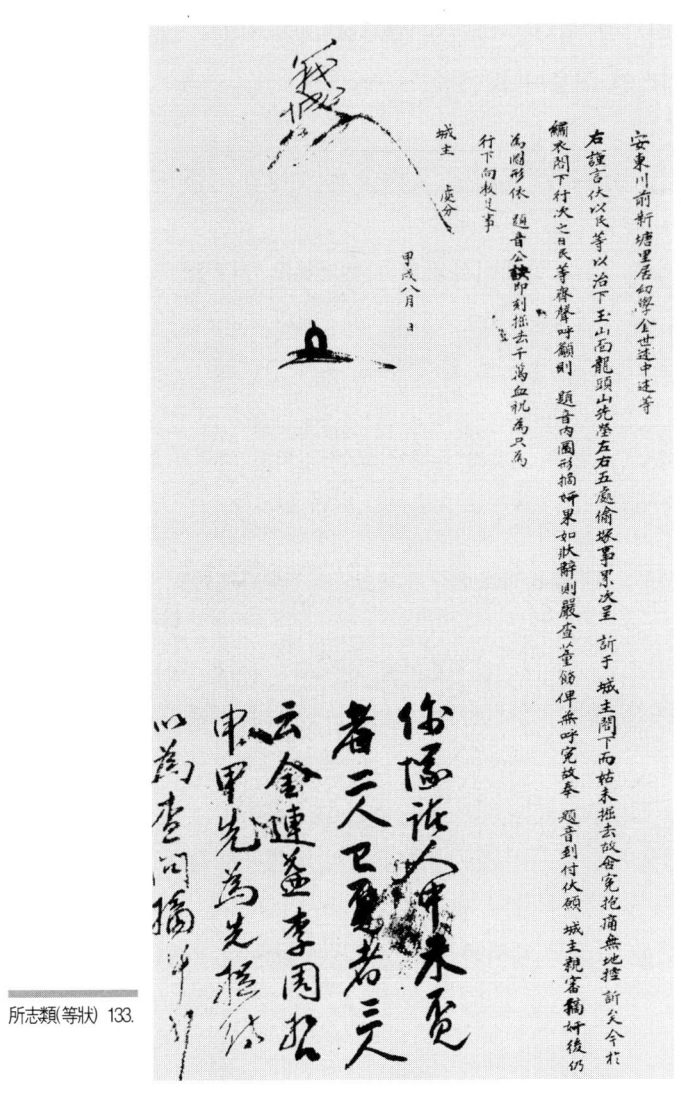

所志類(等狀) 133.

　(6) 암행어사는 도형을 그려서 조사하라고 지시했는데, 의성관은 그 지시에 따르지 않고 원고들로 하여금 피고를 데려오도록 했다. 대질 심문한 뒤에 도형조사를 하겠다는 취지다. 이 소송은 처음 제소한 때부터 약 1년의 세월이 소요되었으며, 암행어사에게까지 제소했음에도 불구하

고 아무런 진전 없이 원점에서 맴돌고 있음은 피고들이 재판에 불응하며 대질신문이 이루어지지 못했기 때문이다. 이후의 경과는 알 수 없으나 결말에 이르기까지 많은 시일이 소요되었을 것이다.

6) 투장한 묘의 도굴에 관한 분쟁: 양반과 상민간

안동 서후면 금계리(속칭 검제)에는 청계 김진의 제4자인 학봉 김성일의 자손이 세거하며 학봉파 혹은 문충공파라고 부른다. 김흥락(순조 37, 1827~광무3, 1899)은 학봉의 11대 주손으로서 호는 서산(西山)이며 우부승지를 지냈고, 그의 아우 김승락(헌종 1, 1835~광무 3, 1899)은 호는 병서(屛西)이며 생원시에 합격했다. 이들의 어머니 묘가 봉정사가 있는 산의 서쪽 기슭에 있는데, 고종 3년 8월 10일경에 묘산의 주룡(主龍)[19]으로부터 100여 보 되는 곳에 투총이 생기고, 또 며칠 안 되어 백호줄기 위에 투총이 생겼다. 이들 투총은 김씨 묘에서 멀리 떨어져 있으나 김씨 묘를 압박하는 위치에 있었다. 원고들은 투장자를 수소문하니 신전에 사는 임우춘과 북후동에 사는 김가 성을 가진 놈이었으며, 이 두 사람은 상민으로서 매우 가까이 지내는 사이이며, 임우준은 원고 김씨 가에 드나드는 자로서 친히 믿고 있는 터였다. 임우춘은 소지를 내서 패하자 찾아와 사과하고 9월 17일까지 묘를 옮기겠다고 하므로 우선 그 말을 믿고 소송하지 않았다. 그런데 기한이 지났음에도 옮길 기미가 보이지 않았다. 임우춘은 보잘것없는 상민으로서 무엄하게도 감히 수천 년 된 대사찰의 주룡에, 그리고 사대부가의 묘가 있는 곳에 침범해 투장한 것은 용납할 수 없는 일이었다. 이에 대해서는 먼저 봉정사 승려들이 제소해 승소했다.

(1) 병인(고종 3년) 10월 4일, 서후 금계리 유학 김승락의 안동부사에 대한 상서단자(I, 437, 140)

---

19) 분묘의 맥 후방의 산. 主山이라고도 한다.

이에 김씨는 주손인 김흥락 대신 아우인 김승락의 명의로 소지를 제출해 두 사람을 붙잡아 가두고 반상의 명분을 어긴 무엄한 죄를 다스리고 조속히 묘를 파 가도록 독촉할 것을 청구했다.

   (제사) 일전에 봉정사(鳳停寺) 승려의 제소가 있어 제사를 내주었는데 두 무덤을 파 옮기지 않음은 용납될 수 없으며, 이 제소가 아니라도 이미 판결이 난 것이다. 또 하물며 사부(士夫)댁 선산으로서 마땅히 금하는 곳에 서로 연이어 몰래 매장한 일은 법과 기강으로 헤아려도 매우 악랄하다. 엄히 다스려서 파 가도록 독촉하기 위해 두 사람을 즉각 붙잡아오도록 하라. 풍헌과 약정에게 지시한다.
   (원문) 日前鳳僧之訴 有題給者 而兩塚之不容不當掘 雖非此訴 已爲決處矣 又況士夫宅先山 當禁之地相繼偸埋事 揆以法綱 尤萬萬痛惡 嚴治督掘次 兩民卽刻 捉來向事 初四日 風約

이미 봉정사 승려의 제소에 의해 묘를 파 가도록 판결했으나 피고들은 불응했으므로, 피고들을 원고로 하여금 붙잡아오도록 하지 않고 보다 강경한 조치를 취하기 위해 피고가 거주한 마을의 풍헌과 약정에게 지시했다.

(2) 병인 11월 7일, 유학 김흥락 등 4인의 상서단자(I, 443, 146)
김씨의 제소에 대해 임우춘도 그의 손자인 임인수의 명의로 소지를 내서 정당성을 주장했으며, 측량을 해서 도형을 그리라는 제사를 내렸다. 임인수를 패소시키지 않고 측량하라는 제사를 내린 데 대해 김씨들은 당혹했으나, 재판을 공정하게 하려는 뜻에서 나온 것으로 이해하고 11월 6일 피고와 함께 산에 올라가 색리(色吏)들이 측량하는 것을 지켜보았다. 위에서 아래로 측량하니 임우춘의 묘는 480보의 거리에 있고 밑에서 위로 측량하니 520척이었다. 김씨들은 대부(大夫)의 묘산 주맥에는 수천 보가 떨어지더라도 타인의 묘를 금할 수 있으며 같은 양반간에도 금할 수 있거늘 하물며 상민으로서는 투장할 수 없다고 주장했다.

또한 임인수는 전에 주장하기를 그의 묘가 있는 곳은 주룡이 아니라고 하고, 금하는 곳이라면 8월 10일경에 매장했는데 왜 10월 초에야 소송을 제기했느냐고 항변했다. 김씨들은 이 산은 맥이 하나로 내려오기 때문에 주룡이며, 금하는 곳이 아니라면 왜 밤중에 몰래 매장했고 또 사과하고 기한을 정해 옮기겠다고 했느냐고 대항했다. 이 소지에서 김씨들은 피고들을 발차착래해[20] 속히 파가도록 하고 아울러 명분을 무시하고 무고한 죄를 다스려 줄 것을 청구했다.

> (제사) 보수의 멀고 가까운 것은 고사하고 단맥(單脈)의 주룡은 마땅히 금하는 땅이니, 임우춘은 어찌 감히 파 옮기지 않고 있는 것인가. 즉시 독촉해서 파 옮기도록 하라.
> (원문) 步數之遠近姑捨 旣是單主龍當禁之地 則渠何敢不掘乃己乎 卽爲督移向事 初七日

이러한 제사에도 불구하고 파 옮기지 않고 버티면 원고는 다시 소지를 내서 보다 강력한 처분을 청구하게 된다.

(3) **정묘(고종 4년) 5월 12일, 김승락 등 4인의 상서단자**(I, 440, 143)

그 동안 안동부사가 경질되었다. 신임 부사에게 선산에 거주하는 김씨와 봉정사 승려들이 임우춘을 상대로 소송을 제기해 다짐을 받고 기한을 정해 파 옮기도록 명령하는 제사가 있었다. 그러나 임우춘은 거들떠 보지도 않고 세월을 보내며, 도리어 관의 뜻은 단지 자기를 패소시키려는 뜻일 뿐이지 반드시 파 옮겨야 한다는 뜻은 아니고 겁주려고 한 것이라고 공언하며 다녔다. 이에 원고들은 임우춘이 투장한 곳은 신수암(神水菴)에서 40보로 법률상 금하는 곳이고, 옛 안동부사의 묘 바로 뒤이며, 안동고을 사람들이 모두 함께 금하는 곳이며, 김씨의 묘소도 국내(局內)의 단주룡(單主龍)인데 임우춘은 보잘것없는 상놈으로서 관의 독촉에도

---

[20] 차사(差使)를 보내 붙잡아 오는 것.

불구하고 요행을 바라며 보존하려는 계책을 꾸미고 있으니 관령 거역죄로 엄히 다스리고 장리(將吏)를 보내 즉시 묘를 파도록 할 것을 청구했다. 이에 대해 부사는 12일에 제사를 내리고 (결락되어 있음) 14일에 추가해 다음과 같은 제사를 내렸다.

(제사) 임우춘이 다짐을 하고 기한이 지났는데 지금까지 파 옮기지 않음은 극히 악랄하다. 즉시 붙잡아와서 5월 내에 파 가도록 하는 뜻으로 다시 엄중히 제사를 내린다. 차인(差人)과 아전 권봉규에게 결과를 보고하도록 지시한다.
(원문) 林遇春之納侤過限 尙今不掘 極爲痛惡 卽日捉來 嚴以五月內掘去之意 更爲嚴題向事 將差 告權鳳圭 十四日 背題

붙잡아올 차인을 보냄과 함께 아전에게 결과보고를 지시하는 매우 엄준한 제사를 내렸다.

⑷ 정묘 5월 16일, 유학 김흥락, 김승락 등의 감사에 대한 의송(議送) 상서(I, 439, 142)

원고인 김씨들은 대구감영으로 가 그간 재판의 경위와 임우춘의 행적을 상세히 논하고 투묘를 즉각 파내게 함으로써 풍속을 바르게 하고 자기의 묘소를 보존할 수 있게 해 달라고 청구했다. 안동부사의 엄중한 제사에도 불구하고 임우춘이 붙잡히지 않았으므로 보다 강력한 감사의 처분을 받기 위해 의송을 제출한 것 같다.

(제사) 도척에 내린 전후에 걸친 판결을 보니 과연 마땅히 매장을 금하는 곳이다. 다짐한 기한을 여러 번 지나쳤고 한결같이 질질 끌고 미룸은 정말로 기강이 해이된 것 아닌가. 별도로 엄히 독촉하기 위해 임우춘은 붙잡아서 고을의 옥에 가두고 이장함을 기다려 석방함이 마땅하리로다. 묘산을 관장하는 수령에게 지시한다.
(원문) 破見圖尺之前後官決 則果是當禁之地也 屢過納侤之限 而一向延拖者

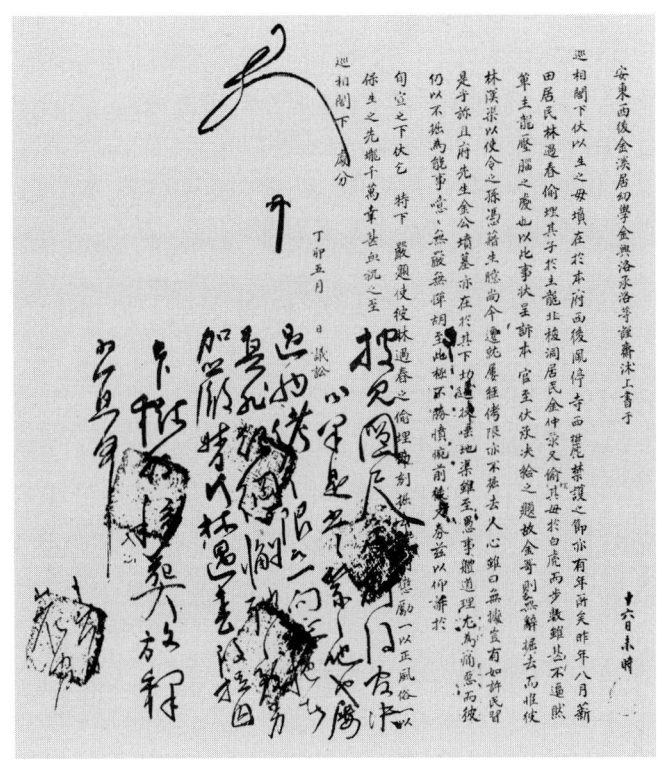

所志類(上書) 142.

眞非紀綱解弛之致 另加嚴督次 林遇春段 捉囚本獄 待移葬放釋宜當向事 十六日
山在官

원고들은 소원대로 임우춘을 투옥하라는 경상감사의 안동부사에 대한 지시를 받아냈다.

⑸ 정묘 5월 29일, 김승락 등 4인의 안동부사에 대한 상서단자(I, 438, 141)
원고들은 감사의 제사와 부사의 처분이 엄명함에도 임우춘이 기한을 지키지 않고 있으니 특히 장차(將差)를 보내서 파내게 하고 임우춘을 붙잡아와서 그의 명분을 무시한 죄와 법을 업신여기는 죄를 징벌해 줄 것을 청구했다.

공정성의 개념과 실천

(제사) 수령의 판결과 감사의 제사가 모두 거듭 엄한데, 한결같이 완강히 거부해 4차나 기한을 지나쳤으니 어찌 이러한 못된 버릇이 있는가. 엄히 다스려 파 내도록 독촉하기 위해 붙잡아오도록 하라. 장차(將差)에게 지시한다. 아전 김희목은 처리결과를 보고하라.
(원문) 官決營題 前後申嚴 而一向頑拒 四次過限 寧有如許悖習 嚴治督堀次 卽爲捉來向事 二十九日 將差 告金熙睦

(6) 정묘 6월 24일, 김승락 등 4인의 상서단자(I, 441, 144)

그후 임우춘은 칼을 씌워 가둠으로써 투장한 묘를 파 옮겼다. 그로부터 겨우 10일이 지난 6월 22일 밤에 임우춘이 파 간 자리에 동·서·남·북·중앙에 표목을 꽂은 커다란 묘가 설치되어 있었는데, 마치 빈 구덩이처럼 보이는 것이 설치되어 있었다. 누구의 묘인지 알 수 없으며 혹시 임우춘의 짓일지도 모르니 장차를 보내서 즉시 파내도록 함으로써 법을 멸시하는 죄를 징벌하고 고을의 체통을 엄히 세워 줄 것을 청구했다.

(제사) 이는 필시 허장(虛葬)21)이니 장차를 보내서 파내도록 하라. 장차에게 지시한다. 아전 권봉규는 처리결과를 보고하라.
(원문) 此必是虛葬 發將差 卽爲捉去向事 二十四日 將差 告權鳳圭

(7) 이 소송은 8개월이 소요되었다. 처음부터 재판이 신속하게 진행되었는데, 원칙적으로 피고를 붙잡아오게 해 대질함으로써 소송을 정식으로 진행한다는 소송 당사자주의의 폐단이 드러나고 있다.

4. 공정성의 개념과 현실

민사재판 제도는 사송(詞訟)이라 했다. 고려시대 이래로 노비에 관한

---

21) 시신이 없는 거짓 무덤, 또는 거짓으로 지낸 장사.

소송이 폭주해 자연히 재판 절차법이 세밀하게 형성되었는데, 조선시대에는 고려의 제도를 이어받아 발전시켰다. 절차의 진행은 오늘날과 같이 당사자주의가 기조로 되어 있어 소송법의 핵심은 공정한 절차에 따라 조속히 결말을 짓는 것이었다. 그러나 그 절차가 법대로 진행될 수 있기 위해서는 법관과 당사자가 투철한 준법의식으로 재판에 임해야 하는 것이었는데, 특히 불리한 처지에 있는 당사자가 절차법을 교묘히 악용해 재판을 지연시키는 예가 허다했다. 재판은 궁극적으로는 공정해야 하는데, 그 점은 법의 목적대로 관철되지 못했다고 할 수 있다. 여기서는 오로지 재판의 공정성에 관한 것만을 다루어 보기로 한다.

1) 대표적인 불공정 사례

판결의 공정성은 특히 권리의식의 형성·신장과 밀접한 관련이 있는데, 판결이 당사자 일방이 권세가이거나 권세의 배경을 갖고 있거나 청탁을 받아 좌우되는 일이 적지 않았다. 계급 신분사회에다 이기주의 의식의 팽배, 준법정신의 결여로 말미암은 것인데, 16세기경에 법관의 자세를 규탄하고 통탄하는 왕조실록의 기사를 예시하면 다음과 같다.

① 관리가 인정에 구애되거나 판결하기 어려우면 세월만 지연시키고 있다.
② 근래 탐오(貪汚)의 풍이 일어 결송관 중에는 뇌물을 받고 법을 굽히는 자가 많이 있으며, 현관이 당사자인 경우에는 공연히 오결하거나 고의로 재판을 지연하거나 문권을 고열(考閱)하지도 않고 정을 좇아 법을 굽히며 자의로 영사(營私)한다.
③ 외방의 수령은 공평한 자가 적다. 그러므로 부강자가 청탁하면 승소하고, 빈천자는 차마 자살하지는 못하고 오결을 이유로 타군에 제소하더라도 마찬가지다.
④ 근래 민원은 이루 다 말할 수 없으나, 그 중 가장 민망한 것은 자기의 토지나 노비를 빼앗긴 경우이다. 사안에 권귀(權貴)한 자가 관련된 경우에는 송관은 손도 대지 않고 다만 주저하면서 세월만 보내고 있다.
⑤ 근래 소송지폐는 옛날에 비해 날로 심하다. 송관이 된 자는 곡직시비를

알고 있음에도 불구하고 비방하는 말을 면하고자 하거나 정에 끌리고 세력에 구애되어 부질없이 세월만 보내고 판결을 지연시키기를 가까이는 10년 멀리는 30년이나 되는 것이 있으니, 송관만 관문에 오래도록 매달리게 할 뿐 끝내 판결을 받을 날이 없으며 늙어 사망하기에 이르니 그 원통하고 민망스러움은 이루 말할 수 없다.

⑥ 근래 사유[禮義廉恥]가 부장하고 사습이 오하(汚下)하여 이만 찾는다. 토지에 대한 쟁송은 모두 사대부다. 법관이 된 자는 마땅히 그 곡직을 판별해야 하는데 침묵하고 말하지 않으니 옳은 일인가.

⑦ 관리가 모든 송사에서 위세를 두려워하거나 작지(作紙)의 이(利)를 도모한다(작지는 승소자가 판결문을 발급받기 위해서 내는 수수료인데, 토지는 면적에 따라서, 가옥은 간수와 초·와가에 따라 차등이 있으며 백지 또는 백미로 대납했다).

⑧ 근래 기강이 부진하고 인심이 투타(偸惰)해져 법을 세워도 두려워하지 않으며, 영을 내려도 오히려 유유히 날만 보내니 점점 구제하기 어려울 정도다. 체송의 폐도 근일에 더욱 심하니 권세를 두려워하거나 청탁에 구애되어 사안의 시비를 알면서도 속결하지 않으며, 전임관이 이러하면 후임자도 그대로 따르므로 송사가 적체해 오랜 세월이 지나도 미결인 채로 있다.

⑨ 송관이 위세를 우러러보고 작록(爵祿)을 다시 보존하기 위해 오결을 하니 극히 옳지 못하다.

⑩ 송관에게 소송을 심리하게 하면 조금만 형세가 있어도 이를 두려워해 심리할 생각을 하지 않는다. 국강이 이와 같으니 지극히 한심하다.

위에 예시한 재판의 불공정성에 관한 지적은 17세기 이후에도 그대로 타당했다. 그런데 모든 재판이 그런 것은 아니고 억울함을 당한 당사자가 중앙의 한성부, 형조, 사헌부에 항소하거나, 국왕에게 상언(上言)함으로써 재판의 불공정성이 논의의 대상이 되는 것이었다. 의성김씨의 소지문서를 통해서 본 바로는 눈에 띄게 불공정한 재판이 있었다고는 할 수 없다. 안동부사가 자기 관아에 근무하는 관노가 피고로 된 재판에서 관노에게 관대하게 대하는 듯한 흔적이 보이나, 결국은 관노를 수금해 원고를 승소하게 했다. 어차피 재판을 하게 되면 시일이 많이 소요될수록

"송사는 패가망신"이라는 속담이 시사하는 바와 같이 시간적·정신적·육체적·경제적 손해와 고통을 겪게 마련이었으며, 재판이 공정하게 이루어졌더라도 사정은 마찬가지였다.

2) 반상간 재판에서의 공정성

어떤 경우에나 재판은 차별 없이 공정해야 하며 오로지 법정절차에 따라 '이곡이직'(理曲理直)을 명쾌히 판정해야 하는 것이 당시의 재판지침이며, 대체로 평등한 주체간은 물론이고 반상간이라도 차별 없이 재판하는 예가 많았다. 양반이 상민과의 분쟁으로 인해 상민에게 능욕을 당하는 일도 흔했으며, 이런 경우에 재판하는 지침에 관해서 선각추록(先覺追錄)[22]에서는 다음과 같이 말하고 있다.

> 상놈이 양반을 능욕한 죄는 율문에 규정이 있으니, 조사해서 중히 다스리기 위해 잡아오라는 제사(題辭)를 내리고, 잡아온 뒤 사실을 조사해 상놈에게 잘못[曲]이 있으면 경중에 따라 의법 중치하고, 양반에게 잘못이 있으면 상놈에게 "상한지도는 다만 사리로 다툴 수 있으며 양반을 능욕해서는 안 되니 어찌 무죄일 수 있느냐"고 말하고 간단히 처벌함으로써 명분을 세운 다음 양반을 경중에 따라 중치함으로써 양반지도를 잃지 않도록 신신교유(申申敎諭)해야 한다.

이와 같이 반상간이라도 사리에 관해서는 얼마든지 당당하게 다툴 수 있었으나, 귀천상하의 명분을 지켜야 하며 능멸하는 행위는 하지 못하게 한 것이다.

---

22) 정조(正祖) 때 편찬된 것으로 추정되는 목민(牧民), 즉 수령들의 행정·사법의 지침서다. 명나라의 목민심감(牧民心鑑) 중의 60개조를 뽑아 조선의 실정에 맞도록 꾸미고 오리 이원익(梧里 李元翼)의 목민요령 41개조도 실었다. 책명은 『선각』인데 120개조를 추록으로 실었다. 사본 2책. 서울대 규장각 소장. 內藤吉之助편 『朝鮮民政資料 牧民編』에 수록되어 있음.

5. 법에 의한 분쟁해결의 방식

　분쟁이 있는 경우 서로 상대방의 이익을 긍정·승인하는 의식이 있을 때에는 대항하는 역관계가 다소 안정되어 균형상태를 유지하고 있으므로 이에 따라 해결되나, 그렇지 않은 경우, 예컨대 반상간이나 세력의 강·약자간에서는 특히 억지와 위압이 개재하기 때문에 필연적으로 관사의 재판에 호소할 수밖에 없게 되어 있었다.

　분쟁이 일어나면 당사자들끼리 선은 이렇고 후는 이렇다고 경위나 사리에 따라 따진다. 잘못된 쪽이 잘못을 시인하고 원상회복이나 손해배상을 해 주면 분쟁은 간단히 해결되며, 경우에 따라서는 당사자 사이에 중재자가 끼어 조종으로 사화(私和)한다. 그러나 잘못이 있음에도 불구하고 억지를 부리거나 잘못을 상대방에게 뒤집어씌우고 서로 양보하지 않으면 쉽사리 해결되지 않을 뿐 아니라 그 과정에서 감정이 상하거나 상대방의 인격을 무시해 별의별 욕설과 인신공격, 구타까지 이르러 당사자 사이에서는 분쟁이 해결될 수 없게 된다. 그리하여 사건이 재판에 이르렀다 하면 인간관계는 완전히 파괴된 채 재판이 진행되고 이기건 지건 자자손손 원수처럼 지내게 된다.

　어떻든 분쟁이 관사에 제소된 경우에는 벌써 분쟁 당사자의 인간관계는 파탄된다. 소지의 서두에서부터 '원통한 사유'[冤痛情由, 至冤情由], '분한 사유'[憤冤情由, 憤迫情由, 切憤情由]라는 말로 시작해 본인, 조상, 가문에 대한 치열한 공격을 곁들인 청구취지를 적고, 말미에서는 "소리 높여 부르짖습니다"[疾聲仰之], "천리에 방황하는 일이 없도록"[無至千里彷徨事], "피폐한 백성이 원통함이 없도록"[殘民無至呼冤之地], "원통함을 풀 수 있도록"[解得雪冤之地], "피를 흘리는 원통함을 면하도록"[免血漏之冤] 해 달라고 호소했다.

상대방을 지칭할 때 성이나 이름 밑에 '漢'(놈)자를 붙여 '아무개란 놈이'와 같이 표현하며 서로 상대방의 약점, 흠을 들추는데, 본인뿐 아니라 그 조상, 가문에 이르기까지 헐뜯는 것이 예사였다. 그 한 예를 들면 "제가 지극히 원통한 일은…… 아무개란 놈이 본래 간사하고 멋대로 행신하는 자이며, 나의 조부가 늙고 병들어 있음을 업신여기고 내가 나이 어리고 외로운 것을 경모해…… 했으니…… 해 주심으로써 이 세력 없는 불쌍한 백성이 살아갈 수 있도록 해 주소서"와 같은 따위이다. 만약 소장에서 주장하는 폭행, 모욕 등의 사실이 확실하면 민사소송 진행중에 간단히 곤장을 치기도 했다.

우리말에 '척지다'[作隻], '척 사지 말라'는 것이 있는데, 이 '척'이 다름 아닌 '척'(隻)이다. '피고로 된다', '피고로 되지 말라'는 뜻이 아니라, 척은 원한 또는 원수의 뜻으로 바뀐 것이며, 분쟁이 소송에 이르면 인간관계가 극도로 파괴되어 서로 원망하는 사이 또는 원수처럼 되었다는 역사적 경험에서 나온 말이다. 실제로 원고는 분통터지는 다툼으로 노기가 충천해 헐떡거리며 출정하는 게 예사였다. 우리나라에서는 예로부터 소송은 이처럼 인간관계가 파괴된 사람끼리 끝장내는 싸움이어서 "송사는 패가망신"이라는 것을 알면서도 "아산이 무너지나 평택이 무너지나," "백두산이 무너지나 동해수가 메워지나" 해 보자 할 정도로 벼르게 되는 것이었다. 당사자와 관사(법원) 사이에서 다툼을 중재하는 적절한 제도나 관습이 없었기 때문에 이러한 의식을 지녔다고 할 수 있으며, 더욱이 산송의 경우에는 개인과 가문의 명예를 회복·유지하기 위해 집단적으로 소송에 임하며 전력을 다해 투쟁했다.

18세기 내지 19세기는 신분질서의 분화·동요가 일어난다고 인식되고 있기도 하지만, 향촌사회, 특히 안동과 같은 반향(班鄕)은 물론 전국적으로도 사회변동의 요인에까지는 이르지 못했다. 조선조 어느 시대에서나 사족신분인 개인은 자신의 지위에 상응하게 혼인, 학문, 종유를 게을리 하지 않음으로써 전통적 지위와 명성을 유지할 수 있을 뿐, 이를 게을리 해 자기도 모르는 사이에 사회적 지위가 하락하면 그것은 개인의 책임이지 종중 내지 종족 또는 마을 일가가 책임져 주지는 않았다. 말하자면 같은 반촌 구성원이지만 그 구성원 사이에는 여러 가지 계층의 가격(家格)이 형성되게 마련이며, 각자는 그 가격(家格)에 상응하는 사회적 대접을 받을 수밖에 없었던 것이다.

  법적 분쟁이 일어났을 때 그것이 전적으로 개인적인 분쟁이면, 재판에서 원칙적으로 한 사람의 개인으로 처우될 뿐이며 신분계급에 따라 아무런 차이가 없었다. 그러나 산송의 경우와 같이 공통조상의 산소에 관한 분쟁이 있을 경우에는 그 묘소의 자손 모두에게 공통되는 분쟁이기 때문에, 소송도 다중의 힘을 과시함으로써 재판관의 동정적 관심을 유발하게 한다. 소송비용도 공동 분담하고 피고에 대해서도 다중의 위력을 과시할 수 있게 된다. 그러나 의성김씨 소지에서 보듯이 의성김씨의 산송으로서 공동소송을 했더라도 재판과정에서는 별다른 특혜가 없었다. 그만큼 재판은 비교적 공정하게 이루어졌다고 보아도 좋다.

  요컨대 의성김씨의 분쟁을 통해서 보더라도 법적 분쟁의 재판에서는 원칙적으로 법에 의한, 그리고 이치에 의한 재판이 진행되었음을 확인할 수 있었다고 본다.

<참고문헌>

강인구 1969. "栗谷先生 男妹 分財記考,"『문화재』 4:15-18.
고석규 1998.『19세기 조선의 향촌사회 연구』, 서울: 서울대학교 출판부.
권오영 2003.『조선후기 유림의 사상과 활동』, 서울: 돌베개.
김광억 1983. "전통생활 양식의 정치적 측면,"『전통생활 양식의 연구(하)』, 성남: 한국정신문화연구원.
_____ 1983. "한국인의 정치적 행위의 특징: 시론,"『한국문화인류학』 15.
_____ 1986. "조상숭배와 사회조직의 원리,"『한국문화인류학』 18.
_____ 1987. "촌락사회의 변화와 정치구조의 성격: 안동지방의 한 동족촌락을 중심으로,"『삼불 김원룡교수 정년퇴임기념논총』, 서울: 일지사.
_____ 1994. "문화공동체와 지방정치: 씨족의 구조를 중심으로,"『한국문화인류학』 25.
_____ 2000. "문화실천의 공간으로의 죽음의 의례: 영남인의 상례와 제사,"『민족문화논총』 22집: 1-80.
_____ 역. 1990.『동남부 중국의 종족조직』, 서울: 일조각. (Freedman Maurice 1958. *Lineage Organization in Southeast China*, London: Athlone)
김규성 1974.『경사유방(景泗流芳)』, 서울: 경사회.
김동욱 1969. "李朝古文書의 분류에 대하여,"『인문과학』 19, 서울: 연세대학교 인문과학연구소.
김두헌 1969.『한국가족제도사 연구』, 서울: 서울대학교 출판부.
김석희·박용숙 1989. "조선후기의 분재기고: 함안 산인면 박씨가의 사례를 중심으로,"『한국문화연구』 2:17-65, 부산: 부산대학교 한국문화연구소.
김성철 역 2000.『조상의례와 한국사회』, 서울: 일조각 (Janelli, Roger and Dawnhee Yim Janelli 1982. *Ancestor Worship and Korean Society*, Stanford University)
김시덕 1991. "안동지방 씨족집단의 정사(亭榭)에 관한 연구," 안동대 석사학위논문.
김시박 1972. 천전소지(川前小誌). 안동: 천전종회.
김시업 편 2000.『내앞(川前) 500년: 門戶 형성에서 독립운동까지』, 서울: 청계선생탄생500주년 기념논문집 간행위원회.
김용만 1983. "조선시대 균분상속제에 대한 일 연구-그 변화요인과 역사적 성격을 중심으로-,"『大邱史學』 23:1-23.
김인걸 1991. "조선후기 향촌사회 변동에 관한연구," 서울대 박사학위논문.

김일미 1969. "조선전기 남녀균분상속제에 관하여," 『梨大史苑』 8.
김주숙 1968. "동족부락에 관한 연구," 『사회학연구』 6.
김주희 1985. "한국의 종족부락: Controlled Comparison," 『성신연구논문집』 21집.
김택규 1964. 『동족부락의 생활구조 연구』, 대구: 청구대학 출판부.
_____ 1979. 『씨족부락의 구조연구(개정판)』, 서울: 일조각.
김필동 1982. "조선후기 지방이서집단의 조직구조"(상.하), 『한국학보』 28·29.
김현영 1999. 『조선시대 양반과 향촌사회』, 서울: 집문당.
_____ 2003. 『고문서를 통해 본 조선시대 사회사』, 서울: 신서원.
김형근 1988. 『가전사략: 의성김씨청계공파』.
內藤吉之助 편 1977. 『朝鮮民政資料 牧民編』, 서울: 이문사.
문숙자 1996. "義子女와 本族간의 재산상속분쟁: 1584년 학봉 김성일의 나주목판례 분석," 『고문서연구』 8:41-68.
_____ 2001. "조선 전기의 분재 상속," 한국정신문화연구원 한국학대학원 박사학위논문.
문옥표 외 역주·해제 1999-2000. 『조선시대 관혼상제』 I(혼례편), II, III, IV(상례편), V(제례편), 성남: 한국정신문화연구원.
미야지마 히로시(노영구 역) 1996[1995]. 『양반: 역사적 실체를 찾아서』, 서울: 강.
박미해 1999. "17세기 양자의 제사상속과 재산상속," 『한국사회학』 제33집 겨울호.
박병호 1974. 『한국법제사고—근세의 법과 사회』, 서울: 법문사.
신석호 1930. "屛虎是非に就いて"(上), 『靑丘學叢』 1号.
_____ 1931. "屛虎是非に就いて"(下), 『靑丘學叢』 3号.
심희기 1996. "18세기초 安東府 田畓決訟立案의 法制的 分析." 『고문서연구』 9-10집: 397-425.
야마우치 타미히로 1990. "李朝後期における在地兩班層の土地相續: 扶安金氏家文書の 分析を通して," 『史學雜誌』 99(8):55-74.
양회수 1967. 『한국농촌의 촌락구조』, 서울: 고려대학교 아세아문제연구소.
여영부 1971. "한국 동족집단 갈등에 관한 연구," 『사회학논집』 2.
여중철 1974. "동족집단의 제기능," 『한국문화인류학』 6.
유명기 1977. "동족집단의 구조에 관한 연구," 『인류학논집』 3.
은기수 1987a. "조선조 인구 및 신분연구자료로서의 호적에 관한 일연구," 서울대 사회학과 석사학위논문.
_____ 1987b. "조선후기 인구자료로서의 호적에 관한 일연구," 『한국사회의 신분, 계급과 사회변동』, 한국사회사연구회 논문집 제8집, 서울: 문학과 지성사.
_____ 1998. "조선후기 호적과 족보를 이용한 인구와 가족의 재구성-단성현 안동권씨 상암선생파를 한 예로," 『한국의 사회와 문화』 제25집, 성남: 한국정신문화연구원.

이광규 1976. "조선왕조시대의 재산상속," 『한국학보』 제3집: 58-91.
_____ 1977. 『韓國家族의 史的硏究』, 서울: 일지사.
이만갑 1960. 『한국 농촌의 사회구조』, 서울: 서울대학교 출판부.
_____ 1973. 『한국 농촌의 구조와 변화』, 서울: 서울대학교 출판부.
이문현 1997 "16세기의 별급관행: 황진가의 사례를 중심으로," 서강대 사학과 석사학위논문.
이수건 1979. 『영남 사림파의 형성』, 대구: 영남대학교 민족문화연구소.
_____ 1981. "영남사림파의 재지적 기반—조선전기 안동지방을 중심으로," 『신라가야문화』 12집.
_____ 1986. "17, 18세기 안동지방 유림의 정치사회적 기능," 『대구사학』 30.
_____ 1987. "고문서를 통해 본 조선사회사의 일연구—경북지방 재지사족을 중심으로," 『한국사학』 9: 5-89.
_____ 1995. 『영남학파의 형성과 전개』, 서울: 일조각.
_____ 2000. "의성김씨 천전파 문호의 성장과정," 김시업 편, 『내앞(川前) 500년: 門戶 형성에서 독립운동까지』, 9-59.
이순형 2000. 『한국의 명문종가』, 서울: 서울대학교 출판부.
이영훈 1988. 『조선후기 사회경제사』, 서울: 일지사.
이정섭 1989. "解題," 『古文書集成 五: 義城金氏 川上各派篇 (I)』: 3-33. 韓國精神文化硏究院 古典資料叢書 89-2.
이해준 1996. "湖西 사족 가문의 분재기 5례," 『고문서 연구』 9·10: 293- 309.
이훈상 1990. 『조선후기의 향리』, 서울: 일조각.
전경목 2001. 『고문서를 통해서 본 우반동과 우반동 김씨의 역사』, 전주: 신아출판사.
정구복 1991. "김무의 분재기(1429)에 관한 연구," 『고문서 연구』 1:19-39.
_____ 1999. "부안김씨 가문의 생활모습," 정구복 등 지음, 『호남지방 고문서 기초연구』, 성남: 한국정신문화연구원.
_____ 2002. 『고문서와 양반사회』, 서울: 일조각.
정구복 외 1999. 『호남지방 고문서 기초연구』, 성남: 한국정신문화연구원.
정긍식 1998. "16세기 첩자의 제사 승계권," 『사회와 역사』 제53집, 서울: 문학과지성사.
정만조 1982. "영조 14년의 안동 김상헌 서원 건립 시비: 탕평하 노·소론 분쟁의 일단," 『한국학연구』 제1권, 서울: 국민대학교.
정순우 1996. "조선후기 영건일기에 나타난 학교의 성격," 『정신문화연구』 제19권 4호.
정진영 1993. "조선후기 재지사족의 촌락지배와 그 해체과정," 영남대 박사학위 논문.
조강희 1983. "영남지방의 혼반연구," 영남대 석사학위 논문.
지두환 1994. 『조선전기 의례연구: 성리학 정통론을 중심으로』, 서울: 서울대학교 출판부.
_____ 1998. 『조선시대 사상사의 재조명』, 서울: 역사문화.

川上文化保存會 편 2000.『靑溪先生六父子傳』(附)사진으로 보는 '川上文化.'
崔 栢 1984. "韓國兩班社會と門中の構造," 日本東洋大學 博士學位論文(일문)
崔淳姬 1990. "조선조 상속제도-光山 김씨 禮安派 분재기를 중심하여-,"『서지학보』 2:43-74.
최재석 1966. "동족집단의 조직과 기능,"『민족문화연구』. 2.
_____ 1972. "조선시대 상속제에 관한 연구-분재기의 분석에 의한 접근-,"『역사학보』 53・54:99-150.
_____ 1983.『韓國家族制度史研究』, 서울: 一志社.
최 협 1982. "동족부락과 비동족부락의 사회구조적 특성,"『호남문화연구』, 제12집.
韓國精神文化研究院 古典資料叢書 89-2.『古文書集成 五, 六, 七』(義城金氏 川上各派篇).

『經國大典』.
『續大典』.
『詩經』.
『義城金氏大同譜』.

Anderson, Benedict 1983. *Imagined Communities*, London: Verso.
Brandt, Vincent S.R. 1971. *A Korean Village: Between Farm and Sea*. Cambridge, Mass.: Harvard University Press.
Cho Oakla 1979. "Social Stratification in a Korean Peasant Village." Unpublished Ph.D. dissertation. State University of New York at Stony Brook.
Cohen, Abner 1981. *The Politics of Elite Culture*. Berkeley: University of California Press.
Cohen, Anthony 1983. *Symbolic Construction of Community*. London: Tavistock.
Deuchler, Martina 1992. *The Confucian Transformation of Korea: A Study of Society and Ideology*, Cambridge. Mass.: Harvard University Press.
Kwon, Tai-Hwan 1977. *Demography of Korea*, Seoul National University Press.
_____ 1984. "Family system as a determinant of fertility in traditional Korea" *Bulletin of the Population and Development Studies Center*, Vol. XIII.
Kwon, Tai-Hwan, Hae Young Lee, Yunshik Chang, Eui-Young Yu., 1975. *The Population of Korea*. Seoul National University Press.
Song Sun-hee 1982. Kinship and Lineage in Korean Village Society. Unpublished Ph.D. Thesis, Indiana University.
Wagner, E. W. and Jun-ho Song (compile.) 1977. *The Munkwa and the Sama File*. Cambridge, Mass.: Harvard University Press.

찾아보기

(ㄱ)

가리(假吏) 450
가묘 243, 245, 247, 354, 357, 372, 408, 416
가족전략 134, 135, 187
갑술옥사(甲戌獄事) 288
갑술환국(甲戌換局) 48, 286, 306, 374
개암(開巖) 김우굉(金宇宏) 43, 52
개호송(開湖松) 61, 66, 73, 371, 372, 373, 374, 375, 376, 404
개호파 50
검률(檢律) 424
결송입안 429
경덕사 54, 56, 71, 278
경사서원 67
경재파 50
경절사 71, 279, 281, 283, 286, 288, 290, 292, 293, 307, 323, 327
경현서원 75
공공의 영역 271
공동재산 46, 54, 60, 67, 95, 247, 320, 349, 365,
공론(公論) 53, 56, 270, 274, 299, 307, 314
공의(公議) 271, 313, 339, 341, 345

관(關) 435
관권(官權) 96, 268, 271, 287, 290, 376, 381, 391, 397
관노(官奴) 360, 447
구계(九溪) 27
국불천(國不遷) 53, 274
권간(權幹) 42, 43, 76, 361
권벌(權橃) 77, 79, 85, 280
권전(權專) 40
권한공(權漢功) 39
권호문(權好文) 77, 79, 280, 316
균분상속 212, 223, 227, 231
김극일(金克─), 약봉(藥峯) 27, 34, 43, 56, 68, 71, 84, 108, 118, 142, 213, 214, 216, 219, 224, 249, 356, 371, 382, 417
---약봉파 46, 53, 69, 73, 87, 98, 159, 160, 232, 290, 301, 304, 437
김수일(金守一), 귀봉(龜峯) 27, 34, 43, 60, 68, 71, 77, 84, 88, 111, 120, 152, 162, 210, 224, 257, 356, 417
---귀봉파 46, 49, 51, 53, 66, 73, 87, 99, 159, 301, 304, 314, 423
금계(金溪) 27, 260, 282, 305, 324, 380, 406, 410

찾아보기 | 471

금계리(검제) 73, 455
금광평(金光坪) 44, 83, 429, 435
금당실(金堂谷) 27, 73,
금란패(禁亂牌) 438
기사환국(己巳換局) 48, 286, 374
김경행 439
김계운 118, 412, 437
김귀운 442, 442, 445
김대술 451, 453
김대진 447, 448, 450
김도행 108, 148, 387, 412, 438
김동욱 211
김득행 438
김만근(金萬謹) 27, 40, 42, 53, 59, 76, 83, 91, 209, 354, 371, 376
김명일(金明一), 운암(雲巖) 27, 34, 43, 60, 68, 71, 77, 112, 114, 123, 163, 169, 210, 281, 356, 450
---운암파 50, 69, 73, 87, 100, 113
김방걸(金邦杰), 지촌(芝村) 12, 68, 70, 84, 96, 151, 232, 233, 250, 278, 283, 301, 305, 322, 324, 374, 447
---지촌파 47, 48, 86, 90, 397
김방경 39
김복운 438
김복일(金復一), 남악(南嶽) 27, 34, 69, 43, 46, 47, 53, 60, 68, 71, 77, 79, 93, 198, 201, 210, 238, 278, 356, 417
---남악파 35, 69, 70, 73, 102
김빈 70
김상헌(金尙憲) 287, 316

김성일(金誠一), 학봉(鶴峯) 27, 34, 42, 43, 49, 52, 60, 64, 68, 70, 75, 77, 79, 89, 114, 117, 129, 132, 180, 190, 193, 210, 225, 246, 259, 262, 273, 278, 282, 290, 295, 308, 319, 341, 345, 352, 356, 361, 370, 410, 417, 419, 423, 429
---학봉파 46, 61, 69, 73, 101, 455
김성탁(金聖鐸), 제산(霽山) 96, 143, 287, 306, 373, 382, 397, 445
김세술 451, 452, 453
김세흠 96
김수항(金壽恒) 48, 286
김승락 115, 191, 455
김시주 111, 120, 152, 226
김안국(金安國) 43, 52, 90
김양운 439
김연 79
김연수 433
김용 59, 84, 111, 120, 225
김우렴 129, 132, 193, 258, 418
김윤수 145, 442
김정 236, 248
김정국 43, 52
김중술 169, 450, 451
김진(金璡), 청계(靑溪), 청계공(靑溪公) 27, 34, 41, 73, 152, 210, 214, 224, 238, 244, 249, 266, 273, 300, 354, 429, 430, 450
---청계파 42, 46, 47, 53, 54, 56, 59, 62, 68, 71, 80, 82, 85, 91, 92, 94, 208, 357

김한계(金漢啓)   209
김흥락(金興洛)   91, 114, 190, 342, 381,
　　　　　　　419, 455, 456
김희수   119, 142, 434

(ㄴ)

노(奴) 옥룡(玉龍)   83, 430, 432, 434
노인소(老人所)   63
논리제급(論理題給)   428
논리처결(論理處決)   428
늑장(勒葬)   447

(ㄷ)

단맥(單脈)   457
주룡(主龍)   455
　단주룡(單主龍)   457
당약(堂約)   13, 381, 419
대리인(agent)   269
대묘(大廟)   62, 92
대송(代訟)   425
도산서원   35, 69, 75, 282, 288, 316,
　　　　　383, 397
도암파(陶庵派)   50
도연정사(道淵精舍)   71, 74
동강(東岡) 김우옹(金宇顒)   43, 52, 90
동성불혼   75
동송(同訟)   425
동약(洞約)   392
두민(頭民)   432

(ㄹ)

류복립(柳復立)   77, 300, 359

(ㅁ)

만장일치   353
목암(牧庵)파   51
묘사(墓祀)   64, 91, 365
묘전(墓田)   246, 273, 354, 416
무후(無後)   86
문장검(文章劍)   66
문장답(文章畓)   66
문중   11, 28, 35, 46, 52, 61, 74, 90, 245,
　　　247, 274, 293, 352, 384, 416
　문중회의   59, 62, 352, 36, 382, 399
문장(門長)   62
문화공동체   33, 267, 277, 398
문화의 정치학   268
문화적 자원   278
문화적 지배력   268
문화체계   270
미야지마 히로시(宮島博史)   95
민세경(閔世卿)   43, 76, 83, 367

(ㅂ)

바깥출입   274, 276
박선량   217
백활(白活, 또는 발괄)   426
별묘(別廟)   361, 362, 417, 418
병호시비(屛虎是非)   80, 286
보   432

보종(補宗) 46, 61, 86, 87, 308
본족(本族) 216, 217, 219
봉사조(奉祀條) 208, 212, 224, 227, 249, 252, 266
봉정사(鳳停寺) 455, 456
분깃(分衿 또는 分襟) 211, 215, 216, 219, 232, 259
별급(別給) 210, 211, 228, 248
분재권(分財權) 212, 213, 218, 219, 231, 263
분재기(分財記) 208, 211, 213, 215, 216, 219, 225, 227, 232, 236, 239, 242, 248, 250, 253, 257
불천위(不遷位) 47, 49, 54, 56, 92, 227, 289, 375, 383
　불천지위(不遷之位) 48, 53, 54
빙계서원(氷溪書院) 75, 278

(ㅅ)

사빈서원(泗濱書院) 54, 56, 71, 73, 92, 278, 316, 385, 411
사시제 247
사족(士族) 26, 33, 39, 43, 56, 63, 67, 94, 97, 310, 268, 295, 308, 348, 353, 381, 388
　재지사족(在地士族) 80, 84, 269, 273, 313, 320, 398
사회적 연망 75, 97, 282, 308, 315
3대봉사(3代奉祀) 357
삼장사(三壯士)의 시(詩) 309
상상의 공동체 349
서류부가혼(婿留婦家婚) 215

서원(書員) 434
선각추록(先覺追錄) 463
섬학소(贍學所) 63, 66
성리학적 질서 105, 135
성지순례 74, 319
소(所) 63, 363
소운암파(小雲庵派) 50
소지(所志) 422, 426, 430, 445
　소지단자(所志單子) 426
소통(communication) 271
송리(訟理) 447
송시열(宋時烈) 48, 286, 374
송학서원(松鶴書院) 75, 278, 281, 390
수령 424
수사학(修辭學) 317
숭조사업 82, 92, 308
승중조(承重條) 208
승중자 217, 218, 224, 225
시송(始訟) 426
시송다짐(始訟侤音) 426
신덕(新德) 27, 275

(ㅇ)

안동권씨 35, 38, 36, 77, 85, 90, 93, 127, 131, 144, 162, 180, 259, 262, 317, 366, 410
얼녀 220
얼자 220, 257
여강서원 75, 273, 290, 316
영산서원 74, 278, 280, 323, 361
예(禮)의 실천 351
예송(禮訟) 96, 315

와룡초당(臥龍草堂) 47, 74
완문(完文) 379, 406, 440
완의문(完議文) 55, 61, 245, 320, 353, 359, 361, 365, 369, 376, 389, 408
외손봉사 46, 75, 86, 231, 236, 238, 241, 242,
운천파 50
원·척(元·隻) 425
　척(隻) 425
원고(元告) 425
원정(原情) 427
원종가 58
위선사업(爲先事業) 57, 58
유교적 종법제 242, 245, 266
유림(儒林) 33, 48, 49, 53, 70, 74, 94, 269, 272, 276, 280, 286, 291, 312, 318, 325, 354, 384, 411
유언 44, 45, 65, 210, 212, 225, 244, 250, 263, 266
윤회(輪回) 231, 232, 236, 242, 244, 264, 266, 363
　윤행 239, 250
윤흥원 221
음사 43, 44, 243
　음사폐지 368
음직 40, 53, 70
의관지족(衣冠之族) 391
의녀(義女) 217, 218
의자(義子) 217
의성김씨 27, 32, 51, 63, 69, 86, 95, 106, 133, 161, 198, 210, 213, 227, 236, 264, 275, 299, 317, 351, 365, 374, 410, 422, 429, 462, 466
의송(議送) 424, 433, 458
의장소(義庄所) 63, 65
이군기 225
이굴(理屈) 428
이수건 38, 69, 83, 209, 391
이위(李蔿) 44, 76, 213
이인좌(李仁佐)의 병란 287
　이인좌의 란 306, 363, 373, 388
이족(吏族) 37, 38, 40, 94, 367
이준학 85, 220, 221
이향즉천(離鄕則賤) 51, 314
이현일(李玄逸) 49, 79, 283, 287
인수(引水) 432
일류당(壹柳堂) 51
일탄옹(一灘翁)파 51
임천서원(臨川書院) 49, 71, 74, 93, 273, 277, 282, 295, 316
임하(臨河) 27, 44, 46, 48, 54, 73, 242, 273, 292, 301, 305, 320, 380, 406
임하서당 71, 73, 278
임호서원(臨湖書院) 49, 71, 93, 278,
입안(立案) 83, 90, 429
입지(立旨) 434
입양 46, 86, 90, 111, 117, 137, 427

(ㅈ)

장고(長皐)파 51
장고세고(長皐世稿) 51, 311
장남우대 208, 252

장자 27, 104, 209, 231, 258,
    적장자(嫡長子) 75, 104, 107, 131,
      209, 242, 263, 275, 357
장리(將吏) 457
장예원(掌隸院) 425
장차(將差) 432, 459
적처 86, 104, 110, 136
전각(殿閣) 388, 439, 440
전세빗(田稅色) 451
전어머니(前母) 216, 218
전주류씨 32, 35, 46, 77, 92, 280, 292,
      294, 299, 307, 317, 393, 412
전패(殿牌) 440
정랑공파 40
정응규 217, 220, 221
정통론 104, 110, 136
정티파(鼎峴派) 50
제김(題音) 426
제사(題辭) 423
제위소(祭位所) 63
제위 241
제위전 44, 231
제위조 225, 227, 239, 242, 259
제전 254, 370, 410
종단적 140
종법사상 28, 58, 86, 209, 212, 249,
      253, 257, 265
    종법제(宗法制) 209, 231, 242, 245,
      263
    종법제도(宗法制度) 37, 41, 44, 95,
      369
    종법체제 37, 60, 275, 357
종사랑(從仕郎)파 51

종손 42, 47, 48, 58, 66, 77, 80, 106,
      113, 130, 179, 194, 230, 248,
      288, 306, 349, 351, 373, 398,
      430
종족(宗族) 26, 32, 37, 54, 59, 67, 74,
      80, 110, 135, 274, 308, 310, 314,
      350, 371, 381, 392, 405, 418,
      465
    종족 공동재산 365
    종족공동체 92, 318, 365, 381, 392,
      399
    종족전략 106, 133, 135, 137
    종족이념 274
    종중(宗中) 28, 60, 66, 211, 282,
      365, 372, 376, 405
    종파 47, 58
주손(胄孫) 58, 62, 84, 90, 294, 304,
      310, 311, 343, 356, 357, 361,
      381, 397, 437, 442, 455
중재 김황 86
지례(知禮) 27, 47, 73, 246, 275, 282,
      336, 393, 416, 447
지산서당 71, 278, 289,
진성이씨 32, 77, 85, 90, 111, 130, 143,
      151, 156, 169, 184, 225, 241,
      301, 391

(ㅊ)

차등분배 235
차사(差使) 426, 432, 445, 457
처거제 46, 275, 357
    처거제혼(妻居制婚) 215

천김수류(川金水柳) 300
천전리(川前里) 27, 209
천전파 32, 37, 47, 53, 64, 73, 78, 275, 278, 288, 311, 355, 363, 368, 371, 376, 383
청리(聽理) 428
청암파 51
청족(淸族) 75
체천(遞遷) 56, 330, 354, 357, 362, 417,
촌락공동체 274, 349, 392
최재석 208, 211, 350
충순위파 59, 80

(ㅌ)

탈지역적 공동체 275
택호 220, 300
토착세력 273, 318
통문(通文) 28, 270, 272, 279, 282, 291, 293, 299, 306, 321, 322, 412

(ㅍ)

평균분집 263, 264, 265
피론(被論) 425

(ㅎ)

학맥(學脈) 35, 69, 75, 94, 95, 269, 270, 274, 276, 286, 291, 293, 308, 315, 319, 390
할보(割譜) 63
합의제(合議制) 62, 425

향권(鄕權) 271, 287, 290, 307, 308, 318, 321, 381, 397
향리(鄕吏) 33, 268, 271, 313, 320, 360, 367, 369, 388
향불천 53
향안(鄕案) 271
향음주례(鄕飮酒禮) 298
허급(許給) 211
허여(許與) 210, 211, 263
허장(虛葬) 460
혈통론 104
형방(刑房) 366, 388, 424, 440
　　형방서리(刑房胥吏) 424
형지(形止) 431, 451
호계서원(虎溪書院) 49, 74, 93, 273, 278, 280, 283, 290, 316, 385, 411
호군(護軍)파 51
혼맥(婚脈) 79, 95, 276, 286, 315, 390
　　혼인망 76, 77, 80, 95, 276, 398
화회(和會) 210, 211, 219, 225, 232, 235, 239
화의(和議) 211
화회문기 28, 210, 212, 216, 219, 225, 235, 264
황산계(黃山稧) 299, 305, 306, 336
회가(回家) 80
회전(會奠) 92, 366, 369, 410

조선양반의 생활세계:
義城金氏 川前派 고문서 자료를 중심으로

제2쇄 찍은날: 2005년 10월 10일

지은이: 문옥표·박병호·김광억·은기수·이충구
펴낸이: 김 철 미
펴낸곳: 백산서당

등록: 제10-42(1979.12.29)
주소: 서울 서대문구 홍제동 330-288

전화: 02) 2268-0012(代)
팩스: 02) 2268-0048
이메일: bshj@chol.com

값 24,000원

ⓒ 한국정신문화연구원

ISBN 89-7327-337-X 03910